U0925434

2009
广东社会统计年鉴
GUANGDONG SOCIAL STATISTICAL YEARBOOK

广 东 省 统 计 局 编

Compiled by
Guangdong Provincial Bureau of Statistics

广东科技出版社
·广 州·

图书在版编目（CIP）数据

2009广东社会统计年鉴/广东省统计局编．—广州：广东科技出版社，2010.6
ISBN 978-7-5359-5226-4

Ⅰ．①2…　Ⅱ．①广…　Ⅲ．①社会经济统计—统计资料—广东省—2009—年鉴　Ⅳ．①C832.65-54

中国版本图书馆CIP数据核字（2010）第030453号

责任编辑：区燕宜
责任校对：杨峻松　陈杰锋　蒋鸣亚　罗美玲
责任技编：严建伟
出版发行：广东科技出版社
（广州市环市东路水荫路11号　邮码：510075）
E-mail:gdkjzbb@21cn.com
http://www.gdstp.com.cn
经　销：广东新华发行集团股份有限公司
排　版：广东科电有限公司
印　刷：广州市岭美彩印有限公司
（广州市花地大道南海南工商贸易区A幢　邮码：510385）
规　格：889mm×1 194mm　1/16　印张38.5　字数960千
版　次：2010年6月第1版
2010年6月第1次印刷
印　数：1～1 500册
定　价：300.00元

《2009广东社会统计年鉴》编辑委员会和编辑部

编者说明

在各级领导的支持及各有关部门的积极配合下，《2009广东社会统计年鉴》终于问世。《2009广东社会统计年鉴》是广东省第一部社会统计年鉴，主要收录了全省及各地级以上市、县（区）2008年、2004—2008年、1978年以来的社会各方面的统计数据，是一部全面反映广东社会发展情况的资料性年刊。

《2009广东社会统计年鉴》分为11个篇章，包括：一、基本概况；二、教育；三、卫生；四、文化；五、劳动就业和社会保险；六、社会安全；七、民政；八、体育、出版、邮政和档案；九、广播电影电视；十、环境保护；十一、社会参与；十二、分县（区）部分指标。同时，附录有1个篇章：主要指标全国对比。

《2009广东社会统计年鉴》由广东省统计局主编，各篇章数据资料收集分工为：第1章、第10章由广东省统计局、广东省环境保护厅、广东省住房和城乡建设厅、广东省水利厅、广东省国土资源厅、广东省林业局、广东省气象局、广东省海洋与渔业局及广东省经济和信息化委员会负责；第2章由广东省教育厅负责；第3章由广东省卫生厅负责；第4章由广东省文化厅负责；第5章由广东省人力资源和社会保障厅负责；第6章由广东省公安厅、广东省检察院、广东省高级人民法院、广东省司法厅、广东省安全监督管理局负责；第7章由广东省民政厅负责；第8章由广东省体育局、广东省新闻出版局、广东省邮政局、广东省档案局负责；第9章由广东省广播电影电视局负责；第11章由广东省人民代表大会、中国人民政治协商会议广东省委员会、广东省总工会、广东省妇女联合会、广东省残疾人联合会、共青团广东省委员会、广东省民族宗教事务委员会负责。附录内容由广东省教育厅、广东省卫生厅、广东省文化厅、广东省公安厅及广东省统计局负责。对各参编单位和参编人员的辛勤劳动，我们一并表示感谢。

由于《2009广东社会统计年鉴》是第一次编写，时间紧、任务重，数据收集、审核难度极大，书中错漏难免，在此恳请广大读者原谅。相信随着今后该项工作的持续进行，数据的质量必将得到稳步提高。

《2009广东社会统计年鉴》统计表中的符号使用说明：1．数据表原则上只保留1位小数，但特殊情况除外；2．“…”表示数据不足本表最小单位数；3．“#”表示其中主要项；4．“ 空格”表示该项统计指标数据不详或无该项数据；5．“ ①”表示本表下有注解。本书中因小数取舍而产生的误差均未做配平处理。

EDITOR S NOTES

With the great support from all levels of leadership and close collaboration of relevant departments, *Guangdong Social Statistical Yearbook 2009* came out finally. *Guangdong Social Statistical Yearbook 2009* is an annual statistical publication, which reflects comprehensively the social development of Guangdong Province. It covers data for 2008, 2004~2008, and key statistical data in some historically important years since 1978 at the provincial level and the local levels of city county and district.

Guangdong Social Statistical Yearbook 2009 contains eleven chapters: Ⅰ General survey; Ⅱ Education; Ⅲ Public Health; Ⅳ Culture; Ⅴ Employment and Social Insurance; Ⅵ Social Security; Ⅶ Civil Administration; Ⅷ Sports, Publication, Postal and Archive; Ⅸ Radio, Film and Television; Ⅹ Environmental Protection; Ⅺ Social Involvement; Ⅻ Partial Indicators by county (District). Meanwhile, one chapters are listed as appendices: National Comparison of Main Indicators.

Guangdong Social Statistically Yearbook 2009 was edited under the supervision of Statistics Bureau of Guangdong Province, the division of data and materials collection for each chapter are as follows: chapter one and chapter ten were carried out by Statistics Bureau of Guangdong Province, Environmental Protection Bureau of Guangdong Province, Department of Housing and Town and Country Construction of Guangdong Province, Water Resources Bureau of Guangdong Province, Department of Land Resources of Guangdong Province, Forestry Bureau of Guangdong Province, Meteorological Bureau of Guangdong Province, Ocean and Fishery Bureau of Guangdong Province and Guangdong Economics and Information Committee; chapter two by Department of Education of Guangdong Province; chapter three by Department of Public Health of Guangdong Province; chapter four by Department of Culture of Guangdong Province; chapter five by Human Resources and Social Security Department of Guangdong Province; chapter six by Public Security Department of Guangdong Province, People's Procuratorate of Guangdong Province, Guangdong Higher People's Court, Justice Department of Guangdong Province and Work Safety Administration of Guangdong Province; chapter seven by Guangdong Provincial Civil Affairs Bureau; chapter eight by Sports Bureau of Guangdong Province, Press and Publication Bureau of Guangdong Province, Post Bureau of Guangdong Province, and Archives Bureau of Guangdong Province; chapter nine by Administration of Radio, Film and Television of Guangdong Province; chapter eleven by People's Congress of Guangdong Province, Chinese Political Consultative Conference Guangdong Provincial Committee, General Union of Guangdong Province, Women's Federation of Guangdong Province, Guangdong Association for the Handicapped, Guangdong Provincial Committee of Communist Youth League, and Guangdong Provincial Commission of Ethnic and Religious Affairs. Appendices were complied by Education Bureau of Guangdong Province, Public Health Bureau of Guangdong Province, Culture Bureau of Guangdong Province, Public Security Bureau of Guangdong Province and Statistics Bureau of Guangdong Province. We appreciate the sweat and effort of participating units and personels.

Since the *Guangdong Social Statistical Yearbook 2009* was complied for the first time, because of the shortage of time, heavy burden and difficulties in data collection and verification, mistakes and omissions are unavoidable, we beg for forgiveness of reading public. We belief that the quality of data would be steadily improved as the progressive continuing of this task.

Notations used in the statistical table of *Guangdong Social Statistical Yearbook 2009*: 1. Only single bit of dismal was kept in the data sheet in principle, with the exception on special condition; 2. "…" indicates that the figure is not large enough to be measured with the smallest unit in the table; 3. "#" indicates a major breakdown of the total; 4. "blank space" indicates that the data are unknown or are not available; 5. "①" indicates footnotes at the end of the table. The deviation caused by the choice of dismal in this book has not been balanced.

目　　录
CONTENTS

一、基本概况
Ⅰ　General Survey

二、教育
Ⅱ Education

三、卫生
Ⅲ Public Health

四、文化
Ⅳ Culture

五、劳动就业和社会保险
V Employment and Social Insurance

六、社会安全
Ⅵ Social Security

七、民政
Ⅶ Civil Administration

八、体育、出版、邮政和档案
Ⅷ Sports，Publication，Postal and Archive

九、广播电影电视
Ⅸ Radio， Film and Television

十、环境保护
X Environmental Protection

十一、社会参与
XI Social Involvement

十二、分县（区）部分指标
XII Partial Indicators by county（District）

附录 主要指标全国对比
Appendix National Comparison of Main Indicators

Ⅰ General Survey

简要说明

1．本篇资料主要反映广东省社会经济概况。

2．本篇资料主要包括：

（1）行政区划、土地面积、气候条件、水资源、森林资源、人口状况、经济、社会及人民生活主要指标等。

（2）地区分全省和21个地级以上市。

（3）年份有当年、近5年和1978年以来连续年份。

3．统计资料来源：本篇资料由广东省统计局根据《广东统计年鉴》《国家社会发展基本情况统计报表》及有关部门资料整理、编写。

Brief Descriptions

1．Materials in this section mainly reflect the social and economic situation of Guangdong province.

2．This section mainly including：

（1）Main Indicators on Administrative Division，Land Area，Climate Condition，Water Resource，Forest Resource，Population Status，Economic，Social and people's lives.

（2）The regions including the whole province and 21 cities above the prefecture level.

（3）Years including the current year，the past five years and the consistent years since 1978.

3．Statistical data resource: data in this section were arranged，compiled by Statistics Bureau of Guangdong Province，according to *Guangdong Statistical Yearbook*，*Statistical Returns for Basic Condition of National Social Development* and data from relevant departments.

1-1 行政区划（2008）

1-1 Administrative Division（2008）

单位：个 （Unit）

市别	City	地级市 Prefecture-level City	县级市 County-level City	县 County	自治县 Autonomous County	市辖区 Districts	市辖镇 Municipal Town	乡 Country	#民族乡 Nationality Townships	街道 Street
合计	**Total**	**21**	**23**	**41**	**3**	**54**	**1139**	**11**	**7**	**434**
广州	Guangzhou	1	2			10	34			131
深圳	Shenzhen	1				6				55
珠海	Zhuhai	1				3	15			8
汕头	Shantou	1		1		6	32			37
佛山	Foshan	1				5	21			12
韶关	Shaoguan	1	2	4	1	3	93	1	1	11
河源	Heyuan	1		5		1	97	1	1	4
梅州	Meizhou	1	1	6		1	104			6
惠州	Huizhou	1		3		2	51	1	1	16
汕尾	Shanwei	1	1	2		1	42			10
东莞	Dongguan	1					28			4
中山	Zhongshan	1					18			6
江门	Jiangmen	1	4			3	62			17
阳江	Yangjiang	1	1	2		1	39			9
湛江	Zhanjiang	1	3	2		4	85	2		32
茂名	Maoming	1	3	1		2	87			22
肇庆	Zhaoqing	1	2	4		2	95	1	1	12
清远	Qingyuan	1	2	3	2	1	77	3	3	5
潮州	Chaozhou	1		2		1	41			9
揭阳	Jieyang	1	1	3		1	63	2		18
云浮	Yunfu	1	1	3		1	55			10

1-2 各市土地及耕地面积

1-2 Area of Land and Arable Land by City

市别	City	土地面积（千米^2） Land Area（km^2）	耕地面积（公顷） Area of Arable Land（Hectare）		
			2006	2007	2008
合计	**Total**	**179812.7**	**2882529**	**2847659**	**2830731**
广州	Guangzhou	7434	86369	86098	85658
深圳	Shenzhen	1953	4351	4109	4078
珠海	Zhuhai	1688	14790	14791	14791
汕头	Shantou	2064	39173	35313	35283
佛山	Foshan	3848	42437	42126	41952
韶关	Shaoguan	18385	223869	223814	223773
河源	Heyuan	15826	133330	133229	131275
梅州	Meizhou	15908	167545	166901	164693
惠州	Huizhou	11158	147366	143688	143671
汕尾	Shanwei	5271	93302	93302	93612
东莞	Dongguan	2465	14439	14136	14011
中山	Zhongshan	1800	37341	36937	34693
江门	Jiangmen	9541	207143	207260	207259
阳江	Yangjiang	7813	195100	192034	185238
湛江	Zhanjiang	12471	472727	469187	467193
茂名	Maoming	11458	262026	258245	256187
肇庆	Zhaoqing	14856	170158	170157	170941
清远	Qingyuan	19153	288099	284116	284121
潮州	Chaozhou	3100	35614	31839	31926
揭阳	Jieyang	5240	121809	118117	118117
云浮	Yunfu	7779	125541	122259	122260

1-3 各市年日照时数

1-3 Annual Sunshine Hours by City

单位：小时　　　　　　　　　　　　　　　　　　　　　　　　(Hour)

市别	City	2004	2005	2006	2007	2008
全省平均	**Provincial Average**	**2022.5**	**1606.2**	**1630.3**	**1825.8**	**1725.6**
广州	Guangzhou	1917.0	1495.5	1414.2	1688.9	1563.2
深圳	Shenzhen	1927.8	1574.3	1625.3	1937.1	1907.6
珠海	Zhuhai	1985.3	1588.7	1515.3	1905.6	1828.2
汕头	Shantou	2554.3	2003.5	1954.0	2146.2	2015.6
佛山	Foshan	1815.5	1469.0	1432.3	1685.2	1647.4
韶关	Shaoguan	1774.7	1382.0	1436.8	1663.1	1597.1
河源	Heyuan	1939.9	1418.3	1589.3	1733.9	1714.7
梅州	Meizhou	2169.4	1667.3	1688.8	1774.6	1824.4
惠州	Huizhou	2104.9	1635.1	1645.2	1795.4	1658.0
汕尾	Shanwei	2178.6	1779.1	1815.8	2024.2	1820.6
东莞	Dongguan	2192.9	1736.3	1616.4	1876.7	1879.3
中山	Zhongshan	1906.9	1627.2	1602.8	1864.3	1843.1
江门	Jiangmen	1952.8	1541.5	1532.9	1831.4	1681.8
阳江	Yangjiang	1958.3	1585.8	1566.6	1750.6	1614.9
湛江	Zhanjiang	2189.9	1805.3	1846.1	1894.8	1882.7
茂名	Maoming	2063.1	1657.2	1815.6	2023.2	1756.6
肇庆	Zhaoqing	1863.3	1559.8	1589.4	1765.4	1604.6
清远	Qingyuan	1864.6	1535.4	1551.9	1789.2	1608.2
潮州	Chaozhou	2397.3	1828.1	1871.1	2038.1	2056.5
揭阳	Jieyang	2295.2	1771.9	1760.8	2012.8	1941.8
云浮	Yunfu	1839.2	1508.0	1365.6	1644.1	1478.2

1-4 各市年平均气温

1-4 Annual Average Temperature by City

单位：℃ (℃)

市别	City	2004	2005	2006	2007	2008
全省平均	**Provincial Average**	**22.1**	**22.1**	**22.4**	**22.4**	**21.6**
广州	Guangzhou	22.4	22.5	22.8	22.8	21.9
深圳	Shenzhen	23.6	23.3	23.4	23.5	22.8
珠海	Zhuhai	23.0	22.8	23.2	23.4	22.6
汕头	Shantou	22.5	22.2	22.6	22.8	22.2
佛山	Foshan	23.3	22.8	23.2	23.4	22.6
韶关	Shaoguan	20.3	20.3	20.6	20.7	20.1
河源	Heyuan	20.9	21.0	21.1	21.0	20.5
梅州	Meizhou	21.3	21.4	21.7	21.6	21.1
惠州	Huizhou	22.0	22.1	22.3	22.3	21.7
汕尾	Shanwei	22.9	22.7	23.0	23.1	22.5
东莞	Dongguan	22.8	22.7	22.7	22.9	22.2
中山	Zhongshan	23.3	23.3	22.9	23.0	22.3
江门	Jiangmen	23.0	22.8	23.2	23.2	22.2
阳江	Yangjiang	22.9	22.7	23.1	23.0	22.2
湛江	Zhanjiang	23.6	23.6	23.8	23.5	22.8
茂名	Maoming	23.2	23.4	23.6	23.4	22.6
肇庆	Zhaoqing	21.8	21.8	22.2	22.1	21.3
清远	Qingyuan	20.8	20.7	21.0	21.2	20.5
潮州	Chaozhou	22.4	22.2	22.6	22.8	22.2
揭阳	Jieyang	22.5	22.3	22.7	22.8	22.0
云浮	Yunfu	22.1	22.3	22.5	22.4	21.7

1-5 各市年降水量

1-5 Annual Precipitation by City

单位：毫米 （mm）

市 别	City	2004	2005	2006	2007	2008
全省平均	**Provincial Average**	**1314.1**	**1769.6**	**2107.3**	**1547.9**	**2135.1**
广 州	Guangzhou	1506.3	1938.2	2264.9	1613.2	2387.3
深 圳	Shenzhen	1299.4	2143.6	1936.5	1581.5	2710.0
珠 海	Zhuhai	1640.3	2308.4	2288.6	1562.2	2806.9
汕 头	Shantou	1160.3	1661.6	2543.4	1428.2	1854.1
佛 山	Foshan	1276.9	1504.0	2163.2	1441.3	2268.1
韶 关	Shaoguan	1208.6	1829.5	1905.2	1383.1	1727.0
河 源	Heyuan	1307.0	1833.0	2310.8	1742.0	1815.7
梅 州	Meizhou	1204.0	1697.8	2093.4	1635.5	1544.3
惠 州	Huizhou	1296.7	2100.9	2749.4	2050.1	2246.5
汕 尾	Shanwei	1508.2	2374.5	3044.6	2159.9	2884.4
东 莞	Dongguan	1705.8	1837.6	2412.4	1806.9	2710.9
中 山	Zhongshan	1441.4	1792.2	1897.7	1568.0	2090.8
江 门	Jiangmen	1363.2	1849.3	2193.3	1487.7	2617.4
阳 江	Yangjiang	1728.5	1746.0	1935.4	1426.9	3018.2
湛 江	Zhanjiang	1137.9	1237.7	1305.0	1446.4	2048.7
茂 名	Maoming	1324.1	1562.2	1488.0	1273.0	2419.1
肇 庆	Zhaoqing	1306.5	1831.5	1903.8	1317.2	1965.1
清 远	Qingyuan	1405.6	1755.9	2112.7	1510.5	1895.3
潮 州	Chaozhou	1272.0	1754.8	2617.0	1542.5	1896.3
揭 阳	Jieyang	1274.2	1987.5	2708.3	1945.1	2635.8
云 浮	Yunfu	1134.5	1291.5	1564.2	1216.8	1868.0

1-6 各市年蒸发量

1-6 Annual Evaporation by City

单位：毫米 (mm)

市 别	City	2004	2005	2006	2007	2008
全省平均	**Provincial Average**	**1683.6**	**1569.4**	**1481.2**	**1325.9**	**1578.8**
广 州	Guangzhou	1630.1	1526.4	1446.1	1334.7	1700.0
深 圳	Shenzhen					
珠 海	Zhuhai	1747.4	1608.9	1611.9	1448.1	1682.7
汕 头	Shantou	1823.8	1515.4	1482.1	1315.4	1568.5
佛 山	Foshan	1736.2	1750.1	1645.4	1551.1	1854.5
韶 关	Shaoguan	1476.3	1420.7	1347.9	1219.3	1462.2
河 源	Heyuan	1591.6	1414.5	1335.6	1175.1	1423.6
梅 州	Meizhou	1670.4	1521.4	1485.4	1339.4	1655.3
惠 州	Huizhou	1757.5	1632.9	1594.1	1386.5	1672.5
汕 尾	Shanwei	1752.5	1491.1	1421.4	1314.0	1555.0
东 莞	Dongguan	1480.8	1428.3	1356.6	1246.4	1982.1
中 山	Zhongshan	1350.3	1122.6	1319.4	1188.2	1391.9
江 门	Jiangmen	1802.8	1636.6	1668.5	1452.4	1644.4
阳 江	Yangjiang	1971.7	1724.5	1692.5	1535.9	1746.0
湛 江	Zhanjiang	1724.9	1600.0	1575.7	1394.2	1619.8
茂 名	Maoming	1729.9	1481.0	1599.9	1388.5	1574.0
肇 庆	Zhaoqing	1551.1	1435.7	1418.7	1330.8	1518.5
清 远	Qingyuan	1492.8	1390.4	1362.2	1244.8	1416.2
潮 州	Chaozhou	1948.0	1627.8	1570.3	1349.7	1623.5
揭 阳	Jieyang	1820.8	1525.4	1414.1	1249.9	1563.8
云 浮	Yunfu	1476.8	1268.0	1277.1	1174.1	1380.1

1-7 各市水资源总量

1-7 Total Amount of Water Resources by City

单位：亿米^3 (100 Million m^3)

市别	City	2004	2005	2006	2007	2008
合计	**Total**	**1187.7**	**1747.5**	**2216.2**	**1581.1**	**2206.8**
广州	Guangzhou	56.2	73.3	93.5	66.0	92.2
深圳	Shenzhen	13.8	19.9	23.8	17.6	27.1
珠海	Zhuhai	12.4	16.0	18.3	12.7	21.4
汕头	Shantou	13.3	19.7	32.5	18.6	23.6
佛山	Foshan	21.8	28.0	37.9	24.4	37.2
韶关	Shaoguan	124.6	212.1	238.6	158.8	191.8
河源	Heyuan	86.1	166.8	208.0	149.9	169.5
梅州	Meizhou	95.0	143.7	211.2	150.2	140.8
惠州	Huizhou	66.8	126.9	183.6	119.8	159.4
汕尾	Shanwei	34.0	65.3	85.5	60.0	89.0
东莞	Dongguan	17.7	24.4	31.6	22.9	30.2
中山	Zhongshan	15.4	17.4	20.1	14.5	22.8
江门	Jiangmen	85.5	107.5	120.1	86.6	159.8
阳江	Yangjiang	68.7	84.2	75.9	71.4	136.4
湛江	Zhanjiang	64.7	67.2	70.1	88.3	124.8
茂名	Maoming	78.2	90.9	98.4	72.5	166.4
肇庆	Zhaoqing	85.8	129.0	169.8	118.4	163.0
清远	Qingyuan	145.8	215.1	281.4	176.1	239.3
潮州	Chaozhou	25.1	32.7	52.2	33.7	40.7
揭阳	Jieyang	39.4	62.9	93.2	67.7	90.7
云浮	Yunfu	37.4	44.8	70.8	51.0	80.8

1-8 各市水资源总量构成（2008）

1-8 Constitution of Total Amount of Water Resources by City（2008）

单位：亿米³ （100 Million m³）

市别	City	水资源总量 Total Amount of Water Resources	地表水 Surface Water	地下水 Groundwater	地表水与地下水重复 Overlap Section of Surface Water and Groundwater
合计	**Total**	**2206.8**	**2197.3**	**506.9**	**497.3**
广州	Guangzhou	92.2	91.3	16.2	15.3
深圳	Shenzhen	27.1	27.1	5.1	5.1
珠海	Zhuhai	21.4	21.0	2.1	1.6
汕头	Shantou	23.6	22.4	4.3	3.1
佛山	Foshan	37.2	36.1	7.5	6.4
韶关	Shaoguan	191.8	191.8	44.6	44.6
河源	Heyuan	169.5	169.5	43.1	43.1
梅州	Meizhou	140.8	140.8	35.0	35.0
惠州	Huizhou	159.4	159.3	38.4	38.3
汕尾	Shanwei	89.0	89.0	18.7	18.7
东莞	Dongguan	30.2	29.9	6.7	6.4
中山	Zhongshan	22.8	22.3	3.1	2.5
江门	Jiangmen	159.8	159.5	27.3	27.0
阳江	Yangjiang	136.4	136.4	26.0	26.0
湛江	Zhanjiang	124.8	122.6	34.9	32.7
茂名	Maoming	166.4	166.4	44.4	44.4
肇庆	Zhaoqing	163.0	162.7	46.1	45.8
清远	Qingyuan	239.3	239.3	53.0	53.0
潮州	Chaozhou	40.7	40.0	8.3	7.6
揭阳	Jieyang	90.7	89.3	19.5	18.2
云浮	Yunfu	80.8	80.8	22.7	22.7

1-9 各市用水量

1-9 Water Consumption by City

单位：亿米^3 (100 Million m^3)

市 别 City	2004	2005	2006	2007	2008
合 计 Total	**464.8**	**459.0**	**459.4**	**462.5**	**461.5**
广 州 Guangzhou	96.1	83.6	80.6	80.1	78.3
深 圳 Shenzhen	16.4	16.8	17.3	18.2	17.7
珠 海 Zhuhai	6.0	6.2	6.2	4.5	4.4
汕 头 Shantou	11.1	11.0	10.7	12.4	11.5
佛 山 Foshan	32.3	33.7	33.3	34.4	34.3
韶 关 Shaoguan	21.7	21.6	20.5	21.5	22.1
河 源 Heyuan	16.5	16.6	17.2	16.7	18.0
梅 州 Meizhou	21.1	20.9	21.3	21.9	22.3
惠 州 Huizhou	19.2	21.4	21.4	21.7	22.0
汕 尾 Shanwei	11.0	10.5	10.7	10.5	11.4
东 莞 Dongguan	18.4	20.2	21.7	22.7	21.5
中 山 Zhongshan	16.3	15.0	17.3	17.3	18.3
江 门 Jiangmen	30.9	29.6	29.5	30.0	29.9
阳 江 Yangjiang	12.5	13.6	13.9	13.9	13.5
湛 江 Zhanjiang	26.3	27.1	28.2	27.5	26.5
茂 名 Maoming	28.5	27.9	28.3	28.6	28.7
肇 庆 Zhaoqing	20.8	22.7	20.6	20.6	20.1
清 远 Qingyuan	20.6	20.6	20.4	20.3	19.3
潮 州 Chaozhou	9.1	8.5	8.5	8.3	8.9
揭 阳 Jieyang	15.7	15.8	16.1	16.6	16.5
云 浮 Yunfu	14.5	15.7	15.8	14.9	16.4

1-10　各市用水构成（2008）

1-10　Constitution of Water Consumption by City（2008）

单位：亿米³　　　　(100 Million m³)

市　别	City	供水量 Water Supply Capacity				用水量 Water Consumption				
		供水总量 Total Water Supply Capacity	地表水 Surface Water	地下水 Groundwater	其他 Other	用水总量 Total Water Consumption	农业 Agriculture	工业 Industry	生活 Life	生态 Ecology
合　计	**Total**	**461.5**	**439.5**	**21.1**	**1.0**	**461.5**	**232.3**	**137.2**	**85.3**	**6.8**
广　州	Guangzhou	78.3	77.7	0.6		78.3	15.0	48.8	12.8	1.8
深　圳	Shenzhen	17.7	16.5	0.4	0.9	17.7	0.6	5.5	10.7	0.9
珠　海	Zhuhai	4.4	4.4			4.4	1.1	1.4	1.8	0.1
汕　头	Shantou	11.5	11.1	0.3		11.5	5.9	1.8	3.4	0.4
佛　山	Foshan	34.3	34.2	0.1		34.3	10.2	15.5	7.3	1.4
韶　关	Shaoguan	22.1	21.0	1.1	0.1	22.1	12.9	7.3	1.8	0.1
河　源	Heyuan	18.0	18.0	0.1		18.0	11.0	4.8	2.2	
梅　州	Meizhou	22.3	20.5	1.9		22.3	15.5	4.2	2.5	0.1
惠　州	Huizhou	22.0	21.4	0.6		22.0	12.7	5.4	3.7	0.2
汕　尾	Shanwei	11.4	11.0	0.4		11.4	7.8	1.5	2.1	
东　莞	Dongguan	21.5	21.4	0.1		21.5	1.4	10.0	9.0	1.0
中　山	Zhongshan	18.3	18.3			18.3	6.6	9.1	2.5	0.1
江　门	Jiangmen	29.9	29.3	0.6		29.9	19.7	7.0	3.1	0.1
阳　江	Yangjiang	13.5	12.8	0.7		13.5	11.3	0.5	1.8	
湛　江	Zhanjiang	26.5	19.5	7.0		26.5	20.3	1.8	4.4	0.1
茂　名	Maoming	28.7	26.7	2.0		28.7	22.8	1.7	4.1	0.1
肇　庆	Zhaoqing	20.1	19.7	0.4		20.1	14.2	3.3	2.6	
清　远	Qingyuan	19.3	16.6	2.7		19.3	14.7	2.0	2.6	
潮　州	Chaozhou	8.9	8.4	0.5		8.9	5.0	2.1	1.8	
揭　阳	Jieyang	16.5	15.8	0.7		16.5	11.3	1.9	3.2	0.1
云　浮	Yunfu	16.4	15.2	1.2		16.4	12.3	1.9	1.8	0.3

1-11 各市森林面积

1-11 Forest Area by City

单位：万公顷　　　　(10000 Hectare)

市　别	City	2004	2005	2006	2007	2008
合　计	**Total**	**989.3**	**921.2**	**927.4**	**935.2**	**930.7**
广　州	Guangzhou	28.0	28.2	28.1	28.1	28.2
深　圳	Shenzhen	8.4	7.3	7.2	7.2	7.2
珠　海	Zhuhai	4.7	3.3	3.3	3.4	3.4
汕　头	Shantou	6.3	6.1	6.1	6.1	6.0
佛　山	Foshan	6.1	6.2	6.1	6.0	6.0
韶　关	Shaoguan	126.4	117.6	117.0	117.2	110.7
河　源	Heyuan	112.2	103.9	106.2	107.2	107.6
梅　州	Meizhou	112.3	105.5	104.8	105.7	106.5
惠　州	Huizhou	65.1	63.2	63.1	63.4	63.8
汕　尾	Shanwei	23.5	19.9	19.9	20.1	20.3
东　莞	Dongguan	5.8	5.4	5.4	5.4	5.3
中　山	Zhongshan	2.8	2.5	2.5	2.5	2.6
江　门	Jiangmen	39.1	34.6	35.4	36.1	36.4
阳　江	Yangjiang	38.9	37.5	38.0	39.2	39.5
湛　江	Zhanjiang	20.8	23.4	24.1	24.8	24.4
茂　名	Maoming	52.8	52.8	53.2	53.8	53.8
肇　庆	Zhaoqing	97.0	93.7	94.5	95.8	96.6
清　远	Qingyuan	125.9	102.7	103.0	103.8	102.8
潮　州	Chaozhou	17.5	16.5	16.3	16.3	16.6
揭　阳	Jieyang	25.7	24.1	24.3	24.8	25.1
云　浮	Yunfu	45.7	43.5	44.1	44.2	44.5
省属林场	Provincial Forest Farm	13.0	12.2	12.3	12.4	12.2
农 垦 局	Agricultural Reclamation Bureau	8.2	8.0	9.2	8.8	8.6
雷 州 局	Leizhou Bureau	3.1	3.2	3.2	2.9	2.8

1-12 各市林地面积

1-12 Forestland Area by City

单位：万公顷 (10000 Hectare)

市别	City	2004	2005	2006	2007	2008
合计	**Total**	**1080.8**	**1102.2**	**1101.6**	**1100.6**	**1099.7**
广州	Guangzhou	29.7	29.9	29.8	29.7	29.7
深圳	Shenzhen	8.7	8.0	8.0	7.9	7.9
珠海	Zhuhai	5.0	5.0	5.0	5.0	4.9
汕头	Shantou	6.5	6.7	6.7	6.7	6.7
佛山	Foshan	7.0	7.0	7.0	6.9	6.9
韶关	Shaoguan	137.6	142.2	142.2	142.2	142.1
河源	Heyuan	121.3	122.2	122.2	122.2	122.1
梅州	Meizhou	121.6	121.9	121.9	121.6	121.8
惠州	Huizhou	71.4	71.8	71.7	71.7	71.6
汕尾	Shanwei	27.3	28.0	28.0	28.0	28.0
东莞	Dongguan	5.9	5.6	5.6	5.5	5.5
中山	Zhongshan	3.2	3.2	3.2	3.2	3.2
江门	Jiangmen	44.2	45.0	45.0	44.9	44.9
阳江	Yangjiang	42.4	43.4	43.4	43.4	43.4
湛江	Zhanjiang	23.0	27.0	27.0	27.0	27.0
茂名	Maoming	57.6	59.0	59.0	59.0	59.0
肇庆	Zhaoqing	103.9	105.8	105.8	105.8	105.7
清远	Qingyuan	139.0	142.9	142.8	142.8	142.8
潮州	Chaozhou	18.4	18.8	18.8	18.8	18.8
揭阳	Jieyang	28.3	29.0	29.0	29.0	29.0
云浮	Yunfu	50.1	51.3	51.3	51.3	51.1
省属林场	Provincial Forest Farm	13.8	13.8	13.8	13.8	13.8
农垦局	Agricultural Reclamation Bureau	10.6	10.6	10.7	10.2	9.9
雷州局	Leizhou Bureau	4.4	4.3	4.1	4.0	4.0

1-13 各市活立木总蓄积量

1-13 Total Stocking Volume by City

单位：万米^3 （10000 m^3）

市 别	City	2004	2005	2006	2007	2008
合 计	**Total**	**36614.4**	**36459.3**	**38153.5**	**40320.1**	**40300.0**
广 州	Guangzhou	913.8	927.2	967.6	1015.7	1063.0
深 圳	Shenzhen	172.8	210.7	219.8	226.6	232.7
珠 海	Zhuhai	76.9	194.3	205.5	214.5	222.7
汕 头	Shantou	117.0	131.6	132.6	144.1	149.0
佛 山	Foshan	301.0	311.0	324.9	344.8	356.1
韶 关	Shaoguan	6356.3	6763.5	6977.9	7215.0	6590.2
河 源	Heyuan	3672.9	3757.9	3977.9	4202.9	4359.3
梅 州	Meizhou	2636.8	2947.5	3127.9	3297.9	3468.8
惠 州	Huizhou	1971.8	1936.9	2074.1	2189.6	2316.5
汕 尾	Shanwei	488.5	385.2	408.8	438.0	461.6
东 莞	Dongguan	139.0	151.6	165.3	178.5	190.9
中 山	Zhongshan	129.2	141.0	147.1	149.5	163.1
江 门	Jiangmen	1231.8	1239.1	1315.9	1415.4	1483.3
阳 江	Yangjiang	1506.9	1464.5	1532.8	1629.3	1703.4
湛 江	Zhanjiang	923.9	988.3	1168.5	1329.9	1369.7
茂 名	Maoming	2111.8	1953.6	2068.3	2209.2	2300.4
肇 庆	Zhaoqing	4559.3	3742.4	3856.3	3982.0	4142.1
清 远	Qingyuan	5496.7	5711.7	5952.4	6269.8	5873.8
潮 州	Chaozhou	319.7	336.8	359.3	379.8	407.2
揭 阳	Jieyang	581.7	475.4	500.6	534.1	569.0
云 浮	Yunfu	1756.8	1497.9	1588.2	1681.0	1782.1
省属林场	Provincial Forest Farm	783.6	806.2	827.0	851.9	694.6
农 垦 局	Agricultural Reclamation Bureau	174.7	167.5	17.0	176.7	155.7
雷 州 局	Leizhou Bureau	191.6	217.4	237.8	244.0	244.9

1-14 各市森林覆盖率

1-14 Forest Coverage by City

单位：% (%)

市　别 City	2004	2005	2006	2007	2008
合　计 Total	**57.4**	**55.5**	**55.9**	**56.3**	**56.3**
广　州 Guangzhou	43.2	39.9	39.9	41.1	41.2
深　圳 Shenzhen	47.5	39.2	38.9	39.1	39.2
珠　海 Zhuhai	33.2	29.3	29.2	29.0	29.1
汕　头 Shantou	32.6	30.2	29.7	30.1	30
佛　山 Foshan	21.1	18.0	17.9	17.6	17.6
韶　关 Shaoguan	71.1	69.2	68.8	68.9	65.3
河　源 Heyuan	72.8	68.2	69.7	70.3	70.6
梅　州 Meizhou	71.8	67.9	67.5	68.0	68.6
惠　州 Huizhou	59.9	58.4	58.2	58.6	58.9
汕　尾 Shanwei	51.3	43.6	43.6	44.1	44.4
东　莞 Dongguan	31.6	31.8	32.2	34.2	34.9
中　山 Zhongshan	20.7	16.3	16.3	16.3	16.4
江　门 Jiangmen	44.0	38.9	40.4	41.4	41.8
阳　江 Yangjiang	53.0	51.1	51.7	53.3	53.7
湛　江 Zhanjiang	22.5	23.7	27.1	27.6	27.7
茂　名 Maoming	55.7	55.6	55.9	56.4	56.4
肇　庆 Zhaoqing	67.4	65.1	65.5	66.6	67.3
清　远 Qingyuan	66.8	66.7	66.9	67.3	66.6
潮　州 Chaozhou	57.7	60.3	59.6	59.6	60.7
揭　阳 Jieyang	51.5	49.0	50.2	51.1	51.8
云　浮 Yunfu	61.1	64.9	65.6	65.8	66.1
省属林场 Provincial Forest Farm	93.4	88.4	89.2	90.0	88.2
农 垦 局 Agricultural Reclamation Bureau	40.9	36.0	43.3	43.6	42.9
雷 州 局 Leizhou Bureau	66.7	67.7	67.9	63.3	61.3

1-15 人口结构及变动情况

1-15 Structure and Alteration of Population

项 目 Item	2004	2005	2006	2007	2008
年末常住人口（万人） **Permanent Population at the Year-end**	**9110.7**	**9194.0**	**9304.0**	**9449.0**	**9544.0**
男性比例（%） Male Percentage（%）	51.3	50.6	50.7	51.0	51.2
女性比例（%） Female Percentage（%）	48.7	49.4	49.3	49.0	48.8
0~14岁人口比例（%） Percentage of People Age from 0~14（%）	23.2	21.3	20.5	20.1	19.7
15~64岁人口比例（%） Percentage of People Age from 15~64（%）	70.0	71.3	72.1	72.3	72.4
65岁及以上人口比例（%） Percentage of People Age 65 and Above（%）	6.8	7.4	7.4	7.6	7.9
城镇人口比例（%） Percentage of Urban Population（%）		60.7	63.0	63.1	63.4
人口密度（人/千米^2） Population Density（person/km^2）	462.0	511.0	518.0	526.0	531.0
户籍人口 **Registered Residents**					
年末总户数（万户） Total Households at Year-end（10000 households）	2065.9	2096.3	2139.9	2178.9	2218.6
年末总人口（万人） Total Population at Year-end（10000 persons）	7804.8	7899.6	8048.7	8156.1	8267.1
#农业人口 Agricultural Population	3973.5	3792.3	3880.4	3894.0	3950.5
非农业人口比例（%） Percentage of Nonagricultural Population（%）	48.7	51.7	51.6	52.0	52.0
性别比（女=100） Gender Ratio（Female =100）	106.5	106.9	106.7	106.4	106.5
人口变动情况（‰） **Alteration of Population（ ）**					
出生率 Birth Rate	13.1	11.7	11.8	12.0	11.8
死亡率 Mortality Rate	5.1	4.7	4.5	4.7	4.6
自然增长率 Natural Increase Rate	8.0	7.0	7.3	7.3	7.3
迁入率 In-migration Rate	17.3	13.7	18.3	14.8	13.5
迁出率 Emigration Rate	13.4	9.0	10.1	8.9	9.7
总迁移率 Gross Migration Rate	30.7	22.6	28.4	23.7	23.1
净迁移率 Net Migration Rate	3.8	4.7	8.1	6.0	3.8
跨省净迁移率 Trans-provincially Migration Rate	3.3	2.6	3.3	3.5	2.9

1-16 各市年末常住人口数

1-16 Permanent Population at the Year-end by City

单位：万人 （10000 Persons）

市别	City	2004	2005	2006	2007	2008
合计	**Total**	**9110.7**	**9194.0**	**9304.0**	**9449.0**	**9544.0**
广州	Guangzhou	966.1	949.7	975.5	1004.6	1018.2
深圳	Shenzhen	800.8	827.8	846.4	861.6	876.8
珠海	Zhuhai	138.9	141.6	145.0	145.4	148.1
汕头	Shantou	492.7	494.5	497.2	500.1	505.6
佛山	Foshan	575.0	580.0	585.8	592.3	595.3
韶关	Shaoguan	288.4	292.3	292.9	294.9	295.2
河源	Heyuan	269.2	278.2	278.5	281.8	286.9
梅州	Meizhou	408.5	411.8	412.1	411.1	412.5
惠州	Huizhou	363.2	370.7	376.0	387.5	392.7
汕尾	Shanwei	274.8	279.9	280.7	287.2	290.2
东莞	Dongguan	655.7	656.1	674.9	694.7	695.0
中山	Zhongshan	242.7	243.5	249.3	251.0	251.1
江门	Jiangmen	410.0	410.3	411.0	412.6	414.3
阳江	Yangjiang	230.9	232.1	233.3	235.7	236.8
湛江	Zhanjiang	660.7	669.0	669.9	680.8	690.2
茂名	Maoming	576.1	584.0	592.8	604.7	612.4
肇庆	Zhaoqing	364.2	367.6	370.1	375.2	380.3
清远	Qingyuan	352.8	359.4	361.6	365.9	373.2
潮州	Chaozhou	251.6	252.0	253.4	254.7	256.7
揭阳	Jieyang	556.7	559.7	563.4	569.9	573.7
云浮	Yunfu	232.0	234.0	234.2	237.2	238.8

1-17 各市年末户籍人口数

1-17 Registered Residents at the Year-end by City

单位：万人 (10000 Persons)

市别 City	总人口 Total Population	按性别分 Divided by Gender		按农业人口、非农业人口分 Divided by Agricultural or Nonagricultural	
		男 Male	女 Femal	非农业人口 Nonagricultural Population	农业人口 Agricultural Population
合计 Total	**8267.1**	**4263.2**	**4003.9**	**4297.8**	**3950.5**
广州 Guangzhou	784.2	399.0	385.1	704.2	78.7
深圳 Shenzhen	232.5	123.6	108.9	232.5	
珠海 Zhuhai	99.5	50.7	48.8	99.5	
汕头 Shantou	506.6	254.3	252.3	502.0	4.6
佛山 Foshan	364.3	181.8	182.5	364.3	
韶关 Shaoguan	323.1	167.5	155.6	165.3	156.5
河源 Heyuan	346.6	179.0	167.6	83.0	263.6
梅州 Meizhou	505.3	259.5	245.8	132.1	373.2
惠州 Huizhou	318.8	162.5	156.4	186.2	132.6
汕尾 Shanwei	336.0	174.7	161.3	167.4	167.7
东莞 Dongguan	174.9	88.9	86.0	76.4	98.1
中山 Zhongshan	146.4	73.2	73.3	77.3	68.7
江门 Jiangmen	389.9	197.1	192.9	219.8	170.0
阳江 Yangjiang	273.3	145.3	128.0	114.3	158.0
湛江 Zhanjiang	753.9	399.2	354.7	278.9	475.0
茂名 Maoming	725.7	384.6	341.1	270.9	452.5
肇庆 Zhaoqing	410.3	211.6	198.7	117.9	291.3
清远 Qingyuan	405.8	210.0	195.8	111.6	293.5
潮州 Chaozhou	256.1	130.3	125.9	74.2	181.9
揭阳 Jieyang	641.2	327.5	313.8	219.6	415.1
云浮 Yunfu	272.7	143.1	129.6	100.6	169.6

1-18 暂住人口情况（2008）

1-18 Transient Population（2008）

单位：人 （Person）

项　目 Iten	性别 Gender		暂住时间 Stay Period		
	男 Male	女 Female	一个月以下 Less than One Month	一个月至一年 A Month to A Year	一年以上 More than A Year
合　计 **Total**	**14573280**	**14057352**	**2194514**	**13575977**	**12860141**
务　工 Work	10652601	10346486	1236515	10301798	9460774
务　农 Husbandry	276304	225366	27003	221319	253348
经　商 Business	1336603	893557	177788	901124	1151248
服　务 Service	1045129	1373974	186615	1155048	1077440
因公出差 Business Trip	81301	41208	62494	41023	18992
借读培训 Temporary Study or Raining	260851	181993	44880	143529	254435
治病疗养 Illness Treatment and Rehabilitation	13680	11509	8646	11396	5147
保　姆 Nurse	16765	153985	13147	85869	71734
投靠亲友 Fall Back on Relatives or Friends	160825	172356	63818	141764	127599
探亲访友 Visit Relatives or Friends	106050	103645	89191	78174	42330
旅游观光 Travel and Tourism	93604	74985	123032	30550	15007
其　他 Others	529567	478288	161385	464383	382087

项　目 Iten	来自地区 Originated from					
	省内 inside the Province		省外 outside the Province		港澳台 Hong Kong, Macau and Taiwan	国外 Oversea
	市 City	县 County	市 City	县 County		
合　计 **Total**	**2870728**	**4324646**	**7890061**	**13319731**	**148159**	**77307**
务　工 Work	1668128	2829705	5863014	10567189	49157	21894
务　农 Husbandry	60382	96753	136047	208254	175	59
经　商 Business	401680	436006	594728	734140	41950	21656
服　务 Service	323702	440149	680128	970853	3249	1022
因公出差 Business Trip	24528	19035	34959	37945	3458	2584
借读培训 Temporary Study or Raining	101410	113275	92547	127067	4914	3631
治病疗养 Illness Treatment and Rehabilitation	4657	6547	6351	7020	340	274
保　姆 Nurse	22512	43872	37063	66460	577	266
投靠亲友 Fall Back on Relatives or Friends	51309	69118	75703	130442	3218	3391
探亲访友 Visit Relatives or Friends	37644	40516	49728	67278	7420	7109
旅游观光 Travel and Tourism	32958	34650	42512	38816	12753	6900
其　他 Others	141818	195020	277281	364267	20948	8521

1-19 经济发展主要指标

1-19 Primary Indicators of Economic Growth

主要指标 Primary Indicators	2004	2005	2006	2007	2008
工业企业（万个） Number of Industrial Enterprise（10000 pieces）	42.7	44.6	44.1	47.3	58.6
#规模以上工业企业（万个） Number of Industrial Enterprises above the Designated Size（10000 pieces）	3.5	3.5	3.8	4.2	5.3
建筑业企业（万个） Number of Construction Enterprise（10000 pieces）	0.4	0.4	0.4	0.4	0.5
就业人员数（万人） Employed Persons（10000 persons）	4681.9	5022.9	5250.1	5402.7	5553.7
第三产业就业人员的比重（%） Proportion of Employed Persons in Tertiary-industry	28.4	29.8	30.8	31.6	32.2
城镇登记失业率（%） Registered Urban Unemployment Rate（%）	2.7	2.6	2.6	2.5	2.6
地区生产总值（亿元） Gross Domestic Product（GDP）（100 million yuan）	16039.0	22366.5	26159.5	31084.4	35696.0
第一产业（亿元） Primary Industry（100 million yuan）	1245.4	1428.3	1532.2	1695.6	1970.2
第二产业（亿元） Secondary Industry（100 million yuan）	8890.3	11339.9	13431.8	15931.1	18402.6
第三产业（亿元） Tertiary Industry（hundred million yuan）	5903.8	9598.3	11195.5	13449.7	15323.6
地区生产总值增长速度（%） GDP Growth Rate（%）	14.8	13.8	14.6	14.7	10.1
人均地区生产总值（元） Per Capita GDP（Yuan）	19707	24435	28332	33151	37588
第三产业增加值（亿元） Added Value of Tertiary Industry	5904	9598	11196	13449	15324
全社会固定资产投资总额（亿元） Overall Gross Fixed Asset Formation（100 million yuan）	6025.5	7164.1	8132.4	9597.0	11165.1
全社会劳动生产率（元/人） Overall Labor Productivity（yuan/person）	36329	46089	51166	58359	65161
地区财政收入（亿元） Regional Financial Income（100 million yuan）	1418.5	1807.2	2179.5	2785.8	3310.3
地区财政支出（亿元） Regional Financial Expense（100 million yuan）	1853.0	2289.1	2553.3	3159.6	3778.6
商品零售价格指数（%） General Retail Price Index（%）	102.9	101.8	101.5	103.4	106.0
居民消费价格指数（%） Consumer Price Index（%）	103.0	102.3	101.8	103.7	105.6
社会消费品零售总额（亿元） Total Retail Sales of Consumer Goods（100 million yuan）	6370.4	7882.6	9118.1	10598.1	12772.2
出口总额（亿美元） Total Exports（100 million dollar）	1915.7	2381.7	3019.5	3692.4	4041.9
进口总额（亿美元） Total Imports（100 million dollar）	1655.6	1898.3	2252.6	2648.0	2793.0
进出口贸易差额（亿美元） Balance of Trade（100 million dollar）	260.1	483.4	766.9	1044.4	1248.9

1-20 教育和文化事业主要指标

1-20 Primary Indicators of Educational and Cultural Undertakings

指 标 Item	2004	2005	2006	2007	2008
教育经费总投入（亿元） Total Budgetary Spending on Education（100 million yuan）	706.1	806.6	902.1	1127.4	1214.7
城镇居民人均教育费支出（元） Per Capita Expense on Education for Urban Residents（yuan）	721.0	755.9	803.0	812.0	720.6
高等学校普通本专科在校学生数（万人） Undergraduate and Junior College Student in Colleges and Universities（10000 persons）	72.7	87.5	100.8	112.0	121.6
#女生（万人） School Girl（10000 persons）	32.5	40.1	47.5	53.5	59.3
成人高等学校在校学生数（万人） Students in Higher Education Schools for Adults （10000 persons）	25.8	29.6	40.4	42.4	44.5
#女生（万人） Female Student（10000 persons）	14.2	17.3	23.9	25.9	26.8
高中阶段在校学生数（万人） Students in Senior Middle School（10000 persons）	224.9	252.8	282.5	309.0	335.4
#女生（万人） Schoolgirl （10000 persons）	101.5	113.0	128.0	139.5	152.4
中等职业教育学生数（万人） Students in Secondary Vocational Schools（10000 persons）	93.6	71.0	80.8	136.6	153.6
初中、小学在校学生数（万人） Students in Junior Middle School and Primary School（10000 persons）	1499.2	1529.7	1532.8	1500.6	1454.4
#女生（万人） Schoolgirl （10000 persons）	699.7	710.1	707.8	690.9	666.1
初中毕业生升学率（%） Enrolment Rate of Junior Middle School Graduates （%）	65.13	70.74	75.41	77.65	83.00
九年义务教育完成率（%） Finishing Rate of Nine-year Compulsory Education	86.7	91.7	93.1	97.1	95.4
文化体育与传媒经费（亿元） Expenditure on Culture，Sports and Media（100 million yuan）	40.2	43.1	49.8	53.0	66.7
每万人口拥有公共文化机构数（个） Number of Public Cultural Institutions Owned by Per Ten Thousand Person（unit）	0.1	0.1	0.1	0.23	0.24
公共图书馆藏书量（万册） Volumes of Books in Public Library （10000 volumes）	2740	3119	3454	3698	3995
订销报纸期刊累计份数（万份） Accumulative Copies of subscribed Newspapers and Periodical（10000 copies）	104284.8	105150.5	97224.3	105102.7	104466.8
广播节目人口综合覆盖率（%） Integrated Population Coverage Rate of Broadcasting Programs（%）	96.1	96.1	96.4	97.0	97.1
电视节目人口综合覆盖率（%） Integrated Population Coverage Rate of Television Programs（%）	96.4	96.4	96.7	97.3	97.4
有线电视入户率（%） Home Access Ratio of Cable Television（%）	59.7	58.1	60.0	62.3	63.3
每百户城镇居民家庭拥有的家庭电脑数（台） Amount of Computers Owned by Per Hundred Urban Households（piece）	64.3	70.3	74.5	78.8	83.2
城镇居民人均文化娱乐支出（元） Per Capita Cultural and recreational Venues for Urban Residents（yuan）	856.7	913.2	1010.2	1182.8	1215.8
农村居民人均文教、娱乐用品及服务支出（元） Per Capita Cultural，Educational，Recreational Articles and Service Expense for Rural Residents（yuan）	314.3	360.7	303.4	254.9	272.9

1-21 卫生和社会保障事业主要指标

1-21 Primary Indicators of Public Health and Social Security Undertakings

指 标 Item	2004	2005	2006	2007	2008
政府卫生支出（万元） Government's Health Expenditure (10000 yuan)	102.5	113.9	133.7	725941	955219
卫生机构（个） Medical and Health Organization (unit)	15744	16318	16953	16490	15821
卫生技术人员（万人） Medical and Health Workers (10000 persons)	28.3	29.7	33.3	36.1	38.4
#执业（助理）医师（万人） Medical Practitioners (Interns) (10000 persons)	11.0	11.8	13.1	13.8	14.4
卫生机构床位数（万张） Beds of Medical and Health Organizations (10000 units)	20.0	21.0	22.2	23.4	25.1
医院病床使用率（%） Rate of Utilization of Hospital Beds (%)	76.5	70.4	77.3	81.8	84.5
新生儿死亡率（‰） Infant Mortality Rate (‰)	6.6	5.5	5.0	4.43	3.8
甲乙类法定报告传染病发病率（1/10万） Incidence of Class AB National Notifiable Reporting Infectious Disease (1/100000)	205.1	244.1	222.3	241.3	238.1
已改水受益人口占农村人口百分比（%） Percentage of Beneficiaries from Rural Water Improvement Project to Rural Population (%)	98.6	98.6	98.1	98.3	98.3
饮用自来水人口占农村人口百分比（%） Percentage of People Enjoying Rural Tap Water to Rural Population (%)				77.5	78.4
农村卫生厕所普及率（%） Rural Dissemination Rate of the Sanitation Toilets (%)	75.1	75.0	76.2	78.3	79.5
民政经费（亿元） Local Civil Affairs Expenditure (100 million yuan)	44.9	49.6	63.6	82.7	97.2

1-21续表 continued

指 标 Item	2004	2005	2006	2007	2008
城镇居民最低生活保障人数（万人） Number of Urban Residents Enjoying Minimum Life Guarantee System（10000 persons）	37.8	42.2	38.9	37.9	39.7
#农村居民最低生活保障人数（万人） Number of Rural Residents Enjoying Minimum Life Guarantee System（10000 persons）	78.5	125.4	133.9	138.3	160.6
收养性社会福利单位数（个） Number of Adopting Social Welfare Institutions（unit）	2058	2151	2112	2384	2400
收养性社会福利单位床位数（张） Number of Beds in Adopting Social Welfare Institutions（unit）	91190	91890	89812	111871	117178
收养性社会福利单位收养人数（人） Number of People Adopted by Adopting Social Welfare Institutions（person）	57606	63256	61857	81552	85192
社区服务中心（个） Number of Community Service Centers （unit）	759	1170	754	750	767
城镇社区服务设施数（个） Number of Service Facilities in Urban Communities（unit）	7452	9044	8862	5911	6327
离婚办理（对） Divorce Registration（couple）	49481	58589	65739	71669	82200
参加城镇基本养老保险的人数（万人） Number of Urban Basic Pension Insurance Contributors（10000 persons）	1589.0	1796.1	1972.3	2226.8	2444.3
参加基本医疗保险的人数（人） Number of Basic Medical Insurance Contributors （person）	1034.0	1235.3	1421.1	2022.2	2370.7
参加失业保险的人数（万人） Number of Unemployment Insurance Contributors（10000 persons）	1006	1131	1214	1308	1442
养老、失业、医疗、工伤、生育保险基金当年支出额（亿元） Expenses of Pension, Unemployment, Medical, Employment Injury, Maternity Insurance Found in the Current Year（100 million yuan）	351.6	419.2	468.1	573.7	696.2

1-22 社会安全和社会参与主要指标

1-22 Primary Indicators on Social Safety and Social Involvement

指 标 Item	2004	2005	2006	2007	2008
公共安全支出占地方财政支出的比重（%） Proportion of Public Safety expenditure to Local Financial Expenditures（%）	10.3	10.1	10.1	10.8	10.4
律师人数（人） Number of Lawyers （person）	11160	15783	15962	15136	16750
公证人员（人） Number of Notarial Personnels（person）	1306	1433	1456	1402	1504
交通事故死亡人数（人） Deaths in Traffic Accidents（person）	10657	9959	8828	7994	7182
火灾事故死亡人数（人） Deaths in Fire Accidents（person）	280	298	175	194	220
交通事故损失额（万元） Amount of Loss in Traffic Accidents（10000 yuan）	24127	20883	13298	12075	10014
火灾事故损失额（万元） Amount of Loss in Fire Accidents（10000 yuan）	11476	8052	5628	9027	11490
刑事案件立案数（起） Registered Criminal Cases （case）	509522	497525	468589	447576	422016
治安案件查处数（起） Number of Checked up Public Safety Cases （case）	275974	323186	795086	979934	1066451
未成年人刑事案件作案成员占全部刑事案件作案成员的比重(%) Proportion of Minors Criminal Cases Committed Members to Total Criminal Cases Committed Members(%)	15.8	16.4	16.5	16	12.8
省级人大代表人数（人） Number of Provincial Deputies of People's Congress（person）	787	794	791	789	790
#女性（人） Female（person）	202				
省级政协委员人数（人） Member of the CPPCC Provincial Committee（person）	896	848	962	950	950
#女性（人） Female（person）	148	140	164	168	168
基层工会组织数（个） Number of Grassroots Unions	96340	129938	135701	154563	180175
工会会员人数（万人） Member of Labor Union（10000 persons）	1129	1337	1464	1635	1800
共青团员人数（万人） Number of League Members（10000 persons）	407.2	423.7	446.3	476.2	498.8
基层地方妇联组织数（个） Number of Local Women's Federation Unions（unit）	122878	31585	31592	31527	30693
县处级干部人数（万人） Number of Cadres at County and Department Level（10000 persons）	3.0	2.9	3.1	3.3	3.4
#女性（万人） Female（10000 persons）	0.5	0.5	0.5	0.6	0.6
宗教活动场所（处） Number of Venue for Religious Activities（place）	2328	2465	2606	2651	2712
宗教教职人员（人） Number of Clergies（person）	7290	7708	8412	8576	8748

1-23 人民生活主要指标

1-23 Primary Indicators of People Livelihood

指标 Item	2004	2005	2006	2007	2008
城镇居民家庭人均可支配收入（元） Per-Capita Disposable Income of Urban Residents（yuan）	13627.7	14769.9	16015.6	17699.3	19732.9
城镇居民家庭人均消费性支出（元） Per-Capita Consumption Expenditure of Urban Residents（yuan）	10694.8	11809.9	12432.2	14336.9	15528.0
食品 Food	3953.3	4265.2	4503.9	5056.7	5866.9
衣着 Clothes	620.1	673.9	719.3	814.6	975.1
居住 Occupancy		1181.4	1254.7	1444.9	1748.2
城镇居民人均使用面积（米²） Per Capita Usable Floor Area for Urban Residents（m^2）	25.1	25.7	26.6	33.8	33.0
家庭设备用品及服务（元） Household Equipment，Appliance and Services（yuan）		605.1	633.0	853.2	947.5
医疗保健（元） Medical Care（yuan）		704.9	707.9	752.5	836.4
交通和通信（元） Transportation and Communications（yuan）		2333.1	2394.7	2966.1	2623.1
教育文化娱乐服务（元） Education，Culture and Recreation Services（yuan）		1669.1	1813.9	1994.9	1936.4
杂项商品和服务（元） Miscellaneous Commodities and Services（yuan）		377.2	405.0	454.1	594.5
每百户城镇居民家庭耐用消费品拥有量 Number of Durable Consumer Goods Owned by 100 Urban Households					
彩色电视机（台） Color Television Receiver（set）	154.7	155.3	160.1	154.2	143.1
电冰箱（台） Refrigerator（set）	93.4	93.9	94.1	94.3	94.4
洗衣机（台） Washing Machine（set）	97.4	97.2	97.8	98.9	94.9
家用汽车（辆） Domestic Car（unit）		9.7		17.6	19.6
农村居民人均纯收入（元） Annual Net Income of Rural Residents（yuan）	4365.9	4690.5	5079.8	5624.0	6399.8
农村居民人均生活费支出（元） Annual Per Capita Living Expenditure of Rural Households（yuan）	3240.8	3707.7	3886.0	4202.3	4873.0
食品 Food	1581.7	1789.4	1887.2	2087.6	2388.9
衣着 Clothes	116.8	143.5	151.2	162.3	177.7
居住 Occupancy	494.9	530.3	634.0	763.0	965.0
家庭设备、用品及服务 Household Equipment，Appliance and Services	131.2	152.1	148.6	163.9	189.0
文化教育娱乐用品及服务 Education，Culture and Recreation Appliance and Services	314.3	360.7	303.4	254.9	272.9
农村居民人均生活用房面积（米²） Per Capita Living Floor Space for Rural Residents（m^2）	25.5	25.7	26.6	27.2	27.9
农村每百户耐用品拥有量 Number of Durable Consumer Goods Owned by 100 Rural Households					
电视机（台） Television（set）	108.8	112.2	114.1	115.7	116.5
电冰箱（台） Refrigerator（set）	20.4	24.7	27.5	31.7	34.9
摩托车（辆） Motorbike（unit）	77.1	86.9	89.7	94.3	97.8
电话机（部） Telephone Equipment（unit）	78.0	82.4	85.8	83.7	85.2

1-24 各市城镇居民人均可支配收入和消费支出

1-24 Per-Capita Disposable Income and Consumption Expenditure of Urban Residents by City

市别 City		可支配收入（元）Disposable Income（yuan）			消费支出（元）Consumption Expenditure（yuan）		
		2006	2007	2008	2006	2007	2008
广州	Guangzhou	19850.7	22469.2	25316.7	15444.9	18951.3	20836.0
深圳	Shenzhen	32009.4	33592.8	26729.3	23986.6	24365.2	19779.1
珠海	Zhuhai	19339.5	20515.5	20949.5	16238.0	18517.1	16516.8
汕头	Shantou	11964.0	12670.1	12542.1	9749.9	10763.9	10765.0
佛山	Foshan	19315.4	21112.2	22494.0	15660.3	17639.3	17552.9
韶关	Shaoguan	12302.9	14072.2	15038.5	8509.5	9477.7	10666.4
梅州	Meizhou	9407.9	10646.6	12109.3	7396.6	8969.8	9665.8
惠州	Huizhou	17267.3	18770.2	19480.6	13785.1	14865.5	16581.2
湛江	Zhanjiang	10497.6	11296.0	12361.6	8033.9	8710.0	9583.4
肇庆	Zhaoqing	11546.8	12278.0	13641.5	7665.8	8638.6	10068.1
东莞	Dongguan	25320.2	28209.4	30274.6	18995.4	24375.9	23207.7
顺德	Shunde	22394.2	25301.3	26433.0	20143.5	21453.8	22165.5
鹤山	Heshan	12102.1	12748.4	13075.3	7812.4	9528.5	10037.0
廉江	Lianjiang	7379.0	8044.5	8728.4	4976.6	5529.5	5544.6
电白	Dianbai	8493.3	9482.0	9955.9	6860.6	7388.7	7982.0
兴宁	Xingning	7583.5	8292.4	8894.2	6468.5	7109.3	7951.2
连州	Lianzhou	9808.2	11312.9	12124.0	7345.1	8810.7	8593.9
普宁	Puning	7599.5	8499.7	8976.3	6924.5	7647.3	7753.7

1-25 历年农村居民人均纯收入及恩格尔系数

1-25 Per-Capita Net Income and Engel's Coefficient of Rural Residents Over the Years

年份 Year	人均纯收入（元） Per Capita Net Income（yuan）	实际增长（%） Actual Growth Rate（%）	人均生活消费支出（元） Per Capita Living Ex-penditure（yuan）	实际增长（%） Actual Growth Rate（%）	恩格尔系数（%） Engel's Coefficient（%）
1978	193.3		184.9		61.7
1979	222.7	13.6	205.2	10.1	59.9
1980	274.4	19.4	222.2	3.9	60.4
1981	325.4	11.4	266.1	12.1	59.3
1982	381.8	12.7	312.4	16.2	58.4
1983	395.9	7.0	328.8	6.3	60.3
1984	425.3	7.2	346.2	5.0	59.3
1985	495.3	9.8	388.0	5.7	60.4
1986	546.4	7.6	454.1	11.1	58.8
1987	662.2	11.1	545.3	9.5	57.3
1988	808.7	2.7	684.7	3.2	55.2
1989	955.0	2.0	870.6	7.3	53.7
1990	1043.0	1.6	932.6	-0.3	57.7
1991	1143.1	9.4	942.4	1.2	57.4
1992	1307.7	10.4	1060.3	8.8	54.0
1993	1674.8	6.1	1391.0	6.8	52.8
1994	2181.5	3.8	1882.0	3.6	55.6
1995	2699.2	6.5	2255.0	5.3	54.5
1996	3183.5	7.6	2584.2	6.9	51.6
1997	3467.7	4.2	2617.7	0.3	52.3
1998	3527.1	3.4	2683.2	3.8	51.1
1999	3628.9	6.2	2645.9	1.7	50.7
2000	3654.5	0.9	2646.0	…	49.8
2001	3769.8	3.5	2703.4	2.5	49.9
2002	3911.9	5.1	2825.0	6.0	47.6
2003	4054.6	3.4	2927.4	3.4	47.9
2004	4365.9	4.0	3240.8	6.7	48.8
2005	4690.5	4.5	3707.7	11.4	48.3
2006	5079.8	6.4	3886.0	3.2	48.6
2007	5624.0	6.5	4202.3	4.5	49.7
2008	6399.8	7.6	4873.0	9.6	49.0

1-26 各市城镇单位从业人员和在岗职工平均工资

1-26 Number of Employed persor in Urban Units and Average Wages of Staff and Workers by City

单位：元 (Yuan)

市别	City	从业人员劳动报酬 Remuneration of Employed Persons				在岗职工工资 Wages of Staff and Workers			
		合计 Total	国有单位 State-owned Units	城镇集体单位 Urban Collectively-owned Units	其他单位 Other Units	合计 Total	国有单位 State-owned Units	城镇集体单位 Urban Collectively-owned Units	其他单位 Other Units
全省平均	**Provincial Average**	**33282**	**40391**	**18446**	**30109**	**33110**	**40775**	**18461**	**29580**
广州	Guangzhou	45368	61372	23922	37256	45702	62746	24255	37147
深圳	Shenzhen	44406	65310	25370	39157	43454	65431	25291	37933
珠海	Zhuhai	30045	57320	23834	25024	29703	58359	23748	24556
汕头	Shantou	23074	27448	11161	22994	23085	27698	11180	22660
佛山	Foshan	30955	43618	30177	23667	31047	43949	30280	23647
韶关	Shaoguan	25885	28845	15246	24139	25962	28910	15342	24167
河源	Heyuan	22211	27036	16902	18534	22058	27164	17024	18009
梅州	Meizhou	21607	23329	14237	18338	21821	23495	14453	18521
惠州	Huizhou	23215	33299	17789	20663	22727	33438	17814	19979
汕尾	Shanwei	20475	19754	18037	23553	20385	20146	15423	23090
东莞	Dongguan	39359	50429	20916	29510	39516	51441	20833	28838
中山	Zhongshan	31862	50338	28971	23586	31696	51167	28887	23100
江门	Jiangmen	21704	27378	16820	19267	21675	27579	16872	19128
阳江	Yangjiang	19252	23257	12188	14532	19476	23590	12268	14552
湛江	Zhanjiang	21728	22608	14132	21699	21809	22779	14023	21539
茂名	Maoming	21791	22102	14607	25480	22037	22482	14616	25533
肇庆	Zhaoqing	23252	29187	15410	17257	23386	29613	15698	17148
清远	Qingyuan	25768	33711	21183	18914	25772	33878	21247	18824
潮州	Chaozhou	19806	22697	10096	16732	19915	23000	10166	16402
揭阳	Jieyang	17244	18862	11193	15212	17256	18891	11146	15182
云浮	Yunfu	19401	25197	16018	13808	19439	25297	16112	13792

1-27 各市人均生活用电量

1-27 Residential Electricity Consumption by City

单位：千瓦时　　(kW·h)

市　别	City	2004	2005	2006	2007	2008
合　计	**Total**	**329.8**	**359.0**	**395.7**	**412.6**	**460.0**
广　州	Guangzhou	741.7	751.3	826.2	908.3	975.9
深　圳	Shenzhen	672.3	651.1	688.0	778.1	807.9
珠　海	Zhuhai	565.8	577.2	620.9	708.3	766.3
汕　头	Shantou	329.8	371.6	427.2	461.3	498.5
佛　山	Foshan	515.6	440.9	502.7	573.7	632.9
韶　关	Shaoguan	160.1	207.2	215.6	220.4	303.1
河　源	Heyuan	104.5	137.6	161.4	189.1	230.4
梅　州	Meizhou	128.3	161.2	169.7	197.9	243.9
惠　州	Huizhou	315.2	323.1	375.2	404.8	455.8
汕　尾	Shanwei	190.9	241.2	273.5	332.6	363.4
东　莞	Dongguan	593.5	522.3	587.6	636.2	705.5
中　山	Zhongshan	548.1	600.7	649.1	721.7	827.2
江　门	Jiangmen	262.6	288.4	315.2	354.0	384.9
阳　江	Yangjiang	140.4	177.5	206.2	223.0	245.2
湛　江	Zhanjiang	100.6	120.5	136.1	143.9	163.6
茂　名	Maoming	82.7	112.4	128.7	140.9	167.4
肇　庆	Zhaoqing	128.0	157.8	178.0	204.7	229.6
清　远	Qingyuan	139.3	172.9	195.4	223.2	253.5
潮　州	Chaozhou	374.1	410.2	457.6	505.1	557.1
揭　阳	Jieyang	184.0	205.1	222.0	245.2	261.3
云　浮	Yunfu	146.1	167.7	180.6	194.6	205.9

注：2004年佛山市数据经过调整。

Note: the data of Foshan city in 2004 was adjusted.

主要统计指标解释

行政区划 指国家对行政区域的划分。根据宪法规定，我国的行政区域划分如下：①全国分为省、自治区、直辖市；②省、自治区分为自治州、县、自治县、市；③自治州分为县、自治县、市；④县、自治县分为乡、民族乡、镇；⑤直辖市和较大的市分为区、县；⑥国家在必要时设立的特别行政区。

土地资源 土地指陆地的表层部分，它主要由岩石、岩石的风化物和土壤构成。土地资源按利用类型可以分为农用地、建筑用地和未利用地。农用地包括耕地、园地、林地、牧草地和水面。建筑用地包括居民点及工矿用地、交通用地和水利设施用地。未利用地指农用地和建筑用地以外的土地，包括滩涂、荒漠、戈壁、冰川和石山等。

耕地面积 指经过开垦用于种植农作物并经常进行耕耘的土地面积。包括种有作物的土地、休闲地、新开荒地和抛荒未满三年的土地面积。

气温 气象学上把表示空气冷热程度的物理量称为空气温度，简称气温。国际上标准的气温度量单位是摄氏度（℃）。

平均气温 指观测场距地面1.5米高的百页箱内的空气温度，单位是摄氏度（℃），是一项热量指标，对农业生产具有很好的指导意义。

森林面积 包括郁闭度0.2以上的乔木林地面积和竹林地面积，国家特别规定的灌木林地面积，农田林网以及村旁、路旁、水旁、宅旁林木的覆盖面积。

森林覆盖率 是指以行政区域为单位，森林面积与土地面积的百分比。

水资源总量 指当地降水形成的地表和地下的产水量，即地表径流量与降水入渗补给量之和。水资源总量包括地表水资源量和地下水资源量，并扣除二者的重复计算量。地表水资源量指地表水体的动态水量，即天然河川径流量。地下水资源量指地下水体（含水层重力水）的动态水量。

总人口 指一定时点、一定地区范围内有生命的个人的总和。按不同的统计范围可分为常住人口和户籍人口，统计时点通常为每年12月31日24时。

城镇人口比例 指城镇人口与同期总人口之比，反映该区域人口的城镇化水平。通常以百分比表示。

国内（地区）生产总值 指按市场价格计算的一个国家（或地区）所有常住单位在一定时期内生产活动的最终成果。国内（地区）生产总值有3种计算方法，即生产法、收入法和支出法。3种方法分别从不同的方面反映国内生产总值及其构成。

Explanatory Notes on Main Statistical Indicators

Administrative Division Refers to the division of national administrative regions. According to the constitution, the administrative region in our country was divided into: ①The entire country is divided into provinces, autonomous regions and municipalities; ②The province and autonomous regions are divided into autonomous prefectures, counties, autonomous counties and cities; ③Autonomous prefectures are divided into counties, autonomous counties and cities; ④County and autonomous county are divided into country, nationality townships and towns; ⑤Municipality and major city are divided into districts and counties; ⑥The state sets up special administrative regions if desired.

Land Resources Land Refers to the surface part of dry land. It mainly consists rocks, the weathered material of rocks and soil. According to the use pattern, land resources can be divided into agricultural land, building land and unused land. Agricultural land including arable land, garden plot, woodland, grassland and water area. Building land including inhabitant land, industrial, communication and water conservancy land. Unused land means lands except agricultural and building land, including mudflat, desert, Gobi, glacier and rocky hills.

Arable Land Area Refers to the area of land that reclamed for crop planting, and regular cultivated, including the area of land with crops, fallow land, newly reclaimed land and land been fallowed within 3 years.

Air Temperature Refers to the physical quantity representing the degree of coldness or warmth of air in aerology, abbreviated as air temperature. The international standard temperature measurement unit is centidegree (℃)

Average Temperature Refers to the air temperature in the thermometer screen 1.5 meters above the ground of observation field. the unit is centidegree (℃), and is a heat index, which is o good directive significance to agricultural industry.

Forest Area Refers to the area of arbor forest and bamboo forest with the shade density above 0.2, state specially prescribed shrubbery forest area area of networks of forest belts on farmland and the coverage area of woods beside villages, roads, waterways and houses.

Forest Coverage Refers to the percentage of forest area to land area by administrative divisions.

Total Water Resources Refers to the surface and underground waters formed by local rainfall, which is the sum of surface runoff and rainfall infiltration recharge. The total water resources including surface water resources and underground water resources, excluding the overlap calculated amount of them. Surface water resources refers to the dynamic water resources of surface water body, as well as natural river runoff. Underground water resources refers to the dynamic water resources of groundwater body (including gravitational water in the aqueous layer.

Proportion of Urban Population refers to the proportion of urban population in the total population during the same period of time. It is an indicator of population urbanization in a certain region, usually expressed in percentage.

Gross Domestic (Regional) Product Refers to the final products at market prices produced by all resident units in a country (or a region) during a certain period of time. It is calculated with three approaches, i. e. production approach, income approach and expenditure approach, which reflect gross domestic product and its composition from different aspects.

二、教　　育

Ⅱ　Education

简要说明

1．本篇资料主要反映广东省教育概况。

2．本篇资料主要包括：

（1）高等教育、成人教育、中等职业教育、普通高中、义务教育及幼儿学前教育，主要包括学校数、在校生数、招生数、毕业生数、教职工数和专任教师数等。

（2）地区分全省和21个地级以上市。

（3）年份有当年、近5年和1978年以来连续年份。

3．统计资料来源：本篇资料由广东省教育厅负责整理、审核、提供。

Brief Descriptions

1. The data in this chapter mainly show the educational situation of Guangdong Province.

2. The data in this Chapter mainly include:

(1) The data on higher, adult, secondary vocational, regular senior, compulsory and kindergarten education, including the number of schools, the number of students enrolled, the number of new enrollments, the number of graduates, the number of faculty members and the number of full–time teachers.

(2) The regions include the whole province and 21 cities above pretecture–level.

(3) The year include the current year, the past five years and the years since 1978.

3. Data sources: the data in this chapter are arranged, verified and provided by Guangdong Provincial Department of Education.

2-1 各级各类教育基本情况（2008）

2-1 Basic Conditions of All Types of Education at All Levels（2008）

指 标 Item	学校数（所）Number of Schools (unit)	毕业生数（人）Number of Graduates (person)	招生数（人）Number of New Enrollments (person)	在校生数（人）Number of Students Enrolled (person)	教职工数（人）Number of Faculty Members (person)	专任教师数（人）Number of Full-time Teachers (person)
一、高等教育 Higher Education	127	427958	571325	1775908	111780	74726
研究生 Postgraduate	31	16174	21121	58833		
普通本专科 Regular Universities and Colleges	108	282469	390732	1216390	102557	69223
本科 Universities with Full Undergraduate Courses	37	118967	187191	650329		
专科 Colleges with Specialized Courses	71	163502	203541	566061		
另有独立学院 Independent College	17	14265	52534	155377	10197	7333
成人本专科 Adults Universities and Colleges	19	129315	159472	444980	9223	5503
本科 Universities with Full Undergraduate Courses		43723	47251	147531		
专科 Colleges with Specialized Courses		85592	112221	297449		
网络本专科 Higher Education on Internet			24718	55705		
二、中等职业教育 Secondary Vocational Education	589	245300	398121	1000771	53571	38193
三、普通高中 Regular Senior Secondary Schools	1018	534880	668073	1817646	412718	110689
四、普通初中 Regular Junior Secondary Schools	3334	1429971	1803636	4978825		247359
五、小学 Primary Schools	19271	1867640	1315880	9564740	476680	416608
六、幼儿教育 Pre-school Education	10533	975273	1181290	2323511	191444	111597
七、特殊教育 Special Education	67	3484	3588	25125	2262	1717
八、工读学校 Reformatory Schools	2	121	131	248	227	47

说明：1. 研究生学校数为培养研究生单位数，普通本专科、成人本专科学校数为普通高校、成人高校学校数。普通本专科学校数不含独立学院学校数，中等职业教育不含技工数。
2. 普通本专科学生数和教职工数包含独立学校数。
3. 普通高中教职工数包含普通初中教职工数。

Nots: 1. Number of Postgraduate Schools refers to the number of institutions of postgraduate education, the number of Regular and Adults Universities and Colleges refers to regular institutions of higher education and institutions of higher education for adults. The number of regular universities and colleges does not include independent colleges, secondary vocational education does not include technical schools.
2. The number of students and faculties of regular universities and colleges include the data of independent colleges.
3. The number of faculties and members of regular senior secondary schools include the data of regular junior secondary schools.

2-2 高等教育基本情况（2008）

2-2 Basic Conditions of Higher Education（2008）

项　目	Item	学校数（所）Number of Schools（unit）	毕业生数（人）Number of Graduates（person）	招生数（人）Number of New Enrollments（person）	在校学生数（人）Number of Students Enrolled（person）	教职工数（人）Number of Faculty Members（person）	#专任教师 #Number of Full-time Teachers（person）
合　计	**Total**	**108**	**282469**	**390732**	**1216390**	**102557**	**69223**
#女性	Femal		131780	195725	593292	46866	30447
按隶属关系分	**Grouped by Relation of Leadership**	**108**	**282469**	**390732**	**1216390**	**102557**	**69223**
中央属	Under Central Government	4	17480	21362	82166	12102	7536
地方属	Under Local Government	104	264989	369370	1134224	90455	61687
按学校类别分	**Grouped by Type of Institution**						
综合大学	University	52	128898	189642	568944	47658	31562
理工院校	Science and Engineering College	24	60612	88600	265740	21269	14887
农业院校	Agriculture College	3	16389	17608	63891	5243	3611
医药院校	Medicine College	6	15745	20048	77561	9017	6164
师范院校	Teacher Education College	4	27949	22748	76801	6739	4504
语文院校	Language and Literature College	1	4467	7716	27739	2560	1536
财经院校	Economics and Finance College	7	17185	32966	99981	6591	4744
政法院校	Politics and Law College	2	2554	3168	10957	817	510
体育院校	Physical Culture College	3	1422	2599	7119	1005	562
艺术院校	Art College	5	2965	4333	14198	1658	1143
其他	Others		4283	1304	3459		

注：职业技术学院69所。

Note：The number of Vocational Technological College is 69.

2-3 中等教育基本情况（2008）

2-3 Basic Conditions of Secondary Education（2008）

项　目 Item	学校数（所）Number of Schools（unit）	毕业生数（人）Number of Graduates（person）	招生数（人）Number of New Enrollments（person）	在校学生数（人）Number of Students Enrolled（person）	教职工数（人）Number of Faculty Members（person）	#专任教师 Number of Full-time Teachers（person）
中等职业教育 Vocational Secondary Education	**589**	**245300**	**398121**	**1000771**	**52841**	**38193**
调整后中等职业学校 Vocational Secondary Schools after Adjustment	277	132178	228526	569457	28527	19751
中等技术学校 Technical Secondary Schools	86	38702	68976	169805	8299	5503
成人中等专业学校 Specialized Secondary Schools for Adults	35	6838	9196	24534	1431	1431
职业高中学校 Vocational Senior Secondary Schools	191	53917	80214	201800	12893	10377
其他机构 Other Institutions	82	13665	11209	35175	1691	1131
技工学校 Technical Schools	228	103000	203000	535000	21000	16000
普通中学 Regular Secondary Schools	**4352**	**1964851**	**2471709**	**6796471**	**412718**	**358048**
#高中 Senior Schools	1018	534880	668073	1817646		110689

2-4 技工学校基本情况（2008）

2-4 Basic Conditions of Secondary Technical Schools（2008）

项 目 Item	合计 Total	地方劳动保障部门办 Run by Local Labor and Social Security Depart-ments	行业办 Run by Industry	企业办 Run by Enter-prises	国务院部委办 Run by Ministries and Commissions Directly under the State Council	民办 Run by Non-public
技工学校个数（所）Regular Secondary Schools（unit）	**228**	**72**	**60**	**35**	**3**	**58**
招生学校数（所）Number of Schools（unit）	170	71	32	10	2	55
在职教职工人数（人）Number of Staffs and Workers（person）	**21283**	**12866**	**1746**	**2012**	**113**	**4546**
文化技术理论课教师 Teachers of Cultural and Technological Theory Lessons	9805	5845	794	1013	49	2104
#高级讲师 Senior Lecturers	1524	847	146	141	3	387
生产实习指导老师 Advisors of Productive Practice	5979	3484	365	523	40	1567
#高级实习指导教师 Senior Advisors of Productive Practice	392	209	14	26	3	140
一体化教师 All-in-one Teachers	5550	3639	408	472	20	1011
兼职教师（人）Part-time Teachers（person）	**2326**	**1470**	**235**	**178**	**11**	**432**
文化技术理论课教师 eachers of Cultural and Technological Theory Lessons	1399	908	137	57	3	294
生产实习指导老师 Advisors of Productive Practice	927	562	98	121	8	138
招生人数（人）Number of New Enrollments（person）	**203379**	**143946**	**11932**	**14125**	**765**	**32611**
高级班学生 Students in Senior Classes	57265	43764	2001	240	51	11209
技师和预备技师班学生 Students in Classes of Technicians and Preparatory Techician s	5270	4754	40			476
在校生人数（人）Number of Students Enrolled（person）	**535439**	**380630**	**35669**	**39968**	**2516**	**76656**

2-4续表 continued

项 目 Item	合计 Total	地方劳动保障部门办 Run by Local Labor and Social Security Departments	行业办 Run by Industry	企业办 Run by Enterprises	国务院部委办 Run by Ministries and Commissions Directly under the State Council	民办 Run by Non-public
高级班学生 Students in Senior Classes	110052	81464	4265	578	51	23694
技师和预备技师班学生 Students in Classes of Technicians and Preparatory Techician s	12087	9920	124	373		1670
毕业生人数（人） Number of Graduates (person)	**102656**	**74116**	**6294**	**10043**	**816**	**11387**
高级班学生 Students in Senior Classes	14976	11591	498	99		2788
技师和预备技师班学生 Students in Classes of Technicians and Preparatory Techician s	166	166				
就业人数（人） Number of Employed Students (person)	**100398**	**73365**	**6280**	**9865**	**795**	**10093**
高级班学生 Students in Senior Classes	14971	11590	498	98		2785
技师和预备技师班学生 Students in Classes of Technicians and Preparatory Techician s	166	166				
培训社会人员数（人） Number of Trained Social People (person)	323729	227779	24942	45208		25800
培训社会人员结业人数（人） Number of Trained Social People with Course-completion Certificate (person)	**312078**	**224652**	**20708**	**42301**		**24417**
获取初级职业资格证 Obtained Junior Professional Certificates	111397	87644	3622	8303		11828
获取中级职业资格证 Obtained Secondary Professional Certificates	34974	22741	3539	2886		5808
获取高级职业资格证 Obtained Senior Professional Certificates	19673	15773	1306	1331		1263
获取技师和高级技师资格证 Obtained Certificates for Technicians and Senior Technicians	5715	5138	203	234		140

2-5 各市普通高等教育基本情况（2008）

2-5 Basic Conditions of Regular Higher Education by City（2008）

市别	City	学校数（所）Number of Schools (unit)	毕业生数（人）Number of Graduates (person)	招生数（人）Number of New Enrollments (person)	在校生数（人）Number of Students Enrolled (person)	教职工数（人）Number of Faculty Members (person)	专任教师数（人）Number of Full-time Teachers (person)
合计	**Total**	**108**	**282469**	**390732**	**1216390**	**102557**	**69223**
广州	Guangzhou	63	172455	228486	736152	64607	43565
深圳	Shenzhen	4	11400	17561	55943	4836	2921
珠海	Zhuhai	4	12397	23555	70595	4559	3226
汕头	Shantou	2	4344	4888	15904	1660	1041
佛山	Foshan	5	8609	12423	35961	2965	1923
韶关	Shaoguan	2	6498	8782	25906	1962	1516
河源	Heyuan	1	2250	3933	8368	539	362
梅州	Meizhou	1	4378	5664	15389	1375	936
惠州	Huizhou	2	2925	5251	14622	1127	755
汕尾	Shanwei	1	1172	1488	3904	335	228
东莞	Dongguan	3	6486	10218	28656	2569	1691
中山	Zhongshan	2	4372	7565	23478	1637	1122
江门	Jiangmen	2	4392	6249	18899	1245	953
阳江	Yangjiang	1	2365	2267	6790	395	249
湛江	Zhanjiang	4	15946	20982	68157	5879	3879
茂名	Maoming	2	4998	7138	19746	1713	1031
肇庆	Zhaoqing	4	6570	11566	30869	2463	1770
清远	Qingyuan	1	2616	3364	8467	547	413
潮州	Chaozhou	1	3906	4040	13168	1032	769
揭阳	Jieyang	2	2925	3485	10517	748	590
云浮	Yunfu	1	1465	1827	4899	364	283

注：学校数不含独立学院校数。

Note: The number of Schools does not include the data of independent colleges.

2-6 各市中等职业教育基本情况（2008）

2-6 Basic Conditions of Secondary Vocational Education by City （2008）

市 别	City	学校数（所）Number of Schools（unit）	毕业生数（人）Number of Graduates（person）	招生数（人）Number of New Enrollments（person）	在校生数（人）Number of Students Enrolled（person）	教职工数（人）Number of Faculty Members（person）	专任教师数（人）Number of Full-time Teachers（person）
合 计	**Total**	**589**	**245300**	**398121**	**1000771**	**53571**	**38193**
广 州	Guangzhou	102	65237	84487	244070	11443	7365
深 圳	Shenzhen	12	8227	10198	27706	1791	1282
珠 海	Zhuhai	11	4394	6532	16653	988	741
汕 头	Shantou	21	7097	10155	27503	1772	1202
佛 山	Foshan	34	16557	25435	66885	3938	3117
韶 关	Shaoguan	27	11756	17700	50219	2482	1741
河 源	Heyuan	15	4139	9876	20455	1041	822
梅 州	Meizhou	40	10213	15996	42093	2711	2018
惠 州	Huizhou	33	12856	22209	56028	2696	1844
汕 尾	Shanwei	11	2337	3417	8271	450	322
东 莞	Dongguan	25	9907	16312	42181	2828	2057
中 山	Zhongshan	16	8627	8141	24197	1859	1500
江 门	Jiangmen	38	16148	21317	57880	3079	2485
阳 江	Yangjiang	10	3603	3890	10062	687	532
湛 江	Zhanjiang	66	14314	41444	79562	4165	2890
茂 名	Maoming	39	14473	35414	77515	3607	2461
肇 庆	Zhaoqing	28	15730	30832	70660	3192	2191
清 远	Qingyuan	14	6907	13575	29149	1479	1117
潮 州	Chaozhou	14	3771	4925	12431	894	652
揭 阳	Jieyang	19	4717	7972	19718	1428	1021
云 浮	Yunfu	14	4290	8294	17533	1041	833

注：中等职业教育数据不含技工学校数据。

Note: The data of secondary vocational education does not include technical schools.

2-7 各市普通高中基本情况（2008）

2-7 Basic Conditions of Senior Secondary Schools by City（2008）

市别	City	学校数（所）Number of Schools（unit）	毕业生数（人）Number of Graduates（person）	招生数（人）Number of New Enrollments（person）	在校生数（人）Number of Students Enrolled（person）	教职工数（人）Number of Faculty Members（person）	专任教师数（人）Number of Full-time Teachers（person）
合计	**Total**	**1018**	**534880**	**668073**	**1817646**	**412718**	**110689**
广州	Guangzhou	131	57599	58671	173786	43722	12082
深圳	Shenzhen	57	22479	32397	84823	26044	6605
珠海	Zhuhai	17	8638	10118	28926	5952	1875
汕头	Shantou	85	31087	40170	111113	23062	6320
佛山	Foshan	53	37330	37377	112252	22576	7267
韶关	Shaoguan	30	19378	22420	65987	15213	4076
河源	Heyuan	45	17583	23037	59607	15879	4120
梅州	Meizhou	68	35976	39278	111042	25146	7769
惠州	Huizhou	38	20195	25650	70110	17643	4195
汕尾	Shanwei	34	14422	20307	52606	12804	2910
东莞	Dongguan	41	19315	22313	63962	16677	3976
中山	Zhongshan	23	12400	14967	42502	10560	2756
江门	Jiangmen	53	25310	28749	81779	18194	5324
阳江	Yangjiang	24	15558	21220	54404	11203	2951
湛江	Zhanjiang	75	44613	59993	151456	31136	8241
茂名	Maoming	71	53153	63900	174760	33648	9667
肇庆	Zhaoqing	28	20369	29058	74311	16574	4249
清远	Qingyuan	31	19362	29241	71567	18003	4406
潮州	Chaozhou	34	17301	20304	57618	11373	3235
揭阳	Jieyang	57	29263	51467	128749	25384	5745
云浮	Yunfu	23	13549	17436	46286	11925	2920

注：教职工数已含普通初中教职工数。

Note：The number of faculty members include the data of junior school.

2-8 各市普通初中基本情况（2008）

2-8 Basic Conditions of Junior Secondary Schools by City（2008）

市别	City	学校数（所）Number of Schools（unit）	毕业生数（人）Number of Graduates（person）	招生数（人）Number of New Enrollments（person）	在校生数（人）Number of Students Enrolled（person）	专任教师数（人）Number of Full-time Teachers（person）
合计	**Total**	**3334**	**1429971**	**1803636**	**4978825**	**247359**
广州	Guangzhou	334	119546	139964	408265	24139
深圳	Shenzhen	220	58137	79057	214116	13486
珠海	Zhuhai	41	18740	21774	61975	3394
汕头	Shantou	165	87032	124117	330466	13495
佛山	Foshan	126	65939	72722	211145	12335
韶关	Shaoguan	146	48342	49435	143707	9082
河源	Heyuan	144	51615	64427	179614	9951
梅州	Meizhou	194	85043	94585	271275	14474
惠州	Huizhou	171	59644	83091	225236	11037
汕尾	Shanwei	128	54995	80805	209926	8228
东莞	Dongguan	139	47279	67495	184480	9019
中山	Zhongshan	76	29379	36575	101666	5706
江门	Jiangmen	192	59983	66512	193893	11389
阳江	Yangjiang	75	41399	50987	138654	7011
湛江	Zhanjiang	268	131480	177779	473776	19410
茂名	Maoming	222	132605	174040	471134	21575
肇庆	Zhaoqing	152	66621	84588	231409	10904
清远	Qingyuan	150	61506	75844	206547	11610
潮州	Chaozhou	91	45086	50828	145455	6835
揭阳	Jieyang	210	113657	150793	416544	16232
云浮	Yunfu	90	51943	58218	159542	8047

2-9 各市小学基本情况（2008）

2-9 Basic Conditions of Primary Schools by City（2008）

市别	City	学校数（所）Number of Schools（unit）	毕业生数（人）Number of Graduates（person）	招生数（人）Number of New Enrollments（person）	在校生数（人）Number of Students Enrolled（person）	教职工数（人）Number of Faculty Members（person）	专任教师数（人）Number of Full-time Teachers（person）
合计	**Total**	**19271**	**1867640**	**1315880**	**9564740**	**476680**	**416608**
广州	Guangzhou	1035	152958	132338	862859	49386	42200
深圳	Shenzhen	342	88805	98525	585852	35816	28540
珠海	Zhuhai	132	23156	19575	131478	6544	5671
汕头	Shantou	826	130421	84384	669552	24375	21390
佛山	Foshan	447	73663	68108	446787	21843	19474
韶关	Shaoguan	904	49839	32928	235123	15505	14200
河源	Heyuan	1289	63549	42011	287631	17565	15885
梅州	Meizhou	1560	92055	50428	389514	22663	20952
惠州	Huizhou	945	80890	61952	426443	23054	20240
汕尾	Shanwei	802	85705	53780	435780	18446	15928
东莞	Dongguan	352	78037	94641	528644	27235	21203
中山	Zhongshan	213	38168	37543	243926	12644	10022
江门	Jiangmen	573	67120	47244	339939	16539	15494
阳江	Yangjiang	762	51395	25532	203082	13799	12593
湛江	Zhanjiang	2155	183609	112075	927381	41151	36038
茂名	Maoming	1988	176534	106532	801065	34346	31495
肇庆	Zhaoqing	1197	85193	55248	431139	19497	17987
清远	Qingyuan	899	76257	41057	328535	19010	17232
潮州	Chaozhou	710	51454	29671	240236	11998	10446
揭阳	Jieyang	1365	159802	93245	805008	32239	27741
云浮	Yunfu	775	59030	29063	244766	13025	11877

2-10 各市学前教育基本情况（2008）

2-10 Basic Conditions of Pre-School Education by City（2008）

市别	City	学校数（所）Number of Schools（unit）	毕业生数（人）Number of Graduates（person）	招生数（人）Number of New Enrollments（person）	在校生数（人）Number of Students Enrolled（person）	教职工数（人）Number of Faculty Members（person）	专任教师数（人）Number of Full-time Teachers（person）
合计	**Total**	**10533**	**975273**	**1181290**	**2323511**	**191444**	**111597**
广州	Guangzhou	1498	94419	90373	297186	36733	19990
深圳	Shenzhen	865	65231	71062	191222	28483	15761
珠海	Zhuhai	218	13025	15980	39468	4861	2664
汕头	Shantou	798	48641	54147	115918	8974	5667
佛山	Foshan	751	54263	47949	172830	19513	11054
韶关	Shaoguan	345	30442	38869	72274	4405	2491
河源	Heyuan	239	43800	50904	65736	3497	2103
梅州	Meizhou	408	36988	60940	86304	3423	2373
惠州	Huizhou	300	42030	57815	87378	7442	4453
汕尾	Shanwei	119	19516	35276	50546	2165	1387
东莞	Dongguan	617	53120	58253	156362	18973	11072
中山	Zhongshan	418	29750	26286	82586	8946	5026
江门	Jiangmen	459	43375	48059	109319	8466	5138
阳江	Yangjiang	181	25790	28440	42342	2842	1587
湛江	Zhanjiang	691	78657	113286	154961	6496	4113
茂名	Maoming	449	87372	112148	140368	4364	2748
肇庆	Zhaoqing	404	53897	77683	116254	5325	3090
清远	Qingyuan	426	36884	47693	79612	4398	2703
潮州	Chaozhou	588	24725	24044	64068	4266	2888
揭阳	Jieyang	594	67981	82191	143679	5326	3742
云浮	Yunfu	165	25367	39892	55098	2546	1547

2-11 各市特殊教育基本情况（2008）

2-11 Basie Conditions of Special Education by City（2008）

市别	City	学校数（所）Number of Schools（unit）	毕业生数（人）Number of Graduates（person）	招生数（人）Number of New Enrollments（person）	在校生数（人）Number of Students Enrolled（person）	教职工数（人）Number of Faculty Members（person）	专任教师数（人）Number of Full-time Teachers（person）
合计	**Total**	**67**	**3484**	**3588**	**25125**	**2262**	**1717**
广州	Guangzhou	14	1157	701	5246	714	518
深圳	Shenzhen	1	306	240	982	295	171
珠海	Zhuhai	1	11	44	231	46	30
汕头	Shantou	2	134	191	1239	88	78
佛山	Foshan	3	112	167	1073	180	149
韶关	Shaoguan	8	93	77	814	65	54
河源	Heyuan	6	145	157	1141	28	25
梅州	Meizhou	4	38	56	448	65	57
惠州	Huizhou	2	30	30	398	123	98
汕尾	Shanwei	2	182	164	1675	46	32
东莞	Dongguan	1	54	57	432	53	39
中山	Zhongshan	2	53	95	719	143	99
江门	Jiangmen	4	42	92	618	84	75
阳江	Yangjiang	1	80	81	581	29	25
湛江	Zhanjiang	1	160	186	1541	96	92
茂名	Maoming	1	175	410	2372	55	48
肇庆	Zhaoqing	6	249	373	1828	78	67
清远	Qingyuan	3	145	138	1110	24	20
潮州	Chaozhou	3	62	74	544	25	19
揭阳	Jieyang		222	229	1845	10	6
云浮	Yunfu	2	34	26	288	15	15

2-12 各级各类学校教育经费支出情况（2008）

2-12 Basic Conditions of Educational Expenditure on All Types of Education at All Levels（2008）

指　标 Item	国家财政性教育经费（亿元）National Fiscal Expenditure of Education（100 million yuan）	预算内教育经费 Budgetary Expenditure of Education	社会团体和公民个人办学经费（亿元）Operating Expenses of Voluntary School by Social Organizations and Individual Residents（100 million yuan）	社会捐资和集资办学经费（亿元）Expenditure from Social Donation and raised money（100 million yuan）	事业收入合计（亿元）Undertaking Revenue（100 million yuan）	学费和杂费收入 Tuition and Fees	其他教教育经费（亿元）Other Expenditure of Education（100 million yuan）
合计　Total	**821.7**	**772.7**	**11.9**	**9.2**	**330.8**	**239.2**	**41.1**
按学校隶属关系分 Grouped by Leadership Relation of Schools	821.7	772.7	11.9	9.2	330.8	239.2	41.1
中央 Under Central Government	32.5	32.3		0.3	21.9	11.9	6.0
地方 Under Local Government	789.2	740.5	11.9	8.9	308.8	227.3	35.1
按学校类别分 Grouped by Types of Schools							
高等学校 Grouped by Types of Schools	178.1	176.6	6.5	2.5	138.4	110.3	20.5
普通高等学校 Regular Institutions of Higher Education	173.9	172.4	6.5	2.5	131.4	104.9	20.2
成人高等学校 Institutions of Higher Education for Adults	4.2	4.2		…	7.0	5.4	0.2
中等学校 Institutions of Secondary Education							
中等专业学校 Secondary Specialized Schools	25.1	21.8	0.4	0.2	18.4	16.7	1.2
成人中等学校 Institutions of Secondary Education for Adults	2.4	2.3	…		1.7	1.1	0.1
职业学校 Vocational Schools	17.7	15.5	…	…	7.1	6.0	0.8
普通中学 Regular Secondary Schools	264.9	246.4	1.8	3.2	94.1	61.4	8.2
高级中学 Senior Secondary Schools							
完全中学 Complete Secondary Schools							
初级中学 Junior Secondary Schools	172.4	162.0	1.5	1.8	31.6	14.8	4.6
成人中学 Secondary Schools for Adults	…	…			0.1	…	…
技工学校 Technical Schools	10.1	9.5	…		6.96	6.3	0.7
小学 Primary Schools	271.6	256.9	3.2	2.8	49.9	31.1	6.6
特殊教育学校 Institutions of Special Education	2.4	2.3		…	0.1		…
幼儿园 Kingdergartens	5.7	5.6		0.2	5.8	5.5	0.6
其他 Others	5.9	5.7			1.6	0.6	0.1

2-13 各级各类学校情况

2-13 Situation of All Types of Schools at All Levels

项 目	Item	2004	2005	2006	2007	2008
高等学校	**Higher Education Institutions**					
学校数（所）	Number of Schools（unit）	94	102	105	109	108
毕业生数（万人）	Number of Graduates（10000 persons）	12.5	15.7	19.6	23.3	28.3
本科（万人）	Universities with Full Undergraduate Courses（10000 persons）	4.9	6.1	7.0	8.9	11.9
专科（万人）	Colleges with Specialized Courses（10000 persons）	7.6	9.6	12.6	14.4	16.4
招生数（万人）	Number of New Enrollments （10000 persons）	26.5	30.7	33.5	35.5	39.1
本科（万人）	Universities with Full Undergraduate Courses（10000 persons）	12.0	13.7	15.5	16.6	18.7
专科（万人）	Colleges with Specialized Courses（10000 persons）	14.5	17.1	18.0	18.9	20.4
在校学生数（万人）	Number of Students Enrolled（10000 persons）	72.7	87.5	100.9	111.9	121.6
本科（万人）	Universities with Full Undergraduate Courses（10000 persons）	35.1	42.9	51.5	58.7	65.0
专科（万人）	Colleges with Specialized Courses（10000 persons）	37.6	44.6	49.3	53.2	56.6
教职工数（万人）	Number of Faculty Members（10000 persons）	8.0	9.1	9.2	9.9	10.3
#专任教师（万人）	Number of Full-time Teachers（10000 persons）	4.7	5.4	6.1	6.8	6.9
中等职业教育	**Vocational Secondary Schools**					
学校数（所）	Number of Schools（unit）	684	641	612	595	589
毕业生数（万人）	Number of Graduates（10000 persons）	19.0	18.9	19.8	22.2	24.5
招生数（万人）	Number of New Enrollments （10000 persons）	24.7	27.9	32.7	36.6	39.8
在校学生数（万人）	Number of Students Enrolled（10000 persons）	65.5	71.0	80.8	90.8	100.1
教职工数（万人）	Number of Faculty Members（10000 persons）	5.0	4.9	5.0	5.2	5.4
#专任教师（万人）	Number of Full-time Teachers（10000 persons）	3.4	3.4	3.5	3.7	3.8
技工学校	**Technical Schools**					
学校数（所）	Number of Schools（unit）		191		217	228
毕业生数（万人）	Number of Graduates（10000 persons）		9.6		9.5	10.3
招生数（万人）	Number of New Enrollments （10000 persons）		12.9		18.1	20.3
在校学生数（万人）	Number of Students Enrolled（10000 persons）		32.8		45.8	53.5
教职工数（万人）	Number of Faculty Members（10000 persons）		1.5		2.0	2.1
#专任教师（万人）	Number of Full-time Teachers（10000 persons）		1.0		1.5	1.6
普通中学	**Regular Secondary Schools**					
学校数（所）	Number of Schools（unit）	4241	4282	4332	4316	4352
毕业生数（万人）	Number of Graduates（10000 persons）	163.2	174.3	185.6	191.4	196.5
招生数（万人）	Number of New Enrollments （10000 persons）	209.5	219.6	231.5	235.0	247.2

2-13续表 continued

项　目 Item		2004	2005	2006	2007	2008
在校学生数（万人）	Number of Students Enrolled（10000 persons）	580.9	611.7	639.3	655.4	679.7
教职工数（万人）	Number of Faculty Members（10000 persons）	34.0	36.0	37.8	39.6	41.3
#专任教师（万人）	Number of Full-time Teachers（10000 persons）	28.9	30.7	32.5	34.2	35.8
小学	**Primary Schools**					
学校数（所）	Number of Schools（unit）	2.19	2.12	2.05	1.99	1.93
毕业生数（万人）	Number of Graduates（10000 persons）	162.9	167.4	175.5	180.3	186.8
招生数（万人）	Number of New Enrollments（10000 persons）	168.5	164.2	155.6	143.9	131.6
在校学生数（万人）	Number of Students Enrolled（10000 persons）	1049.6	1067.0	1057.0	1017.6	956.5
教职工数（万人）	Number of Faculty Members（10000 persons）	45.6	46.4	46.8	47.5	47.7
#专任教师（万人）	Number of Full-time Teachers（10000 persons）	39.7	40.4	40.8	41.4	41.7
学龄儿童入学	**School-age Children Enrolled**					
学龄儿童总数（万人）	Total School-age Children（10000 persons）	1010.1	1026.9	1014.6	965.7	901.4
已入学学龄儿童数（万人）	Number of School-age Children Enrolled in Schools（10000 persons）	1006.6	1023.6	1011.8	963.5	898.43
学龄儿童入学率（%）	Percentage of School-age Children Enrolled（%）	99.7	99.7	99.7	99.8	99.7
小学毕业生升学率	**Status of Graduates of Primary Schools Entering Junior Secondary Schools**	**97.4**	**97.2**	**97.3**	**96.7**	**96.6**
小学毕业生人数（万人）	Number of Graduates of Primary Schools（10000 persons）	162.9	167.4	175.5	180.3	186.8
已升学人数（万人）	Number of Students Entering Secondary Schools（10000 persons）	158.6	162.7	170.7	174.3	180.4
小学毕业生升学率（%）	Percentage of Graduates of Primary Schools Entering Junior Secondary Schools (%)		97.2		96.7	96.6
幼儿园	**Kindergartens**					
幼儿园数（所）	Number of Kindergartens（unit）	10213	10359	10622	10594	10533
在园幼儿数（万人）	Number of Children in Kindergartens（10000 persons）	213.2	213.9	219.3	222.6	232.4
教职工数（万人）	Number of Faculty Members（10000 persons）	14.9	15.9	16.9	17.9	19.1
#专任教师（万人）	Number of full-time Teachers（10000 persons）	8.6	9.2	9.8	10.5	11.2
特殊教育学校	**Special Schools**					
特殊教育学校数（所）	Number of Schools（unit）	67	67	69	67	67
招生数（人）	Number of New Enrollments（person）	3178	3363	3562	3972	3588
在校学生数（人）	Number of Students Enrolled（person）	26352	25752	25938	26652	25125

注：1. 1995年以来小学毕业生升学率采用教育部口径，即升学率=初中招生数/小学毕业生数。
2. 2003年起中等职业教育学校包括：普通中等专业学校、成人中等专业学校、职业高中数据。
3. 高中阶段毕业生数不包括技工学校毕业生数。
4. 特殊教育学校是指独立设置招收盲哑和智残儿童以及其他特殊需要的儿童，青少年进行普通或职业初、中等教育的教学机构。

Nots：1. Since 1995, the percentage of graduates of primary schools entering junior secondary schools has been calculated in accordance with the statistical coverage of the Ministry of Education, i.e. Percentage of Graduates of Primary Schools Entering Junior Secondary Schools= Number of New Enrollments of Junior Secondary Schools/Number of Graduates from Primary Schools.
2. Since 2003, vocational secondary schools have included regular specialized secondary schools, specialized secondary schools for adults and vocational senior secondary schools.
3. Number of graduates from senior secondary schools does not include graduates from technical schools.
4. Special schools refer to separate institutions providing regular or vocational primary and secondary education for blinded, dumb or mentallyretarded children, or other children and adolescents in need of special care in education.

2-14 研究生教育情况

2-14 Situation of Postgraduate Education

项 目 Item		2004	2005	2006	2007	2008
培养单位数（个）	**Number of Institutions of Postgraduate Education (unit)**	**29**	**29**	**29**	**31**	**31**
高等学校	Institutions of Higher Education	21	21	21	23	23
科研单位	Research Institutions	8	8	8	8	8
招生数（人）	**Number of New Enrollments (person)**	**14822**	**17054**	**18583**	**19751**	**21121**
攻读博士学位	For Doctor Degree	2679	2802	2896	3049	3121
高等学校	Institutions of Higher Education	2458	2599	2695	2856	2940
科研单位	Research Institutions	221	203	201	193	181
攻读硕士学位	For Master Degree	12143	14252	15687	16702	18000
高等学校	Institutions of Higher Education	11865	13953	15381	16389	17659
科研单位	Research Institutions	278	299	306	313	341
在校学生数（人）	**Number of Enrolled Students (person)**	**37022**	**43942**	**49334**	**54436**	**58833**
攻读博士学位	For Doctor Degree	7533	9049	9869	10587	11466
高等学校	Institutions of Higher Education	6999	8406	9225	9943	10865
科研单位	Research Institutions	534	643	644	644	601
攻读硕士学位	For Master Degree	29489	34893	39465	43849	47367
高等学校	Institutions of Higher Education	28726	34066	38596	42953	46455
科研单位	Research Institutions	763	827	869	896	912
毕业生数（人）	**Number of Graduates (person)**	**6893**	**9489**	**12517**	**13779**	**16174**
攻读博士学位	For Doctor Degree	1165	1342	1780	1957	2327
高等学校	Institutions of Higher Education	1079	1241	1595	1767	2117
科研单位	Research Institutions	86	101	185	190	210
攻读硕士学位	For Master Degree	5728	8147	10737	11822	13847
高等学校	Institutions of Higher Education	5576	7941	10492	11558	13570
科研单位	Research Institutions	152	206	245	264	277

2-15 各级各类成人教育在校学生数

2-15 Number of Students Enrolled of All Types of Adult Education at All Levels

单位：人 (Person)

项 目	Item	2004	2005	2006	2007	2008
成人高等教育	**Higher Education for Adults**	**258364**	**295618**	**404451**	**424232**	**444980**
成人高等学校	Institutions of Higher Education for Adults	51335	30081	34712	30489	31822
广播电视大学	Radio and TV Universities	13868	10740	10829	8254	8984
职工高等学校	Schools of Higher Education for Staff and Workers	12653	6865	8002	7327	7255
管理干部学院	Colleges for Management Cadres	14454	2686	2489	3235	4117
教育学院	Teachers' Colleges	10360	9790	13392	11673	11466
普通高校附设	Departments Run by Institutions of Higher Education	207029	265537	369739	393743	413158
函授部	Correspondence Divisions	98086	100260	149175	156215	158467
夜大学	Evening Universities	96685	141532	196144	218891	242537
成人脱产班	Full-time Courses for Adults	12258	23745	24420	18637	12154
成人中等教育	**Secondary Education for Adults**	**117106**	**129682**	**60297**	**41786**	**35182**
成人中专学校	Specialized Secondary School for Adults	100446	85385	48774	37090	34624
农林类	Farming and Forestry	1704	1568	1113	897	328
资源与环境类	Resources and Environment					
能源类	Energy					
土木水利工程类	Civil Construction and Water Conservancy Engineering	1246	725	275	264	318
加工制造类	Processing and Manufacturing	10648	13179	10368	6763	5948
交通运输类	Transportation	4448	4951	2401	1555	1625
信息技术类	Information Technology	26679	19961	8085	7256	8033
医药卫生类	Medicine and Public Health	8240	4288	2896	2171	247
商贸与旅游类	Trade and Tourism	12794	11789	6474	4358	4301
财经类	Finance and Economics	18537	16434	7429	7209	7575
文化艺术与体育类	Culture，Arts and Physical Education	1965	2215	3677	1929	1203
社会公共事业类	Social Public Utilities	3286	3484	1571	2051	1993
师范类	Teachers Education	10148	6551	4353	2424	2526
其他	Others	751	240	132	213	527
成人中学	Secondary Schools for Adults	16660	44297	45536	4696	558
成人初等教育	**Primary Education for Adults**	**4148**	**10714**	**11523**	**1010**	**968**
职工初等教育	Primary Schools for Staff and Workers	460	927	1269		
农民初等教育	Primary Schools for Peasants	3688	9787	10254	1010	968
#扫盲班	Literacy Course	1630	2800	4080	1010	968

2-16 各市中等职业技术教育招生基本情况

2-16 Basic Enrollment Situation of Secondary Vocational and Technical Education by City

单位：人 (Person)

市别	City	2004	2005	2006	2007	2008
合计	**Total**	**246461**	**279265**	**326825**	**365660**	**398121**
广州	Guangzhou	65699	72658	86211	90000	84487
深圳	Shenzhen	7430	8913	9071	8439	10198
珠海	Zhuhai	4210	4858	4807	6517	6532
汕头	Shantou	7891	7978	9672	10084	10155
佛山	Foshan	15891	17500	20199	23314	25435
韶关	Shaoguan	12823	14953	16615	17597	17700
河源	Heyuan	4291	5113	6715	7680	9876
梅州	Meizhou	10860	12356	13680	15790	15996
惠州	Huizhou	12757	14498	19033	20545	22209
汕尾	Shanwei	1869	3328	4374	2978	3417
东莞	Dongguan	10630	10840	12107	15194	16312
中山	Zhongshan	8385	9369	9328	8777	8141
江门	Jiangmen	18729	19247	20945	22135	21317
阳江	Yangjiang	4435	3955	3362	4010	3890
湛江	Zhanjiang	15095	17456	21336	24780	41444
茂名	Maoming	13069	17722	22261	31404	35414
肇庆	Zhaoqing	15295	17936	20347	25119	30832
清远	Qingyuan	6118	7452	9389	12327	13575
潮州	Chaozhou	3575	4277	4337	4682	4925
揭阳	Jieyang	4369	4895	6756	7232	7972
云浮	Yunfu	3040	3961	6280	7056	8294

注：中等职业教育数据不含技工学校数据。

Note: The data of secondary vocational education does not include technical schools.

2-17 各市中等职业技术教育在校生基本情况

2-17 Basic Conditions of Students Enrollment of Secondary Vocational and Technical Education by City

单位：人 (Person)

市别	City	2004	2005	2006	2007	2008
合计	**Total**	**655428**	**710162**	**808429**	**907581**	**1000771**
广州	Guangzhou	184682	191499	216555	237411	244070
深圳	Shenzhen	18833	21598	24599	25978	27706
珠海	Zhuhai	12455	12964	13458	15439	16653
汕头	Shantou	19818	21159	24088	26020	27503
佛山	Foshan	47313	48867	52178	59161	66885
韶关	Shaoguan	28947	36221	41294	44191	50219
河源	Heyuan	11242	12242	14318	16281	20455
梅州	Meizhou	27871	31438	34837	38194	42093
惠州	Huizhou	32331	35694	44922	50685	56028
汕尾	Shanwei	4656	6229	9131	9385	8271
东莞	Dongguan	29309	29611	32498	37366	42181
中山	Zhongshan	23261	25160	25828	25998	24197
江门	Jiangmen	50383	52299	55054	56546	57880
阳江	Yangjiang	12898	11506	10692	10731	10062
湛江	Zhanjiang	37830	41822	49142	58599	79562
茂名	Maoming	30010	37944	49564	64876	77515
肇庆	Zhaoqing	38135	44598	48952	58244	70660
清远	Qingyuan	16546	18282	21775	26588	29149
潮州	Chaozhou	10203	10282	11125	12020	12431
揭阳	Jieyang	10088	11156	15421	18881	19718
云浮	Yunfu	8617	9591	12998	14987	17533

注：中等职业教育数据不含技工学校数据。

Note: The data of secondary vocational education does not include technical schools.

2-18 各市普通高中招生基本情况

2-18 Basic Enrollment Situation of Senior Secondary Schools by City

单位：人 (Person)

市别	City	2004	2005	2006	2007	2008
合计	**Total**	**508059**	**569753**	**607748**	**606934**	**668073**
广州	Guangzhou	58165	59688	60308	57973	58671
深圳	Shenzhen	21699	24222	26283	28175	32397
珠海	Zhuhai	8553	8591	9312	9771	10118
汕头	Shantou	27924	32269	37250	35789	40170
佛山	Foshan	36406	38356	38466	38150	37377
韶关	Shaoguan	18811	20883	21768	21861	22420
河源	Heyuan	18085	19275	20685	19343	23037
梅州	Meizhou	34520	40086	39507	39196	39278
惠州	Huizhou	17637	20819	23324	22612	25650
汕尾	Shanwei	13560	15285	16648	17981	20307
东莞	Dongguan	17467	19540	20866	21146	22313
中山	Zhongshan	11739	12946	13634	14644	14967
江门	Jiangmen	27270	27860	29511	28248	28749
阳江	Yangjiang	13471	16888	18538	18148	21220
湛江	Zhanjiang	40230	48371	52230	47063	59993
茂名	Maoming	49530	57364	59093	59231	63900
肇庆	Zhaoqing	20431	22308	23200	24938	29058
清远	Qingyuan	19075	20386	23524	23182	29241
潮州	Chaozhou	16334	18207	19532	19454	20304
揭阳	Jieyang	24449	31879	39062	44371	51467
云浮	Yunfu	12703	14530	15007	15658	17436

2-19 各市普通高中在校生基本情况

2-19 Basic Conditions of Students Enrollment of Senior Secondary Schools by City

单位：人 (Person)

市别	City	2004	2005	2006	2007	2008
合计	**Total**	**1313116**	**1489863**	**1634639**	**1724319**	**1817646**
广州	Guangzhou	155389	168528	174946	175213	173786
深圳	Shenzhen	56393	65057	70376	76787	84823
珠海	Zhuhai	21523	24248	26266	27660	28926
汕头	Shantou	73826	83865	95688	103355	111113
佛山	Foshan	105136	109467	112035	113434	112252
韶关	Shaoguan	48553	55342	59603	62243	65987
河源	Heyuan	45190	50476	55072	55861	59607
梅州	Meizhou	87139	101436	109773	112158	111042
惠州	Huizhou	44078	53007	60913	65280	70110
汕尾	Shanwei	33848	39527	44415	48248	52606
东莞	Dongguan	45050	52283	57662	61151	63962
中山	Zhongshan	31964	35372	37754	40759	42502
江门	Jiangmen	71154	76876	80315	81401	81779
阳江	Yangjiang	35973	41448	47074	51359	54404
湛江	Zhanjiang	101341	117773	134241	139597	151456
茂名	Maoming	124163	143886	159556	168086	174760
肇庆	Zhaoqing	49660	57719	62783	66876	74311
清远	Qingyuan	46719	53253	60915	64219	71567
潮州	Chaozhou	43574	48224	52969	55710	57618
揭阳	Jieyang	60506	74492	91324	111342	128749
云浮	Yunfu	31937	37584	40959	43580	46286

2-20 各市普通初中招生基本情况

2-20 Basic Enrollment Situation of Junior Secondary Schools by City

单位：人 (Person)

市 别	City	2004	2005	2006	2007	2008
合 计	**Total**	**1586418**	**1626601**	**1706870**	**1743138**	**1803636**
广 州	Guangzhou	126908	130611	141636	138189	139964
深 圳	Shenzhen	57660	68083	68583	73918	79057
珠 海	Zhuhai	18053	19595	20249	20742	21774
汕 头	Shantou	100924	101876	113089	116383	124117
佛 山	Foshan	68006	69265	71149	70422	72722
韶 关	Shaoguan	59095	55013	52020	50015	49435
河 源	Heyuan	58475	59033	60800	64135	64427
梅 州	Meizhou	97938	93371	94888	93627	94585
惠 州	Huizhou	60864	64588	74209	79761	83091
汕 尾	Shanwei	62188	66303	75059	77718	80805
东 莞	Dongguan	45618	51303	59119	64670	67495
中 山	Zhongshan	32421	33125	33988	34285	36575
江 门	Jiangmen	68395	68473	69324	66024	66512
阳 江	Yangjiang	49874	50827	49411	50256	50987
湛 江	Zhanjiang	168282	168118	170444	173001	177779
茂 名	Maoming	145483	154594	164752	170298	174040
肇 庆	Zhaoqing	67609	69869	73817	77802	84588
清 远	Qingyuan	74320	72801	73752	74053	75844
潮 州	Chaozhou	47606	47625	50349	49865	50828
揭 阳	Jieyang	121248	125712	135678	142044	150793
云 浮	Yunfu	55451	56416	54554	55930	58218

2-21 各市普通初中在校生基本情况

2-21 Basic Conditions of Students Enrollment of Junior Secondary Schools by City

单位：人 (Person)

市别	City	2004	2005	2006	2007	2008
合计	**Total**	**4495533**	**4627044**	**4758296**	**4829437**	**4978825**
广州	Guangzhou	375387	381792	392673	401632	408265
深圳	Shenzhen	154831	175451	186254	202393	214116
珠海	Zhuhai	52903	56349	57895	59978	61975
汕头	Shantou	268739	282814	297782	310089	330466
佛山	Foshan	197648	203029	207700	208889	211145
韶关	Shaoguan	171316	168092	158766	148634	143707
河源	Heyuan	166965	170543	173486	173899	179614
梅州	Meizhou	284489	279190	278662	271024	271275
惠州	Huizhou	168017	177942	196138	211935	225236
汕尾	Shanwei	169465	180726	190468	200213	209926
东莞	Dongguan	126286	138761	156976	173427	184480
中山	Zhongshan	94433	97370	97560	98652	101666
江门	Jiangmen	201252	200121	197811	194873	193893
阳江	Yangjiang	143894	144580	141139	138628	138654
湛江	Zhanjiang	475435	483046	488554	460767	473776
茂名	Maoming	408093	421706	443678	458800	471134
肇庆	Zhaoqing	204757	203971	207805	217310	231409
清远	Qingyuan	215569	214623	212258	206138	206547
潮州	Chaozhou	137657	140632	142841	143959	145455
揭阳	Jieyang	322903	346831	369613	387703	416544
云浮	Yunfu	155494	159475	160237	160494	159542

2-22 各市小学招生基本情况

2-22 Basic Enrollment Situation of Primary Schools by City

单位：人 (Person)

市别	City	2004	2005	2006	2007	2008
合计	**Total**	**1684682**	**1641550**	**1556420**	**1438722**	**1315880**
广州	Guangzhou	140556	145997	144087	140941	132338
深圳	Shenzhen	96554	101274	95359	98106	98525
珠海	Zhuhai	19735	20214	21052	20587	19575
汕头	Shantou	123473	120329	110352	95228	84384
佛山	Foshan	68988	71826	70745	70365	68108
韶关	Shaoguan	46332	40915	37135	34505	32928
河源	Heyuan	55799	52256	46724	43495	42011
梅州	Meizhou	80407	68718	59171	54430	50428
惠州	Huizhou	67728	66263	64111	63353	61952
汕尾	Shanwei	71399	84423	79002	60868	53780
东莞	Dongguan	80525	84784	89663	92860	94641
中山	Zhongshan	37857	39030	37940	36140	37543
江门	Jiangmen	60586	56989	53009	51010	47244
阳江	Yangjiang	40658	34206	30163	29147	25532
湛江	Zhanjiang	175048	169479	162854	137476	112075
茂名	Maoming	146467	138051	128311	120538	106532
肇庆	Zhaoqing	72909	74203	67121	65267	55248
清远	Qingyuan	64255	55488	48400	45098	41057
潮州	Chaozhou	45429	41533	36959	32401	29671
揭阳	Jieyang	140514	133094	138324	113783	93245
云浮	Yunfu	49463	42478	35938	33124	29063

2-23 各市小学在校生基本情况

2-23 Basic Conditions of Students Enrolled of Primary Schools by City

单位：人 (Person)

市别	City	2004	2005	2006	2007	2008
合计	**Total**	**10496221**	**10670304**	**10569906**	**10176170**	**9564740**
广州	Guangzhou	874749	903353	893575	888965	862859
深圳	Shenzhen	526419	566278	564891	575160	585852
珠海	Zhuhai	120823	127362	132429	132783	131478
汕头	Shantou	741519	756715	759791	722372	669552
佛山	Foshan	422951	440368	444582	448505	446787
韶关	Shaoguan	306287	290860	274037	254849	235123
河源	Heyuan	363932	356898	342506	311725	287631
梅州	Meizhou	539441	513718	479384	436913	389514
惠州	Huizhou	418989	442092	451551	445221	426443
汕尾	Shanwei	424996	498181	505521	473503	435780
东莞	Dongguan	448296	480923	496828	520684	528644
中山	Zhongshan	208727	226120	234674	238046	243926
江门	Jiangmen	400271	391723	375724	360155	339939
阳江	Yangjiang	288306	268119	254860	230943	203082
湛江	Zhanjiang	1070785	1066873	1056668	1012755	927381
茂名	Maoming	959358	948883	932399	878714	801065
肇庆	Zhaoqing	433368	471800	472959	461427	431139
清远	Qingyuan	425177	411071	396218	366203	328535
潮州	Chaozhou	291849	289444	281100	263476	240236
揭阳	Jieyang	902312	906948	919389	877273	805008
云浮	Yunfu	327666	312575	300820	276498	244766

2-24 各市学前教育招生基本情况

2-24 Basic Admissions Situation of Pre-school Education by City

单位：人 (Person)

市别	City	2004	2005	2006	2007	2008
合计	**Total**	**1267855**	**1195189**	**1202357**	**1178836**	**1181290**
广州	Guangzhou	90414	89341	87163	87743	90373
深圳	Shenzhen	54735	58658	57007	63442	71062
珠海	Zhuhai	12434	14550	14776	15998	15980
汕头	Shantou	59988	58111	57794	56928	54147
佛山	Foshan	43111	43096	42989	45962	47949
韶关	Shaoguan	45281	40448	38517	39974	38869
河源	Heyuan	57495	49578	46919	48386	50904
梅州	Meizhou	61130	63492	63015	60228	60940
惠州	Huizhou	55341	50584	51153	54546	57815
汕尾	Shanwei	48205	38120	38049	36946	35276
东莞	Dongguan	49514	43913	48146	50421	58253
中山	Zhongshan	25484	23247	24233	24936	26286
江门	Jiangmen	52836	50504	48647	47605	48059
阳江	Yangjiang	29775	25524	27467	26389	28440
湛江	Zhanjiang	143264	127590	139624	120903	113286
茂名	Maoming	124445	110096	124587	117059	112148
肇庆	Zhaoqing	74519	75616	75365	76165	77683
清远	Qingyuan	58082	51948	51259	48243	47693
潮州	Chaozhou	37613	27933	25548	23645	24044
揭阳	Jieyang	99596	113821	100796	94709	82191
云浮	Yunfu	44593	39019	39303	38608	39892

2-25 各市学前教育在校生基本情况

2-25 Basic Conditions of Students Enrollment of Pre-school Education by City

单位：人 (Person)

市别	City	2004	2005	2006	2007	2008
合计	**Total**	**2131994**	**2139186**	**2192932**	**2226430**	**2323511**
广州	Guangzhou	268034	271486	271980	282988	297186
深圳	Shenzhen	135019	147672	152330	169496	191222
珠海	Zhuhai	31056	34555	36641	38060	39468
汕头	Shantou	121321	118732	114416	113800	115918
佛山	Foshan	151222	150161	152768	162369	172830
韶关	Shaoguan	64755	61696	62116	66652	72274
河源	Heyuan	66319	61287	60479	63211	65736
梅州	Meizhou	78206	81029	83440	81647	86304
惠州	Huizhou	69867	70652	75267	79722	87378
汕尾	Shanwei	64306	54671	54087	50493	50546
东莞	Dongguan	112538	111330	118683	130932	156362
中山	Zhongshan	67509	67015	69189	74151	82586
江门	Jiangmen	104962	102899	101649	104553	109319
阳江	Yangjiang	41400	36809	40017	39399	42342
湛江	Zhanjiang	173720	171548	185053	157519	154961
茂名	Maoming	133250	120878	153462	144915	140368
肇庆	Zhaoqing	105430	111196	112537	113686	116254
清远	Qingyuan	75600	70800	74360	75851	79612
潮州	Chaozhou	74049	67951	62925	63370	64068
揭阳	Jieyang	137439	176292	159858	160774	143679
云浮	Yunfu	55992	50527	51675	52842	55098

2-26 历年普通高等教育基本情况

2-26 Basic Conditions of Regular Higher Education Over the Years

年 份 Year	学校数 （所） Number of Schools （unit）	毕业生数 （人） Number of Graduates （person）	招生数 （人） Number of New En-rollments（person）	在校生数 （人） Number of Students Enrolled（person）	教职工数 （人） Number of Faculty Members（person）	专任教师数 （人） Number of Full-time Teachers（person）
1978	23	5125	11430	30705	20139	9047
1979	26	1876	8706	37892	21736	9709
1980	27	7595	9654	41004	24223	9480
1981	28	5491	9817	44723	25591	9832
1982	30	15311	11732	40931	28024	11165
1983	33	10411	14588	45592	29592	11974
1984	34	10615	19979	54730	31523	11629
1985	41	11004	25955	69897	34141	13586
1986	44	16284	25464	78346	36956	14824
1987	44	20552	28624	86297	37526	14979
1988	45	25277	36878	97224	38783	15706
1989	45	26248	29317	100393	39008	15762
1990	45	33663	29613	95929	38841	15735
1991	41	32627	30541	92655	38416	15470
1992	43	30294	35519	97432	38894	15076
1993	45	27670	47560	116957	40169	15734
1994	47	25999	47573	137458	40870	16134
1995	42	34830	49419	151788	41464	16552
1996	41	42644	55680	164017	42355	16899
1997	42	44134	57059	174740	42816	16939
1998	43	49270	60976	185047	42683	17053
1999	50	47988	94114	229583	44645	18489
2000	52	49714	120784	299475	46827	20433
2001	62	58835	139050	381926	51057	23467
2002	71	84696	176135	467807	60305	32961
2003	77	105533	225837	587779	70394	40192
2004	94	125229	264569	726866	79820	46951
2005	102	157082	306956	874686	90771	54257
2006	105	196036	344150	1008577	100317	61119
2007	109	233129	354885	1119655	108190	67091
2008	125	282469	390732	1216390	111780	69223

注：2008年学校数包含独立学院校数。

Note: The number of schools including data of independent colleges in 2008.

2-27 历年成人高等教育基本情况

2-27 Basic Conditions of Adult Higher Education Over the Years

年份 Year	学校数 (所) Number of Schools (unit)	毕业生数 (人) Number of Graduates (person)	招生数 (人) Number of New Enrollments (person)	在校生数 (人) Number of Students Enrolled (person)	教职工数 (人) Number of Faculty Members (person)	专任教师数 (人) Number of Full-time Teachers (person)
1990	61	20043	17899	87153	8561	3897
1991	62	32018	16775	78807	8715	3831
1992	54	23171	22745	75685	8760	3897
1993	57	16275	52608	125213	9417	4294
1994	58	15768	33441	137014	10220	4891
1995	61	41587	46737	135053	11407	5408
1996	61	31593	28535	125780	11552	5611
1997	61	40798	50643	131155	11683	5736
1998	57	36125	51290	146334	11846	6041
1999	54	43980	60709	166291	12345	5472
2000	41	45316	85635	201410	10037	5636
2001	40	56437	97087	233032	10291	7726
2002	37	67432	125537	288992	13505	7259
2003	34	87088	140235	209246	12673	7033
2004	30	97547	137215	258364	12281	5401
2005	20	33000	144159	295618	9172	5586
2006	19	110337	149345	404451	9253	5382
2007	19	129749	140543	424232	9028	5503
2008	19	129315	159472	444980	9223	5503

2-28 历年技工学校基本情况

2-28 Basic Conditions of Secondary Technical Schools Over the Years

单位：所，万人 （Unit，10000 Persons）

年 份 Year	学校数 Number of Schools	在校生数 Number of Graduates	招生数 Number of New Enrollments	毕业生数 Number of Stu-dents Enrolled	教职工总数 Number of Faculty Members	
						专任教师数 Number of Full-time Teachers
1979	80	0.7	0.7		0.4	0.2
1980	82	1.6	0.9	1.0	0.4	0.2
1981	87	1.4	0.5	0.7	0.5	0.2
1982	85	1.0	0.5	0.8	0.5	0.2
1983	85	0.9	0.5	0.5	0.5	0.2
1984	92	1.0	0.6	0.5	0.5	0.2
1985	97	1.5	0.8	0.4	0.5	0.2
1986	95	2.0	1.1	0.5	0.5	0.2
1987	107	2.6	1.3	0.6	0.6	0.3
1988	109	3.4	1.5	0.6	0.7	0.3
1989	124	3.9	1.6	1.0	0.8	0.4
1990	127	5.2	2.1	0.6	0.9	0.4
1991	136	5.6	2.2	1.7	1.0	0.4
1992	145	6.3	2.7	1.7	1.0	0.5
1993	151	7.7	3.5	1.9	1.1	0.5
1994	159	9.5	3.9	2.2	1.1	0.5
1995	171	11.1	4.7	2.8	1.2	0.6
1996	178	12.3	4.8	3.4	1.3	0.7
1997	186	13.3	5.3	3.5	1.2	0.7
1998	190	13.6	5.0	4.1	1.3	0.8
1999	192	15.6	5.6	4.2	1.3	0.7
2000	186	14.5	5.8	4.3	1.1	0.7
2001	186	16.7	7.1	4.1	1.1	0.7
2002	156	19.1	8.2	4.4	1.1	0.8
2003	186	24.0	10.0	4.4	1.3	0.9
2004	186	28.0	11.3	5.5	1.4	1.0
2005	192	32.8	12.9	7.1	1.5	1.0
2006	202	38.1	15.1	8.2	1.6	1.0
2007	217	45.8	18.1	9.5	2.0	1.5
2008	228	53.5	20.3	10.3	2.1	1.6

2-29 历年普通高中基本情况

2-29 Basic Conditions of Senior Secondary Schools Over the Years

年 份 Year	学校数 (所) Number of Schools (unit)	毕业生数 (人) Number of Graduates (person)	招生数 (人) Number of New Enrollments (person)	在校生数 (人) Number of Students Enrolled (person)	教职工数 (人) Number of Faculty Members (person)	专任教师数 (人) Number of Full-time Teachers (person)
1978	1956	371403	268527	680311	180435	33194
1979	1500	361183	216048	472943	172721	26235
1980	1243	233699	189538	402135	166183	23614
1981	1124	191494	155023	334525	157390	22150
1982	1001	154486	141872	296630	148225	20443
1983	843	113285	126638	283878	145883	18963
1984	820	85740	128431	318630	150582	19506
1985	832	96998	121376	333154	158714	20722
1986	828	98771	121661	350285	165276	21393
1987	825	112049	126351	352768	170755	22422
1988	823	111825	125114	350799	175715	23602
1989	821	108253	123574	351594	176967	23764
1990	837	110310	129526	361234	178487	24693
1991	826	113317	121255	359955	182901	25562
1992	822	114171	116294	348588	190186	26131
1993	802	118953	119641	331501	199399	25871
1994	824	103398	130256	346647	208805	25148
1995	836	102593	155585	389031	223091	26255
1996	848	108762	181399	450928	238141	28738
1997	882	119086	206983	524717	247891	32118
1998	900	142876	226833	590404	256390	35778
1999	914	165284	241505	641074	265253	39187
2000	947	182354	286825	725276	275686	43941
2001	1000	206752	332084	842763	289103	50124
2002	1012	228122	385020	984104	305781	57475
2003	995	274956	442596	1137234	323075	66190
2004	998	318190	508059	1313116	339997	75330
2005	981	374445	569753	1489863	360341	86079
2006	1005	429856	607748	1634639	377490	95581
2007	1019	479969	606934	1724319	395636	103445
2008	1018	534880	668073	1817646	412718	110689

注：普通高中教职工数包含普通初中教职工数。

Note: The number of faculties and members of regular senior secondary schools includes the data of junior secondary schools.

2-30 历年普通初中基本情况

2-30 Basic Conditions of Junior Secondary Schools Over the Years

年 份 Year	学校数（所） Number of Schools （unit）	毕业生数（人） Number of Graduates （person）	招生数（人） Number of New Enroll-ments（person）	在校生数（人） Number of Students Enrolled（person）	专任教师数（人） Number of Full-time Teachers（person）
1978	280	725718	985826	2452877	121377
1979	947	655264	842119	2214375	117938
1980	1438	431480	784691	2118968	111346
1981	1941	468396	695854	1852548	101063
1982	2271	392887	662130	1705273	92334
1983	2651	377206	680684	1712052	90874
1984	2705	387346	734342	1888312	93553
1985	3017	436284	747799	2031394	99566
1986	3108	505781	742515	2149010	103438
1987	3313	573271	743567	2173253	106675
1988	3246	616436	723707	2091518	109171
1989	3107	610937	691086	2005700	109359
1990	3042	602594	704083	1979067	110035
1991	2996	591590	758299	2022810	113265
1992	2961	577866	880805	2201651	119239
1993	2964	589105	956982	2440376	128072
1994	2993	637122	1047969	2727104	137655
1995	3009	755564	1156238	3005525	149486
1996	3034	837696	1221333	3280949	160091
1997	3007	933232	1273310	3483818	167975
1998	2979	1035789	1317264	3645724	173199
1999	3000	1091006	1374296	3797987	179712
2000	3017	1135845	1424737	3881614	184661
2001	2917	1140968	1426843	4054225	189195
2002	2932	1220166	1467948	4149939	197320
2003	3184	1282353	1548622	4321843	205339
2004	3243	1314006	1586418	4495533	213640
2005	3301	1368854	1626601	4627044	221224
2006	3327	1425940	1706870	4758296	228956
2007	3297	1434350	1743138	4829437	238399
2008	3334	1429971	1803636	4978825	247359

2-31 历年小学基本情况

2-31 Basic Conditions of Primary Schools Over the Years

年 份 Year	学校数（所）Number of Schools（unit）	毕业生数（人）Number of Graduates（person）	招生数（人）Number of New Enrollments（person）	在校生数（人）Number of Students Enrolled（person）	教职工数（人）Number of Faculty Members（person）	专任教师数（人）Number of Full-time Teachers（person）
1978	23820	1142691	1515195	7430209	303467	260933
1979	24458	1062960	1565500	7438125	322562	274065
1980	24981	1043244	1493077	7488593	331390	281403
1981	24728	1042564	1371758	7347804	329762	280398
1982	24916	1044479	1302235	7230311	323942	275502
1983	25037	1143228	1188139	7053368	321185	272479
1984	24821	1166653	1140879	6927289	317692	269535
1985	24630	1141197	1088948	6712468	316431	268120
1986	24566	1064129	1198284	6706215	313210	263428
1987	24651	996946	1227785	6773671	314803	267111
1988	24611	916060	1243156	6887228	320208	269478
1989	24625	836679	1270805	7151532	324942	273601
1990	24610	824945	1299348	7472928	329460	277262
1991	24633	877430	1337393	7789333	336576	283465
1992	24654	1022360	1386454	8039814	343299	289920
1993	24686	1086876	1463095	8321421	351947	298601
1994	24718	1146583	1531761	8622146	360320	305946
1995	24628	1215578	1515530	8831914	376759	321434
1996	24688	1272996	1493611	8976384	392034	338242
1997	24730	1330786	1532419	9113410	402805	346423
1998	24724	1374593	1493285	9351270	404037	347886
1999	24556	1433779	1498378	9209566	414314	357429
2000	24202	1484833	1557286	9299314	420385	364118
2001	23611	1484451	1604435	9529844	428614	371283
2002	23314	1529035	1687362	9796069	437121	379755
2003	22792	1586749	1729914	10253706	447013	389262
2004	21944	1628669	1684682	10496221	455679	396487
2005	21228	1674305	1641550	10670304	463715	403824
2006	20512	1754494	1556420	10569906	467730	407584
2007	19891	1803140	1438722	10176170	474573	414470
2008	19271	1867640	1315880	9564740	476680	416608

2-32 历年学前教育基本情况

2-32 Basic Conditions of Pre-school Education Over the Years

年 份 Year	学校数（所） Number of Schools （unit）	毕业生数（人） Number of Graduates （person）	在校生数（人） Number of Students Enrolled（person）	教职工数（人） Number of Faculty Members（person）	专任教师数（人） Number of Full-time Teachers（person）
1978	7331		438528	30371	16782
1979	5690		395646	26949	14881
1980	6513		479193	28880	15333
1981	6340		487477	30893	16545
1982	6678		585354	34611	19263
1983	6646		634201	37518	20906
1984	6254		771137	41489	24415
1985	6104		929877	43531	28319
1986	6912		1048760	48024	30024
1987	7379		1263029	56064	35270
1988	7249	675080	1327988	58426	37452
1989	7280	733732	1419233	62754	40897
1990	7469	803576	1500521	65195	42905
1991	6335	976754	1657423	68626	45115
1992	6917	1087165	1775729	73770	49308
1993	6533	1189012	1905347	78482	53534
1994	7243	1154865	1918458	85560	57790
1995	7923	1419777	2000082	90904	59344
1996	8582	1390978	2018878	96599	64339
1997	9425	1376406	2027578	104353	68651
1998	10147	1323611	2036463	111288	73096
1999	11836	1345465	2130453	123815	79748
2000	12027	1337009	2141789	129060	83552
2001	9790	1392440	2209151	131919	76490
2002	10135	1183264	2115525	135608	77731
2003	10067	1145873	2125196	143381	82186
2004	10213	1143651	2131994	149289	85805
2005	10359	1082389	2139186	158971	91789
2006	10622	1042662	2192932	169126	98396
2007	10594	1033175	2226430	179061	104541
2008	10533	975273	2323511	191444	111597

2-33 历年各级各类学校在校学生数

2-33 Students Enrolled of All Types of Schools at All Levels Over the Years

单位：万人 (10000 Persons)

年份 Year	高等学校 Institutions of Higher Education	中等学校 Secondary Schools			小学 Primary Schools
		中等职业教育学校 Vocational Secondary Schools	技工学校 Technical Schools	普通中学 Regular Secondary Schools	
1978	3.1	3.6		313.3	743.0
1979	3.8	4.5	0.7	268.7	743.8
1980	4.1	6.3	1.6	252.1	748.9
1981	4.5	6.1	1.4	218.7	734.8
1982	4.1	6.5	1.0	200.2	723.0
1983	4.6	10.0	0.9	199.6	705.3
1984	5.5	13.0	1.0	220.7	692.7
1985	7.0	18.0	1.5	236.5	671.3
1986	7.8	28.2	1.5	249.9	670.6
1987	8.6	34.3	2.6	252.6	677.4
1988	9.7	37.6	3.4	244.2	688.7
1989	10.0	42.1	3.9	235.7	715.2
1990	9.6	45.3	5.2	234.0	747.3
1991	9.3	44.7	5.6	238.3	788.9
1992	9.7	46.3	6.6	255.0	809.0
1993	11.7	50.2	7.7	277.2	832.1
1994	13.8	55.9	9.6	307.4	862.2
1995	15.2	66.7	11.1	339.5	883.2
1996	16.4	67.3	12.3	373.2	897.6
1997	17.5	72.7	13.3	400.9	911.3
1998	18.5	70.5	14.5	423.6	918.0
1999	22.1	69.5	23.0	443.9	921.0
2000	30.0	65.6	15.5	460.7	929.9
2001	38.2	62.0	16.7	489.7	953.0
2002	46.8	61.2	17.8	513.4	979.6
2003	58.8	63.1	23.9	545.9	1025.4
2004	72.7	65.5	28.1	580.9	1049.6
2005	87.5	71.0	32.8	611.7	1067.0
2006	100.9	80.8	38.2	639.3	1057.0
2007	112.0	90.8	45.8	655.4	1017.6
2008	121.6	100.1	53.5	679.5	956.5

注：1. 高等学校人数指普通本、专科人数，下同。

2. 1986年后中等职业教育学校包括普通中专、成人中专、职业高中，1986年前缺成人中专数据。

Nots：1. Number of students in institutions of higher education refers to the number of students in regular universities with full undergraduate courses and colleges with specialized courses，The same applies to the following tables.

2. Since 1986，vocational secondary schools have included regular specialized secondary schools，specialized secondary schools for adults and vocational senior secondary schools. Prior to 1986，no data of specialized secondary schools for adults are available.

主要统计指标解释

教育经费支出 分为事业经费和基建支出两部分。1. 事业经费支出分为“个人部分支出”和“公用部分支出”两个部分。个人部分支出：指用于公办、民办教职工，离退休人员，学生等个人方面的支出。包括基本工资、补助工资、其他工资、职工福利费、社会保障费及奖贷助学金。公用部分支出包括：公务费、业务费、设备购置费、修缮费、其他属于公用性质的经费支出。2. 基建支出：指属于基建投资额度范围内的，并列入各级计划部门基建计划，由学校和教育事业单位经批准用教育基建拨款和其他自筹资金安排的基本建设，并专存银行基建专户的支出。

普通高等学校 是指按国家规定的设置标准和审批程序批准举办的，通过全国普通高等教育统一招生考试，招收高中毕业生为主要培养对象，实施高等学历教育的全日制大学、独立设置的学院和高等专科学校、高等职业学校和其他机构。大学、独立设置的学院主要实施本科及本科层次以上教育。高等专科学校、高等职业学校实施专科层次教育。其他机构是承担国家普通招生计划任务不计校数的机构，包括普通高等学校分校和批准筹建的普通高等学校等。

中等职业教育学校 是指按国家规定的设置标准和审批程序批准成立的实施中等职业教育的学校（机构），包括原属普通中等专业学校、成人中等专业学校、职业高中及技工学校。

初中学生毛入学率 指初级中学（普通初中和职业初中）在校生总数占初中学龄人口数的比重。

高中阶段教育入学率 是指当年初中毕业生进入高中阶段（包括普通高中、职业高中、中等专业学校、技工学校、成人中等专业学校、成人高中）学习的比重。

高等教育毛入学率 是指高等教育阶段（包括国家承认学历的各类高等教育：普通高校本专科、高等学历文凭考试、电视大学注册视听生、自学考试本科专科、军事院校本专科研究生教育）在校学生折合总数占高等教育学龄（18～22岁）人口数的比重。

Explanatory Notes on Main Statistical Indicators

Educational Expenditures Including undertaking expenditures and construction expenditures. 1. The undertaking expenditures is divided into “expenditures on personal” and “expenditures on public”. “Expenditures on personal” refers to the expenditures on faculties and members of state-managed and citizen-managed, retired personnel, and students, including basic wage, supplementary wage, other wage, employee welfare cost, social security cost, scholarship, student loan and stipend. “Expenditures on Public” including business fee, operation cost, original equipment cost, refurnishing cost and other expenditures for public use. 2. Construction expenditures refers to the expenditures belong to the range of capital construction investment, listed into the capital construction plan of project division at all levels, and arranged by schools or education enterprise units with approved education capital construction appropriation or other self-raised funds, and specially deposited in capital construction account in the bank.

Regular Institutions of Higher Education Refer to educational establishments set up according to government standard and evaluation and approval procedures, mainly enrolling graduates from senior secondary schools through uniform national matriculation examinations and providing higher education. Such institutions include full-time universities, independent colleges, technical colleges, professional colleges, and other institutions. Universities and independent colleges mainly carried out undergraduate course and above levels education. Technical colleges and professional colleges carried out specialized courses level education. Other institutions are institutions bearing the national regular enrollment plan task but calculated number of schools, including the branch schools of institutions of regular higher education or the approved to established regular higher education institutions.

Schools of Vocational Secondary Education Refer to the schools (institutions) set up according to government standard and evaluation and approval procedures, carrying out secondary vocational education, including regular specialized secondary schools, specialized secondary schools for adults, vocational senior secondary schools and technical schools.

Gross Enrollment Rate of Junior Secondary School Students Refer to the proportion of total students enrolled at junior secondary schools (regular junior secondary schools and vocational secondary schools) in the number of junior secondary school–age populations.

Enrollment Rate of Senior Secondary Stage Education Refer to the proportion of the number of junior secondary school graduates entranced senior secondary stage education (including regular senior secondary schools, vocational senior secondary schools, specialized secondary schools, technical schools, specialized secondary schools for adults and senior secondary schools for adults) in the total amount of junior secondary school graduates.

Gross Enrollment Rate of Higher Education Refer to the proportion of the total number of students enrolled at higher education stage (including all types of higher educations that qualification recognized by the states: regular institutions of higher education, exams awarding formal higher qualifications, TV Education Students, higher education of self–taught examinations, undergraduate, specilized course and postgraduate education in military universities and colleges) in the higher education–age populations (age 18 ~ 22).

三、卫　　生

Ⅲ　Public Health

简要说明

1. 本篇资料主要反映广东省卫生事业发展情况。

2. 本篇资料主要包括：

（1）各级各类卫生机构基本情况、卫生技术人员数、床位及使用情况、医疗业务开展情况、医疗设备拥有和使用情况及农村卫生情况等。

（2）地区分全省和21个地级以上市。

（3）年份主要有当年、近5年连续年份。

3. 统计资料来源：本篇资料由广东省卫生厅负责整理、审核、提供。

Brief Descriptions

1. The data in this chapter mainly show the development status of public health in Guangdong Province.

2. The data in this chapter mainly include:

(1) The basic conditions of public health organizations by type and level, number of medical technical personnel, situation of beds and use, development conditions of medical sevices, ownership and usage conditions of medical equiments, public health situation in rural areas.

(2) Regions including the provincial and 21 cities above prefecture-level.

(3) The year is current year and the recent five continuous years.

3. Statistical data sources: the data in this chapter are arranged, verified and provided by Department of Health of Guangdong Province.

3-1 各类卫生机构基本情况（2008）

3-1 Basic Conditions of All Types of Medical and Health Organizations（2008）

卫生机构名称 Name of Public Health Organizations	机构数量（个） Number of Or-ganizations（unit）	实有床位（张） Actual Number of Beds（unit）	卫生人员（人） Number of Health Personnel（person）	卫技人员（人） Number of Medical Technical Personnel（person）	其他技术人员（人） Number of other Technical Personnel（person）	管理人员（人） Number of Manage Personnel（person）	工勤人员（人） Number of Wokers（person）
合计 Total	**15821**	**250497**	**479462**	**383876**	**18147**	**28633**	**48806**
一、医院 Hospitals	1029	187374	291292	233250	9427	18116	30499
二、卫生院 Health Centers	1399	44209	82062	65645	4616	4035	7766
街道卫生院 Urban Township Health Centers	95	2663	7440	5975	314	332	819
乡镇卫生院 Rural Township Health Centers	1304	41546	74622	59670	4302	3703	6947
三、疗养院 Sanitarium	15	2515	1544	824	112	168	440
四、社区卫生服务中心（站） Community Health Service Centers（Stations）	1695	1865	13174	10721	508	625	1320
社区卫生服务中心 Community Health Service Centers	789	1788	8929	7011	318	476	1124
社区卫生服务站 Community Health Service Stations	906	77	4245	3710	190	149	196
五、门诊部 Outpatient Department	1743	318	17381	13648	695	1487	1551
六、诊所、卫生所、医务室 Clinic，Health Stations，Infirmaries	9206		23357	21439			1918
诊所 Clinic	6337		16112	14566			1546
卫生所、医务室 Health Stations，Infirmaries	2868		7238	6868			370
护理站 Nursing Stations	1		7	5			2
七、急救中心（站） Emergency Centers（Stations）	9		323	245	11	42	25
八、采供血机构 Blood Collected and Supplied Centers	40		1725	1229	99	147	250
九、妇幼保健院（所、站） Maternal and Child Care Service Centres（Office，Stations）	126	11244	23257	18985	792	1526	1954
十、专科疾病防治院（所、站） Specialized Prevention and Treatment Institutes（Agencies，Stations）	150	2972	7408	5461	373	654	920
十一、疾病预防控制中心 Centers of Disease Control	136		10211	7350	771	751	1339
十二、卫生监督所（中心） Health Supervision Stations（Centers）	137		4963	3530	245	690	498
十三、医学科学研究机构 Medical in-service Training Institutes	20		192	130	16	32	14
十四、医学在职培训机构 Medical in-service Training Institutes	20		761	320	301	55	85
十五、健康教育所（站、中心） Health Education Institutes（Stations，Centers）	33		229	86	45	73	25
十六、其他卫生机构 Other Public Health Organizations	63		1583	1013	136	232	202
乡村医疗点 Rural Medical Stations	27138						

注：合计中不含乡村医疗点数据，下同。

Note：The total number does not include the data of rural medical stations.

3-2 各类卫生机构卫生技术人员情况（2008）

3-2 Situation of Medical Technical Personnels in All Types of Medical and Health Organizations（2008）

单位：人 （Person）

卫生机构名称 Name of Public Health Organizations	执业（助理）医师 Medical Practitione （intern）	注册护士 Registered Nurses	药师（士） Pharma-cist	检验技师（士） Medical Laboratory Technologists	影像技师（士） Imaging Technologist	其他卫生技术人员 Other Medi-cal Technical Persnonnel
合计 Total	**144335**	**135855**	**29239**	**16632**	**7280**	**50535**
一、医院 Hospitals	82303	94811	16731	9155	4923	25327
二、卫生院 Health Centers	26067	18145	6088	2031	1089	12225
街道卫生院 Urban Township Health Centers	2478	1747	669	201	89	791
乡镇卫生院 Rural Township Health Centers	23589	16398	5419	1830	1000	11434
三、疗养院 Sanitarium	285	304	49	48	13	125
四、社区卫生服务中心（站） Community Health Service Centers（Stations）	4276	3335	1208	400	219	1283
社区卫生服务中心 Community Health Service Centers	2732	2258	805	279	160	777
社区卫生服务站 Community Health Service Stations	1544	1077	403	121	59	506
五、门诊部 Outpatient Department	6257	3611	1473	857	484	966
六、诊所、卫生所、医务室 Clinic，Health Stations，Infirmaries	11954	4691	1701	328		2765
诊所 Clinic	7832	2962	1418	211		2143
卫生所、医务室 Health Stations，Infirmaries	4121	1726	282	117		622
护理站 Nursing Stations	1	3	1			
七、急救中心（站） Emergency Centers （Stations）	105	99	6	8	1	26
八、采供血机构 Blood Collected and Supplied Centers	174	504	17	336		198
九、妇幼保健院（所、站） Maternal and Child Care Service Centres（Office，Stations）	6677	7693	1186	1025	307	2097
十、专科疾病防治院（所、站） Specialized Prevention and Treatment Institutes（Agencies，Stations）	2193	1561	505	482	139	581
十一、疾病预防控制中心 Centers of Disease Control	3512	843	181	1657	98	1059
十二、卫生监督所（中心） Health Supervision Stations（Centers）						3530
十三、医学科学研究机构 Medical in-service Training Institutes	43	9	17	15		46
十四、医学在职培训机构 Medical in-service Training Institutes	130	70	22	3		95
十五、健康教育所（站、中心） Health Education Institutes（Stations，Centers）	37	5	5	1		38
十六、其他卫生机构 Other Public Health Organizations	322	174	50	286	7	174
乡村医疗点 Rural Medical Stations	5773					

注：合计不含乡村医疗点；乡村医疗点只列出执业（助理）医师数。

Note：The total number does not include the data of rural medical stations;only the number of medical prationiers（interns） were listed for rural medical stations.

3-3 医院、卫生院卫生技术人员情况（2008）

3-3 Situation of Medical Technical Personnels in Hospitals and Health Centers（2008）

单位：人 （Person）

卫生机构名称 Name of Public Health Organizations	执业（助理）医师 Medical Practitione（intern）	注册护士 Registered Nurses	药师（士） Pharma-cist	检验技师（士） Medical Laboratory Technologists	影像技师（士） Imaging Technologist	其他卫生技术人员 Other Medi-cal Technical Persnonnel
合计 Total	**108370**	**112956**	**22819**	**11186**	**6012**	**37552**
一、医院 Hospitals	82303	94811	16731	9155	4923	25327
综合医院 General Hospitals	64538	75110	11714	7219	3816	20428
中医医院 Hospitals of Chinese Medicine	11120	11399	3704	1104	640	2751
中西医结合医院 Chinese and Western Integrative Hospitals	484	537	147	56	40	122
专科医院 Specialized Hospitals	6147	7715	1161	773	425	2019
口腔医院 Stomatological Hospitals	640	447	40	13	11	138
眼科医院 Ophthalmic Hospitals	367	516	71	18	9	174
耳鼻喉科医院 Otolaryngological Hospitals	14	11	5	3	2	0
肿瘤医院 Tumour Hospital	623	913	90	61	133	227
心血管病医院 Cardiovascular Hospitals	134	171	20	22	14	18
胸科医院 Chest Hospital	193	289	43	44	11	3
妇产（科）医院 Maternity Hospitals	187	226	36	33	26	98
儿童医院 Children's Hospital	755	706	103	106	29	87
精神病医院 Mental Disease Hospital	1111	2123	297	132	75	508
传染病医院 Infectious Disease Hospital	385	502	79	83	3	39
皮肤病医院 Dermatological Hospitals	110	95	48	32	2	28
结核病医院 Tuberculosis Hospitals						
麻风病医院 Leprosarium	100	55	31	17		50
骨科医院 Orthopaedics Hospitals	191	267	35	20	20	71
康复医院 Rehabilitation Hospitals	488	446	121	50	33	296
整形外科医院 Plastic Surgery Hospital	22	35	3	2	1	25
美容医院 Cosmetic Hospitals	84	95	12	6	3	33
其他专科医院 Other Specialized Hospitals	743	818	127	131	53	224
护理院 Nursing Home	14	50	5	3	2	7
二、卫生院 Health Centers	26067	18145	6088	2031	1089	12225

3-4 各市各类卫生技术人员数（2008）

3-4 Number of All Types of Medical Technical Personnel by City（2008）

单位：人 （Person）

市别	City	执业（助理）医师 Medical Practitione（inten）	注册护士 Registered Nurses	药师（士） Pharmacist	检验技师（士） Medical Laboratory Technologists	影像技师（士） Imaging Technologist	其他卫生技术人员 Other Medical Technical Persnonnel
合计	**Total**	**144335**	**135855**	**29239**	**16632**	**7280**	**50535**
广州	Guangzhou	29953	30847	5943	4076	1543	8325
深圳	Shenzhen	20099	19306	2974	2381	1099	4639
珠海	Zhuhai	3907	3604	748	436	182	1405
汕头	Shantou	5114	4371	1134	544	231	1777
佛山	Foshan	10662	11119	2530	1133	427	3529
韶关	Shaoguan	4624	4691	868	572	198	1464
河源	Heyuan	3296	2843	811	362	160	1451
梅州	Meizhou	5978	3749	1532	541	297	2437
惠州	Huizhou	5431	4962	899	725	326	2422
汕尾	Shanwei	2653	1490	421	275	126	1586
东莞	Dongguan	10334	10799	1891	1151	543	4399
中山	Zhongshan	4541	4431	832	478	233	1561
江门	Jiangmen	6074	5672	1306	610	292	1992
阳江	Yangjiang	2562	2152	606	309	149	1242
湛江	Zhanjiang	6981	6833	1267	654	317	3462
茂名	Maoming	5021	4690	1131	537	291	2409
肇庆	Zhaoqing	4397	4614	1242	524	256	2105
清远	Qingyuan	3735	3832	782	488	212	1535
潮州	Chaozhou	3127	1430	985	252	82	699
揭阳	Jieyang	3712	2249	830	359	183	1193
云浮	Yunfu	2134	2171	507	225	133	903

3-5 各市农村卫生组织情况（2008）

3-5 Situation of Rural Medical and Health Organizations by City（2008）

市别	City	乡村医疗点（个）Rural Medical Stations (unit)	执业（助理）医师（人）Medical Practitioner (intern) (person)	注册护士（人）Registered Nurses (person)	乡村医生和卫生员（人）Country Doctors and Health Workers (person)		
					合计 Total	乡医 Country Doctors	卫生员 Health Workers
全省	**Province**	**27138**	**5773**	**2260**	**32863**	**30281**	**2582**
广州	Guangzhou	1052	361	127	1847	1696	151
珠海	Zhuhai	179	111	62	273	229	44
汕头	Shantou	446	147	31	907	594	313
佛山	Foshan	283	206	87	394	324	70
韶关	Shaoguan	1512	184	13	1659	1618	41
河源	Heyuan	1806	139	28	1917	1871	46
梅州	Meizhou	2427	408	69	2394	2290	104
惠州	Huizhou	1539	513	194	1444	1366	78
汕尾	Shanwei	1410	192	8	1484	1333	151
东莞	Dongguan	1236	1535	1202	1259	1069	190
中山	Zhongshan	137	97	73	183	165	18
江门	Jiangmen	843	131	37	1006	964	42
阳江	Yangjiang	941	129	19	1280	1048	232
湛江	Zhanjiang	1829	293	135	2895	2542	353
茂名	Maoming	3295	131	12	3919	3676	243
肇庆	Zhaoqing	2033	231	42	2611	2545	66
清远	Qingyuan	1861	231	55	2144	1979	165
潮州	Chaozhou	1316	207	23	1518	1415	103
揭阳	Jieyang	2000	401	26	2223	2063	160
云浮	Yunfu	993	126	17	1506	1494	12

3-6 各市乡村医疗点医生、乡村医生学历分布（2008）

3-6 Educational Background Distribution of Doctors in Rural Medical-care Stations and Rural Doctors by City（2008）

单位：人 （Person）

市别	City	大专及以上学历 Junior College and above	中专学历 Technical Secondary School	中专水平 Technical Secondary School Level	其他 Others
全省	**Province**	1987	18286	8973	1035
广州	Guangzhou	208	1202	263	23
珠海	Zhuhai	55	113	45	16
汕头	Shantou	78	339	163	14
佛山	Foshan	17	183	85	39
韶关	Shaoguan	96	1021	482	19
河源	Heyuan	41	1169	629	32
梅州	Meizhou	72	876	1155	187
惠州	Huizhou	206	896	236	28
汕尾	Shanwei	108	518	686	21
东莞	Dongguan	216	696	126	31
中山	Zhongshan	22	88	41	14
江门	Jiangmen	26	283	625	30
阳江	Yangjiang	64	595	334	55
湛江	Zhanjiang	177	1828	483	54
茂名	Maoming	81	2537	769	289
肇庆	Zhaoqing	86	1773	636	50
清远	Qingyuan	125	1365	447	42
潮州	Chaozhou	142	964	247	62
揭阳	Jieyang	96	858	1085	24
云浮	Yunfu	71	982	436	5

3-7 各市医院机构、床位、人员情况（2008）

3-7 Situation of Organizations，Beds and Staffs of Hospitals by City（2008）

市别 City	机构数（个）Number of Organizations（unit）	床位数（张）Number of Beds（unit）	人员数（人）Number of Personnel（person）	卫生技术人员（人）Number of Medical Technical Personnel（person）						其他技术人员（人）Other Medical Technical Persnonnel（person）	管理人员（人）Manage Personnel（person）	工勤人员（人）Workers（person）
				小计 Subtotal	执业（助理）医师 Medical Practitioner（intern）	注册护士 Registered Nurses	药师（士）Pharmacists	检验技师（士）Medical Laboratory Technologists	影像技师（士）Imaging Technologists			
全省 Province	**1029**	**187374**	**291292**	**233250**	**82303**	**94811**	**16731**	**9155**	**4923**	**9427**	**18116**	**30499**
广州 Guangzhou	218	47128	72622	58313	20093	24234	4187	2464	1193	2556	4514	7239
深圳 Shenzhen	105	18435	45267	36560	14436	15511	1971	1519	789	1399	2699	4609
珠海 Zhuhai	26	4316	5715	4795	1704	1982	280	169	91	187	413	320
汕头 Shantou	35	7070	10990	8801	3333	3462	645	319	176	516	565	1108
佛山 Foshan	57	12353	16439	12851	4261	5344	1047	436	226	434	840	2314
韶关 Shaoguan	62	8174	9519	7623	2538	3284	623	335	142	237	663	996
河源 Heyuan	22	2553	4079	3342	1247	1278	302	141	71	162	239	336
梅州 Meizhou	27	5248	7661	6297	2098	2315	619	245	196	238	344	782
惠州 Huizhou	36	6114	8912	7028	2347	2921	444	286	176	238	613	1033
汕尾 Shanwei	25	3060	3866	2924	1003	989	220	133	79	236	312	394
东莞 Dongguan	77	16383	28730	23270	8089	8984	1349	823	394	747	1772	2941
中山 Zhongshan	44	8142	12207	9649	3576	3723	645	373	185	480	601	1477
江门 Jiangmen	31	7325	10237	8348	2847	3446	675	279	189	179	560	1150
阳江 Yangjiang	36	3770	4398	3486	1223	1310	290	142	92	121	369	422
湛江 Zhanjiang	67	10585	14065	11008	3644	4663	780	365	205	448	1312	1297
茂名 Maoming	41	7834	8714	7061	2412	2854	575	230	175	328	510	815
肇庆 Zhaoqing	39	6158	9949	7600	2371	3033	735	295	177	334	643	1372
清远 Qingyuan	34	4572	6057	4968	1579	2042	387	206	107	137	394	558
潮州 Chaozhou	13	1819	3052	2409	989	758	313	116	45	81	195	367
揭阳 Jieyang	18	3593	5033	3875	1575	1411	361	160	119	257	318	583
云浮 Yunfu	16	2742	3780	3042	938	1267	283	119	96	112	240	386

3-8 各市卫生院机构、床位、人员情况（2008）

3-8 Situation of Organizations, Beds and Staffs in Health Centers by City（2008）

市 别 City	机构数（个）Number of Organizations (unit)	床位数（张）Number of Beds (unit)	人员数（人）Number of Personnel (person)	卫生技术人员（人）Number of Medical Technical Personnel (person)						其他技术人员（人）Other Medical Technical Persnonnel (person)	管理人员（人）Manage Personnel (person)	工勤人员（人）Workers (person)
				小计 Subtotal	执业（助理）医师 Medical Practitioner (intern)	注册护士 Registered Nurses	药师（士）Pharmacists	检验技师（士）Medical Laboratory Technologists	影像技师（士）Imaging Technologists			
全 省 Province	**1399**	**44209**	**82062**	**65645**	**26067**	**18145**	**6088**	**2031**	**1089**	**4616**	**4035**	**7766**
广 州 Guangzhou	33	1403	2811	2363	896	794	203	90	52	95	154	199
深 圳 Shenzhen	2	60	167	112	42	36	17	9	2	14	19	22
珠 海 Zhuhai	20	1065	1926	1599	606	610	134	59	37	87	81	159
汕 头 Shantou	42	1531	3339	2537	1022	460	344	65	27	282	175	345
佛 山 Foshan	40	6886	13245	11030	3913	4268	1094	354	156	400	487	1328
韶 关 Shaoguan	114	1726	2938	2315	949	679	127	83	36	137	190	296
河 源 Heyuan	101	2079	4724	3921	1518	1005	427	123	70	279	167	357
梅 州 Meizhou	151	2986	6185	5094	2316	800	628	122	74	356	228	507
惠 州 Huizhou	83	3363	5843	4483	1678	1244	276	197	100	414	321	625
汕 尾 Shanwei	55	1634	3743	2849	1293	388	146	79	39	206	207	481
江 门 Jiangmen	87	2778	5310	4418	1840	1371	436	136	74	186	299	407
阳 江 Yangjiang	43	1228	2322	1807	737	454	195	65	34	183	152	180
湛 江 Zhanjiang	101	3947	6271	4813	1915	1305	264	102	72	537	334	587
茂 名 Maoming	104	3828	5531	4251	1602	1095	354	137	87	412	318	550
肇 庆 Zhaoqing	105	1862	4062	3218	1132	867	342	68	49	207	241	396
清 远 Qingyuan	122	2940	3964	3408	1178	1152	248	141	79	217	146	193
潮 州 Chaozhou	54	849	2721	2015	1009	425	311	59	25	201	146	359
揭 阳 Jieyang	81	2513	4422	3376	1587	601	362	106	52	248	227	571
云 浮 Yunfu	61	1531	2538	2036	834	591	180	36	24	155	143	204

3-9 各市妇幼保健机构、床位、人员情况（2008）

3-9 Situation of Organizations，Beds and Staffs of Maternity and Child Care Centers by City（2008）

市别 City	机构数（个） Number of Organizations (unit)	床位数（张） Number of Beds (unit)	人员数（人） Number of Personnel (person)	卫生技术人员（人）Number of Medical Technical Personnel (person) 小计 Subtotal	执业（助理）医师 Medical Practitioner (intern)	注册护士 Registered Nurses	药师（士） Pharmacists	检验技师（士） Medical Laboratory Technologists	影像技师（士） Imaging Technologists	其他技术人员（人） Other Medical Technical Persnonnel (person)	管理人员（人） Manage Personnel (person)	工勤人员（人） Workers (person)
全　省 Province	**126**	**11244**	**23257**	**18985**	**6677**	**7693**	**1186**	**1025**	**307**	**792**	**1526**	**1954**
广　州 Guangzhou	13	2046	4518	3718	1434	1596	242	211	64	160	267	373
深　圳 Shenzhen	7	1257	3386	2840	1022	1229	118	158	81	68	156	322
珠　海 Zhuhai	2	444	917	821	240	293	32	32	5	3	87	6
汕　头 Shantou	6	429	627	506	189	190	42	31	11	23	41	57
佛　山 Foshan	5	1035	1770	1465	519	560	95	65	20	76	112	117
韶　关 Shaoguan	9	352	789	608	229	263	36	32	4	21	72	88
河　源 Heyuan	6	515	852	695	205	332	36	35	10	50	63	44
梅　州 Meizhou	9	422	964	778	321	228	69	52	7	58	43	85
惠　州 Huizhou	5	425	1003	798	247	307	36	49	12	34	78	93
汕　尾 Shanwei	5	192	371	258	109	72	22	23	2	46	34	33
东　莞 Dongguan	1	326	574	470	127	203	24	22	0	0	42	62
江　门 Jiangmen	6	546	1066	855	276	388	59	44	14	31	80	100
阳　江 Yangjiang	5	279	718	552	185	209	38	32	14	23	71	72
湛　江 Zhanjiang	11	778	1414	1148	408	430	77	51	15	56	106	104
茂　名 Maoming	5	539	1063	891	266	330	63	51	9	42	51	79
肇　庆 Zhaoqing	7	375	911	710	199	319	66	36	11	12	71	118
清　远 Qingyuan	9	412	673	556	217	243	37	32	10	14	37	66
潮　州 Chaozhou	4	221	422	340	131	124	25	22	7	24	28	30
揭　阳 Jieyang	6	354	645	514	205	166	37	24	6	35	48	48
云　浮 Yunfu	5	297	574	462	148	211	32	23	5	16	39	57

3-10 各市中医医院机构、床位、人员情况（2008）

3-10 Situation of Organizations, Beds and Staffs of Traditional Chinese Medical Hospitals by City (2008)

市 别 City	机构数（个） Number of Organizations (unit)	床位数（张） Number of Beds (unit)	人员数（人） Number of Personnel (person)	卫生技术人员（人） Number of Medical Technical Personnel (person) 小计 Subtotal	执业（助理）医师 Medical Practitioner (intern)	注册护士 Registered Nurses	药师（士） Pharmacists	检验技师（士） Medical Laboratory Technologists	影像技师（士） Imaging Technologists	其他技术人员（人） Other Medical Technical Persnonnel (person)	管理人员（人） Manage Personnel (person)	工勤人员（人） Workers (person)
全 省 Province	**149**	**24448**	**40042**	**32104**	**11604**	**11936**	**3851**	**1160**	**680**	**1075**	**2522**	**4341**
广 州 Guangzhou	30	6420	10260	8511	3133	3270	1058	285	140	281	639	829
深 圳 Shenzhen	7	1300	3591	2785	1112	1061	248	97	67	78	326	402
珠 海 Zhuhai	2	466	628	560	206	218	52	18	4	17	29	22
汕 头 Shantou	6	688	854	675	296	195	94	27	25	35	57	87
佛 山 Foshan	7	2938	4120	3166	967	1227	359	101	68	102	142	710
韶 关 Shaoguan	9	918	1472	1154	407	405	130	47	24	20	91	207
河 源 Heyuan	6	533	872	718	296	259	83	28	21	26	45	83
梅 州 Meizhou	7	640	1312	1115	415	337	201	52	38	47	77	73
惠 州 Huizhou	7	724	1343	1083	395	360	117	56	17	35	102	123
汕 尾 Shanwei	5	295	434	316	150	84	36	13	14	24	35	59
东 莞 Dongguan	4	619	1172	985	371	331	102	35	1	25	40	122
中 山 Zhongshan	3	850	1530	1079	349	554	87	35	30	47	68	336
江 门 Jiangmen	7	1668	2784	2291	837	832	287	79	48	24	172	297
阳 江 Yangjiang	5	659	1042	836	303	311	91	33	18	30	71	105
湛 江 Zhanjiang	9	1367	1542	1184	435	444	154	39	25	27	139	192
茂 名 Maoming	6	1320	1707	1357	473	521	188	56	34	83	114	153
肇 庆 Zhaoqing	9	956	1817	1441	450	516	192	53	40	74	93	209
清 远 Qingyuan	8	894	1245	1029	315	444	103	36	36	30	83	103
潮 州 Chaozhou	3	177	445	348	146	64	83	16	6	11	28	58
揭 阳 Jieyang	5	485	813	651	273	207	80	30	7	44	89	29
云 浮 Yunfu	4	531	1059	820	275	296	106	24	17	15	82	142

注：中医医院含中西医结合医院。

Note: The data of Chinese medical hospital including those of hospitals of combination of Chinese and Western medicine.

3-11 各市专科疾病防治院、所（站）机构，床位，人员情况（2008）

3-11 Situation of Organizations, Beds and Staffs of Specialized Health Institutions（Agency/Station） by City（2008）

市别 City	机构数（个） Number of Organizations（unit）	床位数（张） Number of Beds（unit）	人员数（人） Number of Personnel（person）	卫生技术人员（人） Number of Medical Technical Personnel（person）						其他技术人员（人） Other Medical Technical Persnonnel（person）	管理人员（人） Manage Personnel（person）	工勤人员（人） Workers（person）
				小计 Subtotal	执业（助理）医师 Medical Practitioner（intern）	注册护士 Registered Nurses	药师（士） Pharmacists	检验技师（士） Medical Laboratory Technologists	影像技师（士） Imaging Technologists			
全省 Province	**150**	**2972**	**7408**	**5461**	**2193**	**1561**	**505**	**482**	**139**	**373**	**654**	**920**
广州 Guangzhou	19	709	899	579	243	155	50	53	9	54	126	140
深圳 Shenzhen	7	130	1209	916	408	256	58	87	17	64	67	162
珠海 Zhuhai	3	26	109	95	43	29	11	7	1	6	6	2
汕头 Shantou	6	182	466	337	98	103	35	36	12	10	57	62
佛山 Foshan	7	340	436	339	109	111	43	38	6	10	21	66
韶关 Shaoguan	13	193	443	343	128	121	20	34	10	10	32	58
河源 Heyuan	6	110	198	155	73	49	11	8	3	9	10	24
梅州 Meizhou	11	154	403	334	136	75	48	25	11	11	28	30
惠州 Huizhou	12	132	381	267	112	65	16	31	8	21	36	57
汕尾 Shanwei	6	71	163	116	60	13	6	8	2	5	16	26
东莞 Dongguan	1	69	197	150	42	53	18	16	7	2	27	18
中山 Zhongshan	1											
江门 Jiangmen	11	70	436	324	114	101	47	33	8	28	50	34
阳江 Yangjiang	3	52	118	77	37	22	4	5	3	2	16	23
湛江 Zhanjiang	11	204	601	430	182	110	34	29	13	65	51	55
茂名 Maoming	6	434	526	391	137	142	40	26	13	36	34	65
肇庆 Zhaoqing	8	30	279	217	82	77	22	18	6	11	24	27
清远 Qingyuan	5	40	174	133	58	37	14	10	2	11	10	20
潮州 Chaozhou	4	0	110	72	44	6	12	6	2	6	14	18
揭阳 Jieyang	6	10	178	126	64	18	16	8	3	7	18	27
云浮 Yunfu	4	16	82	60	23	18	0	4	3	5	11	6

3-12 各市采供血机构、人员情况（2008）

3-12 Situation of Blood Collected and Supplied Centers and Staffs by City（2008）

市别 City	机构数（个）Number of Organi-zations (unit)	人员数（人）Number of Personnel（person）										
		卫生技术人员（人）Number of Medical Technical Personnel（person）								其他技术人员（人）Other Medical Technical Persnonnel (person)	管理人员（人）Manage Personnel (person)	工勤人员（人）Workers (person)
		合计 total	小计 Subtotal	执业医师 Medical Practi-tioner	执业助理医师 Assistant Doctors	注册护士 Reg-istered Nurses	药师（士）Pharma-cists	检验技师（士）Medical Laboratory Technolo-gists	其他 Others			
全省 Province	**40**	**1725**	**1229**	**126**	**48**	**504**	**17**	**336**	**198**	**99**	**147**	**250**
广州 Guangzhou	5	383	292	22	5	142	8	63	52	20	37	34
深圳 Shenzhen	3	212	176	19	3	60	2	69	23	6	4	26
珠海 Zhuhai	1	56	39	6	1	15		7	10	4	3	10
汕头 Shantou	1	83	44	4	6	17		15	2	4	11	24
佛山 Foshan	5	159	104	13	5	44		36	6	7	26	22
韶关 Shaoguan	1	66	45	8	1	14	2	9	11	9	1	11
河源 Heyuan	1	20	14	1		5		5	3	2	2	2
梅州 Meizhou	5	54	41	4	3	5	1	9	19		7	6
惠州 Huizhou	1	72	47	4	3	23		13	4	4	4	17
汕尾 Shanwei	1	34	25	3	3	4		4	11	4	2	3
东莞 Dongguan	1	123	91	7	2	41		25	16	8	5	19
中山 Zhongshan	1	47	36	10		15		11	0	10	1	
江门 Jiangmen	1	69	42	3	1	20		10	8	1	13	13
阳江 Yangjiang	1	44	26	2	3	8		10	3	4	3	11
湛江 Zhanjiang	2	34	27		3	16	2	6		2	5	0
茂名 Maoming	1	60	40	3	3	25		9		1	6	13
肇庆 Zhaoqing	1	52	32	3	1	18		8	2	3	5	12
清远 Qingyuan	2	58	41	7	3	14		7	10	3	4	10
潮州 Chaozhou	1	29	21	1			2	4	14	2	5	1
揭阳 Jieyang	1	36	25	3		8		10	4	3		8
云浮 Yunfu	4	34	21	3	2	10		6	0	2	3	8

3-13 医疗机构入院与诊疗人次数（2008）

3-13 Person-time of Inpatients, Diagnosis and Treatments in Health and Medical Institutions（2008）

机构分类 Types of Institutions	入院人次数（万人次） Person-time of Inpatients（10000 person-times）	总诊疗人次数（万人次） Total Person-time of Diagnosis and Treatments（10000 person-times）	门诊、急诊人次（万人次） Person-time of Outpatient Clinics and Emergencies（10000 person-times）	门诊人次 Person-time of Outpatient Clinics	急诊人次 Person-time of Emergency	观察室留观病例数（万人次） Patients Remain in Observation Room under Observation（10000 person-times）	健康检查人次数（万人次） Number of People Received Medical Examination（10000 person-time）
合计 Total	**836.1**	**50969.5**	**49144.7**	**45661.5**	**3483.2**	**726.2**	**2466.0**
一、医院 Hospitals	568.8	25183.8	24279.4	21795.5	2483.9	275.7	1711.9
二、卫生院 Health Centers	187.8	8655.7	8548.3	7843.6	704.7	366.7	324.8
三、疗养院 Sanatoriums	6.4	24.7	18.5	17.3	1.2	0.4	16.0
四、社区卫生服务中心（站） Community Health Service Centers（Stations）	3.8	1524.1	1480.8	1423.1	57.8	18.2	74.8
社区卫生服务中心 Community Health Service Centers	3.7	728.8	712.2	680.6	31.5	9.0	55.2
社区卫生服务站 Community Health Service Stations	0.1	795.3	768.7	742.4	26.3	9.2	19.6
五、门诊部 Outpatient Department		1327.4	1321.1	1295.6	25.5	4.9	53.9
六、诊所、卫生所、医务室 Clinic, Health Stations, Infirmaries		3288.7	3229.5	3229.5			
诊所 Clinic		2191.0	2156.8	2156.8			
卫生所、医务室 Health Stations, Infirmaries		1097.7	1072.6	1072.6			
七、妇幼保健院（所、站） Maternal and Child Care Service Centres (Office, Stations)	66.6	2289.8	2168.5	1969.0	199.4	55.9	199.6
妇幼保健院 Maternal and Child Care Service Centres	66.6	2282.0	2160.8	1961.4	199.4	55.9	198.0
妇幼保健所 Maternal and Child Care Service Office		7.1	7.1	7.1			1.5
妇幼保健站 Maternal and Child Care Service Office	0.1	0.7	0.5	0.5			
八、专科疾病防治院（所、站） Specialized Prevention and Treament Institutions (Agencies/Stations)	2.6	542.7	510.0	499.2	10.7	4.3	80.4
九、护理站 Nursing Stations		0.3	0.2	0.2			
十、临床检验中心（所、站） Clinical Examination Stations							4.6
十一、乡村医疗点 Rural Medical Stations		8132.3	7588.5	7588.5			

3-14 各市医院入院与诊疗人次数（2008）

3-14 Person-time of Inpatients, Diagnosis and Treatments in the Hospitals by City（2008）

市别	City	入院人次（人次）Person-time of Inpatients（person-imes）	健康检查人次（人次）Number of People Received Medical Examination（person-times）	总诊疗人次数（人次）Total Person-time of Diagnosis and Treatments（person-imes）	门诊、急诊人次（人次）Person-time of Outpatient Clinics and Emergencies（person-imes）	门诊人次 Person-time of Outpatient Clinics	急诊人次 Person-time of Emergency
全省	**Province**	**5687542**	**17119066**	**251838383**	**242794085**	**217955284**	**24838801**
广州	Guangzhou	1195391	3666213	63211201	62270099	56362368	5907731
深圳	Shenzhen	678477	4362044	54792621	48675466	43907894	4767572
珠海	Zhuhai	115064	256286	3826567	3802173	3390117	412056
汕头	Shantou	221585	338182	4778593	4445651	4114944	330707
佛山	Foshan	379221	895933	17656814	17483524	16027544	1455980
韶关	Shaoguan	202059	290837	3897111	3779243	3411742	367501
河源	Heyuan	89963	86459	1880560	1846701	1694355	152346
梅州	Meizhou	161062	97444	3189672	3162513	2969338	193175
惠州	Huizhou	168635	241577	5296233	5231544	4573367	658177
汕尾	Shanwei	78067	41618	1941747	1900701	1746869	153832
东莞	Dongguan	607874	3304029	33457198	33160353	29205197	3955156
中山	Zhongshan	355139	1384436	18520483	18319958	15935127	2384831
江门	Jiangmen	234389	394148	9115517	9084418	8145295	939123
阳江	Yangjiang	96029	115762	2240316	2231006	2049909	181097
湛江	Zhanjiang	282684	304803	5955206	5607850	5006972	600878
茂名	Maoming	232451	151618	4311120	4226543	3838870	387673
肇庆	Zhaoqing	155545	357449	6897699	6885429	6099431	785998
清远	Qingyuan	147175	232821	3786222	3733682	3260401	473281
潮州	Chaozhou	72299	303025	1568717	1492635	1399951	92684
揭阳	Jieyang	124888	150517	2089219	2066513	1877987	188526
云浮	Yunfu	89545	143865	3425567	3388083	2937606	450477

3-15 各市卫生院入院与诊疗人次数（2008）

3-15 Person-time of Inpatients，Diagnosis and Treatments in Health Centers by City（2008）

市别	City	入院人次（人次）Person-time of Inpatients（person-imes）	健康检查人次（人次）Number of People Received Medical Examination（person-times）	总诊疗人次数（人次）Total Person-time of Diagnosis and Treatments（person-imes）	门诊、急诊人次（人次）Person-time of Outpatient Clinics and Emergencies（person-imes）	门诊人次 Person-time of Outpatient Clinics	急诊人次 Person-time of Emergency
合计	**Total**	**1878229**	**3247896**	**86557087**	**85483244**	**78435882**	**7047362**
广州	Guangzhou	49933	87487	2072735	2057355	1769468	287887
深圳	Shenzhen	121	3877	310412	307416	249003	58413
珠海	Zhuhai	21298	198047	1437501	1396149	1179478	216671
汕头	Shantou	47504	60526	2202405	2101471	2018127	83344
佛山	Foshan	283018	1089082	28268182	28196622	25495843	2700779
韶关	Shaoguan	49990	34915	1731908	1718446	1628181	90265
河源	Heyuan	63630	223165	3211983	3160791	3005284	155507
梅州	Meizhou	141268	83848	2798235	2669058	2571414	97644
惠州	Huizhou	122938	388184	5250958	5090537	4522973	567564
汕尾	Shanwei	79140	82999	2313054	2274967	2164825	110142
东莞	Dongguan						
中山	Zhongshan						
江门	Jiangmen	132308	168739	9347658	9323086	8744012	579074
阳江	Yangjiang	51950	23045	1482862	1454986	1357591	97395
湛江	Zhanjiang	277373	276634	3446579	3316696	3003046	313650
茂名	Maoming	176972	113607	5069671	4969097	4629292	339805
肇庆	Zhaoqing	60765	94924	4908234	4885016	4383884	501132
清远	Qingyuan	101831	94966	3430086	3390046	2971867	418179
潮州	Chaozhou	48929	136574	3040017	3014374	2973004	41370
揭阳	Jieyang	104701	48682	1835179	1772730	1693281	79449
云浮	Yunfu	64560	38595	4399428	4384401	4075309	309092

注：东莞和中山无卫生院。

Note：No health centers in Dongguan and zhongshan.

3-16 各市妇幼保健机构入院与诊疗人次数（2008）

3-16 Person-time of Inpatients，Diagnosis and Treatments in Maternity and Child Care Institutions by City（2008）

市别	City	入院人次（人次）Person-time of Inpatients（person-imes）	健康检查人次（人次）Number of People Received Medical Examination（person-times）	总诊疗人次数（人次）Total Person-time of Diagnosis and Treatments（person-imes）	门诊、急诊人次（人次）Person-time of Outpatient Clinics and Emergencies（person-times）	门诊人次 Person-time of Outpatient Clinics	急诊人次 Person-time of Emergency
合计	**Total**	**666304**	**1995577**	**22897865**	**21684658**	**19690193**	**1994465**
广州	Guangzhou	110880	443483	5084277	4834496	4232952	601544
深圳	Shenzhen	74002	341019	4157591	3464998	3168772	296226
珠海	Zhuhai	20731	71518	653082	653082	596238	56844
汕头	Shantou	20152	65610	814657	814657	814225	432
佛山	Foshan	55161	247236	2870917	2694562	2403009	291553
韶关	Shaoguan	16733	62255	432647	431873	402232	29641
河源	Heyuan	32593	15030	489416	483405	448595	34810
梅州	Meizhou	27676	40487	389227	389227	373452	15775
惠州	Huizhou	29932	96800	892341	885437	813826	71611
汕尾	Shanwei	8925	13982	116443	112925	112925	
东莞	Dongguan	17820	184	669843	669843	608773	61070
中山	Zhongshan						
江门	Jiangmen	35861	161185	1470361	1470361	1272693	197668
阳江	Yangjiang	17657	20947	479153	479153	417429	61724
湛江	Zhanjiang	40646	166568	890519	848836	815833	33003
茂名	Maoming	35119	24923	670718	664196	626408	37788
肇庆	Zhaoqing	46243	106822	915688	914667	829907	84760
清远	Qingyuan	18319	44429	607246	586168	548635	37533
潮州	Chaozhou	13662	9353	257168	250569	249686	883
揭阳	Jieyang	23325	20928	266339	266339	224971	41368
云浮	Yunfu	20867	42818	770232	769864	729632	40232

3-17 各市医院、妇幼保健院、专科疾病防治院设备使用情况（2008）

3-17 Use Situation of Facilities in the Hospital, Maternity and Child Care Institution, and Specialized Health Institutions by City（2008）

市别	City	MRI检查 MRI Examination		CT检查 CT Examination		800 mA及以上X线机检查 800 mA and above X-Ray Examination	
		次数 Times	阳性率（%） Positive Rate（%）	次数 Times	阳性率（%） Positive Rate（%）	次数 Times	阳性率（%） Positive Rate（%）
全省	**Province**	**750638**	**85.1**	**3817783**	**68.7**	**9030135**	**62.9**
广州	Guangzhou	207304	85.6	781415	71.4	2150947	68.9
深圳	Shenzhen	89274	81.9	581318	67.8	2445424	58.2
珠海	Zhuhai	12814	84.5	100369	72.9	162821	68.1
汕头	Shantou	29666	81.1	156195	69.1	223840	56.3
佛山	Foshan	65426	90.8	244888	78.4	570258	57.8
韶关	Shaoguan	18122	91.3	99359	75.9	149964	67.4
河源	Heyuan	1847	83.6	60074	61.9	62126	14.3
梅州	Meizhou	11139	87.1	111549	72.8	50215	75.9
惠州	Huizhou	12464	88.0	102915	71.3	305950	67.9
汕尾	Shanwei	6809	80.7	43835	48.8	124018	37.8
东莞	Dongguan	60744	81.6	380398	63.3	1078986	60.6
中山	Zhongshan	32273	78.2	210624	64.0	388298	62.9
江门	Jiangmen	33160	80.0	171673	72.8	429146	72.2
阳江	Yangjiang	8135	76.7	52602	69.5	66729	68.4
湛江	Zhanjiang	16281	75.5	183904	46.8	225922	72.9
茂名	Maoming	104602	91.4	129506	77.8	167082	68.1
肇庆	Zhaoqing	11343	86.9	97705	67.1	111768	60.9
清远	Qingyuan	9639	84.9	114934	72.6	42325	80.3
潮州	Chaozhou	6789	87.3	51387	67.9	128450	66.2
揭阳	Jieyang	6708	80.8	84740	66.5	131065	66.8
云浮	Yunfu	6099	85.0	58393	73.6	14801	12.9

3-18 卫生技术人员性别、年龄、学历、职称构成（2008）

3-18 Constitution Gender, Age, Educational Background and Title for Medical Technical Personnels (2008)

单位：%　　　　　　　　　　　　　　　　　　　　　　　　　　　　　　　　　　　　　(%)

项目 Item		卫生技术人员 Medical Technical Personnel							
		执业（助理）医师 Certified (Assistant) Doctors			注册护士 Registered Nurses	药剂师（士） Pharmacist	技师（士） Technologists		其他 Others
		小计 Subtotal	执业医师 Certified Doctors	执业助理医师 Certified Assistant Doctors			合计 Total	检验技师（士） Medical Laboratory Technologists	
全省	**Province**	**100**	**100**	**100**	**100**	**100**	**100**	**100**	**100**
按性别分	Grouped by Gender								
男	Male	62.8	63.1	61.0	1.0	39.6	50.8	46.0	44.9
女	Female	37.2	36.9	39.0	99.0	60.4	49.2	54.0	55.1
按年龄分	Grouped by Age								
25岁以下	Under 25	0.2	0.1	0.9	11.1	7.2	5.0	5.6	22.1
25～34岁	Age 25～34	32.5	28.6	51.0	51.0	35.3	43.5	45.1	48.6
35～44岁	Age 35～44	35.5	36.1	32.2	24.6	25.9	28.0	27.9	16.6
45～54岁	Age 45～54	19.7	21.7	10.5	11.6	23.8	17.2	16.1	8.9
55～59岁	Age 55～59	6.5	7.0	3.9	1.7	6.2	4.6	3.9	2.4
60岁及以上	Age 60 and Above	5.6	6.4	1.5	0.1	1.7	1.6	1.3	1.5
按工龄分	Grouped by Seniority								
5年以下	Under 5 Years	9.9	9.4	12.6	17.8	13.2	16.2	16.7	50.0
5～9年	5～9 Years	16.5	15.0	23.8	22.0	14.2	18.0	18.5	13.4
10～19年	10～19 Years	36.4	34.9	43.2	39.0	32.8	35.5	37.0	20.4
20～29年	20～29 Years	19.0	20.6	11.5	14.5	21.4	15.9	14.9	9.5
30年及以上	30 Years and Above	18.2	20.1	8.9	6.8	18.4	14.3	12.9	6.7
按技术资格分	Grouped by Technical Qualifications								
正高	Senior	3.9	4.8		0.2	0.3	0.6	0.6	0.3
副高	Sub-senior	16.6	20.0	0.1	1.8	2.1	5.4	6.0	1.3
中级	Intermediate	27.4	33.0	0.5	16.2	12.2	20.7	21.2	4.5
助理/师级	Assistant	37.8	38.5	34.4	30.5	35.2	33.4	33.8	14.9
员/士	Officer	11.1	0.9	59.8	45.7	43.7	31.4	30.8	29.9
无职称	Without Title	3.2	2.7	5.3	5.7	6.5	8.5	7.6	49.0
按聘任技术职务分	Grouped by Employed Technical Position								
正高	Senior	3.6	4.4		0.1	0.2	0.5	0.5	0.3
副高	Sub-senior	16.2	19.5		1.7	2.1	5.1	5.6	1.3
中级	Intermediate	27.7	33.3	0.6	15.6	12.1	20.6	21.2	4.5
助理/师级	Assistant	39.5	38.8	42.9	31.2	35.1	34.1	34.4	13.7
员/士	Officer	9.7	1.0	51.1	45.0	43.2	31.1	30.7	26.9
待聘	Positions Wanted	0.6	0.5	0.9	1.7	1.9	2.5	2.3	19.3
不祥	Unknown	2.7	2.4	4.5	4.6	5.4	6.1	5.3	34.1
按学历分	Grouped by Educational Backgroud								
研究生	Postgraduate	8.0	9.7	0.1	0.1	0.6	2.3	2.8	3.1
大学本科	Universities with full-time Undergraduate Courses	40.0	47.4	4.6	5.1	11.3	19.8	21.3	23.3
大专	Colleges with Specialized Courses	29.4	27.3	39.3	32.6	25.5	32.8	33.0	27.1
中专及中技	Secondary Specialized and Technical Schools	19.4	13.7	46.6	58.8	40.9	38.7	37.8	38.6
技校	Technical Schools			0.1	0.1	0.3	0.2	0.1	0.2
高中及以下	Senior Secondary Schools and Below	3.2	1.9	9.4	3.2	21.3	6.3	5.1	7.8

截止统计日期：2009年4月。

Date to April, 2009.

3-19 各市卫生机构数

3-19 Number of Medical and Health Institutions by City

单位：个 (Unit)

市 别	City	2004	2005	2006	2007	2008
全 省	**Province**	**15744**	**16318**	**16953**	**16490**	**15821**
广 州	Guangzhou	2443	2517	2603	2543	2388
深 圳	Shenzhen	1239	1484	2310	2472	2421
珠 海	Zhuhai	427	429	424	439	470
汕 头	Shantou	729	729	731	278	290
佛 山	Foshan	892	970	1029	1026	960
韶 关	Shaoguan	739	747	745	699	704
河 源	Heyuan	364	348	308	301	295
梅 州	Meizhou	1414	1446	1410	1247	1212
惠 州	Huizhou	576	614	635	641	638
汕 尾	Shanwei	439	437	168	184	188
东 莞	Dongguan	355	377	452	643	870
中 山	Zhongshan	311	315	333	356	368
江 门	Jiangmen	931	1006	909	883	866
阳 江	Yangjiang	337	362	366	375	384
湛 江	Zhanjiang	921	935	936	917	906
茂 名	Maoming	579	578	598	568	348
肇 庆	Zhaoqing	711	711	638	551	520
清 远	Qingyuan	592	510	545	648	623
潮 州	Chaozhou	800	799	847	822	812
揭 阳	Jieyang	549	547	549	491	256
云 浮	Yunfu	396	457	417	406	302

注：不含乡村医疗点。

Note: Excluding rural medical stations.

3-20 各市医院数

3-20 Number of Hospitals by City

单位：个 (Unit)

市 别	City	2004	2005	2006	2007	2008
全 省	**Province**	**904**	**965**	**1006**	**1013**	**1029**
广 州	Guangzhou	188	211	224	225	218
深 圳	Shenzhen	90	100	102	106	105
珠 海	Zhuhai	29	27	29	30	26
汕 头	Shantou	33	34	35	35	35
佛 山	Foshan	39	47	54	54	57
韶 关	Shaoguan	63	67	66	63	62
河 源	Heyuan	18	18	18	21	22
梅 州	Meizhou	26	28	29	26	27
惠 州	Huizhou	34	36	38	36	36
汕 尾	Shanwei	20	22	25	25	25
东 莞	Dongguan	53	54	56	56	77
中 山	Zhongshan	35	35	36	41	44
江 门	Jiangmen	28	30	30	30	31
阳 江	Yangjiang	29	32	37	37	36
湛 江	Zhanjiang	67	67	70	70	67
茂 名	Maoming	38	38	38	39	41
肇 庆	Zhaoqing	36	40	40	39	39
清 远	Qingyuan	32	33	32	33	34
潮 州	Chaozhou	11	11	13	13	13
揭 阳	Jieyang	19	19	19	18	18
云 浮	Yunfu	16	16	15	16	16

3-21 各市卫生院数

3-21 Number of Health Centers by City

单位：个　　　　　　　　　　　　　　　　　　　　　　　　　　(Unit)

市　别	City	2004	2005	2006	2007	2008
全　省	**Province**	1487	1463	1427	1422	1399
广　州	Guangzhou	75	65	41	40	33
深　圳	Shenzhen	3	2	2	2	2
珠　海	Zhuhai	19	17	16	17	20
汕　头	Shantou	43	42	42	42	42
佛　山	Foshan	46	42	42	41	40
韶　关	Shaoguan	121	121	121	116	114
河　源	Heyuan	105	105	99	99	101
梅　州	Meizhou	163	162	162	158	151
惠　州	Huizhou	89	87	87	87	83
汕　尾	Shanwei	56	56	56	56	55
东　莞	Dongguan					
中　山	Zhongshan					
江　门	Jiangmen	91	91	91	88	87
阳　江	Yangjiang	43	43	43	43	43
湛　江	Zhanjiang	99	99	99	99	101
茂　名	Maoming	107	107	107	107	104
肇　庆	Zhaoqing	103	104	100	104	105
清　远	Qingyuan	122	118	121	125	122
潮　州	Chaozhou	55	55	55	55	54
揭　阳	Jieyang	82	82	82	82	81
云　浮	Yunfu	65	65	61	61	61

注：东莞和中山无卫生院。

Note：No health centers in Dongguan and zhongshan.

3-22 各市妇幼保健机构数

3-22 Number of Maternity and Child Care Institutions by City

单位：个 (Unit)

市 别	City	2004	2005	2006	2007	2008
全 省	**Province**	**125**	**125**	**124**	**126**	**126**
广 州	Guangzhou	14	14	13	13	13
深 圳	Shenzhen	7	7	7	7	7
珠 海	Zhuhai	3	2	2	2	2
汕 头	Shantou	6	6	6	6	6
佛 山	Foshan	5	5	5	5	5
韶 关	Shaoguan	9	9	9	9	9
河 源	Heyuan	6	6	6	6	6
梅 州	Meizhou	9	9	9	9	9
惠 州	Huizhou	5	5	5	5	5
汕 尾	Shanwei	5	5	5	5	5
东 莞	Dongguan	1	1	1	1	1
中 山	Zhongshan					
江 门	Jiangmen	6	6	8	6	6
阳 江	Yangjiang	5	5	5	5	5
湛 江	Zhanjiang	11	11	11	11	11
茂 名	Maoming	5	5	5	5	5
肇 庆	Zhaoqing	7	7	7	7	7
清 远	Qingyuan	6	7	5	9	9
潮 州	Chaozhou	4	4	4	4	4
揭 阳	Jieyang	6	6	6	6	6
云 浮	Yunfu	5	5	5	5	5

3-23 各市社区卫生机构数

3-23 Number of Community Medical and Health Organizations by City

单位：个 (Unit)

市别	City	2004	2005	2006	2007	2008
全省	**Province**	**734**	**892**	**1204**	**1329**	**1695**
广州	Guangzhou	179	198	223	218	207
深圳	Shenzhen	330	367	556	636	620
珠海	Zhuhai	41	60	91	94	97
汕头	Shantou	1	1	1		2
佛山	Foshan	37	72	90	86	86
韶关	Shaoguan	1	1	1		2
河源	Heyuan					1
梅州	Meizhou					
惠州	Huizhou	19	30	31	32	51
汕尾	Shanwei					
东莞	Dongguan		1	16		307
中山	Zhongshan	99	111	135	161	203
江门	Jiangmen		2	8	4	6
阳江	Yangjiang	8	28	29	39	50
湛江	Zhanjiang	5	7	7	18	18
茂名	Maoming	1	1	1		2
肇庆	Zhaoqing					
清远	Qingyuan	6	6	1	21	22
潮州	Chaozhou	2	2	9	16	17
揭阳	Jieyang	5	5	5	4	4
云浮	Yunfu					

注：社区机构包括社区卫生服务中心和社区卫生服务站。

Note: The number of community organizations including the data of community health service centers and community health service stations.

3-24 各市村级医疗点数

3-24 Number of Medical Centers at Village Level by City

单位：个 （Unit）

市 别	City	2004	2005	2006	2007	2008
合 计	**Total**	**21529**	**23763**	**24810**	**24391**	**27138**
广 州	Guangzhou	1108	1082	1017	1009	1052
深 圳	Shenzhen					
珠 海	Zhuhai	194	206	194	188	179
汕 头	Shantou	633	872	839	390	446
佛 山	Foshan	426	345	306	351	283
韶 关	Shaoguan	1292	1396	1505	1522	1512
河 源	Heyuan	1130	1908	1935	1873	1806
梅 州	Meizhou	2223	2249	2377	2428	2427
惠 州	Huizhou	1124	1283	1532	1512	1539
汕 尾	Shanwei	1025	1138	1220	1457	1410
东 莞	Dongguan	589	657	758	1006	1236
中 山	Zhongshan	313	237	223	195	137
江 门	Jiangmen	813	785	743	762	843
阳 江	Yangjiang	897	935	948	936	941
湛 江	Zhanjiang	915	929	1294	1173	1829
茂 名	Maoming	1746	1769	1793	1630	3295
肇 庆	Zhaoqing	1664	1890	1900	1911	2033
清 远	Qingyuan	1755	1733	1698	1759	1861
潮 州	Chaozhou	1020	1134	1256	1400	1316
揭 阳	Jieyang	1785	2374	2372	2012	2000
云 浮	Yunfu	877	841	900	877	993

注：深圳无村级医疗点。

Note：No medical centers in shenzhen.

3-25 各市卫生人员数

3-25 Number of Medical and Health Personnels by City

单位：人 (Person)

市 别	City	2004	2005	2006	2007	2008
全 省	**Province**	**348203**	**364520**	**408972**	**452080**	**479462**
广 州	Guangzhou	74406	79414	85241	96091	99883
深 圳	Shenzhen	28649	31678	52427	59287	63358
珠 海	Zhuhai	8425	8693	9339	11751	12220
汕 头	Shantou	15732	15906	16410	16317	16792
佛 山	Foshan	23792	25357	27102	33118	36202
韶 关	Shaoguan	13905	14120	14342	14617	15537
河 源	Heyuan	9222	9391	9687	10215	10823
梅 州	Meizhou	17256	17348	17568	17012	17746
惠 州	Huizhou	14035	15002	15812	17896	18885
汕 尾	Shanwei	7678	7917	8170	8573	8699
东 莞	Dongguan	13126	15226	24773	29847	36453
中 山	Zhongshan	8612	9955	10487	12274	15091
江 门	Jiangmen	17094	17297	17969	18949	19501
阳 江	Yangjiang	7751	7992	8139	8776	8878
湛 江	Zhanjiang	21792	22401	23072	24725	25013
茂 名	Maoming	15169	15661	16222	17476	17701
肇 庆	Zhaoqing	14971	14450	14595	15597	17009
清 远	Qingyuan	10851	10749	10939	12456	12651
潮 州	Chaozhou	7535	7636	8124	8476	8309
揭 阳	Jieyang	11449	11448	11561	11483	11153
云 浮	Yunfu	6753	6879	6993	7144	7558

3-26 各市卫生技术人员数

3-26 Number of Medical Technical Personnels by City

单位：人 (Person)

市别	City	2004	2005	2006	2007	2008
全省	**Province**	**283351**	**297334**	**332829**	**360674**	**383876**
广州	Guangzhou	59887	64182	69091	76791	80687
深圳	Shenzhen	22938	25754	42454	46957	50498
珠海	Zhuhai	7181	7449	8008	9903	10282
汕头	Shantou	12717	12954	13067	12687	13171
佛山	Foshan	20176	21566	22605	26704	29400
韶关	Shaoguan	11267	11378	11418	11456	12417
河源	Heyuan	7829	7929	8195	8388	8923
梅州	Meizhou	14204	14284	14662	13900	14534
惠州	Huizhou	11289	12040	12703	14041	14765
汕尾	Shanwei	5882	6077	6188	6341	6551
东莞	Dongguan	11121	12945	20550	24455	29117
中山	Zhongshan	7311	8397	8903	10032	12076
江门	Jiangmen	14218	14602	15157	15486	15946
阳江	Yangjiang	6239	6343	6408	6975	7020
湛江	Zhanjiang	17179	17499	18272	19005	19514
茂名	Maoming	12649	12908	13307	13965	14079
肇庆	Zhaoqing	11841	11479	11396	12187	13138
清远	Qingyuan	9010	8988	9153	10241	10584
潮州	Chaozhou	6111	6111	6547	6620	6575
揭阳	Jieyang	8932	8930	9013	8759	8526
云浮	Yunfu	5370	5519	5732	5781	6073

3-27 各市执业（助理）医师数

3-27 Number of Medical Practitioners（Interns）by City

单位：人 （Person）

市　别	City	2004	2005	2006	2007	2008
全　省	**Province**	**113266**	**118023**	**130551**	**138302**	**144335**
广　州	Guangzhou	24486	25852	27338	29056	29953
深　圳	Shenzhen	10386	11656	17452	18827	20099
珠　海	Zhuhai	2905	3025	3308	3709	3907
汕　头	Shantou	4891	5082	5185	4895	5114
佛　山	Foshan	8467	8732	9231	10066	10662
韶　关	Shaoguan	4286	4221	4138	4107	4624
河　源	Heyuan	2947	2957	3072	3141	3296
梅　州	Meizhou	5921	5827	5958	5728	5978
惠　州	Huizhou	4214	4619	5000	5299	5431
汕　尾	Shanwei	2499	2547	2553	2663	2653
东　莞	Dongguan	4407	5071	7805	8936	10334
中　山	Zhongshan	2975	3340	3578	4033	4541
江　门	Jiangmen	5484	5672	5815	5959	6074
阳　江	Yangjiang	2245	2365	2372	2578	2562
湛　江	Zhanjiang	6471	6433	6535	7070	6981
茂　名	Maoming	4532	4698	4974	5025	5021
肇　庆	Zhaoqing	4242	4028	4048	4205	4397
清　远	Qingyuan	3328	3328	3377	3690	3735
潮　州	Chaozhou	2849	2737	2994	3165	3127
揭　阳	Jieyang	3801	3811	3722	3963	3712
云　浮	Yunfu	1930	2022	2096	2187	2134

3-28 各市乡村医生和卫生员数

3-28 Number of Rural Doctors and Health Workers by City

单位：人 (Person)

市别	City	2004	2005	2006	2007	2008
全省	**Province**	**30772**	**32034**	**32753**	**32345**	**32863**
广州	Guangzhou	2325	1996	1990	1892	1847
深圳	Shenzhen					
珠海	Zhuhai	293	306	282	295	273
汕头	Shantou	1264	1487	1443	734	907
佛山	Foshan	553	520	400	475	394
韶关	Shaoguan	1529	1580	1626	1667	1659
河源	Heyuan	1167	2103	2079	1899	1917
梅州	Meizhou	2718	2573	2214	2469	2394
惠州	Huizhou	1228	1208	1632	1437	1444
汕尾	Shanwei	1179	1250	1384	1493	1484
东莞	Dongguan	1472	1477	1530	1693	1259
中山	Zhongshan	363	450	343	245	183
江门	Jiangmen	1000	1013	926	966	1006
阳江	Yangjiang	1105	1286	1425	1289	1280
湛江	Zhanjiang	1568	1166	1850	1975	2895
茂名	Maoming	3963	3909	3997	3867	3919
肇庆	Zhaoqing	2411	2668	2432	2608	2611
清远	Qingyuan	1987	1868	1816	1943	2144
潮州	Chaozhou	1332	1225	1425	1692	1518
揭阳	Jieyang	1879	2437	2443	2218	2223
云浮	Yunfu	1436	1512	1516	1488	1506

注：深圳无村级医疗点。

Note: No medical centers in shenzhen.

3-29 各市医疗机构床位数

3-29 Number of Beds in Medical Institutions by City

单位：张 （Unit）

市　别	City	2004	2005	2006	2007	2008
全　省	**Province**	**200056**	**209741**	**221886**	**234179**	**250497**
广　州	Guangzhou	45687	47940	50500	52640	54973
深　圳	Shenzhen	15069	16840	17577	18099	19914
珠　海	Zhuhai	4814	4900	5152	5727	5851
汕　头	Shantou	7831	8103	8341	8754	9212
佛　山	Foshan	16447	17292	18803	19476	20623
韶　关	Shaoguan	8757	9024	9800	9728	10520
河　源	Heyuan	4150	4075	4282	4664	5282
梅　州	Meizhou	8180	8324	8522	8459	8810
惠　州	Huizhou	7513	7960	8532	9538	10207
汕　尾	Shanwei	3574	3911	4273	4532	4957
东　莞	Dongguan	10797	11972	13293	15227	16778
中　山	Zhongshan	5438	5531	6452	7289	8258
江　门	Jiangmen	9359	9617	9822	10397	10721
阳　江	Yangjiang	4332	4473	4674	5032	5349
湛　江	Zhanjiang	13186	13684	14337	14825	15690
茂　名	Maoming	9767	10034	10445	11158	12686
肇　庆	Zhaoqing	7034	7265	7493	8112	8705
清　远	Qingyuan	6863	7032	7150	7 566	7969
潮　州	Chaozhou	2361	2378	2641	2788	2889
揭　阳	Jieyang	5556	5925	6060	6204	6517
云　浮	Yunfu	3341	3461	3737	3964	4586

3-30 各市医院床位数

3-30 Number of Beds in Hospitals by City

单位：张 (Unit)

市别	City	2004	2005	2006	2007	2008
全　省	**Province**	**144416**	**153535**	**165041**	**175446**	**187374**
广　州	Guangzhou	35979	39411	43321	45209	47128
深　圳	Shenzhen	14186	15577	16193	16766	18435
珠　海	Zhuhai	3688	3745	4105	4747	4316
汕　头	Shantou	6163	6286	6563	6829	7070
佛　山	Foshan	9387	9848	10931	11394	12353
韶　关	Shaoguan	6766	6924	7537	7517	8174
河　源	Heyuan	2091	2043	2162	2261	2553
梅　州	Meizhou	4607	4895	5057	4865	5248
惠　州	Huizhou	4232	4599	4906	5676	6114
汕　尾	Shanwei	1966	2246	2543	2748	3060
东　莞	Dongguan	10528	11688	13024	14878	16383
中　山	Zhongshan	5420	5519	6420	7190	8142
江　门	Jiangmen	6221	6518	6727	7121	7325
阳　江	Yangjiang	2843	2974	3218	3544	3770
湛　江	Zhanjiang	9119	9410	9839	10115	10585
茂　名	Maoming	5823	5922	6158	6872	7834
肇　庆	Zhaoqing	4783	4918	5098	5788	6158
清　远	Qingyuan	3948	4159	4171	4269	4572
潮　州	Chaozhou	1428	1420	1635	1756	1819
揭　阳	Jieyang	3241	3397	3276	3467	3593
云　浮	Yunfu	1997	2036	2157	2434	2742

3-31 各市卫生院床位数

3-31 Number of Beds in Health Centers by City

单位：张 (Unit)

市别	City	2004	2005	2006	2007	2008
全省	**Province**	**38691**	**39016**	**39030**	**41505**	**44209**
广州	Guangzhou	3382	2910	1301	1306	1403
深圳	Shenzhen	42	38	80	60	60
珠海	Zhuhai	585	567	572	545	1065
汕头	Shantou	1187	1311	1295	1357	1531
佛山	Foshan	5834	5980	6290	6823	6886
韶关	Shaoguan	1298	1466	1587	1708	1726
河源	Heyuan	1711	1653	1716	1967	2079
梅州	Meizhou	2612	2516	2569	3005	2986
惠州	Huizhou	2835	2930	3142	3339	3363
汕尾	Shanwei	1432	1448	1513	1517	1634
东莞	Dongguan					
中山	Zhongshan					
江门	Jiangmen	2565	2452	2456	2674	2778
阳江	Yangjiang	1153	1121	1105	1153	1228
湛江	Zhanjiang	3144	3283	3456	3654	3947
茂名	Maoming	2842	2952	3135	3403	3828
肇庆	Zhaoqing	1649	1734	1730	1775	1862
清远	Qingyuan	2610	2558	2629	2739	2940
潮州	Chaozhou	752	771	814	816	849
揭阳	Jieyang	2023	2220	2468	2455	2513
云浮	Yunfu	1035	1106	1172	1209	1531

注：东莞和中山无卫生院。

Note: No health centers in Dongguan and zhongshan.

3-32 各市妇幼保健机构床位数

3-32 Number of Beds in Maternity and Child Care Institutions by City

单位：张 (Unit)

市别	City	2004	2005	2006	2007	2008
全省	**Province**	**8054**	**8781**	**9191**	**10256**	**11244**
广州	Guangzhou	1663	1765	1922	1923	2046
深圳	Shenzhen	815	889	909	1069	1257
珠海	Zhuhai	224	239	239	409	444
汕头	Shantou	274	300	291	404	429
佛山	Foshan	652	875	907	912	1035
韶关	Shaoguan	296	296	311	327	352
河源	Heyuan	298	304	314	359	515
梅州	Meizhou	385	393	417	422	422
惠州	Huizhou	309	309	362	391	425
汕尾	Shanwei	176	192	192	192	192
东莞	Dongguan	200	215	200	280	326
中山	Zhongshan					
江门	Jiangmen	527	565	563	546	546
阳江	Yangjiang	232	274	277	283	279
湛江	Zhanjiang	456	527	585	708	778
茂名	Maoming	404	404	404	489	539
肇庆	Zhaoqing	264	318	327	339	375
清远	Qingyuan	207	214	231	413	412
潮州	Chaozhou	181	186	191	216	221
揭阳	Jieyang	241	256	256	272	354
云浮	Yunfu	250	260	293	302	297

注：妇幼保健机构含妇幼保健院、所、站。

Note: Maternity and child care institutions includes centre, site.

3-33 各市医院病床使用率

3-33 Rate of Utilization of Hospital Beds by City

单位：% （%）

市别	City	2004	2005	2006	2007	2008
全省	**Province**	**76.5**	**76.6**	**77.3**	**81.8**	**84.6**
广州	Guangzhou	82.5	81.1	81.0	85.3	87.0
深圳	Shenzhen	82.1	79.4	80.7	86.6	88.7
珠海	Zhuhai	63.9	65.7	64.5	69.4	74.5
汕头	Shantou	71.7	70.3	74.0	79.9	85.7
佛山	Foshan	91.8	87.9	89.7	100.5	98.9
韶关	Shaoguan	62.9	63.7	58.8	68.2	72.5
河源	Heyuan	64.6	65.9	59.7	67.6	70.9
梅州	Meizhou	61.0	61.9	64.2	73.4	77.7
惠州	Huizhou	65.7	70.6	72.7	77.3	77.7
汕尾	Shanwei	57.6	55.2	53.9	55.1	55.0
东莞	Dongguan	91.3	93.7	88.0	84.2	87.1
中山	Zhongshan	97.0	103.6	109.7	99.3	98.1
江门	Jiangmen	78.7	77.1	80.4	86.0	92.7
阳江	Yangjiang	61.7	67.7	65.3	67.5	71.6
湛江	Zhanjiang	64.3	64.9	64.9	72.0	78.2
茂名	Maoming	69.5	71.2	78.5	82.1	84.6
肇庆	Zhaoqing	64.2	65.4	70.1	69.8	77.2
清远	Qingyuan	68.4	70.7	67.8	73.5	77.7
潮州	Chaozhou	59.0	60.0	67.6	73.6	74.9
揭阳	Jieyang	69.8	64.5	67.8	73.7	79.5
云浮	Yunfu	65.4	70.7	73.3	77.7	79.5

3-34 各市医院出院者平均住院日

3-34 Average Length of Stay ALOS by City

单位：日 (Day)

市 别	City	2004	2005	2006	2007	2008
全 省	**Province**	**10.2**	**9.9**	**9.6**	**9.6**	**9.5**
广 州	Guangzhou	14.0	13.1	12.2	12.0	11.8
深 圳	Shenzhen	8.8	8.6	8.5	8.4	8.5
珠 海	Zhuhai	10.1	9.4	9.9	9.7	9.4
汕 头	Shantou	11.6	10.4	10.6	9.9	9.8
佛 山	Foshan	11.9	11.7	11.4	11.8	11.3
韶 关	Shaoguan	10.9	10.6	9.5	10.4	9.9
河 源	Heyuan	7.8	7.2	6.1	7.0	7.1
梅 州	Meizhou	8.9	8.8	8.4	8.5	8.6
惠 州	Huizhou	10.0	9.1	8.8	9.0	9.0
汕 尾	Shanwei	8.3	7.0	8.2	7.6	7.4
东 莞	Dongguan	7.6	7.9	7.7	7.6	7.8
中 山	Zhongshan	7.9	7.8	7.5	7.3	7.5
江 门	Jiangmen	9.9	9.7	9.9	9.3	10.2
阳 江	Yangjiang	8.8	8.9	9.1	8.8	9.1
湛 江	Zhanjiang	10.6	10.1	9.7	9.8	9.9
茂 名	Maoming	10.0	9.6	10.0	10.2	9.8
肇 庆	Zhaoqing	10.1	9.6	9.5	9.5	9.7
清 远	Qingyuan	9.3	9.1	9.0	8.7	8.6
潮 州	Chaozhou	7.0	7.2	6.7	7.0	6.8
揭 阳	Jieyang	7.1	6.8	7.8	7.6	7.5
云 浮	Yunfu	8.4	8.1	8.5	8.9	8.8

3-35 各市医院入院病人治愈率

3-35 Cure Rate of Inpatient in Hospital by City

单位：% (%)

市别	City	2004	2005	2006	2007	2008
全省	**Province**	**70.5**	**69.2**	**68.0**	**67.4**	**66.8**
广州	Guangzhou	64.9	63.7	63.3	62.1	61.1
深圳	Shenzhen	74.7	71.9	70.4	69.8	69.1
珠海	Zhuhai	71.2	69.5	66.4	69.0	70.8
汕头	Shantou	70.2	69.1	67.0	65.3	65.0
佛山	Foshan	73.4	73.0	72.4	71.6	70.0
韶关	Shaoguan	67.5	67.0	67.3	65.4	65.1
河源	Heyuan	73.3	70.4	66.6	71.9	72.9
梅州	Meizhou	58.3	59.4	59.0	60.5	53.6
惠州	Huizhou	71.9	70.3	73.2	69.5	69.7
汕尾	Shanwei	68.0	72.3	69.5	71.3	72.5
东莞	Dongguan	72.4	72.2	70.8	71.0	70.4
中山	Zhongshan	75.5	74.2	70.5	68.3	66.7
江门	Jiangmen	68.9	66.9	64.7	62.6	61.8
阳江	Yangjiang	75.8	71.9	70.3	71.4	72.5
湛江	Zhanjiang	67.4	64.8	64.0	63.4	65.5
茂名	Maoming	68.7	66.6	67.0	67.4	68.7
肇庆	Zhaoqing	76.6	77.7	76.8	75.8	74.9
清远	Qingyuan	71.7	69.9	69.7	68.4	69.1
潮州	Chaozhou	69.4	67.0	64.6	62.7	59.7
揭阳	Jieyang	78.9	76.0	74.2	75.6	75.8
云浮	Yunfu	77.8	79.7	79.2	78.0	77.6

3-36 各市医院入院病人病死率

3-36 Fatality Rate of Inpatient in Hospital by City

单位：% (%)

市别	City	2004	2005	2006	2007	2008
全省	**Province**	**1.3**	**1.2**	**1.1**	**1.1**	**1.0**
广州	Guangzhou	2.1	1.8	1.6	1.6	1.5
深圳	Shenzhen	0.8	0.7	0.7	0.6	0.6
珠海	Zhuhai	1.3	1.2	1.3	1.2	1.0
汕头	Shantou	1.0	0.9	0.9	0.8	0.8
佛山	Foshan	1.0	0.9	0.8	0.8	0.8
韶关	Shaoguan	2.1	2.1	1.9	1.9	1.7
河源	Heyuan	1.6	1.5	1.6	1.5	1.3
梅州	Meizhou	1.6	1.3	1.2	1.2	1.1
惠州	Huizhou	1.6	1.5	1.3	1.3	1.3
汕尾	Shanwei	0.7	0.5	0.5	0.4	0.4
东莞	Dongguan	0.9	0.8	0.7	0.7	0.6
中山	Zhongshan	0.5	0.5	0.5	0.4	0.4
江门	Jiangmen	1.5	1.5	1.4	1.4	1.4
阳江	Yangjiang	1.1	1.1	1.0	0.9	0.8
湛江	Zhanjiang	1.4	1.3	1.2	1.2	1.0
茂名	Maoming	1.5	1.4	1.3	1.2	1.0
肇庆	Zhaoqing	1.8	1.7	1.6	1.6	1.5
清远	Qingyuan	1.6	1.6	1.6	1.5	1.4
潮州	Chaozhou	0.7	0.6	0.6	0.5	0.5
揭阳	Jieyang	0.6	0.6	0.6	0.6	0.5
云浮	Yunfu	2.3	2.0	1.8	1.6	1.6

3-37 各市医院万元以上设备台数

3-37 Number of Facilities Value 10000 Yuan or Above in Hospital by City

单位：台 (Unit)

市 别	City	2004	2005	2006	2007	2008
合 计	**Total**	**113722**	**127739**	**135087**	**146207**	**173247**
广 州	Guangzhou	39186	43088	44765	50850	57987
深 圳	Shenzhen	22108	22208	22497	23292	29065
珠 海	Zhuhai	2708	3121	3335	3869	3871
汕 头	Shantou	3638	4395	4678	2786	4353
佛 山	Foshan	6713	7529	8040	9851	9872
韶 关	Shaoguan	3141	3111	3379	3320	4014
河 源	Heyuan	821	780	919	964	975
梅 州	Meizhou	2306	2759	2634	1682	3350
惠 州	Huizhou	2129	2476	2886	3416	4004
汕 尾	Shanwei	721	827	1004	1194	1288
东 莞	Dongguan	7965	9566	11915	14217	19665
中 山	Zhongshan	4758	5989	5697	5857	7075
江 门	Jiangmen	4040	4690	4868	5231	6039
阳 江	Yangjiang	1181	1398	1656	1593	1609
湛 江	Zhanjiang	2660	4130	4047	5065	5799
茂 名	Maoming	2694	3100	3213	3597	3670
肇 庆	Zhaoqing	1955	3179	3132	2992	3475
清 远	Qingyuan	1776	1912	2373	2362	2571
潮 州	Chaozhou	858	948	1026	1143	1347
揭 阳	Jieyang	1152	1267	1574	1358	1249
云 浮	Yunfu	1212	1266	1449	1568	1969

3-38 妇幼工作基本情况

3-38 Basic Conditions of Maternity and Child Care

项 目	Item	2004	2005	2006	2007	2008
广东省	**Guangdong Province**					
婴儿死亡率（‰）	Infant Mortality Rate（‰）	8.8	8.1	7.0	6.3	5.3
孕产妇死亡率（1/10万）	Maternal Mortality Rate（1/100000）	20.7	17.4	17.6	17.8	17.0
新生儿死亡率（‰）	Neonatal Mortality Rate（‰）	6.1	5.5	5.0	4.4	3.8
全国	**National**					
婴儿死亡率（‰）	Infant Mortality Rate（‰）	21.5	19	17.2	15.3	14.9
孕产妇死亡率（1/10万）	Maternal Mortality Rate（1/100000）	48.3	47.7	41.1	36.6	34.2
新生儿死亡率（‰）	Neonatal Mortality Rate（‰）	15.4	13.2	12	10.7	10.2

3-39 各市农村卫生户厕普及率

3-39 Rural Dissemination Rate of the Sanitation Toilets by City

单位：% (%)

市别	City	2004	2005	2006	2007	2008
全省	**Province**	**75.1**	**75.0**	**76.2**	**78.3**	**79.5**
广州	Guangzhou	90.6	89.9	87.6	89.7	92.5
深圳	Shenzhen	98.3	100.0	99.9	100.0	100.0
珠海	Zhuhai	88.9	92.4	91.6	91.6	91.6
汕头	Shantou	95.6	90.3	89.8	91.2	91.7
佛山	Foshan	93.1	91.8	95.2	95.0	95.5
韶关	Shaoguan	75.8	73.8	73.4	76.0	79.3
河源	Heyuan	54.0	57.4	58.7	59.0	60.9
梅州	Meizhou	81.4	81.4	82.1	86.1	87.0
惠州	Huizhou	78.5	82.9	85.4	86.7	88.1
汕尾	Shanwei	54.9	56.6	59.6	60.5	61.6
东莞	Dongguan	98.8	98.8	89.2	97.2	99.2
中山	Zhongshan	98.2	99.1	100.0	100.0	100.0
江门	Jiangmen	78.1	70.1	70.4	71.9	74.2
阳江	Yangjiang	55.5	57.2	58.1	61.1	61.9
湛江	Zhanjiang	50.9	51.6	56.8	60.8	63.8
茂名	Maoming	77.8	77.9	78.3	79.0	78.1
肇庆	Zhaoqing	72.7	73.5	83.5	85.5	86.1
清远	Qingyuan	49.9	51.2	51.8	58.9	59.4
潮州	Chaozhou	71.9	76.2	74.0	77.4	78.1
揭阳	Jieyang	85.9	85.9	86.8	87.9	89.0
云浮	Yunfu	55.3	55.7	56.9	57.8	58.3

3-40 各市农村无害化卫生厕所普及率

3-40 Rural Dissemination Rate of the Harmless Sanitation Toilets by City

单位：%　　(%)

市　别	City	2004	2005	2006	2007	2008
全　省	**Province**	**74.0**	**75.2**	**65.3**	**68.5**	**70.5**
广　州	Guangzhou	81.7	88.7	84.4	87.5	90.7
深　圳	Shenzhen	100.0	100.0	99.9	100.0	100.0
珠　海	Zhuhai	91.8	100.0	78.6	78.6	78.6
汕　头	Shantou	87.9	93.7	87.5	89.7	89.8
佛　山	Foshan	92.2	100.0	95.0	94.1	95.1
韶　关	Shaoguan	47.7	80.0	48.9	51.8	56.2
河　源	Heyuan	70.5	70.5	41.9	42.3	44.5
梅　州	Meizhou	61.2	50.3	57.1	60.5	61.0
惠　州	Huizhou	78.6	83.8	75.8	77.0	78.3
汕　尾	Shanwei	54.0	57.0	41.6	43.2	45.0
东　莞	Dongguan	100.0	98.5	89.2	97.2	97.9
中　山	Zhongshan	85.7	100.0	80.0	91.3	95.0
江　门	Jiangmen	83.5		69.1	71.7	74.0
阳　江	Yangjiang	47.2	52.3	40.7	49.2	54.1
湛　江	Zhanjiang	100.0	67.7	55.8	59.9	62.9
茂　名	Maoming	62.4	82.4	52.6	54.0	53.6
肇　庆	Zhaoqing	65.4	52.6	57.2	61.3	65.3
清　远	Qingyuan	52.9	63.8	36.0	51.7	52.6
潮　州	Chaozhou	84.1	84.7	73.8	74.7	75.4
揭　阳	Jieyang	81.5	87.1	86.8	87.3	89.0
云　浮	Yunfu	54.4	57.2	53.0	54.1	56.3

注：由于统计报表制度改革，此表2005年前为累计粪便无害化处理率，2006年后为无害化卫生厕所普及率。

Note: Because of the innovation of statistical report system, the data in this table was accumulated decontamination rate of feces before 2005, and dissemination rate of the harmless sanitation toilets.

3-41 各市农村自来水普及率

3-41 Rural Dissemination Rate of Tap Water Rate by City

单位：% (%)

市　别 City	2004	2005	2006	2007	2008
全　省 Province	74.5	75.0	75.9	77.5	78.4
广　州 Guangzhou	91.4	94.1	90.3	94.8	96.3
深　圳 Shenzhen	98.7	99.0	99.5	100.0	100.0
珠　海 Zhuhai	99.5	100.0	100.0	100.0	100.0
汕　头 Shantou	87.7	87.7	88.2	89.2	88.9
佛　山 Foshan	98.7	98.4	99.0	99.1	99.1
韶　关 Shaoguan	57.6	59.4	60.1	63.0	65.4
河　源 Heyuan	46.5	47.1	48.3	49.1	53.8
梅　州 Meizhou	65.8	69.7	67.8	70.1	70.8
惠　州 Huizhou	70.4	74.4	75.9	79.5	81.8
汕　尾 Shanwei	57.4	58.3	49.9	50.1	50.6
东　莞 Dongguan	99.0	99.1	99.2	99.7	99.8
中　山 Zhongshan	100.0	100.0	100.0	100.0	100.0
江　门 Jiangmen	90.5	82.9	89.1	91.2	92.1
阳　江 Yangjiang	37.5	38.7	40.7	45.7	47.3
湛　江 Zhanjiang	84.1	87.0	88.0	88.6	88.8
茂　名 Maoming	74.8	71.2	71.6	71.8	71.8
肇　庆 Zhaoqing	85.6	88.9	91.0	91.6	92.2
清　远 Qingyuan	45.8	44.7	45.9	54.3	57.3
潮　州 Chaozhou	81.1	81.0	81.5	83.2	84.0
揭　阳 Jieyang	72.7	72.1	72.4	73.3	74.3
云　浮 Yunfu	75.4	78.3	78.6	78.8	79.6

3-42 各市农村饮用清洁水普及率

3-42 Rural Dissemination Rate of Clean Drinking Water by City

单位：% (%)

市 别	City	2004	2005	2006	2007	2008
全 省	**Province**	**98.6**	**98.6**	**98.1**	**98.3**	**98.3**
广 州	Guangzhou	100.0	100.0	99.2	99.5	99.5
深 圳	Shenzhen	100.0	100.0	99.5	100.0	100.0
珠 海	Zhuhai	100.0	100.0	100.0	100.0	100.0
汕 头	Shantou	98.9	99.6	98.2	98.7	94.1
佛 山	Foshan	99.9	100.0	100.0	100.0	100.0
韶 关	Shaoguan	97.4	97.5	97.5	97.6	98.3
河 源	Heyuan	99.5	99.9	99.9	99.9	99.9
梅 州	Meizhou	99.8	100.0	99.3	99.4	99.6
惠 州	Huizhou	98.1	98.7	97.8	98.8	99.1
汕 尾	Shanwei	94.9	95.6	94.2	94.4	94.7
东 莞	Dongguan	100.0	100.0	99.8	100.0	100.0
中 山	Zhongshan	100.0	100.0	100.0	100.0	100.0
江 门	Jiangmen	99.1	96.7	94.9	96.9	99.5
阳 江	Yangjiang	97.5	97.6	93.6	94.6	95.0
湛 江	Zhanjiang	99.9	99.4	100.0	100.0	100.0
茂 名	Maoming	99.0	98.9	98.7	98.8	98.7
肇 庆	Zhaoqing	99.7	99.8	99.9	99.9	99.9
清 远	Qingyuan	95.6	95.6	95.4	97.6	97.2
潮 州	Chaozhou	98.8	98.8	97.9	98.1	99.1
揭 阳	Jieyang	96.7	96.7	96.9	96.8	97.8
云 浮	Yunfu	98.0	99.3	97.4	94.9	95.1

主要统计指标解释

卫生机构 是指从卫生部门取得“医疗机构执业许可证”，或从民政、工商行政、机构编制管理部门取得法人单位登记证书，为社会提供医疗保健、疾病控制、卫生监督服务或从事医学科研、医学教育等的卫生单位和卫生社会团体。

卫生技术人员 是指从事卫生技术工作并在卫生事业机构领取劳动报酬的专业人员。包括中医师、西医师、中西医结合高级医师、护师、中药师、西药师、检验师、其他技师、中医士、西医士、护士、助产士、中药剂士、西药剂士、检验士、其他技士、其他中医、护理员、中药剂员、西药剂员、检验员以及其他初级卫生技术员。

低出生体重儿发生率 是指年内出生的活产婴儿中，出生1小时内测量其体重小于2500克的活产婴儿数占当年活产婴儿总数的比例。

婴儿死亡率 是指某地年内每1000名活产儿中未满1周岁的婴儿死亡人数占当年活产儿的比重。

孕产妇死亡率 是指某地区1年内每10万名活产儿中孕产妇死亡数。孕产妇死亡数是指产妇从妊娠开始至产后42天内死亡者，不论妊娠时间与部位，包括内外科原因、计划生育手术、宫外孕及葡萄胎死亡者，但不包括意外原因（车祸、中毒）死亡者。

Explanatory Notes on Main Statistical Indicators

Public Health Institutions Refer to the public health units and public health social organizations that obtained “Medical Treatment Practising Licence” from ministry of health, or obtained “Registry Certification of Corporate Unit” from the manage departments of civil administration, industry and commerce administration, and establishment of organizations, providing services such as medical care, disease control, health supervision to the society, or dealing with medical science research and medical education.

Medical Technical Personnel Refer to all permanent and contract medical staff and workers employed by medical institutions, including doctors of Chinese and Western medicine, senior doctors who integrate traditional Chinese therapeutics with Western therapeutics in practice, senior nurses, pharmacists of Chinese and Western medicine, laboratory specialists, other specialists, paramedics of Chinese and Western medicine, nurses, midwives, druggists in Chinese and Western medicine, laboratory technicians, other practitioners of Chinese medicine, nursing attendants, pharmacological workers of Chinese and Western medicine, laboratory workers, and other primary medical personnel.

Incidence Rate of Low Birth Weight Refer to the proportion of the number of liveborn infants whose body weight are less than 2500 grams within 1 hour after birth in the total number of liveborn infants during the year.

Infant Mortality refer to that, among 1000 liveborn infants in a certain region, the proportion of the number of infants who die under a year old in the total number of liveborn infants during the year.

Maternal Mortality Refer to the death number of pregnant and maternity woman in 100000 liveborn infants of a year in a certain region. The death number of pregnant and maternity women refer to the number of who die after gestation begins or within 42 days after giving birth, regardless of the gestation time and location, including the death for internal and surgery medicine, birth control operations, extrauterine pregnancy and vesicular mole, but excluding those die from unexpected reasons (traffic accidents or poisoning).

四、文　　化

Ⅳ　Culture

简要说明

1．本篇资料主要反映广东省文化事业发展情况。

2．本篇资料主要包括：

（1）各级各类文化产业机构及人员基本情况，艺术表演团体和场馆基本情况，公共图书馆、博物馆、群艺馆基本情况，文化设施情况等。

（2）地区分全省和21个地级以上市。

（3）年份主要有当年、近5年和1978以来连续年份。

3．统计资料来源：本篇资料由广东省文化厅负责整理、审核、提供。

Brief Descriptions

1．The data in this chapter mainly show the developing situation of cultural undertakings of Guangdong Province.

2．The data in this chapter mainly include：

（1）The basic conditions of cultural institutions and personnel by level and type，basic conditions of art troupes and places，public libraries，museums and mass art hall，basic conditions of cultural establishments.

（2）The regions include the province and 21 cities above prefecture–level.

（3）The year mainly include the current year，the recent five years and continuous years since 1978.

3．Statistical data sources: the data in this chapter are arranged，verified and provided by the Department of Culture of Guangdong Province.

4-1 文化产业机构及人员基本情况（2008）

4-1 Basic Conditions of Cultural Institutions and Personnel（2008）

指 标 Item		机构数（个）Number of Institutions (unit)	从业人员（人）Number of personnel (person)	文化部门 Culture		其他部门 Others	
				机构数（个）Number of Institutions (unit)	从业人员（人）Number of personnel (person)	机构数（个）Number of Institutions (unit)	从业人员（人）Number of personnel (person)
合计	**Total**	**20753**	**196449**	**2371**	**26102**	**18382**	**170347**
艺术业	Arts	534	21925	217	7304	317	14621
#艺术表演团体	Arts Performance Troupes	353	12391	130	5603	223	6788
艺术表演场所	Arts Performance Places	178	9514	84	1681	94	7833
艺术创作机构	Arts Creating Institutions	3	20	3	20		
图书馆业	Libraries	132	3709	131	3709	1	
#少儿图书馆	Children's Libraries	4	159	4	159		
群众文化服务业	Mass Cultural Service	1743	9090	1717	9059	26	31
省级文化馆	Provincial level Cultural Centers	1	42	1	42		
地市级文化馆	Cultural Centers at Prefecture level	21	535	21	535		
县区级文化馆	Cultural Centers at County or District Level	121	1522	120	1522	1	
文化站	Cultural Stations	1600	6991	1575	6960	25	31
艺术教育业	Arts Education	7	793	7	793		
#高等院校	Institutions of Higher Education						
中等专业学校	Secondary Specialized Schools	6	782	6	782		
文化市场经营机构	Operating Institutions in Cultural Market	18081	155773	43	78	18038	155695
文艺科研	Scientific Research on Arts	9	100	9	100		
#文化科技研究机构	Institutions of Scientific Research on Arts	5	47	5	47		
综合性艺术研究机构	Comprehensive Arts Research Institutes	3	51	3	51		
文物业	Cultural Relics	204	3409	204	3409		
文物科研机构	Institutions for Cultural Relics Scientific Research	5	136	5	136		
文物保护管理机构	Institutions for Conservation and Management of Cultural Relics	38	391	38	391		
博物馆	Museums	152	2724	152	2724		
文物商店	Cultural Relics Stores	6	113	6	113		
其他文化及相关产业	Other Cultural and Relevant Industries	43	1650	43	1650		

4-2 各市文化、文物事业机构数（2008）

4-2 Number of Institutions in Culture and Cultural Relics by City（2008）

单位：个 （Unit）

市别	City	艺术表演团体 Arts Performance Troupes	文化馆 Cultural Ceters	公共图书馆 Public Libraries	博物馆 Museums	档案馆 Archives
广州	Guangzhou	10	12	14	29	17
深圳	Shenzhen	1	6	8	13	8
珠海	Zhuhai	3	4	3	2	6
汕头	Shantou	8	7	8	5	10
佛山	Foshan	4	5	6	6	14
韶关	Shaoguan	9	10	9	9	12
河源	Heyuan	7	6	7	6	8
梅州	Meizhou	11	8	10	8	9
惠州	Huizhou	6	5	5	5	7
汕尾	Shanwei	5	4	4	5	6
东莞	Dongguan	1		1	5	2
中山	Zhongshan			1	5	3
江门	Jiangmen	6	7	7	9	10
阳江	Yangjiang	3	4	4	2	7
湛江	Zhanjiang	9	9	7	6	12
茂名	Maoming	12	6	5	5	8
肇庆	Zhaoqing	10	8	8	7	11
清远	Qingyuan	4	8	9	9	10
潮州	Chaozhou	2	3	4	4	5
揭阳	Jieyang	5	5	6	5	6
云浮	Yunfu	3	5	5	5	6
省直	Units Directly under Province	8		1	2	11

4-3 各市文化、文物事业机构人员情况（2008）

4-3 Personnel Situations of Culture and Cultural Relics Institutions by City（2008）

单位：人 （Person）

市别	City	艺术表演团体 Arts Performance Troupes	公共图书馆 Cultural Ceters	群众艺术馆、文化馆 Public Libraries	文化站 Museums	博物馆 Archives
合计	**Total**	**5625**	**3709**	**2099**	**6991**	**2724**
广州	Guangzhou	816	512	212	684	607
深圳	Shenzhen	153	602	241	824	251
珠海	Zhuhai	61	89	48	131	50
汕头	Shantou	381	129	117	344	47
佛山	Foshan	185	335	95	418	154
韶关	Shaoguan	236	121	98	165	96
河源	Heyuan	223	73	77	120	52
梅州	Meizhou	288	149	115	329	84
惠州	Huizhou	152	133	100	261	82
汕尾	Shanwei	206	49	61	120	73
东莞	Dongguan	56	147	49	1410	348
中山	Zhongshan		66	23	266	161
江门	Jiangmen	163	111	110	286	84
阳江	Yangjiang	90	85	52	99	19
湛江	Zhanjiang	399	104	112	235	79
茂名	Maoming	453	159	98	259	46
肇庆	Zhaoqing	101	105	113	164	74
清远	Qingyuan	85	88	81	148	40
潮州	Chaozhou	126	46	64	149	79
揭阳	Jieyang	293	167	120	427	77
云浮	Yunfu	53	62	71	152	28
省直	Units Directly under Province	1105	377	42		193

4-4 艺术表演团体基本情况（2008）

4-4 Basic Conditions of Arts Performance Troupes（2008）

指 标 Item	剧团数（个）Number of Opera troupes（unit）	从业人员（人）Number of Personnel（person）	国内演出场次（万场次）Number of Domestic Performances（10000 shows）	农村演出场次 Shows in Rural Areas	国内观众人次（万人次）Number of Domestic Audiences（10000 person-time）	国外演出场次（场次）Number of Overseas Performances（show）	演出收入（万元）Income of Performances（10000 yuan）
合计 Total	**353**	**12391**	**5**	**1**	**4580**		**13241**
按隶属关系分 Grouped by Relation of Leadership							
#省级 Provincial Level	9	1105			280		4420
地市级 Prefecture Level	138	4766	2		1476		5147
县区级 County and District Level	206	6520	3	1	2824		3674
按登记注册类型分 Grouped by Type of Registration							
#国有剧团 Troupes Sponsored by State-owned units	136	5701	1	1	1976		10790
集体经营剧团 Troupes Sponsored by Collective units	46	1288	1		471		652
按剧种分 Grouped by Type of Art Troupe							
话剧、儿童剧、滑稽剧团 Drama，Children's Play，and Comedy Troupes	8	370			87		314
歌剧、舞剧、歌舞剧团 Opera，Dance Drama and Song and Dance Drama Troupes	59	1573	1		451		2238
歌舞团、轻音乐团 Song and Dance Troupes，Light Music Troupes	44	1375			561		1659
乐团、合唱团 Song and Dance Troupes，Light Music Troupes	4	360			34		2057
文工队、文宣队 Cultural Troupes and Performance Troupes	3	58			19		5
戏曲剧团 Traditional Opera Troupes	191	7365	3	1	3102		5115
曲艺、杂技、木偶、皮影团 Troupes of Chinese Folk Art Forms，Acrobatics，Puppet and Shadow Plays	28	682			244		766
综合性艺术表演团体 Comprehensive Arts Performance Troupes	16	608			82		1086

4-5 艺术表演场馆基本情况（2008）

4-5 Basic Conditions of Arts Performance Places（2008）

指标 Item	合计 Total	剧场、影剧院 Theaters	省级 Provincial Level	地市级 Prefecture Level	县、区级 County/District Level
机构数（个）Number of Institutions（unit）	178	137	2	89	87
从业人员数（人）Number of Personnel（person）	9514	2772	113	7558	1843
座席数（个）Number of Seats（unit）	174108	104353	1979	93901	78228
演（映）出场次（场）Number of Performance Shows（show）	91000	81000		33000	58000
#艺术演出场次 Number of Arts Performance Shows	17000	10000		4000	13000
电影放映场次 Number of Film Projection Shows	67000	63000		23000	44000
观众人次（万人次）Number of Audience（10000 person-times）	4904	4274	51	3363	1490
#艺术演出观众人次 Audience ofArts Performance Shows	853	254	51	232	569
电影放映观众人次 Audience of Film Projection Shows	459	438		119	340
本年收入合计（万元）Total Income of This Year（10000 yuan）	28136	13349	3418	17487	7231
#财政补助收入 Income from Financial Subsidies	3810	2413	769	2597	444
艺术演出分成收入 Income from Arts Performance Sharing	16216	2872	2449	11646	2121
电影放映分成收入 Income from Film Projection Sharing	6138	5777		2421	3717

4-6 公共图书馆基本情况（2008）

4-6 Basic Conditions of Public Libraries（2008）

指标 Item	合计 Total	少儿图书馆 Theaters	省级 Provincial Level	地市级 Prefecture Level	县、区级 County/District Level
机构数（个） Number of Institutions（unit）	132	4	1	25	106
从业人员（人） Number of Personnel（person）	3709	159	377	1432	1900
总藏量（万册、件） Total Collections（10000 volumes，pieces）	3995	274	659	1705	1631
#图书（万册） Books（10000 volumes）	3408	252	532	1480	1396
报刊（万册） Newspapers and Periodicals（10000 volumes）	400	6	99	154	147
微缩制品（万件） Micro Products（10000 pieces）	96	14	13	57	26
其他（万册） Others（10000 volumes）	91	2	15	14	62
本年新购藏量（万册、件） Collections Newly Purchased This Year（10000 volumes，pieces）	322	17	70	133	119
#图书（万册） Books（10000 volumes）	281	15	64	116	101
公用房屋建筑面积（万米²） Common Premises Areas（10000 m²）	73	3	4	31	38
#书库 Stack Room	13		1	4	8
阅览室 Reading Room	18	1	1	7	10
阅览室座席数（个） Number of Seats in Reading Rooms（unit）	52110	1019	5405	16187	30518
总流通人次（万人次） Total Circulations（10000 person-times）	4101	202	215	1550	2336
#书刊文献外借人次 Number of Public Use of Books and Literatures	1173	76	80	530	563
书刊文献外借册次（万册次） Number of Volumes of Public Used of Books and Literatures (10000 volumes)	2081	140	99	1035	947
信息化装备 IT Application Facilities					
计算机（台） Computer（set）	8915	608	625	3652	4638
网站数（个） Number of Network Stations（unit）	109	4	29	36	44
为读者举办各种活动 All Types of Activities Held for the Readers					
次数（次） Number of Times（time）	7517	419	318	3949	3250
参加人次（万人次） Number of Participants（10000 person-times）	553	18	9	332	212

4-7 群众艺术馆、文化馆（站）基本情况（2008）

4-7 Basic Conditions of Mass Arts Halls and Cultural Centers（Stations）（2008）

指 标 Item	合计 Total	群众艺术馆、文化馆 Mass Arts Halls /Cultural Centers	文化站 Cultural Stations
机构数（个） Number of Institutions（unit）	1743	143	1600
从业人员（人） Number of Personnel（person）	9090	2099	6991
举办各种活动 Holding All Types of Activities			
举办展览（个） Exhibitions（time）	7760	1005	6755
组织文艺活动次数（次） Literary and Art Activities （time）	30555	8026	22529
举办训练班班次（次） Training Courses（time）	20817	5694	15123
训练班培训人次（万人次） Number of Trained People（10000 person-times）	116	20	96
组织各类理论研讨和讲座次数(场次) All Types of Theory Seminars and Lectures (time)	885	885	
藏书（万册） Collection of Books（10000 volumes）	1630	31	1599
公共房屋建筑面积（万米^2） Common Premises Areas（10000 m^2）	283	41	242
本年收入合计（万元） Total Income of This Year（10000 yuan）	85678	25950	59728
#财政补助收入 Income from Financial Subsidies	64876	18937	45939
事业收入 Income from Undertaking	6529	1059	5470
经营收入 Income from Business	1640	90	1550
本年支出合计（万元） Total Expenses of This Year（10000 yuan）	84031	25122	58909

4-8 涉外文化交流情况（2008）

4-8 Situation of Diplomatic Cultural Exchange（2008）

指 标 Item	来访/出访批次（批次） Batches of Visitors Coming in/Going Out (unit)	来访/出访人数（人） Number of Visitors Coming in /Going Out (person)
来访合计 Total Number of Visitors Coming in	315	6528
演出 Performance	230	5266
展览 Exhibitions	37	642
其他 Othes	48	620
出访合计 Total Number of Visitors Going Out	80	965
演出 Performance	51	860
展览 Exhibitions	4	21
其他 Othes	25	84

4-9 涉港澳台文化交流情况（2008）

4-9 Situation of Cultural Exchange Concerning Hong Kong, Macau and Taiwan（2008）

指 标 Item		入境/出境批次（批次）Batches of Immigration/Emigration（unit）	入境/出境人数（人）Number of Immigration/Emigration Persons（person）
入境合计	Total Number of Immigrations	145	803
演出	Performance	129	749
展览	Exhibitions	11	17
其他	Others	5	37
出境合计	Total Number of Emigrations	317	5192
演出	Performance	223	4875
展览	Exhibitions	25	99
其他	Others	69	218

4-10 博物馆基本情况（2008）

4-10 Basic Conditions of Museums（2008）

指 标 Item		藏品（件）Collections（piece）		举办陈列展览（个）Held Displays and Exhibitions（unit）	参观人次（万人次）Number of Visitors（10000 person-times）	门票收入（万元）Income from Ticket Sales（10000 yuan）
		合计 Total	一级品 First Grade			
合计	**Total**	**710814**	**1186**	**878**	**1251**	**2693**
综合类	Comprehensive Museums	543555	732	561	472	454
历史类	Historical Museums	111011	191	215	639	365
艺术类	Arts Museums	41913	251	73	115	1874
自然科学类	Nature and ScienceMuseums					
其他	Others	14335	12	29	25	

4-11 文化商店基本情况（2008）

4-11 Basic Conditions of Cultural Shops（2008）

指 标 Item		库存文物（件）Cultural Relics in Stock（piece）	收购 Purchase		销售 Sell	
			件数（件）Number（piece）	金额（万元）Sum（10000 yuan）	件数（件）Number（piece）	金额（万元）Sum（10000 yuan）
合计	**Total**	**407952**	**1140**	**1040**	**6935**	**2479**
省级	Provincial Level	215661	227	199	2349	141
地市级	Prefecture Level	192291	913	841	4586	2338
县区级	County and District Level					

4-12 文化市场经营机构综合情况（2008）

4-12 General Information of Cultural Market Operating Institutions（2008）

指 标 Item	机构数（个）Number of Institutions（unit）	从业人员（人）Number of Personnel（person）	主营营业收入（万元）Number of Personnel（person）	主营业务利润（万元）Interests from Primary Business（10000 yuan）	经营面积（万米^2）Operating Areas（10000 m^2）
合 计 Total	**18081**	**155773**	**462058**	**163865**	**755**
按城乡分 Grouped by Urban and Rural					
城 市 Urban	10005	108026	352520	134549	509
县 城 County Town	3962	26583	48814	16193	127
县以下 County Below	4114	21164	60724	13123	119
按经营范围分 Grouped by Business Scope					
演出经纪机构 Performance Brokerage Units	196	1513	20956	8758	13
娱乐场所 Amusement Places	5120	89189	256809	102538	375
网络文化经营机构 Operating Agencies for Internet Culture					
互联网上网服务营业场所（网吧）Internet Service Business（ Places Internet Bars）	6860	47490	121154	34232	305
艺术品经营机构 Operating Agencies for Artwork	1	3	12	8	0
音像制品批发、零售、出租机构 Institutions for Wholesale, Retail and Hire of Audio-visual Products	5479	13029	43489	9404	33
其他经营机构 Other Operating Agencies	425	4549	19638	8925	29

4-13 各市文化市场经营机构综合情况（2008）

4-13 General Information of Cultural Market Operating Institutions by City（2008）

市 别	City	机构数（个）Number of Institutions（unit）	从业人员（人）Number of Personnel（person）	主营营业收入（万元）Number of Personnel（person）	主营业务利润（万元）Interests from Primary Business（10000 yuan）	经营面积（万米²）Operating Areas（10000 m²）
合 计	**Total**	**18081**	**155773**	**462058**	**163865**	**755**
广 州	Guangzhou	2076	27428	100230	48040	139
深 圳	Shenzhen	1934	30159	37662	12574	88
珠 海	Zhuhai	457	4746	13967	2998	28
汕 头	Shantou	517	3840	4644	5286	24
佛 山	Foshan	1260	12683	34728	11021	72
韶 关	Shaoguan	768	3999	5733		20
河 源	Heyuan	591	3266	1218		12
梅 州	Meizhou	575	1827	1600	30	9
惠 州	Huizhou	1003	5966	20641	7795	26
汕 尾	Shanwei	299	1686	2156	272	7
东 莞	Dongguan	1365	17154	121900	48263	98
中 山	Zhongshan	567	3469	18413	1018	27
江 门	Jiangmen	1213	8294	790	2736	42
阳 江	Yangjiang	464	3179	247		9
湛 江	Zhanjiang	931	4966	13203		27
茂 名	Maoming	629	4654		712	17
肇 庆	Zhaoqing	774	4193	12607	1746	23
清 远	Qingyuan	877	4288	9814	1963	36
潮 州	Chaozhou	317	1289	72	36	5
揭 阳	Jieyang	453	1893	728	147	11
云 浮	Yunfu	410	2182	2683	2165	13
省 直	Units Directly under Province	601	4612	59022	17063	22

4-14 娱乐场所综合情况（2008）

4-14 General Information of Amusement Places（2008）

项 目	Item	机构数（个）Number of Institutions（unit）	从业人员（人）Number of Personnel（person）	主营营业收入（万元）Number of Personnel（person）	主营业务利润（万元）Interests from Primary Business（10000 yuan）	经营面积（万米²）Operating Areas（10000 m²）
合 计	**Total**	**5120**	**89189**	**256809**	**102538**	**374**
按城乡分	**Grouped by Urban and Rural**					
城 市	Urban	2654	62201	190140	82581	240
县 城	County Town	1347	16843	35353	11948	83
县以下	County Below	1119	10145	31316	8009	51
按经营范围分	**Grouped by Business Scope**					
歌舞厅	Dancing Hall	869	28711	65168	24447	93
卡拉OK厅	Karaoke Halls	2018	48303	169751	71849	208
电子游戏及游艺经营场所	Operation Places for Electronic Games and Entertaiments	2030	7737	9552	2671	47
综合娱乐场所	Comprehensive Amusement Places	176	4130	11865	3515	25
其他	Others	27	308	473	56	1

4-15 各市娱乐场所综合情况（2008）

4-15 General Information of Amusement Places by City（2008）

市别	City	机构数（个）Number of Institutions (unit)	从业人员（人）Number of Personnel (person)	主营营业收入（万元）Number of Personnel (person)	主营业务利润（万元）Interests from Primary Business (10000 yuan)	经营面积（万米²）Operating Areas (10000 m²)
合计	**Total**	**5120**	**89189**	**256809**	**102538**	**374**
广州	Guangzhou	440	16178	58447	28617	54
深圳	Shenzhen	421	18448	33139	11041	46
珠海	Zhuhai	182	3152	8378	1858	16
汕头	Shantou	113	2700	3420	4355	18
佛山	Foshan	427	8699	24649	8457	46
韶关	Shaoguan	350	2722	5406		13
河源	Heyuan	203	2114	1023		7
梅州	Meizhou	98	650	499		4
惠州	Huizhou	314	2565	10622	3055	10
汕尾	Shanwei	53	901	1745	195	3
东莞	Dongguan	221	7552	70221	35971	28
中山	Zhongshan	256	2032	7980	874	14
江门	Jiangmen	600	5421	161	1807	29
阳江	Yangjiang	122	1557	247		6
湛江	Zhanjiang	146	2838	8816		17
茂名	Maoming	147	2041		207	9
肇庆	Zhaoqing	248	2462	7411	950	14
清远	Qingyuan	393	2808	4946	1266	18
潮州	Chaozhou	26	274			
揭阳	Jieyang	88	942	283	147	6
云浮	Yunfu	132	1333	1991	1385	9
省直	Units Directly under Province	140	1800	7425	2353	7

4-16 互联网上网服务营业场所（网吧）综合情况（2008）

4-16 General Information of Internet Service Business Places（Internet Bars）（2008）

项目	Item	机构数（个）Number of Institutions (unit)	从业人员（人）Number of Personnel (person)	主营营业收入（万元）Number of Personnel (person)	主营业务利润（万元）Interests from Primary Business (10000 yuan)	经营面积（万米²）Operating Areas (10000 m²)
合计	**Total**	**6860**	**47490**	**121154**	**34233**	**305**
按城乡分	**Grouped by Urban and Rural**					
城市	Urban	4332	32637	82941	26466	209
县城	County Town	1206	6947	11892	3501	36
县以下	County Below	1322	7906	26321	4266	60
按登记注册类型分	**Grouped by Types of Registration**					
内资企业	Domestic Funded Enterprises	6839	47136	119866	33529	304
港澳台商投资企业	Enterprises Funded by Hong Kong, Macao and Taiwan	19	92	810	284	1
外商投资企业	Enterprises Funded by Foreigners	2	262	478	420	

4-17 各市互联网上网服务营业场所（网吧）综合情况（2008）

4-17 General Information of Internet Service Business Places (Internet Bars) by City (2008)

市别	City	机构数（个）Number of Institutions (unit)	从业人员（人）Number of Personnel (person)	主营营业收入（万元）Number of Personnel (person)	主营业务利润（万元）Interests from Primary Business (10000 yuan)	经营面积（万米^2）Operating Areas (10000 m^2)
合计	**Total**	**6860**	**47490**	**121154**	**34233**	**305**
广州	Guangzhou	927	7605	20782	10091	56
深圳	Shenzhen	815	8194	4142	1438	34
珠海	Zhuhai	199	1411	5202	973	12
汕头	Shantou	196	790	1031	751	5
佛山	Foshan	351	2702	7759	2306	23
韶关	Shaoguan	189	976	326		6
河源	Heyuan	229	944	195		4
梅州	Meizhou	298	839	904	9	5
惠州	Huizhou	577	2818	8208	3982	16
汕尾	Shanwei	125	615	392	61	3
东莞	Dongguan	874	8710	47075	11445	66
中山	Zhongshan	126	1135	10139	42	12
江门	Jiangmen	270	2259	628	572	11
阳江	Yangjiang	134	1019			2
湛江	Zhanjiang	355	1435	4046		9
茂名	Maoming	261	1904		505	6
肇庆	Zhaoqing	242	1289	4635	702	7
清远	Qingyuan	258	1214	4675	631	18
潮州	Chaozhou	103	445			2
揭阳	Jieyang	228	694	368		5
云浮	Yunfu	103	492	647	725	3

4-18 音像制品批发、零售、出租机构综合情况（2008）

4-18 General Information of Institutions for Wholesale, Retail and Hire of Audio-visual Product (2008)

项目	Item	机构数（个）Number of Institutions (unit)	从业人员（人）Number of Personnel (person)	主营营业收入（万元）Number of Personnel (person)	主营业务利润（万元）Interests from Primary Business (10000 yuan)	经营面积（万米^2）Operating Areas (10000 m^2)
合计	**Total**	**5479**	**13029**	**43490**	**9404**	**33**
按城乡分	**Grouped by Urban and Rural**					33
城市	Urban	2447	7383	39282	7855	21
县城	County Town	1391	2680	1287	757	6
县以下	County Below	1641	2966	2921	792	6
按经营类型分	**Grouped by Types of Business**					33
音像制品批发机构	Institutions for Wholesales	349	1209	26388	5751	3
音像制品零售机构	Institutions for Retail	4588	10930	16599	3625	28
音像制品出租机构	Institutions for Hire	542	890	503	28	2

4-19 各市音像制品批发、零售、出租机构综合情况（2008）

4-19 General Information of Institutions for Wholesale, Retail and Hire of Audio-visual Products by City (2008)

市别	City	机构数（个）Number of Institutions (unit)	从业人员（人）Number of Personnel (person)	主营营业收入（万元）Number of Personnel (person)	主营业务利润（万元）Interests from Primary Business (10000 yuan)	经营面积（万米²）Operating Areas (10000 m²)
合计	**Total**	**5479**	**13029**	**43490**	**9404**	**33**
广州	Guangzhou	601	1948	2066	802	10
深圳	Shenzhen	445	1085	279	67	2
珠海	Zhuhai	75	180	375	159	
汕头	Shantou	208	350	193	180	1
佛山	Foshan	482	1282	2320	258	3
韶关	Shaoguan	229	301			1
河源	Heyuan	159	208			
梅州	Meizhou	179	338	197	20	1
惠州	Huizhou	112	583	1811	757	
汕尾	Shanwei	121	170	19	16	
东莞	Dongguan	255	779	4092	498	2
中山	Zhongshan	185	302	294	103	1
江门	Jiangmen	343	614	1	357	1
阳江	Yangjiang	208	603			1
湛江	Zhanjiang	430	693	341		2
茂名	Maoming	221	709			1
肇庆	Zhaoqing	279	407	503	94	1
清远	Qingyuan	213	247	165	50	1
潮州	Chaozhou	157	317	72	36	1
揭阳	Jieyang	137	257	76		1
云浮	Yunfu	175	357	45	55	1
省直	Units Directly under Province	265	1299	30641	5952	2

4-20 文物业基本情况（2008）

4-20 Basic Conditions of Heritage (2008)

项目	Item	机构数（个）Number of Institutions (unit)	从业人员（人）Number of Personnel (person)	具有专业资质人数（人）Number of Personnel with Specialty Qualification (person)	文物藏品合计（件）Total Collections of Cultural Relics (unit)	举办陈列、展览（个）Number of Displays and Exhibitions (unit)	参观人次（万人次）Number of Visitors (10000 person-times)	业务用房（万米²）Operational Used Rooms (10000 m²)
合计	**Total**	**204**	**3409**	**284**	**1157468**	**950**	**1437**	**60**
文物科研机构	Institutions for Scientific Research of Cultural Relics	5	136	32	31810	2		1
文物保护管理机构	Institutions for Conservation and Management of Cultural Relics	38	391	12	6892	70	186	3
博物馆	Museums	152	2724	240	710814	878	1251	55
文物商店	Cultural Relics Stores	6	113		407952			1
其他文物机构	Other Institutions for Cultural Relics	3	45					
省级	Provincial Level	6	289	18	338282	7	22	2
地市级	Prefecture Level	75	1885	139	634854	495	952	32
县市级	County (City) Level	123	1235	127	184332	448	463	26

4-21 文化产业增加值情况（2008）

4-21 Situation of Added Value of Cultural Industries（2008）

项 目 Item		总计 Total		文化部门 Culture		其他部门 Others	
		总产出（万元）Total Production（10000 yuan）	增加值（万元）Added Value（10000 yuan）	总产出（万元）Total Production（10000 yuan）	增加值（万元）Added Value（10000 yuan）	总产出（万元）Total Production（10000 yuan）	增加值（万元）Added Value（10000 yuan）
合 计	**Total**	**1105662**	**535228**	**278744**	**149452**	**826918**	**385776**
艺术业Arts		82584	72656	62639	39859	19945	32797
#艺术表演团体	Arts Performance Troupes	53243	35126	46764	29287	6479	5839
艺术表演场馆	Arts Performance Places	29051	37306	15586	10349	13465	26957
图书馆业	Libraries	53107	27061	53099	27054	8	7
群众文化业	Mass Culture	64910	44404	64832	44360	78	44
艺术教育	Arts Education	11104	6947	11104	6947		
文化市场经营机构	Operational Institutions in Cultural Market	805131	351766	679	104	804452	351662
文艺科研	Scientific Research on Arts	1840	1059	1840	1059		
文物业	Cultural Relics	40690	22919	38255	21653	2435	1266
其他文化产业及相关产业	Other Cultural Industries and Relevant Industries	46296	8416	46296	8416		

4-22 各市公共图书馆机构数

4-22 Number of Public Libraries by City

单位：个　　　　（Unit）

市 别	City	2004	2005	2006	2007	2008
合 计	**Total**	**128**	**129**	**129**	**130**	**132**
广 州	Guangzhou	15	12	13	13	14
深 圳	Shenzhen	8	8	8	8	8
珠 海	Zhuhai	2	3	3	3	3
汕 头	Shantou	8	8	8	8	8
佛 山	Foshan	6	6	6	6	6
韶 关	Shaoguan	9	10	9	9	9
河 源	Heyuan	6	7	7	7	7
梅 州	Meizhou	10	10	10	10	10
惠 州	Huizhou	5	5	5	5	5
汕 尾	Shanwei	4	4	4	4	4
东 莞	Dongguan	1	1	1	1	1
中 山	Zhongshan	1	1	1	1	1
江 门	Jiangmen	6	6	6	6	7
阳 江	Yangjiang	4	4	4	4	4
湛 江	Zhanjiang	7	7	7	7	7
茂 名	Maoming	5	5	5	5	5
肇 庆	Zhaoqing	7	8	8	8	8
清 远	Qingyuan	9	9	9	9	9
潮 州	Chaozhou	3	3	3	4	4
揭 阳	Jieyang	6	6	6	6	6
云 浮	Yunfu	5	5	5	5	5
省 直	Units Directly under Province	1	1	1	1	1

4-23 各市群艺馆（文化馆）机构数

4-23 Number of Mass Arts Halls（Cultural Centers）by City

单位：个 （Unit）

市 别	City	2004	2005	2006	2007	2008
合 计	**Total**	**141**	**139**	**142**	**142**	**143**
广 州	Guangzhou	13	11	11	12	13
深 圳	Shenzhen	7	7	8	7	7
珠 海	Zhuhai	4	4	4	4	4
汕 头	Shantou	7	7	7	8	8
佛 山	Foshan	6	6	6	6	6
韶 关	Shaoguan	11	11	11	11	11
河 源	Heyuan	7	7	8	8	7
梅 州	Meizhou	9	9	9	9	9
惠 州	Huizhou	6	6	6	6	6
汕 尾	Shanwei	5	5	5	5	5
东 莞	Dongguan	1	1	1	1	1
中 山	Zhongshan	1	1	1	1	1
江 门	Jiangmen	8	8	8	8	8
阳 江	Yangjiang	5	5	5	5	5
湛 江	Zhanjiang	10	10	10	10	10
茂 名	Maoming	6	6	7	7	7
肇 庆	Zhaoqing	9	9	9	9	9
清 远	Qingyuan	9	9	9	9	9
潮 州	Chaozhou	4	4	4	4	4
揭 阳	Jieyang	6	6	6	6	6
云 浮	Yunfu	6	6	6	6	6
省 直	Units Directly under Province	1	1	1	1	1

4-24 各市博物馆机构数

4-24 Number of Museums by City

单位：个 (Unit)

市 别	City	2004	2005	2006	2007	2008
合 计	**Total**	**143**	**146**	**147**	**153**	**152**
广 州	Guangzhou	26	27	28	28	29
深 圳	Shenzhen	12	12	12	12	13
珠 海	Zhuhai	2	2	2	2	2
汕 头	Shantou	5	5	5	5	5
佛 山	Foshan	6	6	6	8	6
韶 关	Shaoguan	9	9	9	9	9
河 源	Heyuan	6	6	6	6	6
梅 州	Meizhou	8	8	8	8	8
惠 州	Huizhou	5	5	5	5	5
汕 尾	Shanwei	4	4	4	5	5
东 莞	Dongguan	3	4	4	5	5
中 山	Zhongshan	2	2	2	5	5
江 门	Jiangmen	8	9	9	9	9
阳 江	Yangjiang	2	2	2	2	2
湛 江	Zhanjiang	6	6	6	6	6
茂 名	Maoming	5	5	5	5	5
肇 庆	Zhaoqing	8	8	8	7	7
清 远	Qingyuan	9	9	9	9	9
潮 州	Chaozhou	4	4	4	4	4
揭 阳	Jieyang	5	5	5	5	5
云 浮	Yunfu	5	5	5	5	5
省 直	Units Directly under Province	3	3	3	3	2

4-25 各市文化站机构数

4-25 Number of Cultural Stations by City

单位：个 （Unit）

市　别 City	2004	2005	2006	2007	2008
合　计 Total	**1601**	**1586**	**1589**	**1597**	**1600**
广　州 Guangzhou	151	148	163	163	163
深　圳 Shenzhen	50	51	55	55	55
珠　海 Zhuhai	18	23	23	23	23
汕　头 Shantou	46	69	69	69	69
佛　山 Foshan	50	37	32	32	33
韶　关 Shaoguan	127	108	106	106	106
河　源 Heyuan	102	103	102	103	103
梅　州 Meizhou	112	112	112	112	112
惠　州 Huizhou	85	83	71	68	70
汕　尾 Shanwei	56	56	56	56	56
东　莞 Dongguan	32	32	33	33	33
中　山 Zhongshan	24	24	24	24	24
江　门 Jiangmen	86	85	82	82	81
阳　江 Yangjiang	50	50	47	48	48
湛　江 Zhanjiang	112	107	111	117	117
茂　名 Maoming	111	111	108	109	110
肇　庆 Zhaoqing	108	108	108	108	108
清　远 Qingyuan	89	87	87	87	87
潮　州 Chaozhou	50	50	50	50	50
揭　阳 Jieyang	78	78	86	88	88
云　浮 Yunfu	64	64	64	64	64

4-26 各市公共图书馆公用房屋面积

4-26 Common Premises Area of Public Libraries by City

单位：米²　　　　(m²)

市　别	City	2004	2005	2006	2007	2008
合　计	**Total**	**472991**	**532845**	**624570**	**673486**	**731142**
广　州	Guangzhou	57334	57440	71240	80691	94120
深　圳	Shenzhen	57003	62491	80187	117291	136806
珠　海	Zhuhai	3770	3950	3950	3950	18848
汕　头	Shantou	11618	11618	37332	37332	37832
佛　山	Foshan	39600	40700	69406	69498	69498
韶　关	Shaoguan	19558	20264	19372	19776	19836
河　源	Heyuan	8150	8870	8870	10920	11800
梅　州	Meizhou	31385	31385	31385	28971	28681
惠　州	Huizhou	29542	32014	31170	31170	32314
汕　尾	Shanwei	2850	2850	6850	7269	7669
东　莞	Dongguan	10700	53654	53654	53654	53654
中　山	Zhongshan	9144	9144	9144	9144	9144
江　门	Jiangmen	30078	30078	30078	29978	29781
阳　江	Yangjiang	7383	7883	7883	8023	14130
湛　江	Zhanjiang	37561	38061	38286	38286	38286
茂　名	Maoming	16731	16731	16351	16781	16781
肇　庆	Zhaoqing	17945	19731	19731	19731	19811
清　远	Qingyuan	12859	16201	20501	22601	22601
潮　州	Chaozhou	6842	6842	6842	3482	6842
揭　阳	Jieyang	14168	14168	14168	16168	13938
云　浮	Yunfu	10541	10541	9941	10541	10541
省　直	Units Directly under Province	38229	38229	38229	38229	38229

4-27 各市群艺馆（文化馆）公用房屋面积

4-27 Common Premises Area of Mass Arts Halls (Cultural Centers) by City

单位：米²　　　　(m²)

市　别	City	2004	2005	2006	2007	2008
合　计	**Total**	**302576**	**301940**	**316870**	**332117**	**410532**
广　州	Guangzhou	40050	40146	37966	39573	56766
深　圳	Shenzhen	40800	42020	62009	60762	91514
珠　海	Zhuhai	5985	5191	5454	9251	18005
汕　头	Shantou	14915	12815	15415	14615	16105
佛　山	Foshan	33520	28380	25780	32241	32241
韶　关	Shaoguan	19813	20441	13892	12029	17466
河　源	Heyuan	6172	6992	7833	10584	9662
梅　州	Meizhou	18333	16818	16358	12587	14177
惠　州	Huizhou	2103	2103	1623	2463	5963
汕　尾	Shanwei	5091	4222	2923	3902	4252
东　莞	Dongguan	6158	6158	6686	6686	6686
中　山	Zhongshan		2000	7192	7192	7192
江　门	Jiangmen	19004	18866	20766	26630	32764
阳　江	Yangjiang	6480	6480	6430	6400	9580
湛　江	Zhanjiang	13825	14267	11461	17341	16857
茂　名	Maoming	8727	9627	8009	8009	7569
肇　庆	Zhaoqing	23030	23213	20716	20716	20716
清　远	Qingyuan	7146	10113	14433	15533	13693
潮　州	Chaozhou	3036	3036	3036	3036	3436
揭　阳	Jieyang	11448	12112	11948	9112	10433
云　浮	Yunfu	16940	16940	16940	13455	13455
省　直	Units Directly under Province					2000

4-28 各市博物馆公用房屋面积

4-28 Common Premises Area of Museums by City

单位：米^2 (m^2)

市 别	City	2004	2005	2006	2007	2008
合 计	**Total**	**447145**	**492219**	**508113**	**496683**	**546636**
广 州	Guangzhou	160758	166092	164600	169272	174180
深 圳	Shenzhen	50401	56950	45374	44812	64315
珠 海	Zhuhai	4621	10368	10796	10188	10188
汕 头	Shantou	5843	6749	6749	4767	24062
佛 山	Foshan	21599	19229	19229	20535	18406
韶 关	Shaoguan	21297	22637	22515	22909	22927
河 源	Heyuan	5017	5085	5597	4517	5167
梅 州	Meizhou	14539	16780	15017	12075	13578
惠 州	Huizhou	7670	8170	7747	7747	7799
汕 尾	Shanwei	4082	5582	5582	4082	4082
东 莞	Dongguan	33388	38389	42494	44894	44894
中 山	Zhongshan	17970	27084	27084	32958	28036
江 门	Jiangmen	13794	14121	39785	17320	20046
阳 江	Yangjiang	3700	3700	3700	3700	3700
湛 江	Zhanjiang	8928	14488	16073	15643	15643
茂 名	Maoming	7800	7910	2247	7560	7960
肇 庆	Zhaoqing	11902	10692	10692	10692	10692
清 远	Qingyuan	9973	8630	9961	10041	20659
潮 州	Chaozhou	9186	9686	12142	12142	14142
揭 阳	Jieyang	8953	14153	16455	16555	16555
云 浮	Yunfu	8312	8312	8862	8862	8862
省 直	Units Directly under Province	17412	17412	15412	15412	10743

4-29 各市文化站公用房屋面积

4-29 Common Premises Area of Cultural Stations by City

单位：米²　　　　(m²)

市别	City	2004	2005	2006	2007	2008
合计	**Total**	**2015033**	**2072575**	**2036008**	**2272995**	**2424181**
广州	Guangzhou	253519	267922	276501	316004	347198
深圳	Shenzhen	167043	160056	112611	166927	170362
珠海	Zhuhai	49906	66187	84526	88281	57274
汕头	Shantou	22909	28640	28418	29395	37153
佛山	Foshan	258355	239373	194011	185096	209454
韶关	Shaoguan	103212	94113	87464	87266	88099
河源	Heyuan	55668	58691	57711	55514	53595
梅州	Meizhou	106895	105899	105123	93683	92665
惠州	Huizhou	52310	47326	58065	60487	95991
汕尾	Shanwei	13612	8492	13345	14867	16808
东莞	Dongguan	213204	286135	310073	417804	478669
中山	Zhongshan	63525	65236	54207	111967	105371
江门	Jiangmen	74548	85251	99060	94414	96199
阳江	Yangjiang	21834	22169	19699	25811	25901
湛江	Zhanjiang	65341	60306	50286	54996	58422
茂名	Maoming	104889	103915	100521	90325	95221
肇庆	Zhaoqing	138327	112031	118791	121451	133085
清远	Qingyuan	71396	77936	78452	79291	80756
潮州	Chaozhou	31526	32693	33009	33561	31685
揭阳	Jieyang	54037	57447	61378	62878	67296
云浮	Yunfu	92977	92757	92757	82977	82977

4-30 各市人均拥有公共图书馆藏书册数

4-30 Per Capita Library Volumes in Public Libraries by City

单位：册 (Volume)

市别	City	2004	2005	2006	2007	2008
合计	**Total**	**0.3**	**0.3**	**0.4**	**0.4**	**0.4**
广州	Guangzhou	0.6	0.8	0.9	0.9	0.9
深圳	Shenzhen	0.5	0.6	0.7	0.7	0.8
珠海	Zhuhai	0.3	0.3	0.3	0.4	0.4
汕头	Shantou	0.2	0.2	0.2	0.2	0.2
佛山	Foshan	0.4	0.4	0.4	0.4	0.5
韶关	Shaoguan	0.3	0.3	0.2	0.2	0.3
河源	Heyuan	0.2	0.2	0.2	0.2	0.2
梅州	Meizhou	0.3	0.3	0.3	0.3	0.3
惠州	Huizhou	0.2	0.2	0.2	0.2	0.2
汕尾	Shanwei	0.0	0.0	0.1	0.1	0.1
东莞	Dongguan	0.1	0.2	0.2	0.2	0.2
中山	Zhongshan	0.2	0.2	0.3	0.3	0.4
江门	Jiangmen	0.3	0.4	0.4	0.4	0.4
阳江	Yangjiang	0.3	0.3	0.3	0.3	0.3
湛江	Zhanjiang	0.2	0.2	0.2	0.2	0.2
茂名	Maoming	0.1	0.1	0.1	0.1	0.1
肇庆	Zhaoqing	0.2	0.3	0.3	0.3	0.3
清远	Qingyuan	0.2	0.2	0.2	0.2	0.2
潮州	Chaozhou	0.1	0.1	0.2	0.2	0.2
揭阳	Jieyang	0.1	0.1	0.1	0.1	0.1
云浮	Yunfu	0.2	0.2	0.2	0.2	0.2

注：人均藏书册数按常住人口计算。

Note: Per capita library volumes are calculated according to permanent populations.

4-31 各市公共图书馆人均购书费

4-31 Per Capita Book Purchasing Expenses in Public Libraries by City

单位：元 (Yuan)

市别	City	2004	2005	2006	2007	2008
合计	**Total**	**0.66**	**0.81**	**0.87**	**1.26**	**1.30**
广州	Guangzhou	1.23	2.01	2.01	1.55	1.83
深圳	Shenzhen	2.65	1.89	2.73	5.23	4.99
珠海	Zhuhai	0.33	1.06	0.55	1.07	0.91
汕头	Shantou	0.16	0.04	0.11	0.15	0.14
佛山	Foshan	0.61	0.63	0.56	1.11	0.53
韶关	Shaoguan	0.20	0.18	0.14	0.15	0.18
河源	Heyuan	0.10	0.09	0.10	0.21	0.22
梅州	Meizhou	0.12	0.11	0.13	0.05	0.07
惠州	Huizhou	0.21	0.70	0.13	0.29	0.21
汕尾	Shanwei	0.00	0.01	0.01	0.10	0.07
东莞	Dongguan	0.66	1.05	0.56	0.50	0.76
中山	Zhongshan	0.36	0.06	0.05	0.57	1.78
江门	Jiangmen	0.20	0.20	0.24	0.24	0.30
阳江	Yangjiang	0.03	0.02	0.03	0.07	0.14
湛江	Zhanjiang	0.08	0.14	0.13	0.10	0.15
茂名	Maoming	0.08	0.08	0.08	0.02	0.05
肇庆	Zhaoqing	0.10	0.12	0.12	0.10	0.18
清远	Qingyuan	0.24	0.27	0.25	0.22	0.14
潮州	Chaozhou	0.08	0.11	0.12	0.10	0.09
揭阳	Jieyang	0.14	0.12	0.13	0.12	0.13
云浮	Yunfu	0.10	0.12	0.10	0.11	0.15

注：人均购书经费按常住人口计算。

Note: Per capita book purchasing expenses are calculated according to permanent populations.

4-32 各市文化文物事业费

4-32 Expenses on Cultural Relics Establishments by City

单位：万元　　　　(10000 Yuan)

市别	City	2004	2005	2006	2007	2008
合计	**Total**	**145355**	**155561**	**185434**	**213772**	**239081**
广州	Guangzhou	33798	31182	41787	45502	56883
深圳	Shenzhen	29747	34286	37693	45596	55357
珠海	Zhuhai	2449	3081	4143	3790	4827
汕头	Shantou	2877	3227	3016	4560	5291
佛山	Foshan	11426	12011	12632	15348	16846
韶关	Shaoguan	2488	2307	2614	3567	3377
河源	Heyuan	948	939	996	1906	1842
梅州	Meizhou	3411	3175	4498	4877	5169
惠州	Huizhou	2245	1955	3165	4053	4203
汕尾	Shanwei	685	735	953	1061	1154
东莞	Dongguan	11788	16470	18861	19615	21170
中山	Zhongshan	4319	4432	6190	9161	7792
江门	Jiangmen	2219	2912	7643	6102	4782
阳江	Yangjiang	738	726	833	846	1191
湛江	Zhanjiang	2080	2352	2839	3645	4433
茂名	Maoming	1044	1021	1166	1676	2002
肇庆	Zhaoqing	2442	2167	2638	2856	3355
清远	Qingyuan	1710	1973	2533	1695	1965
潮州	Chaozhou	1045	1319	1234	2389	2016
揭阳	Jieyang	1079	1121	1410	1755	1932
云浮	Yunfu	1655	2053	2254	1517	1418
省直	Units Directly under Province	25162	26117	26336	32255	32076

4-33 历年文化文物事业机构数

4-33 Number of Institutions for Cultural Relics Over the Years

单位：个 (Unit)

年份 Year	艺术表演团体 Arts Performance Troupes	艺术表演场所 Arts Performance Places	博物馆 Museums	公共图书馆 Public Libraries	群众艺术馆 Mass Arts Halls	文化馆 Cultural Centers	文化站 Cultural Stations	中等艺术学校 Secondary Arts Schools
1978	172	7	30	76		124	15	6
1979	197	47	25	86	2	125	1650	8
1980	195	42	26	97	13	113	1766	8
1981	190	40	36	103	14	113	1802	8
1982	190	38	45	108	13	116	1880	8
1983	186	39	61	108	15	112	1966	8
1984	178	38	87	114	15	119	2006	9
1985	171	38	106	117	15	123	1989	9
1986	159	96	106	117	15	123	2046	12
1987	155	92	106	118	16	123	2046	11
1988	131	83	101	100	16	110	1753	9
1989	131	82	101	102	19	113	1788	9
1990	130	83	106	103	20	112	1809	9
1991	122	78	107	104	20	110	1839	9
1992	125	80	108	108	20	113	1920	9
1993	126	81	108	110	20	115	1957	11
1994	132	78	111	111	20	116	1927	11
1995	134	79	113	114	21	115	1957	10
1996	136	69	114	115	22	115	1878	10
1997	138	75	117	119	22	117	1923	10
1998	139	76	122	120	22	117	1913	10
1999	140	76	128	121	22	117	1902	10
2000	138	76	131	125	22	118	1902	10
2001	139	69	140	129	22	118	1868	9
2002	141	71	140	131	22	120	1802	7
2003	144	70	144	129	22	117	1700	8
2004	140	69	143	128	22	119	1601	8
2005	139	68	146	129	22	117	1586	8
2006	138	67	147	129	22	120	1589	8
2007	128	46	153	130	21	122	1597	9
2008	127	48	152	132	21	122	1600	7

4-34 历年公共图书馆业务活动情况

4-34 Situation of Operational Activities of Public Libraries Over the Years

年 份 Year	机构数（个） Number of Institutions (unit)	总藏量（万册、件） Total Collections (10000 volumes, unit)		总流通人次（万人次） Total Person-times of Circulation (10000 person-times)		图书流通册次（万册次） Circulation Volumes of Books (10000 volume-times)	发放借书证数（万个） Number of Granted Library Cards (10000 unit)
			书 刊 Books and Periodcals		外借人次 Number of Public Use		
1986	117	1096	1096	804		928	37
1990	103	1261	1261	903		1441	50
1991	104	1327	1319	1241	480	663	49
1992	108	1408	1396	1452	478	607	32
1993	110	1494	1479	1432	469	619	36
1994	111	1591	1570	1631	527	666	43
1995	114	1651	1633	1447	504	687	49
1996	115	1860	1840	1500	586	858	35
1997	119	1901	1879	1634	660	983	42
1998	120	2027	2000	1857	737	1142	45
1999	121	2088	2051	2026	734	1136	44
2000	125	2330	2296	2517	840	1234	44
2001	129	2239	2186	2505	880	1236	89
2002	131	2300	2227	2627	992	2843	119
2003	129	2498	2431	2635	1032	3132	129
2004	128	2740	2637	3021	1021	1636	141
2005	129	3119	3059	3543	1511	2037	144
2006	129	3454	3316	4695	1777	3097	173
2007	130	3698	3540	3819	1115	1851	190
2008	132	3995	3904	4101	1173	2081	209

注：1. 表中1986年数包括海南行政区。
2. 书刊是指古籍、报刊、图书。

Nots: 1. The number of 1986 in this table including the data of Hainan Administrative region.
2. Books and periodicals refer to accient books, newspaper and periodicals, books.

4-35 历年群众文化事业业务活动、经费收支及设施情况

4-35 Situation of Operational Activities, Revenue and Expenditure, and Facilities of Popular Culture Undertakings Over the Years

年 份 Year	机构数（个）Number of Institutions (unit)	举办展览个数（个）Number of Exhibitions (unit)	组织文艺活动次数（次）Number of Literary and Arts Activities (time)	举办培训班次（次）Number of Training Classes (time)	藏书（万册）Collection of Books (10000 volumes)	收入合计（万元）Total Income (10000 yuan)	财政补助收入 Income from Financial Aid	支出合计（万元）Total Expenditure (10000 yuan)	业务费 Operation Cost	公用房屋建筑面积（万米²）Common Premises Area (10000 m²)
1986	152	839	2151	1290	34	192		912	241	9
1990	145	724	2338	1808	27	414		1478	303	19
1991	142	668	3472	2235	17	1990	1250	1846	441	13
1992	146	833	2634	1846	20	2500	1448	2198	425	15
1993	184	665	2902	2197	27	3676	2064	3108	786	15
1994	948	1279	4093	3247	94	5312	2854	4864	943	46
1995	1100	1619	5377	3949	15	6714	3514	5937	1028	26
1996	2015	5228	18031	10811	619	17187	5551	17005	3086	138
1997	2062	6304	21200	10734	826	21005	6847	20497	3123	140
1998	2052	5778	21327	13802	891	24696	8757	25189	3505	159
1999	2041	7076	21327	10941	1237	27976	11805	27814	3687	180
2000	2024	6918	22969	11932	1066	26414	12113	27213	4626	193
2001	2008	6523	22980	13611	1025	27827	14671	26853	4406	193
2002	1944	6569	22099	13218	1085	32250	18455	32677	4420	207
2003	1839	6997	21824	13190	1243	43554	25682	42018	6161	288
2004	1742	6609	23658	14735	1274	49354	31799	47538		232
2005	1725	7228	23132	14288	1309	61089	40125	57669		238
2006	1731	7392	25285	19613	1464	72577	47583	69416		235
2007	1740	7268	34004	17924	1536	79486	56138	76499		261
2008	1743	7760	30555	20817	1630	85678	64876	84031		284

4-36 历年博物馆业务活动情况

4-36 Operational Activities of Museums Over the Years

年 份 Year	机构数 （个） Number of Institutions （unit）	文物藏品（件） Historical Relic and Collections（unit）		参观人次（万人次） Number of Visitors（10000 person-times）		
			一级品 First Grade		外宾人次 Foreign guests	青少年人次 Adolescents
1985	106	342909	1470	633		
1986	106	354569	1573	688		
1990	106	412249	1708	666		
1991	107	418321	1448	715	88	
1992	108	444682	1443	1198	98	
1993	108	461828	1565	594	84	
1994	111	459243	952	562	69	
1995	113	458864	1062	550	47	
1996	114	466919	1105	655	47	
1997	117	464157	1353	732	39	
1998	122	463131	1180	703	24	
1999	128	472204	1491	731	31	
2000	131	490948	1843	822	39	
2001	140	492298	1174	839	43	266
2002	140	530249	1200	866	46	223
2003	144	542982	1195	826	17	132
2004	143	592570	1136	1002	27	303
2005	146	662177	1120	1036	47	288
2006	147	712703	1163	1071	47	281
2007	153	703627	1172	1130		249
2008	152	710814	1186	1251		297

主要统计指标解释

文化机构 是指专门从事文化工作并具有法人资格，独立核算的事业、企业单位以及单独核算，附属于事业单位的经营性专业文化活动单位。包括从事艺术、图书馆、群众文化、文物管理、文化艺术教育、娱乐等机构以及其他文化机构。

艺术表演团体 是指从事戏曲、音乐、舞蹈、杂技等专业艺术表演，具有独立账户，实行单独核算的团体，不包括半工半艺、半农半艺和民间职业剧团。

艺术表演场所 是指由各级文化主管部门、文化单位和其他部门（除部队系统外）举办的，具有观众厅、舞台、灯光设备，经常供专业艺术表演团体演出，并在工商、税务部门登记，公开售票的营业场所。

图书馆 是指通过文献、信息的收集、整理、存储和利用，为社会读者服务的文化、教育与科学机构。

图书馆总藏量 是指本馆已编目的古籍、图书、期刊和报纸的合订本、小册子、手稿以及缩微制品、录像带、录音带、光盘等视听文献资料数量之和。

文物机构 包括文物管理机构、博物馆（综合类博物馆、历史类博物馆、艺术类博物馆、自然科技类博物馆及其他博物馆）和文物店的文物专业机构。

藏品 藏品是文博机构根据收藏品的文化属性、自然属性等情况，所划分的文物藏品、模型藏品（含具有收藏、展示价值的雕塑、绘画等艺术作品）和复制品藏品的总和。

Explanatory Notes on Main Statistical Indicators

Cultural Institutions Refer to undertaking and enterprise units that specially undertake cultural work, with corporate capacity and independent accounting, and operational specialized cultural activity units which account independently but attached to undertaking units. Including institutions dealing with arts, libraries, mass culture, relics management, culture and arts education, amusement, and other cultural institutions.

Art Troupes Refer to troupes which are engaged in drama, opera, music, dance, acrobatics or other art performances, open independent accounts with banks with independent accounting system, excluding troupes which are engaged partly in industrial or agricultural activities and partly in art performance and folk professional troupes.

Art Performance Places Refer to the operational places which run by all levels of cultural competent authority, cultural units and other departments (excluding army system), with auditorium, stage, and lighting equipments, used for the shows of professional art troupes, and registered in the administration for industry and commerce, and revenue department, sells tickets in public.

Library Refer to the cultural, educational and scientific institutions which serve the social readers by collecting, arranging, storing and using literatures and information.

Total Collections of Library Refer to the total amount of ancient books, books, bound edition of periodical and newspapers, pamphlets, manuscripts and audio-visual literature materials such as micro products, video tapes, audio tapes, and compact discs that have been cataloged by the library.

Institutions for Cultural Relics Refer to the professional institutions of cultural relics including management institutions of cultural relics, museums (comprehensive museums, historical museums, arts museums, nature science and technology museums and other museums) and cultural relics stores.

Collections Refer to the total sum of cultural relics collections, model collections (including artistic works such as sculptures and paintings with reserve and exhibition value) and duplicate collections, which are grouped by the institutions of cultural relics according to the cultural and natural identity of the collections.

五、劳动就业和社会保险

V Employment and Social Insurance

简要说明

1．本篇资料主要反映广东省劳动就业和社会保险的基本情况。

2．本篇资料主要包括：

（1）劳动合同签订情况，劳动争议仲裁情况，职业介绍情况，就业和失业情况，基本养老、职工医疗、失业、工伤、生育保险情况以及社会保险基金收入、支出、结余等情况。

（2）地区分全省以及21个地级以上市。

（3）年份为2004—2008年数据。

3．统计资料来源：本篇资料由广东省人力资源和社会保障厅负责整理、审核、提供。

Brief Descriptions

1．The data in this chapter show the basic conditions of labor employment and social insurance of Guangdong province.

2．The data in this chapter mainly including：

（1） Labor contract signing status，situation of labor dispute arbitrations，situation of employment agencies，employment and unemployment，basic pension，employ medical，unemployment，employment injury and maternity insurance，and the Income，expense and balance situation of social insurance founds.

（2）The regions including the whole province and 21 cities above the prefecture level .

（3）The data years from 2004 to 2008.

3．Statistical data resource：The data in this chapter were arranged，verified and supplied by Department of Human Resources and Social Security of Guangdong Province.

5-1 各市劳动合同签订情况（2008）

5-1 Situation of Labor Contract Signing by City（2008）

市别	City	劳动合同签订率（%）Labor Contract Signing Rate（%）	报告期末累计有效集体合同 Accumulated Valid Collective Contracts by the End of Reporting Period		
			合同数量（份）Number of Contracts（copy）	企业数（个）Number of Enterprises	涉及职工（万人）Concerning Staffs（10000 persons）
合计	**Total**	**97.3**	**48268**	**62554**	**732.1**
广州	Guangzhou	97.5	2683	10349	34.8
深圳	Shenzhen	97.9	10903	10903	186.0
珠海	Zhuhai	96.0	2284	2284	20.9
汕头	Shantou	96.4	53	53	1.9
佛山	Foshan	97.6	7076	10121	57.2
韶关	Shaoguan	96.3	1276	4545	41.5
河源	Heyuan	96.9	1365	1365	2.7
梅州	Meizhou	96.0	27	27	1.3
惠州	Huizhou	97.5	58	58	1.4
汕尾	Shanwei	96.5	200	251	3.6
东莞	Dongguan	98.9	18311	18311	263.6
中山	Zhongshan	96.9	579	579	12.9
江门	Jiangmen	96.6	1230	1491	17.4
阳江	Yangjiang	92.1	30	30	0.4
湛江	Zhanjiang	95.0	452	452	13.1
茂名	Maoming	95.9	175	175	21.7
肇庆	Zhaoqing	96.7	1052	1052	9.7
清远	Qingyuan	96.2	35	35	1.6
潮州	Chaozhou	96.6	260	254	4.3
揭阳	Jieyang	96.3	105	105	1.6
云浮	Yunfu	96.3	35	35	3.1
省直	Units Directly under Province		79	79	31.8

5-2 各市职业介绍工作情况（2008）

5-2 Situation of Employment Agencies by City（2008）

市别	City	期末职业介绍机构（个）Employment Agencies at the End of Reporting Period（unit）	本期单位登记招聘（人）Registered Recruitment in This Period（person）	本期登记求职（人）Registered Job Seeker in This Period（person）	本期职业指导（人）Number of People Received Vocational Guidance in This Period（person）	本期介绍成功（人）Successful Recommendation in This Period（person）	求人倍率（%）Success Rate（%）
合计	**Total**	**1892**	**12319538**	**10235506**	**6555889**	**5615533**	**1.2**
广州	Guangzhou	515	1636838	1579067	965539	876397	1.0
深圳	Shenzhen	92	6789839	5275028	3420757	2882508	1.3
珠海	Zhuhai	47	637029	747665	515274	430521	0.9
汕头	Shantou	13	117760	84363	52139	44094	1.4
韶关	Shaoguan	143	83426	98584	55634	44758	0.9
河源	Heyuan	113	69876	63634	38921	40768	1.1
梅州	Meizhou	35	106766	92647	52927	46351	1.2
惠州	Huizhou	61	341164	194204	122088	112402	1.8
汕尾	Shanwei	67	46239	26784	15708	12821	1.7
东莞	Dongguan	142	746951	616085	412273	335431	1.2
中山	Zhongshan	71	119718	83803	49770	49617	1.4
江门	Jiangmen	119	229763	188559	106302	96392	1.2
佛山	Foshan	169	764559	470617	313515	282981	1.6
阳江	Yangjiang	28	85023	80097	47770	40616	1.1
湛江	Zhanjiang	34	153879	232427	146697	129380	0.7
茂名	Maoming	7	101920	111318	64148	50783	0.9
肇庆	Zhaoqing	37	68946	59923	38147	28058	1.2
清远	Qingyuan	107	106772	126577	71934	58114	0.8
潮州	Chaozhou	74	49341	42182	26537	18247	1.2
揭阳	Jieyang	10	34339	36763	24334	20755	0.9
云浮	Yunfu	8	29390	25179	15475	14539	1.2

5-3 劳动争议仲裁情况（2008）

5-3 Situation of Labor Dispute Arbitrations（2008）

项 目 Item	合计 Total	国有企业 State-owned Enterprises	集体企业 Collectively-owned Enterprises	港澳台及外资企业 Hong Kong, Macau, Taiwan and Foreign Enterprises	民营企业 Private Enterprise	其他 Others
上年未结争议案件数（件）Number of Undecided Disputed Cases Last Year（case）	7007	340	374	2145	710	3438
当期立案受理情况（件）Number of Undecided Disputed Cases Last Year（case）						
立案受理案件总数（件）Total Number of Registered and Accepted Cases（case）	150023	4803	5042	49768	46982	43428
集体劳动争议（件）Collective Labor Dispute（case）	1897	22	55	664	562	594
劳动者申诉（件）Worker Complaint（case）	144051	4691	4717	47670	44887	42086
按争议类型分（件）Divided by Types of Dispute（case）						
劳动报酬（件）Labour Reward（case）	65027	1909	2177	21759	20515	18667
社会保险待遇及福利（件）Social Insurance Compensation and Benifits （case）	13591	548	546	3347	5251	3899
变更劳动（聘用）合同（件）Alteration of Labor （Employ） Contract（case）	3653	142	81	1567	380	1483
解除劳动（聘用）合同（件）Relief of Labor（Employ） Contract（case）	51450	1506	1176	18505	15709	14554
终止劳动（聘用）合同（件）Termination of Labor （Employ）Contract（case）	2892	209	142	1035	784	722
其他（件）Others（case）	13410	489	920	3555	4343	4103
立案受理案件涉及劳动者人数（人）Number of Labor Concerned in Cases（person）	351275	8511	9439	129180	89169	114976
集体劳动争议（人）Collective Labor Dispute（person）	197756	2484	4314	80517	44343	66098
案件处理情况 Handling Situation of Cases						
结案数（件）Number of Decided Cases（case）	131914	4467	4621	44590	42272	35964
按处理方式分（件）Divided by Types of Treatment（case）						
仲裁调解（件）Conciliation in Arbitration（case）	39176	1531	1700	11625	13746	10574
仲裁裁决（件）Arbitration Award（case）	74746	2318	2388	27752	23371	18917
其他（件）Others	17992	618	533	5213	5155	6473
按处理结果分（件）Divided by Results（case）						
用人单位胜诉（件）The Employing Unit Recover（case）	17161	918	522	6648	4807	4266
劳动者胜诉（件）Employee Recover（case）	45005	1382	2320	14724	15497	11082
双方部分胜诉（件） Partially Recover by Both Sides（case）	69748	2167	1779	23218	21968	20616
期末累计未结案数（件）Accumulated Undecided Cases at the End of Period（case）	25116	676	795	7323	5420	10902
案外调解案件数（件） Mediated Cases（case）	153064	3460	6290	53139	47593	42582

5-4 各市职业技能鉴定综合情况（2008）

5-4 General Condition of Professional Skill Verification by City (2008)

市别	City	期末职业技能鉴定机构（个）Number of Professional Skill Verification Institution at the End of Period (unit)	本期参加鉴定考核（人）People Received Examination and Assessment in This Period (person)	本期获取职业资格证书（人）Number of People Obtained Professional Certificate (person)
合计	**Total**	**470**	**1447058**	**1056130**
广州	Guangzhou	78	279365	239865
深圳	Shenzhen	45	81813	33926
珠海	Zhuhai	6	12756	11088
汕头	Shantou	3	20416	19239
佛山	Foshan	21	57848	51984
韶关	Shaoguan	14	25013	20684
河源	Heyuan	4	12473	10385
梅州	Meizhou	13	14616	12248
惠州	Huizhou	22	45673	36419
汕尾	Shanwei	6	9980	8530
东莞	Dongguan	7	39867	31342
中山	Zhongshan	8	38793	32615
江门	Jiangmen	25	46355	42298
阳江	Yangjiang	9	15018	11697
湛江	Zhanjiang	14	43333	35932
茂名	Maoming	11	34166	26467
肇庆	Zhaoqing	17	20461	18135
清远	Qingyuan	9	30425	23542
潮州	Chaozhou	8	8852	7529
揭阳	Jieyang	11	46619	33034
云浮	Yunfu	11	19923	14235
省直	Units Directly under Province	128	543293	334936

5-5 各市工伤认定情况（2008）

5-5 Situation of Industrial Injury Affirmation by City（2008）

单位：件 （Unit）

市别	City	当期受理工伤认定申请件数 Number of Accepted Industrial Injury Affirmation Application at Current Period	认定工伤 Affirmed Industrial Injury	视同工伤 Treated As Industrial Injury	不予认定工伤 Not Affirmed Industrial Injury	当期不予受理申请 Not Accepted Applications at Current Period
合计	**Total**	**189672**	**186535**	**414**	**2723**	**1380**
广州	Guangzhou	16903	16679	93	131	67
深圳	Shenzhen	51821	51183	95	543	
珠海	Zhuhai	6861	6652	11	198	9
汕头	Shantou	717	691	8	18	2
佛山	Foshan	30814	30193	57	564	251
韶关	Shaoguan	253	249	2	2	
河源	Heyuan					
梅州	Meizhou	410	402	6	2	3
惠州	Huizhou	5588	5561	19	8	82
汕尾	Shanwei	113	109	2	2	
东莞	Dongguan	48238	47342	35	861	650
中山	Zhongshan	14074	13865	5	204	148
江门	Jiangmen	4160	4110	15	35	51
阳江	Yangjiang	397	390	2	5	4
湛江	Zhanjiang	624	603	4	17	66
茂名	Maoming	579	529	7	43	3
肇庆	Zhaoqing	1473	1442	5	26	4
清远	Qingyuan	2869	2829	9	31	35
潮州	Chaozhou	94	91	2	1	3
揭阳	Jieyang	80	79	1		
云浮	Yunfu	2554	2513	16	25	1
省本级	Provincial Level	1050	1023	20	7	1

5-6 各市劳动能力鉴定情况（2008）

5-6 Situation of Labor Capacity Verification by City（2008）

单位：人 （Person）

市别	City	申请鉴定人数 Number of Verification Applicants 合计 Total	初次申请 First Apply	再次申请 Reapplication	改变结论 Change Conclusion	评定伤残等级人数 Number of People Verified as Dsable Class	未达等级人数 Number of People Didn't Meet Disable Class	存在生活自理障碍人数 Number of People Who can't Take Care of Themselves
合计	**Total**	**88128**	**84398**	**3412**	**517**	**62916**	**21482**	**340**
广州	Guangzhou	5563	5127	436	114	3755	1372	25
深圳	Shenzhen	24055	23223	832	71	14699	8524	42
珠海	Zhuhai	2571	2468	103	10	2120	348	8
汕头	Shantou	112	105	10	1	86	19	2
佛山	Foshan	9547	9101	446	53	5933	3168	73
韶关	Shaoguan	237	234	3	3	170	64	3
河源	Heyuan	280	280			280		4
梅州	Meizhou	192	190	2	1	186	4	7
惠州	Huizhou	2252	2057	195	19	1476	581	19
汕尾	Shanwei	51	48	5	1	27	21	1
东莞	Dongguan	28235	27811	411	51	23283	4528	37
中山	Zhongshan	8275	7690	585	68	6382	1308	18
江门	Jiangmen	2323	2056	267	94	1538	518	25
阳江	Yangjiang	438	416	21	4	414	2	15
湛江	Zhanjiang	170	166	4		157	9	5
茂名	Maoming	254	242	4	3	223	19	2
肇庆	Zhaoqing	716	664	52	12	614	50	11
清远	Qingyuan	743	712	3	2	615	97	36
潮州	Chaozhou	120	113	2	2	102	11	3
揭阳	Jieyang	103	100	3		30	70	2
云浮	Yunfu	359	314	28	8	308	6	
省直	Units Directly under Province	1532	1281			512	769	2

5-7 各市享受各项就业扶持政策情况（2008）

5-7 Situation of Enjoying All Kinds of Employment Supportive Policies by City（2008）

单位：人 （Person）

市别	City	享受职业培训补贴 Number of People Enjoying Vocational Training Subsidy	享受职业介绍补贴 Number of People Enjoying Subsidies for Job Agency Services	享受社会保险补贴 Number of People Enjoying Social Insurance Subsidy	享受技能鉴定补贴 Number of People Enjoying Subsidy for Professional Skill Verification
合计	**Total**	**628195**	**803301**	**323185**	**912133**
广州	Guangzhou	107157	62525	48694	733166
深圳	Shenzhen	53086	313092	1834	51650
珠海	Zhuhai	10493	4954	4593	3665
汕头	Shantou	22018	9455	9453	783
佛山	Foshan	21316	62142	2855	22426
韶关	Shaoguan	7883	9263	3312	26606
河源	Heyuan	18095	49314	7637	7179
梅州	Meizhou	9662	12810	3182	987
惠州	Huizhou	24011	19968	880	8778
汕尾	Shanwei	9949	13754	8101	85
东莞	Dongguan	130715	107843	128144	8656
中山	Zhongshan	49005	6237	42667	975
江门	Jiangmen	54588	31015	15377	13793
阳江	Yangjiang	17524	6164	12108	3173
湛江	Zhanjiang	21943	23575	10797	7552
茂名	Maoming	2783	3146	2427	5064
肇庆	Zhaoqing	23050	11785		4536
清远	Qingyuan	6668	31204	8003	9891
潮州	Chaozhou	10869	606	1890	447
揭阳	Jieyang	22073	18112	10641	1783
云浮	Yunfu	5307	6337	590	938

5-8 各市就业再就业进展情况（2008）

5-8 Situation of Employment and Re-employment Improvement by City（2008）

单位：人 （Person）

市　别	City	城镇新增就业人数 Number of New Urban Employees	城镇下岗失业人员再就业人数 Number of Re-employed People of Urban Unemployed People	就业困难对象再就业人数 Number of Re-employed People from People with Employment Difficulties	转移就业本省农村劳动力人数 Transfer Employment of Rural Labor in the Province
合　计	**Total**	**1985007**	**689516**	**107667**	**1063815**
广　州	Guangzhou	609273	176906	53688	54330
深　圳	Shenzhen	218300	40013	3366	
珠　海	Zhuhai	55198	31003	2433	6516
汕　头	Shantou	65126	27483	2456	54301
佛　山	Foshan	215282	40125	5681	22761
韶　关	Shaoguan	51668	40672	3233	53191
河　源	Heyuan	37419	27615	5735	67650
梅　州	Meizhou	30429	18835	2652	86897
惠　州	Huizhou	56079	22066	1987	40654
汕　尾	Shanwei	40986	28137	1326	38350
东　莞	Dongguan	89715	25808	9738	17422
中　山	Zhongshan	120679	8164	841	12000
江　门	Jiangmen	52952	47584	3026	35232
阳　江	Yangjiang	42591	28289	908	64536
湛　江	Zhanjiang	53604	42362	5006	98848
茂　名	Maoming	52583	23058	1484	103854
肇　庆	Zhaoqing	42251	15201	902	50473
清　远	Qingyuan	60936	13148	842	77557
潮　州	Chaozhou	28683	12614	721	43838
揭　阳	Jieyang	30147	12138	668	88555
云　浮	Yunfu	31106	8295	974	46850

注：深圳市已实现城镇化，故无转移就业本省农村劳动力数。

Note：Urbanization process is finished in Shenzhen，so no data for transfer employmont.

5-9 就业及城镇登记失业情况

5-9 Situation of Employment and Urban Registered Unemployment

指 标 Item	2004	2005	2006	2007	2008
一、就业情况 Employment Conditions					
就业人数（万人）Employed Persons（10000 persons）	4681.9	5023.0	5250.1	5402.7	5553.7
按登记注册类型分组 Grouped by Type of Registration Status					
国有单位（万人）State-owned Units（10000 persons）	374.3	380.2	384.8	380.1	392.0
集体单位（万人）Collectively-owned Units（10000 persons）	2028.8	2037.4	2029.4	1999.3	1977.2
股份合作单位（万人）Cooperative Units（10000 persons）	22.1	20.2	20.0	21.6	21.6
联营单位（万人）Joint Ownership （10000 persons）	15.6	16.5	18.5	19.9	19.5
有限责任公司（万人）Limited Liability Corporations（10000 persons）	175.3	205.7	219.9	241.4	263.3
股份有限公司（万人）Share-holding Corporations Ltd.（10000 persons）	53.2	52.3	60.5	63.8	71.0
外商投资单位（万人）Foreign Funded Units（10000 persons）	159.6	216.7	252.4	261.3	262.5
港澳台投资单位（万人）Units Funded by Entrepreneurs from Hong Kong，Macao and Taiwan （10000 persons）	497.5	602.7	630.8	675.5	672.4
私营企业（万人）Private Enterprises（10000 persons）	603.3	666.2	769.9	829.2	868.5
个体经济（万人）Individuals （10000 persons）	607.6	732.9	778.9	834.0	917.1
按三次产业分组 Grouped by Three Industries					
第一产业劳动者（万人）Employed Persons in Primary Industry（10000 persons）	1622.5	1609.9	1594.2	1588.2	1599.3
第二产业劳动者（万人）Employed Persons in Secondary Industry（10000 persons）	1727.9	1916.2	2037.6	2106.5	2163.4
第三产业劳动者（万人）Employed Persons in Tertiary Industry（10000 persons）	1331.5	1496.9	1618.3	1708.0	1791.0
二、城镇登记失业情况 Situation of Urban Registered Unemployment					
城镇新登记失业人员数（万人）New Urban Registered Unemployed Persons （10000 persons）	64.3	60.6	61.7	57.5	63.8
就业转失业（万人）Employee become Unemployed （10000 persons）	29.6	26.7	25.3	21.4	24.6
高校毕业生（万人）Graduates of High Schools（10000 persons）		3.5	4.4	5.1	5.4
城镇失业人员就业数（万人）Employed Persons from Urban Unemployed Persons（10000 persons）	63.8	59.5	56.8	55.3	59.5
城镇登记失业人员期末实有人数（万人）Actual Number of Urban Registered Unemployed Persons at the End of Period（10000 persons）	35.9	34.5	36.2	36.2	38.1
长期失业者（万人）Long-term Unemployed Persons（10000 persons）	14.0	12.2	11.7	13.1	12.5
城镇登记失业率（%）Urban Registered Unemployment Rate（%）	2.7	2.6	2.6	2.5	2.6

5-10 各市城镇登记失业人数

5-10 Number of Registered Urban Unemployment by City

单位：人 (Person)

市 别	City	2004	2005	2006	2007	2008
合 计	**Total**	**359366**	**344904**	**362498**	**362227**	**380722**
广 州	Guangzhou	67749	54162	58487	67539	76453
深 圳	Shenzhen	26093	26746	28259	25959	28182
珠 海	Zhuhai	11129	11453	11435	12323	13181
汕 头	Shantou	17429	17731	17771	17821	17782
佛 山	Foshan	28492	26062	24706	22673	19309
韶 关	Shaoguan	18070	18831	19066	18109	18430
河 源	Heyuan	14225	14096	14196	14683	13402
梅 州	Meizhou	14627	14510	15896	14315	14378
惠 州	Huizhou	12870	14001	14835	14140	16528
汕 尾	Shanwei	9196	9436	9963	10304	10611
东 莞	Dongguan	5527	4437	8088	7999	7630
中 山	Zhongshan	7470	6593	7274	6998	9295
江 门	Jiangmen	20764	19639	19760	19686	21560
阳 江	Yangjiang	15096	14608	15638	14666	15388
湛 江	Zhanjiang	23760	22835	26158	23628	22212
茂 名	Maoming	19810	22203	23714	24283	25416
肇 庆	Zhaoqing	11376	10668	10641	10240	10733
清 远	Qingyuan	10126	9796	9664	10128	11810
潮 州	Chaozhou	7991	8142	7723	8153	8762
揭 阳	Jieyang	8874	10350	10971	11017	11333
云 浮	Yunfu	8692	8605	8253	7563	8327

5-11 各市城镇登记失业率

5-11 Urban Registered Unemployment Rate by City

单位：% (%)

市别	City	2004	2005	2006	2007	2008
合计	**Total**	**2.7**	**2.6**	**2.6**	**2.5**	**2.6**
广州	Guangzhou	2.4	2.1	2.1	2.2	2.3
深圳	Shenzhen	2.5	2.4	2.3	2.3	2.3
珠海	Zhuhai	2.8	2.8	2.8	2.8	2.8
汕头	Shantou	3.0	3.1	3.1	3.1	3.1
佛山	Foshan	2.3	2.0	1.9	1.8	1.9
韶关	Shaoguan	3.3	3.3	3.4	3.2	3.2
河源	Heyuan	3.0	3.1	3.0	3.0	3.1
梅州	Meizhou	2.9	2.7	2.8	2.5	2.5
惠州	Huizhou	2.5	2.6	2.6	2.3	2.7
汕尾	Shanwei	3.4	3.3	3.1	3.0	2.9
东莞	Dongguan	1.6	1.3	2.0	1.8	1.6
中山	Zhongshan	2.3	2.1	2.1	2.0	2.2
江门	Jiangmen	2.9	2.7	2.6	2.5	2.6
阳江	Yangjiang	3.1	3.1	3.2	3.0	2.9
湛江	Zhanjiang	3.2	3.0	3.2	3.1	3.0
茂名	Maoming	3.3	3.4	3.4	3.3	3.2
肇庆	Zhaoqing	2.8	2.7	2.6	2.5	2.6
清远	Qingyuan	3.1	3.1	2.7	2.6	2.9
潮州	Chaozhou	2.6	2.7	2.5	2.4	2.5
揭阳	Jieyang	2.7	2.8	3.0	3.0	3.1
云浮	Yunfu	3.0	3.0	2.6	2.4	2.6

5-12 各市社会保险参保人数（2008）

5-12 Social Insurance Contributors by City（2008）

单位：人 （Person）

市别	City	基本养老 Basic Pension Insurance	离退休人数 Number of Retired Personnes	企业养老 Retirement Pension of Enterprises	职工医疗 Employee Medical Insurance	失业 Unemployment Insurance	工伤 Employment Injury Insurance	生育 Maternity Insurance
广州	Guangzhou	3145158	603947	3145158	3666357	2826627	3269630	1449023
深圳	Shenzhen	5559740	143020	5507423	7495910	2051178	7579953	1513194
珠海	Zhuhai	816894	51113	743797	829562	672455	688898	350387
汕头	Shantou	566674	133513	488718	350353	366533	357747	344791
佛山	Foshan	1911565	242857	1776685	1759303	1371331	1822048	1528345
韶关	Shaoguan	442865	87416	374235	430997	251234	226167	136260
河源	Heyuan	352205	39872	292671	200582	219136	207868	94983
梅州	Meizhou	381102	82965	298475	244547	219458	184932	168467
惠州	Huizhou	1110084	58402	1034871	717286	449319	633197	503181
汕尾	Shanwei	212336	28767	170403	101328	114587	106114	57455
东莞	Dongguan	2681337	55020	2633992	3992491	2563339	4194665	2000908
中山	Zhongshan	1310554	85349	1310554	1214385	1127589	1144091	66682
江门	Jiangmen	790362	153679	712201	641797	478611	436469	327830
阳江	Yangjiang	296233	41002	237325	168370	175404	151903	89219
湛江	Zhanjiang	784380	171113	670686	462974	322487	250549	326777
茂名	Maoming	516452	110228	420109	268725	223559	262369	1914
肇庆	Zhaoqing	475954	85502	400421	376557	295334	249943	219393
清远	Qingyuan	467300	60997	404875	313738	152800	277309	112139
潮州	Chaozhou	387843	71722	340525	176627	265058	253960	129180
揭阳	Jieyang	362320	76228	243836	151184	141490	107672	103879
云浮	Yunfu	215225	35521	178427	144361	129908	116616	86800
省直	Units Directly under Province	1655926	311983	1573582			501279	501279

注：省直医疗保险、失业保险属地化管理，故无数据，下表同。

Note: The data of medical care insurance and unemployment in surance for units directly under province is not induded because of localized administration.

5-13 各市基本养老保险参保人数

5-13 Basic Pension Insurance Contributors by City

单位：人 (Person)

市别	City	2004	2005	2006	2007	2008
广州	Guangzhou	2366356	2564611	2694261	2867303	3145158
深圳	Shenzhen	3071609	3649695	4390017	5080878	5559740
珠海	Zhuhai	462426	532865	625774	716185	816894
汕头	Shantou	494308	492295	507553	525033	566674
佛山	Foshan	1468415	1543999	1649956	1781253	1911565
韶关	Shaoguan	388414	396137	399174	410317	442865
河源	Heyuan	226547	247200	288017	314575	352205
梅州	Meizhou	354129	358151	361685	366123	381102
惠州	Huizhou	522878	577812	653787	942092	1110084
汕尾	Shanwei	212492	185191	193220	196517	212336
东莞	Dongguan	1087414	1870514	2088538	2331339	2681337
中山	Zhongshan	720858	814488	969334	1132812	1310554
江门	Jiangmen	593568	657265	684947	727710	790362
阳江	Yangjiang	248628	256079	264021	276680	296233
湛江	Zhanjiang	667922	687557	713471	746858	784380
茂名	Maoming	437046	446197	463881	488567	516452
肇庆	Zhaoqing	380753	389771	421831	445594	475954
清远	Qingyuan	296680	324975	362384	406298	467300
潮州	Chaozhou	282720	315728	326206	355420	387843
揭阳	Jieyang	304427	325601	325486	342417	362320
云浮	Yunfu	196190	204675	200098	208118	215225
省直	Units Directly under Province	1104588	1120141	1139603	1605851	1655926

5-14 各市企业养老保险参保人数

5-14 Contributors of Retirement Pension of Enterprises by City

单位：人 (Person)

市别	City	2004	2005	2006	2007	2008
广州	Guangzhou	2366356	2564611	2694261	2867303	3145158
深圳	Shenzhen	2896865	3508386	4244897	5016837	5507423
珠海	Zhuhai	403803	471367	560237	647431	743797
汕头	Shantou	433425	431745	448031	464809	488718
佛山	Foshan	1322989	1387122	1458969	1643629	1776685
韶关	Shaoguan	319746	327278	329422	341075	374235
河源	Heyuan	173721	192006	229518	256035	292671
梅州	Meizhou	268159	272181	275062	279373	298475
惠州	Huizhou	451569	506491	581207	871767	1034871
汕尾	Shanwei	178593	146036	154123	156369	170403
东莞	Dongguan	1050692	1831429	2046574	2286654	2633992
中山	Zhongshan	720858	814488	969334	1132812	1310554
江门	Jiangmen	526116	587675	612966	650736	712201
阳江	Yangjiang	201260	209715	215461	221837	237325
湛江	Zhanjiang	554296	577277	604601	638223	670686
茂名	Maoming	340295	352613	365829	390847	420109
肇庆	Zhaoqing	315693	325019	353449	372515	400421
清远	Qingyuan	235605	263810	298471	344299	404875
潮州	Chaozhou	238284	270392	280223	308818	340525
揭阳	Jieyang	198375	216517	211596	226074	243836
云浮	Yunfu	161510	168990	164493	172145	178427
省直	Units Directly under Province	1006553	1024115	1041164	1498062	1573582

5-15 各市职工医疗保险参保人数

5-15 Employee Medical Insurance Contributors by City

单位：人　　　　(Person)

市别	City	2004	2005	2006	2007	2008
广州	Guangzhou	1904536	2085840	3072698	3325624	3666357
深圳	Shenzhen	2313584	2695830	2529044	7207118	7495910
珠海	Zhuhai	466815	542429	637021	728789	829562
汕头	Shantou	168516	205112	242672	270333	350353
佛山	Foshan	1093206	1158742	1369107	1570887	1759303
韶关	Shaoguan	332275	349918	370739	397860	430997
河源	Heyuan	71474	103758	115943	125167	200582
梅州	Meizhou	127602	155094	169015	198423	244547
惠州	Huizhou	350374	467286	591133	613160	717286
汕尾	Shanwei	46065	44194	63235	70667	101328
东莞	Dongguan	1059542	1894033	2121647	2363194	3992491
中山	Zhongshan	695369	788378	942435	1076442	1214385
江门	Jiangmen	401240	448772	476939	523903	641797
阳江	Yangjiang	117451	129326	137409	149709	168370
湛江	Zhanjiang	378645	394172	413470	431942	462974
茂名	Maoming	178314	192327	210534	238958	268725
肇庆	Zhaoqing	285556	296639	321664	347150	376557
清远	Qingyuan	162537	173847	184832	216152	313738
潮州	Chaozhou	25465	40904	45894	121512	176627
揭阳	Jieyang	63119	67015	69377	117987	151184
云浮	Yunfu	99912	119488	125996	127081	144361
省直	Units Directly under Province					

5-16 各市失业保险参保人数

5-16 Unemployment Insurance Contributors by City

单位：人 (Person)

市别	City	2004	2005	2006	2007	2008
广州	Guangzhou	2211997	2340657	2418218	2564598	2826627
深圳	Shenzhen	1281542	1431778	1594844	1796182	2051178
珠海	Zhuhai	393218	450944	519271	588631	672455
汕头	Shantou	336944	328942	350430	352800	366533
佛山	Foshan	974546	1016972	1115505	1231289	1371331
韶关	Shaoguan	299800	255288	240010	242452	251234
河源	Heyuan	128412	143524	169878	188926	219136
梅州	Meizhou	217849	217649	217862	218050	219458
惠州	Huizhou	407201	451294	516202	504421	449319
汕尾	Shanwei	155750	119124	120969	108494	114587
东莞	Dongguan	1000781	1777820	1992891	2223556	2563339
中山	Zhongshan	656483	749492	869288	1005058	1127589
江门	Jiangmen	343798	383868	396871	432762	478611
阳江	Yangjiang	161759	165914	168484	171313	175404
湛江	Zhanjiang	330478	318630	314440	299704	322487
茂名	Maoming	226630	214384	214896	216864	223559
肇庆	Zhaoqing	264839	267334	276641	282224	295334
清远	Qingyuan	139655	130028	132573	140369	152800
潮州	Chaozhou	210564	234431	225317	241440	265058
揭阳	Jieyang	188205	180661	156272	153218	141490
云浮	Yunfu	127504	127983	128525	120541	129908
省直	Units Directly under Province					

5-17 各市工伤保险参保人数

5-17 Employment Injury Insurance Contributors by City

单位：人 (Person)

市 别	City	2004	2005	2006	2007	2008
广 州	Guangzhou	1532263	1683351	2146063	2744485	3269630
深 圳	Shenzhen	3608303	6035435	7046769	7523673	7579953
珠 海	Zhuhai	397714	459475	533897	604514	688898
汕 头	Shantou	304730	302072	326209	339609	357747
佛 山	Foshan	1304599	1384863	1498187	1726920	1822048
韶 关	Shaoguan	162262	151152	181654	203460	226167
河 源	Heyuan	114628	129864	159005	177502	207868
梅 州	Meizhou	190456	186602	186742	186321	184932
惠 州	Huizhou	466645	513229	583449	559059	633197
汕 尾	Shanwei	80762	88274	89080	90922	106114
东 莞	Dongguan	1504636	2351028	2832455	3601025	4194665
中 山	Zhongshan	646246	739056	881386	1015393	1144091
江 门	Jiangmen	301836	336217	359466	390845	436469
阳 江	Yangjiang	111276	125624	140552	144407	151903
湛 江	Zhanjiang	228051	222209	228670	229543	250549
茂 名	Maoming	254820	238479	243944	249475	262369
肇 庆	Zhaoqing	167814	192869	210908	223790	249943
清 远	Qingyuan	119485	151547	192315	232790	277309
潮 州	Chaozhou	139505	156067	213901	230241	253960
揭 阳	Jieyang	59223	85228	87960	103880	107672
云 浮	Yunfu	90067	95087	96897	96017	116616
省 直	Units Directly under Province	365590	422936	442981	465029	501279

5-18 各市生育保险参保人数

5-18 Maternity Insurance Contributors by City

单位：人 （Person）

市　别	City	2008
广　州	Guangzhou	1449023
深　圳	Shenzhen	1513194
珠　海	Zhuhai	350387
汕　头	Shantou	344791
佛　山	Foshan	1528345
韶　关	Shaoguan	136260
河　源	Heyuan	94983
梅　州	Meizhou	168467
惠　州	Huizhou	503181
汕　尾	Shanwei	57455
东　莞	Dongguan	2000908
中　山	Zhongshan	66682
江　门	Jiangmen	327830
阳　江	Yangjiang	89219
湛　江	Zhanjiang	326777
茂　名	Maoming	1914
肇　庆	Zhaoqing	219393
清　远	Qingyuan	112139
潮　州	Chaozhou	129180
揭　阳	Jieyang	103879
云　浮	Yunfu	86800
省　直	Units Directly under Province	501279

注：2008年全省生育保险全面启动。

Note：The maternity insurance was fully activated in the whole province in 2008.

5-19 各市基本养老保险离退休人数

5-19 Number of Retired People with Basic Pension Insurance by City

单位：人 (Person)

市别	City	2004	2005	2006	2007	2008
广州	Guangzhou	498729	514950	544057	568898	603947
深圳	Shenzhen	112669	122169	130689	141164	143020
珠海	Zhuhai	40460	41971	45033	47750	51113
汕头	Shantou	111224	115646	119542	125484	133513
佛山	Foshan	188910	193870	216687	230430	242857
韶关	Shaoguan	71722	75550	78748	82461	87416
河源	Heyuan	31578	32873	34889	37134	39872
梅州	Meizhou	63876	67898	70538	74421	82965
惠州	Huizhou	48521	51110	53249	55738	58402
汕尾	Shanwei	23150	24881	26152	27259	28767
东莞	Dongguan	43025	45643	47734	51533	55020
中山	Zhongshan	60383	61004	61793	71264	85349
江门	Jiangmen	125681	132905	138906	145825	153679
阳江	Yangjiang	33549	35005	36289	38154	41002
湛江	Zhanjiang	143453	151074	156289	164730	171113
茂名	Maoming	90180	94062	99168	103914	110228
肇庆	Zhaoqing	69808	73037	76436	80514	85502
清远	Qingyuan	51046	53280	55737	57872	60997
潮州	Chaozhou	48648	53013	57698	65456	71722
揭阳	Jieyang	59893	62244	64738	68694	76228
云浮	Yunfu	30514	31647	32431	33711	35521
省直	Units Directly under Province	256855	278487	288686	299299	311983

5-20 各市基本养老保险缴费人数

5-20 Number of People Paying Contribution to Basic Pension Insurance by City

单位：人 (Person)

市别	City	2004	2005	2006	2007	2008
广州	Guangzhou	1867627	1999630	2108697	2253982	2494059
深圳	Shenzhen	2958940	3527526	4259328	4939714	5416720
珠海	Zhuhai	421966	490894	580741	668435	765781
汕头	Shantou	343208	338849	364622	349256	392116
佛山	Foshan	1234473	1290299	1388225	1505550	1643999
韶关	Shaoguan	242565	243116	237652	242664	268855
河源	Heyuan	145818	159391	187124	196956	207249
梅州	Meizhou	269280	270966	272440	272750	260113
惠州	Huizhou	413141	461317	520419	592883	688923
汕尾	Shanwei	133092	120531	135214	125714	145228
东莞	Dongguan	1040783	1821846	2038155	2277710	2624253
中山	Zhongshan	646246	739056	902113	1056120	1222145
江门	Jiangmen	394795	493688	518316	559281	615518
阳江	Yangjiang	167570	171935	178361	189600	193053
湛江	Zhanjiang	436350	445014	407217	417676	442691
茂名	Maoming	265571	259230	258317	267748	301946
肇庆	Zhaoqing	283764	285596	304022	323034	341976
清远	Qingyuan	202970	228317	261618	304672	358088
潮州	Chaozhou	182040	204637	182855	190739	212201
揭阳	Jieyang	193368	214962	221194	225777	232838
云浮	Yunfu	149153	153354	157001	158982	165101
省直	Units Directly under Province	789611	841654	850917	865861	861831

5-21 各市领取失业保险金人数

5-21 Number of People Received Payment from Unemployment Insurance by City

单位：人 (Person)

市 别	City	2004	2005	2006	2007	2008
广 州	Guangzhou	88848	80087	77977	68480	67270
深 圳	Shenzhen	18243	19791	19098	16872	14561
珠 海	Zhuhai	11991	8404	6411	5136	4350
汕 头	Shantou	8815	11438	9402	8616	6654
佛 山	Foshan	28430	22608	23182	22080	26919
韶 关	Shaoguan	35166	32420	21879	15543	12882
河 源	Heyuan	9829	10332	5836	4965	4284
梅 州	Meizhou	18653	15105	12412	13246	13311
惠 州	Huizhou	15161	15290	12521	10705	8932
汕 尾	Shanwei	1648	2648	4036	6692	5800
东 莞	Dongguan	7957	6300	5574	4748	4523
中 山	Zhongshan	5533	4894	4751	4326	5105
江 门	Jiangmen	45904	33820	25397	19278	15693
阳 江	Yangjiang	8539	9348	6888	6937	5933
湛 江	Zhanjiang	31930	31068	25114	22900	22358
茂 名	Maoming	28559	21606	15956	13153	14558
肇 庆	Zhaoqing	26148	22748	14634	9403	7167
清 远	Qingyuan	18093	12452	9167	6264	7585
潮 州	Chaozhou	4069	6134	6831	4496	4773
揭 阳	Jieyang	643	2693	2392	1700	217
云 浮	Yunfu	9006	8251	5262	4211	3209
省 直	Units Directly under Province					

5-22 各市享受工伤保险待遇人数

5-22 Number of People Enjoy Employment Injury Insurance by City

单位：人 (Person)

市别	City	2004	2005	2006	2007	2008
广州	Guangzhou	4868	7271	6q213	8442	12472
深圳	Shenzhen	50593	57301	53512	48765	46517
珠海	Zhuhai	3616	3882	4286	4532	5784
汕头	Shantou	361	531	572	696	556
佛山	Foshan	8745	17101	18280	19482	25394
韶关	Shaoguan	1275	1445	1309	1411	2603
河源	Heyuan	83	311	566	621	950
梅州	Meizhou	384	384	384	407	515
惠州	Huizhou	3218	3293	3243	3459	3821
汕尾	Shanwei	87	127	146	137	130
东莞	Dongguan	24410	21027	28414	28415	29310
中山	Zhongshan	9163	9868	9645	9280	10404
江门	Jiangmen	1289	1428	1984	2219	2745
阳江	Yangjiang	219	209	266	369	338
湛江	Zhanjiang	272	436	394	357	584
茂名	Maoming	524	562	661	623	569
肇庆	Zhaoqing	512	716	918	1294	1343
清远	Qingyuan	589	742	1657	2716	3211
潮州	Chaozhou	128	142	186	201	288
揭阳	Jieyang	82	109	110	484	477
云浮	Yunfu	1475	1290	720	2445	2779
省直	Units Directly under Province	1042	973	1320	1188	1206

5-23 各市享受生育保险待遇人数

5-23 Number of People Enjoy Maternity Insurance by City

单位：人 (Person)

市别	City	2008
广州	Guangzhou	20623
深圳	Shenzhen	
珠海	Zhuhai	12899
汕头	Shantou	3214
佛山	Foshan	22025
韶关	Shaoguan	2363
河源	Heyuan	130
梅州	Meizhou	195
惠州	Huizhou	6742
汕尾	Shanwei	154
东莞	Dongguan	7427
中山	Zhongshan	1353
江门	Jiangmen	5071
阳江	Yangjiang	644
湛江	Zhanjiang	1935
茂名	Maoming	
肇庆	Zhaoqing	2366
清远	Qingyuan	1352
潮州	Chaozhou	229
揭阳	Jieyang	1030
云浮	Yunfu	1096
省直	Units Directly under Province	6631

注：1. 深圳市是将享受待遇人数并入医疗保险中，故无数据中。

2. 茂名市2008年刚启动生育保险，故无数据。

Note：1. No data of Shenzhen for the number of beneficiaries was combined into that of medical in surance.

2. No data for Maoming because the maternity insurance was just activated in 2008.

5-24 各市社会保险基金收入情况（2008）

5-24 Situation of Income Range of Social Insurance Funds by City（2008）

单位：万元 （10000 Yuan）

市别	City	基本养老 Basic Pension Insurance	企业养老 Retirement Pension of Enterprises	职工医疗 Employee Medical Insurance	失业 Unemployment Insurance	工伤 Employment Injury Insurance	生育 Maternity Insurance
合计	**Total**	**8090769**	**7662589**	**3020102**	**582314**	**368519**	**126822**
广州	Guangzhou	1412607	1412441	1049611	265742	59281	36208
深圳	Shenzhen	1968832	1928606	664643	30721	94950	27596
珠海	Zhuhai	295168	241892	98299	30839	10321	5446
汕头	Shantou	130485	118177	55448	14999	2647	2268
佛山	Foshan	632278	550634	269075	46787	41089	16357
韶关	Shaoguan	105994	94110	72353	13370	4195	1194
河源	Heyuan	61022	50673	28581	4946	2039	803
梅州	Meizhou	144286	132301	27433	11117	2075	570
惠州	Huizhou	182881	172008	98405	21258	9899	8366
汕尾	Shanwei	35437	30672	11981	3423	1248	541
东莞	Dongguan	640632	625582	189845	21684	69327	3594
中山	Zhongshan	279197	254905	81978	14462	14707	1709
江门	Jiangmen	235755	183810	128397	21863	6784	2294
阳江	Yangjiang	51640	46376	23319	5397	2073	689
湛江	Zhanjiang	190096	175244	55805	13914	3046	3222
茂名	Maoming	136713	123456	41424	13240	4339	
肇庆	Zhaoqing	131434	112063	43684	10302	3271	1518
清远	Qingyuan	90628	79453	38400	7662	3189	1804
潮州	Chaozhou	56165	46894	14549	5675	1858	2117
揭阳	Jieyang	86058	43007	8032	3426	967	378
云浮	Yunfu	47165	36806	18843	4261	1584	474
省直	Units Directly under Province	1176296	1203477		17228	29631	9673

5-25 各市社会保险基金征收收入情况（2008）

5-25 Situation of Collecting Income Range of Social Insurance Funds by City（2008）

单位：万元 （10000 Yuan）

市别	City	基本养老 Basic Pension Insurance	企业养老 Retirement Pension of Enterprises	职工医疗 Employee Medical Insurance	失业 Unemployment Insurance	工伤 Employment Injury Insurance	生育 Maternity Insurance
合计	**Total**	**7346618**	**6957900**	**2891519**	**517450**	**332460**	**121965**
广州	Guangzhou	1347508	1347437	1006010	244006	54734	35541
深圳	Shenzhen	1813578	1789809	633234	28674	87650	26325
珠海	Zhuhai	279835	229617	96593	29487	9435	5267
汕头	Shantou	112085	100230	50822	14303	2380	2219
佛山	Foshan	606952	526946	265777	44307	39224	16282
韶关	Shaoguan	93615	82546	69144	11968	3796	1165
河源	Heyuan	54715	44475	23728	4322	1506	736
梅州	Meizhou	131332	120022	25611	7546	1813	570
惠州	Huizhou	168451	157590	92702	20032	9155	8088
汕尾	Shanwei	31617	26852	11201	2830	847	510
东莞	Dongguan	602944	590346	186242	19609	65365	3558
中山	Zhongshan	266923	243641	79188	13426	13969	1629
江门	Jiangmen	223862	175775	122485	20111	6415	2223
阳江	Yangjiang	39472	34813	20173	3789	1631	646
湛江	Zhanjiang	139345	124699	54542	12423	2892	3211
茂名	Maoming	109011	96295	41170	11942	4092	
肇庆	Zhaoqing	114961	96342	41129	9433	2891	1396
清远	Qingyuan	78901	68622	34638	6956	3036	1753
潮州	Chaozhou	51101	42120	13562	5362	1710	1235
揭阳	Jieyang	75584	37125	6567	3282	858	377
云浮	Yunfu	40521	31105	17005	3645	1362	436
省直	Units Directly under Province	964307	991493			17700	8796

5-26 各市社会保险基金支出情况（2008）

5-26 Situation of Expenses of Social Insurance Funds by City（2008）

单位：万元　　　　（10000 Yuan）

市　别	City	基本养老 Basic Pension Insurance	企业养老 Retirement Pension of Enterprises	职工医疗 Employee Medical Insurance	失业 Unemployment Insurance	工伤 Employment Injury Insurance	生育 Maternity Insurance
合　计	**Total**	**4705745**	**4421591**	**1853739**	**163988**	**162391**	**76616**
广　州	Guangzhou	1089613	1087200	634160	44382	12422	26842
深　圳	Shenzhen	622059	577318	291359	13173	46197	10944
珠　海	Zhuhai	110417	85895	78388	4659	4886	5403
汕　头	Shantou	123272	121436	34745	3808	1066	2648
佛　山	Foshan	374193	319756	199988	14653	19740	8783
韶　关	Shaoguan	93920	91817	58559	7442	3508	1100
河　源	Heyuan	36704	35064	22007	1349	740	24
梅　州	Meizhou	72897	70775	21053	6580	976	189
惠　州	Huizhou	83963	82716	52450	5452	3248	4473
汕　尾	Shanwei	29571	28786	8608	2323	182	51
东　莞	Dongguan	239184	238250	122148	13896	43710	2521
中　山	Zhongshan	146640	127517	69296	2359	8941	1287
江　门	Jiangmen	186688	142324	81986	6606	2704	1090
阳　江	Yangjiang	36995	36225	13782	2308	494	346
湛　江	Zhanjiang	171488	169128	40163	8527	988	397
茂　名	Maoming	118945	116138	27003	5709	1475	
肇　庆	Zhaoqing	112935	99277	37542	2985	1486	526
清　远	Qingyuan	63412	62023	28115	2584	1911	971
潮　州	Chaozhou	57860	50314	7564	1973	455	948
揭　阳	Jieyang	78552	38596	6041	187	269	113
云　浮	Yunfu	33291	27830	18784	1330	1089	185
省　直	Units Directly under Province	823146	816291		11700	5903	7773

5-27 各市社会保险基金累计结余情况（2008）

5-27 Situation of Accumulative Surplus of Social Insurance Funds by City（2008）

单位：万元 （10000 Yuan）

市别	City	基本养老 Basic Pension Insurance	企业养老 Retirement Pension of Enterprises	职工医疗 Employee Medical Insurance	失业 Unemployment Insurance	工伤 Employment Injury Insurance	生育 Maternity Insurance
合计	**Total**	**16210320**	**14713895**	**5210363**	**1733369**	**1046951**	**181748**
广州	Guangzhou	2011221	2010832	1798680	914877	191202	40000
深圳	Shenzhen	5573694	5305044	1689078	81250	278242	52389
珠海	Zhuhai	758876	609740	82859	106830	37753	3402
汕头	Shantou	77834	18344	83437	57503	13783	3648
佛山	Foshan	1104455	996727	261643	137323	99713	14971
韶关	Shaoguan	95957	35496	53295	26760	4725	1443
河源	Heyuan	95701	48900	22015	11300	4751	791
梅州	Meizhou	192732	130198	46758	17451	8421	381
惠州	Huizhou	442958	380720	163409	54637	28007	14600
汕尾	Shanwei	36436	13649	9875	6773	4009	1681
东莞	Dongguan	1809775	1741331	338152	97010	132523	2816
中山	Zhongshan	629907	594901	137696	45699	35710	3302
江门	Jiangmen	238207	207216	219795	30088	20398	5242
阳江	Yangjiang	78436	50599	44325	9654	6737	1509
湛江	Zhanjiang	88450	15029	56372	20380	10229	3025
茂名	Maoming	88178	20563	65129	28538	17596	
肇庆	Zhaoqing	126835	80034	37140	14626	9026	4275
清远	Qingyuan	125040	74076	60462	11744	8305	5918
潮州	Chaozhou	42625	23725	17632	14568	6911	1302
揭阳	Jieyang	60631	44937	6736	12431	2838	518
云浮	Yunfu	79564	33137	15879	8040	4154	1387
省直	Units Directly under Province	2452810	2278696		25890	121918	19144

5-28 各市基本养老保险基金收入情况

5-28 Income Situation of Basic Pension Insurance Funds by City

单位：万元 (10000 Yuan)

市 别	City	2004	2005	2006	2007	2008
合 计	**Total**	**3870949**	**4717166**	**5773243**	**6534277**	**8090769**
广 州	Guangzhou	738800	880572	1194080	1231807	1412607
深 圳	Shenzhen	843363	1030667	1292178	1601325	1968832
珠 海	Zhuhai	123666	148845	179500	218188	295168
汕 头	Shantou	67306	75324	83262	107773	130485
佛 山	Foshan	279549	319430	423594	494818	632278
韶 关	Shaoguan	57294	64015	67121	86295	105994
河 源	Heyuan	23982	30880	40149	44673	61022
梅 州	Meizhou	43671	47540	57788	70471	144286
惠 州	Huizhou	86503	91616	109773	132126	182881
汕 尾	Shanwei	19258	21989	25815	29596	35437
东 莞	Dongguan	272964	364917	445154	446498	640632
中 山	Zhongshan	123451	145736	181429	216778	279197
江 门	Jiangmen	103210	124471	158696	193300	235755
阳 江	Yangjiang	26307	27375	33287	39600	51640
湛 江	Zhanjiang	89690	98458	134517	133338	190096
茂 名	Maoming	69377	77894	96689	106167	136713
肇 庆	Zhaoqing	52374	60948	70638	98717	131434
清 远	Qingyuan	42352	47613	53813	66636	90628
潮 州	Chaozhou	32002	35635	48258	57056	56165
揭 阳	Jieyang	42561	49135	61713	73030	86058
云 浮	Yunfu	25170	24602	31899	36229	47165
省 直	Units Directly under Province	708101	949502	983887	1049855	1176296

5-29 各市企业养老保险基金收入情况

5-29 Income Situation of Retirement Pension of Enterprises Funds by City

单位：万元 (10000 Yuan)

市 别	City	2004	2005	2006	2007	2008
合 计	**Total**	**3517599**	**4340747**	**5362984**	**6080902**	**7662589**
广 州	Guangzhou	738499	880322	1193822	1231431	1412441
深 圳	Shenzhen	752463	949400	1208520	1549247	1928606
珠 海	Zhuhai	92382	113728	141293	175839	241892
汕 头	Shantou	60756	67730	74840	98581	118177
佛 山	Foshan	235303	271074	367829	416306	550634
韶 关	Shaoguan	49417	55415	57838	76082	94110
河 源	Heyuan	19556	25134	33092	35644	50673
梅 州	Meizhou	36595	39810	49375	60760	132301
惠 州	Huizhou	77448	84268	102896	123477	172008
汕 尾	Shanwei	16386	18663	22179	25792	30672
东 莞	Dongguan	266368	354674	434183	434152	625582
中 山	Zhongshan	110685	132710	164456	196639	254905
江 门	Jiangmen	82788	94270	125545	145338	183810
阳 江	Yangjiang	22641	23591	29015	34819	46376
湛 江	Zhanjiang	81390	88722	123603	121672	175244
茂 名	Maoming	61634	68630	85695	94231	123456
肇 庆	Zhaoqing	38611	46994	58822	83198	112063
清 远	Qingyuan	37271	41474	46496	57624	79453
潮 州	Chaozhou	25736	28703	40697	49514	46894
揭 阳	Jieyang	19498	26022	34831	35140	43007
云 浮	Yunfu	17412	17073	24667	28007	36806
省 直	Units Directly under Province	674761	912341	943290	1007408	1203477

5-30 各市职工医疗保险基金收入情况

5-30 Income Situation of Employee Medical Insurance Funds by City

单位：万元 (10000 Yuan)

市别	City	2004	2005	2006	2007	2008
合计	**Total**	**1235075**	**1493021**	**1901353**	**2407267**	**3020102**
广州	Guangzhou	439088	510285	704576	874354	1049611
深圳	Shenzhen	257623	329342	391578	553062	664643
珠海	Zhuhai	44811	52336	63000	78409	98299
汕头	Shantou	19433	23475	28527	38907	55448
佛山	Foshan	101171	138186	183665	211788	269075
韶关	Shaoguan	36483	37782	43844	54923	72353
河源	Heyuan	8552	14130	16640	19818	28581
梅州	Meizhou	12879	12215	14352	18324	27433
惠州	Huizhou	35555	45429	59540	74050	98405
汕尾	Shanwei	4014	4838	6612	8233	11981
东莞	Dongguan	67439	87677	98123	116090	189845
中山	Zhongshan	34661	39614	53270	69562	81978
江门	Jiangmen	60316	66638	81162	95198	128397
阳江	Yangjiang	12632	11281	14525	20442	23319
湛江	Zhanjiang	26028	31316	37335	44140	55805
茂名	Maoming	19614	23924	29807	34138	41424
肇庆	Zhaoqing	18249	24725	26357	35798	43684
清远	Qingyuan	20548	21591	25559	30007	38400
潮州	Chaozhou	2730	3271	4547	6863	14549
揭阳	Jieyang	2900	3518	3987	6544	8032
云浮	Yunfu	10347	11448	14347	16618	18843
省直	Units Directly under Province					

5-31 各市失业保险基金收入情况

5-31 Income Situation of Unemployment Insurance Funds by City

单位：万元 （10000 Yuan）

市别	City	2004	2005	2006	2007	2008
合计	**Total**	**291716**	**345499**	**405110**	**469114**	**582314**
广州	Guangzhou	127442	158403	182958	211138	265742
深圳	Shenzhen	15744	17632	20224	29649	30721
珠海	Zhuhai	16206	19144	22848	27318	30839
汕头	Shantou	7232	7775	8879	11693	14999
佛山	Foshan	19051	22894	28751	35369	46787
韶关	Shaoguan	8310	8483	8407	11091	13370
河源	Heyuan	2065	2426	2857	4407	4946
梅州	Meizhou	4894	5172	6460	7324	11117
惠州	Huizhou	9349	10359	12175	15551	21258
汕尾	Shanwei	1368	1641	2359	2841	3423
东莞	Dongguan	23905	30054	35756	9125	21684
中山	Zhongshan	6844	8115	9323	11277	14462
江门	Jiangmen	10918	11416	14673	16614	21863
阳江	Yangjiang	2030	2397	3388	4090	5397
湛江	Zhanjiang	8874	8902	11188	10755	13914
茂名	Maoming	8141	8709	9601	10494	13240
肇庆	Zhaoqing	5533	5816	6747	8992	10302
清远	Qingyuan	4340	4874	5126	6048	7662
潮州	Chaozhou	3357	3376	3377	4633	5675
揭阳	Jieyang	1200	1946	2189	3402	3426
云浮	Yunfu	2187	2286	3809	3387	4261
省直	Units Directly under Province	2724	3680	4018	23917	17228

5-32 各市工伤保险基金收入情况

5-32 Income Situation of Employment Injury Insurance Funds by City

单位：万元 (10000 Yuan)

市　别	City	2004	2005	2006	2007	2008
合　计	**Total**	**165010**	**204092**	**242658**	**318599**	**368519**
广　州	Guangzhou	17129	22278	26839	41054	59281
深　圳	Shenzhen	55580	64555	80714	106493	94950
珠　海	Zhuhai	5263	6112	6290	7363	10321
汕　头	Shantou	1220	1180	1361	1947	2647
佛　山	Foshan	17223	22090	25199	31475	41089
韶　关	Shaoguan	1657	1573	2267	3641	4195
河　源	Heyuan	748	1020	1032	1226	2039
梅　州	Meizhou	799	1278	1837	2563	2075
惠　州	Huizhou	4259	5628	5860	7460	9899
汕　尾	Shanwei	634	408	524	851	1248
东　莞	Dongguan	28200	37459	38876	52777	69327
中　山	Zhongshan	7103	8606	9984	12605	14707
江　门	Jiangmen	2718	3474	4884	5175	6784
阳　江	Yangjiang	593	924	1300	1462	2073
湛　江	Zhanjiang	1343	1839	2367	2541	3046
茂　名	Maoming	2754	2636	3376	3750	4339
肇　庆	Zhaoqing	1115	1331	1650	2356	3271
清　远	Qingyuan	1464	1677	1934	2358	3189
潮　州	Chaozhou	1339	1525	1690	1669	1858
揭　阳	Jieyang	252	419	671	1005	967
云　浮	Yunfu	683	849	1747	1363	1584
省　直	Units Directly under Province	12934	17228	22258	27464	29631

5-33 各市生育保险基金收入情况

5-33 Income Situation of Employment Maternity Insurance Funds by City

单位：万元 （10000 Yuan）

市别	City	2008
合计	**Total**	**126822**
广州	Guangzhou	36208
深圳	Shenzhen	27596
珠海	Zhuhai	5446
汕头	Shantou	2268
佛山	Foshan	16357
韶关	Shaoguan	1194
河源	Heyuan	803
梅州	Meizhou	570
惠州	Huizhou	8366
汕尾	Shanwei	541
东莞	Dongguan	3594
中山	Zhongshan	1709
江门	Jiangmen	2294
阳江	Yangjiang	689
湛江	Zhanjiang	3222
茂名	Maoming	
肇庆	Zhaoqing	1518
清远	Qingyuan	1804
潮州	Chaozhou	2117
揭阳	Jieyang	378
云浮	Yunfu	474
省直	Units Directly under Province	9673

5-34 各市基本养老保险基金征收收入情况

5-34 Situation of Collecting Income Range of Basic Pension Insurance Funds by City

单位：万元　　　　(10000 Yuan)

市别	City	2004	2005	2006	2007	2008
合计	**Total**	**3539832**	**4335556**	**5315810**	**5960726**	**7346618**
广州	Guangzhou	724155	863465	1169219	1192342	1347508
深圳	Shenzhen	748466	912883	1185906	1399872	1813578
珠海	Zhuhai	118744	141564	172249	213509	279835
汕头	Shantou	55957	63684	70930	94889	112085
佛山	Foshan	272501	309587	404417	482265	606952
韶关	Shaoguan	48919	57491	64207	76854	93615
河源	Heyuan	21239	25613	32400	39860	54715
梅州	Meizhou	38137	42769	49271	63387	131332
惠州	Huizhou	71386	80929	99923	126168	168451
汕尾	Shanwei	12545	16781	21413	24252	31617
东莞	Dongguan	267473	343429	409245	419516	602944
中山	Zhongshan	116467	141284	173590	203091	266923
江门	Jiangmen	96512	117007	147475	181979	223862
阳江	Yangjiang	19978	22228	27058	34096	39472
湛江	Zhanjiang	66679	77641	97432	110854	139345
茂名	Maoming	59051	63563	76188	88059	109011
肇庆	Zhaoqing	46996	53141	65465	90185	114961
清远	Qingyuan	34931	39554	46330	58795	78901
潮州	Chaozhou	24574	27941	39719	54258	51101
揭阳	Jieyang	33400	44883	54382	65009	75584
云浮	Yunfu	22787	22468	26919	31440	40521
省直	Units Directly under Province	638933	867649	882074	910044	964307

5-35 各市企业养老保险基金征收收入情况

5-35 Situation of Collecting Income Range of Retirement Pension of Enterprises Funds by City

单位：万元 (10000 Yuan)

市别	City	2004	2005	2006	2007	2008
合计	**Total**	**3211073**	**3979590**	**4926951**	**5539009**	**6957900**
广州	Guangzhou	723921	863219	1168963	1192072	1347437
深圳	Shenzhen	674672	844303	1115405	1360854	1789809
珠海	Zhuhai	88349	107614	135182	171810	229617
汕头	Shantou	49588	56278	62704	86354	100230
佛山	Foshan	228776	262317	349541	405085	526946
韶关	Shaoguan	41105	48933	55063	66755	82546
河源	Heyuan	16920	19978	25769	31198	44475
梅州	Meizhou	31387	35432	41274	54200	120022
惠州	Huizhou	62562	73713	93226	117548	157590
汕尾	Shanwei	9676	13459	17777	20449	26852
东莞	Dongguan	261032	334104	398974	407698	590346
中山	Zhongshan	103864	128310	156623	183682	243641
江门	Jiangmen	76479	87209	114941	140755	175775
阳江	Yangjiang	16805	18640	22971	29535	34813
湛江	Zhanjiang	58460	68022	86564	99330	124699
茂名	Maoming	51495	54424	65512	76368	96295
肇庆	Zhaoqing	34656	39537	54017	74757	96342
清远	Qingyuan	30053	33670	39360	50306	68622
潮州	Chaozhou	18471	21059	32222	46829	42120
揭阳	Jieyang	10606	21954	27795	30717	37125
云浮	Yunfu	15379	15349	20118	23785	31105
省直	Units Directly under Province	606818	832065	842951	868919	991493

5-36 各市职工医疗保险基金征收收入情况

5-36 Situation of Collecting Income Range of Employee Medical Insurance Funds by City

单位：万元 (10000 Yuan)

市别	City	2004	2005	2006	2007	2008
合计	**Total**	**1192838**	**1433265**	**1842305**	**2288154**	**2891519**
广州	Guangzhou	430613	500239	689994	851025	1006010
深圳	Shenzhen	247258	301719	373486	497494	633234
珠海	Zhuhai	44307	51824	62569	78097	96593
汕头	Shantou	18604	22497	27422	35080	50822
佛山	Foshan	98198	136218	182425	208431	265777
韶关	Shaoguan	30723	35838	41843	53168	69144
河源	Heyuan	7157	11627	13515	16562	23728
梅州	Meizhou	12474	11746	13787	17755	25611
惠州	Huizhou	33819	43135	56879	70948	92702
汕尾	Shanwei	3809	4402	6285	7893	11201
东莞	Dongguan	64596	83373	94693	113259	186242
中山	Zhongshan	33664	38463	48263	59668	79188
江门	Jiangmen	59079	65779	80334	93855	122485
阳江	Yangjiang	10956	10494	13387	17869	20173
湛江	Zhanjiang	25979	31233	37284	44095	54542
茂名	Maoming	19456	23437	29611	33597	41170
肇庆	Zhaoqing	17762	23989	25271	33963	41129
清远	Qingyuan	19367	20511	23799	27756	34638
潮州	Chaozhou	2709	3258	4525	6827	13562
揭阳	Jieyang	2585	2999	3572	5635	6567
云浮	Yunfu	9711	10484	13357	15173	17005
省直	Units Directly under Province					

5-37 各市失业保险基金征收收入情况

5-37 Situation of Collecting Income Range of Unemployment Insurance Funds by City

单位：万元 （10000 Yuan）

市别	City	2004	2005	2006	2007	2008
合计	**Total**	**270695**	**323424**	**376027**	**413059**	**517450**
广州	Guangzhou	123536	152858	174840	201322	244006
深圳	Shenzhen	14690	16776	19254	22298	28674
珠海	Zhuhai	15930	18699	22203	26840	29487
汕头	Shantou	6955	7606	8656	11356	14303
佛山	Foshan	18310	22128	27472	34096	44307
韶关	Shaoguan	6677	7612	8175	9794	11968
河源	Heyuan	1615	1951	2336	3290	4322
梅州	Meizhou	3776	4202	4623	6027	7546
惠州	Huizhou	8621	9462	11676	14709	20032
汕尾	Shanwei	1175	1553	2045	2390	2830
东莞	Dongguan	23406	28954	33569	6023	19609
中山	Zhongshan	6762	7915	9097	10643	13426
江门	Jiangmen	9541	10971	13856	16380	20111
阳江	Yangjiang	1820	2035	2507	3429	3789
湛江	Zhanjiang	6729	7588	9270	10631	12423
茂名	Maoming	7534	7888	8859	10307	11942
肇庆	Zhaoqing	4736	5129	5885	7979	9433
清远	Qingyuan	3675	3993	4511	5462	6956
潮州	Chaozhou	2205	2272	2503	4359	5362
揭阳	Jieyang	1134	1891	2139	2705	3282
云浮	Yunfu	1869	1942	2555	3020	3645
省直	Units Directly under Province					

5-38 各市工伤保险基金征收收入情况

5-38 Situation of Collecting Income Range of Employment Injury Insurance Funds by City

单位：万元 (10000 Yuan)

市 别	City	2004	2005	2006	2007	2008
合 计	**Total**	**151933**	**187821**	**219604**	**275873**	**332460**
广 州	Guangzhou	16002	21044	25795	39045	54734
深 圳	Shenzhen	53436	62389	73572	84345	87650
珠 海	Zhuhai	4887	5669	5839	7220	9435
汕 头	Shantou	1135	1124	1294	1855	2380
佛 山	Foshan	16495	21599	24366	30568	39224
韶 关	Shaoguan	1259	1542	2206	3183	3796
河 源	Heyuan	441	602	857	1169	1506
梅 州	Meizhou	683	879	1134	2472	1813
惠 州	Huizhou	3821	4386	5555	6910	9155
汕 尾	Shanwei	276	362	492	689	847
东 莞	Dongguan	26392	35073	38380	51290	65365
中 山	Zhongshan	6990	8215	9445	11041	13969
江 门	Jiangmen	2574	3265	4230	5099	6415
阳 江	Yangjiang	553	719	992	1362	1631
湛 江	Zhanjiang	1237	1660	2154	2433	2892
茂 名	Maoming	2641	2499	2986	3586	4092
肇 庆	Zhaoqing	999	1263	1576	2325	2891
清 远	Qingyuan	949	1198	1562	2162	3036
潮 州	Chaozhou	884	1029	1185	1382	1710
揭 阳	Jieyang	244	370	564	705	858
云 浮	Yunfu	649	720	897	1102	1362
省 直	Units Directly under Province	9386	12213	14524	15931	17700

5-39 各市生育保险基金征收收入情况

5-39 Situation of Collecting Income Range of Employment Maternity Insurance Funds by City

单位：万元 （10000 Yuan）

市别 City	2008
合计 Total	**121965**
广州 Guangzhou	35541
深圳 Shenzhen	26325
珠海 Zhuhai	5267
汕头 Shantou	2219
佛山 Foshan	16282
韶关 Shaoguan	1165
河源 Heyuan	736
梅州 Meizhou	570
惠州 Huizhou	8088
汕尾 Shanwei	510
东莞 Dongguan	3558
中山 Zhongshan	1629
江门 Jiangmen	2223
阳江 Yangjiang	646
湛江 Zhanjiang	3211
茂名 Maoming	
肇庆 Zhaoqing	1396
清远 Qingyuan	1753
潮州 Chaozhou	1235
揭阳 Jieyang	377
云浮 Yunfu	436
省直 Units Directly under Province	8796

5-40 各市基本养老保险基金支出情况

5-40 Expenses Status of Basic Pension Insurance Funds by City

单位：万元 (10000 Yuan)

市别	City	2004	2005	2006	2007	2008
合计	**Total**	**2470965**	**2930909**	**3243228**	**3981924**	**4705745**
广州	Guangzhou	603884	682177	762241	883948	1089613
深圳	Shenzhen	329859	463433	538339	697478	622059
珠海	Zhuhai	53754	60918	70895	93590	110417
汕头	Shantou	63229	67657	71825	95564	123272
佛山	Foshan	191176	215432	246338	310831	374193
韶关	Shaoguan	48968	54729	60563	72698	93920
河源	Heyuan	16796	20160	24954	28177	36704
梅州	Meizhou	32292	37011	40361	56385	72897
惠州	Huizhou	49064	51950	51274	66067	83963
汕尾	Shanwei	17370	18151	17696	23009	29571
东莞	Dongguan	112630	139859	163167	203170	239184
中山	Zhongshan	64629	75799	79974	105698	146640
江门	Jiangmen	91323	107925	120049	154776	186688
阳江	Yangjiang	18318	20087	21026	28234	36995
湛江	Zhanjiang	84484	95774	106327	133412	171488
茂名	Maoming	62977	74033	78622	98647	118945
肇庆	Zhaoqing	40704	46970	56042	83065	112935
清远	Qingyuan	33653	37374	42655	50364	63412
潮州	Chaozhou	26496	30951	35756	42984	57860
揭阳	Jieyang	41889	43070	46356	63101	78552
云浮	Yunfu	15628	17627	22228	25231	33291
省直	Units Directly under Province	471843	569822	586540	665494	823146

5-41 各市企业养老保险基金支出情况

5-41 Expenses Status of Retirement Pension of Enterprises Funds by City

单位：万元 (10000 Yuan)

市别	City	2004	2005	2006	2007	2008
合计	**Total**	**2308680**	**2728038**	**3036567**	**3590414**	**4424677**
广州	Guangzhou	603854	682137	762210	883901	1087200
深圳	Shenzhen	291509	399825	485852	525668	577318
珠海	Zhuhai	39803	44181	53057	72488	85895
汕头	Shantou	62396	66767	70637	94100	121436
佛山	Foshan	158149	179669	206181	246697	319756
韶关	Shaoguan	48114	53907	59456	71200	91817
河源	Heyuan	16098	19258	23946	27129	35064
梅州	Meizhou	31256	36039	39281	54953	70775
惠州	Huizhou	46559	50840	50574	65057	82716
汕尾	Shanwei	17150	17922	17367	22656	28786
东莞	Dongguan	112123	139320	162561	202476	238250
中山	Zhongshan	56359	67301	69800	92553	127517
江门	Jiangmen	73266	80283	89865	111052	142324
阳江	Yangjiang	17742	19719	20626	27760	36225
湛江	Zhanjiang	83677	94762	105325	132223	169128
茂名	Maoming	61991	73076	77452	97009	116138
肇庆	Zhaoqing	32796	38909	47187	69973	99277
清远	Qingyuan	32849	36700	41894	49368	62023
潮州	Chaozhou	22171	26506	30784	35810	50314
揭阳	Jieyang	18225	19585	20858	26382	38596
云浮	Yunfu	12989	14905	19015	21278	27830
省直	Units Directly under Province	469609	566425	582640	660678	816291

5-42 各市职工医疗保险基金支出情况

5-42 Expenses Status of Employee Medical Insurance Funds by City

单位：万元 (10000 Yuan)

市别	City	2004	2005	2006	2007	2008
合计	**Total**	**786168**	**967167**	**1131333**	**1417146**	**1853739**
广州	Guangzhou	274583	340672	423052	516742	634160
深圳	Shenzhen	116195	143696	150251	201223	291359
珠海	Zhuhai	40097	46452	55548	60633	78388
汕头	Shantou	10146	15960	19753	27801	34745
佛山	Foshan	91573	111938	129882	162919	199988
韶关	Shaoguan	34092	33114	35229	43280	58559
河源	Heyuan	6247	10252	14041	16250	22007
梅州	Meizhou	5467	9410	10130	14081	21053
惠州	Huizhou	21833	29532	33145	41023	52450
汕尾	Shanwei	2523	3983	5567	6690	8608
东莞	Dongguan	37116	51021	56607	67636	122148
中山	Zhongshan	26736	30157	35568	46500	69296
江门	Jiangmen	34794	42026	48940	72297	81986
阳江	Yangjiang	5231	6759	7990	10122	13782
湛江	Zhanjiang	30086	27388	28654	31915	40163
茂名	Maoming	14172	15260	17723	23947	27003
肇庆	Zhaoqing	15272	19908	23735	29124	37542
清远	Qingyuan	9872	15086	17471	22025	28115
潮州	Chaozhou	683	1934	2855	3026	7564
揭阳	Jieyang	2421	3097	3332	4337	6041
云浮	Yunfu	7026	9530	11861	15572	18784
省直	Units Directly under Province					

5-43 各市失业保险基金支出情况

5-43 Expenses Status of Unemployment Insurance Funds by City

单位：万元 （10000 Yuan）

市 别	City	2004	2005	2006	2007	2008
合 计	**Total**	**137367**	**155368**	**150204**	**155258**	**163988**
广 州	Guangzhou	33122	35258	34291	50489	44382
深 圳	Shenzhen	11733	20581	23447	13499	13173
珠 海	Zhuhai	4278	3842	4064	5042	4659
汕 头	Shantou	3689	5232	4352	3358	3808
佛 山	Foshan	7950	9186	9728	11638	14653
韶 关	Shaoguan	7821	6457	5664	6983	7442
河 源	Heyuan	1637	2269	1633	1388	1349
梅 州	Meizhou	4405	5392	5510	4921	6580
惠 州	Huizhou	5429	6029	5385	5471	5452
汕 尾	Shanwei	525	675	1421	2423	2323
东 莞	Dongguan	4779	7028	8436	12979	13896
中 山	Zhongshan	1549	2086	1562	2092	2359
江 门	Jiangmen	12640	10841	9007	7603	6606
阳 江	Yangjiang	2057	2375	2475	2178	2308
湛 江	Zhanjiang	8519	10422	8451	7240	8527
茂 名	Maoming	7466	6923	5104	4087	5709
肇 庆	Zhaoqing	6570	6728	4370	3227	2985
清 远	Qingyuan	5252	3898	3414	1561	2584
潮 州	Chaozhou	1780	3514	3335	1506	1973
揭 阳	Jieyang	353	1070	832	499	187
云 浮	Yunfu	2089	2061	2822	1624	1330
省 直	Units Directly under Province	3725	3505	4900	5450	11700

5-44 各市工伤保险基金支出情况

5-44 Expenses Status of Employment Injury Insurance Funds by City

单位：万元 (10000 Yuan)

市别	City	2004	2005	2006	2007	2008
合计	**Total**	**97889**	**108211**	**119990**	**131053**	**162391**
广州	Guangzhou	9385	6394	1312	8879	12422
深圳	Shenzhen	34606	42254	45809	40078	46197
珠海	Zhuhai	2097	2390	2990	4042	4886
汕头	Shantou	499	765	898	1007	1066
佛山	Foshan	10596	9772	13604	14583	19740
韶关	Shaoguan	1587	1592	2053	2354	3508
河源	Heyuan	456	552	608	548	740
梅州	Meizhou	419	714	547	735	976
惠州	Huizhou	2407	3407	2742	2486	3248
汕尾	Shanwei	254	231	162	191	182
东莞	Dongguan	23096	23012	28138	32928	43710
中山	Zhongshan	2984	5895	5850	7655	8941
江门	Jiangmen	1188	1467	2336	2223	2704
阳江	Yangjiang	296	342	413	523	494
湛江	Zhanjiang	673	756	1041	783	988
茂名	Maoming	1078	1162	1541	1264	1475
肇庆	Zhaoqing	588	634	826	1526	1486
清远	Qingyuan	849	849	1162	1330	1911
潮州	Chaozhou	632	676	784	294	455
揭阳	Jieyang	112	166	224	260	269
云浮	Yunfu	580	489	1139	843	1089
省直	Units Directly under Province	3507	4692	5809	6522	5903

5-45 各市生育保险基金支出情况

5-45 Expenses Status of Employment Maternity Insurance Funds by City

单位：万元 （10000 Yuan）

市别	City	2008
合计	**Total**	**76616**
广州	Guangzhou	26842
深圳	Shenzhen	10944
珠海	Zhuhai	5403
汕头	Shantou	2648
佛山	Foshan	8783
韶关	Shaoguan	1100
河源	Heyuan	24
梅州	Meizhou	189
惠州	Huizhou	4473
汕尾	Shanwei	51
东莞	Dongguan	2521
中山	Zhongshan	1287
江门	Jiangmen	1090
阳江	Yangjiang	346
湛江	Zhanjiang	397
茂名	Maoming	
肇庆	Zhaoqing	526
清远	Qingyuan	971
潮州	Chaozhou	948
揭阳	Jieyang	113
云浮	Yunfu	185
省直	Units Directly under Province	7773

5-46 各市基本养老保险基金累计结余情况

5-46 Situation of Accumulative Surplus of Basic Pension Insurance Funds by City

单位：万元 (10000 Yuan)

市别	City	2004	2005	2006	2007	2008
合计	**Total**	**5967514**	**7754625**	**10272943**	**12825296**	**16210320**
广州	Guangzhou	710132	908528	1340368	1688227	2011221
深圳	Shenzhen	2001999	2569233	3323073	4226920	5573694
珠海	Zhuhai	252995	340922	449527	574125	758876
汕头	Shantou	39307	46975	58412	70621	77834
佛山	Foshan	381128	485128	662383	846370	1104455
韶关	Shaoguan	54442	63728	70286	83884	95957
河源	Heyuan	28970	39690	54885	71382	95701
梅州	Meizhou	79301	89831	107258	121343	192732
惠州	Huizhou	179817	219481	277980	344040	442958
汕尾	Shanwei	12025	15864	23983	30569	36436
东莞	Dongguan	657954	883012	1164998	1408327	1809775
中山	Zhongshan	214878	284815	386270	497350	629907
江门	Jiangmen	94570	111970	150617	189140	238207
阳江	Yangjiang	32876	40163	52425	63791	78436
湛江	Zhanjiang	39041	41726	69917	69843	88450
茂名	Maoming	40961	44823	62890	70410	88178
肇庆	Zhaoqing	64110	78089	92684	108336	126835
清远	Qingyuan	60153	70393	81551	97823	125040
潮州	Chaozhou	13065	17747	30249	44320	42625
揭阳	Jieyang	21774	27839	43196	53125	60631
云浮	Yunfu	38046	45021	54692	65690	79564
省直	Units Directly under Province	949968	1329648	1715300	2099660	2452810

5-47 各市企业养老保险基金累计结余情况

5-47 Situation of Accumulative Surplus of Retirement Pension of Enterprises Funds by City

单位：万元　　　　(10000 Yuan)

市　别 City	2004	2005	2006	2007	2008
合　计 Total	**5058067**	**6670775**	**8985495**	**11475983**	**14713895**
广　州 Guangzhou	708263	906447	1338060	1685590	2010832
深　圳 Shenzhen	1657936	2207510	2930178	3953756	5305044
珠　海 Zhuhai	192609	262156	350393	453744	609740
汕　头 Shantou	11957	12920	17122	21603	18344
佛　山 Foshan	343186	434591	596240	765849	996727
韶　关 Shaoguan	28433	29939	28321	33203	35496
河　源 Heyuan	9753	15630	24776	33291	48900
梅　州 Meizhou	49001	52771	62865	68672	130198
惠　州 Huizhou	147260	180688	233009	291429	380720
汕　尾 Shanwei	3072	3815	8626	11762	13649
东　莞 Dongguan	635347	850700	1122322	1353999	1741331
中　山 Zhongshan	203365	268771	363427	467513	594901
江　门 Jiangmen	81777	95764	131444	165730	207216
阳　江 Yangjiang	21129	25000	33388	40448	50599
湛　江 Zhanjiang	7227	1187	19465	8913	15029
茂　名 Maoming	12226	7780	16023	13245	20563
肇　庆 Zhaoqing	34303	42388	54022	67248	80034
清　远 Qingyuan	39014	43788	48390	56646	74076
潮　州 Chaozhou	1330	3529	13442	27145	23725
揭　阳 Jieyang	11356	17794	31767	40526	44937
云　浮 Yunfu	9613	11781	17432	24161	33137
省　直 Units Directly under Province	849909	1195826	1544780	1891510	2278696

5-48 各市职工医疗保险基金累计结余情况

5-48 Situation of Accumulative Surplus of Employee Medical Insurance Funds by City

单位：万元 (10000 Yuan)

市别	City	2004	2005	2006	2007	2008
合计	**Total**	**1736178**	**2262031**	**3032045**	**4044000**	**5210363**
广州	Guangzhou	574477	744091	1025616	1383228	1798680
深圳	Shenzhen	515149	700795	942121	1315796	1689078
珠海	Zhuhai	31836	37720	45172	62948	82859
汕头	Shantou	35341	42856	51630	62736	83437
佛山	Foshan	63659	89906	143688	192555	261643
韶关	Shaoguan	14572	19243	27858	39500	53295
河源	Heyuan	5395	9276	11873	15441	22015
梅州	Meizhou	29108	31913	36135	40377	46758
惠州	Huizhou	42134	58031	84425	117453	163409
汕尾	Shanwei	3062	3916	4961	6503	9875
东莞	Dongguan	143830	180483	221998	270455	338152
中山	Zhongshan	74794	84250	101952	125015	137696
江门	Jiangmen	93649	118262	150484	173385	219795
阳江	Yangjiang	13412	17933	24468	34787	44325
湛江	Zhanjiang	15895	19824	28506	40731	56372
茂名	Maoming	19770	28434	40518	50709	65129
肇庆	Zhaoqing	16887	21704	24327	31000	37140
清远	Qingyuan	27602	34108	42197	50178	60462
潮州	Chaozhou	3780	5118	6810	10646	17632
揭阳	Jieyang	1459	1883	2538	4743	6736
云浮	Yunfu	10367	12285	14773	15818	15879
省直	Units Directly under Province					

5-49 各市失业保险基金累计结余情况

5-49 Situation of Accumulative Surplus of Unemployment Insurance Funds by City

单位：万元 (10000 Yuan)

市 别	City	2004	2005	2006	2007	2008
合 计	**Total**	**556150**	**746276**	**1001187**	**1315043**	**1733369**
广 州	Guangzhou	261056	384201	532868	693517	914877
深 圳	Shenzhen	53725	50776	47552	63703	81250
珠 海	Zhuhai	24286	39589	58373	80650	106830
汕 头	Shantou	30906	33450	37977	46312	57503
佛 山	Foshan	48726	62435	81457	105189	137323
韶 关	Shaoguan	11954	13981	16724	20832	26760
河 源	Heyuan	3303	3459	4683	7702	11300
梅 州	Meizhou	9784	9562	10512	12915	17451
惠 州	Huizhou	17630	21960	28751	38832	54637
汕 尾	Shanwei	3351	4317	5256	5673	6773
东 莞	Dongguan	42729	65755	93076	89221	97010
中 山	Zhongshan	10622	16651	24411	33597	45699
江 门	Jiangmen	-420	154	5820	14831	30088
阳 江	Yangjiang	3718	3740	4654	6565	9654
湛 江	Zhanjiang	10263	8742	11479	14994	20380
茂 名	Maoming	8317	10104	14601	21007	28538
肇 庆	Zhaoqing	81	-833	1544	7309	14626
清 远	Qingyuan	-509	467	2179	6666	11744
潮 州	Chaozhou	7834	7697	7740	10866	14568
揭 阳	Jieyang	4057	4932	6289	9192	12431
云 浮	Yunfu	2136	2360	3347	5109	8040
省 直	Units Directly under Province	2602	2776	1894	20361	25890

5-50 各市工伤保险基金累计结余情况

5-50 Situation of Accumulative Surplus of Employment Injury Insurance Funds by City

单位：万元 (10000 Yuan)

市别	City	2004	2005	2006	2007	2008
合计	**Total**	**437230**	**533112**	**653277**	**840823**	**1046951**
广州	Guangzhou	70757	86641	112168	144342	191202
深圳	Shenzhen	105868	128168	163074	229489	278242
珠海	Zhuhai	21974	25697	28997	32319	37753
汕头	Shantou	10385	10800	11263	12202	13783
佛山	Foshan	37559	49877	61472	78364	99713
韶关	Shaoguan	2558	2539	2752	4039	4725
河源	Heyuan	1882	2349	2774	3452	4751
梅州	Meizhou	3641	4204	5494	7322	8421
惠州	Huizhou	11043	13265	16382	21356	28007
汕尾	Shanwei	1744	1922	2284	2943	4009
东莞	Dongguan	61872	76319	87057	106906	132523
中山	Zhongshan	18149	20860	24993	29944	35710
江门	Jiangmen	8812	10819	13367	16318	20398
阳江	Yangjiang	2751	3333	4220	5159	6737
湛江	Zhanjiang	4003	5087	6413	8171	10229
茂名	Maoming	8936	10410	12246	14732	17596
肇庆	Zhaoqing	4889	5587	6410	7240	9026
清远	Qingyuan	4400	5227	5999	7028	8305
潮州	Chaozhou	2378	3227	4133	5508	6911
揭阳	Jieyang	693	947	1394	2139	2838
云浮	Yunfu	2171	2532	3139	3659	4154
省直	Units Directly under Province	50767	63303	77248	98190	121918

5-51 各市生育保险基金累计结余情况

5-51 Situation of Accumulative Surplus of Employment Maternity Insurance Funds by City

单位：万元 (10000 Yuan)

市 别	City	2008
合 计	**Total**	**181748**
广 州	Guangzhou	40000
深 圳	Shenzhen	52389
珠 海	Zhuhai	3402
汕 头	Shantou	3648
佛 山	Foshan	14971
韶 关	Shaoguan	1443
河 源	Heyuan	791
梅 州	Meizhou	381
惠 州	Huizhou	14600
汕 尾	Shanwei	1681
东 莞	Dongguan	2816
中 山	Zhongshan	3302
江 门	Jiangmen	5242
阳 江	Yangjiang	1509
湛 江	Zhanjiang	3025
茂 名	Maoming	
肇 庆	Zhaoqing	4275
清 远	Qingyuan	5918
潮 州	Chaozhou	1302
揭 阳	Jieyang	518
云 浮	Yunfu	1387
省 直	Units Directly under Province	19144

主要统计指标解释

城镇登记失业率 指报告期末，城镇登记失业人数占期末城镇就业人员总数与期末实有城镇登记失业人数之和的比重。

求人倍率 劳动力市场中常用指标，它等于需求人数/求职人数，表明劳动力市场中每个岗位需求所对应的求职人数，如0.9表示10个求职者竞争9个岗位。

社会保险 是指社会保障的一个子系统和核心。它是指以劳动者为保障对象，以劳动者的年老、患病、生育、伤残、死亡等暂时或永久性丧失劳动能力以及失业中断劳动而失去收入来源等特殊事件为保障内容的一种社会保障制度。社会保险分为基本保险和补充保险，基本保险包括养老保险、医疗保险、失业保险、工伤保险和生育保险等内容，补充保险主要包括各种互助保障、个人或单位自主参加的其他保险。

农村合作医疗 是指筹资以个人投入为主，集体扶持、政府适当支持，建立农村合作医疗章程和管理监督机制，提供卫生服务的农民互助共济、共同抵御疾病风险的制度。

参加保险人数 是指报告期末按照国家法律、法规和有关政策规定参加基本社会保险的职工人数。

社会保险基金收入 是指根据国家规定，由纳入基本社会保险范围的单位，按照国家规定的缴费基数和缴费比例缴纳的社会基金以及通过其他方式取得的形成基金来源的收入，包括单位缴纳的社会统筹基金收入、个人缴纳社会保险费、财政补贴收入、利息收入及其他收入。

社会保险基金支出 是指按照国家政策规定的开支范围和开支标准从社会统筹基金中支付给参加基本社会保险人员个人的费用以及由于保险关系转移、上下级之间调剂资金等原因而发生的支出。

社会保险基金结余 是指截至报告期末基本养老保险的基金结余金额（含统筹基金结余和个人账户积累），包括银行存款、财政专户、债券投资和其他。

Explanatory Notes on Main Statistical Indicators

Registered Urban Unemployment Rate The proportion of registered unemployed in total number of employed person with actual registered unemployed in urban area at the end of reporting period.

Ratio of People Needed to Job Seekers A routine index in labor market. It equals to number of people needed/number of job seekers, showing the number of job seekers responding to every hiring position. For example, 0.9 means 10 job seeker compete for 9 positions.

Social Insurance A subsystem and the core of social security. It is a social security system that with the labors as beneficiaries. The security contents are some special events, including temporarily or permanently disability, like aged, illness, maternity, disability and death ; or lost income resource for labor disruption like unemployment.

Social insurance including basic insurance and supplementary insurance. Basic insurances consists pension insurance, medical insurance, unemployment insurance, employment injury insurance, maternity insurance and so on. Supplementary insurances mainly including all types of mutual aid, other insurance autonomously involved by person or unit.

Rural Cooperative Medical Service A system in which peasants help each other and resist illness risk together. It established rural cooperative medical care rules and mechanism for management and supervision, provide health services. The financing is paid mainly by the beneficiaries themselves, supplemented by collectively pooled subsidy and supported by government.

Insurance Contributors Means number of workers participated basic social insurance according to the state law, enactment and related policies by the end of reporting period.

Social Insurance Funds Income Incomes of social pooling funds contributed by units in basic social insurance range according to the bases and proportion prescribed by state, and funds resources formed by other patterns, including social pooling funds income contributed by units, financial subsidy, interest return and other incomes.

Social Insurance Funds Expenditure The fees that pay to basic social insurance participants from social pooling funds according the expenditure range and standard prescribed by state policies, and expenditure that comes from insurance relationship transfer and funds regulation between superior and subordinate relationship.

Balance of Social Insurance Funds The Social pooling funds balance of basic pension insurance by the end of reporting period, including bank account, special financial account, bond investment and others.

Ⅵ Social Security

简要说明

1．本篇资料主要反映广东省公安、检察、法院、司法以及安全生产的基本情况。

2．本篇资料主要包括：

（1）全省刑事案件立案和破案、违反治安管理案件、交通和火灾事故及机动车拥有情况；人民检察院受理举报、控告、申诉案件情况；人民法院审理案件及判处罪犯情况；全省律师、公证及人民调解情况；全省各类生产安全事故情况等。

（2）地区分全省和21个地级以上市。

（3）年份有当年、近5年和1978年以来连续年份。

3．统计资料来源：本篇资料由广东省公安厅、广东省人民检察院、广东省高级人民法院、广东省司法厅、广东省安全生产监督管理局负责整理、审核、提供。

Brief Descriptions

1．The data in this chapter mainly show the basic condition of public security，inspection，court，judicature and work safety of Guangdong province.

2．Data in this chapter including：

（1） Provincial situation of register and solved criminal cases，cases that violated the public security regulations，traffic accidents，fire accidents and automobile ownership；Status of acceptance of report，accuse and pleading cases by People's Procuratorate；Status of judgment and sentence of prisoner by People's Court；provincial situation of lawyer，notarization and people's mediation；provincial situation of all kinds of production safety accidents.

（2）The regions including the whole province and 21 cities above the prefecture level.

（3）Year including the current year，the past 5 years and the continuous years from 1978.

3．Statistical data resource：Data in this chapter were arranged，verified and provided by Department of Public Security，People's Procuratorate，Higher People's Court，Department of Justice and Administration of Work Safety Supervision of Guangdong province.

6-1 刑事案件立案和破案情况（2008）

6-1 Situation of Registered and Solved Criminal Cases（2008）

项　目	Item	立案（起）Registered Cases（case）	破案（起）Solved Cases（case）
合计	**Total**	**422016**	**168869**
伤害	Injury	16994	9723
盗窃	Stealing	248302	83041
#入室盗窃	Burglarising	61245	19783
盗机动车	Automobile Stealing	104648	34050
抢劫	Robbery	54842	25372
#入室抢劫	House Robbery	4293	1446
抢机动车	Automobile Robbery	10971	3926
抢夺	Grab	26272	13029
其他	Others	75606	37704

6-2 各市刑事案件立案和破案情况（2008）

6-2 Situation of Registered and Solved Criminal Cases by City（2008）

市　别	City	立案（起）Registered Cases（case）	破案（起）Solved Cases（case）
合　计	**Total**	**422016**	**168869**
广　州	Guangzhou	63086	28623
深　圳	Shenzhen	74001	21881
珠　海	Zhuhai	15694	6578
汕　头	Shantou	15440	4769
佛　山	Foshan	66127	27416
韶　关	Shaoguan	11211	4980
河　源	Heyuan	4223	2554
梅　州	Meizhou	6212	3646
惠　州	Huizhou	10999	7033
汕　尾	Shanwei	2881	832
东　莞	Dongguan	33880	8342
中　山	Zhongshan	16670	9824
江　门	Jiangmen	23016	12209
阳　江	Yangjiang	8512	2392
湛　江	Zhanjiang	11290	4809
茂　名	Maoming	12423	6156
肇　庆	Zhaoqing	16303	5559
清　远	Qingyuan	11338	3496
潮　州	Chaozhou	5487	1893
揭　阳	Jieyang	5958	2720
云　浮	Yunfu	7265	3157

6-3 各市刑事案件立案情况

6-3 Situation of Register Criminal Cases by City

单位：起　　　　　　　　　　　　　　　　　　　　（Case）

市　别	City	2004	2005	2006	2007	2008
合　计	**Total**	**509522**	**497525**	**468589**	**447576**	**422016**
广　州	Guangzhou	111568	103529	93232	78340	63086
深　圳	Shenzhen	95154	74763	67055	68575	74001
珠　海	Zhuhai	16216	16247	15855	15040	15694
汕　头	Shantou	16050	15304	15309	15646	15440
佛　山	Foshan	66542	72973	70874	69226	66127
韶　关	Shaoguan	15004	13607	12714	11528	11211
河　源	Heyuan	5151	5116	4885	4511	4223
梅　州	Meizhou	6815	6986	6568	6560	6212
惠　州	Huizhou	13453	11718	11845	11690	10999
汕　尾	Shanwei	2653	2463	2324	2449	2881
东　莞	Dongguan	41648	43877	35244	33368	33880
中　山	Zhongshan	17774	17766	17922	17060	16670
江　门	Jiangmen	27095	27416	26751	24840	23016
阳　江	Yangjiang	7484	12769	12647	12642	8512
湛　江	Zhanjiang	14166	14894	13586	12459	11290
茂　名	Maoming	15728	15137	13232	12813	12423
肇　庆	Zhaoqing	10629	15049	15945	16671	16303
清　远	Qingyuan	13077	12213	12226	11658	11338
潮　州	Chaozhou	3992	4062	4386	5732	5487
揭　阳	Jieyang	3292	5244	7071	6992	5958
云　浮	Yunfu	6031	6392	8918	9776	7265

6-4 各市刑事案件破案情况

6-4 Situation of Solved Criminal Cases by City

单位：起 （Case）

市别	City	2004	2005	2006	2007	2008
合计	**Total**	**173782**	**186477**	**188054**	**178857**	**168869**
广州	Guangzhou	35923	38116	36460	33104	28623
深圳	Shenzhen	29568	30731	29449	22154	21881
珠海	Zhuhai	6369	6679	6879	6623	6578
汕头	Shantou	4601	4576	5591	4846	4769
佛山	Foshan	23062	25097	26304	27325	27416
韶关	Shaoguan	5162	5708	5975	5616	4980
河源	Heyuan	2050	2199	2218	2377	2554
梅州	Meizhou	4122	4046	4050	4239	3646
惠州	Huizhou	5081	5372	6650	7067	7033
汕尾	Shanwei	966	969	931	985	832
东莞	Dongguan	9545	11906	11145	10363	8342
中山	Zhongshan	6771	7363	8258	8821	9824
江门	Jiangmen	10537	12307	12180	12504	12209
阳江	Yangjiang	4913	4094	2876	3341	2392
湛江	Zhanjiang	5178	6158	6095	5429	4809
茂名	Maoming	5864	6194	6115	6477	6156
肇庆	Zhaoqing	5277	5604	6019	5907	5559
清远	Qingyuan	3638	3587	3790	3731	3496
潮州	Chaozhou	1101	1236	1566	1920	1893
揭阳	Jieyang	2060	2234	3162	3186	2720
云浮	Yunfu	1994	2301	2341	2842	3157

6-5 违反治安管理案件情况（2008）

6-5 Situation of Cases that Violated the Public Security Regulations（2008）

项　目	Item	发现受理（起）Detection and Acceptance（unit）	查处（起）Investigation and Treatment（unit）	处罚人员（人次）Punished People（person-time）
合计	**Total**	**1101926**	**1066451**	**804132**
扰乱公共场所秩序	Disturbing the Orders in Public Places	15716	15577	14108
妨害公共安全	Disturbing Public Safety	16278	15696	7802
殴打他人	Assaulting Other People	227082	220070	110760
盗窃	Stealing	243015	225722	63367
抢夺	Grab	18372	16865	3694
诈骗	Scams	24328	23078	7847
卖淫嫖娼	Prostitution and Whoring	9830	9776	21032
赌博	Gambling	78999	78711	202774
其他	Others	468306	460956	372748

6-6 各市违反治安管理案件情况（2008）

6-6 Situation of Cases that Violated the Public Security Regulations by City（2008）

市　别	City	发现受理（起）Detection and Acceptance（unit）	查处（起）Investigation and Treatment（unit）	处罚人员（人次）Punished People（person-time）
合　计	**Total**	**1101926**	**1066451**	**804132**
广　州	Guangzhou	233975	232007	150819
深　圳	Shenzhen	397271	388087	265673
珠　海	Zhuhai	25279	24929	24250
汕　头	Shantou	27256	27129	20159
佛　山	Foshan	107011	106575	36183
韶　关	Shaoguan	12915	12176	9162
河　源	Heyuan	5585	5375	7737
梅　州	Meizhou	8962	8687	13371
惠　州	Huizhou	38773	38282	26048
汕　尾	Shanwei	2559	2849	3196
东　莞	Dongguan	42270	36081	40848
中　山	Zhongshan	20717	18756	27009
江　门	Jiangmen	27298	24244	39318
阳　江	Yangjiang	16152	12462	18468
湛　江	Zhanjiang	37420	35325	32672
茂　名	Maoming	20336	19188	18110
肇　庆	Zhaoqing	23963	22645	13579
清　远	Qingyuan	22291	21652	25578
潮　州	Chaozhou	10501	10494	5281
揭　阳	Jieyang	10606	10331	16342
云　浮	Yunfu	10786	9177	10329

6-7 各市违反治安管理案件发现受理情况

6-7 Detection and Acceptance of Cases that Violated the Public Security Regulations by City

单位：起 （Case）

市 别	City	2004	2005	2006	2007	2008
合 计	**Total**	**439026**	**465598**	**901751**	**1042397**	**1101926**
广 州	Guangzhou	152806	161510	336840	272886	233975
深 圳	Shenzhen	68588	76667	246981	338757	397271
珠 海	Zhuhai	14794	15792	17925	19801	25279
汕 头	Shantou	8056	9037	22769	27773	27256
佛 山	Foshan	34145	36240	41584	83001	107011
韶 关	Shaoguan	9478	10012	11770	15960	12915
河 源	Heyuan	3561	3394	4943	4046	5585
梅 州	Meizhou	7267	5447	7199	8277	8962
惠 州	Huizhou	8991	8743	19356	37906	38773
汕 尾	Shanwei	3102	2821	2243	2958	2559
东 莞	Dongguan	11514	13760	17583	32293	42270
中 山	Zhongshan	13918	14635	18682	19879	20717
江 门	Jiangmen	22599	21670	20408	27314	27298
阳 江	Yangjiang	7433	5896	9106	18774	16152
湛 江	Zhanjiang	27909	32570	39103	39698	37420
茂 名	Maoming	13417	14758	20657	19301	20336
肇 庆	Zhaoqing	7954	8572	17890	23999	23963
清 远	Qingyuan	8680	8877	26182	21269	22291
潮 州	Chaozhou	3077	2594	4072	7038	10501
揭 阳	Jieyang	5413	6298	10438	9985	10606
云 浮	Yunfu	6321	6305	6066	11482	10786

6-8 各市违反治安管理案件查处情况

6-8 Investigation and Deal with Situation of Cases that Violated the Public Security Regulations by City

单位：起 (Case)

市 别	City	2004	2005	2006	2007	2008
合 计	**Total**	**275974**	**323186**	**795086**	**979934**	**1066451**
广 州	Guangzhou	70566	104531	320323	269605	232007
深 圳	Shenzhen	48271	55111	209082	324340	388087
珠 海	Zhuhai	6319	6746	10185	19312	24929
汕 头	Shantou	8045	9022	22247	27598	27129
佛 山	Foshan	10017	10554	21365	69460	106575
韶 关	Shaoguan	5081	5969	10728	15040	12176
河 源	Heyuan	3114	2745	4298	3657	5375
梅 州	Meizhou	6985	5315	7172	8122	8687
惠 州	Huizhou	8076	8083	18519	37051	38282
汕 尾	Shanwei	3032	2756	2299	2925	2849
东 莞	Dongguan	9704	12490	16711	29533	36081
中 山	Zhongshan	9758	10649	15036	16893	18756
江 门	Jiangmen	18045	18007	16592	22950	24244
阳 江	Yangjiang	7204	5298	6613	12079	12462
湛 江	Zhanjiang	23687	25610	35903	36799	35325
茂 名	Maoming	11139	11608	17912	16420	19188
肇 庆	Zhaoqing	6219	6638	15844	22086	22645
清 远	Qingyuan	7465	8183	25293	20850	21652
潮 州	Chaozhou	2856	2293	3795	6818	10494
揭 阳	Jieyang	5111	6097	10115	9607	10331
云 浮	Yunfu	5280	5481	5054	8789	9177

6-9 各市违反治安管理案件处罚人员情况

6-9 Punished People Who Violated the Public Security Regulations by City

单位：人次 (Person-time)

市别	City	2004	2005	2006	2007	2008
合计	**Total**	**435497**	**452751**	**692183**	**784686**	**804132**
广州	Guangzhou	71803	80872	139855	129877	150819
深圳	Shenzhen	68253	71314	192191	254802	265673
珠海	Zhuhai	10494	11924	16679	21697	24250
汕头	Shantou	14081	15650	22422	20091	20159
佛山	Foshan	16361	18081	23737	30192	36183
韶关	Shaoguan	9919	10531	9523	11184	9162
河源	Heyuan	4654	4594	7133	6260	7737
梅州	Meizhou	13353	9778	12806	14382	13371
惠州	Huizhou	15637	16184	22000	28155	26048
汕尾	Shanwei	5048	4497	3244	3683	3196
东莞	Dongguan	15225	20692	24539	36382	40848
中山	Zhongshan	16987	19322	21882	25682	27009
江门	Jiangmen	43055	39596	40791	48931	39318
阳江	Yangjiang	14645	11195	11545	18498	18468
湛江	Zhanjiang	33059	33208	40152	35044	32672
茂名	Maoming	22356	23275	25850	22376	18110
肇庆	Zhaoqing	13100	13718	19598	18842	13579
清远	Qingyuan	15810	16553	27342	24979	25578
潮州	Chaozhou	8292	6350	4883	6653	5281
揭阳	Jieyang	11279	12796	16407	14841	16342
云浮	Yunfu	12086	12621	9604	12135	10329

6-10 火灾事故情况（2008）

6-10 Situation of Fire Accidents（2008）

项 目 Item		起数（起）Number of Cases（case）	死亡（人）Deaths（person）	受伤（人）Injury（person）	直接财产损失（万元）Direct Property Loss（10000 yuan）
合计	**Total**	**4876**	**220**	**157**	**11490.5**
#较大火灾	Greater Fire Accidents	12	58	10	99.7
重大火灾	Extremely Serious Fire	1	15	10	927.7
特别重大火灾	Extremely Serious Fire	1	44	64	27.1

6-11 火灾事故原因情况（2008）

6-11 Situation of Reasons of Fire Accidents（2008）

项 目 Item		起数（起）Number of Cases（case）	死亡（人）Deaths（person）	受伤（人）Injury（person）	直接财产损失（元）Direct Property Loss（yuan）	烧毁建筑（米²）Burn Up Buildings（m²）
合计	**Total**	**4876**	**220**	**157**	**114904943**	**306220.3**
电气火灾	Electrical Fire	1912	82	31	50989225	103353.2
生产作业类火灾	Productive Operation Fire	332	6	10	22628106	43783.7
生活用火不慎	Careless Domestic Fire Use	684	39	29	19400	21855.3
吸烟	Smoking	107	10		309493	4340.1
玩火	Playing with Fire	85	13	8	519324	9342.3
自燃	Spontaneous Combustion	133			3411745	6896.1
雷击	Lightning Strike	30			989972	3088.7
静电	Static Electricity	15			1261909	5055.9
不明确原因	Indefinite Reasons	342	8	2	15521770	44798.7
放火	Arson	76	3	3	912638	8748.9
其他	Others	1125	59	72	11440075	41022.4

6-12 各市火灾事故情况（2008）

6-12 Situation of Fire Accidents by City（2008）

市别	City	起数（起）Number of Cases (case)	死亡（人）Deaths (person)	受伤（人）Injury (person)	直接财产损失（元）Direct Property Loss (yuan)
合计	**Total**	**4876**	**220**	**157**	**114904943**
广州	Guangzhou	1267	17	10	12262507
深圳	Shenzhen	1053	62	88	13662491
珠海	Zhuhai	124		2	2815065
汕头	Shantou	41	16	5	3863620
佛山	Foshan	72	17	2	3450547
韶关	Shaoguan	61		1	3087399
河源	Heyuan	19			154781
梅州	Meizhou	22	5	2	1729801
惠州	Huizhou	520	36	17	3056819
汕尾	Shanwei	87	2		567166
东莞	Dongguan	702	13	11	20856208
中山	Zhongshan	102	3	5	12690730
江门	Jiangmen	188	5	1	11451595
阳江	Yangjiang	22			2382751
湛江	Zhanjiang	32	6		866768
茂名	Maoming	232	4	2	4701056
肇庆	Zhaoqing	32	6		2175451
清远	Qingyuan	161	4		1886799
潮州	Chaozhou	61	3	4	4992206
揭阳	Jieyang	40	20	5	3899620
云浮	Yunfu	38	1	2	4351563

6-13 各市火灾事故发生情况

6-13 Occurrence Situation of Fire Accidents by City

单位：起 (Case)

市 别	City	2004	2005	2006	2007	2008
合 计	**Total**	**16090**	**17276**	**8853**	**6168**	**4876**
广 州	Guangzhou	7099	7180	2270	1237	1267
深 圳	Shenzhen	1654	3025	2169	1287	1053
珠 海	Zhuhai	435	293	141	218	124
汕 头	Shantou	374	126	100	47	41
佛 山	Foshan	978	406	105	83	72
韶 关	Shaoguan	141	82	50	113	61
河 源	Heyuan	174	137	134	50	19
梅 州	Meizhou	296	254	52	44	22
惠 州	Huizhou	397	762	540	695	520
汕 尾	Shanwei	170	164	86	135	87
东 莞	Dongguan	717	804	618	916	702
中 山	Zhongshan	633	854	626	168	102
江 门	Jiangmen	1008	1202	624	241	188
阳 江	Yangjiang	170	151	68	59	22
湛 江	Zhanjiang	495	502	263	79	32
茂 名	Maoming	150	147	139	301	232
肇 庆	Zhaoqing	125	108	158	49	32
清 远	Qingyuan	259	274	171	188	161
潮 州	Chaozhou	332	350	280	151	61
揭 阳	Jieyang	238	185	117	59	40
云 浮	Yunfu	245	270	142	48	38

6-14 各市火灾事故死亡情况

6-14 Mortality Situation of Fire Accidents by City

单位：人　　　　　　　　　　　　　　　　　　　　　　　　　　　　(Person)

市别	City	2004	2005	2006	2007	2008
合计	**Total**	**280**	**298**	**175**	**194**	**220**
广州	Guangzhou	46	31	23	18	17
深圳	Shenzhen	19	29	6	25	62
珠海	Zhuhai		2	5		
汕头	Shantou	23	54	29	20	16
佛山	Foshan	13	13	16	18	17
韶关	Shaoguan	3	6	3		
河源	Heyuan	8	4	3	2	
梅州	Meizhou	5	5	5	5	5
惠州	Huizhou	27	23	4	10	36
汕尾	Shanwei	18	14	4		2
东莞	Dongguan	18	20	9	46	13
中山	Zhongshan	12	33	2	5	3
江门	Jiangmen	15	8	3	9	5
阳江	Yangjiang		5	4	1	
湛江	Zhanjiang	13	18	6	2	6
茂名	Maoming	1	4	3	4	4
肇庆	Zhaoqing	8	6	8	2	6
清远	Qingyuan	12	3	4	2	4
潮州	Chaozhou	5	6	4	8	3
揭阳	Jieyang	32	13	29	15	20
云浮	Yunfu	2	1	5	2	1

6-15 各市火灾事故受伤情况

6-15 Injury Situation of Fire Accidents by City

单位：人 (Person)

市别	City	2004	2005	2006	2007	2008
合计	**Total**	**384**	**350**	**212**	**130**	**157**
广州	Guangzhou	95	48	44	11	10
深圳	Shenzhen	35	39	20	10	88
珠海	Zhuhai	12	14	8	3	2
汕头	Shantou	29	53	16	21	5
佛山	Foshan	19	18	8	9	2
韶关	Shaoguan	9	7			1
河源	Heyuan	4	4	9	4	
梅州	Meizhou	13	7	2	5	2
惠州	Huizhou	17	16	1	5	17
汕尾	Shanwei	3	4	1		
东莞	Dongguan	33	39	28	24	11
中山	Zhongshan	34	25	22	13	5
江门	Jiangmen	5	13	5	2	1
阳江	Yangjiang					
湛江	Zhanjiang	5	12	1		
茂名	Maoming	5	8	3	2	2
肇庆	Zhaoqing	3	5	3		
清远	Qingyuan	13	5	5	3	
潮州	Chaozhou	16	15	11	7	4
揭阳	Jieyang	27	13	10	8	5
云浮	Yunfu	7	5	15	3	2

6-16 各市火灾事故直接财产损失情况

6-16 Direct Property Loss Situation of Fire Accidents by City

单位：元 (Yuan)

市别	City	2004	2005	2006	2007	2008
合计	**Total**	**114760445**	**80516165**	**56280000**	**90271623**	**114904943**
广州	Guangzhou	9644664	7667224	6170000	15179071	12262507
深圳	Shenzhen	1884302	5103623	4090000	13780897	13662491
珠海	Zhuhai	1640965	1118962	1510000	1644633	2815065
汕头	Shantou	6058575	13884955	3050000	4115451	3863620
佛山	Foshan	7644655	8503827	4820000	3468420	3450547
韶关	Shaoguan	2993700	2265740	950000	1382889	3087399
河源	Heyuan	832998	1725085	1720000	2811646	154781
梅州	Meizhou	1851093	1692335	490000	1833196	1729801
惠州	Huizhou	38164344	1481122	3560000	2336550	3056819
汕尾	Shanwei	1697878	1333720	360000	1162714	567166
东莞	Dongguan	6625722	4545194	4230000	9532880	20856208
中山	Zhongshan	7927671	6736176	7230000	8337173	12690730
江门	Jiangmen	4077458	4015824	3080000	2773257	11451595
阳江	Yangjiang	1789584	2974740	2020000	1599850	2382751
湛江	Zhanjiang	1577408	2818247	1740000	2149805	866768
茂名	Maoming	2909290	5488097	2890000	2405292	4701056
肇庆	Zhaoqing	5107695	1879524	720000	2041289	2175451
清远	Qingyuan	3909397	1068648	850000	2833638	1886799
潮州	Chaozhou	3069467	2226322	3710000	4999121	4992206
揭阳	Jieyang	3519127	1859738	2010000	3391104	3899620
云浮	Yunfu	1834452	2127062	1080000	2492747	4351563

6-17 各市交通事故情况（2008）

6-17 Situation of Traffic Accidents by City（2008）

市别	City	起数（起）Number of Cases（case）	死亡（人）Deaths（person）	受伤（人）Injury（person）	直接财产损失（元）Direct Property Loss（yuan）
合计	**Total**	**39389**	**7182**	**46998**	**100135850**
广州	Guangzhou	5420	1240	6467	16866870
深圳	Shenzhen	2499	709	2984	11553019
珠海	Zhuhai	1082	122	1321	2600505
汕头	Shantou	863	208	909	2669314
佛山	Foshan	5644	764	6467	11645740
韶关	Shaoguan	383	255	438	7777044
河源	Heyuan	190	94	211	1402016
梅州	Meizhou	319	189	342	329921
惠州	Huizhou	911	439	1120	4453478
汕尾	Shanwei	883	179	1374	1959406
东莞	Dongguan	5377	590	5985	6406061
中山	Zhongshan	3545	324	3501	4424611
江门	Jiangmen	4949	415	6412	6123678
阳江	Yangjiang	1129	185	1461	2688880
湛江	Zhanjiang	1739	234	2263	6486918
茂名	Maoming	1177	302	1561	2739825
肇庆	Zhaoqing	1054	258	1279	2540960
清远	Qingyuan	763	219	1098	2823622
潮州	Chaozhou	343	97	441	1187397
揭阳	Jieyang	579	208	695	2130611
云浮	Yunfu	540	151	669	1325974

6-18 各市交通事故情况（一次死亡3人以上）（2008）

6-18 Situation of Traffic Accidents（3 or More Deaths at One Time）by City（2008）

市 别 City	起数（起）Number of Cases（case）	死亡（人）Deaths（person）	受伤（人）Injury（person）	直接财产损失（元）Direct Property Loss（yuan）
合 计 **Total**	**97**	**359**	**177**	**3487104**
广 州 Guangzhou	7	24	15	1114000
深 圳 Shenzhen	5	18	7	183000
珠 海 Zhuhai	1	3		100
汕 头 Shantou	1	4	13	60000
佛 山 Foshan	3	9	6	112000
韶 关 Shaoguan	7	29	15	222000
河 源 Heyuan	9	29	9	174501
梅 州 Meizhou	3	14	4	70000
惠 州 Huizhou	9	36	4	267002
汕 尾 Shanwei	5	16	7	50001
东 莞 Dongguan	4	17	7	36200
中 山 Zhongshan				
江 门 Jiangmen	7	25	12	280500
阳 江 Yangjiang	4	15	3	55500
湛 江 Zhanjiang	8	37	20	431500
茂 名 Maoming	8	28	13	155300
肇 庆 Zhaoqing	4	15	4	115000
清 远 Qingyuan	6	22	30	115000
潮 州 Chaozhou				
揭 阳 Jieyang	3	9	7	21500
云 浮 Yunfu	3	9	1	24000

6-19 各市交通事故发生情况

6-19 Occurrence Situation of Traffic Accidents by City

单位：起 (Case)

市别	City	2004	2005	2006	2007	2008
合计	**Total**	68423	67756	56171	46558	39389
广州	Guangzhou	9930	8809	7828	6711	5420
深圳	Shenzhen	9312	7105	4914	3424	2499
珠海	Zhuhai	1811	2287	2016	1300	1082
汕头	Shantou	1094	1356	1088	946	863
佛山	Foshan	9499	9139	8130	6449	5644
韶关	Shaoguan	803	558	444	484	383
河源	Heyuan	408	321	283	219	190
梅州	Meizhou	635	553	434	390	319
惠州	Huizhou	1882	1957	1324	1297	911
汕尾	Shanwei	973	984	1122	971	883
东莞	Dongguan	8026	7120	6640	5814	5377
中山	Zhongshan	8057	8257	4342	4182	3545
江门	Jiangmen	5408	8015	7682	6304	4949
阳江	Yangjiang	1191	2052	1781	1384	1129
湛江	Zhanjiang	1841	1904	1965	1791	1739
茂名	Maoming	1741	1647	1452	1217	1177
肇庆	Zhaoqing	1936	1867	1779	1285	1054
清远	Qingyuan	1237	1541	1123	890	763
潮州	Chaozhou	579	505	360	311	343
揭阳	Jieyang	829	776	825	605	579
云浮	Yunfu	1231	1003	639	584	540

6-20 各市交通事故死亡情况

6-20 Mortality Situation of Traffic Accidents by City

单位：人 (Person)

市 别	City	2004	2005	2006	2007	2008
合 计	**Total**	**10657**	**9959**	**8828**	**7994**	**7182**
广 州	Guangzhou	1813	1739	1511	1435	1240
深 圳	Shenzhen	1035	971	910	841	709
珠 海	Zhuhai	140	183	149	137	122
汕 头	Shantou	282	270	263	235	208
佛 山	Foshan	934	911	849	829	764
韶 关	Shaoguan	453	361	303	264	255
河 源	Heyuan	194	173	136	120	94
梅 州	Meizhou	335	314	255	210	189
惠 州	Huizhou	773	706	611	520	439
汕 尾	Shanwei	280	246	198	184	179
东 莞	Dongguan	975	910	781	644	590
中 山	Zhongshan	457	441	410	369	324
江 门	Jiangmen	574	534	484	433	415
阳 江	Yangjiang	294	248	246	218	185
湛 江	Zhanjiang	292	252	234	235	234
茂 名	Maoming	399	375	331	296	302
肇 庆	Zhaoqing	363	326	307	276	258
清 远	Qingyuan	364	334	284	240	219
潮 州	Chaozhou	147	140	111	102	97
揭 阳	Jieyang	318	316	274	242	208
云 浮	Yunfu	235	209	181	164	151

6-21 各市交通事故受伤情况

6-21 Injury Situations of Traffic Accidents by City

单位：人 (Person)

市别	City	2004	2005	2006	2007	2008
合计	**Total**	**78562**	**77591**	**67242**	**55565**	**46998**
广州	Guangzhou	11667	10294	9365	8108	6467
深圳	Shenzhen	10900	8598	6114	4160	2984
珠海	Zhuhai	1965	2706	2264	1517	1321
汕头	Shantou	1074	1366	1179	1041	909
佛山	Foshan	10442	9971	9348	7269	6467
韶关	Shaoguan	946	716	582	596	438
河源	Heyuan	497	379	381	234	211
梅州	Meizhou	651	541	407	391	342
惠州	Huizhou	2195	2403	1633	1673	1120
汕尾	Shanwei	1143	1292	1719	1523	1374
东莞	Dongguan	9655	8642	7780	6520	5985
中山	Zhongshan	8743	7497	4728	4310	3501
江门	Jiangmen	5849	9308	9094	7810	6412
阳江	Yangjiang	1456	2495	2237	1845	1461
湛江	Zhanjiang	2265	2246	2518	2391	2263
茂名	Maoming	2115	1907	1835	1541	1561
肇庆	Zhaoqing	2348	2238	2212	1536	1279
清远	Qingyuan	1565	2228	1609	1263	1098
潮州	Chaozhou	701	671	473	364	441
揭阳	Jieyang	794	886	958	766	695
云浮	Yunfu	1591	1207	806	707	669

6-22 各市交通事故直接财产损失情况

6-22 Direct Property Loss Status of Traffic Accidents by City

单位：元 (Yuan)

市别	City	2004	2005	2006	2007	2008
合计	**Total**	**241271580**	**208827889**	**132976093**	**120751855**	**100135850**
广州	Guangzhou	36605010	31935570	26671760	22543120	16866870
深圳	Shenzhen	55626193	44431975	3257170	15493921	11553019
珠海	Zhuhai	6692904	5788564	4949555	2841446	2600505
汕头	Shantou	4325283	4020751	3046291	2216649	2669314
佛山	Foshan	24994691	20584862	15438815	12870985	11645740
韶关	Shaoguan	11124295	10043025	6824140	7864235	7777044
河源	Heyuan	1175660	867811	1590150	1149062	1402016
梅州	Meizhou	599970	751200	428500	332987	329921
惠州	Huizhou	12901303	12808654	9040300	6257003	4453478
汕尾	Shanwei	6313450	6464735	6088350	3088163	1959406
东莞	Dongguan	9915839	9198830	8570104	7525519	6406061
中山	Zhongshan	13909429	11486694	7557541	6563045	4424611
江门	Jiangmen	15357262	13080419	10330452	8608432	6123678
阳江	Yangjiang	7107111	6936680	4578480	3392250	2688880
湛江	Zhanjiang	4916218	5815707	6848927	6840984	6486918
茂名	Maoming	5645666	4325648	3994947	2661730	2739825
肇庆	Zhaoqing	5556000	4501900	3607580	2916055	2540960
清远	Qingyuan	7575820	7965100	3757450	2708460	2823622
潮州	Chaozhou	3250730	1529250	1447555	880073	1187397
揭阳	Jieyang	4442173	3679565	3250921	2374997	2130611
云浮	Yunfu	3236573	2610949	1697105	1622739	1325974

6-23 处理道路交通违法情况（2008）

6-23 Status of Management of Illegal Road Traffic Events（2008）

项　目 Item	合计 Total	机动车 Automobile				
		小计 Subtotal	无证驾驶 Drive Without License	饮酒驾车 Drive after Drinking	醉酒驾车 Drunk Driving
纠正违法（人次）Correct the Violation（person-time）	23114750	20143707	84884	11829	2932
教育人次（人次）Educated Person-time（person-time）	5968391	3973595	7428	1329	147
处罚（人次）Penalty（Cperson-time）	17146359	16170112	77456	10500	2785
警告 Warning	887642	419260	3732	420	69
罚款 Penalty	16230890	15723027	65233	5865	855
暂扣驾驶证 Provisionally Suspending of License	16373	16372	1	4205	1127
吊销驾驶证 Revocation of License	324	324		1	
拘留 Detention	11130	11129	8490	9	734
强制措施 Enforcement Measures					
扣留机动车（辆）Withholding Automobile（unit）	1127084	1079991	68521	3463	588
扣留驾驶证（本）Withholding License（unit）	26199	26199	62	4493	665

项　目 Item	机动车 Automobile				非机动车 Non-automobile	行人和乘车人 Pedestrians and Passengers
	超速行驶 Speeding	客车超员 Overman of Coach	货车超载 Overload of Truck	其　他 Others		
纠正违法（人次）Correct the Violation（person-time）	3099238	38825	321403	16584596	1312883	1658160
教育人次（人次）Educated Person-time（person-time）	322774	11786	48227	3581904	808257	1186539
处罚（人次）Penalty（person-time）	2776464	27039	273176	13002692	504626	471621
警告 Warning	58694	8000	25395	322950	135530	332852
罚款 Penalty	2717679	19031	247781	12666583	369094	138769
暂扣驾驶证 Provisionally Suspending of License	91	8		10940	1	
吊销驾驶证 Revocation of License				323		
拘留 Detention				1896	1	
强制措施 Enforcement Measures						
扣留机动车（辆）Withholding Automobile（unit）	93	1655	71707	933964	46983	110
扣留驾驶证（本）Withholding License（unit）	1	54	589	20335		

6-24 各市机动车拥有量情况（2008）

6-24 Status of the Number of Automobile Ownership by City（2008）

单位：辆 （Unit）

市别 City	机动车总计 Total Number of Automobiles	汽车 Motor Vehicle 合计 Total	载客 Coach 小计 Subtotal	其中大型 Large Sized	其中轿车 Car	其中个人 Individual
合计 **Total**	16835051	5750124	4406038	118352	2857353	3601602
广州 Guangzhou	1838796	1171731	969078	26230	575676	784147
深圳 Shenzhen	1287573	1252747	1017598	26954	714651	846139
珠海 Zhuhai	203848	159745	124974	4660	89407	96020
汕头 Shantou	657378	190404	145317	2555	100729	121652
佛山 Foshan	648388	213564	163878	2999	113064	141294
南海 Nanhai Distric	553260	219819	156779	1956	100998	140893
顺德 Shunde Distric	654071	224403	160781	1760	114854	143310
韶关 Shaoguan	360153	72213	49040	1751	27940	36504
湛江 Zhanjiang	547209	106434	66110	3935	41396	44501
肇庆 Zhaoqing	749119	99273	64102	2496	38234	48465
江门 Jiangmen	1594454	205207	144224	3375	91418	116894
茂名 Maoming	1122982	120391	65854	3004	42303	52135
惠州 Huizhou	664877	179147	133298	4705	88811	108004
梅州 Meizhou	601165	72850	49932	1421	31439	38542
汕尾 Shanwei	150434	25005	16206	1358	9253	10270
河源 Heyuan	339633	49734	32604	2281	19744	23181
阳江 Yangjiang	625270	54036	40230	1521	28467	32601
清远 Qingyuan	501710	88116	53419	2014	28437	39649
东莞 Dongguan	1225276	701600	557359	14218	357676	476107
中山 Zhongshan	619349	277979	193819	3959	124692	167149
潮州 Chaozhou	483144	79462	60873	591	38918	53230
揭阳 Jieyang	479402	95150	72097	1834	48535	59634
云浮 Yunfu	478169	43809	28951	1197	17682	21266
省直属 Units Directly under Province	75545	47305	39515	1578	13029	15
省农机办 Provincial Agricultural and Mechanical Office	373846					

6-24 续表 continued

市别	City	汽车 Motor Vehicle 载货 Freight Train 小计 Subtotal	其中个人 Individual	其他汽车 Other Motor Vehicle	摩托车 Motor Bike	拖拉机 Tractor	挂车 Trailer	其他类型车 Others
合计	**Total**	1229674	735065	114412	10617680	423159	43673	415
广州	Guangzhou	180075	88075	22578	659794	10	6894	367
深圳	Shenzhen	203007	84914	32142	15142		19680	4
珠海	Zhuhai	31756	13133	3015	41508	11	2583	1
汕头	Shantou	42179	27220	2908	465351	496	1127	
佛山	Foshan	46881	31703	2805	433665	236	917	6
南海	Nanhai Distric	60476	45785	2853	428740	186	742	
顺德	Shunde Distric	60769	45865	2853	428740	186	742	
韶关	Shaoguan	21270	15121	1903	26667	10784	476	13
湛江	Zhanjiang	37227	28417	3097	437074	2250	1443	8
肇庆	Zhaoqing	33705	26711	1466	645066	4558	222	
江门	Jiangmen	57587	36046	3396	1386807	1298	1137	5
茂名	Maoming	51323	38015	3214	998570	3542	479	
惠州	Huizhou	41706	253788	4143	482709	2030	991	
梅州	Meizhou	20895	16374	2023	520885	6712	718	
汕尾	Shanwei	6411	4848	2388	122915	2201	312	1
河源	Heyuan	13896	11048	3234	287160	2191	548	
阳江	Yangjiang	13093	9919	713	571143	4	82	5
清远	Qingyuan	32559	25886	2138	401609	11525	460	
东莞	Dongguan	136295	64531	7946	521118	9	2549	
中山	Zhongshan	80503	55150	3657	340032		1333	5
潮州	Chaozhou	15233	11017	3356	403247	206	229	
揭阳	Jieyang	22456	19009	597	383339	795	118	
云浮	Yunfu	13732	10893	1126	433964	269	127	
省直属	Units Directly under Province	6640	0	1150	28240			
省农机办	Provincial Agricultural and Mechanical Office							

6-25 机动车驾驶人情况（2008）

6-25 Status of the Number of Motor Drivers（2008）

项 目	Item	实际人数（人）Actual Number（person）	其中：汽车驾驶证人数（人）Among which People with Car License（person）
合 计	**Total**	**17998287**	**10845139**
男 性	Male	13527926	8735977
18～20岁	age 18～20	105080	66583
21～25岁	age 21～25	1114270	784253
26～35岁	age 26～35	4091527	2967511
36～50岁	age 36～50	6071792	3964320
51～60岁	age 51～60	1756051	811006
超过60岁	age 60～	389206	142304
女 性	Female	4470361	2109162
18～20岁	age 18～20	22936	10860
21～25岁	age 21～25	368335	183100
26～35岁	age 26～35	1700962	880057
36～50岁	age 36～50	2065134	945001
51～60岁	age 51～60	295058	85393
超过60岁	age 60～	17936	4751

6-26 各市机动车拥有量情况

6-26 Status of the Number of Automobile Ownership by City

单位：辆 （Unit）

市 别	City	2004	2005	2006	2007	2008
合 计	**Total**	**13072358**	**14726863**	**14516882**	**15690642**	**16152340**
广 州	Guangzhou	1722105	1773818	1804072	1822764	1823053
深 圳	Shenzhen	659472	813108	875773	1144625	1225222
珠 海	Zhuhai	145932	167096	162162	188244	197010
汕 头	Shantou	588582	638821	567672	619723	647837
佛 山	Foshan	1620360	1755381	1725503	1808997	1843438
韶 关	Shaoguan	292240	330117	328930	347536	354072
河 源	Heyuan	277634	313917	283768	317670	329394
梅 州	Meizhou	572752	637453	609772	603087	604789
惠 州	Huizhou	528295	591151	581226	633704	649749
汕 尾	Shanwei	171948	183980	170852	176072	178628
东 莞	Dongguan	1009535	1184646	1135836	1178387	1210325
中 山	Zhongshan	497222	559657	575521	592347	607370
江 门	Jiangmen	1114090	1248468	1258713	1463328	1534225
阳 江	Yangjiang	476454	578324	568790	624782	640876
湛 江	Zhanjiang	434733	541434	517783	544502	571413
茂 名	Maoming	909083	1025833	1022998	1085879	1109796
肇 庆	Zhaoqing	523820	641037	631423	696784	726772
清 远	Qingyuan	384273	446073	442620	478085	491125
潮 州	Chaozhou	345863	444195	393305	450361	468696
揭 阳	Jieyang	397670	430759	441346	461822	471418
云 浮	Yunfu	400295	421595	418817	451943	467132

6-27 各市机动车驾驶员情况

6-27 Status of the Number of Motor Drivers by City

单位：人 (Person)

市 别	City	2004	2005	2006	2007	2008
合 计	**Total**	**14513834**	**15112146**	**16100506**	**17121401**	**17998287**
广 州	Guangzhou	2019867	2021480	2251239	2367114	2520458
深 圳	Shenzhen	703414	854521	997140	1155082	1346523
珠 海	Zhuhai	225049	251017	267605	294494	319449
汕 头	Shantou	640714	660946	682707	723930	763512
佛 山	Foshan	1727942	1842406	1917879	2000685	1947986
韶 关	Shaoguan	378263	387387	400968	419579	439697
河 源	Heyuan	397124	477031	518979	549673	589319
梅 州	Meizhou	843744	863443	882542	907782	905019
惠 州	Huizhou	496361	518686	546281	578191	622341
汕 尾	Shanwei	231873	266967	289145	318328	351904
东 莞	Dongguan	789619	798086	841444	924627	1003040
中 山	Zhongshan	519931	532670	566158	605692	652264
江 门	Jiangmen	1029533	1007756	1056630	1121643	1175727
阳 江	Yangjiang	505884	537128	590942	634380	659353
湛 江	Zhanjiang	609688	607084	624033	647833	676184
茂 名	Maoming	899473	928834	970031	1015776	1053610
肇 庆	Zhaoqing	722079	732585	773222	824323	862079
清 远	Qingyuan	445347	541336	565898	598795	619188
潮 州	Chaozhou	390324	380936	421958	454170	471904
揭 阳	Jieyang	425408	408273	426404	452808	480528
云 浮	Yunfu	512197	493574	509301	526496	538202

6-28 历年刑事治安案件情况

6-28 Status of Criminal and Public Security Cases Over the Years

年 份 Year	刑事案件 Criminal Cases		治安案件 Public Security Cases		
	立案（起）Register (unit)	破案（起）Solved (unit)	发现受理（起）Detected and Accepted (unit)	查处（起）Investigated and Treated (unit)	处罚违法人员（人次）Punished People (person-time)
1978	26245	19891			
1979	33642	22969			
1980	45340	30936	104076	83495	99457
1981	51699	38215	112394	112394	128987
1982	40129	31800	110204	89278	146821
1983	34670	27680	117138	82288	152688
1984	26002	21010	14349	81984	182606
1985	27953	22856	79920	72928	137946
1986	29291	23864	71151	63802	142260
1987	27516	22981	75121	67482	150680
1988	36517	28495	80027	71840	166236
1989	204199	74561	111923	104128	238713
1990	194685	79403	122374	113854	253169
1991	197362	86926	155939	145512	338358
1992	135254	70883	201299	166374	381061
1993	148007	84554	207546	172185	399454
1994	163533	100951	210746	189046	430676
1995	164691	108757	218085	202655	460588
1996	145819	100330	218987	208248	487504
1997	129740	85982	223877	213890	484637
1998	128310	81785	228318	218750	484185
1999	145884	87092	246153	231259	493400
2000	467222	131627	309009	260026	571223
2001	524440	141871	391019	317598	626082
2002	474137	169103	400391	297668	554323
2003	516971	161765	409209	266207	447841
2004	509522	173782	439026	275974	435497
2005	497525	186477	465598	323186	452751
2006	468589	188054	901751	795086	692183
2007	447576	178857	1042397	979934	784686
2008	422016	168869	1101926	1066451	804132

注：1. 治安案件从1980年开始统计。

2. 1989年、2000年开展如实立案，刑事案件有较大幅度增长。

Note：1. Public security cases was counted since 1980.

2. Criminal cases increased significantly since 1989 and 1990 because of faithful register.

6-29 历年发生交通事故情况

6-29 Occurrence Status of Traffic Accidents Over the Years

年 份 Year	起数（起） Number of Cases（unit）	死亡（人） Deaths（person）	受伤（人） Injury（person）	直接经济损失（万元） Direct Property Loss（10000 yuan）
1978	4521	730	3096	243.8
1979	5398	859	3708	332.4
1980	6745	1035	4610	406.2
1981	7210	1175	4845	499.8
1982	7364	1158	4755	509.6
1983	7420	1083	4535	537.9
1984	7739	1295	5491	528.9
1985	18509	2370	11193	2101.3
1986	22642	2773	13484	2940.3
1987	24270	3288	15090	3444.7
1988	23993	3640	14635	3969.6
1989	24299	3478	15133	4600.8
1990	25909	3639	14875	5043.8
1991	30306	4429	16979	6621.6
1992	34023	5509	18286	10463.9
1993	42700	6933	21075	19798.5
1994	46140	7647	23848	28028.3
1995	42115	7809	25210	28699.6
1996	39574	7725	27884	26554.4
1997	39086	7617	32882	26517.4
1998	38914	8246	36124	23050.5
1999	54812	9065	51883	25623.6
2000	66072	10208	63759	27526.1
2001	69555	10801	64788	30098.9
2002	78929	12035	75040	35833.8
2003	68903	11151	73170	31387.5
2004	68423	10657	78562	24127.2
2005	67756	9959	77591	20882.8
2006	56171	8828	67242	13297.6
2007	46558	7994	55565	12075.2
2008	39389	7182	46998	10013.6

6-30 历年发生火灾事故情况

6-30 Occurrence Status of Fire Accidents Over the Years

年 份 Year	起数（起） Number of Cases（unit）	死亡（人） Deaths （person）	受伤（人） Injury（person）	直接经济损失（万元） Direct Property Loss（10000 yuan）
1978	1990	138	165	481.3
1979	1746	118	135	623.3
1980	1754	103	132	744.4
1981	1359	118	123	549.0
1982	1099	96	85	470.8
1983	1088	104	90	572.2
1984	1013	107	93	797.6
1985	1131	130	214	991.5
1986	1198	139	200	1713.4
1987	1058	101	222	2489.1
1988	1014	106	165	3107.7
1989	1131	107	262	4916.6
1990	1725	128	312	9102 .0
1991	1363	173	257	10746.9
1992	1204	171	239	13187.4
1993	1362	329	889	38653.6
1994	1382	278	450	35484
1995	1254	220	283	17419.2
1996	1426	242	351	14441.7
1997	3563	201	414	10745.4
1998	4488	242	347	11314.2
1999	8781	349	382	13831.3
2000	8622	261	386	101064.7
2001	7885	248	385	8035.0
2002	13882	188	338	9491.0
2003	16133	249	334	7821.0
2004	16090	280	384	11476.0
2005	17276	298	350	8051.6
2006	8853	175	212	5628.0
2007	6168	194	130	9027.2
2008	4876	220	157	11490.5

6-31 人民检察院出庭公诉情况（2008）

6-31 Status of Appearance in Court and Public Prosecution by People's Procuratorate（2008）

单位：件 （Case）

案件类别 Category of Cases	适用简易程序 Simple Procedure Applicable	出庭公诉 Brought in Court					
			一审 First Trial	二审 Second Trial			再审 Reissues
					上诉案 Appealed Case	抗诉案 Protested Case	
合计 Total	**24938**	**41621**	**41405**	**194**	**143**	**51**	**22**
贪污贿赂 Corruption and Bribery	46	1025	1017	7	2	5	1
渎职侵权 Dereliction of Duty and Infringement of Citizens' Right	7	93	92				1
刑事案件 军人违反职责 Criminal Case on Dereliction of Duty by Servicemen	24885	40503	40296	187	141	46	20

6-32 人民检察院审查批准逮捕、决定逮捕犯罪嫌疑人和提起公诉被告人情况（2008）

6-32 Examine，Approve，Decide to Arrest Suspect and to Prosecute Accused Person Status of People's Procuratorate（2008）

案件类别 Category of Cases	批捕、决定逮捕 Approve，Decide to Arrest		提起公诉 Initiation of Public Prosecution	
	件 Unit	人 Person	件 Unit	人 Person
合计 Total	**70746**	**109711**	**68270**	**107307**
公安、安全、监狱管理 Management of Public Security，Safety and Prison	69639	108826	67056	105922
机关提请 Written Request for Approval				
危害国家安全案 Crimes Endanger State Security	5	22	5	6
危害公共安全案 Crimes against Public Security	5208	6351	5475	6714
破坏社会主义市场经济秩序案 Cases against Socialist Economic Order	2240	3790	2107	3725
侵犯公民人身、民主权利案 Crimes against the Personal and Democratic Rights of Citizens	12912	18827	12056	18012
侵犯财产案 Crimes against Property	37907	61105	36553	59819
妨害社会管理秩序案 Crimes against Social Administration	11353	18706	10847	17627
危害国防利益案 Crimes against National Interest	14	25	13	19
军人违反职责案 Case on Dereliction of Duty by Servicemen				
检察机关直接立案侦查案件 Cases Directly Registered and Investigated by Prosecuting Authority	837	885	1214	1385
贪污贿赂案 Crimes on Corruption and Bribery	770	815	1116	1282
渎职侵权案 Crimes of Malfeasance in Office	67	70	98	103

6-33 人民检察院直接立案侦查案件情况（2008）

6-33 Status of Cases that Directly Registered and Investigated by People's Procuratorate（2008）

案件类别 Category of Cases	受案 Acceptance	立案 Register		#大案 Major Cases	#要案 Important Cases	结案 Closed	
	件 Unit	件 Unit	人 Person	件 Unit	人 Person	件 Unit	人 Person
合计 Total	**3471**	**1767**	**1873**	**1299**	**148**	**1846**	**1964**
贪污贿赂案件 Corruption and Bribery	2470	1468	1558	1184	130	1501	1598
贪　污 Corruption	1048	513	581	377	23	500	564
贿　赂 Bribery	1152	764	781	675	94	775	794
挪用公款 Defalcation	194	166	167	131	5	175	178
集体私分 Collective Illegal Possession of Public Funds	51	24	28	11	7	48	59
巨额财产来源不明 Unstated Source of Large Properties	24					1	1
其　他 Others							
渎职侵权案件 Dereliction of Duty and Infringement of Citizens' Right	1001	299	315	115	18	345	366
滥用职权 Misuse of Authority	323	81	83	24	11	114	120
玩忽职守 Malpractice	394	165	172	75	6	177	185
徇私舞弊 Practice Favouritism and Commit Irregularities	173	37	40	10	1	34	37
其　他 Others	111	16	19	6		20	24

注：结案中含上年旧存（以下各表同）。

Note: The Number of closed Cases Including Cases Unclosed Last Year（The Same in Following Tables）.

6-34 人民检察院办理刑事抗诉案件情况（2008）

6-34 Status of Conduction of Criminal Protested Cases by People's Procuratorate（2008）

案件类别 Category of Cases		提出抗诉 Lodge a Protest	撤回抗诉 withdraw a Protest	审判结果合计 Judgement Results	改　判 Reverse a Decision		维持原判 Affirmance	发回重审 Hearing de novo
		件 Unit	件 Unit	件 Unit	件 Unit	人 Person	件 Unit	
合计	**Total**	**223**	**18**	**54**	**14**	**21**	**31**	**9**
二审小计	Subtotal of Second Trials	207	13	46	12	19	28	6
贪污贿赂案件	Corruption and Bribery	19	1	4	1	1	2	1
渎职侵权案件	Crimes of Malfeasance in Office	1						
刑事案件	Subtotal of Retrials	187	12	42	11	18	26	5
再审小计	Subtotal of Retrials	16	5	8	2	2	3	3
贪污贿赂案件	Corruption and Bribery			1			1	
渎职侵权案件	Crimes of Malfeasance in Office							
刑事案件	Subtotal of Retrials	16	5	7	2	2	2	3

6-35 人民检察院办理民事、行政抗诉案件情况（2008）

6-35 Status of Conduction of Civil and Administrative Protested Cases by People's Procuratorate（2008）

单位：件 （Case）

案件类别 Category of Cases		合计 Total	民事案件 Civil	行政案件 Administrative
立案	Register	2825	2615	210
提请抗诉	Lodge a Protest	564	527	37
抗诉	Protest	568	519	49
抗诉案件再审	Retrial of Protested Cases	312	301	11
改判	Reverse a Decision	69	68	1
发回重审	Reversal and Remandment	8	8	
调解	Conciliation	89	89	
维持原判	Affirmance	133	125	8
其他	Others	13	11	2

6-36 人民检察院处理申诉案件情况（2008）

6-36 Status of Treatment of Pleading Cases by People's Procuratorate（2008）

单位：件 （Case）

案件分类 Category of Cases		受案 Accepted	立案复查 Register for Reexamination	结案 Closed	#改变原决定 Change of the Original Decision
合计	**Total**	**334**	**153**	**145**	**13**
不服检察机关处理决定	Appeal against The Decision of procuratorial organ	115	90	86	13
不服不批捕	Appeal against not to Approve Arrest	23	18	18	4
不服不起诉	Appeal against Nonprosecution	70	61	59	6
不服撤案	Appeal against Withdrawn	1			
不服原免予起诉	Appeal against Exemption from Prosecution	1	1		
其他	Others	20	10	9	3
不服法院刑事判决裁定	Appeal against Criminal Judgement	219	63	59	
刑罚执行中被害人申诉	Petitions of the Victim at the Punishment	99	28	26	
刑罚执行中被告人申诉	Petitions of the Defendant at the Punishment	59	17	18	
刑罚执行完毕后被害人申诉	Petitions of the Victim after the Punishment	21	6	4	
刑罚执行完毕后被告人申诉	Petitions of the Defendant after the Punishment	40	12	11	

6-37 人民检察院受理举报、控告、申诉案件情况（2008）

6-37 Status of Acceptance of Report，Accuse and Pleading Cases by People's Procuratorate（2008）

单位：件 （Case）

案件类别 Category of Cases		受理 Accepted	处理 Handled	#分送检察机关 Distributed to Procuratorial Organ	#转其他机关 Transferred to other Organ
合　计	**Total**	**26069**	**25945**	**13116**	**4812**
首次举报	Primary Report	9355	9272	7076	1192
首次控告	Primary Accuse	4065	4052	1256	1566
首次申诉	Primary Appeal	12649	12621	4784	2054

6-38 各市、分院人民检察院直接立案侦查案件情况

6-38 Status of Cases that Directly Registered and Investigated by Each City's People's Procuratorate

市别	City	2004				2005				2006	
		立案 Register		结案 Closed		立案 Register		结案 Closed		立案 Register	
		件 Unit	人 Person	件 Unit	人 Person	件 Unit	人 Person	件 Unit	人 Person	件 Unit	人 Person
广州市院	Guangzhou Municipal Procuratorate	294	309	264	276	341	354	301	310	347	357
深圳市院	Shenzhen Municipal Procuratorate	145	164	143	160	154	168	141	150	179	188
珠海市院	Zhuhai Municipal Procuratorate	86	88	68	70	91	94	83	85	77	77
汕头市院	Shantou Municipal Procuratorate	79	87	77	86	84	90	64	67	90	95
佛山市院	Foshan Municipal Procuratorate	68	84	60	77	65	81	66	80	73	85
韶关市院	Shaoguan Municipal Procuratorate	72	87	58	68	68	82	63	76	66	86
河源市院	Heyuan Municipal Procuratorate	28	33	19	21	40	46	34	43	34	37
梅州市院	Meizhou Municipal Procuratorate	62	65	62	65	82	83	86	87	61	64
惠州市院	Huizhou Municipal Procuratorate	51	73	56	82	53	57	50	59	60	62
汕尾市院	Shanwei Municipal Procuratorate	23	26	29	29	38	40	37	38	40	40
东莞市院	Dongguan Municipal Procuratorate	28	29	26	28	26	30	29	33	31	31
中山市院	Zhongshan Municipal Procuratorate	32	32	29	29	35	37	37	37	34	34
江门市院	Jiangmen Municipal Procuratorate	107	125	86	99	112	127	111	125	95	114
阳江市院	Yangjiang Municipal Procuratorate	33	42	28	33	44	51	34	41	41	47
湛江市院	Zhanjiang Municipal Procuratorate	73	103	72	98	65	80	57	72	75	90
茂名市院	Maoming Municipal Procuratorate	66	76	64	78	64	73	54	61	60	60
肇庆市院	Zhaoqing Municipal Procuratorate	60	73	37	49	62	71	60	75	57	69
清远市院	Qingyuan Municipal Procuratorate	91	99	85	92	84	94	88	102	91	99
潮州市院	Chaozhou Municipal Procuratorate	29	35	32	38	31	37	31	36	30	40
揭阳市院	Jieyang Municipal Procuratorate	50	64	47	59	44	62	42	58	40	49
云浮市院	Yunfu Municipal Procuratorate	39	43	30	32	50	55	45	48	53	63
广州铁检分院	Procuratorate of Guangzhou Rail Way Branch	36	39	41	42	33	33	26	26	29	29

市别	City	2006		2007				2008			
		结案 Closed		立案 Register		结案 Closed		立案 Register		结案 Closed	
		件 Unit	人 Person	件 Unit	人 Person	件 Unit	人 Person	件 Unit	人 Person	件 Unit	人 Person
广州市院	Guangzhou Municipal Procuratorate	331	345	370	379	334	338	353	363	348	361
深圳市院	Shenzhen Municipal Procuratorate	168	172	163	171	151	160	189	203	181	196
珠海市院	Zhuhai Municipal Procuratorate	69	69	77	79	78	79	78	78	95	97
汕头市院	Shantou Municipal Procuratorate	86	93	84	85	64	64	85	97	89	95
佛山市院	Foshan Municipal Procuratorate	68	83	67	87	65	83	84	88	78	84
韶关市院	Shaoguan Municipal Procuratorate	74	97	76	82	61	69	79	89	97	107
河源市院	Heyuan Municipal Procuratorate	36	37	38	40	37	39	43	50	50	57
梅州市院	Meizhou Municipal Procuratorate	61	64	67	68	64	65	64	64	64	64
惠州市院	Huizhou Municipal Procuratorate	60	61	61	67	57	61	61	64	63	66
汕尾市院	Shanwei Municipal Procuratorate	40	43	40	40	26	26	39	39	37	38
东莞市院	Dongguan Municipal Procuratorate	25	25	29	29	33	33	31	31	35	36
中山市院	Zhongshan Municipal Procuratorate	31	33	38	39	37	38	42	44	45	47
江门市院	Jiangmen Municipal Procuratorate	93	108	89	97	90	101	81	86	85	95
阳江市院	Yangjiang Municipal Procuratorate	48	57	46	50	42	46	38	42	39	42
湛江市院	Zhanjiang Municipal Procuratorate	72	80	70	78	87	103	92	97	106	113
茂名市院	Maoming Municipal Procuratorate	56	56	63	65	65	67	67	70	72	78
肇庆市院	Zhaoqing Municipal Procuratorate	52	59	59	64	107	122	67	70	73	76
清远市院	Qingyuan Municipal Procuratorate	90	98	98	103	92	96	95	100	89	92
潮州市院	Chaozhou Municipal Procuratorate	30	41	35	38	30	32	34	39	32	37
揭阳市院	Jieyang Municipal Procuratorate	38	50	47	56	48	57	61	67	66	73
云浮市院	Yunfu Municipal Procuratorate	46	55	58	61	67	73	52	57	59	66
广州铁检分院	Procuratorate of Guangzhou Rail Way Branch	29	29	38	38	30	30	20	20	24	24

6-39 人民法院审理一审案件情况

6-39 Status of Judgment of First Trial Cases by People's Court

单位：件 (Case)

项目	Item	收案 Received	结案 Closed	调解 Conciliated	判决 Judged	驳回 Rejected	撤诉 Abandoned	其他 Others
合计	**Total**	**466945**	**464004**	**99751**	**184224**	**3885**	**65102**	**36547**
刑事	**Criminal**	**69186**	**68905**					
民事	**Civil**	**391907**	**389509**	**99751**	**184224**	**3885**	**65102**	**36547**
#婚姻家庭	Marriage and Family	43358	43488	18257	17820	154	6832	425
继承	Inheritance	1046	987	335	513	10	119	10
合同纠纷	Contract Dispute	254637	252317	69255	126893	2806	48200	5163
权属、侵权纠纷及其他	Ownership and Infringement Dispute and Others	92866	92717	11904	38998	915	9951	30949
行政	**Adminstrative**	**5852**	**5590**	**1302**	**684**	**1565**	**1455**	**584**

6-40 人民法院审理刑事一审案件情况（2008）

6-40 Status of Judgment of First Trial Criminal Cases by People's Court (2008)

单位：件 (Case)

项目	Item	收案 Received	结案 Closed
合计	**Total**	**69186**	**68905**
危害公共安全罪	Crimes against Public Security	5573	5545
破坏社会主义市场经济秩序罪	Crimes against Socialist Economic Order	2176	2155
侵犯公民人身权利民主权利罪	Crimes against the Personal and Democratic Rights of Citizens	12410	12349
侵犯财产罪	Crimes against Property	36944	36799
妨害社会管理秩序罪	Crimes against Social Administration	10872	10847
危害国防利益罪	Crimes against National Interest	15	15
贪污贿赂罪	Crimes on Corruption and Bribery	1098	1092
渎职罪	Crimes of Malfeasance in Office	90	95
其他	Others	8	8
合计中含自诉案件	Including Case of Private Prosecution	115	114

注：结案中含上年未结案件（以下各表同）。

Note: the Number of Closed Cases including Cases Unclosed Last Year (the Same in Following Tables).

6-41 人民法院判处刑事罪犯情况

6-41 Status of Sentence of Prisoner Under a Criminal Charge by People's Court

年份 Year	判处罪犯总数（人） Total Number of Criminals Sentenced	青少年罪犯 Juvenile Delinquency			青少年罪犯占刑事罪犯比重（%） the Proportion of Juvenile Delinquency in Criminal Prisoners (%)
			不满18岁 Age under 18	18～25岁 Age 18～25	
1998	45868	22988	2415	20573	50.12
1999	46126	22111	2560	19551	47.94
2000	52255	24107	3063	21044	46.13
2001	61076	27761	3968	23793	45.45
2002	59157	25597	4040	21557	43.27
2003	67458	29950	5134	24816	44.40
2004	78218	35002	6903	28099	44.75
2005	87946	41070	8666	32404	46.70
2006	93548	42738	8824	33914	45.69
2007	97706	43900	9941	33959	44.93
2008	94823	36690	8812	27878	38.69

6-42 人民法院审理婚姻家庭、继承一审案件情况（2008）

6-42 Status of Judgment of First Trial Married, Familial and Heritance Cases by People's Court (2008)

单位：件 (Case)

项目 Item	收案 Received	结案 Closed					
			调解 Conciliated	判决 Judged	驳回 Rejected	撤诉 Abandoned	其他 Others
合计 Total	**44404**	**44475**	**18592**	**18333**	**164**	**6951**	**435**
婚姻家庭 Marriage and Family	**43358**	**43488**	**18257**	**17820**	**154**	**6832**	**425**
离婚 Divorce	37117	37214	15374	15386	118	5993	343
赡养纠纷 Support Dispute	179	180	48	87	1	39	5
抚养、扶养关系纠纷 Upbringing and Maintenance Relationship Disputes	3049	3059	1880	845	11	305	18
抚育费纠纷 Upbringing and Maintenance Relationship Disputes	772	773	249	373	7	132	12
其他 Others	2241	2262	706	1129	17	363	47
继承 Inheritance	**1046**	**987**	**335**	**513**	**10**	**119**	**10**
法定继承 Legal Inheritance	597	565	171	308	5	74	7
遗嘱继承 Intestate Inheritance	88	82	23	53		6	
其他 Others	361	340	141	152	5	39	3

6-43 人民法院审理知识产权一审案件情况（2008）

6-43 Status of Judgment of First Trial Intellectual Property Rights Cases by People's Court（2008）

单位：件 （Case）

项 目	Item	收案 Received	结案 Closed	调解 Conciliated	判决 Judged	驳回 Rejected	撤诉 Abandoned	其他 Other
合计	**Total**	**4427**	**4304**	**874**	**1578**	**17**	**1737**	**98**
著作权	Copy Right	1404	1396	292	526	4	543	31
商标权	Trademarks	1615	1622	406	508	7	677	24
专利权	Patent Right	1115	1006	123	436	3	423	21
技术合同	Technology Contract	49	45	5	22	1	16	1
植物新品种纠纷	New Plant Variety Dispute	1	2	1			1	
不正当竞争	Unfair Competition	97	100	16	41	1	32	10
其他	Others	146	133	31	45	1	45	11

6-44 人民法院审理海事海商一审案件情况（2008）

6-44 Status of Judgment of First Trial Maritime Affairs by People's Court（2008）

单位：件 （Case）

项 目	Item	收案 Received	结案 Closed	调解 Conciliated	判决 Judged	驳回 Rejected	撤诉 Abandoned	其他 Other
合计	**Total**	**654**	**698**	**189**	**302**	**1**	**190**	**16**
海事侵权纠纷	**Maritime Tortious Disputes**	**79**	**72**	**10**	**36**		**23**	**3**
海上人身损害赔偿	Compensation for Maritime Personal	23	26	4	12		7	3
其他	Others	56	46	6	24		16	
海商合同	**Marine Affair Contracts**	**517**	**575**	**175**	**232**	**1**	**156**	**11**
海上货物运输合同	Contract of Carriage of Goods by Sea	264	209	21	103		77	8
海员劳务合同	Contact of Marine Labor	59	63	1	44	1	16	1
船舶建造买卖合同	Contact of Ship Construction and Sales	26	34	10	12		12	
船舶租用合同	Contract of Ship Hiring	33	27	11	8		8	
海上保险合同	Contract of Marine Insurance	15	9	1	5		3	
其他	Others	120	233	131	60		40	2
其他海事海商纠纷	**Other Marine Affair Disputes**	**58**	**51**	**4**	**34**		**11**	**2**

6-45 人民法院审理合同纠纷一审案件情况（2008）

6-45 Status of Judgment of First Trial Contract Dispute Cases by People's Court（2008）

单位：件 （Case）

项目	Item	收案 Received	结案 Closed	调解 Conciliated	判决 Judged	驳回 Rejected	撤诉 Abandoned	其他 Others
合计	**Total**	**254637**	**252317**	**69255**	**126893**	**2806**	**48200**	**5163**
借款合同	Loan Contract	50152	50044	13554	24653	337	10808	692
买卖合同	Sale Contract	41773	41281	11268	20451	257	8520	785
电信合同	Telecom Contract	4073	4072	1096	244	21	2711	
租赁合同	Hiring Contract	9424	9344	1730	5129	74	2219	192
劳动争议	Labor Dispute	78304	76733	26061	39507	601	8810	1754
房地产合同	Real Estate Contract	20580	20787	5956	11567	873	2143	248
供用动力合同	Contract of Labor Supplying	621	618	288	91	3	230	6
建设工程合同	Contract of Construction Projects	5479	5350	1157	2814	75	1187	117
农村承包合同	Rural Land Contract	2602	2610	640	1168	39	722	41
承揽合同	Contract for Work	5588	5505	1270	2905	33	1146	151
其他	Others	36041	35973	6235	18364	493	9704	1177

6-46 人民法院审理权属、侵权纠纷及其他民事一审案件情况（2008）

6-46 Status of Judgment of First Trial Ownership, Infringement Dispute and other Civil Cases by People's Court（2008）

单位：件 （Case）

项目	Item	收案 Received	结案 Closed	调解 Conciliated	判决 Judged	驳回 Rejected	撤诉 Abandoned	其他 Others
合计	**Total**	**92866**	**92717**	**11904**	**38998**	**915**	**9951**	**30949**
所有权及其相关权利	Proprietorship and Related Right	10289	10177	2094	5464	268	2053	298
特别程序	Special Procedure	35574	35504	83	4528	345	972	29576
人身权纠纷	Dispute of Personal Right	33134	33580	7990	21264	134	3668	524
人身损害赔偿	Compensation for Personal Harm	32248	32755	7845	20794	127	3477	512
特殊侵权纠纷	Special Infringement Dispute	912	895	121	413	14	319	28
不当得利	Unjust Enrichment	996	949	99	593	17	199	41
票据、证券、股票纠纷	Dispute of Notes, Bonds and Stocks	3568	3320	308	1977	71	702	262
其他	Others	8393	8292	1209	4759	66	2038	220

6-47 人民法院审理行政一审案件情况（2008）

6-47 Status of Judgment of First Trial Administrative Cases by People's Court（2008）

单位：件 （Case）

项 目	Item	收案 Received	结案 Closed	维持 Maintaining	撤销 Revocation	驳回诉讼请求 Claim Overruled	驳回起诉 Lawsuit Rejected	撤诉 Abandoned	其他 Others
合计	**Total**	**5852**	**5590**	**1302**	**684**	**1016**	**549**	**1455**	**584**
土地等资源	Resources （Land）	1189	1051	323	203	114	101	203	107
公 安	Public Security	811	832	128	15	129	52	457	51
城 建	City Construction	844	804	60	129	205	134	181	95
交通运输	Transportation	298	299	43	15	72	14	152	3
工 商	Industry and Commerce	159	141	26	23	32	18	31	11
环 保	Environmental Protetion	48	45	22	1	4	2	9	7
计划生育	Family Planning	53	55	12		3	2	10	28
税务	Taxation	30	28	6		9	6	7	
卫生	Health	31	28	4	1	7	7	8	1
乡政府	County Government	441	406	91	169	40	13	64	29
劳动和社会保障	Labor and Social Insurance	1010	998	393	74	214	36	200	81
其他	Others	938	903	194	54	187	164	133	171

6-48 各市人民法院各类一审案件收案情况（2008）

6-48 Status of Admission of All kinds of First Trial Cases by People's Court by City（2008）

单位：件 （Case）

市 别	City	刑事 Criminal	民事 Civil	婚姻家庭、继承 Marriage and Fimily	合同 Contract	权属、侵权 Ownership and Infringement	行政 Administrative
广 州	Guangzhou	13787	83503	6903	52055	24545	2602
深 圳	Shenzhen	13736	85728	3857	69396	12475	747
珠 海	Zhuhai	2502	9340	1094	6398	1848	194
汕 头	Shantou	1945	9531	1476	5356	2699	41
佛 山	Foshan	6193	29895	2753	19193	7949	366
韶 关	Shaoguan	973	9136	2390	3597	3149	214
河 源	Heyuan	858	4437	1710	1940	787	70
梅 州	Meizhou	999	8094	3139	3730	1225	69
惠 州	Huizhou	3023	10742	1543	7061	2138	303
汕 尾	Shanwei	705	1647	856	342	449	99
东 莞	Dongguan	6675	44274	1395	35593	7286	318
中 山	Zhongshan	3025	17306	1442	11723	4141	313
江 门	Jiangmen	3516	16452	3220	10386	2846	127
阳 江	Yangjiang	1022	5293	1206	3226	861	54
湛 江	Zhanjiang	2072	10132	2585	4769	2778	274
茂 名	Maoming	1585	8692	2109	5161	1422	195
肇 庆	Zhaoqing	1663	8510	1553	4041	2916	130
清 远	Qingyuan	1350	7428	2023	3619	1786	165
潮 州	Chaozhou	884	2864	819	1769	276	21
揭 阳	Jieyang	1230	13362	1210	2478	9674	22
云 浮	Yunfu	900	4139	1098	2171	870	68
海 事	Marine Affair		1193		517	676	
铁 路	Rail Way	543	171	23	88	60	

6-49 各市人民法院各类案件收结案情况

6-49 Status of Admission and Report of All kinds of Cases by People's Court by City

单位：件 (Case)

市别	City	2004		2005		2006		2007		2008	
		收案 Received	结案 Closed	收案 Received	结案 Closed	收案 Received	结案 Closed	收案 Received	结案 Closed	收案 Received	结案 Closed
广州	Guangzhou	156877	155446	175150	174531	164782	165577	166004	166703	185643	183239
深圳	Shenzhen	102768	100050	125353	124258	135947	135763	134196	134942	163770	160994
珠海	Zhuhai	22444	22438	23347	21594	19524	19570	18426	18576	20568	21048
汕头	Shantou	18216	18389	17967	18007	15918	16016	15701	15672	17011	17022
佛山	Foshan	66038	66743	87770	84163	78942	79601	76131	77214	87715	83529
韶关	Shaoguan	17096	17100	18758	18461	16706	16887	14158	14446	16136	15481
河源	Heyuan	8036	7689	6861	7077	8207	8168	8135	8288	8407	8454
梅州	Meizhou	16050	16155	16896	16984	14003	14101	18331	18351	14036	14077
惠州	Huizhou	15634	15615	15454	15841	18827	18716	21680	21788	22196	21053
汕尾	Shanwei	7874	7781	7031	6967	5819	5328	3591	3829	4104	3933
东莞	Dongguan	42291	41937	44930	43674	53529	53929	59706	58842	76582	71047
中山	Zhongshan	22822	22992	25921	25096	29124	26402	33965	31942	31572	33181
江门	Jiangmen	33822	33142	39409	39460	36039	36613	35075	34959	36493	34824
阳江	Yangjiang	11271	11409	11255	11749	10389	10623	10662	10770	11548	11517
湛江	Zhanjiang	24392	24894	19555	19274	18713	18821	16682	16948	18926	17600
茂名	Maoming	18452	18923	18179	18326	16831	16438	16623	16880	16346	16169
肇庆	Zhaoqing	16217	16285	18451	15789	16973	14487	16626	21670	17077	16588
清远	Qingyuan	15388	15006	16686	17011	15072	15260	12756	12871	14250	14327
潮州	Chaozhou	5832	5862	5702	5619	5076	5124	4349	4477	5030	4854
揭阳	Jieyang	19070	19055	19099	19202	17175	17220	17233	17128	17547	17323
云浮	Yunfu	11030	11380	10966	11366	12524	12456	9751	10025	8821	8395
海事	Marine Affairs	1098	900	1414	1480	1155	1222	1494	1365	1587	1624
铁路	Rail way	2247	2225	1717	1555	1309	1532	1121	1152	941	880

6-50 历年人民法院审理一审案件情况

6-50 Status of Judgment of First Trial Cases Over the Years

单位：件 (Case)

年 份 Year	收案 Received	刑事 Criminal	民事 Civil	行政 Administrative	结案 Closed	刑事 Criminal	民事 Civil	行政 Administrative
1978	18257	3892	14365		18206	4201	14005	
1979	18333	3754	14579		18023	4216	13807	
1980	31847	8921	22926		30020	8497	21523	
1981	36940	10288	26652		37521	10523	26998	
1982	45516	9733	35783		44541	9701	34840	
1983	55230	19507	35723		54196	18220	35976	
1984	61928	19670	42258		63010	20880	42130	
1985	63681	11029	52652		62069	11132	50937	
1986	79199	12331	66868		76440	12282	64158	
1987	89479	13927	75410	142	88905	13973	74809	123
1988	88549	14265	74000	284	87506	14081	73178	247
1989	101640	15580	85590	470	100362	15590	84353	419
1990	104552	17071	86778	703	105169	17170	87384	615
1991	111051	17239	92681	1131	113209	17181	94901	1127
1992	122644	17834	103662	1148	123079	17761	104126	1192
1993	125309	18161	106167	981	123746	18174	104567	1005
1994	150670	25948	123762	960	147810	25531	121317	962
1995	187119	30942	155071	1106	183486	30517	151872	1097
1996	242285	41668	199352	1265	237504	40997	195255	1252
1997	251827	32105	218164	1558	252053	33285	217243	1525
1998	287727	33382	252388	1957	286706	33792	250941	1973
1999	285127	33643	249316	2168	288176	33829	252169	2178
2000	315856	39163	273258	3435	320267	39023	277862	3382
2001	357979	45240	309561	3178	356528	45116	308204	3208
2002	353815	47392	302647	3776	352486	47204	301516	3766
2003	359210	52662	302739	3809	359382	52980	302590	3812
2004	372907	62565	306110	4232	370757	62394	304192	4171
2005	394189	67809	321709	4671	391068	67519	318875	4674
2006	393464	71216	317231	5017	394249	71357	317926	4966
2007	404378	69334	329331	5713	403106	69229	328174	5703
2008	466945	69186	391907	5852	464004	68905	389509	5590

注：一审案件指人民法院按照诉讼级别管辖按第一审程序审理的案件。

Note: First trial case means case that ruled according to lawsuit level and judged according to first trial procedure by People' s Court.

6-51 各市律师、公证、人民调解工作情况（2008）

6-51 Lawyer, Notarization and People's Mediation Work Situation by City（2008）

市别	City	律师事务所（个）Number of Lawfirm (unit)	执业律师（人）Number of Practicing Lawyer (person)	担任常年法律顾问（家）Number of Units with Permanent Legal Advisors (unit)	公证人员（人）Number of Notarial Personnel (person)	办结公证总数（件）Number of Notary Documents (case)	调解纠纷总数（件）Number of Mediation of Disputes (unit)
合计	**Total**	**1378**	**16560**	**30531**	**1504**	**924956**	**230770**
广州	Guangzhou	316	5634	7371	334	332097	17065
深圳	Shenzhen	291	5120	7423	159	175112	60508
珠海	Zhuhai	52	603	1236	55	30795	6486
汕头	Shantou	45	331	758	85	32639	4034
佛山	Foshan	119	1162	3725	112	74268	8630
韶关	Shaoguan	42	194	413	45	8899	4902
河源	Heyuan	25	79	182	26	4093	24507
梅州	Meizhou	34	133	355	35	12535	5408
惠州	Huizhou	50	390	1020	82	12723	5222
汕尾	Shanwei	16	60	78	37	4337	19722
东莞	Dongguan	75	1056	2597	82	29410	3279
中山	Zhongshan	38	414	2198	49	35610	6291
江门	Jiangmen	44	300	940	103	114828	8020
阳江	Yangjiang	19	68	115	28	1989	3342
湛江	Zhanjiang	48	264	261	44	14481	12163
茂名	Maoming	29	165	193	33	7743	13256
肇庆	Zhaoqing	43	182	521	50	14247	5336
清远	Qingyuan	34	151	581	48	4016	6408
潮州	Chaozhou	16	107	194	17	2567	3198
揭阳	Jieyang	22	105	229	56	8692	5290
云浮	Yunfu	20	42	141	24	3875	7703

6-52 律师、公证、基层司法及法学教育基本情况（2008）

6-52 Basic Condition of Lawyer，Notarization，Grassroots Judicial Work and Legal Education（2008）

项　目	Item	数　量 Amount
律师事务所（个）	Number of Lawfirm（unit）	1278
执业律师（人）	Practicing Lawyer（person）	16750
担任常年法律顾问（家）	Number of Units with Permanent Legal Advisors（unit）	31133
民事代理（件）	Agent of Civil Cases（case）	132502
非诉讼法律事务（件）	Non-lawsuit Legal Matters（case）	129596
刑事辩护（件）	Criminal Defense（case）	24155
涉外法律事务（件）	Foreign-related Legal Affairs（case）	
#涉外及港澳台经济法律事务	Hong Kong，Macao，Taiwan Concerning Economic Legal Affairs	
解答法律询问（件）	Advisory Services of Legal Affairs（case）	538877
公证工作	Notarization	
公证处（个）	Number of Notary Offices（unit）	137
公证人员（人）	Notarial Personnel（person）	1534
办结公证总数（件）	Number of Notary Documents（case）	1019626
#国内民事公证（件）	Domestic Civil Affairs（case）	393340
国内经济公证（件）	Notarization of Domestic Economic Cases（case）	226444
涉外及港澳台民事（件）	Foreign-related，Hong Kong，Macao and Taiwan Concerning Civil Affairs（case）	399842

项　目	Item	数　量 Amount
法律服务所（个）	Legal Service Office（unit）	1206
法律服务所人员（人）	Number of Law Service Personnel（person）	3384
担任法律顾问（家）	Number of Units with Legal Advisors（unit）	15300
民事诉讼代理（件）	Agent of Civil Cases（case）	9665
非诉讼代理（件）	Agent of Non-litigious Legal Affairs（case）	41196
避免、挽回经济损失（万元）	Economic Losses Avoided and Retrieved（10000 yuan）	56199
人民调解委员会（个）	Number of People’s Mediation Committees（unit）	31067
调解人员（人）	Number of Mediators（person）	195654
调解纠纷总数（件）	Mediating Disputes（case）	230770
法学教育（人）	Legal Education（person）	
普通成人高等法学教育	Common Adult Advanced Legal Education	
招生数（人）	Enrolment（person）	218
在校生数（人）	Students Enrollment（person）	1026
毕业生数（人）	Graduates（person）	316

6-53 各市律师非诉讼法律事务

6-53 Lawyer's Non-litigation Legal Issues by City

单位：件 (Case)

市别	City	2004	2005	2006	2007	2008
合计	**Total**	**112544**	**183082**	**126200**	**128310**	**103756**
广州	Guangzhou	17820	26597	21628	22316	22604
深圳	Shenzhen	12699	6941	5375	11986	13151
珠海	Zhuhai	2040	4909	3343	4057	3658
汕头	Shantou	2108	2444	2783	817	436
佛山	Foshan	10797	8578	15704	14973	6497
韶关	Shaoguan	542	15406	541	832	741
河源	Heyuan	214	175	497	105	104
梅州	Meizhou	8326	8616	1330	582	456
惠州	Huizhou	3834	5053	1806	4987	4975
汕尾	Shanwei	1236	1286	485	99	67
东莞	Dongguan	13951	13391	15587	22352	23858
中山	Zhongshan	24363	34070	31848	15640	12180
江门	Jiangmen	1728	5386	2065	541	496
阳江	Yangjiang	888	1587	667	923	335
湛江	Zhanjiang	2022	1474	666	2624	1196
茂名	Maoming	900	206	397	560	279
肇庆	Zhaoqing	6504	7128	8891	14456	10074
清远	Qingyuan	1556	39322	11038	9875	1954
潮州	Chaozhou	113	15	544	173	158
揭阳	Jieyang	595	238	940	169	430
云浮	Yunfu	308	260	65	243	107

6-54 各市担任常年法律顾问情况

6-54 Status of Perennial Legal Counsel by City

单位：家 (Unit)

市别	City	2004	2005	2006	2007	2008
合计	**Total**	**17437**	**19157**	**21885**	**26928**	**30531**
广州	Guangzhou	1733	1090	1395	5767	7371
深圳	Shenzhen	4207	5233	6362	5970	7423
珠海	Zhuhai	772	992	1075	1186	1236
汕头	Shantou	704	881	958	751	758
佛山	Foshan	2268	2472	2850	3031	3725
韶关	Shaoguan	574	429	426	418	413
河源	Heyuan	176	193	258	175	182
梅州	Meizhou	692	643	314	338	355
惠州	Huizhou	755	765	647	728	1020
汕尾	Shanwei	71	85	58	72	78
东莞	Dongguan	1128	1426	2609	3322	2597
中山	Zhongshan	1990	2333	2216	2210	2198
江门	Jiangmen	644	719	827	904	940
阳江	Yangjiang	109	119	106	102	115
湛江	Zhanjiang	286	280	265	203	261
茂名	Maoming	167	152	195	187	193
肇庆	Zhaoqing	423	509	491	534	521
清远	Qingyuan	298	343	334	415	581
潮州	Chaozhou	112	145	150	191	194
揭阳	Jieyang	225	223	266	272	229
云浮	Yunfu	103	125	83	152	141

6-55 各市刑事辩护情况

6-55 Status of Criminal Defense by City

单位：件 (Case)

市 别	City	2004	2005	2006	2007	2008
合 计	**Total**	**16803**	**23409**	**24772**	**28075**	**34753**
广 州	Guangzhou	2584	6952	6737	4739	6774
深 圳	Shenzhen	3042	5244	6081	5350	10265
珠 海	Zhuhai	1143	1084	928	2226	1124
汕 头	Shantou	482	441	476	640	597
佛 山	Foshan	1955	1952	2285	2945	3343
韶 关	Shaoguan	353	337	388	735	514
河 源	Heyuan	121	124	164	281	205
梅 州	Meizhou	187	196	128	238	130
惠 州	Huizhou	549	355	647	200	1311
汕 尾	Shanwei	191	130	72	302	294
东 莞	Dongguan	1696	2496	2406	3345	3628
中 山	Zhongshan	870	1100	1240	1423	1784
江 门	Jiangmen	528	685	917	1641	1051
阳 江	Yangjiang	230	211	170	217	200
湛 江	Zhanjiang	405	358	323	761	725
茂 名	Maoming	404	288	358	408	339
肇 庆	Zhaoqing	398	399	387	480	410
清 远	Qingyuan	624	348	347	810	1135
潮 州	Chaozhou	275	255	222	562	248
揭 阳	Jieyang	491	204	317	501	327
云 浮	Yunfu	275	250	179	271	349

6-56 各市律师民事代理情况

6-56 Status of Total Agents of Civil Cases by City

单位：件 （Case）

市别	City	2004	2005	2006	2007	2008
合计	**Total**	**55781**	**82869**	**88050**	**89242**	**130737**
广州	Guangzhou	10589	23845	23719	20509	28775
深圳	Shenzhen	11362	23205	26411	18259	38023
珠海	Zhuhai	2555	3227	3807	5021	5010
汕头	Shantou	989	1490	1469	2149	2542
佛山	Foshan	7658	7225	6942	10604	12135
韶关	Shaoguan	1533	1240	1513	1755	1789
河源	Heyuan	495	570	630	592	702
梅州	Meizhou	1013	708	583	1050	761
惠州	Huizhou	1555	1459	1475	2144	3397
汕尾	Shanwei	290	215	200	255	221
东莞	Dongguan	5232	6543	8414	10702	16931
中山	Zhongshan	4199	4875	4524	5412	7937
江门	Jiangmen	1446	1946	2047	2756	3350
阳江	Yangjiang	531	605	565	676	647
湛江	Zhanjiang	877	937	814	1736	1751
茂名	Maoming	900	917	786	790	820
肇庆	Zhaoqing	996	1204	1509	1925	1916
清远	Qingyuan	1643	1051	1149	1200	1939
潮州	Chaozhou	478	608	583	536	641
揭阳	Jieyang	800	362	479	659	713
云浮	Yunfu	640	637	431	512	737

6-57 各市律师执业情况

6-57 Status of Professional Services of Lawyer by City

单位：人 (Person)

市别	City	2004	2005	2006	2007	2008
合计	**Total**	**11237**	**12471**	**13710**	**15147**	**16560**
广州	Guangzhou	3945	4322	4727	5101	5634
深圳	Shenzhen	3024	3624	4084	4558	5120
珠海	Zhuhai	440	452	494	576	603
汕头	Shantou	317	317	320	304	331
佛山	Foshan	839	928	1007	1129	1162
韶关	Shaoguan	163	171	173	182	194
河源	Heyuan	52	55	56	80	79
梅州	Meizhou	109	119	104	132	133
惠州	Huizhou	311	280	312	388	390
汕尾	Shanwei	51	60	59	59	60
东莞	Dongguan	536	655	782	932	1056
中山	Zhongshan	283	309	351	388	414
江门	Jiangmen	230	244	256	279	300
阳江	Yangjiang	61	58	65	65	68
湛江	Zhanjiang	241	247	245	252	264
茂名	Maoming	149	160	159	158	165
肇庆	Zhaoqing	130	134	171	170	182
清远	Qingyuan	140	141	146	145	151
潮州	Chaozhou	67	65	64	104	107
揭阳	Jieyang	101	96	94	102	105
云浮	Yunfu	48	34	41	43	42

6-58 各市律师事务所情况

6-58 Status of Lawfirm by City

单位：家 (Unit)

市别	City	2004	2005	2006	2007	2008
合计	**Total**	**1064**	**1134**	**1210**	**1303**	**1378**
广州	Guangzhou	250	267	285	296	316
深圳	Shenzhen	185	203	229	266	291
珠海	Zhuhai	42	44	46	49	52
汕头	Shantou	37	39	41	42	45
佛山	Foshan	98	106	109	116	119
韶关	Shaoguan	37	39	40	41	42
河源	Heyuan	23	23	23	25	25
梅州	Meizhou	31	31	34	34	34
惠州	Huizhou	39	40	41	46	50
汕尾	Shanwei	15	15	16	16	16
东莞	Dongguan	41	45	53	67	75
中山	Zhongshan	27	28	33	35	38
江门	Jiangmen	33	35	37	43	44
阳江	Yangjiang	17	17	17	18	19
湛江	Zhanjiang	42	46	48	48	48
茂名	Maoming	28	28	28	28	29
肇庆	Zhaoqing	34	38	39	41	43
清远	Qingyuan	33	34	34	34	34
潮州	Chaozhou	14	16	16	16	16
揭阳	Jieyang	20	21	21	22	22
云浮	Yunfu	18	19	20	20	20

6-59 各市公证人员情况

6-59 Status of Notarial Personnel by City

单位：人 (Person)

市别	City	2004	2005	2006	2007	2008
合计	**Total**	**1306**	**1433**	**1456**	**1402**	**1504**
广州	Guangzhou	293	308	287	309	334
深圳	Shenzhen	134	222	224	159	159
珠海	Zhuhai	46	54	55	55	55
汕头	Shantou	80	81	118	77	85
佛山	Foshan	72	80	77	88	112
韶关	Shaoguan	49	41	32	25	45
河源	Heyuan	27	14	32	26	26
梅州	Meizhou	49	49	50	52	35
惠州	Huizhou	59	67	49	65	82
汕尾	Shanwei	30	30	38	38	37
东莞	Dongguan	46	48	76	75	82
中山	Zhongshan	41	47	46	46	49
江门	Jiangmen	86	98	91	103	103
阳江	Yangjiang	25	21	23	28	28
湛江	Zhanjiang	51	55	53	50	44
茂名	Maoming	34	33	33	28	33
肇庆	Zhaoqing	46	45	43	48	50
清远	Qingyuan	42	47	31	31	48
潮州	Chaozhou	22	19	19	20	17
揭阳	Jieyang	53	53	56	56	56
云浮	Yunfu	21	21	23	23	24

6-60 各市公证总数

6-60 Total Number of Notarizations by City

单位：件 (Case)

市别	City	2004	2005	2006	2007	2008
合计	**Total**	**884572**	**867458**	**924915**	**1101078**	**924956**
广州	Guangzhou	284391	246954	257528	338716	332097
深圳	Shenzhen	149163	173912	217049	283769	175112
珠海	Zhuhai	30357	30615	32860	34511	30795
汕头	Shantou	28300	28614	29811	35282	32639
佛山	Foshan	42775	44079	60530	68718	74268
韶关	Shaoguan	51460	33691	16846	7137	8899
河源	Heyuan	6503	6107	4888	4679	4093
梅州	Meizhou	12254	11808	12861	14167	12535
惠州	Huizhou	17499	15493	14564	18485	12723
汕尾	Shanwei	3887	3514	3725	3986	4337
东莞	Dongguan	56822	60680	62382	62284	29410
中山	Zhongshan	24600	30562	34831	38390	35610
江门	Jiangmen	118452	128659	114583	119149	114828
阳江	Yangjiang	3705	2632	3272	3494	1989
湛江	Zhanjiang	12341	12214	14179	20100	14481
茂名	Maoming	4886	5314	6329	7268	7743
肇庆	Zhaoqing	12135	12045	15020	16335	14247
清远	Qingyuan	8467	6355	6739	7801	4016
潮州	Chaozhou	2620	2519	2467	3230	2567
揭阳	Jieyang	10442	8060	10325	9534	8692
云浮	Yunfu	3513	3631	4126	4043	3875

6-61 各市公证处情况

6-61 Status of Public Notary Office by City

单位：家 (Unit)

市别	City	2004	2005	2006	2007	2008
合计	**Total**	**143**	**142**	**138**	**142**	**139**
广州	Guangzhou	13	11	11	11	8
深圳	Shenzhen	7	7	7	7	7
珠海	Zhuhai	3	4	4	4	4
汕头	Shantou	8	8	8	8	8
佛山	Foshan	6	6	6	6	6
韶关	Shaoguan	11	11	11	11	11
河源	Heyuan	7	7	7	7	7
梅州	Meizhou	9	9	9	9	9
惠州	Huizhou	7	7	7	7	7
汕尾	Shanwei	5	5	5	5	5
东莞	Dongguan	1	1	2	2	3
中山	Zhongshan	2	2	2	2	2
江门	Jiangmen	8	8	5	8	8
阳江	Yangjiang	5	5	5	5	5
湛江	Zhanjiang	10	10	9	9	9
茂名	Maoming	7	7	7	7	7
肇庆	Zhaoqing	9	9	9	9	9
清远	Qingyuan	9	9	9	9	9
潮州	Chaozhou	4	4	3	4	3
揭阳	Jieyang	6	6	6	6	6
云浮	Yunfu	6	6	6	6	6

6-62 各市人民调解纠纷总数

6-62 Total Number of Dispute Resolution by City

单位：件 (Case)

市别	City	2004	2005	2006	2007	2008
合计	**Total**	**134836**	**73658**	**206008**	**220732**	**230770**
广州	Guangzhou	6313	4153	12882	19098	17065
深圳	Shenzhen	11513	9573	49105	61321	60508
珠海	Zhuhai	2490	972	2112	4677	6486
汕头	Shantou	4000	1908	3576	3919	4034
韶关	Shaoguan	5988	3209	6665	7953	8630
河源	Heyuan	3101	1385	3992	4385	4902
梅州	Meizhou	15549	8694	24637	22781	24507
惠州	Huizhou	4045	1794	3943	4568	5408
汕尾	Shanwei	4166	1933	7956	5184	5222
东莞	Dongguan	10211	5732	16952	16765	19722
中山	Zhongshan	2430	1120	2276	2086	3279
江门	Jiangmen	4963	1992	5212	6580	6291
佛山	Foshan	7658	3747	8524	7476	8020
阳江	Yangjiang	4106	1735	3151	2978	3342
湛江	Zhanjiang	10717	6262	12374	11230	12163
茂名	Maoming	13751	7139	14474	14523	13256
肇庆	Zhaoqing	4240	2674	4310	4572	5336
清远	Qingyuan	8114	3860	7661	6302	6408
潮州	Chaozhou	2935	1240	3220	2393	3198
揭阳	Jieyang	4787	2501	4624	5265	5290
云浮	Yunfu	3759	2035	8362	6676	7703

6-63 各类生产安全事故综合情况（2008）

6-63 Basic Condition of All Kinds of Production Safety Accidents（2008）

	起数（起）Number of Cases（case）	死亡 Deaths	死亡（人）Deaths（person）	受伤（人）Lnjury（person）	直接经济损失（万元）Directly Economic Lose（10000 yuan）
合计 Total	**45103**	**7123**	**7998**	**47437**	**34027.3**
一、工矿商贸合计 Mining Industry and Business Trade	629	458	531	266	7267.9
二、火灾（不含森林草原）Fire Accidents（Excluding Fores and Grassland）	4876	107	226	161	11043.2
三、道路交通 Road Traffic	39389	6456	7082	46998	10013.6
四、水上交通 Waterborne Traffic	45	15	35		5060.5
五、铁路交通 Railway Traffic	90	81	81	9	119.2
六、渔业船舶 Fishing Boats	71	6	43		520.3
七、农业机械 Agricultural Machineries	3			3	2.6

6-64 各市各类生产安全事故指标情况

6-64 Indicator Situation of All Kinds of Production Safety Accidents by City

市别	City	起数（起）Number of Cases（case）	死亡（人）Deaths（person）	亿元GDP安全生产事故死亡率（%）100 Million GDP Mortality in（%）	工商贸企业十万人死亡率（%）100 Thousand People Mortality in Mining, Business and Trade Enterprises（%）	道路交通安全万车死亡率（%）10000 Car Mortality in Road Traffic Accidents（%）
合计	**Total**	**45103**	**7998**	**0.2**	**1.3**	**4.3**
广州	Guangzhou	6974	1368	0.2	1.5	6.8
深圳	Shenzhen	3713	873	0.1	1.5	5.8
珠海	Zhuhai	1216	132	0.1	1.8	6.2
汕头	Shantou	916	238	0.2	0.4	3.2
佛山	Foshan	5757	823	0.2	1.4	4.1
韶关	Shaoguan	489	305	0.5	2.9	7.2
河源	Heyuan	235	123	0.3	3.1	2.9
梅州	Meizhou	361	217	0.4	1.8	3.1
惠州	Huizhou	1517	495	0.4	1	6.8
汕尾	Shanwei	972	182	0.5	0.9	10
东莞	Dongguan	6108	635	0.2	0.8	4.9
中山	Zhongshan	3678	362	0.3	1.9	5.3
江门	Jiangmen	5166	446	0.4	2	2.7
阳江	Yangjiang	1159	192	0.4	0.7	2.9
湛江	Zhanjiang	1787	256	0.2	1.8	4.1
茂名	Maoming	1423	323	0.3	1	2.7
肇庆	Zhaoqing	1090	271	0.4	0.7	3.6
清远	Qingyuan	955	258	0.3	4.2	4.5
潮州	Chaozhou	413	109	0.2	0.8	2.1
揭阳	Jieyang	628	237	0.3	0.9	4.4
云浮	Yunfu	598	175	0.6	0.8	3.2

6-65 各市生产安全事故情况（2008）

6-65 Status of Production Safety Accidents by City（2008）

市别 City	2008（起、人）（case，person）						与上年对比（%）Comparing to Last Year（%）					
	工矿 Mining		火灾 Fire		交通 Traffic		工矿 Mining		火灾 Fire		交通 Traffic	
	起数 Cases	死亡 Deaths	起数 Cases	死亡 Deaths	起数 Cases	死亡 Deaths	起数 Cases	死亡 Deaths	起数 Cases	死亡 Deaths	起数 Cases	死亡 Deaths
合计 Total	**629**	**531**	**4876**	**226**	**39389**	**7182**	**-25.8**	**-2.2**	**-21**	**16.5**	**-15.4**	**-10.2**
广州 Guangzhou	88	88	1267	21	542	124	-26	-8.3	2.4	16.7	-19.2	-13.6
深圳 Shenzhen	16	101	1053	62	2499	709	-42.2	3.1	-18.2	148	-27	-15.7
珠海 Zhuhai	1	1	124		1082	122	-37.5	-41.2	-43.1		-16.8	-11
汕头 Shantou	11	13	41	16	863	208	57.1	116.7	-12.8	-20	-8.8	-11.5
佛山 Foshan	41	42	72	17	5644	764	-16.3	-10.6	-13.3	-5.6	-12.5	-7.8
韶关 Shaoguan	25	3	61		383	255	25	36.4	-46		-20.9	-3.4
河源 Heyuan	12	15	19		19	94	-7.7	-6.3	-62	-100	-13.2	-21.7
梅州 Meizhou	13	16	22	5	319	189	-18.8	-20	-50		-18.2	-10
惠州 Huizhou	81	15	52	36	911	439	-37.7	-11.8	-25.2	260	-29.8	-15.6
汕尾 Shanwei	2	1	87	2	883	179	-50	-80	-35.6		-9.1	-2.7
东莞 Dongguan	27	3	702	13	5377	590	-3.6	-9.1	-23.4	-71.7	-7.5	-8.4
中山 Zhongshan	31	35	102	3	3545	324	-6.1	-2.8	-39.3	-40	-15.2	-12.2
江门 Jiangmen	29	26	188	5	4949	415	-12.1	-13.3	-22	-44.4	-21.5	-4.2
阳江 Yangjiang	8	7	22		1129	185	60	16.7	-62.7	-100	-18.4	-15.1
湛江 Zhanjiang	16	16	32	6	1739	234	-38.5	-11.1	-59.5	200	-2.9	-0.4
茂名 Maoming	14	17	232	4	1177	302	27.3	13.3	-22.9		-3.3	2
肇庆 Zhaoqing	4	5	32	8	1054	258	-55.6	-44.4	-34.7	300	-18	-6.5
清远 Qingyuan	21	25	161	4	763	219	-19.2	-10.7	-14.4	100	-14.3	-8.8
潮州 Chaozhou	7	7	61	3	343	97	-22.2		-59.6	-62.5	10.3	-4.9
揭阳 Jieyang	9	9	40	20	579	208	-30.8	-30.8	-32.2	33.3	-4.3	-14.1
云浮 Yunfu	20	23	38	1	540	151	400	475	-20.8	-50	-7.5	-7.9

6-66 工矿企业伤亡事故情况（2008）

6-66 Status of Casualty Accident in Industrial and Mining Establishments（2008）

分　类　Category	事故起数（起）Number of Accidents（case）	死亡起数（起）Cases with Death（case）	死亡（人）Deaths（person）	受伤（人）Injury（person）	经济损失（万元）Economic Lose（10000 yuan）
合　计　Total	**629**	**458**	**531**	**266**	**10080.4**
A 农、林、牧、渔业 Farming，Forestry，Animal Husbandry and Fishery	3	3	3		70
B 采矿业 Mining and Quarrying	41	39	43	4	337.5
煤炭采选业 Mining and Dressing of Coal					
石油和天然气开采业 Extraction of Petroleum and Natural Gas					
黑色金属矿采选业 Mining and Dressing of Ferrous Metal Ores	2	2	2	1	38
有色金属矿采选业 Mining and Dressing of Nonferrous Metal Ores	10	10	10		40
非金属矿采选业 Mining and Dressing of Nonmetal Ores	12	12	14		137.2
其他采矿业 Mining and Dressing of Other Ores	17	15	17	3	122.3
C 制造业 Manufacture	348	198	212	185	3078.5
D 电力、燃气及水的生产和供应业 Production and Supply of Electric Power，Gas and Water	8	6	11	4	156.8
E 建筑业 Construction	142	135	159	46	2204.6
F 交通运输、仓储和邮政业 Transport，Storage，Postal and Telecommunication Services	21	17	20	3	1908.1
G 信息传输、计算机服务和软件业 Information Dissemination，Computor Services and Software Industry	4	3	4	1	153
H 批发和零售业 Wholesale and Retail	9	9	21	10	1787.2
I 住宿和餐饮业 Accommodation Catering Services	4	3	4	1	44
J 金融业 Finances					
K 房地产业 Real Estate Industry	2	1	1	1	3
L 租赁和商务服务业 Hiring and Business Services	7	6	7	1	40
M 科学研究、技术服务和地质勘查业 Scientific Research，Technology Services and Geological Prospecting	3	3	4		24
N 水利、环境和公共设施管理业 Water Economy，Environment and Public Facility Management	4	4	7	1	28
O 居民服务和其他服务业 Resident Services and Other Services	25	23	26	2	185.8
P 教育 Education	1	1	1	4	18
Q 卫生、社会保障和社会福利业 Health，Social Security and Social Social Welfare					
R 文化、体育和娱乐业 Culture，Sports and Entertainment Business	7	7	8	3	42
S 公共管理和社会组织 Public Management and Social organization					
其他行业 Other Industry					

6-67 工矿商贸企业生产安全事故情况（2008）

6-67 Status of Production Safety Accidents in Industrial，Mining，Trade Enterprises（2008）

单位：起 （Case）

指标 Item	合计 Total	事故等级 Class of Accidents			
		特别重大事故 Extraordinarily Serious Accidents	重大事故 Tremendous Accidents	较大事故 Major Accidents	一般事故 Ordinary Accidents
总计 Total	629			15	614
技术和设计有缺陷 Defect of Technology and Design	27			2	25
设备设施工具附件有缺陷 Defect of Equipment，Facilities，Tools and Accessories	53			2	51
安全设施缺少或有缺陷 Shortage or Defect of Safety Infrastructure	86			1	85
生产场所环境不良 Bad Workplace Environment	27			4	23
个人防护用品缺少或有缺陷 Shortage or Defect of Personal Protective Devices	35			1	34
没有安全操作规程或不健全 Lack or Unwholesomeness of Safety Operation Procedures	25				25
违反操作规程或劳动纪律 Violation of Operation Procedures or Labor Discipline	243			2	241
劳动组织不合理 Unreasonable Labor Organization	5				5
对现场工作缺乏检查或指挥错误 Examination Shortage or Misdirect to Fieldwork	23			2	21
教育培训不够缺乏安全操作知识 Inadequate Education and Training，Defect of Safety Operation Knowledge	42				42
其他 Others	114			4	110

主要统计指标解释

刑事案件立案 是指实施违反我国刑事法律的行为，构成犯罪的案件。根据《关于公安机关办理刑事案件程序规定》第一百六十二条，公安机关受理案件后，经过审查，认为有犯罪事实需要追究刑事责任，且属于自己管辖的，由接受单位制作《刑事案件立案报告书》，经县级以上公安机关负责人批准，予以立案。

刑事案件破案 根据《关于公安机关办理刑事案件程序规定》第一百六十六条的规定，刑事案件破案应当具备下列条件：（一）犯罪事实已有证据证明；（二）有证据证明犯罪事实是犯罪嫌疑人实施的；（三）犯罪嫌疑人或者主要犯罪嫌疑人已经归案。

查处治安案件 是指报告期内公安机关对发现受理的违反治安管理行为的案件进行调查处理的案件。

检察机关立案 是指人民检察院对所获得的案件材料进行审查，认为有犯罪事实并需要追究刑事责任，依法决定作为刑事案件交付侦查的诉讼活动。

抗诉 是指人民检察院以法定程序提出抗诉的案件，是启动再审程序的审判监督方式。

法院刑事案件收案 是指法院对刑事一审案件数。包括新收、检察院重新起诉、上级法院发回重审以及其他法院转来四项。

法院刑事案件结案 是指法院对刑事一审案件经过审理终结后所作出的处理结果的案件数。包括判决、移送其他法院处理、终止审理的处理结果，检察院、自诉人撤回起诉，人民法院裁定同意撤诉的以及其他处理结果的。

律师 是指收聘参加法律顾问处工作，担任法律顾问、刑（民）事代理人、刑事辩护人、办理非诉讼事件、解答法律询问，代写法律事物文书等主要从事律师业务的专职法律工作者和兼职律师。

办理公证文书 是指公证处在一定时期内办结的公证文书文件。公证文书系按司法部规定或批准的格式制作，包括国内公证、涉外公证和涉港澳台公证三部分，其中国内公证分为经济公证和民事公证两大类。

Explanatory Notes on Main Statistical Indicators

Register of Criminal Cases Refer to cases that implement violation to the criminal law of People' s Republic of China, and constitutes a crime. According to the 162nd item of *Procedure Rules for Public Security Organs Handling Criminal Cases*, Criminal cases were registered when the public security organs accepted a case, after review, considering the criminal fact must be prosecuted for criminal offense, and under the jurisdiction of their own, the accepting unit made *Register Statement of Criminal Cases*, after approved by the person in charge of public security organs above the county levels.

Detection of Criminal Cases According to he 166th item of *Procedure Rules for Public Security Organs Handling Criminal Cases*, the detection of criminal cases should meet requirements as follows: 1. evidence and testimony of criminal fact; 2. evidence that proving the criminal fact was implemented by suspect; 3. the suspect or the mast suspect has been brought to justice.

Investigation of Public Security Case Refer to the investigation of cases involving public security, and accepted by public security organs during the reporting period.

Case Registration by procuratorial organs Refer to litigation activities that the People' s Procuratorate conducted examination to obtained case documents, considering criminal fact and need to be subjected to criminal prosecution, and deliver it to investigation as criminal cases according to the laws.

Criminal Cases Admission by the Courts Refer to first trial criminal cases by the courts, including newly lodged, re-prosecuted by procuratorate, reversal and remandment from superior court and transmmited from other courts.

Criminal Cases Settlement by the Court Refer to first trial criminal cases that committed result of settlement after judged by the courts.

Layers Refer to legal workers who are employed by legal counselings firms to act as legal advisers, agents in criminal or civil lawsuits, or defenders in criminal lawsuits, or to handle non litigious legal affairs, to advise on matters of law or to write legal papers for others.

Notarized Documents Refer to documents settled by notary offices in a year. The notarial documents are drawn up in formats stipulated or approved by the Ministry of Justice, including domestic documents and foreign-related documents. Domestic documents are divided into two major categories: documents on economic contracts and documents on civil legal relations.

七、民　　政

Ⅶ　Civil Administration

简要说明

1．本篇资料主要反映广东省民政事业发展情况。

2．本篇资料主要包括：

（1）全省民政事业情况、社会福利企业情况、城市居民生活保障情况、福利工厂情况等。

（2）地区分全省和各地级以上市。

（3）年份为2004—2008年数据。

3．统计资料来源：本篇资料由广东省民政厅负责整理、审核、提供。

Brief Descriptions

1. The data in this chapter mainly show the development situation of civil administration in Guangdong Province.

2. The data in this chapter mainly including:

(1) Provincial situation of civil administration, situation of social welfare enterprises, situation of urban resident's living guarrantee, situation of welfare factories and so on.

(2) Regions including the whole province and cities above prefecture level.

(3) The data years from 2004 to 2008.

3. Statistical data resources: data in this chapter was arranged, verified and provided by Guangdong Provincial Civil Affairs Bureau.

7-1 民政事业基本情况

7-1 Basic Conditions of Civil Administration

指　标 Item	机构数（个）Institutions (unit)	年末职工人数（人）Workers (person)	收入合计（万元）Total Income (10000 yuan)	支出合计（万元）Total Expense (10000 yuan)
优抚安置单位 Institutions for Martyrs and Resettlement	142	1327	58009.5	55759.8
军休所 Soldier's Home	83	761	45932.5	45366.1
军供站 Stations for Military Materials Supply	15	298	5175.3	4801.9
烈士纪念建筑物管理单位 Institutions Managing Memorial Buildings of Martyrs	44	268	6901.7	5591.8
收养类福利事业单位 Number of Adopting Welfare Institutions	2400	17177	161528.4	116671.5
优抚类 For Martyrs	92	1683	18490.7	18126.1
荣誉军人康复医院 Rehabilitation Hospitals for Honorable Servicemen	1	404	5518	5509
复员军人疗养院 Sanatorium of Demobilized Soldier	2	166	4067.2	3684.8
复退军人精神病院 Mental Hospitals for Ex-servicemen	9	637	6524.4	6587.3
光荣院 Homes for Disabled Veterans	80	476	2381.1	2345
福利类 For Welfares	2308	15494	143037.7	98545.4
社会福利院 Social Welfare Homes	123	4749	91351.5	50875.7
儿童福利院 Welfare Center for Children	22	440	3655.6	3788.7
社会福利医院 Social Welfare Hospitals	10	904	15451.5	11368.2
城镇老年收养性福利机构 Urban Elderly Welfare Homes	349	3142	16806	16291.2
农村老年收养性福利机构 Rural Elderly Welfare Homes	1761	5129	14539.9	15136
其他收养性福利机构 Other Welfare Homes	43	1130	1233.2	1085.6
社会福利企业 Social Welfare Enterprises	156	12653	267154.8	242146.8
福利工厂 Welfare Factories	131	11311	239116.3	214795.6
假肢厂 Artificial Limb Factories	1	19	48	32
农场 Farm	3	65	507.7	530.9
其他福利企业 Other Welfare Enterprises	21	1258	27482.8	26788.3
殡仪服务单位 Funeral Services Units	237	7199	157255.1	153987
殡仪馆 Funeral Home	92	4495	107124.3	92712.8
公墓 Cemetery	70	1640	34215.8	46574.3
殡葬管理 Mortuary Services	75	1064	15915	14699.9
彩票、募捐单位 Lottery and Collecting Purse Institutions	185	955	448999	198656.5
福利彩票发行 Welfare Lottery Issuing	75	612	52153.5	50479.7
慈善团体 Charity Organizations	70	343	396845.5	148176.8

7-2 优抚和社会救济基本情况（2008）

7-2 Basic Conditions of Special Care and Social Relief（2008）

指 标	Item	数 量 Amount
一、优待抚恤	Favourable Treatment and Pension	
优抚收养性事业单位数（个）	Number of Special Care Units（unit）	92
国家办（个）	Run by State（unit）	92
优抚收养性单位收养人数（人）	Number of Persons Adopted by Special Care Units（person）	3059
国家办（人）	Run by State（person）	3059
优抚事业费用（万元）	Expenses on Special Care（10000 yuan）	18126.1
民政部门支出（万元）	Expenses by Civil Administration Department（10000 yuan）	
二、社会救济	Social Relief	
社会救济总人数（万人）	Total Number under Social Relief（10000 persons）	277.5
城乡居民最低生活保障对象人数（万人）	Number of Urban and Rural Residents Receiving Minimum Income Relief（10000 persons）	200.3
城镇（万人）	Urban Areas（10000 persons）	39.7
农村（万人）	Rural Areas（10000 persons）	160.6
享受低保人数占社会救济总人数比重（%）	Proportion of People Receiving Minimum Income Relief to the Total Number under Social Relief（%）	72.2
城乡居民最低生活保障家庭户数（万户）	Number of Urban and Rural Households Receiving Minimum Income Relief（10000 households）	78.3
城镇（万户）	Urban Areas（10000 households）	15.8
农村（万户）	Rural Areas（10000 households）	62.5
城乡居民最低生活保障金支出（万元）	Expenditures on Minimum Income Relief for Urban and Rural Residents	190231
城镇（万元）	Urban Areas（10000 yuan）	69705.3
农村（万元）	Rural Areas（10000 yuan）	129525.7

7-3 各市城乡居民最低生活保障支出（2008）

7-3 Expense of Subsistence Allowance for Urban and Rural Residents by City（2008）

单位：万元 （10000 Yuan）

市别 City	城镇 Urban Areas	农村 Rural Areas
广州 Guangzhou	16601.3	9037
深圳 Shenzhen	4990.3	
珠海 Zhuhai	926.8	956.7
汕头 Shantou	2691	6367.6
佛山 Foshan	3820.6	6061.2
韶关 Shaoguan	3604.6	5354
河源 Heyuan	4537.2	12917.1
梅州 Meizhou	1963.3	12264
惠州 Huizhou	1780.5	5893.3
汕尾 Shanwei	1802.4	3676
东莞 Dongguan	3159.3	7639.7
中山 Zhongshan	1395.5	2597.4
江门 Jiangmen	1832.8	4428.2
阳江 Yangjiang	1886.2	4558.1
湛江 Zhanjiang	5643.1	8919.6
茂名 Maoming	4076.8	8778.2
肇庆 Zhaoqing	1317	4910.1
清远 Qingyuan	1418.2	10729.1
潮州 Chaozhou	2578.6	3003.5
揭阳 Jieyang	2928.2	7695
云浮 Yunfu	751.6	3739.9

7-4 各市抚恤、补助优抚对象总人数

7-4 Total Number of Beneficiaries Enjoying State Pension by City

单位：人 (Person)

市别	City	2004	2005	2006	2007	2008
合计	**Total**	**152099**	**155337**	**158157**	**265860**	**284924**
省本级	Provincial Level	779	818	656	658	658
广州	Guangzhou	7164	7295	8247	13288	15478
深圳	Shenzhen	1387	1346	1212	1828	2392
珠海	Zhuhai	1058	1012	1058	1138	2126
汕头	Shantou	8594	8639	8582	11950	14758
佛山	Foshan	2678	2381	2562	9580	9080
韶关	Shaoguan	6877	6384	5567	10429	11550
河源	Heyuan	9277	9896	12531	19463	18983
梅州	Meizhou	12601	14850	13429	24615	25675
惠州	Huizhou	4123	4750	5085	12208	10989
汕尾	Shanwei	9553	10445	9634	9351	14497
东莞	Dongguan	2014	1813	1786	3553	3902
中山	Zhongshan	1277	1377	1565	2874	3296
江门	Jiangmen	7706	7000	7322	13695	14808
阳江	Yangjiang	4752	5162	4915	11347	11740
湛江	Zhanjiang	18104	18847	22421	30757	31645
茂名	Maoming	13530	12953	13012	25652	25620
肇庆	Zhaoqing	6024	6239	5765	11409	12327
清远	Qingyuan	7797	7411	7053	13152	13777
潮州	Chaozhou	6489	6496	6507	10379	11317
揭阳	Jieyang	14775	14951	14472	21787	22005
云浮	Yunfu	5540	5272	4776	6747	8301

7-5 各市定期抚恤人数

7-5 Number of People Enjoying Regular State Pension by City

单位：人 (Person)

市别	City	2004	2005	2006	2007	2008
合计	**Total**	**16498**	**16434**	**15401**	**15147**	**14885**
省本级	Provincial Level	557	556	552	552	552
广州	Guangzhou	474	543	507	466	546
深圳	Shenzhen	101	97	144	104	100
珠海	Zhuhai	65	60	61	59	66
汕头	Shantou	580	605	585	570	567
佛山	Foshan	385	354	362	342	335
韶关	Shaoguan	502	500	515	455	508
河源	Heyuan	1112	1067	1049	865	858
梅州	Meizhou	1312	1740	1648	1649	1653
惠州	Huizhou	403	407	351	394	325
汕尾	Shanwei	2800	2474	2374	2345	2353
东莞	Dongguan	166	169	163	164	152
中山	Zhongshan	129	121	134	116	106
江门	Jiangmen	570	551	545	506	485
阳江	Yangjiang	513	555	612	611	602
湛江	Zhanjiang	2434	2292	1866	2093	2090
茂名	Maoming	1197	1187	1107	1172	1000
肇庆	Zhaoqing	537	592	497	447	394
清远	Qingyuan	718	691	571	504	474
潮州	Chaozhou	497	491	496	477	479
揭阳	Jieyang	1174	1118	1060	1052	1053
云浮	Yunfu	272	264	202	204	187

7-6 各市定期补助人数

7-6 Number of People Enjoying Regular Subsidy by City

单位：人 (Person)

市别	City	2004	2005	2006	2007	2008
合计	**Total**	**111655**	**115991**	**119838**	**227121**	**246758**
省本级	Provincial Level	182	182	17	17	16
广州	Guangzhou	4188	4236	5425	10214	12187
深圳	Shenzhen	550	489	230	865	1374
珠海	Zhuhai	782	739	813	837	1798
汕头	Shantou	6017	5980	5919	9326	12112
佛山	Foshan	1510	1251	1430	8470	7975
韶关	Shaoguan	5062	4995	4179	9077	10149
河源	Heyuan	6688	7401	10043	17206	16771
梅州	Meizhou	10097	11780	10582	21671	22723
惠州	Huizhou	2983	3648	4000	10936	10350
汕尾	Shanwei	5998	7193	6485	6250	11379
东莞	Dongguan	1512	1313	1293	3051	3406
中山	Zhongshan	870	977	1154	2473	2903
江门	Jiangmen	6142	5482	5799	12172	13299
阳江	Yangjiang	3569	3963	3639	10020	10458
湛江	Zhanjiang	12813	14067	17890	25982	26957
茂名	Maoming	10520	10077	10179	22752	22850
肇庆	Zhaoqing	4730	4926	4546	10247	11220
清远	Qingyuan	6364	6048	5807	11979	12651
潮州	Chaozhou	4911	4918	4902	8792	9675
揭阳	Jieyang	11408	11816	11389	18700	18849
云浮	Yunfu	4759	4510	4117	6084	7656

7-7 各市城镇居民最低生活保障人数

7-7 Number of People Enjoying Subsistence Allowance for Urban and Rural Residents by City

单位：人 (Person)

市别	City	2004	2005	2006	2007	2008
合计	**Total**	**378446**	**421615**	**388646**	**378879**	**396669**
广州	Guangzhou	42257	45038	47822	48045	44991
深圳	Shenzhen	10177	14597	15026	14833	14214
珠海	Zhuhai	8414	8262	5997	5265	5147
汕头	Shantou	13593	15271	17098	18705	20704
佛山	Foshan	24324	24523	24029	22153	20842
韶关	Shaoguan	27159	28428	26597	26160	27986
河源	Heyuan	19197	19169	21044	21676	31489
梅州	Meizhou	19053	19237	16085	14010	17202
惠州	Huizhou	7894	8101	7842	8693	9496
汕尾	Shanwei	14836	19936	17465	16666	17511
东莞	Dongguan	4968	4885	6091	7574	10329
中山	Zhongshan	4191	4452	6505	7374	7247
江门	Jiangmen	14220	14770	15090	13711	15578
阳江	Yangjiang	10676	13853	13651	14384	14549
湛江	Zhanjiang	56216	67289	44314	43222	42859
茂名	Maoming	41225	43430	39552	35879	36297
肇庆	Zhaoqing	9731	9331	8324	8205	8975
清远	Qingyuan	14769	14655	15861	11966	11411
潮州	Chaozhou	10321	11101	11079	12169	12358
揭阳	Jieyang	19516	28973	23356	22629	22266
云浮	Yunfu	5709	6314	5818	5560	5218

7-8 各市城镇居民最低生活保障家庭数

7-8 Number of Families Enjoying Subsistence Allowance for Urban and Rural Residents by City

单位：人 (Person)

市　别	City	2004	2005	2006	2007	2008
合　计	**Total**	**138101**	**150239**	**145393**	**147389**	**158499**
广　州	Guangzhou	17306	18811	20287	20482	20290
深　圳	Shenzhen	3472	4885	5120	5105	4962
珠　海	Zhuhai	2930	2920	2285	2091	2132
汕　头	Shantou	5494	6328	7143	7951	8815
佛　山	Foshan	9636	9624	9565	9032	8734
韶　关	Shaoguan	10765	11249	10840	11150	12398
河　源	Heyuan	6572	6637	7243	7555	10266
梅　州	Meizhou	7079	7116	5539	5749	7524
惠　州	Huizhou	2952	2558	2632	2912	3146
汕　尾	Shanwei	4813	6385	6211	5783	6225
东　莞	Dongguan	1725	1911	2433	3079	4046
中　山	Zhongshan	1796	1885	2575	2877	2732
江　门	Jiangmen	4733	5017	5241	5046	5655
阳　江	Yangjiang	3261	4892	5166	4962	5062
湛　江	Zhanjiang	18068	21182	15297	15799	16173
茂　名	Maoming	15296	13313	14167	14164	15683
肇　庆	Zhaoqing	3403	3600	3109	3072	3541
清　远	Qingyuan	4831	4809	5251	4431	4463
潮　州	Chaozhou	4066	4362	4592	4630	5130
揭　阳	Jieyang	7405	9995	8174	8969	8968
云　浮	Yunfu	2498	2760	2523	2550	2554

7-9 各市农村居民最低生活保障人数

7-9 Number of Rural Residents Enjoying Subsistence Allowance by City

单位：人 (Person)

市别	City	2004	2005	2006	2007	2008
合计	**Total**	**784845**	**1254319**	**1339024**	**1383003**	**1606134**
广州	Guangzhou	63822	68265	72988	74892	70151
深圳	Shenzhen	3187				
珠海	Zhuhai	6972	8329	8798	8573	8635
汕头	Shantou	37812	44332	53677	66587	68508
佛山	Foshan	33415	35878	38982	39997	39661
韶关	Shaoguan	17364	66752	66372	75335	80253
河源	Heyuan	31087	89008	86768	89944	208727
梅州	Meizhou	71889	110754	163614	165166	198450
惠州	Huizhou	29083	32133	43453	55149	59713
汕尾	Shanwei	38031	53768	54173	51105	63524
东莞	Dongguan	16584	17426	19050	18534	26708
中山	Zhongshan	15007	18297	18545	19218	19879
江门	Jiangmen	36884	46483	52558	52408	62124
阳江	Yangjiang	25248	74721	71153	60056	57116
湛江	Zhanjiang	57116	93352	109775	107951	114252
茂名	Maoming	63827	122005	123318	125599	131849
肇庆	Zhaoqing	42750	53606	52624	54142	65448
清远	Qingyuan	48323	107470	111679	128878	137277
潮州	Chaozhou	30875	37552	38358	37989	40117
揭阳	Jieyang	83227	121566	103459	101632	101941
云浮	Yunfu	32342	52622	49680	49848	51801

7-10 各市农村居民最低生活保障家庭数

7-10 Number of Rural Families Enjoying Subsistence Allowance by City

单位：个 (Unit)

市别	City	2004	2005	2006	2007	2008
合计	**Total**	**324871**	**491805**	**530634**	**559149**	**624437**
广州	Guangzhou	23285	24697	26310	27719	26333
深圳	Shenzhen	995				
珠海	Zhuhai	3316	3952	4112	3102	4034
汕头	Shantou	14801	17386	21442	27486	27501
佛山	Foshan	14264	15132	16232	16753	16799
韶关	Shaoguan	7495	24380	24501	28114	31206
河源	Heyuan	16620	31497	39320	38581	64196
梅州	Meizhou	30542	45674	63767	67321	76161
惠州	Huizhou	12160	12616	16859	20193	21067
汕尾	Shanwei	17375	23963	20726	21634	27679
东莞	Dongguan	6469	6705	7133	6844	9610
中山	Zhongshan	5024	6159	6355	6619	6517
江门	Jiangmen	12875	17365	19520	19936	24253
阳江	Yangjiang	13015	31611	30507	27009	25264
湛江	Zhanjiang	19680	30614	36717	38654	42308
茂名	Maoming	28294	51474	52519	57048	57526
肇庆	Zhaoqing	17421	22189	22752	24369	30826
清远	Qingyuan	18384	40061	40680	45582	48967
潮州	Chaozhou	14443	16947	17227	17352	18720
揭阳	Jieyang	28650	39094	35492	36810	38129
云浮	Yunfu	19763	30289	28463	28023	27341

7-11 各市城市临时救济人次数

7-11 Number of People-times Accepting Temporary Relief by City

单位：人次 (Person-time)

市别	City	2004	2005	2006	2007	2008
合计	**Total**	**93493**	**91138**	**29710**	**50525**	**54368**
广州	Guangzhou	486	6270	696	938	532
深圳	Shenzhen	1287	7055	1410	2603	1805
珠海	Zhuhai	1715	1360		1250	70
汕头	Shantou	160	2214			
佛山	Foshan	6561	7895	913	37131	47695
韶关	Shaoguan	942	632	6643	180	270
河源	Heyuan	2042	1513	1033	623	532
梅州	Meizhou	28293	4858			
惠州	Huizhou	2811	3752	5095	2068	15
汕尾	Shanwei	15314	203			
东莞	Dongguan	85	630		753	168
中山	Zhongshan	4019	5365	2172	417	591
江门	Jiangmen	1285	834	1038	637	263
阳江	Yangjiang	4013	3386	1366	1866	637
湛江	Zhanjiang	13320	27346	1294	40	16
茂名	Maoming	3791	2738	493	354	25
肇庆	Zhaoqing	1709	1901	1291	546	315
清远	Qingyuan	584	4978	287	72	1269
潮州	Chaozhou	2979	4455	3394	949	
揭阳	Jieyang	1770	37	330	80	80
云浮	Yunfu	327	3716	2255	18	85

7-12 各市其他城市定期救济人数

7-12 Number of People Enjoying other Regular Relief by City

单位：人 (Person)

市 别 City	2006	2007	2008
合 计 Total	**4361**	**2158**	**443**
广 州 Guangzhou	91		
深 圳 Shenzhen	26		59
珠 海 Zhuhai		4	
汕 头 Shantou	16	11	
佛 山 Foshan			
韶 关 Shaoguan	2	1300	63
河 源 Heyuan	212		
梅 州 Meizhou	1930	5	
惠 州 Huizhou	106		76
汕 尾 Shanwei			
东 莞 Dongguan		15	14
中 山 Zhongshan			
江 门 Jiangmen	42	60	
阳 江 Yangjiang	5	5	
湛 江 Zhanjiang	139	133	33
茂 名 Maoming		334	
肇 庆 Zhaoqing	1237	61	42
清 远 Qingyuan	255	230	156
潮 州 Chaozhou	287		
揭 阳 Jieyang			
云 浮 Yunfu	13		

7-13　各市救助管理站单位数

7-13　Number of Relief Management Stations by City

单位：个　　　　(Unit)

市别	City	2004	2005	2006	2007	2008
合　计	**Total**	**60**	**63**	**66**	**67**	**68**
省本级	Provincial Level	3	2	2	1	2
广　州	Guangzhou	5	5	5	5	5
深　圳	Shenzhen	3	3	4	4	4
珠　海	Zhuhai	2	2	2	2	2
汕　头	Shantou	3	4	4	4	4
佛　山	Foshan	1	1	1	1	1
韶　关	Shaoguan	3	2	2	2	2
河　源	Heyuan	1	1	1	1	1
梅　州	Meizhou	4	5	5	6	6
惠　州	Huizhou	5	5	5	5	5
汕　尾	Shanwei	2	4	4	4	4
东　莞	Dongguan	1	1	1	1	1
中　山	Zhongshan	1	1	1	1	1
江　门	Jiangmen	6	6	6	6	6
阳　江	Yangjiang	1	1	1	1	1
湛　江	Zhanjiang	2	2	2	2	2
茂　名	Maoming	3	3	4	5	5
肇　庆	Zhaoqing	2	2	2	2	2
清　远	Qingyuan	3	3	4	4	4
潮　州	Chaozhou	2	2	2	2	2
揭　阳	Jieyang	5	5	5	5	5
云　浮	Yunfu	2	3	3	3	3

7-14 各市救助管理站救助人次数

7-14 Number of Person-times Receiving Subsidies of Relief Management Stations by City

单位：人次 (Person-time)

市 别	City	2004	2005	2006	2007	2008
合 计	**Total**	**76477**	**113043**	**105468**	**118302**	**143836**
省本级	Provincial Level	323	4693	199	198	583
广 州	Guangzhou	33954	45011	46083	38011	45997
深 圳	Shenzhen	12075	15948	19440	26980	38976
珠 海	Zhuhai	1591	2212	2280	2373	2536
汕 头	Shantou	2390	1801	1389	1918	2411
佛 山	Foshan	1688	2246	2957	2178	2146
韶 关	Shaoguan	709	4015	4992	5031	4813
河 源	Heyuan	370		616	944	921
梅 州	Meizhou	1449	1865	1203	1968	2783
惠 州	Huizhou	3009	5954	4442	4319	6164
汕 尾	Shanwei	621	2412	2537	3177	4204
东 莞	Dongguan	5912	8058		9158	10041
中 山	Zhongshan	1298	1957	2172	2780	3478
江 门	Jiangmen	1346	1671	2213	1774	1689
阳 江	Yangjiang	172	317	585	482	986
湛 江	Zhanjiang	3785	5342	4801	5338	4936
茂 名	Maoming	1388	2307	1674	2483	3169
肇 庆	Zhaoqing	827	886	877	1158	914
清 远	Qingyuan	1538	3253	4086	4930	3229
潮 州	Chaozhou	856	907	859	845	1208
揭 阳	Jieyang	1077	1858	1693	1803	2145
云 浮	Yunfu	99	330	370	454	507

7-15 各市救助管理站床位数

7-15 Number of Beds in Relief Management Stations by City

单位：张 (Unit)

市别	City	2004	2005	2006	2007	2008
合计	**Total**	**6836**	**5529**	**6266**	**6439**	**6483**
省本级	Provincial Level	1050	250	650	650	700
广州	Guangzhou	1242	1278	1732	1184	1456
深圳	Shenzhen	700	520	530	520	500
珠海	Zhuhai	400	108	30	470	330
汕头	Shantou	302	119	312	246	312
佛山	Foshan	150	150	150	132	150
韶关	Shaoguan	168	168	171	168	168
河源	Heyuan	120	120	120	120	120
梅州	Meizhou	170	230	220	130	190
惠州	Huizhou	308	336	393	230	246
汕尾	Shanwei	218	254	104	174	80
东莞	Dongguan	310	348	348	346	346
中山	Zhongshan	50	50	50	20	50
江门	Jiangmen	321	170	282	196	396
阳江	Yangjiang	120	120	120	120	120
湛江	Zhanjiang	180	310	135	125	325
茂名	Maoming	245	236	116	112	112
肇庆	Zhaoqing	30	30	30	60	50
清远	Qingyuan	305	255	293	956	352
潮州	Chaozhou	67	75	78	78	78
揭阳	Jieyang	380	382	382	382	382
云浮	Yunfu		20	20	20	20

7-16 各市救助管理站年末在站（场）人数

7-16 People in the Relief Management Stations at the Year-end by City

单位：人 （Person）

市 别	City	2004	2005	2006	2007	2008
合 计	**Total**	**1755**	**1073**	**725**	**782**	**1202**
省本级	Provincial Level	118	221	104	41	164
广 州	Guangzhou	269	391	216	344	425
深 圳	Shenzhen	181	176	130	90	265
珠 海	Zhuhai	4	17	25	13	16
汕 头	Shantou	114	29	30	42	50
佛 山	Foshan	26	71	74	90	123
韶 关	Shaoguan	9	3	5	2	5
河 源	Heyuan			3		
梅 州	Meizhou	3	20	6	30	35
惠 州	Huizhou	14	9	7	11	23
汕 尾	Shanwei	621	5	10		
东 莞	Dongguan	65	73	0	49	42
中 山	Zhongshan	3	3	9	7	14
江 门	Jiangmen	278		3	1	12
阳 江	Yangjiang	1				6
湛 江	Zhanjiang		26	90	16	12
茂 名	Maoming	26	9	1	4	1
肇 庆	Zhaoqing					
清 远	Qingyuan	17	10	9	37	5
潮 州	Chaozhou	2			1	2
揭 阳	Jieyang	4	10	3	2	2
云 浮	Yunfu				2	

7-17 各市优待优抚对象户数

7-17 Number of Households Enjoying Special Care and Preferential Treatment by City

单位：户 (Unit)

市别	City	2004	2005	2006	2007	2008
合计	**Total**	**92460**	**81526**	**77273**	**81558**	**85227**
广州	Guangzhou	10174	9953	6986	13135	9909
深圳	Shenzhen	2032	2087	2033	2387	2560
珠海	Zhuhai	636	650	473	368	809
汕头	Shantou	4645	3109	4074	3976	3975
佛山	Foshan	3215	3071	3125	2999	3028
韶关	Shaoguan	3373	3010	3109	3269	3178
河源	Heyuan	7976	3178	4165	4127	3984
梅州	Meizhou	5291	5937	5585	5324	5822
惠州	Huizhou	2989	3149	2570	2996	2029
汕尾	Shanwei	3468	6079	2118	2082	2986
东莞	Dongguan	1843	1657	1797	1801	1818
中山	Zhongshan	1135	1143	1176	1330	1278
江门	Jiangmen	4162	2418	3873	3684	3514
阳江	Yangjiang	2739	2690	2737	2551	2654
湛江	Zhanjiang	9568	7859	8100	7535	7393
茂名	Maoming	7323	5309	5870	6289	5021
肇庆	Zhaoqing	3753	3982	3890	3731	3704
清远	Qingyuan	5529	4324	4246	3438	3454
潮州	Chaozhou	3332	3318	3087	2403	2446
揭阳	Jieyang	6475	5783	5525	5602	5601
云浮	Yunfu	2802	2820	2734	2531	10064

7-18 各市优待军属户数

7-18 Number of Military Personnel Families Enjoying Preferential Treatment by City

单位：户 (Unit)

市别	City	2004	2005	2006	2007	2008
合计	**Total**	**61391**	**53233**	**54966**	**52414**	**50075**
广州	Guangzhou	5352	4345	5029	5084	4735
深圳	Shenzhen	985	1024	1026	1247	1384
珠海	Zhuhai	545	603	289	283	567
汕头	Shantou	3755	2501	3359	3232	2338
佛山	Foshan	2388	2501	2430	2439	2292
韶关	Shaoguan	2359	2260	2345	2116	1998
河源	Heyuan	2651	2483	2333	2271	2258
梅州	Meizhou	3701	4124	4067	3385	4196
惠州	Huizhou	2289	2107	2061	2039	1351
汕尾	Shanwei	3193	1963	1861	863	2105
东莞	Dongguan	1225	1182	1205	1203	1208
中山	Zhongshan	742	892	1035	925	854
江门	Jiangmen	2921	1714	2668	2471	2325
阳江	Yangjiang	2007	2001	2025	1921	1896
湛江	Zhanjiang	5843	5035	5214	5438	5274
茂名	Maoming	5844	4069	4330	4831	2328
肇庆	Zhaoqing	2835	2876	2732	2704	2566
清远	Qingyuan	2900	2382	2368	2339	2710
潮州	Chaozhou	2832	2858	2398	1551	1569
揭阳	Jieyang	5055	4449	4365	4366	4357
云浮	Yunfu	1969	1864	1826	1706	1764

7-19 各市安置退役士兵、复员干部总人数

7-19 Total Headcount of Settled Demobilized Soldiers and Demobilized Officers by City

单位：人 (Person)

市别	City	2004	2005	2006	2007	2008
合计	**Total**	**26138**	**23784**	**22945**	**22333**	**26658**
省本级	Provincial Level		230			
广州	Guangzhou	2892	2285	2126	2419	2455
深圳	Shenzhen	475	491	475	475	616
珠海	Zhuhai	309	248	268	240	275
汕头	Shantou	1412	1623	1530	1364	1544
佛山	Foshan	1295	1278	1169	1196	1241
韶关	Shaoguan	1213	1124	980	950	1084
河源	Heyuan	397	849	1172	1124	1068
梅州	Meizhou	2219	1334	1592	888	1883
惠州	Huizhou	511	1079	1019	967	1026
汕尾	Shanwei	738	679	518	330	1115
东莞	Dongguan	114	626	537	569	590
中山	Zhongshan	687	289	428	408	460
江门	Jiangmen	1601	1403	1295	1180	1270
阳江	Yangjiang	444	726	635	910	953
湛江	Zhanjiang	2955	2438	2834	2317	2318
茂名	Maoming	2938	2314	836	1789	2336
肇庆	Zhaoqing	1573	1382	1298	1146	1387
清远	Qingyuan	932	307	1163	1266	1377
潮州	Chaozhou	559	298	239	228	800
揭阳	Jieyang	2321	1971	1936	1715	1998
云浮	Yunfu	553	810	895	852	862

7-20 各市安置退伍义务兵人数

7-20 Total Number of Settled Retired Compulsory Serviceman

单位：人　　　　(Person)

市别	City	2004	2005	2006	2007	2008
合计	**Total**	**24687**	**21756**	**21293**	**21003**	**24820**
省本级	Provincial Level		230			
广州	Guangzhou	2733	2220	1976	2281	2311
深圳	Shenzhen	440	474	439	449	516
珠海	Zhuhai	283	235	256	213	270
汕头	Shantou	1248	1229	1319	1248	1326
佛山	Foshan	1272	1239	1159	1152	1194
韶关	Shaoguan	1115	947	878	868	1023
河源	Heyuan	386	801	1113	1051	957
梅州	Meizhou	2060	1199	1392	859	1711
惠州	Huizhou	471	991	955	894	950
汕尾	Shanwei	704	562	511	326	995
东莞	Dongguan	100	616	522	560	539
中山	Zhongshan	682	257	416	388	456
江门	Jiangmen	1568	1345	1237	1143	1237
阳江	Yangjiang	403	706	582	877	895
湛江	Zhanjiang	2834	2150	2520	2083	2141
茂名	Maoming	2925	2188	819	1783	2272
肇庆	Zhaoqing	1518	1237	1227	1073	1319
清远	Qingyuan	830	300	1135	1124	1306
潮州	Chaozhou	438	219	175	205	721
揭阳	Jieyang	2182	1805	1786	1579	1839
云浮	Yunfu	495	806	876	847	842

7-21 社会福利企业情况

7-21 Status of Social Welfare Enterprise

指 标 Item	机构数（个）Number of Institutions（unit）	年末职工人数（人）Workers（person）	残疾职工 Disable	女残疾职工 Female	减免税金总额（万元）Total Amount of Exempted Tax（10000 yuan）	交纳税金总额（万元）Total Amount of Paid Tax（10000 yuan）	盈利总额（万元）Total Profits（10000 yuan）
合计 Total	**156**	**12653**	**4156**	**1574**	**3581.5**	**7050.2**	**7243.2**
按登记机构分 Group by Register Unit							
工商登记 Industrial and Commercial Registration	152	12561	4106	1549	3503.5	6962.3	7210.2
编制登记 Compilation Registration	4	92	50	25	78	87.9	33
按单位类别分 Group by Type of Units							
福利工厂 Welfare Factories	131	11311	3677	1389	3356.1	6637.2	7079.1
假肢厂 Artificial Limb Factories	1	19	5	3	1.4	2.5	
农场 Farm	3	65	16	3		5.9	
其他福利企业 Other Welfare Enterprises	21	1258	458	179	224	404.6	164.1

7-22 收养类社会福利单位情况（2008）

7-22 Status of Adopting Social Welfare Institutions（2008）

指 标 Item	机构数（个）Number of Institutions（unit）	年末职工人数（人）Workers（person）	年末床位数（张）Beds at Year-end（unit）	年末在院人数（人）in House People at the Year End（person）	老人 Old Person	康复和医疗门诊人次（人次数）Person-time in Recovery and Treatment Clinic（person-time）
合计 Total	**2400**	**17177**	**117178**	**85192**	**58010**	**1420654**
按登记机构分 Group by Register Unit						
编制登记 Compilation Registration	254	7699	31901	23536	12319	607672
民政登记 Civil Affairs Registration	1698	7641	61327	45112	33955	762430
未登记 Unregistered	448	1837	23950	16544	11736	50552
按单位类别分 Group by Type of Units						
荣誉军人康复医院 Rehabilitation Hospitals for Honorable Servicemen	1	404	210	184	140	55535
复员军人疗养院 Sanatorium of Demobilized Soldier	2	166	386	276	197	100176
复退军人精神病院 Mental Hospitals for Ex-servicemen	9	637	1831	1649	451	40647
光荣院 Homes for Disabled Veterans	80	476	1932	950	845	4410
社会福利院 Social Welfare Homes	123	4749	21683	16321	8964	486314
儿童福利院 Welfare Center for Children	22	440	2280	1996		104597
社会福利医院 Social Welfare Hospitals	10	904	2900	2323	1065	117520
城镇老年福利机构 Urban Elderly Welfare Institutions	349	3142	17931	12324	11643	387971
农村老年福利机构 Rural Elderly Institutions	1761	5129	58667	42743	34478	53728
其他福利机构 Other Welfare Institutions	43	1130	9358	6426	227	69756

7-23 各市福利工厂单位数

7-23 Number of Welfare Factory Units by City

单位：个 (Unit)

市别	City	2004	2005	2006	2007	2008
合计	**Total**	**207**	**193**	**153**	**122**	**131**
广州	Guangzhou	43	41	25	26	32
深圳	Shenzhen	1	1		1	1
珠海	Zhuhai	1				
汕头	Shantou	2	2	2	2	2
佛山	Foshan	59	47	45	28	29
韶关	Shaoguan	4	2	2	2	2
河源	Heyuan	1	1	1	1	1
梅州	Meizhou	8	5	5	4	4
惠州	Huizhou	2	2			
汕尾	Shanwei	1	1	1	1	1
东莞	Dongguan	20	20	11	9	9
中山	Zhongshan		6			
江门	Jiangmen	8	8	6	9	9
阳江	Yangjiang					
湛江	Zhanjiang	4	3	3	3	4
茂名	Maoming	18	18	20	17	17
肇庆	Zhaoqing	15	13	12	9	9
清远	Qingyuan	15	17	17	7	8
潮州	Chaozhou		2			
揭阳	Jieyang					
云浮	Yunfu	5	4	3	3	3

7-24 各市福利工厂年末职工人数

7-24 Number of Workers in Welfare Factories at the Year-end by City

单位：人 (Person)

市别	City	2004	2005	2006	2007	2008
合计	**Total**	**10808**	**9643**	**9053**	**10697**	**11311**
广州	Guangzhou	3153	3009	2066	2260	2771
深圳	Shenzhen	20	5		25	26
珠海	Zhuhai	58				
汕头	Shantou	159	150	149	148	153
佛山	Foshan	3742	2748	3306	2492	2539
韶关	Shaoguan	163	130	125	119	107
河源	Heyuan	35	24	23	22	20
梅州	Meizhou	229	170	180	164	163
惠州	Huizhou	29	54			
汕尾	Shanwei	26	15	18	15	17
东莞	Dongguan	913	742	743	621	645
中山	Zhongshan		176			
江门	Jiangmen	251	248	172	2486	2444
阳江	Yangjiang					
湛江	Zhanjiang	105	100	107	93	88
茂名	Maoming	775	734	916	1013	1019
肇庆	Zhaoqing	670	698	738	827	832
清远	Qingyuan	304	413	353	259	323
潮州	Chaozhou		78			
揭阳	Jieyang					
云浮	Yunfu	176	149	157	153	164

7-25 各市福利工厂残疾女职工数

7-25 Number of Disabled Women Workers in Welfare Factories by City

单位：人 (Person)

市别	City	2004	2005	2006	2007	2008
合计	**Total**	**2056**	**1899**	**1335**	**1221**	**1389**
广州	Guangzhou	623	539	308	210	304
深圳	Shenzhen	2	5			
珠海	Zhuhai	21				
汕头	Shantou	19	16	30	17	13
佛山	Foshan	705	600	530	421	404
韶关	Shaoguan	7	33	20	25	20
河源	Heyuan	3	4		2	2
梅州	Meizhou	60	28		25	15
惠州	Huizhou	2	10			
汕尾	Shanwei	2	15	2		2
东莞	Dongguan	189	139	105	78	78
中山	Zhongshan		45			
江门	Jiangmen	27	27	4	171	327
阳江	Yangjiang					
湛江	Zhanjiang	33	21	34	28	28
茂名	Maoming	143	172	182	62	12
肇庆	Zhaoqing	114	121	30	120	91
清远	Qingyuan	76	90	68	39	69
潮州	Chaozhou		9			
揭阳	Jieyang					
云浮	Yunfu	30	25	22	23	24

7-26 各市福利工厂残疾职工数

7-26 Number of Disabled Workers in Welfare Factories by City

单位：人 (Person)

市 别	City	2004	2005	2006	2007	2008
合 计	**Total**	**5123**	**4669**	**3443**	**4006**	**3677**
广 州	Guangzhou	1508	1455	919	954	839
深 圳	Shenzhen	7	5			
珠 海	Zhuhai	37				
汕 头	Shantou	68	59	52	58	60
佛 山	Foshan	1617	1268	1197	957	921
韶 关	Shaoguan	106	88	35	71	63
河 源	Heyuan	6	6	8	6	6
梅 州	Meizhou	116	98	64	45	43
惠 州	Huizhou	8	21			
汕 尾	Shanwei	16	15	8		10
东 莞	Dongguan	469	351	334	262	252
中 山	Zhongshan		95			
江 门	Jiangmen	139	141	40	949	948
阳 江	Yangjiang					
湛 江	Zhanjiang	61	60	37	39	39
茂 名	Maoming	394	374	349	208	45
肇 庆	Zhaoqing	316	322	237	305	248
清 远	Qingyuan	157	196	108	72	133
潮 州	Chaozhou		32			
揭 阳	Jieyang					
云 浮	Yunfu	98	83	55	80	70

7-27 各市社会福利院单位数

7-27 Number of Social Welfare Houses by City

单位：个 (Unit)

市别	City	2004	2005	2006	2007	2008
合计	**Total**	**184**	**127**	**132**	**122**	**123**
省本级	Provincial Level	1	1	1	1	1
广州	Guangzhou	13	14	17	17	16
深圳	Shenzhen	12	4	4	6	8
珠海	Zhuhai	3	7	7	7	7
汕头	Shantou	24	6	6	6	6
佛山	Foshan	5	5	5	5	5
韶关	Shaoguan	28	10	11	11	11
河源	Heyuan	6	6	6	6	6
梅州	Meizhou	6	5	7	5	5
惠州	Huizhou	29	5	7	8	8
汕尾	Shanwei	2	16	16	2	2
东莞	Dongguan	2	2	2	2	2
中山	Zhongshan	1	3	1	1	1
江门	Jiangmen	5	5	5	5	5
阳江	Yangjiang	5	5	5	5	5
湛江	Zhanjiang	5	7	6	6	6
茂名	Maoming	6	5	5	7	7
肇庆	Zhaoqing	6	6	6	6	6
清远	Qingyuan	8	6	6	6	6
潮州	Chaozhou	2	2	2	3	3
揭阳	Jieyang	4	4	4	4	4
云浮	Yunfu	11	3	3	3	3

7-28 各市社会福利院年末床位数

7-28 Number of Beds in Social Welfare Houses at the Year-end by City

单位：张 (Unit)

市别	City	2004	2005	2006	2007	2008
合计	**Total**	**17572**	**16555**	**16903**	**18719**	**21683**
省本级	Provincial Level	300	300		380	380
广州	Guangzhou	3023	3406	4213	4615	5896
深圳	Shenzhen	1579	730	540	1693	1816
珠海	Zhuhai	198	320	410	435	466
汕头	Shantou	1117	678	647	698	708
佛山	Foshan	1694	1728	1710	1835	1916
韶关	Shaoguan	1418	870	674	793	1006
河源	Heyuan	205	240	430	492	487
梅州	Meizhou	483	518	747	291	583
惠州	Huizhou	1085	500	309	644	704
汕尾	Shanwei	243	492	501	112	212
东莞	Dongguan	411	405	374	377	377
中山	Zhongshan	160	620	130	150	150
江门	Jiangmen	773	843	966	990	1024
阳江	Yangjiang	917	978	942	963	973
湛江	Zhanjiang	1220	1475	1482	1318	1573
茂名	Maoming	940	913	934	1050	1270
肇庆	Zhaoqing	554	557	590	544	753
清远	Qingyuan	618	613	513	513	523
潮州	Chaozhou	152	152	552	557	572
揭阳	Jieyang	139	139	139	139	144
云浮	Yunfu	343	78	100	130	150

7-29 各市社会福利院光荣间床位数

7-29 Number of Beds in the Glorious Rooms of Social Welfare Houses by City

单位：张 (Unit)

市别	City	2004	2005	2006	2007	2008
合计	**Total**	**748**	**1049**	**827**	**645**	**863**
广州	Guangzhou	43	54	113	122	127
深圳	Shenzhen				18	18
珠海	Zhuhai		32	34	32	32
汕头	Shantou		452	2	0	
佛山	Foshan	77	77	125	50	
韶关	Shaoguan	285	57	30	30	22
河源	Heyuan		16	18	6	26
梅州	Meizhou	55	103	120	70	90
惠州	Huizhou	20	10	10	23	43
汕尾	Shanwei	18	18	56	42	80
东莞	Dongguan					
中山	Zhongshan		2	2	2	
江门	Jiangmen	48	48	68	76	36
阳江	Yangjiang	16	0	73	68	68
湛江	Zhanjiang		36			195
茂名	Maoming	2			2	2
肇庆	Zhaoqing	134	104	126	50	70
清远	Qingyuan	16	6	16	20	20
潮州	Chaozhou	24	24	24	24	24
揭阳	Jieyang					
云浮	Yunfu	10	10	10	10	10

7-30 各市社会福利院年在院总人天数

7-30 Annual In-House Person-day of Social Welfare Houses by City

单位：人天　　　　(Person-day)

市别	City	2004	2005	2006	2007	2008
合计	**Total**	**3676319**	**3646675**	**3354136**	**3815550**	**4184216**
省本级	Provincial Level	74825	95630		115200	72000
广州	Guangzhou	928016	900688	1038346	1010273	1731270
深圳	Shenzhen	166912	140305	199900	196836	317416
珠海	Zhuhai	55550	65988	62050	125148	134536
汕头	Shantou	264080	139680	138400	139615	145520
佛山	Foshan	367870	295845	306770	515750	258478
韶关	Shaoguan	331685	190835	199650	211165	157240
河源	Heyuan	65310	61620	57841	68680	29722
梅州	Meizhou	119750	50925	166068	62050	42255
惠州	Huizhou	171665	111640	70830	118990	159383
汕尾	Shanwei	20160	51178	35929	15275	2500
东莞	Dongguan	117000	130670	124830	124560	
中山	Zhongshan	39785	167902	44530	47450	
江门	Jiangmen	169110	57492	42315	165078	208646
阳江	Yangjiang	234862	206975	169163	145557	140697
湛江	Zhanjiang	288630	269982	390391	348344	357589
茂名	Maoming	20720	37797	47316	156360	167377
肇庆	Zhaoqing	125151	168350	162535	146170	174530
清远	Qingyuan	32010	19345	10715	8050	7006
潮州	Chaozhou	45260	44895	38325	46720	39785
揭阳	Jieyang	24056	23093	23412	35646	35613
云浮	Yunfu	13912	15840	24820	12633	2653

7-31　各市社会福利院年末在院人数

7-31　Number of People in the Social Welfare House at the Year-end by City

单位：人　　　　　　　　　　　　　　　　　　　　　　　　　　　　　(Person)

市　别	City	2004	2005	2006	2007	2008
合　计	**Total**	**13072**	**12869**	**13656**	**14246**	**16321**
省本级	Provincial Level	205	262	277	320	200
广　州	Guangzhou	2764	3055	3742	3949	5232
深　圳	Shenzhen	1153	648	604	1459	1482
珠　海	Zhuhai	180	235	339	361	401
汕　头	Shantou	743	440	417	433	459
佛　山	Foshan	1191	1251	1387	1531	1624
韶　关	Shaoguan	989	662	622	656	798
河　源	Heyuan	143	177	373	430	272
梅　州	Meizhou	333	398	505	170	397
惠　州	Huizhou	521	344	226	468	481
汕　尾	Shanwei	52	222	324	43	120
东　莞	Dongguan	325	358	342	346	331
中　山	Zhongshan	118	449	122	130	130
江　门	Jiangmen	497	547	614	677	692
阳　江	Yangjiang	802	754	647	498	480
湛　江	Zhanjiang	1139	1253	1316	1033	1233
茂　名	Maoming	730	812	704	581	693
肇　庆	Zhaoqing	432	469	471	467	577
清　远	Qingyuan	348	306	354	394	394
潮　州	Chaozhou	124	123	105	128	149
揭　阳	Jieyang	67	65	97	101	103
云　浮	Yunfu	216	39	68	71	73

7-32 各市社会福利院康复和医疗门诊人次数

7-32 Person-time in Recovery and Treatment Clinic of Social Welfare House by City

单位：人次 (Person-time)

市 别	City	2004	2005	2006	2007	2008
合 计	**Total**	**180392**	**257683**	**388017**	**456810**	**486314**
省本级	Provincial Level				18000	10000
广 州	Guangzhou	43751	54764	52417	36945	18554
深 圳	Shenzhen	18758	1460			14800
珠 海	Zhuhai	266	4205		5500	
汕 头	Shantou	12180	12781	13000	42640	43140
佛 山	Foshan	18618	23122	8608	35820	38289
韶 关	Shaoguan		360		11239	11493
河 源	Heyuan	216	216	3		
梅 州	Meizhou	203	403	703	500	500
惠 州	Huizhou	9570	17898	5385	12440	9606
汕 尾	Shanwei	156	156			
东 莞	Dongguan	640				
中 山	Zhongshan	1560	46620	14605	16895	10000
江 门	Jiangmen	64328	69333	15065	2200	2212
阳 江	Yangjiang	82	25	10	50	50
湛 江	Zhanjiang	570	6781	21767	18233	16297
茂 名	Maoming	2500	1365	17400	14302	32798
肇 庆	Zhaoqing	115	11300	225445	224513	264510
清 远	Qingyuan					50
潮 州	Chaozhou	6879	6892	13520	17520	14000
揭 阳	Jieyang					
云 浮	Yunfu		2	89	13	15

7-33 各市社会福利院家庭寄养儿童数

7-33 Number of Foster Family Care Children in Social Welfare Houses by City

单位：人 (Person)

市别	City	2005	2006	2007	2008
合计	**Total**	**332**	**712**	**548**	**662**
广州	Guangzhou	15	226	190	264
深圳	Shenzhen	122	129	198	207
珠海	Zhuhai		25		13
汕头	Shantou	9	19		
佛山	Foshan		17	2	18
韶关	Shaoguan	2	0	4	5
河源	Heyuan		4	4	
梅州	Meizhou	3	3	5	5
惠州	Huizhou				
汕尾	Shanwei	2			
东莞	Dongguan				
中山	Zhongshan				
江门	Jiangmen	15	23	27	23
阳江	Yangjiang	2	110		1
湛江	Zhanjiang	82	30	14	13
茂名	Maoming	70	97	91	100
肇庆	Zhaoqing	7	24	6	7
清远	Qingyuan		2	7	1
潮州	Chaozhou				
揭阳	Jieyang				
云浮	Yunfu	3	3		5

注：2004年无统计数据。

Note: No statistical data for 2004.

7-34 各市光荣院单位数

7-34 Number of Homes for Disabled Veterans by City

单位：个 (Unit)

市 别 City	2004	2005	2006	2007	2008
合 计 Total	**68**	**69**	**75**	**80**	**80**
广 州 Guangzhou①					
深 圳 Shenzhen①					
珠 海 Zhuhai	12	12	12	12	12
汕 头 Shantou	3	3	3	3	3
佛 山 Foshan	1	1	1	1	1
韶 关 Shaoguan	4	4	4	5	5
河 源 Heyuan	6	6	6	6	6
梅 州 Meizhou	6	5	9	10	9
惠 州 Huizhou	3	3	4	4	4
汕 尾 Shanwei	3	3	4	5	5
东 莞 Dongguan	1	1	1	1	1
中 山 Zhongshan	1	1	1	1	1
江 门 Jiangmen	1	1	1	1	1
阳 江 Yangjiang	1	2	2	3	3
湛 江 Zhanjiang	5	6	6	6	6
茂 名 Maoming	3	3	4	4	5
肇 庆 Zhaoqing	5	5	6	6	6
清 远 Qingyuan	9	9	7	7	7
潮 州 Chaozhou				1	1
揭 阳 Jieyang	3	3	3	3	3
云 浮 Yunfu	1	1	1	1	1

注：广州、深圳无光荣院，下同。

Note: No homes for disabled veterans in Guangzhou and Shenzhen.

7-35 各市光荣院年末床位数

7-35 Number of Beds in Homes for Disabled Veterans at the Year-end by City

单位：张 (Unit)

市别	City	2004	2005	2006	2007	2008
合计	**Total**	**1984**	**1943**	**2240**	**1865**	**1932**
广州	Guangzhou					
深圳	Shenzhen					
珠海	Zhuhai	74	74	32	76	70
汕头	Shantou	174	174	94	94	94
佛山	Foshan	32	30	30	30	30
韶关	Shaoguan	151	59	51	55	61
河源	Heyuan	145	145	155	155	199
梅州	Meizhou	406	250	391	211	183
惠州	Huizhou	60	60	85	66	70
汕尾	Shanwei	207	327	590	231	231
东莞	Dongguan	15	16	12	15	12
中山	Zhongshan	18	18	18	18	18
江门	Jiangmen	14	20		28	28
阳江	Yangjiang	30	80	30	61	79
湛江	Zhanjiang	140	160	180	151	196
茂名	Maoming	56	56	98	138	178
肇庆	Zhaoqing	206	208	230	230	227
清远	Qingyuan	120	120	100	92	92
潮州	Chaozhou				20	20
揭阳	Jieyang	96	96	94	94	94
云浮	Yunfu	40	50	50	100	50

7-36 各市光荣院光荣间床位数

7-36 Number of Beds in Glorious Rooms of Homes for Disabled Veterans by City

单位：张 (Unit)

市别	City	2004	2005	2006	2007	2008
合计	**Total**	**989**	**1083**	**1233**	**1147**	**1276**
广州	Guangzhou					
深圳	Shenzhen					
珠海	Zhuhai	74	42	32	60	60
汕头	Shantou	88	88	94	94	94
佛山	Foshan	32	30	30	30	30
韶关	Shaoguan	31	41	11	10	
河源	Heyuan	102	102	145	145	189
梅州	Meizhou	174	170	276	76	83
惠州	Huizhou	50	60	85	40	70
汕尾	Shanwei	10	18	41	101	101
东莞	Dongguan					12
中山	Zhongshan					
江门	Jiangmen				28	28
阳江	Yangjiang	30	80	30	56	59
湛江	Zhanjiang	86	114	155	128	146
茂名	Maoming	56	18		20	20
肇庆	Zhaoqing	76	134	182	182	207
清远	Qingyuan	44	40	58	63	63
潮州	Chaozhou				20	20
揭阳	Jieyang	96	96	94	94	94
云浮	Yunfu	40	50			

7-37 各市光荣院年在院总人天数

7-37 Annual Person-day in the Homes for Disabled Veterans by City

单位：人天 (Person-day)

市 别	City	2004	2005	2006	2007	2008
合 计	**Total**	**251856**	**236881**	**233009**	**209148**	**209566**
广 州	Guangzhou					
深 圳	Shenzhen					
珠 海	Zhuhai	10585	7300	730	712	712
汕 头	Shantou	9495	9110	9150	9150	8895
佛 山	Foshan	7300	7300	6180	6570	6480
韶 关	Shaoguan	5470	12005	11240	8720	8340
河 源	Heyuan	15748	15748	21904	26964	17272
梅 州	Meizhou	49320	18560	35735	16655	16915
惠 州	Huizhou	2175	4770	1825	2190	3620
汕 尾	Shanwei	13240	3840	33200	4500	4500
东 莞	Dongguan	3240	2920	9	3600	8
中 山	Zhongshan	330	330	2555	330	
江 门	Jiangmen	5110	5203		12	30
阳 江	Yangjiang	8395	23960	9460	17125	20799
湛 江	Zhanjiang	22225	28230	30775	27913	29744
茂 名	Maoming	14600	14600	6570	11681	17520
肇 庆	Zhaoqing	33911	34032	28307	26277	25907
清 远	Qingyuan	15875	15330	12048	11318	11683
潮 州	Chaozhou					7300
揭 阳	Jieyang	29362	30723	19671	30631	29841
云 浮	Yunfu	5475	2920	3650	4800	

7-38 各市光荣院年末在院人数

7-38 Number of People in the Homes for Disabled Veterans at Year-end by City

单位：人 (Person)

市别	City	2004	2005	2006	2007	2008
合计	**Total**	**814**	**766**	**811**	**847**	**950**
广州	Guangzhou					
深圳	Shenzhen					
珠海	Zhuhai	29	20	2	22	22
汕头	Shantou	26	25	25	25	24
佛山	Foshan	20	20	17	17	18
韶关	Shaoguan	25	35	27	23	35
河源	Heyuan	72	72	82	79	79
梅州	Meizhou	156	82	123	58	101
惠州	Huizhou	20	22	25	16	25
汕尾	Shanwei	40	14	72	129	129
东莞	Dongguan	8	8	9	10	8
中山	Zhongshan	7	7	7	6	6
江门	Jiangmen	14	20		18	12
阳江	Yangjiang	23	63	23	44	62
湛江	Zhanjiang	79	98	84	76	95
茂名	Maoming	40	40	82	86	99
肇庆	Zhaoqing	102	90	95	73	81
清远	Qingyuan	58	58	44	45	45
潮州	Chaozhou				20	20
揭阳	Jieyang	80	84	84	84	82
云浮	Yunfu	15	8	10	16	7

7-39 各市光荣院康复和医疗门诊人次数

7-39 Person-time in Recovery and Treatment Clinic of Homes for Disabled Veterans by City

单位：人次 (Person-time)

市别	City	2004	2005	2006	2007	2008
合计	**Total**	**11225**	**4272**	**1160**	**2260**	**4410**
广州	Guangzhou					
深圳	Shenzhen					
珠海	Zhuhai	80	90			
汕头	Shantou	240	1080		510	410
佛山	Foshan	899	880	769	567	503
韶关	Shaoguan		500			
河源	Heyuan	124	124			
梅州	Meizhou	94	97	59		
惠州	Huizhou	65	40		72	48
汕尾	Shanwei	160				
东莞	Dongguan				420	36
中山	Zhongshan					
江门	Jiangmen					
阳江	Yangjiang	72	80			
湛江	Zhanjiang	326	780	332	3910	413
茂名	Maoming					
肇庆	Zhaoqing	9165	600			
清远	Qingyuan		1			
潮州	Chaozhou				300	3000
揭阳	Jieyang					
云浮	Yunfu					

7-40 各市收养婴、幼儿基本情况

7-40 Basic Conditions of Adopted Infants and Children by City

单位：人 (Person)

市别	City	2004	2005	2006	2007	2008
合计	**Total**	**5117**	**4707**	**4824**	**4237**	**3560**
广州	Guangzhou	418	504	472	326	316
深圳	Shenzhen	154	115	149	126	197
珠海	Zhuhai	112	76	82	66	56
汕头	Shantou	77	22	38	35	6
佛山	Foshan	397	338	289	199	168
韶关	Shaoguan	272	259	235	212	232
河源	Heyuan	76	57	60	79	80
梅州	Meizhou	51	95	96	70	76
惠州	Huizhou	77	113	104	86	57
汕尾	Shanwei	124	119	139	107	153
东莞	Dongguan	364	408	278	245	236
中山	Zhongshan	247	169	187	190	243
江门	Jiangmen	358	305	321	251	259
阳江	Yangjiang	671	598	489	539	395
湛江	Zhanjiang	640	560	437	739	182
茂名	Maoming	400	395	746	455	338
肇庆	Zhaoqing	180	90	145	123	128
清远	Qingyuan	244	262	303	197	198
潮州	Chaozhou	24	13	30	16	18
揭阳	Jieyang	31	25	25	28	28
云浮	Yunfu	200	184	199	148	194

7-41 各市中国公民收养婴、幼儿基本情况

7-41 Basic Conditions of Chinese Citizens Adopting Infants and Children by City

单位：人 (Person)

市别	City	2004	2005	2006	2007	2008
合计	**Total**	**3582**	**3310**	**3362**	**2834**	**3075**
广州	Guangzhou	418	504	472	326	316
深圳	Shenzhen	154	115	138	123	197
珠海	Zhuhai	112	76	82	66	56
汕头	Shantou	47	22	38	35	6
佛山	Foshan	236	230	244	150	168
韶关	Shaoguan	190	200	225	212	232
河源	Heyuan	76	57	60	79	80
梅州	Meizhou	51	92	89	64	72
惠州	Huizhou	71	99	87	81	47
汕尾	Shanwei	124	119	138	105	153
东莞	Dongguan	364	408	278	245	236
中山	Zhongshan	247	169	187	190	243
江门	Jiangmen	312	305	321	251	259
阳江	Yangjiang	96	100	143	165	184
湛江	Zhanjiang	122	170	53	105	69
茂名	Maoming	400	159	182	143	198
肇庆	Zhaoqing	158	80	136	105	128
清远	Qingyuan	149	183	235	197	194
潮州	Chaozhou	24	13	30	16	15
揭阳	Jieyang	31	25	25	28	28
云浮	Yunfu	200	184	199	148	194

7-42 各市社会福利机构抚养弃婴情况

7-42 Status of Social Welfare Institutions Fostering Abandoned Baby by City

单位：人 (Person)

市别	City	2004	2005	2006	2007	2008
合计	**Total**	**3334**	**3115**	**3033**	**2798**	**1905**
广州	Guangzhou	194	221	118	90	186
深圳	Shenzhen	112	82	99	62	80
珠海	Zhuhai	55	41	11	13	37
汕头	Shantou	52	10	11	13	3
佛山	Foshan	308	77	137	134	100
韶关	Shaoguan	127	92	172	99	60
河源	Heyuan	23	23	15	14	18
梅州	Meizhou	28	40	27	28	12
惠州	Huizhou	46	64	67	54	41
汕尾	Shanwei	13	4	21	12	14
东莞	Dongguan	127	137	67	98	94
中山	Zhongshan	124	117	121	128	186
江门	Jiangmen	117	111	113	101	110
阳江	Yangjiang	684	665	808	552	360
湛江	Zhanjiang	559	574	419	816	164
茂名	Maoming	625	591	531	381	247
肇庆	Zhaoqing	55	26	12	37	15
清远	Qingyuan	57	114	138	37	31
潮州	Chaozhou	2	3	2		4
揭阳	Jieyang	1	2	3	5	5
云浮	Yunfu	25	121	141	124	138

7-43 民政事业资金收支情况

7-43 Funds Income and Expenses of Civil Administration

单位：万元　　　　(10000 Yuan)

指 标	Item	2008
一、收入合计	Total Income	972058.7
（一）上年结余	Balance of Last Year	49563.2
1．抚恤、离退休、社会福利费	Expenses on State Pension，Retirement and Social Welfare	16348.0
2．自然灾害生活救助	Life Salvation of Natural Calamity	1338.3
（二）本年收入合计	Total Income in This Year	922495.5
1．财政拨款	Financial Allocation	796389.0
2．其他收入	Other Income	21329.5
#捐赠收入	Donated Income	
福利基金收入	Income from Welfare Funds	
二、民政事业费实际支出	Actual Expenditure of Civil Affairs Costs	907299.1
#（一）抚恤	State Pension	141541.9
（二）安置	Settlememt	98866.3
（三）城市居民最低生活保障	Subsistence Allowances for the Urban Poor	69705.3
（四）农村及其他社会救济	Rural and Other Social Relief	178365.3
#农村最低生活保障	Subsistence Allowances for the Rural Poor	129525.7
（五）社会福利	Social Welfare	90308.8
（六）其他民政	Other Civil Affairs	118271.7
（七）自然灾害救助	Subsides of Natural Disaster	44313.7
（八）地方离退休人员经费	Expenditure on Local Retirement	22064.0
（九）其他款项用于民政支出	Other Items of Civil Affair Expenditure	40547.6
三、年末结余	Surplus at the Year-end	64759.6
（一）抚恤、离退休、社会福利费	Expenses on State Pension，Retirement and Social Welfare	24148.3
（二）自然灾害生活救助	Life Salvation of Natural Calamity	1033.9

7-44 各市慈善团体单位数

7-44 Number of Charity Organizations by City

单位：个 （Unit）

市别 City	2004	2005	2006	2007	2008
合计 Total	**19**	**27**	**34**	**57**	**70**
省本级 Provincial Level	1	1	1	1	1
广州 Guangzhou	2	3	4	6	7
深圳 Shenzhen		1	1	5	6
珠海 Zhuhai	1	1	1	1	1
汕头 Shantou	4	4	4	5	4
佛山 Foshan			1	2	5
韶关 Shaoguan				3	11
河源 Heyuan		1	1	1	1
梅州 Meizhou		1	3	4	4
惠州 Huizhou		1		1	3
汕尾 Shanwei	1	1	1	1	1
东莞 Dongguan		1	1	1	1
中山 Zhongshan					
江门 Jiangmen	2	1	3	8	8
阳江 Yangjiang			1	1	1
湛江 Zhanjiang		1	1	2	3
茂名 Maoming		1	1	1	1
肇庆 Zhaoqing	1	1	1	3	2
清远 Qingyuan					
潮州 Chaozhou					
揭阳 Jieyang	7	7	7	8	7
云浮 Yunfu		1	2	3	3

7-45 各市慈善团体募捐收入

7-45 Raised Money Income of Charity Organizations by City

单位：万元 (10000 Yuan)

市别	City	2004	2005	2006	2007	2008
合计	**Total**	**17865.0**	**42174.8**	**124316.9**		**314156.4**
省本级	Provincial Level	2859.5	19324.3	55040.1		175403.0
广州	Guangzhou	2249.2	6931.4	13000.9		22075.3
深圳	Shenzhen		10196 .0	24406.8		2306.5
珠海	Zhuhai	19.9	737.3	3654.4		7904.7
汕头	Shantou	2155.9	1772.9	2193.2		246.0
佛山	Foshan			8534.0		35523.2
韶关	Shaoguan					2376.0
河源	Heyuan			300.0		
梅州	Meizhou		25.0	500.0		
惠州	Huizhou		154.0			4975.6
汕尾	Shanwei	7315.5				2678.4
东莞	Dongguan		632.8	6053.3		49344.0
中山	Zhongshan					
江门	Jiangmen	3233.0	1735.0	6221.8		6212.9
阳江	Yangjiang					
湛江	Zhanjiang		176.0	200.0		1115.1
茂名	Maoming					
肇庆	Zhaoqing	32.0	457.0	1795.0		3170.8
清远	Qingyuan					
潮州	Chaozhou			2124.0		
揭阳	Jieyang			31.0		
云浮	Yunfu		33.1	262.4		824.9

注：2007年无此指标。

Note: No item for 2007.

7-46 各市慈善团体募捐支出

7-46 Raised Money Expenses of Charity Organizations by City

单位：万元 （10000 Yuan）

市别	City	2004	2005	2006	2007	2008
合计	**Total**	**24014.4**	**38404.6**	**97637.8**		**159436.6**
省本级	Provincial Level	6636.6	17711.5	57801.7		51352.0
广州	Guangzhou	2546.3	4117.2	12515.6		19109.3
深圳	Shenzhen		9386.0	11072.6		2073.2
珠海	Zhuhai	10.1	309.9	3049.7		7529.4
汕头	Shantou	1930.0	1900.2	1538.0		246.0
佛山	Foshan	4050.8		1610.0		21064.5
韶关	Shaoguan					1396.2
河源	Heyuan			300.0		
梅州	Meizhou		13.0	512.0		
惠州	Huizhou		154.0			5173.9
汕尾	Shanwei	6224.2	3478.0			2562.1
东莞	Dongguan		30.0	25.0		39005.0
中山	Zhongshan					
江门	Jiangmen	2472.0	849.5	5721.60		4996.3
阳江	Yangjiang					
湛江	Zhanjiang		11.0	155.0		875.9
茂名	Maoming					
肇庆	Zhaoqing	55.4	426.0	1081.0		3302.9
清远	Qingyuan					
潮州	Chaozhou	89.0		2124.0		
揭阳	Jieyang		9.0	46.0		
云浮	Yunfu		9.3	85.6		749.9

注：2007年无此指标。

Note：No item for 2007.

7-47 各市福利彩票发行单位情况

7-47 Status of Welfare Lottery Issuing Units by City

市别	City	2004		2005		2006		2007		2008	
		单位数（个）Number of Units (unit)	年末职工人数（人）Number of Employed Persons at Year-end (person)	单位数（个）Number of Units (unit)	年末职工人数（人）Number of Employed Persons at Year-end (person)	单位数（个）Number of Units (unit)	年末职工人数（人）Number of Employed Persons at Year-end (person)	单位数（个）Number of Units (unit)	年末职工人数（人）Number of Employed Persons at Year-end (person)	单位数（个）Number of Units (unit)	年末职工人数（人）Number of Employed Persons at Year-end (person)
合计	**Total**	**83**	**499**	**80**	**505**	**71**	**530**	**72**	**567**	**75**	**612**
省本级	Provincial Level	1	34	1	35	1	38	1	43	1	35
广州	Guangzhou	1	21	2	32	2	33	2	34	2	36
深圳	Shenzhen	1	58	1	50	1	72	1	72	1	77
珠海	Zhuhai	1	13	1	13	1	13	1	19	1	22
汕头	Shantou	2	13	2	13	3	11	3	11	3	13
佛山	Foshan	3	25	3	27	3	40	3	49	3	44
韶关	Shaoguan	3	8	4	12	1	13	1	15	1	19
河源	Heyuan	5	27	5	19	1	9	1	8	3	13
梅州	Meizhou	9	22	9	22	10	30	9	28	9	30
惠州	Huizhou	6	25	4	43	2	43	3	15	3	13
汕尾	Shanwei	2	12	2	12	2	18	2	18	3	24
东莞	Dongguan	1	13	1	9	1	10	1	18	1	26
中山	Zhongshan	1	7	1	9	1	16	1	28	1	27
江门	Jiangmen	8	39	7	35	8	48	8	65	8	64
阳江	Yangjiang	1	6	1	7	1	6	1	6	1	6
湛江	Zhanjiang	7	40	7	35	5	25	6	32	7	37
茂名	Maoming	1	12	1	12	1	13	1	13	1	14
肇庆	Zhaoqing	8	47	8	47	8	27	6	23	5	26
清远	Qingyuan	8	35	9	35	9	34	9	34	9	36
潮州	Chaozhou	2	8	2	8	1	3	2	8	2	8
揭阳	Jieyang	6	16	6	18	6	17	6	18	6	17
云浮	Yunfu	6	18	3	12	3	11	4	10	4	25

7-48 慈善基金来源及使用情况（2008）

7-48 The Source and Use Conditions of Charity Funds（2008）

单位：万元 （10000 Yuan）

指 标	Item	金额（万元）Amount（10000 yuan）
收入	Income	396845.5
社会捐赠	Social Donation	314156.4
支出	Expenditure	148176.8
救助支出	Expenditure for Social Relief	1461.9

7-49 各市社会捐赠接收工作站、点数

7-49 Number of Receiving Stations or Points by City

单位：个 （Unit）

市 别	City	2004	2005	2006	2007	2008
合 计	**Total**	**2088**	**2106**	**1931**	**2631**	**2171**
广 州	Guangzhou	759	833	731	1016	841
深 圳	Shenzhen	528	541	433	442	605
珠 海	Zhuhai	92	50	7	31	9
汕 头	Shantou	268	208	197	210	211
佛 山	Foshan	17	17	17	30	33
韶 关	Shaoguan	17	21	8	4	3
河 源	Heyuan	3	11	4	392	3
梅 州	Meizhou	11	11	6	8	4
惠 州	Huizhou	15	15	6	2	2
汕 尾	Shanwei	1	2	10	3	1
东 莞	Dongguan	33	35	35	35	35
中 山	Zhongshan	38	38	38	49	48
江 门	Jiangmen	33	33	171	185	183
阳 江	Yangjiang	47	54	47	19	19
湛 江	Zhanjiang	11	10	10	33	29
茂 名	Maoming	32	59	39	39	7
肇 庆	Zhaoqing	64	43	43	20	22
清 远	Qingyuan	13	14	12	1	3
潮 州	Chaozhou		2	7	1	3
揭 阳	Jieyang	95	97	98	99	99
云 浮	Yunfu	11	12	12	12	11

7-50 各市社会捐赠受益人次数

7-50 Beneficial Person-times of Social Contribution by City

单位：人次 (Person-time)

市 别	City	2004	2005	2006	2007	2008
合 计	**Total**	**895564**	**840595**	**1922370**	**1262833**	**558955**
广 州	Guangzhou	108721	112038	150680	165394	39731
深 圳	Shenzhen	90000		1520	443772	44587
珠 海	Zhuhai	408269	3700	23767	756	
汕 头	Shantou	100003	33900	82000	71495	43735
佛 山	Foshan	2606		13665	26649	
韶 关	Shaoguan	3800	208650	368145	13702	18860
河 源	Heyuan	5720	2056	147629	5950	13620
梅 州	Meizhou	5258	4882	203650	201862	11918
惠 州	Huizhou	13629	96259	70238		
汕 尾	Shanwei		391	471	76	4000
东 莞	Dongguan					
中 山	Zhongshan					
江 门	Jiangmen	4112	2110	45251	28236	24000
阳 江	Yangjiang	3000	93030	27361	16496	19544
湛 江	Zhanjiang	80100	57400	30348	51803	13513
茂 名	Maoming	30156	87820	220852	11587	12375
肇 庆	Zhaoqing	20650	37795	4131	163000	267500
清 远	Qingyuan	600	13538	188755	222	15000
潮 州	Chaozhou		49395	275821	4347	6609
揭 阳	Jieyang	18900	28575	51709	55412	23963
云 浮	Yunfu	40	9056	16377	2074	

7-51 各市直接接收社会捐赠款数额

7-51 Amount of Directly Accepted Social Contribution by City

单位：万元 (10000 Yuan)

市别	City	2004	2005	2006	2007	2008
合计	**Total**	**3926.0**	**26230.3**	**78891.8**	**75971.5**	**600156.6**
省本级	Provincial Level				18000.0	175403.0
广州	Guangzhou	870.5	1874.0	12107.9	16099.4	95977.4
深圳	Shenzhen	71.1	11272.4	21391.0	21598.4	127394.3
珠海	Zhuhai	192.4	190.1	897.4	212.0	1320.3
汕头	Shantou	102.4	94.5	3044.6	161.3	23193.3
佛山	Foshan	1225.0	883.1	2902.0	2964.5	49705.8
韶关	Shaoguan	0.5	384.2	8434.6	330.8	3165.7
河源	Heyuan	10.5	3375.6	617.6	729.5	1558.5
梅州	Meizhou	181.5	63.3	2753.3	2652.4	2771.2
惠州	Huizhou	0.9	4822.6	2082.0	3.0	353.6
汕尾	Shanwei		63.0	184.1	84.9	2590.3
东莞	Dongguan		886.4	3.3		49344.0
中山	Zhongshan	27.6	255.0	1692.1	98.6	13688.0
江门	Jiangmen	95.0	156.9	9451.8	6888.9	14225.0
阳江	Yangjiang	0.8	27.0	41.7	83.5	983.6
湛江	Zhanjiang	50.0	186.8	127.8	3965.0	7553.6
茂名	Maoming	181.6	260.7	541.3	67.6	5404.7
肇庆	Zhaoqing	290.9	309.4	4522.2	974.1	6037.3
清远	Qingyuan	5.8	405.2	2175.8		4477.4
潮州	Chaozhou		105.4	4170.6	194.7	6609.3
揭阳	Jieyang	585.5	387.4	1400.5	711.2	6529.5
云浮	Yunfu	34.0	227.3	350.2	151.7	1870.8

7-52 各市间接接收社会捐赠款数额

7-52 Amount of Indirectly Accepted Social Contribution by City

单位：万元 (10000 Yuan)

市别	City	2004	2005	2006	2007	2008
合计	**Total**	**2655.6**	**3500.9**	**14037.8**	**45.0**	**5054.6**
广州	Guangzhou		0.3	0.5		
深圳	Shenzhen		2761.0	12738.4		
珠海	Zhuhai	5.2	5.5	1.8		
汕头	Shantou	2.8	40.6			1152.0
佛山	Foshan					
韶关	Shaoguan		435.3	682.5		
河源	Heyuan		30.0		29.0	416.0
梅州	Meizhou	12.0	25.0		10.0	
惠州	Huizhou	27.1		25.0		2574.0
汕尾	Shanwei			1.6		
东莞	Dongguan					
中山	Zhongshan					
江门	Jiangmen	2442.0				
阳江	Yangjiang		0.4	18.2		
湛江	Zhanjiang	2.0	2.1	480.0		912.6
茂名	Maoming					
肇庆	Zhaoqing	81.5	1.0			
清远	Qingyuan	60.0	75.0			
潮州	Chaozhou			66.8	6.0	
揭阳	Jieyang		124.7			
云浮	Yunfu	23.0		23.0		

7-53 婚姻登记情况（2008）

7-53 Status of Marriage Registration（2008）

指 标	Item	数量 Amount
一、国内结婚登记	Domestic Marriage Registration	
准予登记结婚（件）	Registered Marriages（case）	796374
#恢复结婚（件）	Resumption of Marriages（case）	9817
初婚人数（人）	Number of First Marriages（person）	1495116
再婚人数（人）	Number of Remarriages（person）	97632
男性（人）	Male（person）	57906
女性（人）	Female（person）	39726
二、涉外结婚登记	Marriage Registration with Foreigners，Overseas Chinese and Citizens of Hong Kong，Macao and Taiwan	
国内公民（人）	Domestic Citizens（person）	8431
男性（人）	Male（person）	2522
女性（人）	Female（person）	5909
港澳同胞（人）	Compatriots from Hong Kong and Macao（person）	3374
台湾同胞（人）	Compatriots from Taiwan（person）	1040
华侨（人）	Oversea Chinese（person）	1434
外国人（人）	Foreigners（person）	2635
三、离婚登记	Divorce Registration	
准予离婚总数（件）	Registered Divorce（case）	82200
#涉外、华侨、港澳台婚姻（件）	Marriage with Foreigners，Overseas Chinese and Citizens of Hong Kong，Macao and Taiwan（case）	1352

7-54 各市登记结婚人数

7-54 Registered Marriages by City

单位：人 (Person)

市别	City	2004	2005	2006	2007	2008
合计	**Total**	**621269**	**1178816**	**1506164**	**1499070**	**1592748**
广州	Guangzhou	76133	126026	169966	153064	159386
深圳	Shenzhen	29009	46468	82062	71492	82410
珠海	Zhuhai	10190	16540	24976	22080	23150
汕头	Shantou	25024	66264	83462	92198	103334
佛山	Foshan	33267	53170	68354	65396	68148
韶关	Shaoguan	27497	52738	63872	61246	62538
河源	Heyuan	26047	56734	66914	70512	78958
梅州	Meizhou	35890	68874	89472	94286	98048
惠州	Huizhou	27865	53686	72136	68232	67274
汕尾	Shanwei	15688	28442	50890	52386	53876
东莞	Dongguan	15948	28812	31360	29604	32780
中山	Zhongshan	14888	24352	28710	25878	27510
江门	Jiangmen	33673	60602	73798	68440	68460
阳江	Yangjiang	21722	43542	48850	47854	51668
湛江	Zhanjiang	55986	118220	116386	123008	136910
茂名	Maoming	36745	76180	100846	103768	112386
肇庆	Zhaoqing	29957	60352	80908	77774	70296
清远	Qingyuan	34109	60772	76950	76962	80528
潮州	Chaozhou	17598	35324	43040	47200	45886
揭阳	Jieyang	29579	64412	83354	98800	118124
云浮	Yunfu	24454	37306	49858	48890	51078

7-55 各市内地居民结婚登记人数

7-55 Registered Marriages of Mainland Residents by City

单位：人 (Person)

市别	City	2004	2005	2006	2007	2008
合计	**Total**	**612120**	**1157006**	**1477092**	**1479150**	**1575127**
广州	Guangzhou	74421	122488	165776	149314	156215
深圳	Shenzhen	28590	45496	80668	70358	81214
珠海	Zhuhai	9770	15572	23616	21024	22186
汕头	Shantou	24908	65970	83210	91996	103091
佛山	Foshan	32988	52524	67492	64778	67600
韶关	Shaoguan	27322	52304	63310	60878	62218
河源	Heyuan	25815	56256	66314	70116	78662
梅州	Meizhou	35378	67794	87932	93088	97102
惠州	Huizhou	27517	52976	71338	67582	66768
汕尾	Shanwei	15410	27506	49116	51872	53338
东莞	Dongguan	15814	28586	31088	29372	32550
中山	Zhongshan	14559	23692	28024	25254	26984
江门	Jiangmen	30839	53494	64508	62348	63604
阳江	Yangjiang	21581	42598	47692	47538	51430
湛江	Zhanjiang	55626	117384	114720	122112	136128
茂名	Maoming	36557	75576	100088	103322	112086
肇庆	Zhaoqing	29761	60014	80428	77392	69627
清远	Qingyuan	33912	60364	76418	76528	80138
潮州	Chaozhou	17574	35264	42992	47154	45478
揭阳	Jieyang	29434	64142	83054	98518	117884
云浮	Yunfu	24344	37006	49308	48606	50824

7-56 各市涉外及华侨、港澳台居民登记结婚件数

7-56 Marriage Registration with Foreigners, Overseas Chinese and Citizens of Hong Kong, Macao and Taiwan by City

单位：件 (Case)

市别	City	2004	2005	2006	2007	2008
合计	**Total**	**9149**	**10905**	**14536**	**9999**	**8457**
广州	Guangzhou	1712	1769	2095	1875	1581
深圳	Shenzhen	419	486	697	567	598
珠海	Zhuhai	420	484	680	528	482
汕头	Shantou	116	147	126	101	105
佛山	Foshan	279	323	431	309	274
韶关	Shaoguan	175	217	281	184	160
河源	Heyuan	232	239	300	198	147
梅州	Meizhou	512	540	770	599	473
惠州	Huizhou	348	355	399	325	253
汕尾	Shanwei	278	468	887	257	237
东莞	Dongguan	134	113	136	136	115
中山	Zhongshan	329	330	343	312	263
江门	Jiangmen	2834	3554	4645	3046	2428
阳江	Yangjiang	141	472	579	158	119
湛江	Zhanjiang	360	418	833	448	391
茂名	Maoming	188	302	379	223	184
肇庆	Zhaoqing	196	169	240	192	165
清远	Qingyuan	197	204	266	217	195
潮州	Chaozhou	24	30	24	23	40
揭阳	Jieyang	145	135	150	141	120
云浮	Yunfu	110	150	275	160	127

7-57 各市香港居民登记结婚件数

7-57 Number of Marriage Registrations of Hong kong Residents by City

单位：件 （Case）

市　别	City	2004	2005	2006	2007	2008
合　计	**Total**	**2599**	**3643**	**6005**	**2725**	**2628**
广　州	Guangzhou	224	260	328	233	857
深　圳	Shenzhen	158	174	265	205	169
珠　海	Zhuhai	56	48	99	59	46
汕　头	Shantou	59	68	60	39	28
佛　山	Foshan	95	84	145	84	69
韶　关	Shaoguan	96	121	183	82	68
河　源	Heyuan	157	167	242	139	78
梅　州	Meizhou	139	137	330	182	96
惠　州	Huizhou	184	213	264	160	139
汕　尾	Shanwei	327	433	837	191	175
东　莞	Dongguan	84	51	74	67	46
中　山	Zhongshan	59	83	50	59	40
江　门	Jiangmen	318	710	1339	497	334
阳　江	Yangjiang	86	388	441	80	63
湛　江	Zhanjiang	126	182	560	191	110
茂　名	Maoming	119	204	277	126	76
肇　庆	Zhaoqing	64	69	117	71	68
清　远	Qingyuan	75	82	117	91	51
潮　州	Chaozhou	4	7	12	5	7
揭　阳	Jieyang	103	73	91	62	47
云　浮	Yunfu	66	89	174	102	61

7-58 各市外国人登记结婚件数

7-58 Number of Marriage Registrations of Foreigners by City

单位：件 (Case)

市别	City	2004	2005	2006	2007	2008
合计	**Total**	**3481**	**3455**	**3774**	**3654**	**2635**
广州	Guangzhou	1044	1042	1201	1148	338
深圳	Shenzhen	168	176	246	235	313
珠海	Zhuhai	102	101	110	122	113
汕头	Shantou	39	45	14	30	39
佛山	Foshan	105	143	146	127	133
韶关	Shaoguan	40	39	39	46	44
河源	Heyuan	20	23	15	19	24
梅州	Meizhou	45	52	45	55	56
惠州	Huizhou	57	63	65	53	39
汕尾	Shanwei	13	7	22	16	
东莞	Dongguan	33	24	32	39	
中山	Zhongshan	94	19	94	100	82
江门	Jiangmen	1433	1470	1516	1305	1053
阳江	Yangjiang	13	15	13	22	22
湛江	Zhanjiang	124	121		123	161
茂名	Maoming	20	26	32	26	36
肇庆	Zhaoqing	78	38	54	71	46
清远	Qingyuan	32	16	78	70	69
潮州	Chaozhou	9	10	5	3	18
揭阳	Jieyang	2	12	24	31	28
云浮	Yunfu	10	13	23	13	21

7-59 各市离婚登记人数

7-59 Divorce Registered People by City

单位：人 (Person)

市别	City	2004	2005	2006	2007	2008
合计	**Total**	**49481**	**58589**	**71669**	**71669**	**82200**
广州	Guangzhou	10022	11081	12766	12766	14433
深圳	Shenzhen	4622	5485	6834	6834	7106
珠海	Zhuhai	1554	1802	2266	2266	2401
汕头	Shantou	718	854	470	470	1204
佛山	Foshan	3912	4189	5451	5451	5997
韶关	Shaoguan	3489	3257	4923	4923	5319
河源	Heyuan	1933	2630	3011	3011	3340
梅州	Meizhou	1940	2695	3680	3680	4001
惠州	Huizhou	1978	2401	3191	3191	3637
汕尾	Shanwei	659	1058	1189	1189	1457
东莞	Dongguan	1131	1336	1664	1664	1928
中山	Zhongshan	1498	1737	2116	2116	2361
江门	Jiangmen	2304	3350	3866	3866	4281
阳江	Yangjiang	1620	1962	2284	2284	2467
湛江	Zhanjiang	2681	3609	3791	3791	4330
茂名	Maoming	2341	2618	2742	2742	3915
肇庆	Zhaoqing	2184	2849	3092	3092	3953
清远	Qingyuan	2959	3133	4764	4764	5580
潮州	Chaozhou	365	412	456	456	708
揭阳	Jieyang	465	648	1078	1078	1391
云浮	Yunfu	1106	1483	2035	2035	2391

7-60 社区服务情况

7-60 Status of Community Services

指 标 Item		提供住宿的社区服务中心 Community Services with accommodation	不提供住宿的社区服务中心 Community Services without accommodation
机构数（个）	Number of Institution（unit）	9	758
从业人员（人）	Employed Person（person）	48	9012

7-61 各市社区服务中心单位数

7-61 Unit Number of Community Service Centers by City

单位：个 （Unit）

市 别	City	2004	2005	2006	2007	2008
合 计	**Total**	**759**	**1170**	**754**	**750**	**767**
省本级	Provincial Level	1				
广 州	Guangzhou	97	102	108	108	108
深 圳	Shenzhen		538	140	141	141
珠 海	Zhuhai	54	11	11	12	12
汕 头	Shantou	50	57	24	24	22
佛 山	Foshan	105	123	123	151	159
韶 关	Shaoguan	5	2	2	2	2
河 源	Heyuan	11	11	11	11	27
梅 州	Meizhou	20	11	11		
惠 州	Huizhou		10	10		
汕 尾	Shanwei	23	23	23	18	15
东 莞	Dongguan				38	38
中 山	Zhongshan	303	156	156	119	120
江 门	Jiangmen	8		14	15	15
阳 江	Yangjiang	1	1	1	3	1
湛 江	Zhanjiang					
茂 名	Maoming	3	39	39	39	39
肇 庆	Zhaoqing	10	11	16	16	15
清 远	Qingyuan	15	15	5		
潮 州	Chaozhou					
揭 阳	Jieyang	45	52	52	52	52
云 浮	Yunfu	8	8	8	1	1

7-62 各市社区服务中心年末职工人数

7-62 Number of Staff and Workers at the Year-end in Community Service Centers by City

单位：人 （Person）

市别	City	2004	2005	2006	2007	2008
合计	**Total**	**3667**	**4261**	**3513**	**5879**	**9060**
省本级	Provincial Level	4				
广州	Guangzhou	793	921	476	658	646
深圳	Shenzhen		1090	912	2645	5807
珠海	Zhuhai	235	98	95	107	105
汕头	Shantou	151	166	148	132	134
佛山	Foshan	463	561	577	859	853
韶关	Shaoguan	87	139	147	147	13
河源	Heyuan	51	51	51	54	147
梅州	Meizhou	50	56	56		
惠州	Huizhou		28	29		
汕尾	Shanwei	200	200	77	53	52
东莞	Dongguan				306	306
中山	Zhongshan	1092	403	405	411	475
江门	Jiangmen	128		56	59	59
阳江	Yangjiang	4	4	4	12	4
湛江	Zhanjiang					
茂名	Maoming	56	94	94	102	102
肇庆	Zhaoqing	45	57	35	40	55
清远	Qingyuan	88	88	45		
潮州	Chaozhou					
揭阳	Jieyang	203	288	289	291	299
云浮	Yunfu	17	17	17	3	3

7-63 各市社区服务中心活动项目数

7-63 Number of Activities in Community Service Centers by City

单位：个 (Unit)

市别	City	2004	2005	2006	2007	2008
合计	**Total**	**5369**	**6439**	**5235**	**5354**	**4561**
省本级	Provincial Level	5				
广州	Guangzhou	1714	1415	1197	1489	1121
深圳	Shenzhen		1247	667	152	173
珠海	Zhuhai	108	23	51	66	
汕头	Shantou	431	468	159	71	60
佛山	Foshan	1661	1792	1751	2031	2011
韶关	Shaoguan	15	14	12	12	
河源	Heyuan	86	86	86	90	113
梅州	Meizhou	66	105	104		
惠州	Huizhou		22	32		
汕尾	Shanwei	164	164	58	45	18
东莞	Dongguan				303	303
中山	Zhongshan	725	404	406	373	375
江门	Jiangmen	20			4	4
阳江	Yangjiang	4	4	13	45	15
湛江	Zhanjiang					
茂名	Maoming	42	249	242	246	22
肇庆	Zhaoqing	151	140	167	170	77
清远	Qingyuan	35	35	17		
潮州	Chaozhou					
揭阳	Jieyang	124	253	257	257	269
云浮	Yunfu	18	18	16		

7-64 各市社区服务中心活动人次数

7-64 Person-times Took Part in Activities in Community Service Centers by City

单位：人次 (Person-time)

市别	City	2004	2005	2006	2007	2008
合计	**Total**	**1950920**	**1891841**	**1712591**	**3108804**	**2020281**
广州	Guangzhou	631183	660719	545093	1180859	485579
深圳	Shenzhen		173283	24000	156230	159375
珠海	Zhuhai	14030	13770	16890	32160	
汕头	Shantou	4200	2500	15500	25620	4821
佛山	Foshan	545215	311130	272882	403249	195329
韶关	Shaoguan	65420	89240	42000	41000	
河源	Heyuan	42700	42700	42800	43076	44076
梅州	Meizhou	2500	15575	15575		
惠州	Huizhou		10000	115200		
汕尾	Shanwei	19617	19767	8839	22056	14245
东莞	Dongguan				605400	606753
中山	Zhongshan	448865	335800	335920	309647	310745
江门	Jiangmen	31800			875	2150
阳江	Yangjiang	12170	13216	16117	54477	17891
湛江	Zhanjiang					
茂名	Maoming	1300	70171	70171	77203	18961
肇庆	Zhaoqing	58809	65435	125345	138700	136922
清远	Qingyuan	7185	7185	85		
潮州	Chaozhou					
揭阳	Jieyang	19926	15350	16174	18252	23434
云浮	Yunfu	46000	46000	50000		

7-65 各市社区服务中心床位数

7-65 Beds in Community Service Centers by City

单位：张 (Unit)

市别	City	2004	2005	2006	2007	2008
合计	**Total**	**466**		**722**	**400**	**560**
广州	Guangzhou	30		30		
深圳	Shenzhen					
珠海	Zhuhai					
汕头	Shantou					
佛山	Foshan					
韶关	Shaoguan			39		
河源	Heyuan	400		400	400	400
梅州	Meizhou					
惠州	Huizhou					
汕尾	Shanwei	36		144		48
东莞	Dongguan					
中山	Zhongshan					
江门	Jiangmen					
阳江	Yangjiang					
湛江	Zhanjiang					
茂名	Maoming			109		112
肇庆	Zhaoqing					
清远	Qingyuan					
潮州	Chaozhou					
揭阳	Jieyang					
云浮	Yunfu					

注：2005年无统计数据。

Note：2005 data is not included.

7-66 各市社区服务中心年末收养人数

7-66 Number of Adopted People in Community Service Centers at the Year-end by City

单位：人 (Person)

市别	City	2004	2005	2006	2007	2008
合计	**Total**	**60**		**88**		**56**
广州	Guangzhou	30				
深圳	Shenzhen					
珠海	Zhuhai					
汕头	Shantou					
佛山	Foshan					
韶关	Shaoguan			16		
河源	Heyuan					
梅州	Meizhou					
惠州	Huizhou					
汕尾	Shanwei	30		30		
东莞	Dongguan					
中山	Zhongshan					
江门	Jiangmen					
阳江	Yangjiang					
湛江	Zhanjiang					
茂名	Maoming			42		56
肇庆	Zhaoqing					
清远	Qingyuan					
潮州	Chaozhou					
揭阳	Jieyang					
云浮	Yunfu					

注：2005年、2007年无统计数据。

Note：2005，2007 data is not included.

7-67 各市城镇老年福利机构单位数

7-67 Unit Number of Urban Elderly Welfare Homes by City

单位：个 (Unit)

市别	City	2004	2005	2006	2007	2008
合计	**Total**	**728**	**666**	**395**	**333**	**349**
广州	Guangzhou	41	41	19	18	29
深圳	Shenzhen		20	20	21	21
珠海	Zhuhai	24	24	24	23	23
汕头	Shantou	52	52	52	2	2
佛山	Foshan	48	41	47	43	44
韶关	Shaoguan	25	38			
河源	Heyuan	102	102	12	33	35
梅州	Meizhou	155	120	4	4	4
惠州	Huizhou		2	10	10	10
汕尾	Shanwei	5	5	5	4	6
东莞	Dongguan	31	31	31	31	31
中山	Zhongshan	29		2	1	1
江门	Jiangmen	1	1			
阳江	Yangjiang	28	26	41	6	6
湛江	Zhanjiang	60	129	106	116	115
茂名	Maoming	105			1	1
肇庆	Zhaoqing	13	13			
清远	Qingyuan	7	17	16	16	16
潮州	Chaozhou			3	3	3
揭阳	Jieyang	1	1	1	1	1
云浮	Yunfu	1	3	2		1

7-68 各市城镇老年福利机构年末床位数

7-68 Number of Beds in Urban Elderly Welfare Homes at the Year-end by City

单位：张 (Unit)

市别	City	2004	2005	2006	2007	2008
合计	**Total**	**29168**	**24488**	**19565**	**16695**	**17931**
广州	Guangzhou	2205	2166	988	961	1294
深圳	Shenzhen		1521	984	1105	1043
珠海	Zhuhai	1251	812	916	418	507
汕头	Shantou	1141	1102	1137	23	23
佛山	Foshan	5340	4776	6532	5711	6241
韶关	Shaoguan	380	790			
河源	Heyuan	1780	1780	136	586	609
梅州	Meizhou	3682	2894	161	170	170
惠州	Huizhou		65	225	225	225
汕尾	Shanwei	161	161	151	60	163
东莞	Dongguan	2106	2841	2788	2899	2899
中山	Zhongshan	2173		585	850	900
江门	Jiangmen	150	150			
阳江	Yangjiang	931	886	1266	201	205
湛江	Zhanjiang	1589	3488	1777	1996	2035
茂名	Maoming	5511			52	52
肇庆	Zhaoqing	490	470			
清远	Qingyuan	205	426	1212	836	876
潮州	Chaozhou			572	557	572
揭阳	Jieyang	45	45	45	45	45
云浮	Yunfu	28	115	90		72

7-69 各市城镇老年福利机构光荣间床位数

7-69 Number of Beds in the Glorious Rooms of Urban Elderly Welfare Homes by City

单位：张 (Unit)

市别	City	2004	2005	2006	2007	2008
合计	**Total**	**1250**	**1038**	**580**	**263**	**248**
广州	Guangzhou	106	111	4	6	20
深圳	Shenzhen		5	6	36	4
珠海	Zhuhai	97	16	24	24	24
汕头	Shantou	23	8	9	1	1
佛山	Foshan	71	67	38	26	25
韶关	Shaoguan	5	5			
河源	Heyuan	27	27	27	27	27
梅州	Meizhou	762	736			
惠州	Huizhou					
汕尾	Shanwei	2	2		6	8
东莞	Dongguan					
中山	Zhongshan			2		
江门	Jiangmen					
阳江	Yangjiang	56	30	357	48	48
湛江	Zhanjiang		4	10		
茂名	Maoming	86			5	5
肇庆	Zhaoqing					
清远	Qingyuan			60	45	45
潮州	Chaozhou			24	24	24
揭阳	Jieyang	15	15	15	15	15
云浮	Yunfu		12	4		2

7-70 各市城镇老年福利机构年在院总人天数

7-70 Total Annual In-Home Person-days of Urban Elderly Welfare Homes by City

单位：人天 (Person-day)

市别	City	2004	2005	2006	2007	2008
合计	**Total**	**6549127**	**5080255**	**3470074**	**3363375**	**2756554**
广州	Guangzhou	398443	377316	55505	55362	116156
深圳	Shenzhen		172445	230961	173806	177236
珠海	Zhuhai	278134	214925	233691	76426	28386
汕头	Shantou	69715	65335	195275	8	8
佛山	Foshan	2393667	1341125	1221698	1537360	901813
韶关	Shaoguan	67200	139520			
河源	Heyuan	290609	290609	31003	134082	147274
梅州	Meizhou	820697	572241	349	38	6023
惠州	Huizhou		10585	55845	55845	55845
汕尾	Shanwei	22700	22700	22560		
东莞	Dongguan	455070	484920	495000	520920	520920
中山	Zhongshan	508516		169810	129240	
江门	Jiangmen	54020	53250			
阳江	Yangjiang	283155	268275	302215	57606	155227
湛江	Zhanjiang	236510	893334	300302	560732	577355
茂名	Maoming	555066			1578	1456
肇庆	Zhaoqing	100000	136510			
清远	Qingyuan	365	730	87965	2920	18260
潮州	Chaozhou			38325	46720	39785
揭阳	Jieyang	10580	10585	10590	10732	10810
云浮	Yunfu	4680	25850	18980		

7-71 各市城镇老年福利机构年末在院人数

7-71 In-Home Person-days of Urban Elderly Welfare Homes at the Year-end by City

单位：人 (Person)

市别	City	2004	2005	2006	2007	2008
合计	**Total**	**20111**	**18048**	**13469**	**11241**	**12324**
广州	Guangzhou	1690	1739	865	836	1127
深圳	Shenzhen		865	525	550	608
珠海	Zhuhai	812	588	656	218	338
汕头	Shantou	781	883	892	8	8
佛山	Foshan	4267	3881	4995	4489	4737
韶关	Shaoguan	290	495			
河源	Heyuan	802	802	85	394	424
梅州	Meizhou	2746	2304	78	32	92
惠州	Huizhou		29	144	144	144
汕尾	Shanwei	87	87	80	50	96
东莞	Dongguan	1379	1347	1402	1538	1476
中山	Zhongshan	1407		470	359	465
江门	Jiangmen	148	150			
阳江	Yangjiang	779	753	1087	189	181
湛江	Zhanjiang	1535	3304	1564	1731	1822
茂名	Maoming	2771			42	42
肇庆	Zhaoqing	408	374			
清远	Qingyuan	166	346	439	503	520
潮州	Chaozhou			105	128	149
揭阳	Jieyang	30	30	30	30	30
云浮	Yunfu	13	71	52		65

7-72 各市城镇老年福利机构康复和医疗门诊人次数

7-72 Person-times in Recovery and Treatment Clinic of Urban Elderly Welfare Homes by City

单位：人次 (Person-time)

市别	City	2004	2005	2006	2007	2008
合计	**Total**	**161330**	**118146**	**167319**	**275102**	**387971**
广州	Guangzhou	25326	12312	600	40	
深圳	Shenzhen		123	1670	10462	478
珠海	Zhuhai	18981	6350			
汕头	Shantou			31		
佛山	Foshan	96895	86221	124764	218015	373194
韶关	Shaoguan		112			
河源	Heyuan	1218	1218			
梅州	Meizhou	964	751			
惠州	Huizhou			13	13	13
汕尾	Shanwei					
东莞	Dongguan	4231	4231			
中山	Zhongshan	3480		37600	28800	
江门	Jiangmen					
阳江	Yangjiang	2523	6828	2469	217	251
湛江	Zhanjiang					
茂名	Maoming	7712			35	35
肇庆	Zhaoqing					
清远	Qingyuan					
潮州	Chaozhou				17520	14000
揭阳	Jieyang					
云浮	Yunfu			172		

7-73 各市农村五保供养服务机构单位数

7-73 Unit Number of Rural Five-guarantee Program Service Organizations by City

单位：个 (Unit)

市别	City	2004	2005	2006	2007	2008
合计	**Total**	**994**	**1211**	**1422**	**1761**	**1761**
广州	Guangzhou	77	73	81	71	61
深圳	Shenzhen	10				
珠海	Zhuhai				9	9
汕头	Shantou				52	48
佛山	Foshan	36	10	9	17	16
韶关	Shaoguan	67	73	100	99	96
河源	Heyuan			90	93	98
梅州	Meizhou		0	16	145	133
惠州	Huizhou	42	26	17	31	28
汕尾	Shanwei	41	38	38	41	41
东莞	Dongguan					
中山	Zhongshan		26	26	26	25
江门	Jiangmen	76	79	83	83	73
阳江	Yangjiang	22	30	21	47	48
湛江	Zhanjiang	222	357	451	561	567
茂名	Maoming		107	103	103	103
肇庆	Zhaoqing	106	106	112	112	144
清远	Qingyuan	113	95	86	84	88
潮州	Chaozhou	36	36	36	36	36
揭阳	Jieyang	81	81	79	78	78
云浮	Yunfu	65	74	74	73	69

7-74 各市农村五保供养服务机构年末床位数

7-74 Number of Beds in Rural Five-guarantee Program Service Organizations at the Year-end by City

单位：张 (Unit)

市别	City	2004	2005	2006	2007	2008
合计	**Total**	**28086**	**35800**	**38313**	**58676**	**58667**
广州	Guangzhou	4319	4236	4633	4020	5027
深圳	Shenzhen	491				
珠海	Zhuhai				396	396
汕头	Shantou				1279	1127
佛山	Foshan	1229	433	479	1744	1714
韶关	Shaoguan	1448	1697	2014	2796	2673
河源	Heyuan			2126	2564	2880
梅州	Meizhou			455	3323	3457
惠州	Huizhou	792	428	272	8201	5711
汕尾	Shanwei	659	705	882	4803	4333
东莞	Dongguan					
中山	Zhongshan		1666	1881	2113	2217
江门	Jiangmen	3112	3136	2621	3420	3448
阳江	Yangjiang	514	715	537	1575	1618
湛江	Zhanjiang	4704	8151	6615	7632	8221
茂名	Maoming		4010	4598	3595	3632
肇庆	Zhaoqing	2900	2880	3570	3586	3757
清远	Qingyuan	3357	2856	2538	2277	3184
潮州	Chaozhou	407	407	444	470	772
揭阳	Jieyang	1686	1768	1770	1937	1937
云浮	Yunfu	2468	2712	2878	2945	2563

7-75　各市农村五保供养服务机构光荣间床位数

7-75　Number of Beds in the Glorious Rooms of Rural Five-guarantee Program Service Organizations by City

单位：张　　　　(Unit)

市　别	City	2004	2005	2006	2007	2008
合　计	**Total**	**628**	**1070**	**813**	**1786**	**1890**
广　州	Guangzhou	116	157	131	105	183
深　圳	Shenzhen	5				
珠　海	Zhuhai					
汕　头	Shantou				11	10
佛　山	Foshan				4	4
韶　关	Shaoguan	36	232	126		
河　源	Heyuan			50	150	176
梅　州	Meizhou				600	550
惠　州	Huizhou	8	8			
汕　尾	Shanwei	20	20	17	22	29
东　莞	Dongguan					
中　山	Zhongshan				52	52
江　门	Jiangmen	69	67	79	28	28
阳　江	Yangjiang	20	28	27	461	462
湛　江	Zhanjiang		5			
茂　名	Maoming		152	160	133	94
肇　庆	Zhaoqing	38	40	87	85	80
清　远	Qingyuan	228	221	62	79	159
潮　州	Chaozhou					
揭　阳	Jieyang	48	43	38	38	38
云　浮	Yunfu	40	97	36	18	25

7-76 各市农村五保供养服务机构年在院总人天数

7-76 Total Annual In-Home Person-days of Rural Five-guarantee Program Service Organizations by City

单位：人天 (Person-day)

市别	City	2004	2005	2006	2007	2008
合计	**Total**	**6722124**	**8279156**	**7205039**	**7071186**	**6987477**
广州	Guangzhou	2602396	2599885	1087978	970840	882371
深圳	Shenzhen	82450				
珠海	Zhuhai					
汕头	Shantou				62223	215443
佛山	Foshan	414340	92270	96620	444875	118745
韶关	Shaoguan	154044	224165	1085727	273456	307783
河源	Heyuan			265625	383610	253855
梅州	Meizhou			92710	351386	351305
惠州	Huizhou	117580	99280	99280	121545	221395
汕尾	Shanwei	81616	61842	61490	33580	34022
东莞	Dongguan					
中山	Zhongshan		372300	306600		
江门	Jiangmen	335958	346982	252680	238100	159386
阳江	Yangjiang	153640	185159	158737	430054	429142
湛江	Zhanjiang	671503	1575030	1586996	1576982	2230963
茂名	Maoming		787954	514973	406464	212108
肇庆	Zhaoqing	745792	740294	548485	640683	694807
清远	Qingyuan	628970	435145	293095	339450	323053
潮州	Chaozhou	48628	49623	5632	6612	68587
揭阳	Jieyang	315604	237886	476091	488167	484110
云浮	Yunfu	369603	471341	272320	303159	402

7-77 各市农村五保供养服务机构年末在院人数

7-77 In-Home Person-days of Rural Five-guarantee Program Service Organizations at the Year-end by City

单位：人 (Person)

市别	City	2004	2005	2006	2007	2008
合计	**Total**	**19374**	**26149**	**27531**	**48782**	**42743**
广州	Guangzhou	2827	2689	3355	2941	3577
深圳	Shenzhen	226				
珠海	Zhuhai				332	332
汕头	Shantou				1060	856
佛山	Foshan	716	255	253	1338	982
韶关	Shaoguan	832	1126	1598	2256	1899
河源	Heyuan			1627	2536	2432
梅州	Meizhou			308	2634	2762
惠州	Huizhou	420	365	272	8105	5635
汕尾	Shanwei	482	592	1264	4750	1047
东莞	Dongguan					
中山	Zhongshan		1002	840	1208	1301
江门	Jiangmen	1790	1791	1488	2040	2005
阳江	Yangjiang	452	642	476	1373	1283
湛江	Zhanjiang	4156	7910	6014	7297	7072
茂名	Maoming		2185	2517	2936	2916
肇庆	Zhaoqing	2343	2274	2581	2846	2905
清远	Qingyuan	2265	2096	1728	1701	2162
潮州	Chaozhou	216	216	234	308	418
揭阳	Jieyang	1168	1375	1350	1336	1333
云浮	Yunfu	1481	1631	1626	1785	1826

7-78 各市农村五保供养服务机构康复和医疗门诊人次数

7-78 Person-times in Recovery and Treatment Clinic of Rural Five-guarantee Program Service Organizations by City

单位：人次 （Person-time）

市别	City	2004	2005	2006	2007	2008
合计	**Total**	**14464**	**39738**	**45049**	**52002**	**53728**
广州	Guangzhou	3392	26465	32819	15488	23624
深圳	Shenzhen	1144				
珠海	Zhuhai					
汕头	Shantou					
佛山	Foshan	7350	1312	7878	25180	23871
韶关	Shaoguan	843	810	200		
河源	Heyuan					
梅州	Meizhou					1
惠州	Huizhou				3600	1475
汕尾	Shanwei		145			
东莞	Dongguan					
中山	Zhongshan					
江门	Jiangmen	1215	1818	2350	1539	1932
阳江	Yangjiang				2052	2027
湛江	Zhanjiang					
茂名	Maoming		7765	575	2311	793
肇庆	Zhaoqing	520	600		1826	
清远	Qingyuan					
潮州	Chaozhou					
揭阳	Jieyang		823		6	5
云浮	Yunfu			1227		

7-79 各市农村五保、医疗救助情况（2008）

7-79 Status of Rural Five-guarantee Program and Medical Assistance by City（2008）

市别	City	农村集中五保供养人数（人）Number of People in Concentrative Rural Five-guarantee Program (person)	农村集中五保供养户数（户）Family of Concentrative Rural Five-guarantee Program (unit)	农村分散五保供养人数（人）Number of People in Sporadic Rural Five-guarantee Program (person)	农村分散五保供养户数（户）Family of Sporadic Rural Five-guarantee Program (unit)	农村传统救济人数（人）Number of People with Rural Medical Assitance (person)	农村临时救济人次数（人次）Number of People with Rural Temporary Medical Assistance (person-time)	城市医疗救助情况 Status of Assistance by City：城市民政部门医疗救助人数（人）Number of People with Civil Affairs Department Medical Assistance in City (person)	城市医疗救助情况 Status of Assistance by City：民政部门资助参保医疗人数（人）Number of People with Medical Assistance by Civil Affairs Department Subsidizing (person)	农村医疗救助情况 Status of Assistance by Rural：农村民政部门救助人数（人）Number of People with Civil Affairs Department Medical Assistance in Rural (person)	农村医疗救助情况 Status of Assistance by Rural：民政部门资助参加合作医疗人数（人）Number of People with Medical Assistance by Civil Affairs Department Subsidizing (person)
合计	**Total**	**35712**	**34675**	**215575**	**212291**	**30100**	**435552**	**212739**	**213536**	**196982**	**1393516**
广州	Guangzhou	1368	1316	3309	3206		4003	84071	34639	20920	55897
深圳	Shenzhen							11247	1594		
珠海	Zhuhai	291	285	656	650		1054	132		426	
汕头	Shantou	883	883	2376	2376		125	1131	1043	25145	20650
佛山	Foshan	2051	2051	1433	1433	110	185783	7390	25891	3789	201490
韶关	Shaoguan	1755	1460	5406	5365	2941	7086	16091	10458	15784	62477
河源	Heyuan	1988	1988	13479	13430	3358	7629	880	6831	2732	25607
梅州	Meizhou	2653	2649	15298	14592		1395	2155	6275	14899	51730
惠州	Huizhou	896	621	8197	8167	23	16595	981	5845	3494	82078
汕尾	Shanwei	1106	1103	9169	9057	341		5037	8872	8240	34292
东莞	Dongguan	998	998	443	440	1737	278	966	10329	670	28897
中山	Zhongshan	929	920	923	897		11172	6372		480	8874
江门	Jiangmen	1658	1658	3121	3099	355	7238	7166	300	3792	57464
阳江	Yangjiang	1465	1192	12810	12143		49975	10753	8402	8956	65707
湛江	Zhanjiang	6375	6309	47465	47003	890	25678	9423	31970	5326	148304
茂名	Maoming	2622	2622	36488	35956			21239	9943	10237	159115
肇庆	Zhaoqing	2928	2928	9381	9372	18865	70760	6101	7501	3433	60093
清远	Qingyuan	2222	2202	19067	18950		38722	5283	1981	5788	90608
潮州	Chaozhou	412	393	4616	4526	1019		12014	10400	18361	40173
揭阳	Jieyang	1331	1331	8778	8743	210	593	1885	29472	10383	135168
云浮	Yunfu	1781	1766	13160	12886	251	7466	2422	1790	34127	64892

7-80 民间组织管理情况（2008）

7-80 Status of Non-governmental Organization Management（2008）

指标	Item	年末实有单位数（个）Number of Department by the End of the Year（unit）	负责人（人）Person in Charge（person）	#女性（人）Femal（person）
社会团体	Social Organizations	11553	18669	2865
民办非企业单位	Private Sector out of Business	12856	15536	4609
基金会	Fundation	162	162	43

7-81 各市社会团体单位数

7-81 Unit Number of Social Groups by City

单位：个 （Unit）

市别	City	2004	2005	2006	2007	2008
合计	**Total**	**8697**	**9318**	**9856**	**10818**	**11553**
省本级	Provincial Level	784	812	847	887	907
广州	Guangzhou	1235	1217	1228	1258	1313
深圳	Shenzhen	806	889	951	1227	1389
珠海	Zhuhai	391	402	378	405	421
汕头	Shantou	463	474	487	493	516
佛山	Foshan	649	697	737	823	872
韶关	Shaoguan	335	370	444	462	488
河源	Heyuan	170	173	188	215	240
梅州	Meizhou	602	644	583	685	703
惠州	Huizhou	335	379	402	427	466
汕尾	Shanwei	197	216	229	239	250
东莞	Dongguan	175	213	230	255	276
中山	Zhongshan	179	193	221	258	279
江门	Jiangmen	451	495	562	579	608
阳江	Yangjiang	186	202	217	241	250
湛江	Zhanjiang	250	295	317	349	380
茂名	Maoming	378	404	439	473	496
肇庆	Zhaoqing	283	320	399	465	480
清远	Qingyuan	209	242	273	283	324
潮州	Chaozhou	174	198	218	233	242
揭阳	Jieyang	317	325	332	348	386
云浮	Yunfu	128	158	174	213	267

7-82 各市民办非企业单位数

7-82 Unit Number of Non-enterprise Run by the Local People by City

单位：个 (Unit)

市别	City	2004	2005	2006	2007	2008
合计	**Total**	**9331**	**10319**	**11060**	**12027**	**12856**
省本级	Provincial Level	173	212	228	257	257
广州	Guangzhou	1757	1874	1969	2164	2304
深圳	Shenzhen	1149	1317	1518	1773	1966
珠海	Zhuhai	492	556	552	603	620
汕头	Shantou	540	555	501	473	459
佛山	Foshan	592	703	827	927	1000
韶关	Shaoguan	301	316	309	322	327
河源	Heyuan	115	140	155	174	174
梅州	Meizhou	154	172	164	209	235
惠州	Huizhou	333	395	436	495	549
汕尾	Shanwei	194	208	248	259	268
东莞	Dongguan	840	986	1044	1161	1202
中山	Zhongshan	386	454	520	574	836
江门	Jiangmen	205	246	282	298	327
阳江	Yangjiang	125	126	142	155	164
湛江	Zhanjiang	250	304	367	397	407
茂名	Maoming	358	309	338	323	350
肇庆	Zhaoqing	295	314	338	340	365
清远	Qingyuan	352	375	340	355	367
潮州	Chaozhou	280	288	278	256	220
揭阳	Jieyang	365	383	410	415	352
云浮	Yunfu	75	86	94	97	107

7-83 各市公墓情况（2008）

7-83 Status of Cemeteries by City（2008）

市别	City	单位数（个）Unit Number（unit）	年末职工人数（人）Number of the Staffs at the End of the Year（person）	穴位数（个）Number of the Holes（unit）	本年销售穴位数 Number of the Holes by Sales	安葬数（人）Number of the Bury the Dead（person）	本年安葬数 Number of the Bury the Dead
合计	**Total**	**70**	**1640**	**474601**	**19821**	**312743**	**18657**
广州	Guangzhou	11	489	184163	3886	110176	4945
深圳	Shenzhen	5	117	8343	718	6048	605
珠海	Zhuhai						
汕头	Shantou	1	16	800	800	893	893
佛山	Foshan	6	335	80721	6638	93813	7136
韶关	Shaoguan	6	47	14054	319	4071	228
河源	Heyuan	4	61	30000	280	1570	180
梅州	Meizhou	4	45				
惠州	Huizhou	1	6	6036	36	316	1
汕尾	Shanwei	3	72	9158	1186	1186	
东莞	Dongguan	3	101	13849	768	21699	378
中山	Zhongshan	1	8	28407	1210	25566	1089
江门	Jiangmen	11	111	65561	2295	36488	1836
阳江	Yangjiang	1	9				
湛江	Zhanjiang	1	4	1982	167	1982	167
茂名	Maoming	2	76	7036	254	2806	254
肇庆	Zhaoqing	2	35	5470	437	3798	437
清远	Qingyuan	4	88	7098	619	1968	305
潮州	Chaozhou						
揭阳	Jieyang	1	12	6328	75	230	70
云浮	Yunfu	3	8	5595	133	133	133

7-84 各市殡仪馆情况（2008）

7-84 Status of Funeral Parlors by City（2008）

市别	City	单位数（个）Unit Number（unit）	火化炉数（个）Number of the Cremator（unit）	全年处理遗体数（人）Number of Remains Handled（person）	穴位数（个）Number of the Holes（unit）	本年销售穴位数 Number of the Holes by Sales	安葬数（人）Number of the Bury the Dead（person）	本年安葬数 Number of the Bury the Dead
合计	**Total**	**92**	**362**	**425959**	**60642**	**1242**	**23919**	**1363**
广州	Guangzhou	6	39	54877				
深圳	Shenzhen	1	7		281		322	
珠海	Zhuhai	2	8	6002	33726	274	8487	112
汕头	Shantou	4	17	25046				
佛山	Foshan	5	36	27010				
韶关	Shaoguan	9	23	17618			973	80
河源	Heyuan	6	12	16433				
梅州	Meizhou	7	21	28321	1680	25	230	22
惠州	Huizhou	4	15	16390				
汕尾	Shanwei	4	9	6967				
东莞	Dongguan	1	10	15955				
中山	Zhongshan	1	8	11463				
江门	Jiangmen	6	27	30571	22799	474	13462	704
阳江	Yangjiang	4	12	14018	1800	113		
湛江	Zhanjiang	7	18	28068				
茂名	Maoming	2	16	16320				
肇庆	Zhaoqing	6	21	23317				
清远	Qingyuan	6	19	23043				
潮州	Chaozhou	2	9	16255	356	356	445	445
揭阳	Jieyang	5	21	33379				
云浮	Yunfu	4	14	14906				

主要统计指标解释

民政经费 包括民政事业费实际支出、民政事业基本建设投资、社会福利基金三部分。其中民政事业费实际支出包括抚恤事业费、军队移交地方安置的离退休人员费用、社会救济福利事业费、社会残疾人福利事业费、救灾支出、其他民政事业费、地方离退休人员经费和其他款项用于民政支出。

社会福利院 是指提供食宿、不以盈利为目的、主要收养对象为城市中无亲属子女赡养、无生活来源、无劳动能力的孤老、孤儿和残疾人的综合性社会福利事业单位。

社会救助中心 是指由民政部门管理的财务上独立核算的，对符合社会救助条件人员提供食宿和其他帮助的社会救助机构。

社区服务中心 由区或街道（镇）管理的，民政部门指导的为老年人、残疾人、烈军属等社区居民提供多功能综合性服务（服务内容两项以上）的福利事业单位。称为社区服务中心的基本条件：1. 有一定的服务场所（建筑面积在100米^{2}以上）；2. 固定的工作人员；3. 所提供的社会福利项目在两项以上；4. 财务上独立核算的单位。社区服务中心分为提供住宿的社区服务中心和不提供住宿的社区服务中心两类。

慈善事业 是以社会成员的慈善心为道德基础，以社会成员的自愿捐献为经济基础，以民间公益事业团体根据捐献者的意愿对需要帮助的社会成员进行物质帮助为基本内容的一种社会保障事业。慈善基金会的慈善基金主要来源于以下五个方面：一是企事业单位和其他组织、个人的捐赠或资助，二是港澳台地区和国外友好团体、组织、个人的捐赠或资助，三是政府资助，四是基金母本的增值部分，五是基金会的其他合法收入。

最低生活保障线 是指以保障公民基本生存权利为目标的社会救助制度，它的通常做法是根据维持最起码的生活需要的标准设立一条最低生活保障线，每一个公民当其收入水平低于最低生活保障线而发生生活困难时，按照法定程序有权得到国家和社会按照明文公布的标准提供的现金和实物救助。

Explanatory Notes on Main Statistical Indicators

Civil Administration Funds Consists of the actual outlay of civil administration, the investment in infrastructure of civil administration and the funds of the social welfare. And the actual outlay of civil administration include blood money, the cost of retired people who were transferred to local governments by the army, the social relief and welfare programs, the disabled people' s welfare, other civil administration and local retired people' s cost, all of the other payment of civil administration.

Social Welfare House Define as the comprehensive social welfare institutions that can supply some places to who has no children, no income and no ability to work, the orphan and the handicapped to live and something to eat.

Social Assistance Center Define as the social assistance organizations where are managed by the civil administration department, they has independent financial affairs, can supply some foods to eat and some where to live, and other helps to who really needs to help.

Community Service Center The welfare institutions that managed by the area or street, guided by the civil administration, they supply multifunctional and comprehensive services (at least two services) to the older, disabled people and martyr' s families. There are four postulates to be Social Service Center. First, there is a service area that more than 100 m^2; Second, there are some permanent members; Third, supplies at least two social welfare program; Finally, it has independent financial. The Social Service Center include two types institutions: supply lodging and not.

Charity It is a social security program that made up by the moral foundation of the social members' charitable heart and the economic foundation of the social people' s voluntary contributions, and the nonprofit organizations should accord to the donors' wish to provides some material assistance to those who need to be helped. the charitable funds of Charities Aid Foundation from: 1. The denote and subsidize of the enterprise, other organization and individuals,

2. The donate and subsidize from HK, Marco and Taiwan and the foreign friendly team, organization and individuals, 3. The subsidize from the Government, 4. The increment part of the principal of funds, 5. Any legitimate income of the foundation.

Basic Cost of Living Allowances Line Define as the social assistance system that aim at guaranteeing the citizens' basic right. It is common practice to establish a basic cost of living allowances to keep the minimum standard of living needs, when the citizens whose income is lower than the standard, she or he can be provided some cash or material object assistance according to the national or social express laws.

八、体育、出版、邮政和档案

Ⅷ Sports，Publication，Postal and Archive

简要说明

1. 本篇资料主要反映广东省体育、邮政、档案和新闻出版事业发展情况。

2. 本篇资料主要包括:

(1) 全省图书、杂志、报纸出版情况;体育运动情况;邮政业务情况;档案机构情况等。

(2) 地区分全省和各地级以上市。

(3) 年份为2008年数据以及近5年数据。

3. 统计资料来源:本篇资料由广东省体育局、广东省邮政管理局、广东省档案局、广东省新闻出版局负责整理、审核、提供。

Brief Descriptions

1. The data in this chapter mainly show the situations of sports, postal, archival and publishing undertaking in Guangdong Province.

2. The data in this chapter mainly includes:

(1) The province's books, magazines, newspapers, publishing situation; sport situation; postal business situation; archiving institution situation, and so on.

(2) Areas are distinguished by province and the cities at prefectural level and above.

(3) Data of 2008 and the recent five years.

3. Sources of Data: Data are prepared and provided by the Guangdong Provincial Sports Bureau, Guangdong Provincial Postal Administration, Guangdong Provincial Archives Bureau, Guangdong Provincial Press and Publication Bureau.

8-1 体育系统从业人员总数（2008）

8-1 Total Number of Practitioners in Sports System（2008）

单位：人 （Person）

地 区	Region	从业人员 Employed Person	省级 Provincial Level	地级 Prefecture Level	县级 Country Level
合 计	**Total**	**9965**	**2307**	**4475**	**3183**
直属小计	Directly Under Amount	2307	2307		
地方小计	Local Amount	7658		4475	3183
广 州	Guangzhou	1925		1233	692
深 圳	Shenzhen	930		482	448
珠 海	Zhuhai	209		170	39
汕 头	Shantou	519		404	115
佛 山	Foshan	599		338	261
韶 关	Shaoguan	229		95	134
河 源	Heyuan	134		59	75
梅 州	Meizhou	230		78	152
惠 州	Huizhou	346		187	159
汕 尾	Shanwei	161		128	33
东 莞	Dongguan	281		281	
中 山	Zhongshan	151		151	
江 门	Jiangmen	418		155	263
阳 江	Yangjiang	151		45	106
湛 江	Zhanjiang	355		205	150
茂 名	Maoming	276		156	120
肇 庆	Zhaoqing	267		120	147
清 远	Qingyuan	168		65	103
潮 州	Chaozhou	128		81	47
揭 阳	Jieyang	99		19	80
云 浮	Yunfu	82		23	59

8-2 等级运动员当年发展情况（2008）

8-2 Current Year Developing Situation of Athletes in Grades（2008）

单位：人 （Person）

项 目 Item		总人数 Personnel Numbers			国际级运动健将 International Elite			国家级运动健将 National level Elite			一级运动员 First Rank Athletes			二级运动员 Second Rank Athletes		
		小计 Amount	男 Man	女 Woman	小计 Amount	男 Man	女 Woman	小计 Amount	男 Man	女 Woman	小计 Amount	男 Man	女 Woman	小计 Amount	男 Man	女 Woman
合计	**Total**	**3757**	**2321**	**1436**	**14**	**7**	**7**	**166**	**86**	**80**	**643**	**367**	**276**	**2934**	**1861**	**1073**
田径	Track and Field	898	645	253				11	9	2	77	50	27	810	586	224
游泳	Swimming	427	215	212				10	2	8	91	42	49	326	171	155
跳水	Diving	21	12	9	1		1	8	4	4	1	1		11	7	4
水球	Water Polo Ball	29	23	6							29	23	6			
花样游泳	Synchronised-swimming	10		10							1		1	9		9
体操	Gymnastics	45	25	20				8	6	2	29	17	12	8	2	6
艺术体操	Rhythmische Sportgymnastik	22		22				6		6	10		10	6		6
蹦床	Trampoline	11	6	5				1	1		1		1	9	5	4
举重	Weightlifting	89	50	39				3	2	1	39	23	16	47	25	22
拳击	Boxing	25	25					1	1		5	5		19	19	
国际式摔跤	International Style Wrestling	75	44	31	1		1	10	7	3	8	6	2	56	31	25
中国式摔跤	Chinese Style Wrestling	54	28	26				2	1	1				52	27	25
柔道	Judo	84	46	38	1		1	4	2	2	15	8	7	64	36	28
跆拳道	Kickboxing	168	104	64				6	4	2	65	40	25	97	60	37
自行车	Bicycle	5	4	1							5	4	1			
击剑	Swordplay	78	38	40				1	1		12	4	8	65	33	32
马术	Equestrianism	2	1	1				1	1		1		1			
现代五项	Military Pentathlon															
射击	Shooting	53	23	30				1		1	25	12	13	27	11	16
射箭	Toxophily	32	22	10				11	8	3	13	9	4	8	5	3
赛艇	Boat Race	30	15	15				14	7	7	16	8	8			
皮划艇	Kayak	26	21	5	2	2		3	3		11	10	1	10	6	4
帆船	Sail	9	2	7							9	2	7			
足球	Football	363	241	122							32	11	21	331	230	101
篮球	Basketball	128	89	39	4	3	1				36	32	4	88	54	34
排球	Volleyball	130	79	51							15	14	1	115	65	50
沙滩排球	Beach Volley Ball	3		3							3		3			
乒乓球	Table Tennis	144	79	65							10	4	6	134	75	59
羽毛球	Badminton	89	56	33				1		1	13	6	7	75	50	25
网球	Tennis	36	21	15							7	3	4	29	18	11
手球	Handball	40	16	24	1	1		15	9	6	3		3	21	6	15

8-2续表1 continued

单位：人 （Person）

项 目 Item		总人数 Personnel Numbers			国际级运动健将 International Elite			国家级运动健将 National Level Elite			一级运动员 First Rank Athletes			二级运动员 Second Rank Athletes		
		小计 Amount	男 Man	女 Woman	小计 Amount	男 Man	女 Woman	小计 Amount	男 Man	女 Woman	小计 Amount	男 Man	女 Woman	小计 Amount	男 Man	女 Woman
曲棍球	Field Hokey	66	38	28				11	2	9	2	2		53	34	19
棒球	Baseball	26	24	2				7	7		4	4		15	13	2
垒球	Softball	7		7				7		7						
速度滑冰	Speed Skating															
短道速滑	ShortTrackSpeed-Skating															
花样滑冰	Figure Skating															
冰球	Ice Hockey															
冰壶	Curling															
高山滑雪	Alpine Skiing															
越野滑雪	Cross-country Skiing															
跳台滑雪	Ski Jumping															
自由式滑雪	Freestyle Skiing															
单板滑雪	Snowboard															
冬季两项	Biathlon															
技巧	Skill															
健美操	Aerobics	12	6	6	1	1		1	1		2	1	1	8	3	5
街舞	Street Dancing															
软式网球	Squash Racket															
武术	Martial Arts	215	137	78				2		2	8	5	3	205	132	73
滑水	Water Skiing	5	2	3	1		1	4	2	2						
潜水	Dive															
蹼泳	Finmming	9	4	5	2		2				4	2	2	3	2	1
摩托艇	Motorboat															
围棋	I-go	78	51	27							1		1	77	51	26
国际象棋	Chess	46	31	15				1	1		13	9	4	32	21	11
中国象棋	Chinesische Schach	21	12	9							1	1		20	11	9
桥牌	Bridge															
登山	Mountaineering	3	3								3	3				
摩托车	Motorcycle															
汽车	Automobile															
铁人三项	Triathlon															

8-2续表2 continued

单位：人 （Person）

项目 Item	总人数 Personnel Numbers			国际级运动健将 International Elite			国家级运动健将 National Level Elite			一级运动员 First Rank Athletes			二级运动员 Second Rank Athletes		
	小计 Amount	男 Man	女 Woman	小计 Amount	男 Man	女 Woman	小计 Amount	男 Man	女 Woman	小计 Amount	男 Man	女 Woman	小计 Amount	男 Man	女 Woman
高尔夫球 Golf															
保龄球 Bowling															
掷球 Drop the Puck															
台球 Billiards															
藤球 Sepaktakraw															
壁球 Racket Ball															
橄榄球 Football															
车辆模型 Vehicle Model	6	5	1				2	2		2	1	1	2	2	
航海模型 Marine Modelling	38	32	6							1	1		37	31	6
定向 Predetermined Orientation															
航空模型 Model Aeroplane	4	2	2							1		1	3	2	1
跳伞 Parachute Jumping															
滑翔 Glide															
运动飞机 Sportplane															
热气球 Fire Balloon															
轮滑 In-line Skating	30	8	22				14	3	11	14	3	11	2	2	
业余无线电 Amateur Radio	65	36	29							5	1	4	60	35	25
毽球 Shuttlecock															
门球 Gate Ball															
舞龙舞狮 Dragon-lion Dance															
龙舟 Dragon Boat															
钓鱼 Fishing															
风筝 Kite															
信鸽 Homing Pigeon															
体育舞蹈 Dancesport															
健美 Bodybuilding															
拔河 Tug-of-war															
飞镖 Darts															
救生 Lifesaving															
健身气功 Body-building Qigong															
电子竞技 Electronic Sports															

8-3 体育系统机构数（2008）

8-3 Number of Organizations of Sports System（2008）

单位：个 （Unit）

	机构数 Number of Organization			省级 Provincial Level			地级 Prefecture Level			县级 Country Level		
	小计 Amount	独立 Inde-pendent	合并 Coales-cent	小计 Amount	独立 Inde-pendent	合并 Coales-cent	小计 Amount	独立 Inde-pendent	合并 Coales-cent	小计 Amount	独立 Inde-pendent	合并 Coales-cent
合　计 Total	**373**	**330**	**43**	**20**	**20**		**158**	**146**	**12**	**195**	**164**	**31**
直属小计 Directly under Amount	20	20		20	20							
地方小计 Local Amount	353	310	43				158	146	12	195	164	31
广　州 Guangzhou	81	68	13				47	37	10	34	31	3
深　圳 Shenzhen	35	33	2				12	12		23	21	2
珠　海 Zhuhai	8	7	1				4	4		4	3	1
汕　头 Shantou	23	18	5				11	11		12	7	5
佛　山 Foshan	14	13	1				7	7		7	6	1
韶　关 Shaoguan	20	20					6	6		14	14	
河　源 Heyuan	11	11					5	5		6	6	
梅　州 Meizhou	10	10					2	2		8	8	
惠　州 Huizhou	14	14					5	5		9	9	
汕　尾 Shanwei	11	9	2				7	7		4	2	2
东　莞 Dongguan	6	6					6	6				
中　山 Zhongshan	4	4					4	4				
江　门 Jiangmen	24	23	1				8	8		16	15	1
阳　江 Yangjiang	5	5					1	1		4	4	
湛　江 Zhanjiang	17	17					8	8		9	9	
茂　名 Maoming	15	14	1				5	5		10	9	1
肇　庆 Zhaoqing	14	13	1				6	6		8	7	1
清　远 Qingyuan	11	5	6				2	2		9	3	6
潮　州 Chaozhou	9	7	2				6	6		3	1	2
揭　阳 Jieyang	8	8					3	3		5	5	
云　浮 Yunfu	13	5	8				3	1	2	10	4	6

8-4 国民体质监测站点基本情况（2008）

8-4 Basic Conditions of National Physique Monitoring Stations or Spots（2008）

统计项	Item	合计 Total	国家 Nation	省 Province	地市 Prefecture-level City	县区 Country
总站（点）数（个）	Number of Master Station（unit）	55499		1	16325	39173
组建测试队（支）	Build Testing Team（unit）	98		2	12	84
测试工作人员数（人）	Number of Testing Worker（person）	1833		30	186	1617
累计受测人员数（人）	Accumulate Number of Tested People（person）	494996		9121	62316	423559
本年度受测人员数（人）	Number of Tested People This Year（person）	247965		608	14042	233315
本年度测试达标人数（人）	Number of Tested People Reaching the Mark This Year (person)	200408		496	10078	189834
本年度测试达标率（%）	Attainment Rate（%）	80.8		81.6	71.8	81.4

8-5 社会体育指导员情况（2008）

8-5 Status of Public Sports Instructors（2008）

指标	Item	公益性（业余） Public Benefit（Amateur）				
		合计 Total	国家级 National Level	一级 First Level	二级 Second Level	三级 Third Level
本年度认证人数（人）	Number of Authenticated People This Year (person)	12323		173	3017	9133
截至年末认证总人数（人）	Total of Authenticated People by the End of Year（person）	42040		717	10719	30604
本年参加指导员的培训人数（人）	Number of the Guidance Officer Training This Year（person）	12000		181	3107	8712

8-6 体育国际交流情况（2008）

8-6 Status of International Sports Exchanges（2008）

交流层次	Communication Level	交流性质 Communication Property		交流类型 Communication Type				交流形式 Communication Type	
		来访 Visitor	出访 To Visit	世界 World	洲际 Interconti-nental	双边 Bilateral	其他 Others	政府间 Between Government	民间 Between Folk
合计	**Total**	**18**	**229**	**196**	**17**	**16**	**18**	**213**	**34**
国家（起数）	Nation（case）	7	191	193			5	193	5
省级（起数）	Province（case）	2	3	2		3		4	1
市级（起数）	City（case）	9	35	1	17	13	13	16	28
合计	**Total**	**1725**	**1342**	**2483**	**146**	**12**	**426**	**2098**	**969**
国家（人次）	Nation（person-time）	825	1165	1683			307	1685	305
省级（人次）	Province（person-time）	800	30	800			30	330	500
市级（人次）	City（person-time）	100	147		146	12	89	83	164

8-7 体育系统学校及科研情况（2008）

8-7 Status of Schools and Scientific Research in Sports System（2008）

指 标 Item		单位数（所）Number of Depart-ment（place）	学生数（人）Number of Students（person）	科研课题 Scientific and Technical Problems		科研成果 Scientific Achievements			
				课题数（个）Number of Research（case）	课题经费（万元）Research Funds（10000 yuan）	获奖（项）Bear the Palm（case）	著作（部）Litera-ture（case）	论文（篇）Thesis（case）	其他（篇）Others（case）
合计	**Total**	**763**	**48928**	**16**	**143.3**	**6**	**1**	**145**	**30**
行政机关	Administrative Organ	141		1	3.5				4
运动项目管理部门（优秀运动队）	Sports Management Department（Letterman）	16							
本科院校	Undergraduate University								
职业技术学院	College of Vocational and Technical	1	1192						
体育运动学校	Sports School	17	4818			5		45	
竞技体校	Competitive Sports School	1	728						
少儿体育运动学校（业余体校）	Sports School for Children（Spare-time Sports School）	64	12923	4	20.0			71	
单项运动学校	Individual Event Sports School	2	93						
体育中学	Sports Middle School	1	1935						
体育传统项目学校	Traditional Event Sports School	389	27239	2				14	25
训练基地	Training Base	8							
体育场馆	Stadium	74							
科研所	Acakemy	2		9	119.8	1	1	15	1
其他事业单位	Other Public Institution	47							
其他	Others								

8-8 体育文化宣传情况（2008）

8-8 Status of Sports Cultural Propaganda（2008）

指 标 Item		数 量 Amount
图书（种）	Books（kind）	5
总印数（册）	Total of Publishing（pieces）	15964
总印张（张）	Total of Publishing（pieces）	1200020
杂志（种）	Magazine（kind）	17
每期平均印数（册）	Average Amant for every Periodical（pieces）	47813
每期平均印张（张）	Average Amant for every Periodical（pieces）	317047
报纸（种）	News paper（kind）	6
每期平均印数（册）	Average Amant for every Periodical（pieces）	5833
每期平均印张（张）	Average Amant for every Periodical（pieces）	11173
网站（个）	Website（unit）	27
平均点击量（次）	Average Click Rate（time）	1835635
总均点击量（次）	Total click Rate（time）	22313254
体育科普文化活动（次）	Sports、popoularization of science（time）	117
平均活动时间（小时）	Average Activity Times（hour）	127
总参加人次（人次）	Total Person-time（person-time）	203300

8-9 图书、杂志、报纸出版数量

8-9 Publications of Books, Magazines and Newspapers

项目	Item	2004	2005	2006	2007	2008
图书出版	**Book Publishing**					
种数（种）	Bibliocount（case）	5245	5908	5800	5646	6318
总印数（万册）	Total of Publishing（10000 pieces）	25732	22600	26993	23234	28005
总印张数（千印张）	Total of Publishing Sheet（thousand pages）	1629856	1514191	1901857	1575820	2036526
杂志出版	Magazine Publishing					
种数（种）	Bibliocount（case）	379	366	379	379	380
总印数（万册）	Total of Publishing（10000 pieces）	19941	20371	23558	25969	24608
总印张数（千印张）	Total of Publishing Sheet（thousand pages）	901843	1116814	1344451	1495214	1393465
报纸出版	**Newspaper Publishing**					
种数（种）	Bibliocount（case）	100	102	101	101	101
总印数（万份）	Total of Publishing（10000 pieces）	438528	398152	434279	426039	439352
总印张数（千印张）	Total of Publishing Sheet（thousand pages）	29196999	28996964	29576392	28371149	39628060

注：2000年开始报纸出版统计不包校报、院报。

Note: newspaper publishing are not including school newspaper, college newspaper from 2000.

8-10 报纸出版情况（2008）

8-10 Status of Newspaper Publications（2008）

项目	Item	种数（种） Bibliocount（case）	平均每期印数（万份） Average Amount for Every Periodical（10000 pieces）	总印数（万份） Total of Publishing（10000 pieces）	总印张（千印张） Total of Publishing Sheet（thousand pages）	定价总金额（万元） Total Amount（10000 yuan）
合计	**Total**	**101**	**1809.38**	**439352**	**39628060**	**450856**
综合报	Comprehensive Newspaper	46	1158.01	370046	36132458	352422
专业报	Professional Newspaper	55	651.37	69306	3495602	98434
1. 省级	**Province**	**34**	**862.1**	**232180**	**18878293**	**254257**
综合	Comprehensive Newspaper	8	597.86	172660	15876488	174677
专业报	Professional Newspaper	26	264.24	59520	3001805	79580
2. 地市级	**City Level**	**67**	**947.28**	**207172**	**20749767**	**196599**
综合报	Comprehensive Newspaper	38	560.15	197386	20255970	177745
专业报	Professional Newspaper	29	387.13	9786	493797	18854
3. 县级	**Prefecture Level**					
综合报	Comprehensive Newspaper					
专业报	Professional Newspaper					

8-11 图书出版情况（2008）

8-11 Status of Books Publications（2008）

项目	Item	本版图书种数（种）Kind of Original Books（kind）	初版 First Edition	重印 Reprint	租型图书种数（种）Kind of Books for Rental（kind）	总印数（万册、张）Total of Publishing（10000 pieces）	初版 First Edition	重印 Reprint	租型 Books for Rental
合计	**Total of Books**	**6318**	**3939**	**2379**	**189**	**28005**	**6031**	**13099**	**8875**
A. 马克思主义、列宁主义、毛泽东思想	Marxism、Leninism and Maoism	2	2			2	2		
B. 哲学	Philosophy	119	81	38		69	52	17	
C. 社会科学总论	Social Sciences in General	76	43	33		40	24	16	
D. 政治、法律	Politics and Law	178	137	41		104	83	21	
E. 军事	Military	5	4	1		2	1	1	
F. 经济	Economy	597	352	245		389	277	112	
G. 文化	Culture	3030	1615	1415	189	24878	3963	12040	8875
H. 语言	Langauge	234	118	116		291	138	153	
I. 文学	Literature	699	654	45		621	577	44	
J. 文学艺术	Literature and Art	360	341	19		303	296	7	
K. 历史、地理	History and Geography	281	167	114		482	88	394	
N. 自然科学总论	Natural Science in General	5	3	2		1	1		
O. 数理科学、化学	Mathematical and Physical Sciences and Chemistry	61	21	40		18	7	11	
P. 天文学、地球科学	Astronomy and Geoscience	4	4			1	1		
Q. 生物科学	Biological Sciences	26	14	12		14	9	5	
R. 医药卫生	Medicine and Health	223	153	70		305	112	193	
S. 农业科学	Agricultural Science	53	34	19		33	19	14	
T. 工业技术	Industrial Technology	310	150	160		276	210	66	
U. 交通运输	Transportation	22	17	5		10	9	1	
V. 航空、航天	Aeronautics and Astronautics	3	3			1	1		
X. 环境科学	Environmental Science	16	13	3		155	153	2	
Z. 综合性图书	Synthesis Book	14	13	1		10	8	2	

8-11续表 continued

项 目	Item	总印张（千印张）Total of Publishing (thousand pages)	初版 First Edition	重印 Reprint	租型 Books for Rental	定价总金额（万元）Total Amount (10000 yuan)	初版 First Edition	重印 Reprint	租型 Books for Rental
合计	**Total of Books**	**2036526**	**583885**	**756601**	**696040**	**245222**	**100182**	**86163**	**58877**
A. 马克思主义、列宁主义、毛泽东思想	Marxism、Leninism and Maoism	215	215			43	43		
B. 哲学	Philosophy	9831	6798	3033		1884	1388	496	
C. 社会科学总论	Social Sciences in General	5819	3294	2525		1014	622	392	
D. 政治、法律	Politics and Law	17833	13566	4267		3727	3079	648	
E. 军事	Military	436	241	195		75	50	25	
F. 经济	Economy	54801	36636	18165		11616	8399	3217	
G. 文化	Culture	1710379	359637	654702	696040	171972	44648	68447	58877
H. 语言	Langauge	36286	15506	20780		6318	2789	3529	
I. 文学	Literature	75148	68897	6251		13902	12680	1222	
J. 文学艺术	Literature and Art	29599	28545	1054		12662	12465	197	
K. 历史、地理	History and Geography	27927	9472	18455		6343	2991	3352	
N. 自然科学总论	Natural Science in General	177	117	60		34	25	9	
O. 数理科学、化学	Mathematical and Physical Sciences and Chemistry	2780	1069	1711		454	190	264	
P. 天文学、地球科学	Astronomy and Geoscience	75	75			26	26		
Q. 生物科学	Biological Sciences	1814	796	1018		520	369	151	
R. 医药卫生	Medicine and Health	27580	14146	13434		6309	3938	2371	
S. 农业科学	Agricultural Science	1849	1129	720		470	327	143	
T. 工业技术	Industrial Technology	23572	13872	9700		5540	3939	1601	
U. 交通运输	Transportation	1510	1328	182		358	327	31	
V. 航空、航天	Aeronautics and Astronautics	230	230			43	43		
X. 环境科学	Environmental Science	7751	7561	190		1621	1580	41	
Z. 综合性图书	Synthesis Book	914	755	159		291	264	27	

8-12 期刊出版情况（2008）

8-12 Status of Periodical Publications（2008）

		种数（种）Type（case）	平均（万册）Average（10000 pieces）	总印数（万册）Total of Publishing（10000 pieces）	总印张数（千印张）Total of Publishing Sheet（thousand pages）	总金额（万元）Total Amount（10000 yuan）
合计	**Total**	**380**	**1080**	**24608**	**1393465**	**163130**
综合	Synthesized	37	164	5215	217223	22142
哲学、社会科学	Philosophy and Social Science	76	208	3903	233392	30907
自然科学、技术	Natural Science and Technology	171	385	8322	371304	42036
文化、教育	Culture and Education	55	165	2879	258578	34663
文学、艺术	Philosophy and Art	35	109	2994	216168	22173
少儿读物	Children' s Book	2	15	529	18396	3271
画刊	Album of Painting	4	34	766	78404	7938

8-13 电子出版物出版情况（2008）

8-13 Status of E-journal Publications（2008）

单位：种、万张 （Type，10000 Pieces）

总计 Total				CD-ROM				DVD-ROM				CD-I及其他 CD-I and Others			
合计 Total		#新版 New Edition		合计 Total		#新版 New Edition		合计 Total		#新版 New Edition		合计 Total		#新版 New Edition	
种数 Type	数量 Quantity	种数 Type	数量 Quantity	种数 Type	数量 Quantity	种数 Type	数量 Quantity	种数 Type	数量 Quantity	种数 Type	数量 Quantity	种数 Type	数量 Quantity	种数 Type	数量 Quantity
85	141.6	39	48.2	77	136.8	31	43.4	7	4.6	7	4.6	1	0.2	1	0.2

8-14 录像制品出版情况（2008）

8-14 Status of Video Recording Publications（2008）

单位：种、万盒（张） （Type，10000 Pieces）

总计 Total				VT				VCD				DVD-V			
合计 Amount		#新版 Quantity		合计 Amount		#新版 Quantity		合计 Amount		#新版 Quantity		合计 Amount		#新版 Quantity	
种数 Type	数量 Quantity	种数 Type	数量 Quantity	种数 Type	数量 Quantity	种数 Type	数量 Quantity	种数 Type	数量 Quantity	种数 Type	数量 Quantity	种数 Type	数量 Quantity	种数 Type	数量 Quantity
791	3131.1	723	3065.8	6	41.0	6	41.0	349	1897.0	308	1853.6	436	1193.1	409	1171.2

8-15 录音制品出版情况（2008）

8-15 Status of Audio Recording Publications（2008）

单位：种、万盒（张） （Type，10000 Pieces）

总计 Total				AT				CD				DVD-A			
合计 Amount		#新版 Quantity		合计 Amount		#新版 Quantity		合计 Amount		#新版 Quantity		合计 Amount		#新版 Quantity	
种数 Type	数量 Quantity	种数 Type	数量 Quantity	种数 Type	数量 Quantity	种数 Type	数量 Quantity	种数 Type	数量 Quantity	种数 Type	数量 Quantity	种数 Type	数量 Quantity	种数 Type	数量 Quantity
1158	888.0	1037	789.8	311	278.2	269	262.0	820	589.9	741	508.0	27	19.9	27	19.9

8-16 邮政业务情况

8-16 Status of Postal Service

年 份	Year	2007	2008
邮政业务总量（万元）	Amount of Mail Service（10000 yuan）	1925953.7	2482734.5
邮政业务收入（万元）	Mail Service Income（10000 yuan）	1326452.8	1366432.0
函件（万件）	Letters（10000 pieces）	81395.0	83326.7
包裹（万件）	Package（10000 pieces）	967.3	852.7
机要（万件）	Confidential Letters（10000 pieces）	79.7	71.4
订销报纸累计数（万份）	Accumulate Sales Newspaper（10000 pieces）	98117.6	94835.5
订销杂志累计数（万份）	Accumulate Sales Magazine（10000 pieces）	6985.1	6956.9
集邮品（万册）	Philatelic Collection（10000 pieces）	268.1	216.6
汇兑（万笔）	Exchange（10000 times）	6859.9	6852.9
邮政储蓄期末余额（亿元）	Remaining Sum of Mail Service（a hundred million yuan）	1180.1	1447.6
物流（万吨）	Logistics（10000 tons）	39.2	45.1
快递业务量（万件）	Express Volume（10000 pieces）	22979.9	32524.28
同城（万件）	City-wide（10000 cases）	7378.5	11249.1
异地（万件）	Out of City（10000 cases）	12860.5	17614.7
国际及港澳台（万件）	International and Taiwain & Marco & Hong Kong（10000 pieces）	2740.9	3660.4
快递业务收入（万元）	Express Income（10000 yuan）	702205.9	830476.5
同城（万元）	City-wide（10000 yuan）	61337.5	83878.6
异地（万元）	Out of City（10000 yuan）	305377.8	369568.8
国际及港澳台（万元）	International and Taiwain & Marco & Hong Kong（10000 yuan）	322851.5	360374.3
其他（万元）	Others（10000 yuan）	12639.1	16654.8

8-17 邮政普通服务基础情况

8-17 Basic Conditions of Ordinary Postal Service

年 份	Year	2007	2008
邮路总条数（条）	Line of Express（line）	1464	1442
邮路总长度（单程，千米）	Total Length of the Express Line（one path、km）	445180	450015
城市投递路线条数（条）	City Express Line（line）	4585	4802
农村投递路线条数（条）	Rural Express Line（line）	5466	5162
城市投递路线长度（单程，千米）	Length of the City Express Line（one path、km）	141984	136284
农村投递线路长度（单程，千米）	Length of the Rural Express Line（one path、km）	229089	26484.8
邮政局所、代办点（个）	Post Office and Agent Point（unit）	3522	3318
邮政信筒信箱（个）	Post Office Mailbox（unit）	13811	13552
通邮行政村（个）	Number of Express Village（unit）	21209	20875

8-18 档案机构基本情况（2008）

8-18 Basic Conditions of Archive Institution（2008）

指 标	Item	综合档案馆 Comprehensive Archives
机构数（个）	Number of Organization（unit）	143
从业人员（人）	Employed Person（person）	1440
专职	Full Time	1440
兼职	Part Time	
一、馆藏档案情况	Condition of Holding Archive Institution	
全宗（个）	General Archive（unit）	14919
案卷（卷）	Archive（volume）	8631921
以件为保管单位档案（件）	Custody the Archive with Case（unit）	2875749
录音、录像、影片档案（盘）	Record，Video，Movie Archive（unit）	19368
照片档案（张）	Photograph Archive（piece）	1716880
底图（张）	Base Map（piece）	24903
二、电子档案情况	Condition of Electronic Archives	
磁带（盘）	Magnetic Tape（unit）	2094
磁盘（张）	Disk（piece）	19640
光盘（张）	Compact Disc（piece）	15900
三、微缩胶片情况	Condition of Holding Fiche	
平片（张）	Plain Film（piece）	3823
平窗卡（张）	Plain Window Card（piece）	573
卷片（幅）	Archive Film（unit）	29961240
四、档案利用情况	Condition of Using Archive Institution	
1. 已开放档案	Unfolded Archive	
案卷（卷）	Archive（volume）	1247005
件（件）	Case（case）	134791
2. 开放档案目录	Contents of Opening Archive Institution	
案卷级（条）	Archive Level（unit）	650000
文件级（条）	File Level（unit）	4770000
3. 本年利用档案	Archive Institution Used This Year	
人次（人次）	Person-time	116197
卷次（卷次）	Volume	356403
件次（件次）	Case	74000

8-19 各市档案馆基本情况（2008）

8-19 Basic Conditions of Archives by City（2008）

指 标 Item			档案馆（个） Archires（unit）	从业人员（人） Employed Person（person）	馆藏档案 Collection Record	
					全宗（个） General Archive（unit）	案卷（卷） Records（volume）
合	**计**	**Total**	**188**	**2336**	**15192**	**18521815**
广	州	Guangzhou	17	441	1655	6719527
深	圳	Shenzhen	8	76	605	635944
珠	海	Zhuhai	6	101	454	1086798
汕	头	Shantou	10	97	931	321546
佛	山	Foshan	14	115	828	2243491
韶	关	Shaoguan	12	124	1208	332041
河	源	Heyuan	8	63	776	243166
梅	州	Meizhou	14	111	818	543079
惠	州	Huizhou	8	110	821	609263
汕	尾	Shanwei	6	43	325	113298
东	莞	Dongguan	2	38	172	210674
中	山	Zhongshan	3	110	177	1717474
江	门	Jiangmen	12	128	785	732926
阳	江	Yangjiang	8	134	584	293882
湛	江	Zhanjiang	13	107	820	672176
茂	名	Maoming	8	115	750	615121
肇	庆	Zhaoqing	11	159	839	516487
清	远	Qingyuan	11	93	1259	501705
潮	州	Chaozhou	5	57	494	132350
揭	阳	Jieyang	6	47	347	109250
云	浮	Yunfu	6	67	544	171617

主要统计指标解释

体育场 是指有400米跑道（中心含足球场），有固定跑道6条以上，并有固定看台的室外田径场地。以看台容纳观众人数分：甲级25000人以上，乙级15001～25000人，丙级5000～15000人，丁级5000人以下。

等级裁判员 是指经考核正式批准授予等级裁判员称号的裁判员。裁判员等级分为国际裁判、国家级裁判、一级裁判、二级裁判、三级裁判。

全民健身活动设施 是指国家体育总局统一组织，将各级体育行政部门的体育彩票公益金作为启动资金，捐赠给城市社区和乡镇的受赠单位，由受赠单位兴建，旨在开展全民健身活动的公益性体育场地设施，包括设在健身公园、广场、室内的体育设施和青少年体育俱乐部。

图书 是指不少于49页并在“古籍”范围以外的图书。少儿读物、连环画49页以上的按图书统计，48页以下的按小册子统计到“其他”类中。

报刊 报纸是指刊登当前实践的专题或综合新闻，每周至少出版一张并按年、月、日出版的定期或不定期的一种连续出版物。

档案利用卷次 按当年每日提供案卷的数量累计填报。一个利用者上、下午利用同一案卷，按1卷次计算；一个利用者连续若干天利用同一案卷，用1天计算1卷次；一个案卷外借若干天，按1卷次计算。

Explanatory Notes on Main Statistical Indicators

Sports ground It contains a 400M runway（with a football center inside）, more than 6 immovable runways, and a athlect field with a immovable audience ground. There are 4 kinds of it by its room for audiance. The first class: more than 25000 people; the second class: 15001 ~ 25000 people; the third class: 5000 ~ 15000 people; the forth class: less than 5000 people.

Umpire Umpire are certified and conferred peopke.There are 5 levels: international umpire, national umpire, first class umpire, second class umpire, third class umpire.

Sports facility for citizen It is laid on sports parks, squares, youth sports club which organized by National Sports Bureau, offered by Sports Administration's Sports Lottery that dominated to community and villiages, built by dominated units, in order to offer places and facility to take exercise for all people.

Books Books are no less than 49 pages and not about “ancient books” and including Books for children、comic books.Books which are less than 48 pages are other category.

Newspaper Newspaper is a regular publishment which reports the big and daily incident, published more than once a week or every year or every moth or every day regular or not regular.

Files Used Times It is calculated by used times every day of the year. A person used a same file morning and afternoon is one time. A person used a same file for a few days is one time. A file borrowed a few days is one time.

九、广播电影电视

Ⅸ Radio, Film and Television

简要说明

1．本篇资料主要反映广东省广播电影电视行业的基本情况。

2．本篇资料主要包括：

（1）全省电影放映情况，全省广播电视从业人员和总收入，广播电视播出情况，广播电视节目制作情况，广播电视台（站）情况，有线电视用户数量，广播电视覆盖情况等。

（2）地区分全省和21个地级以上市。

（3）年份有当年、近5年和1978年以来连续年份。

3．统计资料来源：本篇资料由广东省广播电影电视局负责整理、审核、提供。

Brief Descriptions

1．The data in this chapter mainly show the fundamental states of the Radio，Film and Television in Guangdong Province.

2．the data in this chapter mainly includes：

（1）The show of the Film in Whole province，the income of the employed person of the Radio and Television in whole province，the states of the Radio and Television' s broadcast，manufacturing，the service behavior of the Station of Television and Radio，the number of the user and the coverage area.

（2）Areas included the whole province and the 21 other prefectural level.

（3）Data consist of the same year，the recent 5 years and the continuous years since 1978.

3．Sources of Data：Data are prepared and provided by the Guangdong Radio，Film and Television Bureau.

9-1 广播电影电视综合情况（2008）

9-1 General Information of Radio, Film and Television（2008）

指 标	Item	合 计 Total
广播电台（座）	Broadcast Station（unit）	22
电视台（座）	Television Station（unit）	24
县、市广播电视台（座）	Urban and Prefecturd Television Station（unit）	103
中、短波转播发射台 （座）	Medium and Short Wave Radio Transmitting Station（unit）	21
（千瓦）	（kW）	1062.0
调频转播发射台 （座）	FM Transmitting Station（unit）	98
（千瓦）	（kW）	497.5
电视转播发射台 （座）	Television Broadcasting Station（unit）	86
（千瓦）	（kW）	486.4
有线广播电视用户数（万户）	Number of Wire Broadcasting Television User（10000 households）	1493.8
数字电视用户数（万户）	Digital Television User（10000 households）	517.2
从业人员（人）	Employed Person（person）	45042
总收入（万元）	Total Income（10000 yuan）	1251270.6
资产总额（万元）	Total Assets（10000 yuan）	2932841.3
广播影视节目制作经营机构（家）	Institution of Broadcasting, Film and Television Programming	594
全年制作电视剧（部：集）	TV Plays Made in Whole Year（season: episode）	82 2132
全年制作动画电视（部：集）	Animation Programmed in Whole Year（season: episode）	104 2396
在册放映单位（个）	Showing Unit Enrolled（unit）	1044
院线（家）	Cinema（unit）	8
座位数（个）	Number of Seat（unit）	107707
放映场次（万场次）	Times of Movie Projection（10000 times）	141.3
观众人数（万人次）	Number of Spectator（10000 person-times）	5548.6
放映收入（万元）	Income of Movie Projection（10000 yuan）	67737

9-2 电影基本情况（2008）

9-2 Basic Situation of Films（2008）

指 标 Item		在册放映单位（个）Showing Unit Enrolled（unit）	座位数（个）Number of Seat（unit）	放映场次（万场次）Times of Movie Projection（10000 times）	观众人数（万人次）Number of Spectator（10000 person-times）	放映收入（万元）Income of Movie Projection（10000 yuan）
合计	**Total**	**1044**	**107707**	**141.3**	**5548.6**	**67737.0**
农村	Rural Area	913		80.5	3601.5	2376.9
城市	Urban Area	131	107707	60.8	1947.0	65360.0
中影南方新干线	China Film South Cinema	61	56613	27.1	859.1	30216.5
金逸珠江院线	Jinyi Zhujiang Cinema	21	17589	13.1	329.8	12499.7
广东大地	Guangdong Dadi Cinema	23	14477	7.7	294.3	6174.7

注：1. 农村在册放映单位指流动放映队，没有座位数统计指标。
2. 城市指院线的电影放映情况，未含院线外的电影放映情况。

Note：1. The rural showing unit enrolled define as the roving showing unit，there aren' t statistic seats.
2. The data of projected situation only show urban cinemas' movie projection.

9-3 广播电视从业人员和收入情况（2008）

9-3 Status of Radio and Television Practitioners and Their Income（2008）

指 标 Item		从业人员（人）Employed Person（person）	编播人员 Provision of Broadcast Person	本年总收入（万元）Total Income in Current Year（10000 yuan）	广告收入 Income from Advert	网络收入 Income from Network
合计	**Total**	**45042**	**7639**	**1251270.6**	**607400.7**	**387517.2**
省级	Provincial Level	6523	1304	401464.5	210162.1	41209.2
地市级	Urban Level	21426	4164	675483.1	345524.5	240444.0
县级	County Level	17093	2171	174323.0	51714.0	105864.1

9-4 各市广播电视从业人员和收入情况（2008）

9-4 Status of Radio and Television Practitioners and Their Income by City（2008）

市别	City	从业人员（人）Employed Person（person）	编播人员 Provision of Broadcast Person	本年总收入（万元）Total Income in Current Year（10000 yuan）	广告收入 Income from Advert	网络收入 Income from Network
合计	**Total**	**45042**	**7639**	**1251271**	**607401**	**387517**
省级	Province	6523	1304	401465	210162	41209
广州	Guangzhou	4162	783	168317	73900	62684
深圳	Shenzhen	7312	1071	263429	146314	83272
珠海	Zhuhai	882	190	26953	10469	14862
汕头	Shantou	1061	306	21621	11712	8777
佛山	Foshan	2610	526	79710	38432	36673
韶关	Shaoguan	1337	274	16131	4885	9259
河源	Heyuan	950	159	9611	1973	6109
梅州	Meizhou	1660	292	12621	4711	5058
惠州	Huizhou	1915	337	22721	10689	6195
汕尾	Shanwei	911	105	5868	1888	3028
东莞	Dongguan	1667	163	53547	28027	25183
中山	Zhongshan	1283	281	29850	16459	10349
江门	Jiangmen	1614	233	35530	14886	18722
阳江	Yangjiang	981	113	8876	2122	4280
湛江	Zhanjiang	2131	418	17915	6508	9786
茂名	Maoming	1404	183	15047	3170	8464
肇庆	Zhaoqing	1495	239	19090	5797	9080
清远	Qingyuan	1285	155	16823	4475	10876
潮州	Chaozhou	750	120	8314	4412	3629
揭阳	Jieyang	2335	287	10946	4629	5429
云浮	Yunfu	774	100	6887	1782	4595

9-5 各市广播电视从业人员情况

9-5 Status of Radio and Television Practitioners by City

单位：人 (Person)

市 别	City	2004	2005	2006	2007	2008
合 计	**Total**	**37161**	**37306**	**41382**	**42988**	**45042**
省 级	Province	4391	3978	4885	5873	6523
广 州	Guangzhou	4397	3886	4078	4178	4162
深 圳	Shenzhen	4390	4810	6434	6329	7312
珠 海	Zhuhai	940	962	926	887	882
汕 头	Shantou	1085	1042	1132	1063	1061
佛 山	Foshan	2438	2634	2742	2455	2610
韶 关	Shaoguan	1321	1263	1420	1340	1337
河 源	Heyuan	767	771	833	857	950
梅 州	Meizhou	1564	1594	1589	1685	1660
惠 州	Huizhou	1466	1559	1917	1864	1915
汕 尾	Shanwei	257	257	1110	881	911
东 莞	Dongguan	1776	1776	1669	1656	1667
中 山	Zhongshan	467	498	1307	1258	1283
江 门	Jiangmen	1728	1680	1794	1617	1614
阳 江	Yangjiang	769	954	921	900	981
湛 江	Zhanjiang	2205	2150	2122	2145	2131
茂 名	Maoming	1244	1217	1322	1341	1404
肇 庆	Zhaoqing	1397	1430	1461	1511	1495
清 远	Qingyuan	1001	1129	1254	1186	1285
潮 州	Chaozhou	796	819	523	961	750
揭 阳	Jieyang	2091	2202	2233	2259	2335
云 浮	Yunfu	671	695	710	742	774

9-6 各市广播电视总收入情况

9-6 Status of Total Income of Radio and Television by City

单位：万元 (10000 Yuan)

市 别	City	2004	2005	2006	2007	2008
合 计	**Total**	**834870**	**858152**	**1000812**	**1093798**	**1251271**
省 级	Province	260385	252526	284354	352735	401465
广 州	Guangzhou	122528	129262	138200	145289	168317
深 圳	Shenzhen	166774	181981	238978	238537	263429
珠 海	Zhuhai	21664	20224	18529	24319	26953
汕 头	Shantou	20445	20582	21098	22926	21621
佛 山	Foshan	57402	57427	64976	70950	79710
韶 关	Shaoguan	12230	14018	15186	14755	16131
河 源	Heyuan	3726	5483	6329	7388	9611
梅 州	Meizhou	8574	8915	9973	10857	12621
惠 州	Huizhou	18469	18626	18993	18469	22721
汕 尾	Shanwei	2269	3069	5321	5034	5868
东 莞	Dongguan	32345	30764	27415	33458	53547
中 山	Zhongshan	17723	12788	26819	25799	29850
江 门	Jiangmen	24221	26776	28268	30595	35530
阳 江	Yangjiang	3572	6950	6149	7788	8876
湛 江	Zhanjiang	10361	15624	15399	17017	17915
茂 名	Maoming	9036	9789	10718	13055	15047
肇 庆	Zhaoqing	13818	14626	15068	16469	19090
清 远	Qingyuan	8552	12146	13138	13786	16823
潮 州	Chaozhou	8523	9496	7552	8269	8314
揭 阳	Jieyang	7827	9437	9330	10631	10946
云 浮	Yunfu	4426	4643	5307	5673	6887

9-7 各市广播电视广告收入情况

9-7 Status of Advertising Income of Radio and Television by City

单位：万元 （10000 Yuan）

市　别	City	2004	2005	2006	2007	2008
合　计	**Total**	**457179**	**478666**	**567514**	**571014**	**607401**
省　级	Province	136355	151567	200240	200254	210162
广　州	Guangzhou	68032	65034	64126	68430	73900
深　圳	Shenzhen	106938	117285	132859	131587	146314
珠　海	Zhuhai	12773	7964	7650	9978	10469
汕　头	Shantou	13046	13620	11973	13490	11712
佛　山	Foshan	32930	29004	33879	37308	38432
韶　关	Shaoguan	4964	5195	5638	4744	4885
河　源	Heyuan	1159	1503	1596	1938	1973
梅　州	Meizhou	3715	3643	4512	4455	4711
惠　州	Huizhou	8099	9924	10096	9516	10689
汕　尾	Shanwei	893	893	2310	1633	1888
东　莞	Dongguan	20949	18976	21962	25432	28027
中　山	Zhongshan	9244	9050	14948	15666	16458
江　门	Jiangmen	12652	12840	12641	13954	14886
阳　江	Yangjiang	1614	2522	2283	2202	2122
湛　江	Zhanjiang	5641	6078	5376	6509	6508
茂　名	Maoming	3096	3240	2763	3942	3170
肇　庆	Zhaoqing	3049	5465	4999	5486	5797
清　远	Qingyuan	2954	3069	3437	3525	4475
潮　州	Chaozhou	3619	4139	4379	4718	4412
揭　阳	Jieyang	4270	4303	4459	4489	4629
云　浮	Yunfu	1187	1784	1676	1760	1782

9-8 各市广播电视网络收入情况

9-8 Status of Network Income of Radio and Television by City

单位：万元 (10000 Yuan)

市别	City	2004	2005	2006	2007	2008
合计	**Total**	**180400**	**216617**	**285767**	**313716**	**387517**
省级	Province	23535	24585	31659	30219	41209
广州	Guangzhou	28015	29671	44350	42879	62684
深圳	Shenzhen	31534	44850	70715	75961	83271
珠海	Zhuhai	4722	7083	9412	12242	14862
汕头	Shantou	5919	5538	8155	8702	8777
佛山	Foshan	19802	21500	28746	31644	36673
韶关	Shaoguan	6163	6894	7216	8689	9259
河源	Heyuan	2304	2455	3145	3752	6109
梅州	Meizhou	2963	5068	4289	5092	5058
惠州	Huizhou	3548	4098	4665	5384	6194
汕尾	Shanwei	940	1740	1958	2689	3028
东莞	Dongguan	8197	8638	7260	15242	25183
中山	Zhongshan	2715	2426	7757	9734	10349
江门	Jiangmen	7658	10959	13402	15263	18722
阳江	Yangjiang	2820	3667	2878	3633	4279
湛江	Zhanjiang	3323	5903	7819	7938	9786
茂名	Maoming	3433	4080	5398	5723	8464
肇庆	Zhaoqing	7357	7054	7365	7973	9080
清远	Qingyuan	4415	8184	8569	8967	10876
潮州	Chaozhou	4372	5011	2869	3382	3629
揭阳	Jieyang	4458	4031	4311	5071	5429
云浮	Yunfu	2205	3170	3514	3536	4595

9-9 广播电视基本情况

9-9 Basic Conditions of Radio and Television

年 份 Year	从业人员（人） Employed Person (person)	编播人员 Provision of Broadcast Person	本年总收入（万元） Total Income in Current Year (10000 yuan)	广告收入 Income from Advert	网络收入 Income from Network
2000	24716	5820	402611	220915	
2001	25562	5826	446595	230836	
2002	28032	6268	565974	307525	116723
2003	30352	6826	649639	361327	137661
2004	37161	7058	834870	457179	180400
2005	37306	7250	858152	478666	216617
2006	41382	7403	1000812	567514	285767
2007	42988	7595	1093798	571014	313716
2008	45042	7639	1251271	607401	387517

9-10 广播电视播出情况（2008）

9-10 Presentation Status of Radio and Television（2008）

指 标 Item		广播节目套数（套） Sets of Broad-casting (set)	全年公共广播节目播出时间（小时） Broadcasting Time of Public Broad-casting in Whole Year (hour)	电视节目套数（套） Sets of TV Program (set)	全年公共电视节目播出时间（小时） Broadcasting Time of Public TV in Whole Year (hour)	全年电视剧播出数 部 TV Plays Broadcasting in Whole Year season	全年电视剧播出数 集 episode	全年动画电视播出数 部 Animation broadcast-ing in Whole Year season	全年动画电视播出数 集 episode
合计	**Total**	**125**	**755343**	**152**	**653263**	**5807**	**161629**	**727**	**44381**
省级	Province Level	9	62971	13	104043	811	23427	310	20341
地市级	Urban Level	50	352575	68	366894	4304	124201	369	21814
县级	County Level	66	339796	71	182326	692	14001	48	2226

9-11 各市广播电视播出情况（2008）

9-11 Presentation Status of Radio and Television by City（2008）

市 别	City	广播节目套数（套）Sets of Broadcasting（set）	全年公共广播节目播出时间（小时）Broadcasting Time of Public Broadcasting in Whole Year（hour）	电视节目套数（套）Sets of TV Program（set）	全年公共电视节目播出时间（小时）Broadcasting Time of Public TV in Whole Year（hour）	全年电视剧播出数 TV Plays Broadcasting in Whole Year season，episode		全年动画电视播出数 Animation Broadcasting in Whole Year season，episode	
						部	集	部	集
合 计	**Total**	**125**	**755343**	**152**	**653263**	**5807**	**161629**	**727**	**44381**
省 级	Province	9	62971	13	104043	811	23427	310	20341
广 州	Guangzhou	7	52228	13	63587	416	8311	60	2500
深 圳	Shenzhen	5	42119	11	72344	780	27223	64	5433
珠 海	Zhuhai	3	20805	4	14811	76	2126	5	720
汕 头	Shantou	6	35213	7	24797	499	14613	25	1163
佛 山	Foshan	6	51934	7	34132	307	10003	16	942
韶 关	Shaoguan	9	29178	10	30336	283	6558	1	31
河 源	Heyuan	6	30567	7	37601	72	1990	31	990
梅 州	Meizhou	9	41617	9	43559	42	1940	20	411
惠 州	Huizhou	6	32777	6	29364	179	5039	21	682
汕 尾	Shanwei	4	17240	5	8600	155	3280	1	730
东 莞	Dongguan	2	16912	2	13480	97	784	12	490
中 山	Zhongshan	2	7697	3	10086	297	8471	22	1509
江 门	Jiangmen	7	47274	9	32838	258	9110	20	1299
阳 江	Yangjiang	3	19909	6	13798	149	4570		
湛 江	Zhanjiang	7	45356	7	19992	414	5777	18	1005
茂 名	Maoming	6	39835	6	18496	176	4743	53	3003
肇 庆	Zhaoqing	8	54651	2	11680	69	2117	2	730
清 远	Qingyuan	7	35212	9	11840	101	4015	8	780
潮 州	Chaozhou	4	21603	4	18696	271	8265	18	620
揭 阳	Jieyang	5	26439	6	12684	310	7434	13	472
云 浮	Yunfu	4	23801	6	26494	45	1833	7	530

9-12 各市公共广播节目播出时间情况

9-12 Broadcasting Hours Conditions of Public Radio Programs by City

单位：小时 (Hour)

市别	City	2004	2005	2006	2007	2008
合计	**Total**	**682715**	**704912**	**746528**	**753474**	**755343**
省级	Province	57981	77460	77460	77460	62971
广州	Guangzhou	36596	38426	40347	50975	52228
深圳	Shenzhen	28573	30002	31502	34087	42119
珠海	Zhuhai	18175	19084	20038	21437	20805
汕头	Shantou	31922	33518	35194	35198	35213
佛山	Foshan	41640	43722	45908	50917	51934
韶关	Shaoguan	41750	43837	46029	33066	29178
河源	Heyuan	29953	31450	33023	32908	30567
梅州	Meizhou	28788	30228	31739	33682	41617
惠州	Huizhou	32581	34210	35921	37519	32777
汕尾	Shanwei	13826	14517	15243	16684	17240
东莞	Dongguan	14331	15048	15800	15790	16912
中山	Zhongshan	9195	9655	10138	12409	7697
江门	Jiangmen	41815	43906	46101	46191	47274
阳江	Yangjiang	18192	19102	20057	17878	19909
湛江	Zhanjiang	41362	43430	45602	45600	45356
茂名	Maoming	36204	38014	39915	39809	39835
肇庆	Zhaoqing	49410	51880	54474	54620	54651
清远	Qingyuan	32298	33913	35609	34604	35212
潮州	Chaozhou	17712	18597	19527	12730	21603
揭阳	Jieyang	21274	22338	23455	26235	26439
云浮	Yunfu	21261	22324	23440	23667	23801

9-13 各市公共电视节目播出时间情况

9-13 Broadcasting Hours Conditions of Public Television Programs by City

单位：小时 (Hour)

市别	City	2004	2005	2006	2007	2008
合计	**Total**	**450713**	**499719**	**612264**	**643134**	**653263**
省级	Province	76207	83693	101732	110452	104043
广州	Guangzhou	53262	55925	58721	60153	63587
深圳	Shenzhen	57433	60305	63320	68927	72344
珠海	Zhuhai	12559	13187	13846	14906	14811
汕头	Shantou	21080	22134	23241	24176	24797
佛山	Foshan	33369	35037	36789	31720	34132
韶关	Shaoguan	32354	33971	35670	25021	30336
河源	Heyuan	11503	12078	12682	39330	37601
梅州	Meizhou	31546	33123	34779	43588	43559
惠州	Huizhou	28160	29568	31046	32409	29364
汕尾	Shanwei	10204	10714	11250	8540	8600
东莞	Dongguan	11918	12514	13140	13140	13480
中山	Zhongshan	10391	10910	11456	12900	10086
江门	Jiangmen	23549	24727	25963	27364	32838
阳江	Yangjiang	11572	12150	12758	16373	13798
湛江	Zhanjiang	18872	19815	20806	19701	19992
茂名	Maoming	19692	20676	21710	18331	18496
肇庆	Zhaoqing	10924	11470	12044	12045	11680
清远	Qingyuan	10594	11124	11680	7151	11840
潮州	Chaozhou	13010	13661	14344	11132	18696
揭阳	Jieyang	10866	11410	11980	12718	12684
云浮	Yunfu	30206	31716	33302	33053	26494

9-14 广播电视播出情况

9-14 Presentation Status of Radio and Television

年 份 Year	广播节目套数（套）Sets of Broad-casting (set)	全年公共广播节目播出时间（小时）Broadcasting Time of Public Broad-casting in Whole Year (hour)	电视节目套数（套）Sets of TV Program (set)	全年公共电视节目播出时间（小时）Broadcasting Time of Public TV in Whole Year (hour)	全年电视剧播出数 TV Plays Broadcasting in Whole Year season, episode		全年动画电视播出数 Animation Broadcasting in Whole Year season, episode	
					部	集	部	集
2000	114	654810	118	460560				
2001	117	673060	125	499668				
2002	118	678170	119	428844				
2003	118	674520	118	436696				
2004	114	682715	115	450713	6431	105692	571	15030
2005	123	704912	123	499719	9574	152201	817	22182
2006	120	746528	125	612264	5191	128417	602	30088
2007	125	753474	139	643134	6084	163897	517	32624
2008	125	755343	152	653263	5807	161629	727	44381

9-15 广播电视节目制作情况（2008）

9-15 Production of Radio and Television Programs (2008)

指 标	Item	全年制作广播节目时间（小时）Broadcasting Programs Pro-duction Hours Whole Year (hour)	全年购买、交换广播节目时间（小时）Broadcasting Programs Purchase and Exchange Hours Whole Year (hour)	全年制作电视节目时间（小时）Television Programs Pro-duction Hours Whole Year (hour)	全年购买、交换电视节目时间（小时）Television Programs Purchase and Exchange Hours Whole Year (hour)	全年制作电视剧 Television Programs Producted Whole Year season, episode		全年制作动画电视 Animation Programs Producted Whole Year season, episode	
						部	集	部	集
合计	**Total**	**489136**	**22901**	**124308**	**136862**	**82**	**2132**	**104**	**2396**
省级	Province Level	41481		33404	28641	62	1428	49	1552
地市级	Urban Level	278736	15125	68389	97296	20	704	55	844
县级	County Level	168919	7776	22515	10925				

9-16 各市广播电视节目制作情况(2008)

9-16 Production of Radio and Television Programs by City (2008)

市别	City	全年制作广播节目时间(小时) Broadcasting Programs Production Hours Whole Year (hour)	全年购买、交换广播节目时间(小时) Broadcasting Programs Purchase and Exchange Hours Whole Year (hour)	全年制作电视节目时间(小时) Television Programs Production Hours Whole Year (hour)	全年购买、交换电视节目时间(小时) Television Programs Purchase and Exchange Hours Whole Year (hour)	全年制作电视剧 Television Programs Producted Whole Year season, episode		全年制作动画电视 Animation Programs Producted Whole Year season, episode	
						部	集	部	集
合计	**Total**	**489136**	**22901**	**124308**	**136862**	**82**	**2132**	**104**	**2396**
省级	Province	41481		33404	28641	62	1428	49	1552
广州	Guangzhou	43789	754	11744	19338	1	100	38	92
深圳	Shenzhen	40131	300	30360	19620	19	604	16	596
珠海	Zhuhai	17755	365	2664	2190				
汕头	Shantou	28421	1525	2365	2764				
佛山	Foshan	40125	545	5650	8065				
韶关	Shaoguan	8178	300	5779	1285			1	156
河源	Heyuan	11204	2526	2976	2075				
梅州	Meizhou	6270	352	2197	1020				
惠州	Huizhou	19716	3604	1597	5247				
汕尾	Shanwei	15065	840	1524	610				
东莞	Dongguan	14863	407	3018	6450				
中山	Zhongshan	6697	1296	1596	3800				
江门	Jiangmen	37311	1820	2369	16082				
阳江	Yangjiang	6309	1605	2128	2859				
湛江	Zhanjiang	32631	1089	3727	2702				
茂名	Maoming	16053	1202	3325	4212				
肇庆	Zhaoqing	38145	1018	580	950				
清远	Qingyuan	18224	365	1629	2400				
潮州	Chaozhou	11031	1133	1185	2661				
揭阳	Jieyang	16715	650	1781	2024				
云浮	Yunfu	19022	1583	2710	2117				

9-17 各市制作广播节目时间情况

9-17 Conditions of Radio Programs Production Hours by City

单位：小时 (Hour)

市别	City	2004	2005	2006	2007	2008
合计	**Total**	**395048**	**467003**	**446025**	**499438**	**489136**
省级	Province	37367	41104	40540	40565	41481
广州	Guangzhou	33459	36805	38645	42381	43789
深圳	Shenzhen	23730	26103	27408	32809	40131
珠海	Zhuhai	11162	12278	12892	19758	17755
汕头	Shantou	5818	6400	6720	27810	28421
佛山	Foshan	34058	37464	39337	34044	40125
韶关	Shaoguan	13930	15323	16089	13917	8178
河源	Heyuan	6411	7052	7405	10631	11204
梅州	Meizhou	10549	11604	12184	14683	6270
惠州	Huizhou	22074	24282	25496	18170	19716
汕尾	Shanwei	8284	9112	9568	16315	15065
东莞	Dongguan	12009	13210	13870	13932	14863
中山	Zhongshan	8777	9655	10138	12409	6697
江门	Jiangmen	32029	35231	36993	34463	37311
阳江	Yangjiang	6021	6623	6954	6416	6309
湛江	Zhanjiang	26872	29559	31037	32237	32631
茂名	Maoming	9750	10725	11261	17228	16053
肇庆	Zhaoqing	32114	35326	37092	39480	38145
清远	Qingyuan	16780	18458	19381	25425	18224
潮州	Chaozhou	9292	10221	10732	8667	11031
揭阳	Jieyang	11570	12727	13363	19065	16715
云浮	Yunfu	16381	18019	18920	19033	19022

9-18 各市制作电视节目时间情况

9-18 Conditions of Television Programs Production Hours by City

单位：小时 （Hour）

市 别	City	2004	2005	2006	2007	2008
合 计	**Total**	**88732**	**106478**	**138422**	**132211**	**124308**
省 级	Province	23424	28108	36541	33896	33404
广 州	Guangzhou	11033	13240	17212	15926	11744
深 圳	Shenzhen	13903	16684	21689	28061	30360
珠 海	Zhuhai	5635	6762	8791	2042	2664
汕 头	Shantou	1388	1665	2165	2171	2365
佛 山	Foshan	4226	5071	6592	5421	5650
韶 关	Shaoguan	2524	3029	3938	5583	5779
河 源	Heyuan	417	500	650	3514	2976
梅 州	Meizhou	1886	2263	2942	3654	2197
惠 州	Huizhou	3506	4208	5470	3407	1597
汕 尾	Shanwei	965	1158	1505	1870	1524
东 莞	Dongguan	1186	1423	1850	2023	3018
中 山	Zhongshan	1227	1472	1914	1903	1596
江 门	Jiangmen	2383	2860	3718	3980	2369
阳 江	Yangjiang	1669	2002	2603	2463	2128
湛 江	Zhanjiang	2303	2764	3593	3602	3727
茂 名	Maoming	2148	2578	3351	2670	3325
肇 庆	Zhaoqing	822	986	1282	1282	580
清 远	Qingyuan	2230	2676	3479	3217	1629
潮 州	Chaozhou	508	609	792	845	1185
揭 阳	Jieyang	896	1075	1398	2070	1781
云 浮	Yunfu	4453	5344	6947	2611	2710

9-19 广播电视制作情况

9-19 Production of Radio and Television

年份 Year	全年制作广播节目时间（小时）Broadcasting Programs Production Hours Whole Year (hour)	全年购买、交换广播节目时间（小时）Broadcasting Programs Purchase and Exchange Hours Whole Year (hour)	全年制作电视节目时间（小时）Broadcasting Programs Purchase and Exchange Hours Whole Year (hour)	全年购买、交换电视节目时间（小时）Television Programs Purchase and Exchange Hours Whole Year (hour)	全年制作电视剧 Television Programs Producted Whole Year 部 season	集 episode	全年制作动画电视 Animation Programs Producted Whole Year 部 season	集 episode
2000	513160	12155	75822	132491	14	416		
2001	471641	14407	106173	72019	15	542		
2002	485671	21333	76220	69312	16	538		
2003	511631	15734	84003	71502	17	691		
2004	395048	18714	88732	79852	84	2691	45	1309
2005	467003	20324	106478	88425	47	1505	36	1235
2006	446025	21947	138422	109765	61	2171	28	974
2007	499438	22453	132211	120698	57	1733	31	1714
2008	489136	22901	124308	136862	82	2132	104	2396

9-20 各市广播电视发射传输情况（2008）

9-20 Transmission Status of Radio and Television by City（2008）

市别	City	广播电台（座）Radio Station (unit)	中、短波转播发射台 Medium and Short Wave Rebroadcasting Station（座）(unit)	（千瓦）(kW)	调频转播发射台 FM Rebroadcasting Transmission Station（座）(unit)	（千瓦）(kW)	电视台（座）TV Station (unit)	电视转播发射台 Television Rebroadcasting Transmission Station（座）(unit)	（千瓦）(kW)	县、市广播电视台（座）Municipal and County Broadcasting and Television Station
合计	**Total**	**22**	**21**	**1062**	**98**	**497.5**	**24**	**86**	**486.4**	**103**
省级	Province	1	17	965	6	169.0	2	6	191.0	
广州	Guangzhou	1	1	40	3	54.4	1	2	1.3	7
深圳	Shenzhen	1	2	43	2	61.0	2	2	96.2	3
珠海	Zhuhai	1			1	16.0	1	1	9.0	3
汕头	Shantou	1			5	11.4	1	4	12.0	4
佛山	Foshan	1			5	20.0	1	2	10.3	
韶关	Shaoguan	1			9	32.5	1	7	31.4	9
河源	Heyuan	1			6	3.5	1	4	1.7	6
梅州	Meizhou	1			7	14.5	1	7	17.3	8
惠州	Huizhou	1			7	24.2	1	6	10.5	5
汕尾	Shanwei	1			4	10.2	1	3	8.6	4
东莞	Dongguan	1			1	4.0	1	1	10.0	1
中山	Zhongshan	1			1	9.0	1	1	6.0	1
江门	Jiangmen	1			6	10.2	1	6	7.3	6
阳江	Yangjiang	1			2	8.0	1	2	5.0	4
湛江	Zhanjiang	1	1	14	7	13.0	1	6	15.3	6
茂名	Maoming	1			5	10.4	1	4	7.2	5
肇庆	Zhaoqing	1			8	9.1	1	5	14.2	9
清远	Qingyuan	1			8	8.4	1	6	15.2	8
潮州	Chaozhou	1			3	6.6	1	3	3.3	3
揭阳	Jieyang	1			4	3.6	1	5	3.9	5
云浮	Yunfu	1			3	18.7	1	3	9.9	6

9-21 广播电视发射传输情况

9-21 Transmission Conditions of Broadcasting and Television

年 份 Year	广播电台（座）Radio Station (unit)	中、短波转播发射台 Medium and Short Wave Rebroadcasting Station		调频转播发射台 FM Rebroadcasting Transmission Station		电视台（座）TV Station (unit)	电视转播发射台 Television Rebroadcasting Transmission Station		县、市广播电视台（座）Broadcasting and Television Station (unit)
		（座）(unit)	（千瓦）(kW)	（座）(unit)	（千瓦）(kW)		（座）(unit)	（千瓦）(kW)	
1978	5					1			
1979	5					1			
1980	5					1			
1981	5					1			
1982	5					1			
1983	6					1			
1984	8					6			
1985	18					15			
1986	32					22			
1987	66					27			
1988	80					31			
1989	87					38			
1990	90					39			
1991	91					38			
1992	94					39			
1993	96					45			
1994	96					50			
1995	96					56			
1996	97					58			
1997	22					61			
1998	22					23			80
1999	22					23			81
2000	22	10	656.0			23			83
2001	22	10	656.0			24			83
2002	22	18	1404.0			24			83
2003	22	18	1426.0			24			83
2004	22	20	1036.0			24			83
2005	22	21	1613.0			24			83
2006	22	21	1631.0	98	599.9	24	86	552.3	103
2007	22	21	1060.0	98	581.2	24	86	404.6	103
2008	22	21	1062.0	98	497.5	24	86	486.4	103

9-22 各市广播电视有线传输情况（2008）

9-22 Wired Transmission Condition of Radio and Television by City（2008）

市别	City	有线广播电视用户数（万户）Number of Subscribers to Cable Radio and Television（10000 users）	数字电视用户数（万户）Number of Subscribers to Digital Television（10000 users）
合计	**Total**	**1493.8**	**517.2**
省级	Province	80.3	69.9
广州	Guangzhou	227.9	101.8
深圳	Shenzhen	216.6	111.0
珠海	Zhuhai	39.9	32.4
汕头	Shantou	42.9	
佛山	Foshan	151.3	90.4
韶关	Shaoguan	43.5	
河源	Heyuan	31.3	7.0
梅州	Meizhou	45.0	
惠州	Huizhou	37.9	
汕尾	Shanwei	33.3	
东莞	Dongguan	92.4	92.4
中山	Zhongshan	46.2	
江门	Jiangmen	86.2	
阳江	Yangjiang	25.2	6.0
湛江	Zhanjiang	40.8	3.6
茂名	Maoming	54.6	
肇庆	Zhaoqing	60.6	0.1
清远	Qingyuan	45.8	0.4
潮州	Chaozhou	26.2	
揭阳	Jieyang	37.0	2.1
云浮	Yunfu	29.0	0.2

9-23 各市有线广播电视用户数情况

9-23 Number of Subscribers to Cable Radio and Television by City

单位：万户 （10000 Households）

市别	City	2004	2005	2006	2007	2008
合计	**Total**	**1094.7**	**1121.9**	**1248.3**	**1345.7**	**1493.8**
省级	Province	58.4	58.4	59.0	72.8	80.3
广州	Guangzhou	164.9	168.2	188.9	210.8	227.9
深圳	Shenzhen	165.5	171.3	196.7	198.8	216.6
珠海	Zhuhai	26.8	31.3	31.3	33.5	39.9
汕头	Shantou	32.7	28.6	35.9	40.7	42.9
佛山	Foshan	109.8	110.0	121.2	139.7	151.3
韶关	Shaoguan	33.2	36.7	37.6	41.0	43.5
河源	Heyuan	24.2	21.0	24.5	26.1	31.3
梅州	Meizhou	27.6	28.6	35.9	40.5	45.0
惠州	Huizhou	28.1	24.9	34.3	34.7	37.9
汕尾	Shanwei	26.7	28.3	28.9	29.6	33.3
东莞	Dongguan	61.3	61.9	70.0	72.0	92.4
中山	Zhongshan	33.0	33.0	38.7	42.7	46.2
江门	Jiangmen	63.8	63.4	71.0	72.6	86.2
阳江	Yangjiang	11.2	7.5	20.2	22.1	25.2
湛江	Zhanjiang	32.3	46.2	37.4	37.8	40.8
茂名	Maoming	26.9	31.7	43.4	46.1	54.6
肇庆	Zhaoqing	44.7	41.9	46.9	49.7	60.6
清远	Qingyuan	38.9	39.3	40.9	43.7	45.8
潮州	Chaozhou	20.8	22.8	25.3	26.2	26.2
揭阳	Jieyang	30.7	35.0	35.5	36.1	37.0
云浮	Yunfu	23.4	22.1	24.9	28.7	29.0

9-24 各市数字电视用户数情况

9-24 Number of Subscribers to Digital Television by City

单位：万户 (10000 Households)

市别	City	2004	2005	2006	2007	2008
合计	**Total**	**33.8**	**100.6**	**195.6**	**355.9**	**517.2**
省级	Province	6.6	6.6	8.9	9.3	69.9
广州	Guangzhou	0.0	0.0	1.8	91.3	101.8
深圳	Shenzhen	12.3	51.2	97.0	104.7	111.0
珠海	Zhuhai	0.4	1.0	20.1	20.0	32.4
汕头	Shantou					
佛山	Foshan	9.5	37.0	59.5	73.4	90.4
韶关	Shaoguan	0.3	0.4	0.4	0.3	
河源	Heyuan			0.5	0.7	7.0
梅州	Meizhou					
惠州	Huizhou					
汕尾	Shanwei					
东莞	Dongguan	1.5	2.0	2.0	5.0	92.4
中山	Zhongshan	0.6		0.5	0.5	
江门	Jiangmen	0.8	0.6	0.9	0.9	0.0
阳江	Yangjiang				0.1	6.0
湛江	Zhanjiang			2.5	3.7	3.6
茂名	Maoming	0.1				
肇庆	Zhaoqing	0.3		0.2	0.1	0.1
清远	Qingyuan	0.6	0.3	0.4	0.1	0.4
潮州	Chaozhou					
揭阳	Jieyang	0.7		0.7	0.7	2.1
云浮	Yunfu	0.1		0.2	0.2	0.2

9-25 广播电视有线传输情况

9-25 Wired Transmission Status of Radio and Television

年 份 Year	有线广播电视用户数（万户） Number of Subscribers to Cable Radio and Television（10000 households）	数字电视用户数（万户） Number of Subscribers to Digital Television（10000 housholds）
2000	785.0	
2001	810.4	
2002	931.8	
2003	986.8	
2004	1094.7	33.8
2005	1121.9	100.6
2006	1248.3	195.6
2007	1345.7	355.9
2008	1493.8	517.2

9-26 广播电视覆盖情况

9-26 Coverage of Radio and Television

年 份 Year	广播综合人口覆盖率（%） Integrative Broad-cast Coverage of the Population（%）	无线广播覆盖 Coverage of Wireless Broadcast	中央广播节目 Center Broadcasting Programs	省级广播节目 Provincial Broadcasting Programs	电视综合人口覆盖率（%） Integrative Televi-sion Coverage of the Population（%）	无线电视覆盖 Coverage of Wireless Television	中央电视节目 Center Television Programs	省级电视节目 Provincial Television Programs
1980	21.7				44.7			
1981	30.0				68.0			
1982	69.0				73.0			
1983	69.8				74.5			
1984	69.8				74.5			
1985	70.3				80.0			
1986	71.5				82.0			
1987	75.0				82.0			
1988	78.0				84.0			
1989	82.4				86.3			
1990	90.1				90.6			
1991	90.3				90.8			
1992	90.4				90.9			
1993	90.4				91.0			
1994	90.6				91.0			
1995	90.6				91.0			
1996	92.0				92.4			
1997	92.0				92.4			
1998	92.0				92.4			
1999	96.0				96.4			
2000	96.0				96.4			
2001	96.0				96.4			
2002	96.0				96.4			
2003	96.0				96.4			
2004	96.1				96.4			
2005	96.1				96.4			
2006	96.4	73.7	73.7	66.0	96.7	73.7	73.7	66.0
2007	97.0	75.3	75.3	68.1	97.3	75.3	75.3	68.1
2008	97.1	79.3	79.3	70.3	97.4	79.3	79.3	70.3

主要统计指标解释

广播（电视）节目套数 是指用固定的频率（频道）自办广播（电视）节目，并编排有整套节目时间表，定期向听众（观众）播放节目名称和播出时间。

广播综合人口覆盖率 是指广播综合覆盖的人口与总人口的比率。

电视综合人口覆盖率 是指电视综合覆盖人口与总人口的比率。

Explanatory Notes on Main Statistical Indicators

Sets of Broadcasting and Television Programs Define as using immovable wave to broadcast the programs, and arrange the schedule to play, broadcasting the programs at the right time regularly.

Integrative Coverage of Radio Define as the rate of the number of people that covered by the radio in comparison with total population.

Integrative Coverage of Television Define as the rate of the number of people that covered by the Television in comparison with total population.

十、环境保护

X Environmental Protection

简要说明

1．本篇资料主要反映广东省环境保护的基本情况。

2．本篇资料主要包括：

（1）废水排放及治理、江河及近岸水质情况；废气及二氧化硫排放及治理、空气污染综合指数情况；工业固体废物排放及各市工业“三废”治理情况；城市环境、气候环境、自然灾害及森林保护、综合治理等。

（2）地区分全省和21个地级以上市。

（3）年份有当年、近5年和1980年以来连续年份。

3．统计资料来源：本篇资料由广东省环境保护厅、广东省水利厅、广东省国土资源厅、广东省住房和城乡建设厅、广东省林业局、广东省气象局、广东省海洋与渔业局负责整理、审核、提供。

Brief Descriptions

1．The data in this chapter mainly show the fundamental states of the Guangdong province’s environmental protection.

2．The data in this chapter mainly includes：

（1）Wastewater discharged and treatment； waster gas and sulfur dioxide discharged and treatment，air Pollution Composite Index，industrial solid wastes discharged and the treatment of industrial three wastes，the city environment，climate environment，natural disaster，forest conservation and comprehensive treatment.

（2）Areas included the whole province and the 21 other prefectural level.

（3）Data consist of the same year，the recent 5 years and the consistent years since 1980.

3．Sources of Data：Data are prepared and provided by the Guangdong EPA，Water Resources Pepartment of Guangdong，Department of Land and Resources of Guangdong，Cuangdong Housing and Urban-rural construction Department，Guangdong Weather Bureau，Guangdong Forestry Bureau and Fishery Bureau.

10-1 环境保护基本情况

10-1 Basic Conditions of Environmental Protection

项 目	Item	2005	2006	2007	2008
水环境	**Water Environment**				
降水量（毫米）	Amount of Precipitation（mm）	1765.7	2110.2	1569.0	2140.8
水资源总量（亿米^3）	Total Amount of Water（100 million m^3）	1747.5	2216.2	1581.1	2206.8
人均水资源量（米^3/人）	Per Capita Water（1m^3 per person）	1900.7	2382.0	1686.0	2324
用水总量（亿米^3）	Total Water Consumption（100 million m^3）	459.0	459.4	462.5	461.5
#农业用水	Agricultural Water	236.7	232.4	230.2	232.3
工业用水	Industrial Water	133.9	135.6	141.1	137.2
生活用水	Water for Life	83.5	86.9	85.2	85.3
生态用水	Environmental Flows	4.9	4.5	6.1	6.8
万元GDP用水量（米^3/万元）	Water consumption for GDP（m^3 per 10000 yuan）	211	175.0	151.0	129.0
万元工业增加值用水量（米^3/万元）	Water Consumption for Added Value Industry（m^3 per 10000 yuan）	135	108.0	95.0	80.0
废水排放总量（万吨）	Gross Waste Discharge（10000 tons）	638403.0	654419.0	690887.0	677352.0
#城镇生活污水	Urban Wastewater of Life	406835.0	419706.0	444556.0	464038.0
工业废水	Industrial Wastewater	231568.0	234713.0	246331.0	213314.0
废水中COD排放量（万吨）	Discharge of COD（10000 tons）	105.8	104.9	101.7	96.4
废水中氨氮排放量（万吨）	Discharge of Ammonia（10000 tons）	10.0	9.3	12.0	12.2
城镇生活污水处理率（%）	Processing Ratio of Urban Sewage（%）	40.2	45.3	50.2	55.9
工业废水排放达标率（%）	Pass Rate of Trade Waste Discharge（%）	83.9	84.9	86.1	89.7
大气环境	**Atmospheric Environment**				
工业废气排放总量（亿标米^3）	Discharge Amount of Industrial Waste Gas（100 million m^3）	13447	13584	16939	20510
#燃烧废气	Burned Gas	9213	9726	11682	13202
工艺废气	Technology Waste Gas	4234	3858	5257	7308
二氧化硫排放总量（万吨）	Total Emission Volumn of Sulfur Dioxide（10000 tons）	129.4	126.7	120.3	113.6
#工业二氧化硫（万吨）	Industrial Sulfur Dioxide（10000 tons）	127.4	124.7	117.6	109.7
工业二氧化硫去除量（万吨）	Removal Sulfur Dioxide（10000 tons）	25.5	68.8	115.9	108.8
工业二氧化硫排放达标率（%）	Pass Rate of Discharge Sulfur Dioxide（%）	77.8	76.8	84.9	88.0
工业烟尘排放量（万吨）	Total Emission Volumn of Smoke Dust（10000 tons）	27.9	28.2	29.4	32.6
工业烟尘去除量（万吨）	Removal Smoke Dust（10000 tons）	727.0	825.3	878.0	1108.6
工业烟尘去除率（%）	Ratio of Removal Smoke Dust（%）	96.4	96.4	97.0	97.5
工业烟尘排放达标率（%）	Pass Rate of Discharge Smoke Dust（%）	76.9	76.8	86.5	89.5
工业粉尘去除量（万吨）	Removal Industrial Dust（10000 tons）	242.6	239.0	364.7	509.3
工业粉尘排放量（万吨）	Discharge Amount of Industrial Dust（10000 tons）	32.1	27.8	23.0	20.1
工业粉尘排放达标率（%）	Pass Rate of Discharge Industrial Dust（%）	71.3	84.1	86.5	90.2
工业粉尘去除率（%）	Ratio of Removal Industrial Dust（%）	88.3	89.5	94.1	96.8
空气质量达二级标准城市数（个）	Number of the Quality of Ambient Air in Urban Reach Secondary Standard（unit）	21	21	21	21

10-1续表1 continued

项 目	Item	2005	2006	2007	2008
生态环境	**Entironment**				
人均耕地面积（米²）	Per Capita Area of Farmland（m²）	333.3	333.3	333.3	333.3
水土流失治理面积（千公顷）	Control of Water Loss and Soil Erosion（1000 hectares）	39.9	42.1	40.3	39.6
森林面积（万公顷）	Area of Woods（10000 hectares）	921.2	927.4	935.2	930.7
森林覆盖率（%）	Green Coverage Ratio（%）	55.5	55.9	56.3	56.3
人均森林面积（公顷）	Per Capita Area of Forest（hectare）	0.1	0.1	0.1	0.1
活立木蓄积量（万米³）	Stumpage Reserves（10000 m³）	36459	38154	40320.10	40300
森林蓄积量（万米³）	Forest Reserves（10000 m³）	34469	36809.6	38705.8	38268.2
当年营造林面积（万公顷）	Afforest Area（10000 hectares）	2.0	0.7	0.6	0.9
自然保护区数（个）	Number of Nature Reserves	293	306	343	369
自然保护区面积（万公顷）	Per Capita Area of Forest（hectare）	333.7	342.2	346.7	178.2
城市环境	**Urban Environment**				
城市面积（千米²）	Urban Areas（1000 m²）	26645.5	22082.4	19215.1	18485.9
#建成区面积	built Up Area	3619.1	4163.3	4084.0	4132.6
城市建设用地面积（千米²）	Urban Construction Land Area（1000 m²）	3080.2	3507.1	3530.1	3943.1
城市供水总量（万米³）	Urban Water Supply（10000 m³）	738573.0	752024.0	827398.0	810933.4
#生活用水量	Urban Water Supply	410932.0	371416.0	380657.5	378270.3
城市用水普及率（%）	Popularizing Rate of Urban（%）	98.8	98.1	98.6	94.0
城市污水排放量（万吨）	Discharge of Urban Wastewater（10000 tons）	460562	525979	508153	510810
城市污水处理量（万吨）	Processing Capacity of Urban Wastewater（10000 tons）	207403	237456	284412	338312
城市污水处理率（%）	Processing Rate of Urban Wastewater（%）	45.0	45.1	41.5	45.8
城市生活垃圾清运量（万吨）	Amount of Domestic Garbage Cleaning and Disposal（10000 tons）	1722.6	1648.2	1835.7	1868.4
城市生活垃圾无害化处理量（万吨）	Non-polluting Disposal Amount of Domestic Garbage（10000 tons）	871.6	910.7	1154.2	1193.3
城市生活垃圾无害化处理率（%）	Garbage Non-polluting Disposal Rate（%）	50.6	55.3	62.9	63.9
城市燃气普及率（%）	Popularizing Rate of Fuel Gas（%）	95.4	91.2	79.0	93.9
城市人均公园绿地面积（米²）	Per Capita Public Park and Green Land Areas（m²）	11.0	11.6	9.2	11.5
建成区绿化覆盖率（%）	Green Coverage Ratio in Developed Areas（%）	33.5	36.8	39.0	40.3
农村环境	**Rural Environment**				
农村改水受益率（%）	Beneficial Rate of Progress of Rural Area（%）	98.6	98.1	98.3	98.3
农村自来水普及率（%）	Popularizing Rate of Rural Tap Water（%）	75.0	75.9	77.5	78.4
农村卫生厕所普及率（%）	Popularizing Rate of Rural Safe Latrine（%）	75.0	76.2	78.3	79.5
无害化卫生厕所普及率（%）	Popularizing Rate of Non-hazardous Sanitary Latrine（%）		65.3	68.5	70.5
农村沼气池产气总量（万米³）	Production of Marsh Gas（10000 m³）	9415.0	11635.0	14866.1	15831.0
自然灾害	**Natural Disaster**				
发生地质灾害起数（起）	Number of Geologic Hazard（case）	155.0	8688.0	143.0	205.0
地质灾害直接经济损失（万元）	Directly Economic Loss in Geologic Hazard（10000 yuan）	58747.2	70744.6	10812.8	10875.4
海洋灾害发生次数（次）	Number of Oceanic Hazard（time）	16	27	18	17
海洋灾害直接经济损失（万元）	Directly Economic Loss in Oceanic Hazard（10000 yuan）	7.94	83.05	241829	1542800
森林火灾次数（次）	Number of Forest Fire（time）	212	128	124	165
突发环境事件（次）	Number of Emergency（time）	31	20		2
突发环境事件直接经济损失（万元）	Directly Economic Loss in Emergency（10000 yuan）	6128.2	83.5		0.0

10-1续表2 continued

项 目	Item	2005	2006	2007	2008
工业固体废物	**Industrial Solid Waste**				
固体废物产生量（万吨）	Production of Solid Waste（10000 tons）	2896.2	3057.0	3852.4	4833.3
固体废物排放量（万吨）	Discharge of Solid Waste（10000 tons）	13.9	13.6	11.5	12.0
固体废物贮存量（万吨）	Storage of Solid Waste（10000 tons）	376.7	171.5	168	160.6
固体废物综合利用率（%）	Comprehensive Utilization Ratio of Solid Waste（%）	76.7	84.3	84.2	85.3
工业“三废”综合利用	**Comprehensive Utilization Ratio of Three Waste（%）**				
综合利用产品产值（万元）	Comprehensive Utilization Output Value（10000 yuan）	365616	433237	497619	601479
工业“三废”治理设施	**Three Waste Facilities of Industrial Management**				
工业废水处理设施总数（套）	Total Number of Waste Water Facilities（set）	5971	6486	9313	9968
工业废气治理设施总数（套）	Total Number of Waste Gas Facilities（set）	7872	9106	11966	13876
企事业单位污染治理	**Pollution Control of Enterprise and Public Institutions**				
污染治理资金（万元）	Pollution Control Funds（10000 yuan）	370384	313708	433128	403276
其他资金	Other Funds（10000 yuan）	314908	313708	427114	392809
当年安排治理项目（个）	Number of Pollution Control Project Current Year（unit）	1327	1333	1383	1271
当年竣工项目数（个）	Number of Completed Project Current Year（unit）	1071	1223	1273	1184
环境管理	**Environmental Management**				
环保投资占GDP比重（%）	Proportion of Environmental Investment in GDP（%）	2.5	2.5	2.7	
当年制定环保法规及标准（件）	Number of Legislate and Standard（unit）	1	5	4	2
当年排污收费总额（万元）	Total Income of Waste Discharge（10000 yuan）	98077	109567	96126	88099
环境影响评价制度执行率（%）	Executive Ratio of Institution（%）	99.8	95.9	99.6	99.9
当年“三同时”执行合格率（%）	Percent of Pass of “Three Concurrences”（%）	95.5	94.4	91.7	95.1
环保系统自身建设情况	**Condition of Self-improvement of Environment System**				
年末机构数（个）	Number of Institution at the End of That Year（unit）	1024	991	1011	994
环境监测站数（个）	Number of Environmental Monitor Station（unit）	120	120	120	121
年末实有人数（人）	Number of People at the End of That Year（person）	9748	9682	9664	9558

注：①2006年以前突发环境事件统计口径为环境污染事故。

②从2007年起，城市环境所有指标统计范围为县级以上市，不包括不设市和县城。

Note：①Environmental emergency define as environmental pollution before 2006.

②All index of urban only include the data of above the county level.

10-2 各市废水排放情况（2008）

10-2 Conditions of Waste Discharge by City（2008）

市别	City	废水排放总量（亿吨） Gross Waste Discharge（100 million tons）	工业废水排放量（亿吨） Industrial Waste Discharge（100 million tons）	工业废水排放达标量（万吨） Industrial Waste Discharge Amount（10000 tons）	城镇生活污水排放量（亿吨） Urban Waste Discharge Amount（100 million tons）	城镇生活污水处理率（%） Processing Ratio of Urban Domestic Sewage（%）
合计	**Total**	**67.7**	**21.3**	**19.1**	**46.4**	**55.9**
广州	Guangzhou	12.6	3.4	3.3	9.2	69.2
深圳	Shenzhen	8.2	0.8	0.8	7.4	85.2
珠海	Zhuhai	1.9	0.7	0.7	1.2	76.5
汕头	Shantou	2.3	0.5	0.5	1.8	34.1
佛山	Foshan	6.9	2.4	2.2	4.5	71.9
韶关	Shaoguan	1.8	1.0	0.8	0.8	32.2
河源	Heyuan	1.0	0.3	0.2	0.7	24.4
梅州	Meizhou	1.1	0.5	0.4	0.7	12.5
惠州	Huizhou	2.8	0.7	0.7	2.1	47.2
汕尾	Shanwei	1.4	0.4	0.1	1.0	
东莞	Dongguan	8.2	3.3	3.2	4.9	64.0
中山	Zhongshan	3.0	1.4	1.3	1.6	65.4
江门	Jiangmen	3.3	1.4	1.2	1.9	49.0
阳江	Yangjiang	0.9	0.2	0.2	0.6	24.3
湛江	Zhanjiang	2.4	0.5	0.4	1.8	18.7
茂名	Maoming	1.9	0.9	0.8	1.0	20.5
肇庆	Zhaoqing	1.9	1.0	1.0	0.9	42.7
清远	Qingyuan	1.4	0.4	0.3	1.0	28.3
潮州	Chaozhou	1.5	0.4	0.3	1.1	30.4
揭阳	Jieyang	2.0	0.5	0.4	1.5	0.4
云浮	Yunfu	1.1	0.4	0.3	0.7	27.0

10-3 各市废水排放总量

10-3 Gross Waste Discharge by City

单位：亿吨 (100 Million Tons)

市 别	City	2004	2005	2006	2007	2008
合 计	**Total**	**54.2**	**63.8**	**65.4**	**69.1**	**67.7**
广 州	Guangzhou	11.4	12.6	12.8	11.1	12.6
深 圳	Shenzhen	7.2	7.0	7.4	8.0	8.2
珠 海	Zhuhai	1.3	1.4	1.5	1.8	1.9
汕 头	Shantou	1.9	1.8	1.9	2.1	2.3
佛 山	Foshan	4.3	4.7	4.8	6.7	6.9
韶 关	Shaoguan	2.2	2.2	1.9	1.9	1.8
河 源	Heyuan	0.8	0.9	1.0	1.0	1.0
梅 州	Meizhou	1.1	1.1	0.9	1.2	1.1
惠 州	Huizhou	1.4	1.4	2.2	2.7	2.8
汕 尾	Shanwei	0.9	0.8	0.9	1.3	1.4
东 莞	Dongguan	6.9	6.9	7.1	11.3	8.2
中 山	Zhongshan	1.7	1.9	2.6	2.9	3.0
江 门	Jiangmen	2.4	2.6	2.7	3.3	3.3
阳 江	Yangjiang	0.6	0.7	0.7	0.8	0.9
湛 江	Zhanjiang	2.1	2.0	2.5	2.4	2.4
茂 名	Maoming	1.5	1.7	1.6	1.6	1.9
肇 庆	Zhaoqing	1.4	1.5	1.5	1.9	1.9
清 远	Qingyuan	1.2	1.4	1.3	1.6	1.4
潮 州	Chaozhou	0.7	0.7	1.2	1.5	1.5
揭 阳	Jieyang	1.4	1.4	1.7	1.9	2.0
云 浮	Yunfu	0.9	0.8	0.8	1.0	1.1

10-4 各市废水主要污染物排放情况（2008）

10-4 Conditions of Discharge of Waste Water and Key Pollutants by City（2008）

市别	City	化学需氧量排放总量（万吨）Gross Discharge of Chemical Oxygen Demand（10000 tons）	氨氮排放总量（万吨）Gross Discharge of Ammonia Nitrogen（10000 tons）	石油类排放量（吨）Gross Discharge of Oil Type（ton）	挥发酚排放量（吨）Gross Discharge of Volatile Phenol（ton）	氰化物排放量（吨）Gross Discharge of Cyanide（ton）
合计	**Total**	**96.4**	**12.2**	**495.9**	**12.5**	**12.3**
广州	Guangzhou	12.8	1.2	86.3	1.3	1.5
深圳	Shenzhen	5.5	1.1	3.9		0.7
珠海	Zhuhai	2.8	0.2	34.8	0.2	0.1
汕头	Shantou	4.9	0.8	9.1		…
佛山	Foshan	7.7	1.1	24.8	2.7	0.2
韶关	Shaoguan	2.9	0.4	62.1	2.9	3.6
河源	Heyuan	2.1	0.3	24.9		0.1
梅州	Meizhou	2.5	0.5	59.5	0.6	0.3
惠州	Huizhou	3.6	0.5	6.6	0.4	0.3
汕尾	Shanwei	2.8	0.4	5.1		0.3
东莞	Dongguan	11.7	1.4	8.2	1.0	0.7
中山	Zhongshan	4.0	0.4	36.0	1.2	3.3
江门	Jiangmen	5.2	0.5	25.2	1.2	0.6
阳江	Yangjiang	2.3	0.3	6.7		0.1
湛江	Zhanjiang	6.1	0.7	5.8		
茂名	Maoming	4.7	0.5	21.8	0.2	0.2
肇庆	Zhaoqing	3.4	0.4	22.0	0.4	0.2
清远	Qingyuan	3.4	0.3	18.8	0.4	0.3
潮州	Chaozhou	2.1	0.4	0.1		
揭阳	Jieyang	4.0	0.7	31.5		
云浮	Yunfu	2.2	0.3	2.6	0.2	

注：石油类、挥发酚、氰化物统计范围为工业。

Note：The oil type，volatile phenol and cyanide belong to industrial pollution.

10-5 各市化学需氧量排放总量

10-5 Gross Discharge of Chemical Oxygen Demand（COD）by City

单位：万吨　　　　　　　　　　　　　　　　　　　　　　　　　　（10000 Tons）

市　别 City	2004	2005	2006	2007	2008
全　省 Province	**92.7**	**105.8**	**104.9**	**101.7**	**96.4**
广　州 Guangzhou	12.0	13.7	13.6	13.4	12.8
深　圳 Shenzhen	5.7	6.6	6.5	5.9	5.5
珠　海 Zhuhai	1.6	3.1	2.9	2.9	2.8
汕　头 Shantou	3.9	5.0	5.1	5.1	4.9
佛　山 Foshan	4.0	9.2	8.9	8.2	7.7
韶　关 Shaoguan	2.8	3.2	3.1	3.0	2.9
河　源 Heyuan	1.9	2.1	2.1	2.1	2.1
梅　州 Meizhou	2.7	2.5	2.5	2.6	2.5
惠　州 Huizhou	1.8	4.6	4.6	3.9	3.6
汕　尾 Shanwei	2.1	2.6	2.6	2.7	2.8
东　莞 Dongguan	13.0	13.5	13.4	13.2	11.7
中　山 Zhongshan	1.7	4.9	4.9	4.3	4.0
江　门 Jiangmen	4.9	5.5	5.5	5.4	5.2
阳　江 Yangjiang	1.6	2.3	2.2	2.3	2.3
湛　江 Zhanjiang	7.3	6.6	6.6	6.5	6.1
茂　名 Maoming	4.3	4.9	4.9	5.0	4.7
肇　庆 Zhaoqing	2.8	3.5	3.4	3.5	3.4
清　远 Qingyuan	2.6	3.3	3.4	3.5	3.4
潮　州 Chaozhou	1.5	2.3	2.3	2.1	2.1
揭　阳 Jieyang	3.8	4.2	4.2	4.1	4.0
云　浮 Yunfu	2.1	2.2	2.2	2.2	2.2

10-6 各市氨氮排放总量

10-6 Gross Discharge of Ammonia Nitrogen by City

单位：万吨 (10000 Tons)

市别	City	2004	2005	2006	2007	2008
合计	**Total**	**8.7**	**10.0**	**9.3**	**12.0**	**12.2**
广州	Guangzhou	1.0	1.0	1.1	0.9	1.2
深圳	Shenzhen	1.3	0.9	0.7	1.0	1.1
珠海	Zhuhai	0.2	0.2	0.3	0.2	0.2
汕头	Shantou	0.5	0.5	0.5	0.6	0.8
佛山	Foshan	0.3	0.3	0.6	1.2	1.1
韶关	Shaoguan	0.5	0.5	0.4	0.4	0.4
河源	Heyuan	0.2	0.2	0.2	0.2	0.3
梅州	Meizhou	0.2	0.3	0.2	0.5	0.5
惠州	Huizhou	0.1	0.1	0.2	0.5	0.5
汕尾	Shanwei	0.2	0.2	0.2	0.4	0.4
东莞	Dongguan	1.5	1.6	1.4	1.6	1.4
中山	Zhongshan	0.1	0.1	0.4	0.4	0.4
江门	Jiangmen	0.3	0.3	0.4	0.5	0.4
阳江	Yangjiang	0.2	0.2	0.2	0.3	0.3
湛江	Zhanjiang	0.5	0.5	0.7	0.7	0.7
茂名	Maoming	0.4	0.4	0.5	0.5	0.5
肇庆	Zhaoqing	0.2	0.2	0.3	0.3	0.4
清远	Qingyuan	0.3	0.3	0.3	0.3	0.3
潮州	Chaozhou	0.2	0.2	0.3	0.4	0.4
揭阳	Jieyang	0.5	0.5	0.6	0.7	0.7
云浮	Yunfu	0.2	0.2	0.2	0.3	0.3

10-7 各市工业废水中重金属污染物排放情况（2008）

10-7 Conditions of Discharge of Heavy-metal Pollutants in Trade Waste by City（2008）

市 别	City	砷排放量（吨）Discharge of As（ton）	铅排放量（吨）Discharge of Pb（ton）	汞排放量（吨）Discharge of Hg（ton）	镉排放量（吨）Discharge of Cd（ton）	六价铬排放量（吨）Discharge of Cr VI（ton）
合 计	**Total**	**2.7**	**14.8**		**1.3**	**10.8**
广 州	Guangzhou	0.4	1.7	…	0.1	1.8
深 圳	Shenzhen		0.1		…	0.4
珠 海	Zhuhai		0.3		…	0.2
汕 头	Shantou	…	…	…		…
佛 山	Foshan	0.1	1.3		0.1	0.2
韶 关	Shaoguan	1.2	6.7	…	0.5	0.4
河 源	Heyuan	…	0.4		…	…
梅 州	Meizhou	…	…		…	1.1
惠 州	Huizhou		0.1		…	0.4
汕 尾	Shanwei		0.3		…	0.1
东 莞	Dongguan		0.4	…	0.1	1.0
中 山	Zhongshan		0.7		…	2.1
江 门	Jiangmen	0.2	0.9		0.1	1.7
阳 江	Yangjiang		…			0.2
湛 江	Zhanjiang	…	0.3	…	…	…
茂 名	Maoming	0.1	0.1			0.1
肇 庆	Zhaoqing		…			0.3
清 远	Qingyuan	0.7	1.0	…	0.4	1.0
潮 州	Chaozhou	…	0.1		…	
揭 阳	Jieyang		…		…	…
云 浮	Yunfu	…	0.4	…	…	…

10-8 各市工业废水排放达标率

10-8 Pass Rate of Trade Waste Discharge by City

单位：%　　　　(%)

市　别	City	2004	2005	2006	2007	2008
全　省	**Province**	**83.9**	**83.9**	**84.9**	**86.1**	**89.7**
广　州	Guangzhou	89.8	93.7	96.0	95.5	95.9
深　圳	Shenzhen	96.0	96.8	96.3	96.3	94.7
珠　海	Zhuhai	95.4	96.7	96.1	83.7	95.2
汕　头	Shantou	96.7	96.6	96.0	92.4	92.8
佛　山	Foshan	88.8	96.1	98.0	93.8	93.0
韶　关	Shaoguan	71.5	80.0	74.3	85.1	81.9
河　源	Heyuan	83.9	84.8	89.9	79.4	74.1
梅　州	Meizhou	73.0	71.5	75.7	70.6	82.1
惠　州	Huizhou	95.1	95.6	96.0	93.0	95.9
汕　尾	Shanwei	41.0	61.0	66.2	68.7	34.2
东　莞	Dongguan	90.1	92.1	92.6	96.7	94.6
中　山	Zhongshan	95.7	95.1	95.7	95.3	95.3
江　门	Jiangmen	95.1	92.1	90.2	89.6	87.6
阳　江	Yangjiang	64.8	61.8	88.3	82.4	80.4
湛　江	Zhanjiang	70.1	74.3	73.2	73.4	81.8
茂　名	Maoming	87.7	85.6	88.2	73.6	86.7
肇　庆	Zhaoqing	95.4	96.1	96.7	94.5	94.2
清　远	Qingyuan	83.3	86.5	85.4	63.8	70.0
潮　州	Chaozhou	71.4	66.2	83.7	61.1	81.2
揭　阳	Jieyang	82.5	78.2	89.5	63.5	74.3
云　浮	Yunfu	85.9	71.2	69.9	76.3	87.3

10-9 各市城镇污水集中处理情况（2008）

10-9 Conditions of Urban Waste Centralized Processing by City（2008）

市别	City	城镇污水处理厂数（座）Number of Urban Sewage Treatment Works（unit）	城镇污水处理厂处理能力（万吨/日）Processing Capacity of Urban Sewage Treatment Works（10000 tons per day）	污水处理量（万吨）Disposal Amount of Waste Water（10000 tons）	化学需氧量去除量（吨）Chemical Oxygen Demand Removal（ton）	氨氮去除量（吨）Ammonia Nitrogen Removal（ton）
合计	**Total**	**176**	**1091.5**	**361282.0**	**513946.9**	**40190.1**
广州	Guangzhou	18	228.8	64752.0	120509.7	12547.4
深圳	Shenzhen	18	280.1	76433.0	158406.0	9236.4
珠海	Zhuhai	6	36.1	10380.0	19076.7	1340.3
汕头	Shantou	2	32.0	6132.0	9682.4	1201.8
佛山	Foshan	31	117.5	33870.0	45507.3	4375.2
韶关	Shaoguan	7	14.1	2861.0	2261.7	193.1
河源	Heyuan	3	12.5	1757.0	4596.9	163.0
梅州	Meizhou	4	9.5	825.0	233.4	72.6
惠州	Huizhou	15	52.0	10163.0	19301.5	1412.7
汕尾	Shanwei	2	6.5			
东莞	Dongguan	20	118.8	113154.0	60949.9	2779.0
中山	Zhongshan	10	55.0	10742.0	23993.3	1798.5
江门	Jiangmen	12	40.2	9260.0	13453.1	1669.4
阳江	Yangjiang	4	9.5	1545.0	3361.8	292.7
湛江	Zhanjiang	2	15.0	3415.0	6982.7	624.4
茂名	Maoming	2	11.5	2141.0	2721.0	276.1
肇庆	Zhaoqing	4	16.0	5587.0	11287.9	1101.3
清远	Qingyuan	5	12.0	2844.0	4481.7	694.4
潮州	Chaozhou	5	9.4	3478.0	5205.4	308.0
揭阳	Jieyang	1	6.0	56.0	8.6	0.6
云浮	Yunfu	5	9.0	1887.0	1925.9	103.2

10-10 各市城镇污水处理厂数量

10-10 Number of Urban Sewage Treatment Works by City

单位：座 (Unit)

市别	City	2004	2005	2006	2007	2008
合计	**Total**	**62**	**79**	**99**	**127**	**176**
广州	Guangzhou	11	11	14	14	18
深圳	Shenzhen	12	12	13	16	18
珠海	Zhuhai	3	4	5	5	6
汕头	Shantou	1	1	1	1	2
佛山	Foshan	9	16	21	29	31
韶关	Shaoguan	1	1	4	7	7
河源	Heyuan	2	2	2	2	3
梅州	Meizhou	1	1	1	1	4
惠州	Huizhou	1	2	8	8	15
汕尾	Shanwei				1	2
东莞	Dongguan	7	8	8	13	20
中山	Zhongshan	1	2	2	3	10
江门	Jiangmen	5	6	7	10	12
阳江	Yangjiang	1	2	2	2	4
湛江	Zhanjiang	1	1	1	2	2
茂名	Maoming	1	1	1	2	2
肇庆	Zhaoqing	1	4	4	4	4
清远	Qingyuan	2	2	2	2	5
潮州	Chaozhou	1	1	1	3	5
揭阳	Jieyang					1
云浮	Yunfu	1	2	2	2	5

10-11 各市城镇污水处理厂处理能力

10-11 Processing Capacity of Urban Sewage Treatment Works by City

单位：万吨/日 (10000 Tons per Day)

市别	City	2004	2005	2006	2007	2008
合计	**Total**	**521.8**	**633.6**	**724.3**	**874.4**	**1091.5**
广州	Guangzhou	162.7	182.7	210.2	218.7	228.8
深圳	Shenzhen	185.6	185.6	205.6	250.1	280.1
珠海	Zhuhai	17.6	30.6	33.6	33.6	36.1
汕头	Shantou	14.0	14.0	14.0	14.0	32.0
佛山	Foshan	39.6	70.0	80.4	101.4	117.5
韶关	Shaoguan	1.5	1.5	5.3	14.1	14.1
河源	Heyuan	5.5	5.5	5.5	5.5	12.5
梅州	Meizhou	5.0	5.0	5.0	5.0	9.5
惠州	Huizhou	10.0	11.0	35.0	35.0	52.0
汕尾	Shanwei				5.0	6.5
东莞	Dongguan	23.3	35.3	35.3	73.3	118.8
中山	Zhongshan	10.0	25.0	25.0	27.0	55.0
江门	Jiangmen	15.5	15.9	16.9	26.2	40.2
阳江	Yangjiang	2.0	4.0	4.0	4.0	9.5
湛江	Zhanjiang	5.0	5.0	5.0	15.0	15.0
茂名	Maoming	9.5	9.5	9.5	11.5	11.5
肇庆	Zhaoqing	5.0	16.0	16.0	16.0	16.0
清远	Qingyuan	5.0	5.0	5.0	5.0	12.0
潮州	Chaozhou	4.0	8.0	8.0	9.0	9.4
揭阳	Jieyang					6.0
云浮	Yunfu	1.0	4.0	5.0	5.0	9.0

10-12 各市城镇生活污水处理率

10-12 Processing Ratio of Urban Domestic Sewage by City

单位：% (%)

市 别	City	2004	2005	2006	2007	2008
全 省	**Province**	**35.7**	**40.2**	**45.3**	**50.2**	**55.9**
广 州	Guangzhou	45.0	49.4	50.6	64.2	69.2
深 圳	Shenzhen	75.3	78.3	81.1	83.3	85.2
珠 海	Zhuhai	49.0	45.3	58.6	68.6	76.5
汕 头	Shantou	33.1	36.5	36.1	31.3	34.1
佛 山	Foshan	32.6	44.4	65.5	68.6	71.9
韶 关	Shaoguan	5.0	4.4	4.8	22.8	32.2
河 源	Heyuan	1.1	10.5	15.4	19.8	24.4
梅 州	Meizhou	11.2	8.8	12.6	12.3	12.5
惠 州	Huizhou	36.4	37.2	23.7	47.2	47.2
汕 尾	Shanwei					
东 莞	Dongguan	19.3	22.6	30.2	53.1	64.0
中 山	Zhongshan	26.1	25.5	27.8	47.0	65.4
江 门	Jiangmen	32.5	29.5	30.5	33.6	49.0
阳 江	Yangjiang	14.7	13.0	28.6	23.0	24.3
湛 江	Zhanjiang	1.3	14.2	9.2	11.3	18.7
茂 名	Maoming	3.7	22.2	26.5	25.3	20.5
肇 庆	Zhaoqing	18.4	33.1	39.5	36.4	42.7
清 远	Qingyuan	14.3	9.7	8.9	10.2	28.3
潮 州	Chaozhou	34.7	36.9	27.0	25.5	30.4
揭 阳	Jieyang					0.4
云 浮	Yunfu	2.8	14.5	22.0	20.6	27.0

10-13 各市耗水总量

10-13 Total Water Consumption by City

单位：亿米³ (100 Million m³)

市 别	City	2004	2005	2006	2007	2008
合 计	**Total**	**174.9**	**170.8**	**180.5**	**181.7**	**180.0**
广 州	Guangzhou	21.9	20.0	22.4	23.3	23.7
深 圳	Shenzhen	6.0	4.5	5.3	5.2	4.5
珠 海	Zhuhai	2.6	2.4	2.5	1.6	1.6
汕 头	Shantou	4.1	4.4	4.0	5.1	4.6
佛 山	Foshan	9.3	9.4	10.7	10.3	9.7
韶 关	Shaoguan	8.9	8.1	8.4	8.3	8.2
河 源	Heyuan	8.1	7.7	7.5	7.5	7.8
梅 州	Meizhou	9.3	9.1	9.3	9.6	9.5
惠 州	Huizhou	7.8	8.4	8.7	8.7	8.0
汕 尾	Shanwei	4.9	4.6	4.8	4.6	4.9
东 莞	Dongguan	4.9	5.4	6.4	6.8	6.5
中 山	Zhongshan	5.1	4.4	5.7	5.3	6.5
江 门	Jiangmen	12.5	11.8	12.3	13.3	13.0
阳 江	Yangjiang	5.9	6.1	6.6	6.6	6.3
湛 江	Zhanjiang	13.2	13.5	14.8	14.2	13.3
茂 名	Maoming	13.9	13.8	14.2	14.5	14.6
肇 庆	Zhaoqing	9.5	10.3	9.6	9.7	9.9
清 远	Qingyuan	8.8	8.7	8.7	8.7	8.4
潮 州	Chaozhou	4.0	3.5	3.4	3.5	4.0
揭 阳	Jieyang	6.7	6.7	6.9	7.1	7.1
云 浮	Yunfu	7.7	8.2	8.4	7.8	8.0

10-14 各市耗水总量构成（2008）

10-14 Constitution of Total Water Consumption by City（2008）

市别	City	耗水量（亿米³） Water Consumption（100 million m³）				
		耗水总量 Total Water Consumption	农业 Agriculture	工业 Industry	生活 Life	生态 Ecology
合计	**Total**	**180.0**	**115.9**	**31.1**	**29.9**	**3.1**
广州	Guangzhou	23.7	7.1	12.0	3.6	1.0
深圳	Shenzhen	4.5	0.5	1.2	2.5	0.4
珠海	Zhuhai	1.6	0.6	0.4	0.6	
汕头	Shantou	4.6	2.8	0.4	1.1	0.2
佛山	Foshan	9.7	5.7	1.8	1.7	0.5
韶关	Shaoguan	8.2	6.2	1.1	0.8	0.1
河源	Heyuan	7.8	5.6	1.2	1.1	
梅州	Meizhou	9.5	7.1	1.2	1.2	
惠州	Huizhou	8.0	5.7	0.9	1.4	0.1
汕尾	Shanwei	4.9	3.8	0.4	0.8	
东莞	Dongguan	6.5	1.0	2.8	2.4	0.4
中山	Zhongshan	6.5	4.1	1.7	0.6	
江门	Jiangmen	13.0	9.1	2.5	1.3	
阳江	Yangjiang	6.3	5.4	0.1	0.8	
湛江	Zhanjiang	13.3	10.7	0.5	2.1	0.1
茂名	Maoming	14.6	11.8	0.5	2.3	0.1
肇庆	Zhaoqing	9.9	8.0	0.7	1.2	
清远	Qingyuan	8.4	6.6	0.5	1.3	
潮州	Chaozhou	4.0	2.7	0.6	0.7	
揭阳	Jieyang	7.1	5.0	0.5	1.6	
云浮	Yunfu	8.0	6.4	0.6	0.8	0.1

10–15 河流水功能区达标情况（2008）

10–15 Attainment of River Water Functional Zone（2008）

项目 Item		达标个数评价 Attainment Evaluated			达标河长评价 River Length Attainment Evaluated		
		评价个数（个）Number of Evaluated（unit）	达标个数（个）Number of Attainment（unit）	达标率（%）Pass Rate of Evaluated（%）	评价河长（千米）River Length Evaluated（km）	达标河长（千米）River Length Attainment（km）	达标率（%）Pass Rate of Evaluated（%）
合计	**Total**	**212**	**102**	**48.1**	**7365**	**4071**	**55.3**
按水功能区分组	**Grouped by Water Functional Zone**						
保护区	Protection Zone	17	11	64.7	553	460	83.2
保留区	Reserved Zone	32	24	75	2828	2015	71.3
缓冲区	Buffer Zone	10	3	30	89	7	7.9
饮用水源区	Drinking Water Zone	83	38	45.8	2270	1059	46.7
工业用水区	Industrial Water Zone	25	11	44	642	265	41.3
农业用水区	Agricultural Water Zone	15	3	20	422	92	21.8
渔业用水区	Fishery Water Zone	16	7	43.8	334	128	38.3
景观娱乐用水区	Landscape and Recreation Water Zone	8	2	25	201	33	16.4
过渡区	Transition Zone	6	3	50	26	12	46.2
按流域分组	**Grouped by River Basin**						
西江	West River	12	3	25	559	132	23.6
北江	North River	34	26	76.5	1431	1139	79.6
东江	East River	21	13	61.9	883	697	78.9
珠江三角洲	Pearl River Delta	64	17	26.6	1834	494	26.9
韩江及粤东诸河	Han River and Rivers in Eastern Guangdong	40	21	52.5	1318	786	59.6
粤西诸河	Rivers In Western Guangdong	41	22	53.7	1340	823	61.4

10-16 各市江河水质达标率

10-16 Pass Rate of River Water Quality by City

单位：%　　　　　　　　　　　　　　　　　　　　　　　　　　　　　　(%)

市　别	City	2004	2005	2006	2007	2008
全　省	**Province**	**47.7**	**52.2**	**56.8**	**61.3**	**63.8**
广　州	Guangzhou	8.3	21.4	21.4	28.6	21.4
深　圳	Shenzhen	25.0	20.0	20.0	20.0	20.0
珠　海	Zhuhai	100.0	100.0	100.0	100.0	100.0
汕　头	Shantou	20.0	25.0	25.0		25.0
佛　山	Foshan	50.0	44.4	44.4	44.4	33.3
韶　关	Shaoguan		20.0	40.0	100.0	83.3
河　源	Heyuan	100.0	100.0	100.0	100.0	85.7
梅　州	Meizhou		40.0	80.0	100.0	100.0
惠　州	Huizhou	62.5	87.5	75.0	62.5	81.9
汕　尾	Shanwei		50.0	50.0	100.0	100.0
东　莞	Dongguan	33.3	33.3	33.3	33.3	40.0
中　山	Zhongshan	100.0	71.4	100.0	100.0	85.7
江　门	Jiangmen	57.1	55.6	66.7	66.7	66.7
阳　江	Yangjiang	100.0	100.0	100.0	100.0	100.0
湛　江	Zhanjiang	28.6	40.0	40.0	20.0	40.0
茂　名	Maoming		12.5	37.5	37.5	75.0
肇　庆	Zhaoqing	100.0	100.0	100.0	100.0	100.0
清　远	Qingyuan	100.0	100.0	100.0	100.0	100.0
潮　州	Chaozhou	100.0	100.0	100.0	100.0	100.0
揭　阳	Jieyang	20.0	16.7	16.7	33.3	16.7
云　浮	Yunfu	75.0	66.7	66.7	100.0	100.0

注：本表的达标率是指省控断面。

Note: The pass rate in this table refers to the provincial controued profile.

10-17 各市城市饮用水源水质达标率

10-17 Water Quality Pass Rate of Urban Drinking Water Sources by City

单位：% (%)

市 别	City	2004	2005	2006	2007	2008
全 省	**Province**	**67.8**	**87.5**	**89.4**	**89.6**	**94.2**
广 州	Guangzhou	26.4	71.1	67.9	76.0	81.0
深 圳	Shenzhen	75.3	87.1	95.3	82.6	97.6
珠 海	Zhuhai	100.0	100.0	100.0	100.0	100.0
汕 头	Shantou	100.0	100.0	100.0	100.0	100.0
佛 山	Foshan	100.0	100.0	100.0	100.0	100.0
韶 关	Shaoguan	69.0	100.0	98.7	100.0	100.0
河 源	Heyuan	100.0	100.0	100.0	100.0	100.0
梅 州	Meizhou	100.0	100.0	100.0	100.0	100.0
惠 州	Huizhou	100.0	100.0	98.7	100.0	100.0
汕 尾	Shanwei	100.0	100.0	100.0	100.0	100.0
东 莞	Dongguan	100.0	100.0	100.0	100.0	100.0
中 山	Zhongshan	100.0	100.0	100.0	100.0	100.0
江 门	Jiangmen	100.0	100.0	100.0	100.0	100.0
阳 江	Yangjiang	100.0	100.0	100.0	100.0	100.0
湛 江	Zhanjiang	100.0	100.0	100.0	100.0	100.0
茂 名	Maoming	100.0	100.0	100.0	100.0	100.0
肇 庆	Zhaoqing	100.0	100.0	100.0	100.0	100.0
清 远	Qingyuan	100.0	100.0	100.0	100.0	100.0
潮 州	Chaozhou	100.0	100.0	100.0	100.0	100.0
揭 阳	Jieyang	100.0	100.0	100.0	100.0	100.0
云 浮	Yunfu	100.0	100.0	100.0	100.0	100.0

10-18 各市近岸海域功能区水质达标率

10-18 Water Quality Pass Rate of Offshore Marine Functional Zone by City

单位：%　　　　(%)

市　别	City	2004	2005	2006	2007	2008
全　省	**Province**	**91.0**	**91.0**	**92.5**	**95.5**	**95.5**
广　州	Guangzhou					
深　圳	Shenzhen	72.7	72.7	63.6	72.7	72.7
珠　海	Zhuhai	100.0	100.0	100.0	100.0	100.0
汕　头	Shantou	100.0	100.0	100.0	100.0	100.0
佛　山	Foshan					
韶　关	Shaoguan					
河　源	Heyuan					
梅　州	Meizhou					
惠　州	Huizhou	100.0	100.0	100.0	100.0	100.0
汕　尾	Shanwei	100.0	100.0	100.0	100.0	100.0
东　莞	Dongguan	100.0			100.0	100.0
中　山	Zhongshan			100.0	100.0	100.0
江　门	Jiangmen	100.0	100.0	100.0	100.0	100.0
阳　江	Yangjiang	83.3	100.0	100.0	100.0	100.0
湛　江	Zhanjiang	100.0	100.0	100.0	100.0	100.0
茂　名	Maoming	100.0	100.0	100.0	100.0	100.0
肇　庆	Zhaoqing					
清　远	Qingyuan					
潮　州	Chaozhou	100.0	100.0	100.0	100.0	100.0
揭　阳	Jieyang	100.0	100.0	100.0	100.0	100.0
云　浮	Yunfu					

10-19 各市废气、污染物排放情况（2008）

10-19 Discharge Condition of Exhaust Emissions by City（2008）

市别	City	工业废气排放量（亿标米³）Discharge Amount of Industrial Waste Gas（100 million m³）	二氧化硫排放总量（万吨）Total Emission Volumn of Sulfur Dioxide（10000 tons）	烟尘排放总量（万吨）Total Emission Volumn of Smoke Dust（10000 tons）	工业粉尘排放量（万吨）Discharge of Industrial Dust（10000 tons）	氮氧化物排放总量（万吨）Total Emission Volumn of Nitrogen Oxides（10000 tons）
合　计	**Total**	**20509**	**113.59**	**32.6**	**20.1**	**148.4**
广　州	Guangzhou	2436	10.0	1.9	0.2	31.9
深　圳	Shenzhen	1669	3.4	0.3	0.1	14.2
珠　海	Zhuhai	1458	3.7	1.0	0.2	9.0
汕　头	Shantou	367	3.4	0.4		4.9
佛　山	Foshan	1657	12.4	2.8	0.7	16.2
韶　关	Shaoguan	1375	6	0.9	0.5	2.9
河　源	Heyuan	212	1.8	0.9	0.5	1.1
梅　州	Meizhou	1322	6.4	2.0	6.3	3.9
惠　州	Huizhou	965	3.3	0.3	1.5	3.5
汕　尾	Shanwei	232	1.6	0.5	0.1	1.0
东　莞	Dongguan	2160	10.9	4.3		22.5
中　山	Zhongshan	562	3.4	1.6	0.1	2.6
江　门	Jiangmen	1263	5.2	2.3	1.4	5.0
阳　江	Yangjiang	184	2.0	0.9	0.6	1.3
湛　江	Zhanjiang	605	4.1	1.3	0.7	3.8
茂　名	Maoming	830	5.0	2.7	2.3	5.8
肇　庆	Zhaoqing	491	3.1	1.8	2.1	2.9
清　远	Qingyuan	1643	5.5	3.2	1.7	4.6
潮　州	Chaozhou	267	2.1	1.0		3.7
揭　阳	Jieyang	300	3.2	1.5		4.2
云　浮	Yunfu	511	5.8	1.2	1.1	3.5

10-20 各市工业废气排放量

10-20 Discharge Amount of Industrial Wastes Gas by City

单位：亿标米^3 (100 Million m^3)

市别	City	2004	2005	2006	2007	2008
合计	**Total**	**12542.6**	**13447.3**	**13583.6**	**16938.5**	**20510.0**
广州	Guangzhou	2618.9	2342.2	2126.5	1994.2	2435.9
深圳	Shenzhen	1082.4	1389.7	1263.9	1901.3	1669.3
珠海	Zhuhai	568.9	655.5	704.7	966.6	1458.3
汕头	Shantou	285.0	298.1	344.0	343.3	366.8
佛山	Foshan	1244.2	1480.6	1126.0	1699.1	1656.8
韶关	Shaoguan	940.9	1031.5	1132.5	807.7	1375.2
河源	Heyuan	91.4	99.5	129.4	190.1	212.1
梅州	Meizhou	479.2	510.9	860.3	1088.8	1322.0
惠州	Huizhou	302.5	271.4	400.9	743.1	965.4
汕尾	Shanwei	2.3	2.4	2.3	7.4	232.0
东莞	Dongguan	1674.5	1695.4	1922.2	2199.1	2160.1
中山	Zhongshan	279.6	253.9	272.4	386.0	562.3
江门	Jiangmen	622.8	632.3	826.5	1148.7	1263.3
阳江	Yangjiang	75.9	78.1	121.5	145.1	184.1
湛江	Zhanjiang	481.3	500.2	489.3	145.6	604.6
茂名	Maoming	390.0	439.8	366.6	693.2	830.1
肇庆	Zhaoqing	243.1	222.1	252.9	526.0	490.6
清远	Qingyuan	496.3	709.2	802.9	1156.3	1643.0
潮州	Chaozhou	11.6	32.3	137.7	241.4	267.2
揭阳	Jieyang	11.5	34.8	36.7	214.3	299.6
云浮	Yunfu	640.3	767.4	264.4	341.2	511.3

10-21 各市二氧化硫排放总量

10-21 Total EmissionVolumn of Sulfur Dioxide by City

单位：万吨 （10000 Tons）

市别	City	2004	2005	2006	2007	2008
全省	**Province**	**114.8**	**129.4**	**126.7**	**120.3**	**113.6**
广州	Guangzhou	18.5	14.9	12.9	10.5	10.0
深圳	Shenzhen	4.4	4.3	4.2	3.8	3.4
珠海	Zhuhai	3.8	4.7	3.9	3.9	3.7
汕头	Shantou	2.7	3.6	3.6	3.5	3.4
佛山	Foshan	12.6	14.9	14.8	13.3	12.4
韶关	Shaoguan	6.7	7.9	7.9	6.5	6.0
河源	Heyuan	0.7	1.3	1.5	1.8	1.8
梅州	Meizhou	2.7	6.4	7.0	7.8	6.4
惠州	Huizhou	1.0	1.5	2.7	3.2	3.3
汕尾	Shanwei	0.1	1.0	1.3	1.3	1.6
东莞	Dongguan	19.9	20.0	16.3	12.1	10.9
中山	Zhongshan	3.5	3.7	3.3	3.5	3.4
江门	Jiangmen	3.6	5.5	5.5	5.4	5.2
阳江	Yangjiang	0.6	1.8	1.9	2.0	2.0
湛江	Zhanjiang	4.8	5.3	5.5	4.8	4.1
茂名	Maoming	4.0	4.5	5.0	5.4	5.0
肇庆	Zhaoqing	2.6	3.0	3.0	3.3	3.1
清远	Qingyuan	2.2	4.1	4.8	5.6	5.5
潮州	Chaozhou	0.4	1.6	1.8	2.1	2.1
揭阳	Jieyang	0.2	2.1	2.5	3.3	3.2
云浮	Yunfu	2.4	5.9	5.9	5.9	5.8

10-22 各市烟尘排放总量

10-22 Total EmissionVolumn of Smoke Dust by City

单位：万吨 (10000 Tons)

市 别	City	2004	2005	2006	2007	2008
全 省	**Province**	**26.1**	**27.9**	**28.2**	**29.4**	**32.6**
广 州	Guangzhou	2.6	1.8	1.8	1.8	1.9
深 圳	Shenzhen	0.6	0.6	0.4	0.3	0.3
珠 海	Zhuhai	0.5	0.4	0.5	1.0	1.0
汕 头	Shantou	0.5	0.5	0.6	0.7	0.4
佛 山	Foshan	1.5	2.2	2.4	3.0	2.8
韶 关	Shaoguan	1.8	1.7	1.7	1.2	0.9
河 源	Heyuan	1.0	1.0	1.1	1.4	0.9
梅 州	Meizhou	0.9	0.8	1.1	1.7	2.0
惠 州	Huizhou	0.1	0.1	0.2	0.3	0.3
汕 尾	Shanwei	…	…	…	0.2	0.5
东 莞	Dongguan	3.0	2.9	2.4	2.9	4.3
中 山	Zhongshan	0.3	0.6	0.8	1.1	1.6
江 门	Jiangmen	1.5	1.7	1.9	3.1	2.3
阳 江	Yangjiang	0.4	0.2	0.4	0.9	0.9
湛 江	Zhanjiang	1.5	1.3	1.3	1.5	1.3
茂 名	Maoming	0.9	1.2	1.7	2.5	2.7
肇 庆	Zhaoqing	0.9	0.9	0.8	2.0	1.8
清 远	Qingyuan	0.8	0.8	0.4	1.6	3.2
潮 州	Chaozhou	0.1	0.1	0.3	0.5	1.1
揭 阳	Jieyang	0.1	0.1	0.1	1.1	1.5
云 浮	Yunfu	0.7	0.6	0.5	0.9	1.2

10-23 各市工业粉尘排放量

10-23 Discharge Amount of Industrial Dust by City

单位：万吨 （10000 Tons）

市别	City	2004	2005	2006	2007	2008
全省	**Province**	**39.4**	**32.1**	**27.8**	**23.0**	**20.1**
广州	Guangzhou	0.8	0.5	0.3	0.1	0.2
深圳	Shenzhen	…	…		…	0.1
珠海	Zhuhai	…	…	…	0.2	0.2
汕头	Shantou	…	…	…	…	…
佛山	Foshan	0.6	0.6	0.6	0.8	0.7
韶关	Shaoguan	4.1	4.2	0.9	0.8	0.5
河源	Heyuan	0.6	0.4	0.5	0.7	0.6
梅州	Meizhou	12.7	7.4	9.7	6.6	6.3
惠州	Huizhou	0.1	0.1	0.2	1.3	1.5
汕尾	Shanwei	…				0.1
东莞	Dongguan	0.6	…			…
中山	Zhongshan	…				0.1
江门	Jiangmen	2.2	1.7	1.0	1.9	1.4
阳江	Yangjiang	1.0	0.7	1.0	0.8	0.6
湛江	Zhanjiang	1.1	0.9	1.1	1.1	0.7
茂名	Maoming	0.4	0.7	1.0	4.6	2.3
肇庆	Zhaoqing	1.9	1.8	1.7	2.4	2.1
清远	Qingyuan	2.4	1.9	1.3	1.0	1.7
潮州	Chaozhou	…	…	…	…	…
揭阳	Jieyang		…	…	…	…
云浮	Yunfu	3.0	1.2	0.3	0.7	1.1

10-24 各市氮氧化物排放总量

10-24 Total Emission Volumn of Nitrogen Oxides by City

单位：万吨 （10000 Tons）

市 别	City	2004	2005	2006	2007	2008
全 省	**Province**			**115.8**	**142.0**	**148.4**
广 州	Guangzhou			24.8	28.8	31.9
深 圳	Shenzhen			13.2	17.0	14.2
珠 海	Zhuhai			2.4	7.7	9.0
汕 头	Shantou			4.0	4.9	4.9
佛 山	Foshan			13.2	15.5	16.2
韶 关	Shaoguan			2.3	2.7	2.9
河 源	Heyuan			0.8	1.2	1.1
梅 州	Meizhou			0.5	4.8	3.9
惠 州	Huizhou			2.1	1.7	3.5
汕 尾	Shanwei			0.8	0.6	1.0
东 莞	Dongguan			23.1	25.5	22.5
中 山	Zhongshan			1.6	1.8	2.6
江 门	Jiangmen			2.6	4.6	5.0
阳 江	Yangjiang			0.7	1.0	1.3
湛 江	Zhanjiang			3.3	4.1	3.8
茂 名	Maoming			1.5	3.3	5.8
肇 庆	Zhaoqing			1.8	2.5	2.9
清 远	Qingyuan			0.6	1.4	4.6
潮 州	Chaozhou			0.8	3.2	3.7
揭 阳	Jieyang			0.6	1.5	4.2
云 浮	Yunfu			1.3	3.2	3.5

注：2006年部分地区数据未含生活源，2004年、2005年无统计数据。

Note: The data of some city not include the life pollution, and there is no data in 2004 and 2005.

10-25 各市空气质量优良（二级）天数

10-25 Days with Excellent Quality Air（Class Ⅱ）by City

单位：天 （Day）

市别	City	2004	2005	2006	2007	2008
广州	Guangzhou	303	331	334	332	345
深圳	Shenzhen	344	359	359	361	364
珠海	Zhuhai	366	365	359	365	366
汕头	Shantou	366	362	358	361	363
佛山	Foshan	350	350	352	351	362
韶关	Shaoguan	309	345	342	363	363
河源	Heyuan	365	364	360	363	365
梅州	Meizhou	357	355	364	352	356
惠州	Huizhou	366	365	364	365	366
汕尾	Shanwei	362	365	359	362	364
东莞	Dongguan	355	345	330	350	344
中山	Zhongshan	364	364	365	364	365
江门	Jiangmen	352	354	350	353	354
阳江	Yangjiang	365	365	363	361	366
湛江	Zhanjiang	366	365	365	365	365
茂名	Maoming	361	365	365	365	365
肇庆	Zhaoqing	353	356	357	348	360
清远	Qingyuan	353	352	354	354	358
潮州	Chaozhou	353	334	330	344	351
揭阳	Jieyang	355	359	354	357	352
云浮	Yunfu	339	326	334	313	340

10-26 各市空气污染综合指数

10-26 Aggregative Index of Air pollution by City

市别	City	2004	2005	2006	2007	2008
全省	**Province**	**2.3**	**1.9**	**2.1**	**2.1**	**1.9**
广州	Guangzhou	3.9	2.9	3.2	3.2	2.9
深圳	Shenzhen	3.0	2.1	2.5	2.4	2.1
珠海	Zhuhai	1.7	1.6	1.7	1.6	1.6
汕头	Shantou	2.5	2.1	2.2	2.0	2.1
佛山	Foshan	3.0	2.7	3.1	2.9	2.7
韶关	Shaoguan	3.7	2.2	2.5	2.4	2.2
河源	Heyuan	1.4	1.3	1.5	1.3	1.3
梅州	Meizhou	1.9	1.2	1.2	1.5	1.2
惠州	Huizhou	2.3	1.6	1.6	1.8	1.6
汕尾	Shanwei	1.5	1.6	1.6	1.6	1.6
东莞	Dongguan	2.8	2.6	3.0	2.8	2.6
中山	Zhongshan	2.3	2.4	2.3	2.3	2.4
江门	Jiangmen	2.8	2.3	2.2	2.3	2.3
阳江	Yangjiang	1.6	1.5	1.6	1.5	1.5
湛江	Zhanjiang	1.4	1.4	1.6	1.5	1.4
茂名	Maoming	2.1	1.9	2.5	2.2	1.9
肇庆	Zhaoqing	1.7	2.0	2.6	2.6	2.0
清远	Qingyuan	2.4	1.3	1.4	1.4	1.3
潮州	Chaozhou	2.2	2.1	2.1	2.2	2.1
揭阳	Jieyang	2.0	1.6	1.6	1.6	1.6
云浮	Yunfu	2.4	1.7	1.8	1.8	1.7

10-27 各市空气中可吸入颗粒物日均值

10-27 Daily Value of Inhalable Particle in the Air by City

单位：毫克/米³ (mg/m³)

市别	City	2004	2005	2006	2007	2008
全省	**Province**	**0.068**	**0.061**	**0.062**	**0.063**	**0.058**
广州	Guangzhou	0.099	0.088	0.076	0.077	0.072
深圳	Shenzhen	0.076	0.064	0.064	0.064	0.063
珠海	Zhuhai	0.046	0.041	0.044	0.048	0.050
汕头	Shantou	0.059	0.046	0.064	0.067	0.064
佛山	Foshan	0.088	0.078	0.080	0.073	0.068
韶关	Shaoguan	0.104	0.076	0.066	0.062	0.053
河源	Heyuan	0.031	0.029	0.033	0.030	0.028
梅州	Meizhou	0.076	0.060	0.056	0.076	0.050
惠州	Huizhou	0.051	0.047	0.049	0.057	0.055
汕尾	Shanwei	0.040	0.041	0.043	0.049	0.044
东莞	Dongguan	0.082	0.082	0.078	0.072	0.074
中山	Zhongshan	0.071	0.064	0.065	0.067	0.063
江门	Jiangmen	0.083	0.069	0.074	0.076	0.076
阳江	Yangjiang	0.035	0.032	0.036	0.041	0.039
湛江	Zhanjiang	0.050	0.049	0.050	0.048	0.047
茂名	Maoming	0.077	0.074	0.082	0.074	0.058
肇庆	Zhaoqing	0.069	0.067	0.067	0.074	0.053
清远	Qingyuan	0.061	0.060	0.061	0.060	0.060
潮州	Chaozhou	0.081	0.082	0.075	0.080	0.078
揭阳	Jieyang	0.062	0.056	0.058	0.056	0.058
云浮	Yunfu	0.081	0.081	0.072	0.072	0.075

注：2004—2008年国家二级标准为0.100。

Note: Grade-two National Standard in 2004 to 2008 is 0.100.

10-28 各市空气中二氧化硫日均值

10-28 Daily Value Sulfur Dioxide in the Air by City

单位：毫克/米³ (mg/m³)

市别	City	2004	2005	2006	2007	2008
全省	**Province**	**0.031**	**0.027**	**0.030**	**0.028**	**0.025**
广州	Guangzhou	0.077	0.053	0.054	0.052	0.045
深圳	Shenzhen	0.023	0.021	0.030	0.023	0.016
珠海	Zhuhai	0.024	0.018	0.020	0.016	0.017
汕头	Shantou	0.031	0.018	0.022	0.020	0.022
佛山	Foshan	0.055	0.049	0.057	0.050	0.043
韶关	Shaoguan	0.065	0.047	0.059	0.058	0.055
河源	Heyuan	0.013	0.014	0.018	0.013	0.013
梅州	Meizhou	0.033	0.021	0.015	0.016	0.016
惠州	Huizhou	0.014	0.016	0.019	0.020	0.018
汕尾	Shanwei	0.009	0.009	0.010	0.008	0.009
东莞	Dongguan	0.037	0.039	0.048	0.041	0.031
中山	Zhongshan	0.039	0.033	0.032	0.033	0.034
江门	Jiangmen	0.044	0.043	0.038	0.038	0.038
阳江	Yangjiang	0.012	0.014	0.014	0.014	0.015
湛江	Zhanjiang	0.012	0.013	0.016	0.013	0.013
茂名	Maoming	0.034	0.036	0.053	0.041	0.035
肇庆	Zhaoqing	0.017	0.035	0.046	0.048	0.036
清远	Qingyuan	0.045	0.032	0.019	0.020	0.013
潮州	Chaozhou	0.027	0.027	0.028	0.029	0.025
揭阳	Jieyang	0.019	0.013	0.011	0.010	0.014
云浮	Yunfu	0.016	0.012	0.014	0.016	0.012

注：2004—2008年国家二级标准为0.060。

Note：Grade-two National Standard in 2004 to 2008 is 0.060.

10-29 各市空气中二氧化氮日均值

10-29 Daily Value of Nitrogen Dioxide in the Air by City

单位：毫克/米³ (mg/m³)

市别	City	2004	2005	2006	2007	2008
全　省	**Province**	**0.031**	**0.028**	**0.029**	**0.028**	**0.026**
广　州	Guangzhou	0.073	0.068	0.067	0.065	0.056
深　圳	Shenzhen	0.072	0.039	0.053	0.054	0.047
珠　海	Zhuhai	0.034	0.033	0.036	0.035	0.038
汕　头	Shantou	0.042	0.029	0.035	0.022	0.024
佛　山	Foshan	0.034	0.036	0.054	0.053	0.049
韶　关	Shaoguan	0.031	0.027	0.023	0.027	0.022
河　源	Heyuan	0.014	0.015	0.017	0.014	0.014
梅　州	Meizhou	0.020	0.016	0.016	0.018	0.012
惠　州	Huizhou	0.022	0.027	0.027	0.028	0.026
汕　尾	Shanwei	0.015	0.014	0.015	0.011	0.011
东　莞	Dongguan	0.046	0.051	0.047	0.048	0.041
中　山	Zhongshan	0.037	0.040	0.040	0.036	0.043
江　门	Jiangmen	0.042	0.026	0.020	0.023	0.026
阳　江	Yangjiang	0.017	0.014	0.012	0.012	0.012
湛　江	Zhanjiang	0.012	0.013	0.013	0.012	0.012
茂　名	Maoming	0.017	0.020	0.022	0.022	0.019
肇　庆	Zhaoqing	0.016	0.028	0.041	0.040	0.034
清　远	Qingyuan	0.038	0.028	0.015	0.012	0.011
潮　州	Chaozhou	0.020	0.027	0.023	0.028	0.030
揭　阳	Jieyang	0.026	0.026	0.019	0.015	0.018
云　浮	Yunfu	0.027	0.020	0.019	0.016	0.011

注：2004—2008年国家二级标准为0.080。

Note: Grade-two National Standard in 2004 to 2008 is 0.080.

10-30 各市工业固体废物排放情况（2008）

10-30 Discharge Condition of Industrial Solid Wastes by City（2008）

市别	City	工业固体废物产生量（万吨）Production of Industrial Solid Wastes（10000 tons）	危险废物产生量（万吨）Production of Hazardous Wastes（10000 tons）	工业固体废物综合利用量（万吨）Comprehensive Utilization Ratio of Industrial Solid Wastes（10000 tons）	工业固体废物处置量（万吨）Processing Capacity of Industrial Solid Wastes（10000 tons）	工业固体废物排放量（万吨）Discharge of Industrial Solid Wastes（10000 tons）
合　计	**Total**	**4833.3**	**92.4**	**4184.3**	**549.3**	**12.0**
广　州	Guangzhou	661.6	16.4	605.7	43.6	0.1
深　圳	Shenzhen	141.6	33.8	124.6	15.8	0.1
珠　海	Zhuhai	281.6	5.1	276.6	4.8	0.3
汕　头	Shantou	74.3	0.6	72.9	0.6	…
佛　山	Foshan	232.9	1.8	229.5	3.1	0.3
韶　关	Shaoguan	891.5	10.9	725.1	137.1	2.0
河　源	Heyuan	163.9	…	155.5	2.6	2.0
梅　州	Meizhou	353.4	0.5	300.8	44.8	1.6
惠　州	Huizhou	29.9	8.9	23.1	6.8	0.1
汕　尾	Shanwei	61.0	0.1	55.2	4.4	1.5
东　莞	Dongguan	348.3	1.7	328.5	19.3	0.7
中　山	Zhongshan	112.5	5.3	91.8	20.0	0.5
江　门	Jiangmen	230.8	2.5	222.9	7.7	0.1
阳　江	Yangjiang	70.6	…	69.6	…	1.0
湛　江	Zhanjiang	298.8	0.1	273.6	21.5	1.2
茂　名	Maoming	178.3	3.7	156.2	13.7	…
肇　庆	Zhaoqing	169.9	0.4	98.2	55.4	0.1
清　远	Qingyuan	172.3	0.5	91.6	73.7	0.3
潮　州	Chaozhou	45.6	0.1	45.4	…	0.2
揭　阳	Jieyang	72.1	0.1	71.7	0.3	0.1
云　浮	Yunfu	242.5	…	165.9	74.3	0.1

10-31 各市工业固体废物产生量

10-31 Production of Industrial Solid Wastes by City

单位：万吨 (10000 Tons)

市　别	City	2004	2005	2006	2007	2008
合　计	**Total**	**2609.2**	**2896.2**	**3057.0**	**3852.4**	**4833.3**
广　州	Guangzhou	566.6	540.4	632.3	610.1	661.6
深　圳	Shenzhen	83.4	85.4	107.4	122.3	141.6
珠　海	Zhuhai	59.3	54.9	66.5	204.8	281.6
汕　头	Shantou	39.4	51.9	73.9	63.8	74.3
佛　山	Foshan	168.0	152.2	204.7	279.0	232.9
韶　关	Shaoguan	581.0	580.7	650.3	665.5	891.5
河　源	Heyuan	46.6	49.5	60.7	72.4	163.9
梅　州	Meizhou	66.0	64.9	68.9	294.9	353.4
惠　州	Huizhou	15.5	17.1	19.3	23.7	29.9
汕　尾	Shanwei	2.4	9.8	10.0	36.7	61.0
东　莞	Dongguan	266.9	283.6	259.5	207.0	348.3
中　山	Zhongshan	25.6	29.4	35.9	63.7	112.5
江　门	Jiangmen	84.1	130.8	138.2	236.3	230.8
阳　江	Yangjiang	24.2	42.1	34.4	52.4	70.5
湛　江	Zhanjiang	195.6	160.4	154.2	180.8	298.8
茂　名	Maoming	58.3	56.5	75.6	130.5	178.3
肇　庆	Zhaoqing	53.2	74.6	76.1	90.9	169.9
清　远	Qingyuan	71.2	90.2	94.9	140.6	172.2
潮　州	Chaozhou	3.2	2.9	27.0	56.6	45.6
揭　阳	Jieyang	3.2	3.6	6.3	48.8	72.1
云　浮	Yunfu	195.5	201.8	207.5	271.9	242.5

10-32 各市工业固体废物排放量

10-32 Discharge of Industrial Solid Wastes by City

单位：万吨 （10000 Tons）

市　别	City	2004	2005	2006	2007	2008
合　计	**Total**	**15.9**	**13.9**	**13.6**	**11.5**	**12.0**
广　州	Guangzhou	0.2	0.3	0.3	0.2	0.1
深　圳	Shenzhen	0.1	0.1	0.1	0.1	0.1
珠　海	Zhuhai	0.1	0.1	0.2	0.2	0.3
汕　头	Shantou	…	0.1	0.1	…	…
佛　山	Foshan	0.7	0.2	0.5	2.9	0.3
韶　关	Shaoguan	5.0	3.3	2.7	2.4	2.0
河　源	Heyuan	1.2	1.7	1.9	0.8	2.0
梅　州	Meizhou	0.5	…	0.2	1.2	1.6
惠　州	Huizhou	0.2	0.1	0.2	0.1	0.1
汕　尾	Shanwei	0.1	0.1	0.1	0.6	1.5
东　莞	Dongguan	2.9	0.5	1.0	…	0.7
中　山	Zhongshan	0.2	…	0.1	0.5	0.5
江　门	Jiangmen	0.4	0.4	0.2	0.1	0.1
阳　江	Yangjiang	1.5	1.1	0.4	0.4	1.0
湛　江	Zhanjiang	1.2	1.1	1.3	1.3	1.2
茂　名	Maoming		0.3	0.4	0.1	…
肇　庆	Zhaoqing	0.1	0.1	…	…	0.1
清　远	Qingyuan	1.1	3.6	3.1	0.2	0.3
潮　州	Chaozhou	0.1	0.2	0.4	0.3	0.2
揭　阳	Jieyang	0.1	0.2	0.1	0.2	0.1
云　浮	Yunfu	0.4	0.4	0.6	…	0.1

10-33 各市工业固体废物综合利用率

10-33 Comprehensive Utilization Ratio of Industrial Solid Wastes by City

单位：%　　(%)

市　别	City	2004	2005	2006	2007	2008
全　省	**Province**	**80.3**	**76.7**	**84.3**	**84.2**	**85.3**
广　州	Guangzhou	92.7	91.2	91.1	91.5	91.2
深　圳	Shenzhen	87.2	83.4	81.8	80.7	88.0
珠　海	Zhuhai	78.8	89.1	85.7	97.5	98.2
汕　头	Shantou	95.8	92.8	99.1	99.1	98.1
佛　山	Foshan	91.7	98.4	99.0	98.3	98.6
韶　关	Shaoguan	59.5	71.2	72.0	75.7	75.5
河　源	Heyuan	80.2	79.3	96.8	97.3	94.8
梅　州	Meizhou	93.9	79.1	88.5	73.7	85.1
惠　州	Huizhou	87.5	51.2	54.9	68.5	77.0
汕　尾	Shanwei	91.7	88.4	89.0	79.9	90.5
东　莞	Dongguan	82.6	86.5	95.6	91.4	94.3
中　山	Zhongshan	84.8	87.6	87.7	85.3	81.7
江　门	Jiangmen	92.1	83.5	96.1	98.0	96.6
阳　江	Yangjiang	92.8	96.7	92.2	99.3	98.6
湛　江	Zhanjiang	95.0	90.8	90.6	92.0	91.3
茂　名	Maoming	93.7	93.0	94.2	94.9	87.6
肇　庆	Zhaoqing	44.1	35.3	42.9	51.0	57.8
清　远	Qingyuan	57.1	69.8	89.7	72.0	53.1
潮　州	Chaozhou	90.2	85.2	59.6	85.4	99.6
揭　阳	Jieyang	95.4	90.3	96.5	98.6	99.5
云　浮	Yunfu	81.6	61.6	74.5	68.9	68.4

10-34 各市工业“三废”处理情况（2008）

10-34 Handling Information of Industrial “Three Wastes” by City（2008）

市别	City	二氧化硫去除率（%）Sulfur Dioxide Removal Ratio（%）	烟尘去除率（%）Soot Removal Ratio（%）	粉尘去除率（%）Dust Removal Ratio（%）	固体废物综合利用率（%）Solid Waste Multipurpose Use Ratio（%）	固体废物处置率（%）Solid Waste Treatment Ratio（%）
全 省	**Province**	**49.8**	**97.5**	**96.8**	**85.3**	**11.4**
广 州	Guangzhou	60.8	99.2	96.0	91.2	6.6
深 圳	Shenzhen	61.2	99.5	43.4	88.0	11.2
珠 海	Zhuhai	71.8	98.7	99.7	98.2	1.7
汕 头	Shantou	48.0	99.0	95.2	98.1	0.9
佛 山	Foshan	25.5	95.7	96.7	98.6	1.3
韶 关	Shaoguan	28.2	99.5	99.4	75.5	15.4
河 源	Heyuan	10.9	68.9	89.2	94.8	1.6
梅 州	Meizhou	14.9	98.9	96.3	85.1	12.7
惠 州	Huizhou	2.4	86.9	99.2	77.0	22.8
汕 尾	Shanwei	0.4	95.6	0.1	90.5	7.2
东 莞	Dongguan	59.1	95.0	98.4	94.3	5.5
中 山	Zhongshan	2.0	90.9	84.8	81.7	17.8
江 门	Jiangmen	60.1	97.9	78.1	96.6	3.4
阳 江	Yangjiang	6.7	83.6	58.5	98.6	
湛 江	Zhanjiang	46.6	94.4	95.8	91.3	7.2
茂 名	Maoming	80.7	93.4	39.6	87.6	7.7
肇 庆	Zhaoqing	26.6	81.1	80.8	57.8	32.6
清 远	Qingyuan	15.0	97.3	89.9	53.1	42.8
潮 州	Chaozhou	70.2	97.8	82.3	99.6	
揭 阳	Jieyang	56.0	77.3	69.7	99.5	0.4
云 浮	Yunfu	0.4	98.0	97.4	68.4	30.6

10-35 各市工业治理设施情况（2008）

10-35 Facilities of Industrial Management by City（2008）

市别	City	废水治理设施数（套）Facilities of Wastewater Treatment（set）	废水治理设施处理能力（万吨/日）Capability of Facilities（10000 tons per day）	废水治理设施运行费用（万元）Operating Cost of Facilities（10000 yuan）	废气治理设施数（套）Facilities of Wastegas Treatment（set）	废气治理设施运行费用（万元）Operating Cost of Facilities（10000 yuan）
合计	**Total**	**9968**	**1273**	**518104**	**13876**	**513522**
广州	Guangzhou	1161	259	77114	2069	99512
深圳	Shenzhen	1583	47	74066	661	28289
珠海	Zhuhai	344	22	17363	789	52019
汕头	Shantou	314	32	8207	478	23646
佛山	Foshan	1092	137	44853	1617	35400
韶关	Shaoguan	290	129	36418	684	19886
河源	Heyuan	110	26	3097	122	3211
梅州	Meizhou	318	9	30746	893	12101
惠州	Huizhou	530	25	30960	588	13110
汕尾	Shanwei	87	3	599	102	12130
东莞	Dongguan	1142	186	62304	1078	50954
中山	Zhongshan	375	65	26403	628	5383
江门	Jiangmen	730	84	26140	1042	53164
阳江	Yangjiang	170	14	4130	141	3714
湛江	Zhanjiang	216	44	9294	327	16190
茂名	Maoming	274	47	22431	295	22112
肇庆	Zhaoqing	281	55	18606	506	8569
清远	Qingyuan	318	48	14279	1102	32683
潮州	Chaozhou	222	8	2160	203	4535
揭阳	Jieyang	300	17	5842	251	7730
云浮	Yunfu	111	16	3093	300	9184

10-36 各市工业"三废"排放达标情况（2008）

10-36 Attainment of Discharge of Industrial "Three Waste" by City（2008）

单位：%　　　　　　　　　　　　　　　　　　　　　　　　　　　　（%）

市 别	City	废水排放达标率 Attainment of Discharge of Wastewater	二氧化硫排放达标率 Attainment of Discharge of Sulfur Dioxide	烟尘排放达标率 Attainment of Discharge of Soot	粉尘排放达标率 Attainment of Discharge of Dust	氮氧化物排放达标率 Attainment of Discharge of Oxynitride
全 省	**Province**	**89.7**	**88.0**	**89.5**	**90.2**	**90.4**
广 州	Guangzhou	95.9	86.2	91.9	99.7	95.8
深 圳	Shenzhen	94.7	99.4	99.9	100.0	98.4
珠 海	Zhuhai	95.2	99.2	98.4	99.7	99.2
汕 头	Shantou	92.8	92.6	98.5	100.0	99.9
佛 山	Foshan	93.0	93.6	97.3	90.7	96.8
韶 关	Shaoguan	81.9	97.3	79.4	87.1	89.2
河 源	Heyuan	74.1	72.9	83.6	73.3	76.3
梅 州	Meizhou	82.1	95.5	95.6	90.5	93.7
惠 州	Huizhou	95.9	97.2	99.0	99.6	98.7
汕 尾	Shanwei	34.2	3.0	65.9	83.9	58.5
东 莞	Dongguan	94.6	98.6	99.6	100.0	96.1
中 山	Zhongshan	95.3	98.5	100.0	100.0	100.0
江 门	Jiangmen	87.6	78.5	83.8	96.0	73.4
阳 江	Yangjiang	80.4	84.5	87.8	89.1	91.2
湛 江	Zhanjiang	81.8	70.5	83.9	74.8	64.0
茂 名	Maoming	86.7	94.7	73.7	82.5	37.6
肇 庆	Zhaoqing	94.2	92.2	94.8	94.0	0.0
清 远	Qingyuan	70.0	87.6	69.0	88.1	94.8
潮 州	Chaozhou	81.2	62.5	91.4	98.9	97.0
揭 阳	Jieyang	74.3	72.6	90.7	78.0	96.7
云 浮	Yunfu	87.3	98.4	82.3	95.8	98.7

10-37 各市危险废物集中处理情况（2008）

10-37 Conditions of Hazardous Waste Centralized Processing by City

市别	City	危险废物集中处置厂数（座）Number of Hazardous Wastes Treated Factory (unit)	焚烧处置能力（吨/日）Capacity of Incineration (ton per day)	填埋处置能力（吨/日）Landfill Treatment (ton per day)	危险废物处置量（吨）Hazardous Wastes Treatment (ton)	危险废物综合利用量（吨）Hazardous Wastes Multipurpose Use (ton)
合计	**Total**	**86**	**1804.5**	**399.6**	**249596.3**	**512468.5**
广州	Guangzhou	3	101.0	16.0	17306.0	21660.0
深圳	Shenzhen	13	45.0	91.4	24834.5	147504.3
珠海	Zhuhai	6	97.0	140.0	5570.4	22989.3
汕头	Shantou	2	5.0		1297.3	2800.8
佛山	Foshan	7	1031.3	25.0	78836.4	192271.6
韶关	Shaoguan	1	7.2		1805.3	
河源	Heyuan	2	5.0		701.8	997.0
梅州	Meizhou	1	23.0			5290.0
惠州	Huizhou	11	206.8	121.7	86198.2	36825.1
汕尾	Shanwei	1	10.0	3.0	1869.0	61.3
东莞	Dongguan	5	10.0		2731.0	14141.7
中山	Zhongshan	3	16.0		1095.2	2124.1
江门	Jiangmen	1	6.3		1399.7	
阳江	Yangjiang	7	120.5	2.5	11689.2	16800.0
湛江	Zhanjiang	4	64.1		3514.3	80.0
茂名	Maoming	10	6.0		913.5	15519.4
肇庆	Zhaoqing	1	5.0		1599.6	
清远	Qingyuan	7	43.0		7527.0	33403.9
潮州	Chaozhou	1	2.1		708.1	
揭阳	Jieyang	1	6.0	56.0	8.6	0.4
云浮	Yunfu	5	9.0	1887.0	1925.9	27.0

10-38 各市企事业单位污染治理投资

10-38 Pollution Control Investment of Enterprise and Public Institutions by City

单位：万元 (10000 Yuan)

市 别	City	2004	2005	2006	2007	2008
合 计	**Total**	**260639**	**370385**	**313708**	**436129**	**408286**
广 州	Guangzhou	43309	26535	7589	3582	1826
深 圳	Shenzhen	1212	33862	10797	12534	13789
珠 海	Zhuhai	9862	29698	5721	2519	5140
汕 头	Shantou	3831	18875	3348	830	16356
佛 山	Foshan	28679	40316	59141	152459	252839
韶 关	Shaoguan	32738	42920	42475	34490	18443
河 源	Heyuan	3717	5240	4734	5484	8122
梅 州	Meizhou	5439	3723	943	3551	2719
惠 州	Huizhou	5519	4757	10634	7702	5273
汕 尾	Shanwei	2518	1992	2983	2338	10
东 莞	Dongguan	3817	26361	8866	2000	5000
中 山	Zhongshan	2704	26508	23752	1000	14723
江 门	Jiangmen	58512	5845	7485	3812	10961
阳 江	Yangjiang	13144	2776	5301	11823	2760
湛 江	Zhanjiang	12811	19671	13144	39523	1618
茂 名	Maoming	11322	47710	36512	63916	10195
肇 庆	Zhaoqing	2611	1473	2386	7289	2141
清 远	Qingyuan	6824	13751	20432	6653	3181
潮 州	Chaozhou	10	195	39813	65658	1867
揭 阳	Jieyang	257	13337	5325	3618	9111
云 浮	Yunfu	11803	4840	2327	5348	22212

注：已纳入建设项目环境保护“三同时”管理的不在此范围。

Note: Not include the project of “regime of three concurrences” in environmental protection.

10-39 各市耕地增加情况（2008）

10-39 Increase of Farmland by City（2008）

单位：公顷 （Hectare）

市别	City	耕地增加 Farmland Increasement	开发 Exploited	复垦 Reclaimed	整理 Arranged	农业结构调整 Regulation of Agricultural Structure	其他 Others
合计	**Total**	**5391**	**4231**	**126**	**776**	**168**	**90**
广州	Guangzhou	21		1	14	5	
深圳	Shenzhen	57				56	1
珠海	Zhuhai						
汕头	Shantou	19	15	4			
佛山	Foshan	73	27		46		
韶关	Shaoguan	494	206		288		
河源	Heyuan	629	432	1	197		
梅州	Meizhou	760	677			83	
惠州	Huizhou	107	50	32	23		2
汕尾	Shanwei	352	341	8	4		
东莞	Dongguan	14		14			
中山	Zhongshan						
江门	Jiangmen	122	59	4	59		
阳江	Yangjiang	558	541	17			
湛江	Zhanjiang	232	170		62		
茂名	Maoming	101	83		18		
肇庆	Zhaoqing	1088	982	36	45	24	
清远	Qingyuan	405	395	7	3		
潮州	Chaozhou	96			9		86
揭阳	Jieyang	226	215	3	7		
云浮	Yunfu	38	38				

10-40 各市耕地减少情况（2008）

10-40 Decrease of Farmland by City（2008）

单位：公顷 （Hectare）

市别	City	耕地减少 Farmland Decrease	生态退耕 Ecological Restoration	农业结构调整 Regulation of Agricultural Structure	灾毁 Calamity Damage	其他 Others	建设占用 Building Occupied
合计	**Total**	**22319**		**18231**	**534**	**6**	**3547**
广州	Guangzhou	461					461
深圳	Shenzhen	87		3			78
珠海	Zhuhai						
汕头	Shantou	50					50
佛山	Foshan	247		66			181
韶关	Shaoguan	535		46	258	6	231
河源	Heyuan	2584		2333	195		56
梅州	Meizhou	2968		2721	68		179
惠州	Huizhou	124					124
汕尾	Shanwei	42					42
东莞	Dongguan	138					138
中山	Zhongshan	2245		2033			212
江门	Jiangmen	124		3			120
阳江	Yangjiang	7353		6844			510
湛江	Zhanjiang	2226		1999			227
茂名	Maoming	2159		2148	1		11
肇庆	Zhaoqing	304		35	13		256
清远	Qingyuan	399					399
潮州	Chaozhou	9					9
揭阳	Jieyang	226					226
云浮	Yunfu	37					37

10-41 各市当年荒山（地）造林面积

10-41 Afforested Areas in Current Year by City

单位：公顷 (Hectare)

市别	City	2004	2005	2006	2007	2008
合计	**Total**	**39961**	**18337**	**7305**	**5819**	**8374**
广州	Guangzhou	146				
深圳	Shenzhen					
珠海	Zhuhai					30
汕头	Shantou	1047	155	40		
佛山	Foshan		1641			
韶关	Shaoguan	3651	8048	639	1412	2724
河源	Heyuan	5567	2393	1259	1412	1239
梅州	Meizhou	7613	185			
惠州	Huizhou	447	1623	395		86
汕尾	Shanwei	2485		2335	2448	478
东莞	Dongguan					
中山	Zhongshan					
江门	Jiangmen	1230				80
阳江	Yangjiang	3227	684	257		1123
湛江	Zhanjiang	3944	192	71	437	395
茂名	Maoming	1401	225			
肇庆	Zhaoqing	3568				1333
清远	Qingyuan	1245	1051	406		253
潮州	Chaozhou	47	20	13		
揭阳	Jieyang	755		3		300
云浮	Yunfu	3588	2120	1887	77	266
雷州林业局	Leizhou Forestry Bureau					
省直属林场	Provincial Forestry Station					
国家级自然保护区	National Nature Reserves				33	67

10-42 各市当年迹地更新面积

10-42 Reforested Areas in Current Year by City

单位：公顷 (Hectare)

市别	City	2004	2005	2006	2007	2008
合计	**Total**	**87664**	**95893**	**82404**	**78928**	**73299**
广州	Guangzhou	1792	1547	1060	573	1219
深圳	Shenzhen					
珠海	Zhuhai	126	161	133	175	170
汕头	Shantou	10				
佛山	Foshan	1193	4013	460	1253	600
韶关	Shaoguan	3448	9076	5985	12515	10107
河源	Heyuan	4393	203	2975	1529	1115
梅州	Meizhou	890	1404	142	853	104
惠州	Huizhou	1248	748	680	1141	396
汕尾	Shanwei	645		398	1214	650
东莞	Dongguan	178				
中山	Zhongshan		18190			
江门	Jiangmen	22128	420	13458	13994	13897
阳江	Yangjiang	3629	4898	5812	5900	2794
湛江	Zhanjiang	7234	9730	6577	3953	4306
茂名	Maoming	3010	5025	3375	3000	2755
肇庆	Zhaoqing	15089	16031	19497	17630	17555
清远	Qingyuan	6605	7184	7560	4787	6207
潮州	Chaozhou	20	73	13	13	228
揭阳	Jieyang	169	95	27	91	110
云浮	Yunfu	5940	9317	7255	1238	1730
雷州林业局	Leizhou Forestry Bureau	6713	4844	4172	6563	3422
省直属林场	Provincial Forestry Station	3204	2934	2825	2506	5934

10-43 各市当年低产林改造面积

10-43 Low Production Forest Improvement Areas in Current Year by City

单位：公顷 (Hectare)

市别	City	2004	2005	2006	2007	2008
合计	**Total**	**33639**	**46302**	**47928**	**51607**	**38559**
广州	Guangzhou	2123	2420	1561	1061	1380
深圳	Shenzhen	2967	2127	2388	6426	3698
珠海	Zhuhai	85	67	89	110	169
汕头	Shantou	1201	560	262	900	978
佛山	Foshan	712	3852	354	325	1489
韶关	Shaoguan	864	9867	3154	5440	5927
河源	Heyuan	2488	4923	18577	15510	4080
梅州	Meizhou	3250	858	3197	5379	4176
惠州	Huizhou	2285	120	635	1360	1523
汕尾	Shanwei		1460	132	147	337
东莞	Dongguan	1278	669	1688		
中山	Zhongshan	991	3389	1000	833	867
江门	Jiangmen	3230	577	2508	1847	1214
阳江	Yangjiang	2128	2432	2387	1567	2563
湛江	Zhanjiang	1343	751	708	720	601
茂名	Maoming	2806	3750	2744	2889	1450
肇庆	Zhaoqing	2884	4028	2379	1563	2294
清远	Qingyuan	92				202
潮州	Chaozhou	377	518	607	1014	527
揭阳	Jieyang	446	1673	1746	3250	3094
云浮	Yunfu	1135	1037	517	773	1091
雷州林业局	Leizhou Forestry Bureau					778
省直属林场	Provincial Forestry Station	954	1224	1295	493	
国家级自然保护区	National Nature Reserves					121

10-44 各市当年新封山育林面积

10-44 Newly Fenced off for Afforestation Areas in Current Year by City

单位：公顷 (Hectare)

市 别	City	2004	2005	2006	2007	2008
合 计	**Total**	**12009**	**1764**	**2082**	**812**	**1480**
广 州	Guangzhou					
深 圳	Shenzhen					
珠 海	Zhuhai					
汕 头	Shantou	860				300
佛 山	Foshan					
韶 关	Shaoguan	450		280	100	
河 源	Heyuan	1895	1173		512	543
梅 州	Meizhou		25	356		
惠 州	Huizhou	750				
汕 尾	Shanwei	4496	405	53	200	
东 莞	Dongguan					
中 山	Zhongshan					
江 门	Jiangmen					
阳 江	Yangjiang	400				380
湛 江	Zhanjiang					
茂 名	Maoming	136	94			
肇 庆	Zhaoqing	353		933		
清 远	Qingyuan	450	67			257
潮 州	Chaozhou					
揭 阳	Jieyang					
云 浮	Yunfu	1119				
雷州林业局	Leizhou Forestry Bureau					
省直属林场	Provincial Forestry Station	1100		460		

10-45 各市当年义务植树情况

10-45 Voluntary Tree Planting Condition in Current Year by City

单位：万株 （10000 Unit）

市别	City	2004	2005	2006	2007	2008
合计	**Total**	**9392**	**7401**	**8889**	**7596**	**7261**
广州	Guangzhou	150	79	54	56	55
深圳	Shenzhen	162	277	112	64	42
珠海	Zhuhai	63	17	18	7	
汕头	Shantou	79	57	75	63	72
佛山	Foshan	135	98	82	45	53
韶关	Shaoguan	446	397	370	233	418
河源	Heyuan	867	324	320	321	355
梅州	Meizhou	800	908	726	811	781
惠州	Huizhou	726	935	665	645	608
汕尾	Shanwei	74	19	141	245	277
东莞	Dongguan	300	320	572	570	83
中山	Zhongshan	14	10	10	10	34
江门	Jiangmen	320	178	364	257	265
阳江	Yangjiang	256	404	450	410	431
湛江	Zhanjiang	884	546	587	458	424
茂名	Maoming	1110	979	1205	1447	1114
肇庆	Zhaoqing	1161	156	1372	632	777
清远	Qingyuan	478	653	411	301	353
潮州	Chaozhou	130	63	122	158	155
揭阳	Jieyang	597	558	573	507	568
云浮	Yunfu	639	424	641	357	395
雷州林业局	Leizhou Forestry Bureau	1	1	1	1	1
省直属林场	Provincial Forestry Station			20		

10-46 各市自然保护区数量

10-46 Number of Nature Reserves by City

单位：个 (Unit)

市别	City	2004	2005	2006	2007	2008
合计	**Total**	**223**	**293**	**306**	**343**	**369**
广州	Guangzhou	6	6	6	6	8
深圳	Shenzhen	1	1	1	1	1
珠海	Zhuhai	9	9	10	10	10
汕头	Shantou	7	14	14	14	14
佛山	Foshan	3	3	3	4	4
韶关	Shaoguan	22	23	23	25	31
河源	Heyuan	28	30	31	32	34
梅州	Meizhou	50	54	51	52	51
惠州	Huizhou	24	28	25	29	29
汕尾	Shanwei	4	4	4	6	11
东莞	Dongguan	4	5	4	5	5
中山	Zhongshan	1	1	1	1	1
江门	Jiangmen	5	7	13	13	14
阳江	Yangjiang	4	9	11	22	23
湛江	Zhanjiang	8	20	20	21	21
茂名	Maoming	4	26	26	27	32
肇庆	Zhaoqing	13	17	22	22	22
清远	Qingyuan	19	19	23	24	27
潮州	Chaozhou	6	7	8	8	9
揭阳	Jieyang	3	8	8	11	12
云浮	Yunfu	2	2	2	10	10

10-47 各市自然保护区面积

10-47 Areas of Nature Reserves by City

单位：万公顷 （10000 Hectares）

市　别	City	2004	2005	2006	2007	2008
全　省	**Province**	**347.2**	**333.7**	**342.2**	**346.7**	**178.2**
广　州	Guangzhou	0.9	0.9	0.9	0.9	0.9
深　圳	Shenzhen	0.1	0.1	0.1	0.1	0.1
珠　海	Zhuhai	6.1	6.1	8.6	6.4	6.4
汕　头	Shantou	7.5	8.0	8.0	8.0	8.0
佛　山	Foshan	0.2	0.2	0.5	0.5	0.5
韶　关	Shaoguan	25.6	25.8	25.8	24.8	25.1
河　源	Heyuan	9.1	10.4	10.4	10.6	12.1
梅　州	Meizhou	14.9	16.5	16.1	17.7	16.8
惠　州	Huizhou	16.0	18.1	17.3	18.5	18.5
汕　尾	Shanwei	1.7	1.7	1.7	2.0	2.5
东　莞	Dongguan	0.6	0.6	0.6	0.8	0.8
中　山	Zhongshan	0.4	0.4	0.4	0.4	0.4
江　门	Jiangmen	3.0	3.8	6.4	6.5	7.4
阳　江	Yangjiang	4.0	2.3	4.4	4.8	4.9
湛　江	Zhanjiang	205.1	207.5	207.5	207.5	30.8
茂　名	Maoming	1.0	7.0	7.0	6.3	7.6
肇　庆	Zhaoqing	4.3	4.7	6.6	6.6	6.6
清　远	Qingyuan	14.8	15.2	15.7	15.3	18.9
潮　州	Chaozhou	1.4	1.5	1.6	1.6	1.6
揭　阳	Jieyang	1.2	2.4	2.4	4.2	4.5
云　浮	Yunfu	0.3	0.3	0.3	3.2	3.8

10-48 各市建成区面积

10-48 Developed Areas by City

单位：千米^2 （km^2）

市　别	City	2004	2005	2006	2007	2008
广　州	Guangzhou	670.5	735.0	779.9	843.7	895.0
深　圳	Shenzhen	551.0	713.0	719.9	764.0	787.9
珠　海	Zhuhai	105.6	105.6	108.1	118.3	118.3
汕　头	Shantou	192.9	163.1	166.2	168.5	170.4
佛　山	Foshan	126.3	171.7	131.9	142.9	150.0
韶　关	Shaoguan	17.5	47.5	70.0	78.3	78.3
河　源	Heyuan	12.0	13.0	25.6	26.0	26.9
梅　州	Meizhou	31.0	35.0	29.1	32.9	33.4
惠　州	Huizhou	41.8	95.1	95.9	110.2	132.0
汕　尾	Shanwei	12.7	13.0	13.2	13.2	13.4
东　莞	Dongguan	649.7	652.8	608.1	681.9	681.9
中　山	Zhongshan	33.4	35.6	85.6	85.6	86.1
江　门	Jiangmen	94.7	100.0	108.6	108.6	113.8
阳　江	Yangjiang	34.5	35.3	36.7	38.1	40.1
湛　江	Zhanjiang	70.3	70.3	73.4	73.4	77.2
茂　名	Maoming	35.1	36.3	63.1	65.6	67.4
肇　庆	Zhaoqing	52.1	55.9	48.6	67.9	71.0
清　远	Qingyuan	38.2	39.5	40.5	40.9	41.8
潮　州	Chaozhou	37.7	37.7	41.7	41.7	41.7
揭　阳	Jieyang	27.3	29.9	26.7	41.5	47.0
云　浮	Yunfu	18.6	18.6	18.6	18.6	18.6

注：统计范围为21个地级以上市城区，不包括下辖县级市、县城和镇。其他城市口径相同。

Note: The city mean the prefectural level, not include county-level cities, counties and towns.

10-49 各市建设用地面积

10-49 Construction Areas by City

单位：千米^2 （km^2）

市 别	City	2004	2005	2006	2007	2008
广 州	Guangzhou	670.5	735.0	306.9	843.7	895.0
深 圳	Shenzhen					
珠 海	Zhuhai	163.5	126.4	411.1	221.0	263.1
汕 头	Shantou	223.6	222.3	213.5	209.8	201.4
佛 山	Foshan	126.4	154.9	131.9	177.9	189.1
韶 关	Shaoguan	47.0	47.0	47.0	63.2	78.3
河 源	Heyuan	12.0	13.0	25.6	26.0	26.9
梅 州	Meizhou	31.0	35.0	35.2	33.6	33.9
惠 州	Huizhou	41.8	95.7	123.1	125.1	164.3
汕 尾	Shanwei	82.0	75.8	75.8	75.8	75.8
东 莞	Dongguan	630.7	689.8	780.4	831.6	883.8
中 山	Zhongshan	79.1	35.3	75.4	75.4	86.1
江 门	Jiangmen	108.4	110.0	117.5	133.3	137.3
阳 江	Yangjiang	34.3	34.7	36.2	37.3	2.5
湛 江	Zhanjiang	73.8	73.8	90.1	90.1	90.1
茂 名	Maoming	35.0	36.3	46.7	57.6	61.8
肇 庆	Zhaoqing	52.1	55.9	48.6	67.9	71.1
清 远	Qingyuan	53.2	95.7	60.0	60.5	93.9
潮 州	Chaozhou	28.0	29.5	41.7	41.7	41.7
揭 阳	Jieyang	17.2	16.5	19.6	21.6	22.6
云 浮	Yunfu	15.3	0.1	0.0	0.6	0.1

注：深圳无报送建设用地面积。

Note：There is no data of Shenzhen.

10-50 各市人均公园绿地面积

10-50 Per Capita Public Park and Green Land Areas by City

单位：米^2 (m^2)

市 别	City	2004	2005	2006	2007	2008
广 州	Guangzhou	10.0	11.3	12.0	7.6	9.7
深 圳	Shenzhen	16.0	16.1	13.3	16.1	16.2
珠 海	Zhuhai	14.0	14.0	18.0	12.8	12.9
汕 头	Shantou	2.0	5.2	11.3	11.2	11.8
佛 山	Foshan	11.0	10.6	10.9	7.6	8.1
韶 关	Shaoguan	14.0	13.5	8.4	10.6	11.6
河 源	Heyuan	8.0	7.4	9.6	9.1	8.4
梅 州	Meizhou	9.0	9.5	9.6	11.3	11.7
惠 州	Huizhou	7.0	5.8	8.4	7.4	8.2
汕 尾	Shanwei	4.0	3.5	3.9	3.7	3.6
东 莞	Dongguan	20.0	18.6	11.8	6.6	12.1
中 山	Zhongshan	10.0	10.0	11.3	5.9	8.7
江 门	Jiangmen	9.0	9.3	9.4	8.9	7.5
阳 江	Yangjiang	5.0	4.6	4.8	9.1	9.2
湛 江	Zhanjiang	3.0	9.7	10.0	5.0	12.5
茂 名	Maoming	4.0	4.2	8.5	8.3	9.2
肇 庆	Zhaoqing	9.0	10.0	24.4	19.7	21.1
清 远	Qingyuan	2.0	2.5	3.2	1.3	6.5
潮 州	Chaozhou	18.0	17.2	9.6	10.3	10.3
揭 阳	Jieyang	5.0	5.0	13.6	12.2	12.2
云 浮	Yunfu	10.0	7.3	1.7	10.3	10.3

注：2006年以前，指标采用人口数只包括常住人口。2007年以后，指标采用人口数为常住人口和暂住人口的合计数。

Note: The number of people only include the permanent resident population before 2006, total number of the permanent and temporary resident population after 2007.

10-51 历年建成区绿化覆盖率及垃圾无害化处理率

10-51 Green Coverage Ratio and Garbage Non-polluting Disposal Rate in Developed Areas Over the Years

单位：%　　　　(%)

年　份 Year	建成区绿化覆盖率 Green Coverage Ratio	垃圾无害化处理率 Non-polluting Disposal Rate
1980	19	
1981	18	
1982	22.2	
1983	19.4	
1984	20.6	
1985	21.7	
1986	21.9	7.4
1987	23.2	20.4
1988	23	
1989	21.1	
1990	23.6	
1991	29.2	59.2
1992	31.1	63.6
1993	29.9	75.5
1994	25.3	61.8
1995	34.6	61.9
1996	32.2	61.8
1997	29.5	83.5
1998	30.1	86.8
1999	32.6	87.5
2000	33.1	89.9
2001	32.1	30.3
2002	32.7	67.3
2003	35.3	42.3
2004	30.9	48.2
2005	33.5	50.6
2006	38.0	55.1
2007	39.0	62.9
2008	40.6	63.9

注：1. 广东省统计范围为设市城市城区数据；

2. 1999年以前，只有垃圾粪便无害化处理率指标，是垃圾处理量和粪便处理量的处理合计数。2000后改为垃圾无害化处理率指标，把粪便处理率分列出去了。

Note：1. The data of Guangdong Province is data of every cities；

2. Before 1999，there is only garbage and excrement non-polluting disposal rate. Since 2000，divided into garbage non-polluting disposal rate and excrement disposal rate.

10-52 各市建成区绿地率

10-52 Green Space Ratio in Developed Areas by City

单位：% (%)

市 别	City	2004	2005	2006	2007	2008
广 州	Guangzhou	32.6	33.2	33.5	33.9	34.4
深 圳	Shenzhen	39.0	39.1	39.1	39.1	39.1
珠 海	Zhuhai	40.3	41.0	39.4	39.9	39.8
汕 头	Shantou	24.6	34.0	34.1	34.2	34.3
佛 山	Foshan	26.4	34.0	33.2	31.5	34.1
韶 关	Shaoguan	33.8	33.8	34.5	38.4	40.7
河 源	Heyuan	27.0	62.9	36.6	37.1	37.3
梅 州	Meizhou	28.9	26.8	35.1	36.5	36.2
惠 州	Huizhou	42.5	27.8	35.8	33.1	28.0
汕 尾	Shanwei	31.7	27.9	27.7	28.0	28.4
东 莞	Dongguan	10.4	10.6	29.9	41.9	40.3
中 山	Zhongshan	34.7	33.3	32.6	33.2	32.7
江 门	Jiangmen	37.6	38.2	37.2	38.2	38.2
阳 江	Yangjiang	17.9	30.6	29.9	29.1	28.4
湛 江	Zhanjiang	31.8	40.2	40.0	41.4	40.6
茂 名	Maoming	35.3	35.4	39.1	38.8	40.5
肇 庆	Zhaoqing	32.8	32.4	34.1	28.7	34.0
清 远	Qingyuan	18.7	30.2	30.5	33.1	34.1
潮 州	Chaozhou	38.9	39.0	36.3	37.0	37.3
揭 阳	Jieyang	32.2	32.2	36.1	32.2	32.3
云 浮	Yunfu	33.0	33.2	30.2	30.3	30.6

10-53 各市建成区绿化覆盖率

10-53 Green Coverage Ratio in Developed Areas by City

单位：%　　　　(%)

市 别	City	2004	2005	2006	2007	2008
广 州	Guangzhou	34.9	36.4	36.8	37.1	37.7
深 圳	Shenzhen	45.0	45.0	45.0	45.0	45.0
珠 海	Zhuhai	42.1	42.3	42.9	44.5	45.0
汕 头	Shantou	26.4	36.1	36.3	36.3	36.5
佛 山	Foshan	29.7	35.4	35.1	33.2	36.2
韶 关	Shaoguan	34.7	34.7	37.4	41.5	44.2
河 源	Heyuan	33.8	66.1	40.4	29.1	41.0
梅 州	Meizhou	31.6	31.0	39.5	42.2	42.6
惠 州	Huizhou	47.6	36.1	40.2	37.1	29.8
汕 尾	Shanwei	32.1	31.4	28.8	29.1	29.6
东 莞	Dongguan	11.6	14.5	33.0	44.5	43.4
中 山	Zhongshan	37.5	36.6	35.7	36.3	35.6
江 门	Jiangmen	39.9	40.4	39.5	40.5	40.5
阳 江	Yangjiang	17.4	30.7	30.4	29.9	29.0
湛 江	Zhanjiang	34.5	43.8	43.8	46.6	45.7
茂 名	Maoming	37.8	37.8	42.1	42.6	44.7
肇 庆	Zhaoqing	38.1	37.8	39.4	34.3	39.7
清 远	Qingyuan	20.1	33.7	34.0	32.3	74.3
潮 州	Chaozhou	39.6	53.2	40.6	41.4	41.7
揭 阳	Jieyang	32.2	32.2	36.1	32.2	32.3
云 浮	Yunfu	33.8	37.5	39.3	39.4	39.8

10-54 各市生活垃圾清运总量

10-54 Total Amount of Domestic Garbage Cleaning and Disposal by City

单位：万吨/年 (10000 Tons per Year)

市 别	City	2004	2005	2006	2007	2008
广 州	Guangzhou	316.9	329.5	299.8	357.3	345.1
深 圳	Shenzhen	324.5	332.9	359.5	407.0	440.7
珠 海	Zhuhai	53.6	51.0	55.6	62.5	69.5
汕 头	Shantou	66.8	70.0	70.8	72.5	66.9
佛 山	Foshan	66.9	140.0	70.3	72.9	66.4
韶 关	Shaoguan	20.1	21.0	15.5	20.8	20.9
河 源	Heyuan	10.5	11.0	11.0	12.3	12.4
梅 州	Meizhou	12.5	16.0	15.3	16.0	14.4
惠 州	Huizhou	30.0	45.0	51.6	40.6	43.3
汕 尾	Shanwei	8.0	8.0	7.9	8.0	8.2
东 莞	Dongguan	271.5	285.0	354.0	397.4	388.9
中 山	Zhongshan	25.0	25.0	16.6	32.3	27.4
江 门	Jiangmen	27.9	27.8	30.0	35.2	38.6
阳 江	Yangjiang	29.7	31.0	9.2	9.3	12.1
湛 江	Zhanjiang	50.0	24.0	23.0	23.5	23.6
茂 名	Maoming	14.8	17.0	17.1	17.4	17.5
肇 庆	Zhaoqing	16.4	17.5	13.2	14.6	14.6
清 远	Qingyuan	8.9	11.0	10.8	13.3	10.5
潮 州	Chaozhou	17.7	20.0	24.9	25.8	19.2
揭 阳	Jieyang	27.2	52.0	26.7	33.1	31.2
云 浮	Yunfu	6.6	8.0	7.0	5.1	5.3

10-55 各市生活垃圾无害化处理量

10-55 Non-polluting Disposal Amount of Domestic Garbage by City

单位：万吨/年 （10000 Tons per Year）

市别	City	2004	2005	2006	2007	2008
广州	Guangzhou	269.0	280.1	255.0	280.0	279.9
深圳	Shenzhen	263.0	299.7	337.0	382.8	415.0
珠海	Zhuhai	21.0	22.1	22.3	45.3	50.1
汕头	Shantou	46.0	46.8	38.3	45.1	42.8
佛山	Foshan	41.0	58.4	59.3	72.0	62.8
韶关	Shaoguan				16.4	16.4
河源	Heyuan					
梅州	Meizhou					14.4
惠州	Huizhou	23.0	29.7	12.7	37.0	37.4
汕尾	Shanwei					
东莞	Dongguan	33.0	40.3	75.3	120.9	112.9
中山	Zhongshan	21.0	35.0	16.6	30.6	27.4
江门	Jiangmen	15.0	15.0	20.0	24.0	25.2
阳江	Yangjiang				6.8	9.4
湛江	Zhanjiang		13.5	19.0	19.9	23.0
茂名	Maoming					
肇庆	Zhaoqing	16.0	11.0	11.1	11.1	12.3
清远	Qingyuan	9.0	9.7	10.8	10.1	10.5
潮州	Chaozhou		6.0	24.9	25.8	19.2
揭阳	Jieyang				27.0	25.6
云浮	Yunfu				2.1	4.6

注：垃圾无害化处理量为空代表当年当地未建成垃圾无害化处理设施。

Note: The unfilled frame means there is no non-polluting installation in that year.

10-56 各市垃圾无害化处理率

10-56 Garbage Non-polluting Disposal Rate by City

单位：% (%)

市别	City	2004	2005	2006	2007	2008
广州	Guangzhou	85.0	85.0	85.1	82.4	81.1
深圳	Shenzhen	81.0	90.0	93.7	94.1	94.2
珠海	Zhuhai	39.7	43.3	40.1	72.5	72.2
汕头	Shantou	68.3	67.2	54.1	62.2	64.0
佛山	Foshan	61.3	25.1	84.5	98.8	94.5
韶关	Shaoguan				78.9	78.3
河源	Heyuan					
梅州	Meizhou					100.0
惠州	Huizhou	77.7	66.3	24.3	91.0	78.6
汕尾	Shanwei					
东莞	Dongguan	84.0	14.1	21.3	30.4	29.0
中山	Zhongshan	0.0	60.0	100.0	94.6	100.0
江门	Jiangmen	54.9	63.0	66.6	68.1	65.2
阳江	Yangjiang				73.2	77.6
湛江	Zhanjiang		56.3	82.7	85.0	97.3
茂名	Maoming					
肇庆	Zhaoqing	100.0	65.1	68.3	75.7	84.4
清远	Qingyuan		87.8	100.0	75.6	100.0
潮州	Chaozhou		45.0	100.0	100.0	100.0
揭阳	Jieyang				81.6	82.0
云浮	Yunfu				41.9	86.8

注：垃圾无害化处理率为空代表当年当地未建成垃圾无害化处理设施。

Note: The unfilled frame means there is no non-polluting installation in that year.

10-57 各市城市区域环境噪声均值

10-57 Mean Value of Environmental Noise of Urban Areas by City

单位：分贝 （db）

市别	City	2004	2005	2006	2007	2008
全省	**Province**	**55.2**	**55.3**	**55.3**	**55.3**	**55.3**
广州	Guangzhou	55.0	55.2	55.2	55.0	55.0
深圳	Shenzhen	56.1	56.2	56.5	56.5	56.4
珠海	Zhuhai	54.6	54.8	54.8	55.0	55.1
汕头	Shantou	55.6	55.5	55.2	55.4	55.3
佛山	Foshan	56.3	56.5	56.8	56.5	56.2
韶关	Shaoguan	54.6	55.2	54.2	54.4	54.7
河源	Heyuan	51.0	51.7	52.4	52.2	52.4
梅州	Meizhou	51.0	51.2	51.7	51.3	52.8
惠州	Huizhou	55.1	55.0	55.1	55.3	55.2
汕尾	Shanwei	55.8	55.7	55.9	55.8	55.6
东莞	Dongguan	55.3	55.7	55.5	55.7	55.9
中山	Zhongshan	54.5	54.6	54.5	55.3	55.1
江门	Jiangmen	54.9	55.0	55.5	55.6	55.7
阳江	Yangjiang	55.6	55.7	55.3	55.8	55.7
湛江	Zhanjiang	54.5	54.6	54.8	54.9	54.7
茂名	Maoming	54.4	52.8	52.9	52.2	52.1
肇庆	Zhaoqing	55.9	56.2	56.4	56.3	55.5
清远	Qingyuan	54.9	54.5	55.4	55.5	56.3
潮州	Chaozhou	55.8	55.0	55.2	55.3	55.1
揭阳	Jieyang	55.3	54.4	54.3	54.5	54.7
云浮	Yunfu	53.9	53.9	54.0	53.7	54.0

10-58 各市城市道路交通噪声均值

10-58 Mean Value of Urban Road Traffic Noise by City

单位：分贝 (db)

市别	City	2004	2005	2006	2007	2008
全省	**Province**	**68.1**	**68.0**	**68.0**	**67.9**	**67.9**
广州	Guangzhou	69.3	69.3	69.4	69.2	69.2
深圳	Shenzhen	69.2	69.4	69.6	69.4	69.2
珠海	Zhuhai	67.7	67.8	67.9	67.6	67.9
汕头	Shantou	68.3	67.6	67.5	67.4	67.7
佛山	Foshan	67.2	66.9	66.7	67.0	66.8
韶关	Shaoguan	68.7	67.2	67.0	67.0	67.0
河源	Heyuan	66.7	65.8	66.5	65.9	65.7
梅州	Meizhou	67.3	67.6	67.6	68.0	67.6
惠州	Huizhou	67.2	67.1	66.4	66.6	66.7
汕尾	Shanwei	67.8	67.7	67.7	67.6	67.6
东莞	Dongguan	68.0	67.9	68.0	67.9	67.6
中山	Zhongshan	68.3	69.3	69.0	68.8	68.7
江门	Jiangmen	68.8	68.9	69.0	69.2	69.3
阳江	Yangjiang	67.9	67.5	67.6	67.8	67.7
湛江	Zhanjiang	67.5	67.6	67.7	67.9	67.8
茂名	Maoming	66.5	68.1	67.9	67.5	68.0
肇庆	Zhaoqing	66.4	66.8	66.9	66.4	66.1
清远	Qingyuan	67.3	67.3	67.0	67.9	66.7
潮州	Chaozhou	67.8	67.7	67.5	67.8	67.7
揭阳	Jieyang	67.6	67.6	67.5	67.4	67.4
云浮	Yunfu	67.7	67.8	67.9	67.5	67.8

10-59 各市降水pH均值

10-59 Mean pH Value of Rainfall by City

市　别	City	2004	2005	2006	2007	2008
全　省	**Province**	**4.7**	**4.7**	**4.8**	**4.9**	**4.9**
广　州	Guangzhou	4.5	4.3	4.4	4.4	4.5
深　圳	Shenzhen	4.5	4.6	4.5	4.7	4.8
珠　海	Zhuhai	4.8	4.6	4.9	4.6	5.0
汕　头	Shantou	6.1	6.0	5.7	5.9	5.7
佛　山	Foshan	4.6	4.4	4.6	4.8	4.5
韶　关	Shaoguan	3.8	4.3	4.4	4.7	5.2
河　源	Heyuan	6.1	6.2	6.3	6.5	6.4
梅　州	Meizhou	4.8	4.8	4.7	4.7	5.0
惠　州	Huizhou	5.3	5.3	5.4	4.8	4.8
汕　尾	Shanwei	5.9	5.9	5.9	6.1	6.0
东　莞	Dongguan	4.5	4.1	4.7	5.2	4.8
中　山	Zhongshan	5.5	5.7	5.7	5.0	4.6
江　门	Jiangmen	5.0	5.0	5.0	5.1	4.8
阳　江	Yangjiang	5.5	5.8	5.8	5.8	6.3
湛　江	Zhanjiang	5.1	5.1	5.2	6.0	5.6
茂　名	Maoming	4.6	4.7	4.9	4.8	4.8
肇　庆	Zhaoqing	4.9	4.8	4.6	4.6	4.9
清　远	Qingyuan	4.8	4.1	4.8	5.6	5.8
潮　州	Chaozhou	5.8	6.4	7.0	5.6	5.0
揭　阳	Jieyang	5.7	6.0	6.5	6.3	5.8
云　浮	Yunfu	6.9	6.8	6.8	6.0	6.0

10-60 各市酸雨频率

10-60 Acid Rain Frequency by City

单位：% (%)

市别	City	2004	2005	2006	2007	2008
全省	**Province**	**54.5**	**55.0**	**52.7**	**44.7**	**48.5**
广州	Guangzhou	82.0	82.1	75.4	80.3	77.8
深圳	Shenzhen	78.9	81.9	81.1	56.4	63.6
珠海	Zhuhai	50.0	76.3	65.9	72.3	52.3
汕头	Shantou	6.6	7.9	15.7	14.7	19.5
佛山	Foshan	74.6	88.3	79.6	70.9	85.5
韶关	Shaoguan	78.9	75.6	79.3	54.8	38.6
河源	Heyuan	4.8				
梅州	Meizhou	39.2	51.9	57.0	55.7	48.5
惠州	Huizhou	61.9	59.2	65.9	51.3	52.8
汕尾	Shanwei	4.8				3.1
东莞	Dongguan	70.4	65.3	50.0	54.2	60.1
中山	Zhongshan	28.2	18.6	37.1	39.4	67.4
江门	Jiangmen	83.2	67.8	58.8	55.0	58.5
阳江	Yangjiang	34.9	18.1	27.1	11.5	6.8
湛江	Zhanjiang	40.1	55.8	32.8	10.9	22.4
茂名	Maoming	66.2	48.1	59.3	60.0	72.8
肇庆	Zhaoqing	48.0	45.2	70.5	56.7	54.1
清远	Qingyuan	55.6	78.0	68.2	9.2	14.6
潮州	Chaozhou	21.3	12.1		24.3	26.7
揭阳	Jieyang		6.5	1.0	1.1	24.5
云浮	Yunfu					3.2

10-61 各市年暴雨日数

10-61 Days with Torrential Rain all Year Round by City

单位：天/站 （Day per Station）

市别	City	2004	2005	2006	2007	2008
全省平均	**Provincial Average**	**4.6**	**7.4**	**9.6**	**6.2**	**10.0**
广州	Guangzhou	7.6	9.4	11.0	6.6	11.6
深圳	Shenzhen	5.0	11.0	10.0	7.0	16.0
珠海	Zhuhai	6.5	14.5	13.5	6.5	16.5
汕头	Shantou	5.0	6.3	11.8	6.8	11.3
佛山	Foshan	3.0	5.3	10.7	5.7	9.7
韶关	Shaoguan	2.9	5.6	7.5	3.1	5.4
河源	Heyuan	3.6	8.2	9.0	6.2	7.2
梅州	Meizhou	3.6	6.4	9.0	7.3	5.9
惠州	Huizhou	4.5	9.8	14.5	12.0	13.0
汕尾	Shanwei	6.3	13.3	18.0	12.3	13.7
东莞	Dongguan	10.0	9.0	12.0	9.0	13.0
中山	Zhongshan	5.0	8.0	15.0	5.0	10.0
江门	Jiangmen	5.8	7.2	11.0	6.2	13.8
阳江	Yangjiang	6.0	6.0	8.5	6.5	16.5
湛江	Zhanjiang	3.3	4.0	6.2	6.3	11.2
茂名	Maoming	5.0	6.2	6.6	4.6	11.8
肇庆	Zhaoqing	3.8	7.8	6.8	3.3	7.2
清远	Qingyuan	5.7	7.1	7.7	4.1	6.9
潮州	Chaozhou	5.0	9.0	12.0	6.0	11.0
揭阳	Jieyang	3.5	9.5	13.3	10.5	14.8
云浮	Yunfu	3.0	3.8	6.3	3.0	7.8

10-62 各市暴雨预警信号发布次数

10-62 Times of Torrential Rain Early Warning Signal Announcement by City

单位：次/站 (Time per Station)

市别	City	2004	2005	2006	2007	2008
全省平均	**Provincial Average**	**8.1**	**15.5**	**17.6**	**12.6**	**19.4**
广　州	Guangzhou	10.2	15.4	15.4	17.6	22.0
深　圳	Shenzhen	14.0	47.0	33.0	24.0	71.0
珠　海	Zhuhai	8.5	10.5	15.5	9.0	16.5
汕　头	Shantou	4.5	11.8	16.3	14.3	21.8
佛　山	Foshan	8.0	13.3	19.3	21.3	17.7
韶　关	Shaoguan	2.1	11.0	12.1	7.4	10.3
河　源	Heyuan	2.8	10.2	9.6	5.8	7.8
梅　州	Meizhou	2.9	7.4	14.9	7.1	9.1
惠　州	Huizhou	13.0	28.5	30.8	21.0	31.5
汕　尾	Shanwei	10.0	22.3	28.7	22.3	25.7
东　莞	Dongguan	19.0	23.0	26.0	23.0	40.0
中　山	Zhongshan	20.0	24.0	26.0	23.0	27.0
江　门	Jiangmen	7.3	13.7	20.8	12.8	20.5
阳　江	Yangjiang	6.5	8.0	15.5	11.0	33.5
湛　江	Zhanjiang	26.5	40.2	23.5	24.2	31.2
茂　名	Maoming	14.2	26.0	20.6	13.2	31.2
肇　庆	Zhaoqing	5.3	14.0	14.2	7.2	14.3
清　远	Qingyuan	6.7	8.1	15.7	7.6	11.9
潮　州	Chaozhou	5.0	7.5	12.0	7.0	9.5
揭　阳	Jieyang	2.8	7.8	12.5	10.8	23.3
云　浮	Yunfu	3.8	6.5	17.8	9.5	10.8

10-63 各市登陆热带气旋个数

10-63 Number of Landed Tropical Cyclones by City

单位：个 （Unit）

市 别	City	2004	2005	2006	2007	2008
合 计	**Total**		**1**	**4**	**1**	**6**
广 州	Guangzhou					
深 圳	Shenzhen					1
珠 海	Zhuhai					
汕 头	Shantou		1	1		
佛 山	Foshan					
韶 关	Shaoguan					
河 源	Heyuan					
梅 州	Meizhou					
惠 州	Huizhou					
汕 尾	Shanwei					
东 莞	Dongguan					
中 山	Zhongshan				1	1
江 门	Jiangmen			1		
阳 江	Yangjiang					2
湛 江	Zhanjiang			1		1
茂 名	Maoming			1		1
肇 庆	Zhaoqing					
清 远	Qingyuan					
潮 州	Chaozhou					
揭 阳	Jieyang					
云 浮	Yunfu					

注：有时登陆地点会介于两市之间，只取其一，登陆香港的统计到深圳市。2004年无统计数据。

Note: Sometimes the landing site was between two cities, we just choose one of them. Those landed in Hong Kong was counted to Shenzhen city. No statistical data for 2004.

10-64 各市台风预警信号发布次数

10-64 Times of Typhoon Early Warning Signal Announcement by City

单位：次/站 (Time per Station)

市别	City	2004	2005	2006	2007	2008
全省平均	**Provincial Average**	**1.5**	**3.8**	**5.5**	**2.6**	**8.5**
广州	Guangzhou	2.0	1.2	4.2	2.4	15.2
深圳	Shenzhen	2.0	4.0	11.0	5.0	24.0
珠海	Zhuhai	1.0	1.5	6.0	2.0	12.5
汕头	Shantou	5.5	11.0	9.8	7.0	9.8
佛山	Foshan	2.0	2.7	6.7	0.7	11.3
韶关	Shaoguan					
河源	Heyuan	0.4	1.2	1.0	1.6	1.0
梅州	Meizhou	0.9	3.7	3.3	2.4	2.6
惠州	Huizhou	2.5	3.3	5.8	3.3	12.5
汕尾	Shanwei	4.7	5.0	7.7	3.0	9.3
东莞	Dongguan	2.0	3.0	4.0	2.0	16.0
中山	Zhongshan	5.0	3.0	9.0	3.0	17.0
江门	Jiangmen	1.5	2.7	7.0	3.2	11.2
阳江	Yangjiang	0.5	3.5	7.5	6.0	16.5
湛江	Zhanjiang		17.0	16.5	6.5	16.2
茂名	Maoming		4.2	11.0	3.2	14.4
肇庆	Zhaoqing		0.7	3.0		6.7
清远	Qingyuan		0.1	0.7		1.1
潮州	Chaozhou	5.0	9.5	7.5	6.0	7.0
揭阳	Jieyang	5.8	6.3	6.0	5.8	7.8
云浮	Yunfu	0.3		2.5		9.8

10-65 各市重旱灾害

10-65 Times of Severe Drought by City

单位：次/站 (Time per Station)

市 别	City	2004	2005	2006	2007	2008
全省平均	**Provincial Average**	**2.5**	**2.1**	**1.8**	**2.0**	**0.9**
广 州	Guangzhou	2.4	2.0	1.4	1.8	0.6
深 圳	Shenzhen	4.0	2.0	2.0	3.0	1.0
珠 海	Zhuhai	2.0	1.5	2.0	2.0	1.0
汕 头	Shantou	3.0	2.0	2.0	2.3	3.0
佛 山	Foshan	2.3	2.0	1.0	2.0	0.7
韶 关	Shaoguan	2.0	2.1	1.6	1.3	
河 源	Heyuan	2.0	2.4	1.6	1.4	
梅 州	Meizhou	2.0	2.0	2.0	1.6	0.6
惠 州	Huizhou	2.3	2.3	1.8	2.0	0.8
汕 尾	Shanwei	2.7	2.0	2.0	2.0	4.0
东 莞	Dongguan	2.0	2.0	1.0	2.0	1.0
中 山	Zhongshan	3.0	2.0	2.0	2.0	0.0
江 门	Jiangmen	3.0	2.2	2.0	2.2	1.0
阳 江	Yangjiang	2.0	2.0	2.0	2.5	
湛 江	Zhanjiang	3.3	2.2	2.2	2.8	2.5
茂 名	Maoming	3.0	1.8	1.6	2.6	1.0
肇 庆	Zhaoqing	2.7	2.0	1.8	1.8	0.5
清 远	Qingyuan	1.9	2.1	1.3	1.7	
潮 州	Chaozhou	3.0	2.0	2.0	2.5	3.5
揭 阳	Jieyang	2.8	2.0	2.0	2.0	1.0
云 浮	Yunfu	2.8	2.3	2.0	2.5	0.3

10-66 各市年人工增雨总量

10-66 Total Amount of Annual Artificial Rain Increase

单位：亿米³ (100 Million m^3)

市别	City	2004	2005	2006	2007	2008
合计	**Total**	**15.3**	**22.1**	**12.5**	**9.9**	**20.4**
广州	Guangzhou				0.5	0.1
深圳	Shenzhen		0.2			0.1
珠海	Zhuhai					
汕头	Shantou	0.6	0.6	0.2		
佛山	Foshan			0.2	0.1	0.1
韶关	Shaoguan	5.4	2.6	1.1	1.0	1.7
河源	Heyuan	4.3	7.2	1.2		0.7
梅州	Meizhou		1.9	1.4		
惠州	Huizhou		1.0	0.0		1.5
汕尾	Shanwei		0.4	0.3		0.2
东莞	Dongguan					0.4
中山	Zhongshan					
江门	Jiangmen			0.1	1.1	0.1
阳江	Yangjiang		0.6	0.6	1.6	2.3
湛江	Zhanjiang	0.3	1.5	3.3	0.6	4.9
茂名	Maoming	2.3	1.1	0.9	1.5	5.1
肇庆	Zhaoqing	0.6	1.7	0.2	2.0	1.1
清远	Qingyuan	0.8	1.6	1.5	0.6	1.7
潮州	Chaozhou			0.2		
揭阳	Jieyang		0.6	1.1		
云浮	Yunfu	1.0	1.2	0.4	0.8	0.6

10-67 各市最高气温≥35 ℃日数

10-67 Days with Highest Temperature ≥35 ℃ by City

单位：天/站　　　　　　　　　　　　　　　　　　　　　　　　　　　　　　　　　　（Day per Station）

市　别	City	2004	2005	2006	2007	2008
全省平均	**Provincial Average**	**23.1**	**23.7**	**21.3**	**26.5**	**20.3**
广　州	Guangzhou	24.0	29.6	27.4	34.4	22.2
深　圳	Shenzhen	9.0	6.0	3.0	1.0	2.0
珠　海	Zhuhai	9.5	9.0	5.0	6.0	7.5
汕　头	Shantou	9.5	11.0	5.3	8.0	13.5
佛　山	Foshan	27.7	26.3	27.0	35.0	21.3
韶　关	Shaoguan	30.4	31.1	34.1	37.3	29.0
河　源	Heyuan	32.0	31.8	24.2	27.6	21.2
梅　州	Meizhou	31.9	30.4	34.9	34.0	32.1
惠　州	Huizhou	20.3	21.0	19.5	26.0	18.5
汕　尾	Shanwei	7.3	8.0	6.3	4.0	7.7
东　莞	Dongguan	11.0	11.0	8.0	11.0	11.0
中　山	Zhongshan	24.0	21.0	6.0	8.0	9.0
江　门	Jiangmen	16.7	15.3	13.7	16.5	11.3
阳　江	Yangjiang	12.5	10.5	5.5	8.5	7.0
湛　江	Zhanjiang	17.3	18.3	13.0	14.3	6.8
茂　名	Maoming	17.0	13.4	8.4	18.8	12.4
肇　庆	Zhaoqing	23.7	29.5	26.2	40.5	24.7
清　远	Qingyuan	33.3	34.1	36.3	42.0	36.1
潮　州	Chaozhou	18.0	16.5	13.0	20.0	20.0
揭　阳	Jieyang	26.8	24.5	18.5	23.5	19.0
云　浮	Yunfu	30.3	35.5	27.0	44.8	29.8

10-68 各市最低气温≤5 ℃日数

10-68 Days with Lowest Temperature≤5 ℃ by City

单位：天/站 （Day per Station）

市别	City	2004	2005	2006	2007	2008
全省平均	**Provincial Average**	**10.5**	**10.2**	**6.8**	**5.7**	**16.9**
广州	Guangzhou	8.0	4.4	2.0	3.2	11.2
深圳	Shenzhen		1.0			
珠海	Zhuhai		1.0			1.0
汕头	Shantou	1.5	1.5		0.3	
佛山	Foshan	4.0	1.7	2.0		6.0
韶关	Shaoguan	29.8	30.4	24.0	16.5	53.1
河源	Heyuan	23.6	24.6	15.6	15.0	39.4
梅州	Meizhou	16.7	20.1	10.6	11.4	29.6
惠州	Huizhou	11.3	9.8	5.5	5.8	12.0
汕尾	Shanwei		1.0	0.3		
东莞	Dongguan	6.0	3.0	1.0		2.0
中山	Zhongshan	1.0	1.0			2.0
江门	Jiangmen	1.7	1.2			3.2
阳江	Yangjiang	0.5	1.5			
湛江	Zhanjiang	0.2	0.5			0.3
茂名	Maoming	2.4	0.6	0.2	0.6	0.6
肇庆	Zhaoqing	11.0	10.5	9.0	9.3	21.7
清远	Qingyuan	25.7	21.0	17.6	10.1	25.1
潮州	Chaozhou	3.0	3.5	1.0		1.0
揭阳	Jieyang	2.3	4.0	0.5	0.5	3.3
云浮	Yunfu	8.3	9.3	4.3	7.0	13.8

10-69 各市≥8级大风日数

10-69 Days with Strong Wind ≥8 by City

单位：天/站 (Day per Station)

市 别	City	2004	2005	2006	2007	2008
全省平均	**Provincial Average**	**2.5**	**4.5**	**4.8**	**3.5**	**4.9**
广 州	Guangzhou	3.8	4.6	3.6	3.4	5.8
深 圳	Shenzhen	1.0	9.0	7.0	5.0	10.0
珠 海	Zhuhai	0.5	6.0	5.5	5.5	9.5
汕 头	Shantou	10.0	12.3	20.8	11.0	14.8
佛 山	Foshan	2.0	1.7	3.3	2.7	4.7
韶 关	Shaoguan	0.9	0.9	1.9	1.0	0.6
河 源	Heyuan	0.6	1.2	3.0	3.0	2.0
梅 州	Meizhou	1.3	2.4	2.7	1.6	1.6
惠 州	Huizhou	1.3	2.3	4.0	2.3	2.3
汕 尾	Shanwei	1.0	2.3	5.7	1.3	7.3
东 莞	Dongguan	1.0	3.0	2.0	5.0	9.0
中 山	Zhongshan	1.0	4.0	4.0	1.0	5.0
江 门	Jiangmen	8.2	12.0	11.5	6.7	14.0
阳 江	Yangjiang	4.0	11.0	12.0	11.5	9.5
湛 江	Zhanjiang	2.0	8.3	4.8	4.2	4.8
茂 名	Maoming	1.8	3.6	2.0	2.4	2.6
肇 庆	Zhaoqing	3.0	4.8	2.3	4.3	4.7
清 远	Qingyuan	2.0	3.0	2.6	2.6	2.4
潮 州	Chaozhou	1.0	3.0	3.0	0.5	1.0
揭 阳	Jieyang	2.0	2.3	3.8	1.3	4.0
云 浮	Yunfu	0.5	1.5	2.3	4.0	3.3

10-70 各市能见度≤1000米（大雾）日数

10-70 Days with Visibility≤1000 meters（Heavy Fog）by City

单位：天/站 （Day per Station）

市 别	City	2004	2005	2006	2007	2008
全省平均	**Provincial Average**	**10.7**	**10.7**	**11.0**	**9.0**	**8.0**
广 州	Guangzhou	8.2	7.8	6.0	4.0	3.4
深 圳	Shenzhen		3.0	4.0	2.0	4.0
珠 海	Zhuhai	9.5	23.0	16.0	9.0	5.0
汕 头	Shantou	2.0	8.5	7.0	5.0	4.3
佛 山	Foshan	14.3	24.0	19.0	19.0	10.0
韶 关	Shaoguan	6.3	4.3	6.0	7.0	4.3
河 源	Heyuan	5.8	2.0	6.0	4.0	3.8
梅 州	Meizhou	12.3	5.1	11.0	8.0	7.6
惠 州	Huizhou	6.0	1.5	5.0	2.0	2.3
汕 尾	Shanwei	2.0	2.3	3.0	1.0	0.7
东 莞	Dongguan	6.0	4.0	2.0	3.0	3.0
中 山	Zhongshan	3.0	7.0	10.0	7.0	10.0
江 门	Jiangmen	14.3	17.3	10.0	7.0	8.5
阳 江	Yangjiang	10.5	10.5	4.0	3.0	3.0
湛 江	Zhanjiang	15.7	14.5	17.0	16.0	10.7
茂 名	Maoming	5.0	3.6	6.0	12.0	5.2
肇 庆	Zhaoqing	25.5	19.3	21.0	16.0	17.8
清 远	Qingyuan	13.4	15.0	17.0	9.0	11.4
潮 州	Chaozhou	4.0	3.5	4.0	6.0	3.0
揭 阳	Jieyang	1.3	5.5	8.0	7.0	11.3
云 浮	Yunfu	28.8	34.8	28.0	15.0	2.3

10-71 各市雷暴日数

10-71 Days with Thunderstorm by City

单位：天/站 (Day per Station)

市　别	City	2004	2005	2006	2007	2008
全省平均	**Provincial Average**	**63.2**	**74.0**	**72.0**	**68.0**	**68.1**
广　州	Guangzhou	66.2	78.0	86.0	74.0	80.4
深　圳	Shenzhen	60.0	65.0	73.0	69.0	69.0
珠　海	Zhuhai	59.0	69.5	58.0	65.0	67.5
汕　头	Shantou	41.8	50.3	54.0	48.0	45.8
佛　山	Foshan	64.3	75.3	74.0	75.0	84.0
韶　关	Shaoguan	54.5	73.8	68.0	57.0	57.6
河　源	Heyuan	64.6	71.4	71.0	66.0	54.0
梅　州	Meizhou	64.4	69.7	67.0	71.0	59.3
惠　州	Huizhou	65.5	74.5	77.0	74.0	66.8
汕　尾	Shanwei	51.7	57.0	67.0	54.0	51.0
东　莞	Dongguan	72.0	83.0	90.0	83.0	83.0
中　山	Zhongshan	55.0	69.0	76.0	89.0	78.0
江　门	Jiangmen	69.3	79.0	68.0	74.0	77.8
阳　江	Yangjiang	71.0	87.0	72.0	70.0	85.0
湛　江	Zhanjiang	69.0	72.8	72.0	75.0	85.3
茂　名	Maoming	73.2	85.6	70.0	64.0	79.6
肇　庆	Zhaoqing	69.2	91.7	84.0	81.0	74.7
清　远	Qingyuan	60.9	75.6	80.0	64.0	62.1
潮　州	Chaozhou	59.0	52.5	57.0	54.0	55.5
揭　阳	Jieyang	58.5	65.3	72.0	69.0	63.5
云　浮	Yunfu	70.0	82.3	73.0	74.0	73.0

10-72 各市雷击灾害宗数

10-72 Number of Thunder Strokes hazards by City

单位：宗 (Case)

市别	City	2004	2005	2006	2007	2008
合计	**Total**	**2179**	**1735**	**1603**	**6453**	**760**
广州	Guangzhou	300	260	186	204	103
深圳	Shenzhen	27	61	77	58	23
珠海	Zhuhai	51	38	8	64	11
汕头	Shantou	50	14	12	20	7
佛山	Foshan	238	149	103	69	46
韶关	Shaoguan	210	104	150	91	78
河源	Heyuan	52	46	50	7	41
梅州	Meizhou	315	131	156	196	15
惠州	Huizhou	69	31	42	86	44
汕尾	Shanwei	16	18	18	14	9
东莞	Dongguan	40	75	7	72	13
中山	Zhongshan	21	9	70	54	23
江门	Jiangmen	107	113	70	131	47
阳江	Yangjiang	53	40	22	51	3
湛江	Zhanjiang	81	150	106	146	77
茂名	Maoming	109	89	45	63	10
肇庆	Zhaoqing	101	52	92	95	20
清远	Qingyuan	200	186	264	205	136
潮州	Chaozhou	9	8	17	34	14
揭阳	Jieyang	47	32	32	47	11
云浮	Yunfu	83	129	76	136	29

10-73 各市寒冷预警信号发布次数

10-73 Times of Coldness Early Warning Signal Announcement by City

单位：次/站 (Time per Station)

市　别	City	2004	2005	2006	2007	2008
全省平均	**Provincial Average**	**9.0**	**8.9**	**8.4**	**5.7**	**8.9**
广　州	Guangzhou	7.0	7.2	7.0	8.0	17.0
深　圳	Shenzhen	14.0	11.0	4.0	6.0	11.0
珠　海	Zhuhai	5.0	3.0	2.0	1.5	4.5
汕　头	Shantou	4.8	3.8	3.8	1.0	1.0
佛　山	Foshan	8.7	9.3	9.3	6.0	13.3
韶　关	Shaoguan	19.6	18.5	16.6	11.9	16.1
河　源	Heyuan	11.4	10.8	11.8	8.4	8.8
梅　州	Meizhou	11.7	12.3	11.1	7.1	9.0
惠　州	Huizhou	11.5	11.5	10.0	5.3	8.8
汕　尾	Shanwei	6.3	5.0	5.3	3.3	1.7
东　莞	Dongguan	6.0	4.0	6.0	7.0	6.0
中　山	Zhongshan	8.0	4.0	6.0	2.0	5.0
江　门	Jiangmen	5.5	6.3	5.8	3.7	4.7
阳　江	Yangjiang	4.5	5.0	4.0	3.5	6.0
湛　江	Zhanjiang	4.8	5.2	5.3	1.2	2.8
茂　名	Maoming	5.4	6.6	4.6	3.6	4.8
肇　庆	Zhaoqing	10.2	9.8	9.0	5.2	15.7
清　远	Qingyuan	12.6	12.9	13.0	10.4	13.4
潮　州	Chaozhou	5.0	6.5	4.0	0.0	3.5
揭　阳	Jieyang	3.0	4.0	5.0	2.0	4.5
云　浮	Yunfu	5.8	5.0	7.5	6.0	8.3

10-74 各市突发环境事件数量

10-74 Number of Unexpected Environmental Accidents by City

单位：起 (Case)

市别	City	2004	2005	2006	2007	2008
合计	**Total**	**42**	**31**	**20**		**2**
广州	Guangzhou		2			
深圳	Shenzhen	4	3	3		
珠海	Zhuhai		1	1		
汕头	Shantou	1				
佛山	Foshan	12	8			
韶关	Shaoguan	2	4			
河源	Heyuan	1				
梅州	Meizhou	2		1		
惠州	Huizhou	3	1	8		
汕尾	Shanwei					
东莞	Dongguan					
中山	Zhongshan	2	2			
江门	Jiangmen		1			
阳江	Yangjiang					
湛江	Zhanjiang	8	2	5		
茂名	Maoming		1	1		
肇庆	Zhaoqing	5	2			1
清远	Qingyuan		2	1		
潮州	Chaozhou					
揭阳	Jieyang					
云浮	Yunfu	2	2			1

注：2006年以前统计口径为环境污染事故，2007年无统计数据。

Note: The statistical criteria before 2006 was environment pollution accidents. No statistical data for 2007.

10-75 各市突发环境事件直接经济损失

10-75 Direct Economic Loss in Unexpected Environmental Accidents by City

单位：万元 (10000 Yuan)

市 别	City	2004	2005	2006	2007	2008
合 计	**Total**	**208**	**6129**	**84**		
广 州	Guangzhou		8			
深 圳	Shenzhen	175	28	2		
珠 海	Zhuhai		6000			
汕 头	Shantou	1				
佛 山	Foshan	9	6			
韶 关	Shaoguan	2				
河 源	Heyuan	2				
梅 州	Meizhou			1		
惠 州	Huizhou	11	13	18		
汕 尾	Shanwei					
东 莞	Dongguan					
中 山	Zhongshan		4			
江 门	Jiangmen					
阳 江	Yangjiang					
湛 江	Zhanjiang	7	1	8		
茂 名	Maoming		7			
肇 庆	Zhaoqing		4			
清 远	Qingyuan		57	55		
潮 州	Chaozhou					
揭 阳	Jieyang					
云 浮	Yunfu	1	1			

注：2006年以前统计口径为环境污染事故，2007年、2008年无统计数据。

Note: The statistical criteria before 2006 was environment pollution accidents. No statistical data for 2007 and 2008.

10-76 各市森林火灾次数

10-76 Times of Forest Fires by City

单位：次 (Time)

市别	City	2004	2005	2006	2007	2008
合计	**Total**	**469**	**212**	**128**	**124**	**165**
广州	Guangzhou	13	9	3	11	3
深圳	Shenzhen	2	1	1	1	2
珠海	Zhuhai	1	2	1		
汕头	Shantou	1	1		2	3
佛山	Foshan	2	2		1	
韶关	Shaoguan	95	29	52	20	23
河源	Heyuan	69	40	21	13	17
梅州	Meizhou	47	30	17	13	35
惠州	Huizhou	18	8	2	2	1
汕尾	Shanwei	6	17	3	5	1
东莞	Dongguan	1	1	1		1
中山	Zhongshan	5	3		2	1
江门	Jiangmen	9	3	1	3	8
阳江	Yangjiang	11	10	2	6	13
湛江	Zhanjiang	1	1		2	1
茂名	Maoming	11	5	8	7	9
肇庆	Zhaoqing	19	3	2	5	3
清远	Qingyuan	122	20	5	23	29
潮州	Chaozhou	7	4	2	2	2
揭阳	Jieyang	23	18	4	4	5
云浮	Yunfu	6	5	3	2	8

10-77 各市森林火灾火场总面积

10-77 Total Areas of Forest Fires by City

单位：公顷 (Hectare)

市 别	City	2004	2005	2006	2007	2008
合 计	**Total**	**6246.0**	**2789.8**	**1609.8**	**2336.0**	**2783.4**
广 州	Guangzhou	167.1	144.9	73.3	18.9	26.7
深 圳	Shenzhen	9.5	25.0	2.9	0.1	16.7
珠 海	Zhuhai	0.4	81.3	64.0		
汕 头	Shantou	2.0	0.5		10.7	9.8
佛 山	Foshan	14.8	3.6		20.0	
韶 关	Shaoguan	735.7	185.7	701.0	457.6	367.7
河 源	Heyuan	1315.7	585.5	207.9	248.3	164.0
梅 州	Meizhou	330.0	208.6	114.5	110.4	329.0
惠 州	Huizhou	371.6	90.3	54.0	60.0	10.9
汕 尾	Shanwei	66.3	250.4	24.7	29.0	4.0
东 莞	Dongguan	5.7	34.7	45.0		8.7
中 山	Zhongshan	15.1	175.8		4.1	2.4
江 门	Jiangmen	171.9	48.1	30.7	59.7	144.0
阳 江	Yangjiang	427.1	267.8	42.4	83.4	184.7
湛 江	Zhanjiang	8.6	9.0		20.3	1.9
茂 名	Maoming	213.6	38.8	111.7	73.9	349.7
肇 庆	Zhaoqing	367.3	78.9	27.0	628.4	133.9
清 远	Qingyuan	1708.1	361.0	38.8	408.6	810.5
潮 州	Chaozhou	64.5	55.6	13.0	48.3	12.4
揭 阳	Jieyang	105.4	78.0	17.6	5.4	35.9
云 浮	Yunfu	145.7	66.4	41.3	48.9	170.6

10-78 各市森林火灾受灾森林面积

10-78 Affected Forest Areas in Forest Fires by City

单位：公顷 (Hectare)

市别	City	2004	2005	2006	2007	2008
合计	**Total**	**2886.2**	**1441.6**	**1038.9**	**1125.0**	**1451.5**
广州	Guangzhou	123.6	88.8	48.8	14.2	26.7
深圳	Shenzhen	4.0	1.2	1.9		4.8
珠海	Zhuhai	0.2	13.4	6.6		
汕头	Shantou	0.3	0.5		2.4	1.3
佛山	Foshan	14.2	3.1		13.0	
韶关	Shaoguan	318.2	89.2	461.4	154.8	215.7
河源	Heyuan	771.1	407.1	163.5	73.5	68.1
梅州	Meizhou	299.1	186.6	98.4	57.1	269.4
惠州	Huizhou	266.5	77.5	23.3	33.8	
汕尾	Shanwei	11.7	111.3	2.2	4.1	
东莞	Dongguan	5.7	34.7	45.0		7.0
中山	Zhongshan	10.2	23.0		1.3	0.8
江门	Jiangmen	92.0	41.5	30.7	50.7	128.0
阳江	Yangjiang	122.9	171.8	39.0	39.9	161.8
湛江	Zhanjiang	2.4	1.0		9.9	1.7
茂名	Maoming	114.4	29.0	64.9	33.4	79.8
肇庆	Zhaoqing	316.8	37.3	11.3	456.2	86.6
清远	Qingyuan	284.7	59.1	6.7	116.6	223.7
潮州	Chaozhou	30.7	10.6	5.6	18.0	6.0
揭阳	Jieyang	20.2	30.7	2.6	1.3	14.6
云浮	Yunfu	77.3	24.2	27.0	44.8	155.6

10-79　地质灾害情况（2008）

10-79　Conditions of Geologic Hazards（2008）

单位：起、人、万元　　　　（Case，Person，10000 Yuan）

指　标	Item	地质灾害 Geologic Hazards	灾害造成死亡人数 Mortality in Hazards	灾害直接经济损失 Direct Economic lose in Hazards
当年绝对数	Absolute Amount of Current Year	205	33	10870
与上年相比相对数（%）	Relative Amount Comparing to Last Year（%）	43.4	83.3	0.5

10-80　海洋灾害情况

10-80　Conditions of Oceanic Disasters

指　标	Item	2004	2005	2006	2007	2008
一、风暴潮灾害（含近岸海浪灾害）	**Storm Surges Disasters (including offshore Waves Disarsters)**					
受灾人口（万人）	Disaster-affected Population（10000 persons）		252.5	473.5	117.1	1107.2
农作物受灾面积（万公顷）	Areas of Disarster-affected Crops（10000 hectares）		14.8	55.1	0.005	
海洋水产养殖受灾面积（千公顷）	Areas of Disarster-affected Marine Aquaculture（1000 hectares）	0.4	17.6	105	14.59	5715
直接经济损失（亿元）	Direct Economic Lose（100 million yuan）	0.2	7.9	93.1	24.1	154.2
二、冷空气与气旋浪引起的海浪灾害	**Wave Disarsters Caused by Cold Air and Cyclone**					
直接经济损失（亿元）	Direct Economic Lose（100 million yuan）	0.2	0.0072			0.0656
三、赤潮灾害	**Red Tides**					
海洋水产养殖受灾面积（千公顷）	Areas of Disarster-affected Marine Aquaculture（1000 hectares）	50.6	62	179.2	38.1	
直接经济损失（亿元）	Direct Economic Lose（100 million yuan）	0.0065		0.011	0.01	

主要统计指标解释

化学需氧量（COD） 是在一定的条件下，采用一定的强氧化剂处理水样时所消耗的氧化剂量。它是表示水中还原性物质多少的一个指标，也是作为衡量水中有机物质含量多少的指标。化学需氧量越大，说明水体受有机物的污染越严重。

氨氮 氨氮是水体中的营养素，可导致水体富营养化现象产生，是水体中的主要耗氧污染物，对鱼类及某些水生生物有毒害。

工业废水中污染物排放量 指报告期内企业排放的工业废水中所含化学需氧量、氨氮、石油类、挥发酚、氰化物、砷等污染物和铅、汞、镉、六价铬等重金属本身的纯重量。它可以通过工业废水排放量和其中污染物的浓度相乘求得，计算公式是：

污染物排放量（纯重量）= 工业废水排放量 × 排放口污染物的平均浓度

二氧化硫 它是一种无色具有强烈刺激性气味的酸性气体，在空气中形成的酸雨和酸雾危害相当大。在煤和石油这些化石燃料中都含有一定量的硫，通过燃烧，80%以上的硫被转化成二氧化硫。据估计，地球中的二氧化硫中1/3是通过化石燃料燃烧排放的。此外，在金属矿石冶炼和硫酸制品等工业生产中也向大气排放二氧化硫。

氮氧化物 大气中作为污染物的氮氧化合物主要是一氧化氮（NO）和二氧化氮（NO_2）两种，它们一般通过含氮的有机化合物燃烧时生成或者在高温下由空气中的氮（N_2）直接被氧化生成。氮氧化物的危害作用较为复杂。氮氧化物与空气中的水结合最终会转化成硝酸和硝酸盐，是形成酸雨的原因之一。氮氧化物与其他污染物在一定条件下能产生光化学烟雾污染。

工业固体废物 企业在生产过程中产生的固体状、半固体状和高浓度液体状废弃物的总量，包括危险废物、冶炼废渣、粉煤灰、炉渣、煤矸石、尾矿、放射性废物、脱硫石膏和其他废物等，不包括矿山开采的剥离废石和掘进废石（煤矸石和呈酸性或碱性的废石除外）。

酸雨 pH小于5.65的酸性降水叫酸雨。酸雨主要是人为地向大气中排放大量酸性物质造成的。我国的酸雨主要是因大量燃烧含硫量高的煤而形成的。此外，各种机动车排放的尾气也是形成酸雨的重要原因。

空气质量优良天数 空气污染指数（API）是一种反映和评价空气质量的方法，将不易理解的污染物浓度简化成单一的概念性数值形式，便于直观表征空气质量状况和空气污染的程度。空气污染指数（API）的分级标准为五级，其中：一级，API 小于50，空气质量优。此时空气清洁，应多参加户外活动，呼吸清新空气；二级，API 51 ~ 100，空气质量良好。此时对人体无不良影响，可正常进行户外活动。

空气污染综合指数 是对城市空气中主要污染物如二氧化硫、二氧化氮、可吸入颗粒物和降尘进行综合评价的数值，数值越大表明污染程度越高。计算公式为：

$P=（C_{SO_2}/CO_{SO_2}+C_{NO_2}/CO_{NO_2}+C_{PM_{10}}/CO_{PM_{10}}+C_{降尘}/CO_{降尘}）$

其中：P为空气污染综合指数，C_{SO_2}、C_{NO_2}和$CO_{PM_{10}}$分别为SO_2、NO_2和PM_{10}的浓度年日均值，$C_{降尘}$为降尘的浓度年月均值，CO_{SO_2}、CO_{NO_2}和$CO_{PM_{10}}$分别为SO_2、NO_2和PM_{10}的年均值浓度二级标准，$CO_{降尘}$为降尘省推荐标准。

突发环境事件 指突然发生，造成或者可能造成重大人员伤亡、重大财产损失和对全国或者某一地区的经济社会稳定、政治安定构成重大威胁和损害，有重大社会影响的涉及公共安全的环境事件。

Explanatory Notes on Main Statistical Indicators

COD The amount of consumed oxidizer when treating water samples with certain strong oxidizers under certain conditions. It is an indicator showing the amount of reducible materials in water, and is also an index to measure the the contents of organic material in water. Greater COD means more severe organic pollution of waters.

Ammonia Nitrogen Is nutriment in waters, can lead to water eutrophication, and is the primary oxygen consumed pollutant in waters. It has toxic hazards to fish and some aquatic organisms.

Discharge Amount of Pollutants in Industrial Effluents The pollutants contained in industrial effluents discharged within the reporting period by enterprises, including the amount of COD, ammonia nitrogen, petroleum, volatile phenol, cyanide and arsenic, and the net weight of some heavy metals like lead, mercury, cadmium and hexavalent chrome. It could be calculated by multiplying the industrial waste water discharge amount to the pollutant concentration in the waste. The calculating formula is:

pollutant discharge amount (net weight) =industrial waste water discharge amount *the average concentration of pollutants at discharge outlet.

Sulphur Dioxide A kind of colorless and strong irritating acidic gas, and is severely harmful while becoming acidic rain and frog in the air. There are certain amount of sulphur in fossil fuel like coal and petroleum, more than 80 percent of sulphur was transformed into sulphur dioxide through burning. It is estimated that one third of sulphur dioxide on the earth was discharged from the burning of fossil fuel. Besides, sulphur dioxide is also discharged into atmosphere during the industrial production of metallic mineral smelting and sulphuric acid products.

Nitrogen Oxide The main pollutional nitrogen oxide in the atmosphere are nitric oxide (NO) and nitrogen dioxide (NO_2). They are usually produced by burning of organic compound containing nitrogen, or directly oxidized from nitrogen (N_2) in the air under high temperature condition. The hazard of nitrogen oxide is somehow complicated. They can combine with the water in the air and finally transformed into nitric acid and nitrate, and is one of the reason for acidic rain conformation. Together with other pollutants, nitrogen oxide could produce photochemical smog pollution under certain conditions.

Industrial Solid Wastes The total amount of solid, semisolid or great concentrate liquid form wastes produced in the production process of enterprises, including hazardous waste, smelted waste residue, fly ash, slag, coal gangue, gangue, radwaste, desulfurization gypsum and other wastes, excluding stripping mullock and tunnelling mullock during mining (except coal gangue and acidic or alkaline mullock).

Acid Rain Acid precipitation with pH value less than 5.65 is called acid rain. Acid rain is mainly caused by discharging numerous acid materials into atmosphere artificially. Acid rain in our country was mainly cause by burning numerous high sulphur coal. Besides, the vehicle exhaust is also an important reason for acid rain conformation.

Days with Excellent Quality Air Air Pollution Index (API) is a method to reflect and evaluate the air quality, simplified the abstruse pollutant concentration into simplex conceptive digital form, in order to intuitively show the situation of air quality and the level of air pollution. The grading standards of API are five levels, among which the first level, API less than 50, the air quality is excellent. The air is fresh and is suitable to take more outdoor activities and breath fresh air. The second level, API is between 51 to 100, air quality is good, has no harm to human body, normal outdoor activity is available.

Air Pollution Comprehensive Index An index to synthetically access the main pollutants in urban air, such as sulfur dioxide, nitrogen dioxide, inhalable particulate and fall dust. Larger index means heavier pollution. The calculating formula is: $P=(C_{SO_2}/CO_{SO_2}+C_{NO_2}/CO_{NO_2}+C_{PM_{10}}/CO_{PM_{10}}+C_{fall\ dust}/CO_{fall\ dust})$

among which, P means Air Pollution Comprehensive Index, CO_{SO_2}, CO_{NO_2} and $CO_{PM_{10}}$ means the second level standard of annual average value of SO_2、NO_2 and PM_{10} respectively, COfall dust is the provincial recommended standard of fall dust.

Unexpected Environmental Accidents Means suddenly occurred, caused or may cause heavy losses in human lives and property, posing a great threat and damage to national or certain regional economic social stability and political stability, of important social influence and public safety concerning environmental accidents.

十一、社会参与

XI Social Involvement

简要说明

1．本篇资料主要反映广东省工会、共青团、妇联、残联、人大、政协、宗教等情况。

2．本篇资料主要包括：

（1）工会数量、会员人数及构成；共青团组织数量、团干部及团员数量；妇联组织数量及分布、妇女参与状况；残疾人康复与发展、残疾人就业；人大代表和政协委员数量及构成；宗教活动场所、宗教教职人员等。

（2）地区分全省和各地级以上市。

（3）年份为2008年数据。

3．统计资料来源：本篇资料由广东省总工会、共青团广东省委员会、广东省妇女联合会、广东省残疾人联合会、广东省人民代表大会、中国人民政治协商会议广东省委员会、广东省民族宗教事务委员会负责整理、审核、提供。

Brief Descriptions

1. The data in this chapter mainly shows the situation of Labor Union, Communist Youth League, Women's federation, Disabled Federation, National People's Congress, Chinese People's Political Consultative Conference and Religions.

2. The data in this chapter mainly includes:

(1) Number of labor unions, number and constitution of member; number of organization of Communist Youth League, number of league member and League cadres; number, distribution and women involved status of women's federation organizations; recovery, development and employment of handicapped; number and constitution of NPC member and members of the CPPCC; venue for religious activities and clergies.

(2) The regions including provincial and cities above the prefecture level.

(3) The data was for year 2008.

3. Statistical data resource: The data in this chapter was arranged, verified and provided by General Labor union, Provincial League Committee, Provincial Women's Federation, Guangdong Disabled Person's Federation, Provincial People's Congress, Provincial Political Consultative Committee, Ethnic and Religious Affairs Commission of Guangdong province.

11-1 基层工会组织建设状况（2008）

11-1 Conditions of Grassroots Labor Unions Construction （2008）

分组 Group		基层工会（个）Grass Roots Labor Union (Unit)	独立基层工会 Independent Grass Roots Labor Union	联合基层工会 Associated Grass Roots Labor Union	基层工会涵盖单位（个）Coverage of Grass Roots Labor Union (Unit)	职工（人）Workers (person)	女性 Female
合计 Total		**180175**	**171813**	**8362**	**511980**	**19676299**	**8767295**
（110）国有企业	State-owned Enterprises	6001	5817	184	11926	1185824	396912
（120）集体企业	Collective-owned Enterprises	7179	6835	344	15386	908373	433798
（130）股份合作企业	Cooperative Share Holding Enterprises	2489	2427	62	7054	549164	221102
（140）联营企业	Associated Enterprises	432	399	33	2023	45643	20870
（151）国有独资公司	Sole State-funded Corporations	349	289	60	671	48993	16118
（159）其他有限责任公司	Other Limited Liability Company	9348	9263	85	14295	630899	238575
（161）股份有限公司中的国有控股公司	State-owned Holding Company in Stock Limited Corporations	1066	1028	38	1890	352351	136431
（169）其他股份有限公司	Other Stock Limited Corporation	1391	1352	39	2642	195932	83057
（170）私营企业	Private Enterprises	87768	84076	3692	203915	5876148	2570567
（190）其他内资企业	Other Domestic Funded Enterprises	1081	842	239	4816	177948	78442
（200）台港澳商投资企业	Enterprises with Funds from Hong Kong，Macao and Taiwan	16895	16609	286	23338	3705344	1922550
（300）外商投资企业	Foreign Founded Enterprises	9044	8896	148	15201	2240708	1088690
（400）事业	Public Institutions	17336	15675	1661	79614	2353504	1040566
（500）机关	Organs	7884	7347	537	17530	781109	254538
（600）个体经济组织	Individual Economic Organization	11912	10958	954	111679	624359	265079

分组 Group		农民工 Rural Migratory Workers	女性农民工 Female Rural Migratory Worker	工会会员（人）Member of Labor Union (person)	女性 Member of Labor Union	农民工 Rural Migratory Workers	女性农民工 Female Rural Migratory Worker
合计 Total		**9577763**	**4422473**	**17999576**	**8096910**	**8707357**	**4030748**
（110）国有企业	State-owned Enterprises	134712	53611	1128852	378971	121236	48603
（120）集体企业	Collective-owned Enterprises	526396	257765	827023	399545	483262	237059
（130）股份合作企业	Cooperative Share Holding Enterprises	308412	122203	529120	213713	301941	119075
（140）联营企业	Associated Enterprises	25783	12993	43133	20043	24570	12606
（151）国有独资公司	Sole State-funded Corporations	9765	3602	44766	15010	8040	3005
（159）其他有限责任公司	Other Limited Liability Company	276866	95938	535540	220558	208494	86247
（161）股份有限公司中的国有控股公司	State-owned Holding Company in Stock Limited Corporations	42711	18663	339368	132184	38170	16968
（169）其他股份有限公司	Other Stock Limited Corporation	67041	27372	180723	76507	61019	24660
（170）私营企业	Private Enterprises	3070348	1269590	5296023	2342618	2805042	1148354
（190）其他内资企业	Other Domestic Funded Enterprises	117371	50819	162333	72091	107923	46992
（200）台港澳商投资企业	Enterprises with Funds from Hong Kong，Macao and Taiwan	2633367	1447500	3275600	1719591	2349874	1298950
（300）外商投资企业	Foreign Founded Enterprises	1380298	727997	2032810	1003864	1267322	673197
（400）事业	Public Institutions	597463	185419	2254947	1000618	568639	174506
（500）机关	Organs	115755	40792	763654	251014	110171	39703
（600）个体经济组织	Individual Economic Organization	271475	108209	585684	250583	251654	100823

11-1续表1 continued

分 组 Group		专职工会工作人员（人） Full Time Workers in Labor Union (person)	女性 Female	专职工会工作人员年龄构成（人） Educational Background Constitution of Full Time Cadre of Labor Union (person) 35岁及以下 35 and Below	36～50岁 36～50	51岁及以上 51 and above
合计 Total		**52410**	**20072**	**27353**	**19573**	**5484**
（110）国有企业	State-owned Enterprises	4051	1714	640	2213	1198
（120）集体企业	Collective-owned Enterprises	2069	627	921	878	270
（130）股份合作企业	Cooperative Share Holding Enterprises	525	199	186	252	87
（140）联营企业	Associated Enterprises	51	22	15	24	12
（151）国有独资公司	Sole State-funded Corporations	135	67	32	65	38
（159）其他有限责任公司	Other Limited Liability Company	1121	369	679	362	80
（161）股份有限公司中的国有控股公司	State-owned Holding Company in Stock Limited Corporations	957	317	159	617	181
（169）其他股份有限公司	Other Stock Limited Corporation	278	143	130	120	28
（170）私营企业	Private Enterprises	22751	8988	14358	7169	1224
（190）其他内资企业	Other Domestic Funded Enterprises	77	37	38	30	9
（200）台港澳商投资企业	Enterprises with Funds from Hong Kong, Macao and Taiwan	5401	2246	3535	1650	216
（300）外商投资企业	Foreign Founded Enterprises	2833	929	1778	859	196
（400）事业	Public Institutions	5819	2106	1923	2866	1030
（500）机关	Organs	3289	1057	778	1726	785
（600）个体经济组织	Individual Economic Organization	3053	1251	2181	742	130

分 组 Group		专职工会工作人员文化程度构成（人） Educational Background Constitution of Full Time Cadre of Labor Union (person) 研究生 Post-graduate	大学本科 Under-graduate	大专 Junior College	高中（中专、中技） Senior School (technical secondary school) and Below	初中及以下 Junior School and Below	兼职工会工作人员（人） Part Time Cadre of Labor Union (person)	女性 Female
合计 Total		**596**	**6493**	**20597**	**19131**	**5593**	**468754**	**150154**
（110）国有企业	State-owned Enterprises	82	931	1779	1120	139	23566	7959
（120）集体企业	Collective-owned Enterprises	6	108	512	953	490	20929	7879
（130）股份合作企业	Cooperative Share Holding Enterprises	1	62	240	183	39	7243	2330
（140）联营企业	Associated Enterprises	1	6	25	18	1	1060	387
（151）国有独资公司	Sole State-funded Corporations	4	33	63	35	0	1372	516
（159）其他有限责任公司	Other Limited Liability Company	15	302	459	301	44	22468	4709
（161）股份有限公司中的国有控股公司	State-owned Holding Company in Stock Limited Corporations	27	278	517	113	22	6910	2746
（169）其他股份有限公司	Other Stock Limited Corporation	4	44	87	62	81	3757	1450
（170）私营企业	Private Enterprises	51	1551	9074	9335	2740	176205	46939
（190）其他内资企业	Other Domestic Funded Enterprises	1	13	39	23	1	3667	1236
（200）台港澳商投资企业	Enterprises with Funds from Hong Kong, Macao and Taiwan	181	532	1853	2383	452	51705	18569
（300）外商投资企业	Foreign Founded Enterprises	31	446	922	943	491	28968	10431
（400）事业	Public Institutions	89	1229	2326	1787	388	62981	23137
（500）机关	Organs	100	869	1563	610	147	34219	12174
（600）个体经济组织	Individual Economic Organization	3	89	1138	1265	558	23704	9692

11-1续表2 continued

工会层次	Level of Labor Unions	基层以上工会（个）Labor Unions above Grass Roots Level（unit）	本级工会专职工会干部（人）Full Time Cadre of Labor Union at the corresponding levels（person）	女性 Female	专职工会干部文化程度构成（人）Educational Background Constitution of Full Time Cadre of Labor Union（person）研究生 Postgraduate	大学本科 Undergraduate
合计 Total		**4476**	**8340**	**3311**	**266**	**2042**
（1）省级地方工会	Local Labor Union at Provincial Level	1	144	53	22	49
（2）地市级地方工会	Local Labor Union at Prefecture Level	21	600	237	52	267
（3）县级地方工会	Local Labor Union at County Level	121	2465	1137	39	335
（4）省级产业（厅、局、公司）工会	Industrial（Department, Bureau and Company）Labor Union at Provincial Level	97	500	227	31	201
（5）地市级产业（局、公司）工会	Industrial（DBureau and Company）Labor Union at Prefecture Level	357	748	288	41	288
（6）县级产业（局、公司）工会	Industrial（Bureau and Company）Labor Union at County Level	920	898	291	14	252
71. 归属中央的企业集团工会	Labor Union in Industrial Groups under Central Government	35	143	64	16	63
72. 归属地方的企业集团工会	Labor Union in Industrial Groups under Local Government	86	205	90	19	69
81. 乡镇、街道总工会	General Labor Unions in Townships and Streets.	511	875	347	17	230
82. 其他乡镇、街道级工会	Other Labor Union at Township and Street Level	558	602	184	2	78
9. 村工会（联合会）	Labor Union at Country Level	1071	636	180	1	76
10. 工业园区	Industrial Park	182	199	71	9	60
11. 其他（社区基层以上工会）	Others（Labor Unions above Community Grass Roots Level）	516	325	142	3	74

工会层次	Level of Labor Unions	专职工会干部文化程度构成（人）Educational Background Constitution of Full Time Cadre of Labor Union（person）大专 Junior College	高中（中专、中技）及以下 Senior School（technical secondary school）and Below	本级工会兼职工会干部（人）Part Time Cadre of Labor Union（person）	女性 Female
合计 Total		**3667**	**2365**	**41190**	**14758**
（1）省级地方工会	Local Labor Union at Provincial Level	35	38	0	0
（2）地市级地方工会	Local Labor Union at Prefecture Level	217	64	17	6
（3）县级地方工会	Local Labor Union at County Level	1001	1090	16341	6171
（4）省级产业（厅、局、公司）工会	Industrial（Department, Bureau and Company）Labor Union at Provincial Level	223	45	2659	1025
（5）地市级产业（局、公司）工会	Industrial（DBureau and Company）Labor Union at Prefecture Level	302	117	2167	892
（6）县级产业（局、公司）工会	Industrial（Bureau and Company）Labor Union at County Level	446	186	4747	1521
71. 归属中央的企业集团工会	Labor Union in Industrial Groups under Central Government	48	16	774	230
72. 归属地方的企业集团工会	Labor Union in Industrial Groups under Local Government	99	18	851	332
81. 乡镇、街道总工会	General Labor Unions in Townships and Streets.	416	212	3091	1134
82. 其他乡镇、街道级工会	Other Labor Union at Township and Street Level	341	181	2739	741
9. 村工会（联合会）	Labor Union at Country Level	266	293	4091	1114
10. 工业园区	Industrial Park	97	33	1610	615
11. 其他（社区基层以上工会）	Others（Labor Unions above Community Grass Roots Level）	176	72	2103	977

11-2 基层工会组织建设情况

11-2 Conditions of Grassroots Labor Unions Construction

年份 Year	基层工会（个） Grassroots Labor Union (unit)	基层工会涵盖单位（个） Covered Units of Grassroots Labor Union (unit)	职工（人） Staff (person)	女性 Female	农民工 Rural Migrant Workers	女性农民工 Female Rural Migrant Workers
2003	67858	126226	11228899	5350553		
2004	96340	185186	12612986	5848602		
2005	129938	306307	14706911	6789396	5541850	
2006	135701	389175	17477369	7982494	6879056	3749381
2007	154563	443350	17657999	8477581	7725152	4171999
2008	180175	511980	19676299	8767295	9577763	4422473

年份 Year	工会会员（人） Union Member (person)	女性 Female	农民工 Rural Migrant Workers	女性农民工 Female Rural Migrant Workers
2003	9297747	4153859		
2004	11292182	5032686		
2005	13367748	6021879	4595923	
2006	14635452	6633053	5462666	2974721
2007	16347957	7620184	6835981	3616997
2008	17999576	8096910	8707357	4030748

11-3 工会签订集体合同情况（2008）

11-3 Conditions of Labor Union Signing Collective Contracts （2008）

类　型 Item	综合集体合同（不包括各类专项集体合同） Complex Collective Contracts（Excluding All Types of Special Collective Contracts）						
	企业单独签订 Signed by Enterprise Independently		区域性 Regional				
	企业（个） Enterprise（unit）	覆盖职工（人） Coverage of Worker（person）	合同（份） Contract（unit）	覆盖企业（个） Coverage of Enterprises（unit）	同时单独签订综合集体合同企业 Enterprises Signing Complex Collective Contract independently at the Same Time	覆盖职工（人） Coverage of Worker（person）	同时单独签订综合集体合同企业职工 Workers Signing Complex Collective Contract independently at the Same Time
合计（0）　Total	**41196**	**5008725**	**4377**	**92819**	**577**	**4312110**	**72547**
国有企业及国有独资公司（1） State-owned and Sole State-funded Corporations	4794	830246		567	66	49136	12126
集体企业（2）Collective-owned Enterprises	2627	254847		445	19	33022	920
私营企业（3）Private Enterprises	23572	2248278		79145	232	2703220	10573
港澳台、外商投资企业（4） Enterprises with Funds from Hong Kong, Macao, Taiwan and Foreign Investment	9641	1590742		11564	260	1498682	48928
其他（5）Others	562	84612		1098		28050	

类　型 Item	综合集体合同（不包括各类专项集体合同） Complex Collective Contracts（Excluding All Types of Special Collective Contracts）							
	行业性　Industry Relevance					总　数　Total		
	合同（份） Contract（unit）	覆盖企业（个） Coverage of Enterprises（unit）	同时单独签订综合集体合同企业 Enterprises Signing Complex Collective Contract independently at the Same Time	覆盖职工（人） Coverage of Worker（person）	同时单独签订综合集体合同企业职工 Workers Signing Complex Collective Contract independently at the Same Time	合同（份） Contract（unit）	覆盖企业（个） Coverage of Enterprises（unit）	覆盖职工（人） Coverage of Worker（person）
合计（0）　Total	**371**	**9695**	**336**	**353633**	**21934**	**45944**	**142797**	**9579987**
国有企业及国有独资公司（1） State-owned and Sole State-funded Corporations		538	142	75513	2978		5691	939791
集体企业（2）Collective-owned Enterprises		390	28	46241	476		3415	332714
私营企业（3）Private Enterprises		4814	154	147541	13681		107145	5074785
港澳台、外商投资企业（4） Enterprises with Funds from Hong Kong, Macao, Taiwan and Foreign Investment		1302	12	48738	4799		22235	3084435
其他（5）Others		2651		35600			4311	148262

11-3续表1 continued

类 型 Item	工资专项集体合同 Wage Special Collective Contract						
	企业单独签订 Signed by Enterprises Independently		区域性 Regional				
	企业（个）Enterprises（unit）	覆盖职工（人）Coverage of Worker（person）	合同（份）Contract（unit）	覆盖企业（个）Coverage of Enterprises（unit）	同时单独签订工资专项集体合同企业 Enterprises Signing Wage Special Collective Contract independently at the Same Time	覆盖职工（人）Coverage of Worker（person）	同时单独签订工资专项集体合同企业职工 Workers Signing Wage Special Collective Contract independently at the Same Time
合计（0） Total	**11940**	**1429910**	**5874**	**47011**	**312**	**1661238**	**21146**
国有企业及国有独资公司（1） State-owned and Sole State-funded Corporations	604	162574		29	27	6517	3440
集体企业（2）Collective-owned Enterprises	325	29630		373	28	32066	1365
私营企业（3）Private Enterprises	8876	923636		41606	243	951619	10947
港澳台、外商投资企业（4） Enterprises with Funds from Hong Kong, Macao, Taiwan and Foreign Investment	2036	304037		3431	14	650812	5394
其他（5）Others	99	10033		1572		20224	

类 型 Item	行业性 Industry Relevance					总数 Total		
	合同（份）Contract（unit）	覆盖企业（个）Coverage of Enterprises（unit）	同时单独签订工资专项集体合同企业 Enterprises Signing Wage Special Collective Contract independently at the Same Time	覆盖职工（人）Coverage of Worker（person）	同时单独签订工资专项集体合同企业职工 Workers Signing Wage Special Collective Contract independently at the Same Time	合同（份）Contract（unit）	覆盖企业（个）Coverage of Enterprises（unit）	覆盖职工（人）Coverage of Worker（person）
合计（0） Total	**101**	**3508**	**295**	**99569**	**15683**	**17915**	**61852**	**3153888**
国有企业及国有独资公司（1） State-owned and Sole State-funded Corporations		91	46	10782	2601		651	173832
集体企业（2）Collective-owned Enterprises		97	45	6627	1357		722	65601
私营企业（3）Private Enterprises		1187	200	69841	10688		51226	1923461
港澳台、外商投资企业（4） Enterprises with Funds from Hong Kong, Macao, Taiwan and Foreign Investment		112	4	8348	1037		5561	956766
其他（5）Others		2021		3971			3692	34228

11-3续表2 continued

类型 Item	劳动安全专项集体合同 Labor Safety Special Collective Contract			女职工权益专项集体合同 Special Collective Contract on the Rights and Interests of Women Staff			其他专项集体合同 Other Special Collective Contract		
	合同（份） Contract（unit）	覆盖企业（个） Coverage of Enterprises（unit）	覆盖职工（人） Coverage of Worker（person）	合同（份） Contract（unit）	覆盖企业（个） Coverage of Enterprises（unit）	覆盖职工（人） Coverage of Worker（person）	合同（份） Contract（unit）	覆盖企业（个） Coverage of Enterprises（unit）	覆盖职工（人） Coverage of Worker（person）
合计（0） Total	**4276**	**5771**	**434005**	**9711**	**22746**	**1070503**	**540**	**551**	**73745**
国有企业及国有独资公司（1） State-owned and Sole State-funded Corporations		562	76565		1428	112962		16	2025
集体企业（2）Collective-owned Enterprises		365	19354		1056	65763		119	17929
私营企业（3）Private Enterprises		4184	252524		14741	467078		265	34132
港澳台、外商投资企业（4） Enterprises with Funds from Hong Kong, Macao, Taiwan and Foreign Investment		441	74136		4254	418317		151	19659
其他（5）Others		219	11426		1267	6383			

类型 Item	建立集体协商指导员队伍情况 Condition on Collective Bargaining Director Team Construction						
	集体协商指导员人数（人） Number of Collective Bargaining Director（person）	地（市）级 Prefecture Level		市（县）级 County Level		县级以下 Under County Level	
		指导员队伍（个） Number of Director Team（unit）	集体协商指导员（人） Number of Collective Bargaining Director（person）	指导员队伍（个） Number of Director Team（unit）	集体协商指导员（个） Number of Collective Bargaining Director（person）	指导员队伍（个） Number of Director Team（unit）	集体协商指导员（人） Number of Collective Bargaining Director（person）
合计（0） Total	**3204**	**20**	**123**	**96**	**360**	**1156**	**2721**
国有企业及国有独资公司（1） State-owned and Sole State-funded Corporations							
集体企业（2）Collective-owned Enterprises							
私营企业（3）Private Enterprises							
港澳台、外商投资企业（4） Enterprises with Funds from Hong Kong, Macao, Taiwan and Foreign Investment							
其他（5）Others							

11-4 共青团组织基本情况（2008）

11-4 Basic Statistics of Organization of the Communist Youth League（2008）

指 标	Item	合计 Total
1. 基层团组织数（个）	Number of Grass Roots Communist Youth League Organization（unit）	158818
#基层团委	Grass Roots Communist Youth League Committee	8140
基层团总支	Grass Roots Communist Youth League General Branch	12665
基层团支部	Grass Roots Communist Youth League Branch	136466
基层团工委	Grass Roots Communist Youth League Working Committee	1547
2. "两新"组织中共青团组织（个）	Communist Youth League Organizations in "Two New" Organizations（unit）	7664
3. 共青团员人数（万人）	Number of Communist Youth League Members（10000 persons）	498.8
#女性	Female	240.7
少数民族团员	Communist Youth League Member of Minorities	3.9
4. 专职团干部人数（人）	Number of Full Time Communist Youth League Cadres（person）	11264
#女性	Female	4995
5. 兼职团干部人数（人）	Number of Part Time Communist Youth League Cadres（person）	22364
#女性	Female	8595

11-5 各市基层团组织情况（2008）

11-5 Statistics of Grassroots Communist Youth League Union by City（2008）

单位：个 （Unit）

市 别	City	团委 League Committee	团总支 League General Branch	团支部 League Branch	团工委 League Working Committee
广 州	Guangzhou	643	1068	11600	92
深 圳	Shenzhen	576	912	9925	37
珠 海	Zhuhai	198	154	2508	11
汕 头	Shantou	212	385	5193	10
佛 山	Foshan	266	402	5763	80
韶 关	Shaoguan	565	1064	6435	
河 源	Heyuan	213	567	3642	1
梅 州	Meizhou	478	515	7112	2
惠 州	Huizhou	252	343	5002	5
汕 尾	Shanwei	142	397	1323	
东 莞	Dongguan	175	789	5036	53
中 山	Zhongshan	179	189	3094	4
江 门	Jiangmen	350	526	5993	19
阳 江	Yangjiang	136	99	2224	
湛 江	Zhanjiang	500	840	9143	1095
茂 名	Maoming	441	549	5172	
肇 庆	Zhaoqing	445	518	8684	23
清 远	Qingyuan	344	1036	6605	3
潮 州	Chaozhou	256	242	3343	5
揭 阳	Jieyang	246	738	4845	1
云 浮	Yunfu	210	202	3098	

11-6 各市团员数

11-6 Number of League Members by City

单位：人　　　　(Person)

市别	City	2004	2005	2006	2007	2008
广州	Guangzhou	349407	347406	347357	421409	410002
深圳	Shenzhen	356554	610769	610769	635052	622453
珠海	Zhuhai	48570	68591	68586	71849	81896
汕头	Shantou	201160	211732	218515	226212	223196
佛山	Foshan	183946	183946	183946	188304	196114
韶关	Shaoguan	123373	127498	123519	129911	123519
河源	Heyuan	163549	161145	136476	145447	141318
梅州	Meizhou	272276	249575	232669	213063	254580
惠州	Huizhou	112932	108821	111505	248408	247536
汕尾	Shanwei	138817	146639	109258	101260	101304
东莞	Dongguan	84700	88830	91992	96747	102612
中山	Zhongshan	85841	92619	94792	123152	122952
江门	Jiangmen	184777	196339	197579	199619	205340
阳江	Yangjiang	127873	110168	110167	135134	139163
湛江	Zhanjiang	302042	260970	188818	214089	218026
茂名	Maoming	251774	186105	217419	217419	217419
肇庆	Zhaoqing	158141	166436	243361	243361	231887
清远	Qingyuan	150132	150132	154077	154246	156566
潮州	Chaozhou	150916	123392	110515	118671	124130
揭阳	Jieyang	191625	191952	196045	203291	205682
云浮	Yunfu	117107	114737	113806	113806	116740

11-7 各市团员团干部数（2008）

11-7 Number of Regiment Staff by City（2008）

单位：人 （Person）

市别	City	共青团员人数 Number of League Members	女团员数 Number of Female League Members	少数民族团员数 League Members of Minority Nationalities	专职团干部数 Number of Full Time Communist Youth League Cadres	兼职团干部数 Number of Part Time Communist Youth League Cadres
广州	Guangzhou	410002	195316	4281	1101	2161
深圳	Shenzhen	622453	333865	6171	622	1730
珠海	Zhuhai	81896	40311	1041	72	525
汕头	Shantou	223196	101650	140	179	258
佛山	Foshan	196114	108249	1315	296	912
韶关	Shaoguan	123519	65332	3346	406	759
河源	Heyuan	141318	60197	1969	462	320
梅州	Meizhou	254580	110364	45	3492	758
惠州	Huizhou	247536	114292	1028	529	508
汕尾	Shanwei	101304	37450	33	166	129
东莞	Dongguan	102612	53562	784	140	682
中山	Zhongshan	122952	56230	603	364	276
江门	Jiangmen	205340	90439	82	181	682
阳江	Yangjiang	139163	54720	218	353	176
湛江	Zhanjiang	218026	102229	326	575	486
茂名	Maoming	217419	125055	430	2661	828
肇庆	Zhaoqing	231887	112860	336	253	7630
清远	Qingyuan	156566	71260	8166	330	615
潮州	Chaozhou	124130	60193	204	182	317
揭阳	Jieyang	205682	95082	21	277	208
云浮	Yunfu	116740	48288	0	360	431

11-8 妇联组织状况

11-8 Conditions of Women's Federation Organization

单位：个 (Unit)

项 目	Item	2007	2008
一、妇联组织	**Women s Federation Organization**		
市（地、区、盟、州）妇联	Women's Federation at Municipal (Prefecture, District, League and State) Level	21	21
街道妇联	Women's Federation at Street Level	431	434
社区妇联	Women's Federation at Communities Level	5894	5901
县（市、区、旗）妇联	Women's Federation at County (Municipal, District) Level	121	121
乡（镇）妇联	Women's Federation at Country (Township) Level	1148	1148
村妇代会	Women's Representative Conference at Village Level	19430	19412
二、高等院校妇女组织	**Women s Organizations in Universities and Colleges**		
中央直属高校中妇女组织	Women's Organizations in Universities and Colleges Directly under Central Authorities	2	2
省属高校中妇女组织	Women's Organizations in Provincial Universities and Colleges	26	25
市属高校中妇女组织	Women's Organizations in Municipal Universities and Colleges	26	48
民办高校中妇女组织	Women's Organizations in Private Universities and Colleges	2	6
三、非公有制经济组织中妇女组织	**Women s Organizations in Non-Public Economy Organizations**		
个体劳动者协会中的妇女组织	Women's Organizations in Self-employed Laborers Associations	158	169
专业市场中的妇女组织	Women's Organizations in Specialized Markets	82	67
私营企业中的妇女组织	Women's Organizations in Private Enterprises	4089	2907
三资企业中的妇女组织	Women's Organizations in Foreign Funded Enterprises	813	2031
四、机关事业单位妇女组织	**Women s Organizations in Organs and Public Institutions**		
直属机关妇委会（妇工委）	Women's Committee (Working Committee) of Direct-affiliated Departments	140	140
部门机关妇委会（妇工委）	Women's Committee (Working Committee) of Affiliated Departments	3694	3585
事业单位妇委会（妇工委）	Women's Organizations (Working Committee) in Organs and Public Institutions	855	768
五、民主党派妇女组织	**Women s Organizations in Democratic Party**		
民主党派妇委会	Women's Committee in Democratic Party	48	49
六、团体会员	**Organization Member**		
工会女职工委员会	Women Staff Committee of Labor Union	104181	102983
民政部门登记注册的妇女社团	Women's Organizations Registered in Civil Administrative Department	165	175

11-9 残疾人数量情况

11-9 Conditions of Handicapped Population

项 目	Item	数量（万人）Number（10000 persons）	比重（%）Proportion（%）
合计	**Totlal**	**539.9**	**100**
1. 按残疾类别分	Group by Types of Handicap		
视力残疾	Visual Handicap	75.3	14.0
听力残疾	Hearing Handicap	136.1	25.1
言语残疾	Speech Handicap	11.5	2.1
肢体残疾	Physical Handicap	121.6	22.5
智力残疾	Intelligence Disability	27.2	5.0
精神残疾	Mental Disability	52.5	9.7
多重残疾	Multiple Handicaps	115.7	21.4
2. 按性别构成分	Group by Gender		
男性	Male	272.2	50.4
女性	Female	267.7	49.6
3. 按年龄构成分	Group by Age		
0～14岁	0～14	40.1	7.4
15～64岁	15～60	220.7	40.9
65岁及以上	65 and Above	279.1	51.7
4. 按城乡分布分	Group by Distribution in Urban or Rural Areas		
城镇	Urban Areas	171.5	31.8
农村	Rural Areas	368.4	68.2
5. 6岁以上残疾人口受教育情况	Education Background of Handicapped People above 6 Years Old		
不识字	Illiteracy	216.9	41.4
未上过学	Never Been to School	6.8	1.3
小学程度	Primary Level	199.2	38.0
初中程度	Junior Level	69.0	13.2
高中程度（含中专）	Senior Level（Including Secondary Technical School）	26.7	5.1
大专以上程度	Levels above College	5.6	1.1
6. 学龄残疾儿童受教育情况	Education Background of Handicapped People at School Age		
不识字	Illiteracy	9.5	39.0
未上过学	Never Been to School	0.2	0.9
小学程度	Primary Level	13.2	54.4
初中程度	Junior Level	1.4	5.7
7. 15岁以上残疾人口的婚姻状况	Marriage Status on Handicapped People above 15 Years Old		
未婚	Unmarried	67.8	13.6
在婚有配偶	Married and spouse present	276.0	55.2
离婚及丧偶	Divorce and Widowed	155.9	31.2

注：1. 2006年广东省第二次全国残疾人抽样调查结果显示，全省共有残疾人539.9万，占广东总人口的5.86%。

2. 学龄残疾儿童指6～14岁学龄残疾儿童。

3. 5、6、7项为合计数的其中项。

Note：1. The second national sample survey results for handicapped people in Guangdong Province，2006，There were five million three hundred and ninety nine thousand handicapped population in the whole province，with a proportion of 5.86% to the total population of Guangdong Province.

2. Handicapped People at School Age refer to handicapped people aged from 6～14.

3. Item 5，6，and 7 are the items among the total number.

11-10 残疾人口地区分布及构成

11-10 Geographical Distribution and Constitution of Handicapped Population

市别	City	残疾现患率（%）Prevalence Rate of Handicap（%）	推算的残疾人口数（万人）Calculated Number of Handicapped Population（10000 persons）	各种类别残疾构成（%）						
				视力 Visual	听力 Hearing	言语 Speech	肢体 Physical	智力 Intelligence	精神 Mental	多重 Multiple
合计	**Total**	**5.9**	**539.9**	**14.0**	**25.2**	**2.1**	**22.5**	**5.0**	**9.7**	**21.4**
广州	Guangzhou	5.3	52.1	11.7	21.7	2.0	23.2	4.9	13.6	22.9
深圳	Shenzhen	4.2	36.0	4.1	46.4	1.0	22.7	5.2	8.3	12.4
珠海	Zhuhai	5.3	7.9	10.9	27.5	1.7	19.5	5.2	11.6	23.5
汕头	Shantou	4.4	22.8	19.8	14.9	1.3	24.4	4.9	12.7	22.1
韶关	Shaoguan	6.5	19.8	13.7	21.2	2.7	27.0	5.8	10.6	19.0
佛山	Foshan	5.8	35.1	10.9	29.8	1.9	14.1	2.7	16.5	24.2
湛江	Zhanjiang	6.1	42.6	12.4	18.2	3.1	33.8	3.8	10.2	18.6
江门	Jiangmen	6.7	28.5	11.8	29.5	0.7	20.3	4.0	9.0	24.8
茂名	Maoming	5.8	35.3	13.8	24.9	2.5	19.7	5.2	7.7	26.1
肇庆	Zhaoqing	6.3	24.2	15.5	37.1	1.0	20.6	1.5	5.8	18.5
惠州	Huizhou	5.9	22.9	10.3	22.0	3.3	25.2	0.5	5.6	33.2
梅州	Meizhou	5.8	25.0	14.4	26.5	5.9	19.8	6.9	7.7	18.8
汕尾	Shanwei	5.8	16.9	23.3	20.2	1.6	20.4	4.4	9.3	20.9
河源	Heyuan	7.1	20.6	20.9	21.9	1.6	20.9	7.9	3.2	23.7
阳江	Yangjiang	6.5	15.8	4.0	31.7	0.5	24.1	9.4	9.8	20.5
清远	Qingyuan	8.2	30.9	9.2	37.7	1.8	19.1	3.7	11.0	17.5
东莞	Dongguan	4.0	27.6	13.0	26.8	0.9	23.3	5.1	9.8	21.2
中山	Zhongshan	5.7	14.6	8.7	36.2	2.3	5.1	17.4	11.5	18.8
潮州	Chaozhou	6.1	16.1	22.9	31.4	0.9	11.7	1.4	6.7	25.1
揭阳	Jieyang	5.2	30.3	13.6	12.6	3.1	34.4	5.8	13.0	17.5
云浮	Yunfu	6.2	15.1	18.5	19.7	1.7	26.4	3.9	7.3	22.5

注：根据2006年广东省第二次全国残疾人抽样调查结果推算。

Note：Calculated according to the second national sample survey results for handicapped people in Guangdong Province，2006.

11-11 残联组织建设情况（2008）

11-11 Construction Situation on Federation of Disabled Persons（2008）

项　目	Item	数　量 Number
省级	**Provincial Level**	
1. 省级残联数（个）	Number of Provincial Level Federation of Disabled（unit）	1
2. 残联机关工作人员总数（人）	Total Number of Workers in Federation of Disabled（person）	38
#残疾人干部人数	Number of Disabled Cadres	7
3. 所属事业单位单位个数（个）	Number of units belong to Public Institutions（unit）	5
工作人员总数（人）	Total Number of Workers（person）	112
#残疾人数	Number of Disabled	6
4. 举办干部培训班（期）	Hold Course for Young Cadres（time）	0
#培训人次（人次）	Trained People（person-time）	0
5. 举办残疾人干部培训班（期）	Hold Course for Handicapped Cadres（time）	0
#培训人次（人次）	Trained People（person-time）	0
地市级	**City at the Prefecture-level**	
1. 地市级残联数（个）	Number of Federation of Disabled at the Prefecture-level（unit）	21
2. 残联机关工作人员总数（人）	Total Number of Workers in Federation of Disabled（person）	351
#残疾人干部人数	Number of Disabled Cadres	32
3. 所属事业单位个数（个）	Number of units belong to Public Institutions（unit）	67
工作人员总数（人）	Total Number of Workers（person）	1186
#残疾人数	Number of Disabled	106
4. 举办干部培训班（期）	Hold Course for Young Cadres（time）	37
#培训人次（人次）	Trained People（person-time）	2784
5. 举办残疾人干部培训班（期）	Hold Course for Handicapped Cadres（time）	10
#培训人次（人次）	Trained People（person-time）	275
县市区	**County（City，District）**	
1. 县残联数（个）	Number of Federation of Disabled at the County Level（unit）	45
#建设达标残联数	Number of Federation of Disabled Reached the Construction Standard	25
2. 县级级市残联个数（个）	Number of Federation of Disabled at the County Level City（unit）	25
#建设达标残联数	Number of Federation of Disabled Reached the Construction Standard	12
3. 市辖区残联个数（个）	Number of Federation of Disabled in Districts Ruled by City（unit）	51
#建设达标残联数	Number of Federation of Disabled Reached the Construction Standard	26
4. 县（市、区）残联机关工作人员总数（人）	Total Number of Workers in County（City，District）level Federation of Disabled（person）	928
#残疾人干部人数	Number of Disabled Cadres	49
5. 所属事业单位单位个数（个）	Number of units belong to Public Institutions（unit）	137
工作人员总数（人）	Total Number of Workers（person）	649
#残疾人数	Number of Disabled	58
6. 举办干部培训班（期）	Hold Course for Young Cadres（time）	259
#培训人次（人次）	Trained People（person-time）	2662
7. 举办残疾人骨干培训班（期）	Hold Course for Handicapped Cadres（time）	57
#培训人次（人次）	Trained People（person-time）	722

11-11续表 continued

项　目 Item		数　量 Number
乡镇街道	**Rural Cominunities and Streets**	
1. 应建残联数（个）	Number of Disabled Federations to be Constructed（unit）	1523
2. 已建残联数（个）	Number of Disabled Federations Constructed（unit）	1483
3. 残联机关实有工作人员（人）	Actual Number of Workers in Disabled Federation（person）	1738
4. 专职残联理事长数（人）	Number of Full Time Director-General in Disabled Federation（person）	395
5. 兼职残联理事长数（人）	Number of Part Time Director-General in Disabled Federation（person）	710
6. 举办干部培训班（期）	Hold Course for Young Cadres（time）	165
#培训人次（人次）	Trained People（person-time）	10434
7. 举办残疾人骨干培训班（期）	Hold Course for Handicapped Cadres（time）	103
#培训人次（人次）	Trained People（person-time）	4224
村（社区）	**Village s（Social Communitiies）**	
1. 村残疾人组织建设	Construction Situation on Rural Federation of Disabled	
#应建残协数（个）	Number of Association for the Handicapped to be Constructed（unit）	11506
#已建残协数（个）	Number of Association for the Handicapped Constructed（unit）	4348
#残疾人专职委员数（人）	Number of Full Time Disabled Committee（person）	1104
#已建残疾人活动室（个）	Number of Activity Room for the Handicapped Constructed（unit）	691
2. 社区残疾人组织建设	Construction Situation on Social Community Federation of Disabled	
#应建残协数（个）	Number of Association for the Handicapped to be Constructed（unit）	4683
#已建残协数（个）	Number of Association for the Handicapped Constructed（unit）	3739
#残疾人专职委员数（人）	Number of Full Time Disabled Committee（person）	1595
#已建残疾人活动室（个）	Number of Activity Room for the Handicapped Constructed（unit）	2617

11-12 残疾人专门协会建设情况（2008）

11-12 Construction Situation of Special Association of Disabled Persons（2008）

专门协会 Special Association	省级 Provincial Level		地级市 Prefecture-level City		市辖区 Districts under City Administration		县（含县级市） County（Including City at County Level）	
	已建会（个） Established Associations（unit）	建会率（%） Ratio of Association Establish-ment（%）	已建会（个） Established Associations（unit）	建会率（%） Ratio of Association Establish-ment（%）	已建会（个） Established Associations（unit）	建会率（%） Ratio of Association Establish-ment（%）	已建会（个） Established Associations（unit）	建会率（%） Ratio of Association Establish-ment（%）
盲人协会 Blind Person Association	1	100	21	100	52	96.3	66	93.0
聋人协会 Association of Deaf	1	100	21	100	52	96.3	66	93.0
肢残人协会 Association of Persons with Physical Disabilities	1	100	21	100	53	98.1	66	93.0
智力残疾人及亲友协会 Association of Persons with Intelligence Disabilities and Their Relatives and Friends	1	100	21	100	53	98.1	64	90.1
精神残疾人及亲友协会 Association of Persons with Mental Disabilities and Their Relatives and Friends	1	100	21	100	53	98.1	63	88.7

11-13 残疾人康复情况（2008）

11-13 Recover Situation of Disabled Persons（2008）

项 目	Item	数量 Number
社区康复	**Community Rehabilitation**	
1. 市辖区开展比例（%）	Operating Ratio in Districts under City Administration（%）	100
2. 县（市）开展比例（%）	Operating Ratio in County（City）（%）	95.5
3. 社区（村）开展比例（%）	Operating Ratio in Districts in Community（Village）（%）	50.3
视力残疾康复	**Rehabilitation of Visual Disability**	
1. 贫困白内障患者免费手术数（例）	Number of Free Surgeries for Poor Cataract Patients（case）	19331
2. 低视力者配用助视器（人）	Supply of Typoscope for People with Low Vision（person）	4420
3. 盲人定向行走训练（人）	Mobility and Orientation Training for the blind（person）	827
听力言语残疾康复	**Rehabilitation of Hearing and Speech Disability**	
1. 听力言语残疾康复机构（个）	Number of Rehabilitation Institutions for People with Hearing and Speech Disability（unit）	91
2. 康复训练（人）	Rehabilitation Training（person）	1472
精神残疾康复	**Rehabilitation of Mental Disability**	
1. 精神残疾康复机构数（个）	Number of Rehabilitation Institutions for People with Mental Disability（unit）	407
2. 康复训练（人）	Rehabilitation Training（person）	43416
孤独症儿童康复	**Rehabilitation of Autism Children**	
1. 孤独症儿童康复训练机构（个）	Number of Rehabilitation Training Institutions for Autism Children（unit）	1
2. 康复训练（人）	Rehabilitation Training（person）	65
肢体残疾康复	**Rehabilitation of Physical Disability**	
1. 肢体残疾康复机构（个）	Number of Rehabilitation Institutions for People with Physical Disability（person）	310
2. 康复训练（人）	Rehabilitation Training（person）	11926
智力残疾康复	**Rehabilitation of Intelligence Disability**	
1. 智力残疾康复机构（个）	Number of Rehabilitation Institutions for People with Intelligence Disability（unit）	163
2. 康复训练（人）	Rehabilitation Training（person）	3174
辅助器具供应	**Supply of Assistive Device**	
1. 免费发放的辅助器具件数（件）	Number of Assistive Devices Provided for Free（unit）	12339
2. 普及型假肢装配（例）	Assemble of Popular Artificial Limb（case）	976
3. 矫形器装配（例）	Assembled of Orthotic Device（case）	2144

11-14 残疾人教育情况（2008）

11-14 Education Situation of Disabled Persons（2008）

项 目 Item		数 量 Number
义务阶段教育	**Compulsory Education Stage**	
1. 义务教育特教学校合计（所）	Total Number of Special-education Schools in Compulsory Education（unit）	68
盲校	Schools for the Blind	1
聋校	Schools for the Deaf	10
弱智学校	Schools for the Mental Handicapped	42
其他	Others	15
2. 义务教育普校附设特教班合计（个）	Total Number of Special Classes in ordinary schools of Compulsory Education（unit）	189
盲生班	Classes for the Blind	5
聋生班	Classes for the Deaf	34
弱智班	Classes for the Mental Handicapped	150
高中阶段教育	**Education of Senior Middle School Stage**	
1. 特殊教育普通高中机构数（盲校与聋校）（个）	Number of Senior Schools Institutions for Special-education（Schools for the Blind and Deaf（unit）	3
2. 特殊教育普通高中的在校学生数（人）	Enrollments in Senior Schools Institutions for Special-education（person）	109
#盲	Blind	
聋	Deaf	109
3. 残疾人中等职业教育机构数（个）	Middle Vocational Education Institutions for Disabled（unit）	8
4. 残疾人中等职业教育在校学生数（人）	Enrollments in Middle Vocational Education Institutions for Disabled（person）	1071
#盲	Blind	212
聋	Deaf	428
肢残	Physical Disabled	431
高等教育	**Higher Education Stage**	
1. 高等特殊教育学院录取残疾人数（人）	Recruited Disable Persons in High Special Education Colleges（person）	74
本科录取人数（人）	Recruited Person of Undergraduate（person）	17
#盲	Blind	5
聋	Deaf	12
专科（高职）（人）	Recruited Person of Junior College（Senior Vocational School）（person）	57
#盲	Blind	21
聋	Deaf	36
2. 普通高等院校录取残疾人数（人）	Recruited Disable Persons in Regular Higher Educational Institutions（person）	260
本科录取人数（人）	Recruited Person of Undergraduate（person）	103
#盲	Blind	4
聋	Deaf	11
肢残	Physical Disabled	88
专科（高职）录取人数（人）	Recruited Person of Junior College（Senior Vocational School）（person）	157
#盲	Blind	1
聋	Deaf	7
肢残	Physical Disabled	149

11-15 残疾人培训与就业（2008）

11-15 Training and Employment of Disabled Persons（2008）

项目	Item	数量 Number
残疾人职业培训	**Vocational Training of Disabled Persons**	
1. 残疾人职业培训机构数（个）	Number of Vocational Training Institutions for Disabled Person（unit）	190
残联系统办（个）	Opened by Disabled Federation System（unit）	110
#省级	Provincial Level	1
地市级	Prefecture level	32
县级	County level	77
非残联系统办（个）	Opened by Non-Disabled Federation System（unit）	80
2. 残联系统职业培训（人）	Number of People undergone Vocational Training by Disabled Federation System（person）	45048
城镇培训	Trained Persons in Urban Areas	12249
农村培训	Trained Persons in RuralAreas	32799
3. 获得职业资格证书人数（人）	Number of People Obtained Vocational Certification（person）	2285
残疾人就业	**Employment of Disabled Persons**	
1. 残疾人就业服务机构建设（个）	Construction of Employment Service Institutions for Disabled Persons（unit）	
机构数	Number of Institutions	161
#省	Provincial Level	1
市（含地市级市、县级市）	Prefecture level	46
县	County level	48
市辖区	Districts under City Administration	66
2. 城镇残疾人就业状况（人）	Employment Status on Urban Disabled Persons（person）	
本年度新安排集中就业	Newly Arranged Concentrated Employments This Year	4892
本年度新安排按比例就业	Newly Arranged Proportional Employments This Year	9236
本年度新安排个体及其他形式的就业	Newly Arranged Individual or Other Forms of Employments This Year	4251

11-16 残疾人扶贫工作（2008）

11-16 Anti-poverty Project of Disabled Persons（2008）

项 目	Item	数 量 Number
农村贫困残疾人状况	**Status on Poor Disabled Persons in Rural Areas**	
1. 农村贫困残疾人（人）	Poor Disabled Persons in Rural Areas（person）	188319
2. 低收入残疾人（人）	Disabled Persons with Low Income（person）	205650
贫困残疾人扶贫效果	**Anti-poverty Results for Poor Disabled Persons**	
1. 本年扶持贫困残疾人（人次）	Number of Poor Disabled Persons Received Assistance（person-time）	36466
2. 本年返贫（人）	Number of Disabled Person Return to Poverty（person）	1347
贫困残疾人享受优惠政策及社会帮扶	**Preferential Policy and Social Assistance Enjoyed by Poor Disabled Persons**	
1. 享受优惠政策的贫困残疾人（人）	Poor Disabled Persons in Rural Areas（person）	100151
2. 结对帮扶单位（个）	Pari-assisting Units（unit）	1683
3. 结对帮扶个人（人）	Pari-assisting Individual（Person）	5626
4. 帮扶物资折款及资金投入（万元）	Assisted Goods and Materials Converted into Money and Fund Input（10000 yuan）	1729.6
残疾人扶贫基地建设	**Establishment of Anti-poor base for Disabled Persons**	
1. 残疾人扶贫基地（个）	Anti-poor Base for Disabled Persons（unit）	75
2. 投入资金（万元）	Fund Input（10000 yuan）	408.8
3. 安排和扶持贫困残疾人（人）	Arranged and helped Poor Disabled Persons（person）	8403
农村贫困残疾人危房改造	**Dilapidated House Transformation for Rural Poor Disabled Persons**	
1. 当年中央安排任务（户）	Task Arranged by Central Government During That Year（household）	2000
2. 当年实际完成任务（户）	Actual Finished Task During That Year（household）	3551
3. 受益贫困残疾人（人）	Beneficial Poor Disabled Persons（person）	4453
4. 危房改造投入资金（万元）	Fund Input on Dilapidated House Transformation（10000 yuan）	4050.1
5. 社会捐助资金及物资折款（万元）	Funds of Social Donation and Goods Converted into Money（10000 yuan）	287.4

11-17 残疾人宣传文化活动（2008）

11-17 Promotion and Cultural Activities of Disabled Persons（2008）

项 目	Item	省级 Provincial Level	地市级 Prefecture Level
宣传	**Propaganda**		
1. 报刊	Newspapers and Periodicals		
报刊专栏（个）	Columns in Newspapers and Periodicals（unit）	1	18
报刊专版（个）	Special Edition in Newspapers and Periodicals（unit）	3	66
2. 广播	Radio		
残疾人专题节目（个）	Feature Program for Disable Persons（unit）	1	38
3. 电视	Television		
手语新闻栏目（个）	Special Programs on Disability（unit）	1	3
其他残疾人专题栏目（个）	Other Special Programs on Disability（unit）		27
文化	**Culture**		
1. 举办残疾人事业展览（个）	Exhibition on Undertakings for Disabled People（unit）		14
2. 盲文及盲人有声读物阅览室（个）	Reading Rooms Braille and Audio Books for the Blind（unit）	2	24
占地面积（米²）	Floor Areas（m^2）	120	2436
3. 残疾人文化艺术类比赛及展览（个）	Cultural or art competitions and Exhibition for Disabled People（unit）	1	28
#投稿作者人次（人次）	Person-time of Contributed Author（person-time）	212	966
作品数量（件）	Number of Works（piece）	261	1341
4. 特殊艺术人才培养定点学校（个）	Designated Schools for Special Artistic Talent Training（unit）	6	16
5. 残疾人艺术团（个）	Number of Art Schools for People With Disabilities（unit）	1	5

11-18 残疾人体育活动（2008）

11-18 Physical Exercise of Disabled Persons（2008）

项 目	Item	数量 Number
体育	**Handicapped Sports Games（Provincial Level and above）（time）**	
1. 残疾人体育比赛（省级以上）（次）	Handicapped Sports Games（Provincial Level and above）（time）	3
参赛残疾人运动员（人次）	Handicapped Athletes Involved（person-time）	2800
2. 残疾人体育基地（个）	Sports Base for Handicapped（unit）	8
3. 相对稳定教练员（人）	Relatively Stable Coaches（person）	20
4. 国内国际比赛奖牌数（枚）	Number of Medal of Domestic and International Games（piece）	135
金牌	Gold Medal	61
银牌	Silver Medal	37
铜牌	Bronze Medal	37

11-19 残疾人维权工作情况（2008）

11-19 Conditions of Right Protecting Jobs of Disabled Persons（2008）

项 目	Item	数量 Number
法规体系与政策文件	**Rules and Regulations System and Policy Document**	
1. 制定或修改直接涉及残疾人利益的法规、规章（个）	Enactment or Modification of Rules and Regulations Directly Concerning Disabled Persons（unit）	1
2. 残联参与制定或修改的法规、规章（个）	Enactment or Modification of Rules and Regulations with Participation of Disabled Federation（unit）	1
3. 制定或修改扶助残疾人的规定（个）	Enactment or Modification of Regulations Helping Disabled People（unit）	32
4. 制定残疾人权益保障政策文件（个）	Enactment of Policy Documents on Guarantee of the Rights and Interests of the Disabled（unit）	24
法制宣传	**Law Publicity**	
1. 举办普法宣传教育活动（次）	Publicity and Education Activities for Publicizing Laws（time）	253
#省级	Provincial Level	2
地市级	Prefecture Level	75
县级	County Level	176
2. 印制普法宣传材料（万份）	Materials Printed for Publicizing Laws（10000 Copies）	157.5
法律救助	**Legal Assistance**	
1. 建立残疾人法律救助协调组织（个）	Establishment of Legal Salvation and Coordination Organizations for Disabled People（unit）	1
2. 残疾人法律救助中心和法律援助（服务）中心	Legal Salvation Centers and Legal Aid（service）for Disabled People	
残疾人法律救助中心（个）	Legal Salvation Centers for Disabled People（unit）	
残疾人法律救助中心办理的案件（件）	Cases Handled by Legal Salvation Centers for Disabled People（case）	
残疾人法律援助（服务）中心（个）	Legal Aid（service）Centers for Disabled People（unit）	119
残疾人法律援助（服务）中心办理的案件（件）	Cases Handled by Legal Aid（service）Centers for Disabled People（case）	448
3. 残疾人维权岗	Position of Rights Protection for Disabled People	
设立残疾人维权岗（个）	Establishment of Position of Rights Protection for Disabled People（unit）	76
为残疾人提供法律服务的案件（件）	Cases Providing Legal Service for Disabled People（case）	360
无障碍建设	**No Obstacle Facilities Construction**	
1. 无障碍建设与管理法规、政府令（个）	Barrier-free Construction, Management Regulations and Governmental Fiats（unit）	17
2. 无障碍建设领导协调组织（个）	Leading and Coordinating Organizations on Barrier-free Construction（unit）	30
3. 无障碍建设检查（次）	Examinations of Barrier-free Construction（time）	44
4. 无障碍宣传	Propaganda of Barrier-free	
媒体宣传（次）	Media and Communications（time）	143
印发宣传材料（万份）	Propaganda Materials Printed（10000 copies）	6.9

注：残疾人法律援助（服务）中心是省、地、县司法行政部门和残联联合建立的残疾人法律援助（服务）机构；残疾人法律救助机构是由残联单独设立的为残疾人提供法律帮助和服务的机构。

Note: Legal Aid（service）Centers for Disabled People are Organizations co-established by provincial, prefecture, county court departments and Disabled Federation; Legal Salvation Centers for Disabled People are organizations providing legal assistance and service, and established by Disabled Federation only.

11-20 残疾人信访情况（2008）

11-20 Statistics of Letters from and Visits of Disabled Persons（2008）

信访内容 Contents of Letters From and Visits		来信（件）Letters From（case）			来访 个人访（人次）Individual Visits（person-time）			来访 集体访（人次）Collective Visits（person-time）					
		省级 Pro-vincial Level	市级 Mu-nicipal Level	县级 County Level	省级 Provin-cial Level	市级 Mu-nicipal Level	县级 County Level	省级 Provincial Level 批次 Batch	省级 Provincial Level 人次 person-time	市级 Municipal Level 批次 Batch	市级 Municipal Level 人次 person-time	县级 County Level 批次 Batch	县级 County Level 人次 person-time
侵权类	Encroachment of Right	26	23	42	16	165	322			36	710	76	573
裁、审结案类	Adjudication or Conclusion of Cases	1	4	19	11	40	66			5	31		
教育类	Education	10	22	140	4	67	593						
就业类	Employment	17	93	400	1	288	2012					5	32
救济类	Relief	66	288	723	32	614	2378			4	28	11	75
优惠政策类	Preferential Policy	13	46	229	3	175	1187			2	17	5	33
借贷类	Debit and Credit	5	4	15		5	87					9	50
康复类	Rehabilitation	28	24	368		109	1438					2	11
婚姻户籍类	Marriage and Census Register	1	4	6	1	8	64					13	78
建议类	Advice	5	16	30	1	8	80						
举报类	Report		4	3		5	10					1	13
机动轮椅车类	Motor Wheelchairs	12	18	119	1	721	837						
残疾人驾驶汽车类	Motoring of Disabled People			4		13	66			22	609	25	255
精神残疾类	Mental Disabilities	1	4	171	1	37	592			1	11		
其他类	Others	56	217	71	1	135	297					3	16

注：2008年来信3348件，个人访12491人次，集体访112批次1283人次。

Note：There 3348 letters from，12491 person-time of individual visits，and 1283 person-time，112 batches of collective visits in 2008.

11-21 各市残疾人康复事业情况（2008）

11-21 Statistics of Disabled Persons' Recovering Undertaking by City（2008）

市别	City	贫困白内障免费手术（例）Number of Free Surgeries for Poor Cataract Patients（case）	低视力配用助视器（人）Supply of Typoscope for People with Low Vision（person）	盲人定向行走训练（人）Mobility and Orientation Training for the Blind（person）	听力言语残疾康复训练（人）Rehabilitation Training of People with Hearing and Speech Disability（person）	精神残疾康复训练（人）Rehabilitation Training of Mental Disabilities（person）
合计	**Total**	**19331**	**4420**	**827**	**1472**	**43416**
省本级	Provincial Level	3338	2210	62	82	
广州	Guangzhou	1286	135	168	78	29022
深圳	Shenzhen	225	399	31	50	729
珠海	Zhuhai	219	28	30	115	383
汕头	Shantou	263	16	12	85	309
佛山	Foshan	301	870	8	83	721
韶关	Shaoguan	841		10	43	382
河源	Heyuan	960	49	18	56	141
梅州	Meizhou	1077	109	74	75	809
惠州	Huizhou	950	45	47	28	2312
汕尾	Shanwei	202	5	5	34	188
东莞	Dongguan	518	52	53	32	1866
中山	Zhongshan	3	25	5	36	150
江门	Jiangmen	2341	19	53	31	322
阳江	Yangjiang	629	83		49	75
湛江	Zhanjiang	1621	28	106	117	2888
茂名	Maoming	668	45	47	116	310
肇庆	Zhaoqing	1562	108	36	147	179
清远	Qingyuan	1258	95	31	104	988
潮州	Chaozhou	103	5	25	11	1013
揭阳	Jieyang	697	27	3	64	617
云浮	Yunfu	269	67	3	36	12

11-22 各市残疾人培训就业情况（2008）

11-22 Statistics on Disabled Persons' Training and Employment by City（2008）

单位：人 （Person）

市 别	City	城镇职业培训 Urban Vocational Training	农村实用技术培训 Training on Rural Practical Technology	新安排集中就业 Newly Arranged Concentrated Employments	新安排按比例就业 Newly Arranged Proportional Employments	新安排个体及其他形式的就业 Newly Arranged Individual or Other Forms of Employments
合 计	**Total**	**12249**	**32799**	**4892**	**9236**	**4251**
省本级	Provincial Level				140	
广 州	Guangzhou	2177	3068	522	2505	554
深 圳	Shenzhen	4431		2128	2836	99
珠 海	Zhuhai	94	62	22	72	49
汕 头	Shantou	375	487	59	236	75
佛 山	Foshan	149	729	65	235	79
韶 关	Shaoguan	20	438	38	331	356
河 源	Heyuan	354	461	75	90	147
梅 州	Meizhou	308	2455	175	142	264
惠 州	Huizhou	406	420	150	482	186
汕 尾	Shanwei	72	242	85	121	172
东 莞	Dongguan	350	40	120	50	190
中 山	Zhongshan	130	500	17	49	45
江 门	Jiangmen	522	12702	155	937	145
阳 江	Yangjiang	295	876	33	127	177
湛 江	Zhanjiang	402	563	385	141	770
茂 名	Maoming	772	979	194	131	371
肇 庆	Zhaoqing	602	905	222	94	183
清 远	Qingyuan	375	1710	287	130	41
潮 州	Chaozhou	84	898	126	36	97
揭 阳	Jieyang	58	87	13	319	146
云 浮	Yunfu	273	5177	21	32	105

11-23 残疾人小康进程监测情况（2008）

11-23 Monitoring Statistics of Disabled Persons' Well-off Process（2008）

指标体系 Item System		权重 Weighing	全面小康标准值 Standard Value of all-round well-off	实际值 Actual Value		实现程度（%） Realization Degree（%）	
				全国 National	广东 Guangdong	全国 National	广东 Guangdong
残疾人全面小康实现程度（%）	**Realization Degree of All-round Well-off for Disabled Persons（%）**	**100**				**50.5**	**53.0**
一、生存状况	**living conditions**	**45**				**53.5**	**58.3**
（一）收入状况	Income Condition	20					
残疾人家庭人均可支配收入（元）	Per Capita Disposable Income in Disabled Family（yuan）	20	≥15000	4972	5662	33.1	37.8
（二）消费状况	Expenses Condition	10					
1．残疾人家庭恩格尔系数（%）	Engelian Coefficient in Disabled Family（%）	5	≤40	50.4	52.71	79.3	75.9
2．残疾人家庭人均用电量（千瓦时）	Per Capita Electricity Consumption in Disabled Familiy（kW·h）	5	≥500	172.4	206.4	34.5	41.3
（三）居住状况	Housing Condition	10					
残疾人家庭人均住房使用面积（米²）	Per Capita Floor Space of Residential Buildings in Disabled family（m²）	10	≥27	19.6	23.77	72.5	88.0
（四）婚姻状况	Marriage Condition	5					
适龄残疾人在婚率（%）	Ratio of Married Disabled People at the Right Age（%）	5	≥70	63.1	56.37	90.1	80.5
二、发展状况	**Status of development**	**35**				**38.7**	**44.1**
（一）康复状况	Rehabilitation Condition	8					
康复服务覆盖率（%）	Coverage of Rehabilitation service（%）	8	≥90	23.3	17.4	25.9	19.3
（二）教育状况	Education Condition	6					
学龄残疾儿童接受义务教育比例（%）	Compulsory Educated Ratio of Disabled Children at School Age（%）	6	≥95	63.8	71.62	67.1	75.4
（三）就业状况	Employment Condition	6					
城镇残疾人登记失业率（%）	Registered Unemployment Rate of Urban Disabled People（%）	6	≤6	12.6	10.00	0	0.0
（四）社会保障	Social Security	8					
1．城镇残疾人基本社会保险覆盖率（%）	Coverage of Basic Pension Insurance of Urban Disabled People（%）	4	≥95	38.8	37.07	40.8	39.0
2．农村残疾人合作医疗覆盖率（%）	Coverage of Cooperative Medical Service of Rural Disabled People（%）	4	≥95	93.5	91.54	98.4	96.4
（五）信息化水平	Informatization Level	4					
1．百户残疾人家庭电话拥有量（部）	Number of Telephone Ownership for 100 Disabled Households（unit）	2	≥150	80.4	122.0	53.6	81.3
2．百户残疾人家庭电视拥有量（台）	Number of Television Ownership for 100 Disabled Households（unit）	1	≥100	71.2	78.1	71.2	78.1
3．百户残疾人家庭电脑拥有量（台）	Number of Computor Ownership for 100 Disabled Households（unit）	1	≥60	4.6	9.1	7.7	15.2

11-23续表 continued

指标体系 Item System		权重 Weighing	全面小康标准值 Standard Value of all-round well-off	2008年实际值 Actual Value in 2008		2008年度实现程度（%）Realization Degree in 2008（%）	
				全国 National	广东 Guangdong	全国 National	广东 Guangdong
（六）社会参与	Social Involvement	3					
社区活动参与率（%）	Participation Rate of Community Activities（%）	3	≥90	30.2	41.62	33.6	46.2
三、环境状况	**Environment Condition**	**20**				**59.2**	**56.8**
（一）无障碍环境	Barrier-free Environment	7					
残疾人对无障碍环境的满意率（%）	Satisfaction Rate of Disabled People to Barrier-free Environment（%）	7	≥90	62.9	61.27	69.9	68.1
（二）社区服务	Community Service	7					
社区服务覆盖率（%）	Coverage of Community Service（%）	7	≥90	17.8	11.24	19.7	12.5
（三）法律服务	Legal Service	6					
法律服务满意率（%）	Satisfaction Rate to Legal Service（%）	6	≥90	83.5	85.71	92.8	95.2

11-24 残疾人家庭人均收入情况（2008）

11-24 Statistics of Family Income of Disabled persons（2008）

项 目 Item		城镇 Urban Areas			农村 Rural Areas		
		广东 Guangdong	全国 National	广东比全国（+、-）Comparison of Guangdong to National	广东 Guangdong	全国 National	广东比全国（+、-）Comparison of Guangdong to National
总收入（元）	Total Income（yuan）	10536.2	8970.5	1565.7	5638.6	4836.7	801.9
可支配收入（元）	Disposable Income（yuan）	9563.3	8487.2	1076.1	4511.2	3803.6	707.6
可支配收入占总收入比重（%）	Proportion of Disposable Income（yuan） in Total Income（%）	90.8	94.6	-3.8	80.0	78.6	1.4
工薪年收入（元）	Wage Annual Income（yuan）	4390.2	2786.7	1603.5	2006.5	1636.2	370.3
城镇经营年净收入（元）	Annual Net Income from Urban Operation（yuan）	818.1	580.9	237.2			
农村经营年总收入（元）	Annual Total Income from Rural Operation（yuan）				2289.9	2023.6	266.3
财产性年收入（元）	Property Annual Income（yuan）	830.7	179.1	651.6	185.2	166.3	18.9
转移性年收入（元）	Transitive Annual Income（yuan）	3839.7	5211.0	-1371.3	976.8	734.5	242.3
出售财物年收入（元）	Annual Income from Selling Assets（yuan）	17.1	64.3	-47.2	1.9	20.1	-18.2
借贷年收入（元）	Annual Income from Borrowing（yuan）	640.4	148.5	491.9	178.3	256.0	-77.7

11-25 残疾人家庭分项人均支出情况（2008）

11-25 Statistics of Family Clausal Per-capita Expense of Disabled Persons（2008）

单位：元 （Yuan）

项 目	Item	广东 Guangdong	全国 National	广东比全国（+、-） Comparison of Guangdong to National
城镇	**Urban Areas**			
总支出	Total Expense	8079.7	7056.6	1023.1
食品年支出	Annual Expense on Food	3383.2	2954.6	428.6
衣着年支出	Annual Expense on Clothes	247.9	293.1	-45.2
设备用品年支出	Annual Expense on equipment and supplies	120.9	113.6	7.3
医疗保健年支出	Annual Expense on Medical Care	983.9	1150.0	-166.1
交通和通信年支出	Annual Expense on Transport and Communication	509.2	346.3	162.9
教育和文化年支出	Annual Expense on Education and Culture	489.0	374.1	114.9
杂项商品年支出	Annual Expense on Miscellaneous Commodities	199.0	142.8	56.2
社会保障年支出	Annual Expense on Social Security	238.8	237.2	1.6
借贷还债年支出	Annual Expense on Debit and Credit	104.9	92.3	12.6
居住年支出	Annual Expense on Housing	1426.3	882.7	543.6
年交纳所得税	Annual Paid Income Tax	76.6	33.3	43.3
转移性年支出	Transitive Annual Expense	299.9	436.6	-136.7
农村	**Rural Areas**			
总支出	Total Expense	4895.2	4154.0	741.2
食品年支出	Annual Expense on Food	2104.2	1660.2	444
衣着年支出	Annual Expense on Clothes	131.0	154.9	-23.9
设备用品年支出	Annual Expense on equipment and supplies	47.9	47.5	0.4
医疗保健年支出	Annual Expense on Medical Care	483.9	449.1	34.8
交通和通信年支出	Annual Expense on Transport and Communication	276.1	198.3	77.8
教育和文化年支出	Annual Expense on Education and Culture	216.0	158.8	57.2
杂项商品年支出	Annual Expense on Miscellaneous Commodities	90.5	64.6	25.9
社会保障年支出	Annual Expense on Social Security	41.1	34.9	6.2
借贷还债年支出	Annual Expense on Debit and Credit	60.5	136.7	-76.2
居住年支出	Annual Expense on Housing	497.0	492.0	5
经营年支出	Annual Expense on Operation	781.6	476.4	305.2
生产性固定资产年折旧	Annual Depreciation of Productive Permanent Assets	14.8	13.5	1.3
财产性年支出	Property Annual Expense	19.0	27.9	-8.9
转移性年支出	Transitive Annual Expense	120.9	224.5	-103.6
税费年支出	Annual Expense on Tax	10.6	14.7	-4.1

11-26 人民代表大会代表数

11-26 Number of Deputies to the People's Congresses

单位：人 (Person)

年 份 Year	2004	2005	2006	2007	2008
代表数 Number of Deputies	787	794	791	789	790

11-27 人民代表大会代表构成情况统计（2008）

11-27 Statistics of Institution of Deputies to the People's Congresses（2008）

单位：人，% (Person，%)

代表总数 Total	性别 Gender				民族 Race				代表构成 Constitution										中共党员 Party Members of CPC		归侨侨眷 Returned Overseas Chinese and Their Family Members	
	男 Male		女 Female		汉族 Han		少数民族 Minority		工农 Workers and Peasants		军人 Service-man		干部 Cadre		知识分子 Intellectual		民主党派和无党派爱国人士 Democratic Party Members Patriots with no Party Affiliations					
	人数 person	比重 sp.	人数 person	比重 sp.	人数 person	比重 sp.	人数 person	比重 sp.	人数 person	比重 sp.	人数 person	比重 sp.	人数 person	比重 sp.	人数 person	比重 sp.	人数 person	比重 sp.	人数 person	比重 sp.	人数 person	比重 sp.
790	572	72.4	218	27.6	768	97.2	22	2.8	260	32.9	34	4.3	200	25.3	194	24.6	102	12.9	493	62.4	44	5.5

注：因增补代表、代表出缺等原因，每年代表的统计数目都可能发生变化。

Note: The statistical number of deputies may alter yearly for deputy supplement or voidance.

11-28 政协委员人数

11-28 Population of Member of the 9th CPPCC National Committee

年份 Year	2004	2005	2006	2007	2008
省政协委员数（人） Member of CPPCC Provincial Committee（person）	896	848	962	950	950

11-29 政协第十届委员会委员情况

11-29 Statistics of Population of Member of the 10th CPPCC National Committee

单位：人 （Person）

委员总数 Total	基本情况 Basic Condition							港澳台人士 Citizens of Hong Kong，Macao and Taiwan.		
	中共党员 Party Members of CPC	非中共党员（其中民主党派）Democratic Party Members	女 Female	少数民族 Minority	宗教人士 Religious People	非公有制经济人士 People from Non-public Sectors of the Economy	新社会阶层 New Society Stratum	香港人士 Hong Kong	澳门人士 Macao	台籍人士 Taiwan
950	367	583（192）	168	20	12	139	12	99	31	5

委员总数 Total	学历 Educational Background			职称 Professional Title			年龄 Age					
	研究生 Post-graduate	大学本科 Under-graduate College	大学专科 University Faculty	初级以下 Primary and Below	中级 Interme-diate	高级 Advanced	35岁及以下 35 and Below	36～45岁 36～45	46～54岁 46～54	55～60岁 55～60	61～69岁 61～69	70岁及以上 70 and Above
950	233	187	73	112	63	245	32	316	343	232	25	2

11-30 各市宗教活动场所(2008)

11-30 Venue for Religious Activities by City(2008)

单位：处 (Unit)

市别 City		寺观教堂 Temple, Taoist Temple, Church					固定处所 Fixed Base				
		佛教 Buddhism	道教 Taoism	伊斯兰教 Islamism	天主教 Catholism	基督教 Christian	佛教 Buddhism	道教 Taoism	伊斯兰教 Islamism	天主教 Catholism	基督教 Christian
合计	**Total**	**1075**	**131**	**7**	**311**	**588**	**333**	**56**	**1**	**60**	**150**
广州	Guangzhou	18	6	4	4	14	3	1		2	17
深圳	Shenzhen	4		1	5	16	2			4	9
珠海	Zhuhai	2							1	1	8
汕头	Shantou	197	3		44	68	113	2		4	9
佛山	Foshan	16	6		12	17					
韶关	Shaoguan	15	4		7	13	4				9
河源	Heyuan	38	19		21	81					7
梅州	Meizhou	199	12		33	84	89	9		3	37
惠州	Huizhou	27	15		7	9	29	17		5	18
汕尾	Shanwei	44	10		67	33	16	3		3	5
东莞	Dongguan	17	5		1	8	17				1
中山	Zhongshan	7			2	7	1				
江门	Jiangmen	7	3		12	33	4			1	3
阳江	Yangjiang	9			1	2	1				3
湛江	Zhanjiang	192	2		14	32	21				4
茂名	Maoming	18	23		2	5	12	23			
肇庆	Zhaoqing	10		2	5	9					
清远	Qingyuan	10	8		3	25					10
潮州	Chaozhou	112			26	52	7				1
揭阳	Jieyang	122	14		43	73	13	1		37	8
云浮	Yunfu	10			2	5	1				1
省佛协	Guangdong Buddhist Association	1									
省道协	Guangdong Taoist Association		1								
省伊协	Guangdong Islamic Society										
省天主教两会	Two Sessions of Guangdong Catholic Church										
省基督教两会	Two Sessions of Guangdong Christianity					2					

11-31 各市宗教教职人员（2008）

11-31 Statistics of Clergies by City （2008）

单位：人 （Person）

市别 City		佛教 Buddhism		道教 Taoism		伊斯兰教 Islamism	天主教 Catholism			基督教 Christian				小计 Subtotal
		僧 Monk	尼 Nun	乾道 Taoist priest	坤道 Taoist nun	阿訇 Akhond	主教 Bishop	神父 priest	修女 Sister	牧师 minister	教师 Teacher	长老 Presbyter	传道 Preacher	
合计	**Total**	**3742**	**3033**	**547**	**206**	**16**	**3**	**69**	**139**	**188**	**58**	**124**	**623**	**8748**
广州	Guangzhou	205	74	39		9	1	6	35	22		1	32	424
深圳	Shenzhen	81				2		6	8	12		5	25	139
珠海	Zhuhai	35				1				5			5	46
汕头	Shantou	400	395	3	11			5	2	20	5	9	65	915
佛山	Foshan	90	40	43	4			4	5	2		1	22	211
韶关	Shaoguan	469	154	22	2			2	3	3		8	22	685
河源	Heyuan	33	6	14	11			3	2	8		18	118	213
梅州	Meizhou	491	440	21	20		1	9	17	27		26	70	1122
惠州	Huizhou	226	41	112	12			3	6	6	17	2	15	440
汕尾	Shanwei	202	77	22	28			5	8	3	4	8	17	374
东莞	Dongguan	118	47	22	6			1		3	10	5	1	213
中山	Zhongshan	46	18					1	2	10	6		2	85
江门	Jiangmen	46	36	21	7	1		2	14	10	3		25	165
阳江	Yangjiang	39	12					1		1			2	55
湛江	Zhanjiang	475	1313	11	6		1	4	17	8		3	18	1856
茂名	Maoming	68	32	147	4			1			1		4	257
肇庆	Zhaoqing	83	10			1		1	3	1		3	10	112
清远	Qingyuan	40	6	10	17			1		5	10	3	60	152
潮州	Chaozhou	208	120					4	3	5	1	9	45	395
揭阳	Jieyang	269	208	39	65			9	11	23		22	60	706
云浮	Yunfu	47	4					1	2	1		1	5	61
光孝寺	Guangxiao Temple	71												71
圆玄道观	Yuanxuan Taoist Temple			21	13									34
省伊协	Guangdong Islamic Society					2								2
省天主教两会	Two Sessions of Guangdong Catholic Church								1					1
省基督教两会	Two Sessions of Guangdong Christianity									13	1			14

主要统计指标解释

妇女基层组织 根据《中华全国妇女联合会章程》，妇女基层组织包括：乡镇妇联、街道妇联、社区妇联；农村的行政村、乡镇企业、农林牧渔场妇女代表会；城市的居民委员会、街办企业和专业市场妇女代表会；机关和教科文卫等事业单位妇女委员会（简称妇委会）或妇女工作委员会（简称妇工委）。

残疾人法律援助（服务）中心 指由司法行政部门和残联联合建立的残疾人法律援助（服务）机构。

残疾人分散按比例就业 指按照1.5%的比例，分散安排在机关、团体、企事业单位以及各种经济组织等单位就业的残疾人数。未按此比例安排的单位需要交纳残疾人就业保障金。

宗教教职人员 是对各宗教专门从事教务活动人员的通称，就我国五大宗教而言，主要是指：汉传佛教的比丘、比丘尼，藏传佛教的活佛、喇嘛、觉姆，南传佛教的大佛爷、小佛爷；道教的道士、道姑（全真派称乾道、坤道）；伊斯兰教的阿訇、伊玛目、专职哈提甫；基督教的主教、牧师、长老；天主教的主教、司铎、修士、修女。

Explanatory Notes on Main Statistical Indicators

Women s Grass Roots Organization According to the "Constitution of All-China Women's Federation", women's grass roots organization including: women's federations in villages and towns, women's federations in streets, women's federations in social communities, women's representative conference in rural administrative villages, township enterprises, farms, forest farms, pastures and fishing grounds; women's representative conference in urban residential committees, street-owned enterprises, and specialized markets; women's committees or women's working committees in organs and public institutions of education, science, culture and health.

Legal Aid (Service) Centre for Disabled Persons Refer to legal aid (service) agencies for disabled persons co-established by jutical administrations and disabled federation.

Dispersion of Disabled Person by Employed in Proportion Refer to the number of disabled persons dispersedly employed by organs, societies, enterprise and public institution, and all types of economic organizations.

Religious Clergy Generic term refer to people specially work on religious activities of all types of religions. In the case of the five major religions in China, they mainly refer to: monk and nun of Han Buddhism; Living Buddha, Lama and Nun of Tibetan Buddhism, elder of a Buddhist monastery, Taoist priest and Taoist nun, Akhond, Imam and Professional Hatiph of Islam, Pope, Minister and Presbyter of Christian, Bishop, Cardinal-priest, Brother and Sister of Catholicism.

十二、分县（区）部分指标

XII Partial Indicators by County (District)

简要说明

1. 本篇资料主要反映广东省分县区学校、文化设施、医院、交通事故、火灾等情况。

2. 本篇资料主要包括：

（1）各县区学校数、在校生数、专任教师数；各县区公共图书馆、群艺馆（文化馆、站）数；各县区医院数、床位数、卫生技术人员数；各县区交通事故、火灾事故等。

（2）地区分全省各县区。

（3）年份为2008年。

3. 统计资料来源：本篇资料由广东省教育厅、广东省文化厅、广东省卫生厅、广东省公安厅负责整理、审核、提供。

Brief Descriptions

1. The data in this section mainly show the statistics on school, cultural facilities, hospital, traffic accidents, fire accidents in Guangdong province.

2. The data in this section mainly including:

(1) Number of schools, students, and full-time teachers by county (district); number of public library, mass art centers (cultural centers, stations) by county (districts); number of hospitals, beds, health workers by county (district); situation on traffic accidents, fire accidents by county (districts).

(2) The regions are divided into counties or districts.

(3) The year was 2008.

3. Statistical data resources: Data in this section are arranged, verified and provided by Guangdong Educational Department, Culture Department of Guangdong Province, Department of Health of Guangdong Province, Department of Public Security of Guangdong Province, Department of Civil Affairs of Guangdong Province.

12-1 各县区中等职业技术教育基本情况（2008）

12-1 Basic Conditions of Secondary Vocational and Technical Education by county (District) (2008)

地 区	Region	学校数（所）Number of Schools (unit)	毕业生数（人）Number of Graduates (person)	招生数（人）Number of Enrollments (person)	在校生数（人）Number of Students at School (person)	教职工数（人）Number of Faculty Members (person)	专任教师数（人）Number of Full-time Teachers (person)
广东省	**Guangdong Province**	**589**	**245300**	**398121**	**1000771**	**53571**	**38193**
广州市	Guangzhou City	102	65237	84487	244070	11443	7365
广州市辖合计	Total Number Directly under Guangzhou City	72	53356	70631	205908	8897	5417
荔湾区	Liwan District	3	597	944	2094	216	161
越秀区	Yuexiu District	4	1529	2557	6377	399	301
海珠区	Haizhu District	4	1446	1814	5100	391	282
天河区	Tianhe District	3	1560	1128	3157	239	183
白云区	Baiyun District	3	889	1398	4152	242	188
黄埔区	Huangpu District	1	423	763	2255	200	143
番禺区	Panyu District	7	2908	2585	7409	457	375
花都区	Huadu District	1	1158	1146	3254	110	86
南沙区	Nansha District	1	28	97	326	32	18
萝岗区	Luogang District						
增城市	Zengcheng District	2	1264	1370	3929	241	195
从化市	Conghua City	1	79	54	109	19	16
深圳市	Shenzhen City	12	8227	10198	27706	1791	1282
深圳市直	Units Directly under Shenzhen City	6	2604	4706	11040	640	421
罗湖区	Luofu District	1	508	505	1422	216	168
福田区	Futian District	1	598	731	2057	157	144
南山区	Nanshan District	1	523	578	2084	145	96
宝安区	Baoan District	1	2895	2210	7052	422	269
龙岗区	Longgang District	1	781	1042	2958	126	109
盐田区	Yantian District	1	318	426	1093	85	75
珠海市	Zhuhai City	11	4394	6532	16653	988	741
珠海市直	Units Directly under Zhuhai City	7	2955	4422	11873	615	429
香洲区	Xiangzhou District	1	182	256	688	35	33
斗门区	Doumen District	3	1257	1854	4092	338	279
金湾区	Jinwan District						
汕头市	Shantou City	21	7097	10155	27503	1772	1202
龙湖区	Longhu District	14	5867	7502	20576	1339	895
金平区	Jinping District	1	341	445	1248	59	55
濠江区	Haojiang District	1	168	69	165	37	19

12-1续表1 continued

地区 Region		学校数（所）Number of Schools (unit)	毕业生数（人）Number of Graduates (person)	招生数（人）Number of Enrollments (person)	在校生数（人）Number of Students at School (person)	教职工数（人）Number of Faculty Members (person)	专任教师数（人）Number of Full-time Teachers (person)
潮阳区	Chaoyang District	3	557	879	2767	179	123
潮南区	Chaonan District						
澄海区	Chenghai District	1	164	1219	2706	142	98
南澳县	Nanao District	1		41	41	16	12
佛山市	Foshan City	34	16557	25435	66885	3938	3117
禅城区	Chancheng District	8	2356	3683	9128	668	473
南海区	Nanhai District	8	5076	9564	23802	958	664
顺德区	Shunde District	13	8133	9847	28917	1887	1676
三水区	Sanshui District	3	594	1242	2482	265	186
高明市	Gaoming City	2	398	1099	2556	160	118
韶关市	Shaoguan City	27	11756	17700	50219	2482	1741
韶关市直	Units Directly under Shaoguan City	19	7333	11447	33349	1607	1065
武江区	Wujiang District						
浈江区	Zhenjiang District	1	628	634	1984	122	102
曲江区	Qujiang District	1	1063	1392	3797	164	117
始兴县	Shixing County	1	582	851	2037	110	91
仁化县	Renhua County	1	327	974	2020	70	62
翁源县	Wengyuan County	1	252	309	975	80	45
乳源县	Ruyuan County	1	492	761	1992	105	81
新丰县	Xinfeng County	1	119	169	667	55	39
乐昌市	Lechang City	1	960	1163	3398	169	139
南雄市	Nanxiong City						
河源市	Heyuan City	15	4139	9876	20455	1041	822
源城区	Yuancheng District						
紫金县	Zijin County	1	776	665	2423	117	98
龙川县	Longchuan County	3	440	879	1085	103	69
连平县	Lianping County	1	252	517	1437	89	67
和平县	Heping County	1	270	1455	2306	120	106
东源县	Dongyuan County	2	105	585	1290	119	101
梅州市	Meizhou City	40	10213	15996	42093	2711	2018
梅州市直	Units Directly under Meizhou City	12	5281	7253	20063	1237	866
梅江区	Meijiang District	3	1014	1192	3821	205	166
梅县	Mei County	5	1020	2001	5334	272	202
大埔县	Dapu County	1	696	790	1749	148	123

12-1续表2 continued

地 区 Region		学校数（所）Number of Schools (unit)	毕业生数（人）Number of Graduates (person)	招生数（人）Number of Enrollments (person)	在校生数（人）Number of Students at School (person)	教职工数（人）Number of Faculty Members (person)	专任教师数（人）Number of Full-time Teachers (person)
丰顺县	Fengshun County	1	226	165	515	54	42
五华县	Wuhua County	7	421	1263	3133	214	188
平远县	Pingyuan County	1	52	360	930	64	45
蕉岭县	Jiaoling County	1	308	358	1000	114	105
兴宁市	Xingning City	9	1195	2614	5548	403	281
惠州市	Huizhou City	33	12856	22209	56028	2696	1844
惠州市直	Units Directly under Huizhou City	18	10151	15445	40579	1750	1133
大亚湾区	Dayawan District						
惠城区	Huicheng District	2	786	1352	3407	84	65
惠阳区	Huiyang District	4	558	1782	3403	243	175
博罗县	Boluo County	5	821	2049	5453	341	254
惠东县	Huidong County	2	362	1232	2372	183	152
龙门县	Longmen County	2	178	349	814	95	65
汕尾市	Shanwei City	11	2337	3417	8271	450	322
汕尾市直	Units Directly under Shanwei City	3	803	1109	3172	202	141
汕尾城区	Urban Area of Shanwei City	1	462	428	1489	84	50
红海湾区	Red Bay District						
海丰县	Haifeng County	2	233	271	834	60	43
陆河县	Luhe County	2	101	521	1017	46	42
陆丰市	Lufeng City	3	738	1088	1759	58	46
东莞市	Dongguan City	25	9907	16312	42181	2828	2057
中山市	Zhongshan City	16	8627	8141	24197	1859	1500
江门市	Jiangmen City	38	16148	21317	57880	3079	2485
江门市直	Units Directly under Jiangmen City	8	6129	7041	20650	991	748
蓬江区	Pengjiang Distrcit	2	841	655	2190	176	157
江海区	Jianghai District						
新会市	Xinhui City	9	3787	3640	10507	505	419
台山市	Taishan City	7	2011	3373	8471	490	394
开平市	Kaiping City	6	2448	3673	9553	567	469
鹤山市	Heshan City	2	765	1655	4115	185	158
恩平市	Enping City	4	167	1280	2394	165	140
阳江市	Yangjiang City	10	3603	3890	10062	687	532
阳江市直	Units Directly under Yangjiang City	3	2043	1668	4694	342	255
江城区	Jiangcheng City	1	146	225	568	40	37

12-1续表3 continued

地区	Region	学校数（所）Number of Schools (unit)	毕业生数（人）Number of Graduates (person)	招生数（人）Number of Enrollments (person)	在校生数（人）Number of Students at School (person)	教职工数（人）Number of Faculty Members (person)	专任教师数（人）Number of Full-time Teachers (person)
海陵区	Hailing District	1			6	7	6
岗侨区	Gangqiao District						
阳江农垦	Yangjiang Agricultural Reclamation						
阳西县	Yangxi County	2	200	178	552	47	37
阳东县	Yangdong County	1	354	694	1357	101	88
阳春市	Yangchun City	2	860	1125	2885	150	109
湛江市	Zhanjiang City	66	14314	41444	79562	4165	2890
湛江市直	Units Directly under Zhanjiang City	29	9274	29120	56668	2563	1598
赤坎区	Chikan District	2	593	657	1612	180	151
霞山区	Xiashan District	6	1300	2149	4850	344	277
坡头区	Potou District	2	70	562	800	39	36
东海区	Donghai District	1	109		43	11	10
开发区	Development Zone	1		34	69	16	16
麻章区	Mazhang District	8	792	1374	3312	218	180
遂溪县	Suixi County	5	327	1321	2444	213	160
徐闻县	Xuwen County	1	903	799	2155	136	120
廉江市	Lianjiang City	2	96	257	575	41	29
雷州市	Leizhou City	3	781	4135	5909	294	244
吴川市	Wuchuan City	10	465	1723	2781	219	159
茂名市	Maoming City	39	14473	35414	77515	3607	2461
茂名市直	Units Directly under Maoming City	16	7475	15558	39940	1548	865
茂南区	Maonan District	1	173	618	1098	44	39
茂港区	Maogang District	1	29	127	204	20	18
电白县	Dianbai County	2	333	1701	2767	117	83
高州市	Gaozhou City	8	2530	9136	17710	956	695
化州市	Huazhou City	6	2199	1879	4281	401	338
信宜市	Xinyi City	5	1734	6395	11515	521	423
肇庆市	Zhaoqing City	28	15730	30832	70660	3192	2191
肇庆市直	Units Directly under Zhaoqing City	7	4947	8051	19459	753	463
端州区	Duanzhou District	12	7105	11643	30244	1572	1081
鼎湖区	Dinghu District	1	49	52	52	7	5
广宁县	Guangning County	1	54	863	912	49	35
怀集县	Huaiji County	1	640	3117	5688	146	139
封开县	Fengkai County	1	699	2571	3901	172	126

12-1续表4 continued

地 区 Region		学校数（所）Number of Schools（unit）	毕业生数（人）Number of Graduates（person）	招生数（人）Number of Enrollments（person）	在校生数（人）Number of Students at School（person）	教职工数（人）Number of Faculty Members（person）	专任教师数（人）Number of Full-time Teachers（person）
德庆县	Deqing County	1	605	1241	2777	122	108
大旺区	Dawang Distrcit						
高要市	Gaoyao City	3	825	1976	5200	197	120
四会市	Sihui City	1	806	1318	2427	174	114
清远市	Qingyuan City	14	6907	13575	29149	1479	1117
清远市直	Units Directly under Qingyuan City	5	2050	2945	6193	332	265
清城区	Qingcheng District	1	1419	2106	5217	208	189
佛冈县	Fogang County	1	689	951	2064	130	102
阳山县	Yangshan County	1	465	1629	3090	119	92
连山县	Lianshan County	1	423		314	51	40
连南县	Liannan County	1	67		200	42	29
清新县	Qingxin County	1	680	2175	4682	198	121
英德市	Yingde City	2	627	2160	4197	285	191
连州市	Lianzhou City	1	487	1609	3192	114	88
潮州市	Chaozhou City	14	3771	4925	12431	894	652
潮州市直	Units Directly under Chaozhou City	8	2631	2863	7684	577	398
湘桥区	Xiangqiao District	1	213	541	1322	67	56
枫溪区	Fengxi District						
潮安县	Chaoan County	1	112	447	930	57	48
饶平县	Raoping County	4	815	1074	2495	193	150
揭阳市	Jieyang City	19	4717	7972	19718	1428	1021
榕城区	Rongcheng District	6	1670	2516	6328	472	336
揭东县	Jiedong County	5	1141	790	2795	234	162
揭西县	Jiexi County	3	144	1174	2089	142	82
惠来县	Huilai County	2	88	1123	1338	146	88
普宁市	Puning City	3	1674	2369	7168	434	353
云浮市	Yunfu City	14	4290	8294	17533	1041	833
云浮市直	Units Directly under Yunfu City	2	1693	3397	7180	287	220
云城区	Yuncheng District	1	90	336	523	55	53
新兴县	Xinxing County	5	627	1041	2224	180	151
郁南县	Yunan County	1	706	745	2271	140	104
云安县	Yunan County	1	70	218	253	22	19
罗定市	Luoding City	4	1104	2557	5082	357	286

注：中职数据不含技工数。

Note：The number of skilled worker was excluded from the data of intermediate titles.

12-2 各县区普通高中基本情况（2008）

12-2 Basic Conditions of Senior Middle Schools by county（District）（2008）

地区	Region	学校数（所）Number of Schools（unit）	毕业生数（人）Number of Graduates（person）	招生数（人）Number of Enrollments（person）	在校生数（人）Number of Students at School（person）	教职工数（人）Number of Faculty Members（person）	专任教师数（人）Number of Full-time Teachers（person）
广东省	**Guangdong Province**	**1018**	**534880**	**668073**	**1817646**	**412718**	**110689**
广州市	Guangzhou City	131	57599	58671	173786	43722	12082
荔湾区	Liwan District	12	6174	5311	16098	3663	1111
越秀区	Yuexiu District	23	10621	10031	30389	5393	2050
海珠区	Haizhu District	13	4934	5295	15651	3771	1071
天河区	Tianhe District	13	3828	3919	11410	3797	911
白云区	Baiyun District	13	6139	5989	17897	5530	1308
黄埔区	Huangpu District	4	1603	1178	3893	1152	313
番禺区	Panyu District	16	8877	9744	28643	6263	1887
花都区	Huadu District	10	5303	4908	14995	4041	1105
南沙区	Nansha District	5	399	1382	3533	1013	253
萝岗区	Luogang District	4	773	997	2912	1185	245
增城市	Zengcheng District	10	5694	6141	17588	4940	1165
从化市	Conghua City	8	3254	3776	10777	2974	663
深圳市	Shenzhen City	57	22479	32397	84823	26044	6605
深圳市直	Units Directly under Shenzhen City	8	5115	6750	18564	2558	1364
罗湖区	Luofu District	6	2502	3323	8656	2800	656
福田区	Futian District	6	2963	4111	11087	3129	790
南山区	Nanshan District	7	1804	2700	6850	2869	574
宝安区	Baoan District	18	5579	7513	19540	6916	1641
龙岗区	Longgang District	8	4031	6295	16249	6455	1185
盐田区	Yantian District	2	485	494	1199	483	171
珠海市	Zhuhai City	17	8638	10118	28926	5952	1875
珠海市直	Units Directly under Zhuhai City	8	4571	6130	17141	1973	1080
香洲区	Xiangzhou District	3	520	434	1522	1409	121
斗门区	Doumen District	3	2738	2655	7648	1808	498
金湾区	Jinwan District	3	809	899	2615	762	176
汕头市	Shantou City	85	31087	40170	111113	23062	6320
龙湖区	Longhu District	16	6650	7286	21257	3410	1276
金平区	Jinping District	12	4227	6217	16967	3611	972
濠江区	Haojiang District	5	1746	2095	5749	1039	270

12-2续表1 continued

地 区 Region		学校数（所）Number of Schools (unit)	毕业生数（人）Number of Graduates (person)	招生数（人）Number of Enrollments (person)	在校生数（人）Number of Students at School (person)	教职工数（人）Number of Faculty Members (person)	专任教师数（人）Number of Full-time Teachers (person)
潮阳区	Chaoyang District	26	7652	11272	30039	6964	1742
潮南区	Chaonan District	11	3646	5789	14429	3994	854
澄海区	Chenghai District	14	6523	6875	20830	3604	1090
南澳县	Nanao District	1	643	636	1842	440	116
佛山市	Foshan City	53	37330	37377	112252	22576	7267
禅城区	Chancheng District	8	4701	4950	14255	3251	1016
南海区	Nanhai District	18	15514	15131	46775	8165	2754
顺德区	Shunde District	19	11236	11825	34855	7179	2358
三水区	Sanshui District	4	2961	3329	9399	2505	643
高明市	Gaoming City	4	2918	2142	6968	1476	496
韶关市	Shaoguan City	30	19378	22420	65987	15213	4076
韶关市直	Units Directly under Shaoguan City	6	2920	3011	10146	1608	670
武江区	Wujiang District	1	475	668	2125	662	145
浈江区	Zhenjiang District	3	1286	1213	3873	1076	281
曲江区	Qujiang District	2	2038	2078	6189	1238	324
始兴县	Shixing County	3	1709	2006	5702	1190	388
仁化县	Renhua County	2	1299	1552	4702	1160	316
翁源县	Wengyuan County	4	2087	2831	7638	2040	472
乳源县	Ruyuan County	1	866	1085	3101	955	181
新丰县	Xinfeng County	1	953	1378	3418	1037	213
乐昌市	Lechang City	4	2431	3030	8731	2290	573
南雄市	Nanxiong City	3	3314	3568	10362	1957	513
河源市	Heyuan City	45	17583	23037	59607	15879	4120
源城区	Yuancheng District	7	2487	3080	8315	2165	576
紫金县	Zijin County	9	3106	5013	12529	3150	727
龙川县	Longchuan County	12	4541	5993	15318	4103	1076
连平县	Lianping County	5	2720	2910	8073	1941	546
和平县	Heping County	5	3047	3371	9075	2468	678
东源县	Dongyuan County	7	1682	2670	6297	2052	517
梅州市	Meizhou City	68	35976	39278	111042	25146	7769
梅州市直	Units Directly under Meizhou City	5	3184	3537	10513	1197	585
梅江区	Meijiang District	4	2274	2246	6724	1246	444

12-2续表2 continued

地区 Region		学校数（所）Number of Schools (unit)	毕业生数（人）Number of Graduates (person)	招生数（人）Number of Enrollments (person)	在校生数（人）Number of Students at School (person)	教职工数（人）Number of Faculty Members (person)	专任教师数（人）Number of Full-time Teachers (person)
梅县	Mei County	10	4836	3960	12417	3097	1018
大埔县	Dapu County	8	2990	2973	8450	2300	653
丰顺县	Fengshun County	10	3196	3831	10114	2927	680
五华县	Wuhua County	13	7759	9857	26889	5813	1814
平远县	Pingyuan County	2	1694	2165	6049	1329	355
蕉岭县	Jiaoling County	2	1608	1682	5065	1206	401
兴宁市	Xingning City	14	8435	9027	24821	6031	1819
惠州市	Huizhou City	38	20195	25650	70110	17643	4195
大亚湾区	Dayawan District	1	358	435	1163	386	73
惠城区	Huicheng District	15	6345	8175	21436	4921	1298
博罗县	Boluo County	7	4492	5301	14516	4056	993
惠东县	Huidong County	7	3323	4719	12657	3485	661
龙门县	Longmen County	4	1797	2129	5630	1557	396
惠阳市	Huiyang City	4	3880	4891	14708	3238	774
汕尾市	Shanwei City	34	14422	20307	52606	12804	2910
汕尾市直	Units Directly under Shanwei City	3	870	839	2668	335	139
汕尾城区	Urban Area of Shanwei City	5	2265	3059	8121	1718	435
红海湾区	Red Bay District	1	361	489	1181	270	75
海丰县	Haifeng County	10	4459	5612	15142	3576	847
陆河县	Luhe County	4	1591	2347	5847	1475	339
陆丰市	Lufeng City	11	4876	7961	19647	5430	1075
东莞市	Dongguan City	41	19315	22313	63962	16677	3976
中山市	Zhongshan City	23	12400	14967	42502	10560	2756
江门市	Jiangmen City	53	25310	28749	81779	18194	5324
蓬江区	Pengjiang Distrcit	5	4030	3851	11750	2310	732
江海区	Jianghai District	2	799	1205	2974	802	182
新会市	Xinhui City	11	5725	6491	18427	3830	1159
台山市	Taishan City	14	4544	5781	16069	3775	1056
开平市	Kaiping City	9	4824	5459	15473	3596	1087
鹤山市	Heshan City	6	2878	3267	9325	1703	591
恩平市	Enping City	6	2510	2695	7761	2178	517
阳江市	Yangjiang City	24	15558	21220	54404	11203	2951

12-2续表3 continued

地 区 Region		学校数（所）Number of Schools (unit)	毕业生数（人）Number of Graduates (person)	招生数（人）Number of Enrollments (person)	在校生数（人）Number of Students at School (person)	教职工数（人）Number of Faculty Members (person)	专任教师数（人）Number of Full-time Teachers (person)
阳江市直	Units Directly under Yangjiang City	2	2379	2692	7731	643	400
江城区	Jiangcheng City	4	1456	2710	6182	2251	375
海陵区	Hailing District	1	321	334	886	342	65
岗侨区	Gangqiao District						
阳江农垦	Yangjiang Agricultural Reclamation					115	
阳西县	Yangxi County	3	2064	3281	8598	1962	440
阳东县	Yangdong County	5	2569	3719	9236	2137	577
阳春市	Yangchun City	9	6769	8484	21771	3753	1094
湛江市	Zhanjiang City	75	44613	59993	151456	31136	8241
赤坎区	Chikan District	8	3819	4522	12220	1754	742
霞山区	Xiashan District	8	5495	6792	17669	2385	925
坡头区	Potou District	4	2023	2679	6841	1553	375
东海区	Donghai District	2	498	994	1979	716	96
开发区	Development Zone	2	531	583	1638	276	86
麻章区	Mazhang District	3	2544	2119	6486	1363	384
遂溪县	Suixi County	8	5145	7441	17610	4121	1057
徐闻县	Xuwen County	5	2956	4564	11284	2943	623
廉江市	Lianjiang City	12	7606	10315	24996	5927	1288
雷州市	Leizhou City	13	6955	9322	24251	5490	1287
吴川市	Wuchuan City	10	7041	10662	26482	4608	1378
茂名市	Maoming City	71	53153	63900	174760	33648	9667
茂南区	Maonan District	13	7878	9096	24232	4342	1411
茂港区	Maogang District	3	990	1201	2787	1437	195
电白县	Dianbai County	11	8725	10855	29601	5971	1537
高州市	Gaozhou City	18	13119	16064	45084	8407	2558
化州市	Huazhou City	15	10929	12954	34005	6611	1870
信宜市	Xinyi City	11	11512	13730	39051	6880	2096
肇庆市	Zhaoqing City	28	20369	29058	74311	16574	4249
端州区	Duanzhou District	7	2899	3380	9582	1787	624
鼎湖区	Dinghu District	1	1260	1767	4415	724	246
广宁县	Guangning County	2	1918	3380	7944	2022	469
怀集县	Huaiji County	3	2873	4599	10549	3364	588

12-2续表4 continued

地 区 Region		学校数（所）Number of Schools (unit)	毕业生数（人）Number of Graduates (person)	招生数（人）Number of Enrollments (person)	在校生数（人）Number of Students at School (person)	教职工数（人）Number of Faculty Members (person)	专任教师数（人）Number of Full-time Teachers (person)
封开县	Fengkai County	3	2400	3621	9250	1874	478
德庆县	Deqing County	4	2391	2917	8059	1783	487
大旺区	Dawang Distrcit	1	227	403	975	198	69
高要市	Gaoyao City	5	3903	5682	14979	3017	827
四会市	Sihui City	2	2498	3309	8558	1805	461
清远市	Qingyuan City	31	19362	29241	71567	18003	4406
清城区	Qingcheng District	4	2599	3519	9213	2388	601
佛冈县	Fogang County	2	1829	2797	7023	1672	412
阳山县	Yangshan County	3	1652	2673	6204	2204	402
连山县	Lianshan County	1	584	590	1559	585	106
连南县	Liannan County	1	481	663	1506	706	91
清新县	Qingxin County	5	3062	5187	11529	2992	693
英德市	Yingde City	7	5183	7957	19666	4522	1174
连州市	Lianzhou City	2	2183	3103	7725	2143	484
潮州市	Chaozhou City	34	17301	20304	57618	11373	3235
潮州市直	Units Directly under Chaozhou City	4	2780	3246	9348	1085	557
湘桥区	Xiangqiao District	2	1195	1290	3768	1357	226
枫溪区	Fengxi District	1	1142	1160	3299	629	171
潮安县	Chaoan County	15	6813	8254	23401	4428	1258
饶平县	Raoping County	12	5371	6354	17802	3874	1023
揭阳市	Jieyang City	57	29263	51467	128749	25384	5745
榕城区	Rongcheng District	9	6181	8559	23466	4098	1149
揭东县	Jiedong County	12	6636	11698	28003	5128	1291
揭西县	Jiexi County	10	4022	7803	18773	3362	705
惠来县	Huilai County	8	3818	8015	18904	3570	742
普宁市	Puning City	18	8606	15392	39603	9226	1858
云浮市	Yunfu City	23	13549	17436	46286	11925	2920
云城区	Yuncheng District	5	2330	2961	7822	1782	528
新兴县	Xinxing County	4	2627	3350	9081	2288	616
郁南县	Yunan County	4	2359	2759	7748	2252	494
云安县	Yunan County	1	1091	1305	3263	1242	185
罗定市	Luoding City	9	5142	7061	18372	4361	1097

12-3 各县区普通初中基本情况（2008）

12-3 Basic Conditions of Junior Middle Schools by county（District）（2008）

地 区	Region	学校数（所）Number of Schools（unit）	毕业生数（人）Number of Graduates（person）	招生数（人）Number of Enrollments（person）	在校生数（人）Number of Students at School（person）	专任教师数（人）Number of Full-time Teachers（person）
广东省	**Guangdong Province**	**3334**	**1429971**	**1803636**	**4978825**	**247359**
广州市	Guangzhou City	334	119546	139964	408265	24139
荔湾区	Liwan District	27	9224	9226	28158	1813
越秀区	Yuexiu District	16	12575	11931	36756	2295
海珠区	Haizhu District	26	10917	11525	34469	1952
天河区	Tianhe District	38	9600	13277	36741	2072
白云区	Baiyun District	54	15848	17844	53531	3123
黄埔区	Huangpu District	15	3092	3738	10496	648
番禺区	Panyu District	46	16733	19785	60216	3571
花都区	Huadu District	37	10828	13838	38613	2351
南沙区	Nansha District	6	2627	2779	9180	580
萝岗区	Luogang District	15	3195	4211	11014	803
增城市	Zengcheng District	37	14894	20254	56591	3193
从化市	Conghua City	17	10013	11556	32500	1738
深圳市	Shenzhen City	220	58137	79057	214116	13486
深圳市直	Units Directly under Shenzhen City		3475	3482	10532	713
罗湖区	Luofu District	22	7922	9246	25685	1563
福田区	Futian District	22	8416	8959	25967	1904
南山区	Nanshan District	20	6969	9181	24750	1654
宝安区	Baoan District	69	14042	21403	56543	3525
龙岗区	Longgang District	74	14310	22558	59329	3396
盐田区	Yantian District	2	1072	1278	3689	268
珠海市	Zhuhai City	41	18740	21774	61975	3394
珠海市直	Units Directly under Zhuhai City	5	3783	3926	11896	654
香洲区	Xiangzhou District	16	5994	8239	22009	1078
斗门区	Doumen District	14	6434	6624	19407	1165
金湾区	Jinwan District	6	2529	2985	8663	497
汕头市	Shantou City	165	87032	124117	330466	13495
龙湖区	Longhu District	13	7973	10693	30533	1534
金平区	Jinping District	26	14008	16120	48140	2268

12-3续表1 continued

地 区 Region		学校数（所）Number of Schools (unit)	毕业生数（人）Number of Graduates (person)	招生数（人）Number of Enrollments (person)	在校生数（人）Number of Students at School (person)	专任教师数（人）Number of Full-time Teachers (person)
濠江区	Haojiang District	9	5093	6666	18186	653
潮阳区	Chaoyang District	52	28012	43859	111641	4039
潮南区	Chaonan District	45	17494	31861	77791	2818
澄海区	Chenghai District	15	13012	13648	40073	1931
南澳县	Nanao District	5	1440	1270	4102	252
佛山市	Foshan City	126	65939	72722	211145	12335
禅城区	Chancheng District	14	8895	10231	28726	1640
南海区	Nanhai District	48	24821	25108	75273	4173
顺德区	Shunde District	43	21419	24288	70060	4297
三水区	Sanshui District	13	6475	8189	22885	1441
高明市	Gaoming City	8	4329	4906	14201	784
韶关市	Shaoguan City	146	48342	49435	143707	9082
韶关市直	Units Directly under Shaoguan City	9	2696	3511	9436	616
武江区	Wujiang District	10	2437	2655	7672	451
浈江区	Zhenjiang District	11	3494	3666	11029	649
曲江区	Qujiang District	12	4208	4305	12509	696
始兴县	Shixing County	10	3995	3339	10050	735
仁化县	Renhua County	14	3525	2685	8006	704
翁源县	Wengyuan County	18	7470	6488	20733	1272
乳源县	Ruyuan County	9	3181	3311	9887	623
新丰县	Xinfeng County	10	3327	4388	11762	678
乐昌市	Lechang City	25	7232	7902	21983	1385
南雄市	Nanxiong City	18	6777	7185	20640	1273
河源市	Heyuan City	144	51615	64427	179614	9951
源城区	Yuancheng District	15	5437	8379	22631	1265
紫金县	Zijin County	29	12056	16030	43962	2157
龙川县	Longchuan County	33	14067	16206	46812	2591
连平县	Lianping County	20	5461	6566	18128	1099
和平县	Heping County	22	8280	8421	24617	1525
东源县	Dongyuan County	25	6314	8825	23464	1314
梅州市	Meizhou City	194	85043	94585	271275	14474
梅州市直	Units Directly under Meizhou City	3	2491	3060	8593	381
梅江区	Meijiang District	5	3366	4564	12540	689

12-3续表2 continued

地 区 Region		学校数（所）Number of Schools（unit）	毕业生数（人）Number of Graduates（person）	招生数（人）Number of Enrollments（person）	在校生数（人）Number of Students at School（person）	专任教师数（人）Number of Full-time Teachers（person）
梅县	Mei County	24	9101	9097	26831	1696
大埔县	Dapu County	22	6784	7192	20533	1381
丰顺县	Fengshun County	26	9774	11492	31837	1873
五华县	Wuhua County	45	26036	30738	87913	3644
平远县	Pingyuan County	16	4114	4441	12780	785
蕉岭县	Jiaoling County	14	3255	2985	8787	722
兴宁市	Xingning City	39	20122	21016	61461	3303
惠州市	Huizhou City	171	59644	83091	225236	11037
大亚湾区	Dayawan District	3	1227	1663	4683	247
惠城区	Huicheng District	44	15641	21104	59695	2826
博罗县	Boluo County	44	13721	18380	48511	2625
惠东县	Huidong County	42	13796	21931	56385	2392
龙门县	Longmen County	17	4626	5559	15404	1020
惠阳市	Huiyang City	21	10633	14454	40558	1927
汕尾市	Shanwei City	128	54995	80805	209926	8228
汕尾市直	Units Directly under Shanwei City	1	889	1412	3686	145
汕尾城区	Urban Area of Shanwei City	16	6725	9187	24862	1091
红海湾区	Red Bay District	3	1325	1907	5007	164
海丰县	Haifeng County	28	14193	18828	52019	2193
陆河县	Luhe County	11	5832	8185	21988	971
陆丰市	Lufeng City	69	26031	41286	102364	3664
东莞市	Dongguan City	139	47279	67495	184480	9019
中山市	Zhongshan City	76	29379	36575	101666	5706
江门市	Jiangmen City	192	59983	66512	193893	11389
蓬江区	Pengjiang Distrcit	26	7239	7942	23645	1327
江海区	Jianghai District	8	2296	2565	7461	453
新会市	Xinhui City	49	11866	12498	36563	2511
台山市	Taishan City	43	14809	15223	45645	2397
开平市	Kaiping City	31	11281	13035	37266	2195
鹤山市	Heshan City	11	5389	5480	16212	972
恩平市	Enping City	24	7103	9769	27101	1534
阳江市	Yangjiang City	75	41399	50987	138654	7011
阳江市直	Units Directly under Yangjiang City	3	979	984	2830	139

12-3续表3 continued

地 区 Region		学校数（所）Number of Schools (unit)	毕业生数（人）Number of Graduates (person)	招生数（人）Number of Enrollments (person)	在校生数（人）Number of Students at School (person)	专任教师数（人）Number of Full-time Teachers (person)
江城区	Jiangcheng City	15	8672	10228	29066	1566
海陵区	Hailing District	2	1438	1733	4834	231
岗侨区	Gangqiao District					
阳江农垦	Yangjiang Agricultural Reclamation	5	318	512	1338	57
阳西县	Yangxi County	11	7535	10276	27106	1408
阳东县	Yangdong County	19	6784	8849	24287	1372
阳春市	Yangchun City	20	15673	18405	49193	2238
湛江市	Zhanjiang City	268	131480	177779	473776	19410
赤坎区	Chikan District	11	4450	6091	16604	819
霞山区	Xiashan District	14	7865	9204	26184	1153
坡头区	Potou District	12	6932	8519	22908	1011
东海区	Donghai District	6	2899	3859	10933	560
开发区	Development Zone	3	751	1356	3269	164
麻章区	Mazhang District	10	4210	6383	16677	798
遂溪县	Suixi County	39	18319	22244	63082	2741
徐闻县	Xuwen County	29	11515	16074	42085	2020
廉江市	Lianjiang City	62	28081	35758	96959	3993
雷州市	Leizhou City	31	24600	40612	100730	3385
吴川市	Wuchuan City	51	21858	27679	74345	2766
茂名市	Maoming City	222	132605	174040	471134	21575
茂南区	Maonan District	29	14988	19616	54239	2579
茂港区	Maogang District	15	6181	9074	22616	1109
电白县	Dianbai County	30	22892	33555	86760	3863
高州市	Gaozhou City	53	34674	40629	118370	5334
化州市	Huazhou City	55	28755	37774	101887	4270
信宜市	Xinyi City	40	25115	33392	87262	4420
肇庆市	Zhaoqing City	152	66621	84588	231409	10904
端州区	Duanzhou District	13	4494	6203	16508	861
鼎湖区	Dinghu District	7	2929	3002	8943	424
广宁县	Guangning County	23	7410	8433	23477	1318
怀集县	Huaiji County	26	18140	25197	68349	2678
封开县	Fengkai County	19	8452	10792	28515	1276

12-3续表4 continued

地区 Region		学校数（所）Number of Schools (unit)	毕业生数（人）Number of Graduates (person)	招生数（人）Number of Enrollments (person)	在校生数（人）Number of Students at School (person)	专任教师数（人）Number of Full-time Teachers (person)
德庆县	Deqing County	12	6224	7674	20326	1165
大旺区	Dawang Distrcit		496	700	1889	94
高要市	Gaoyao City	30	12275	14851	41799	1938
四会市	Sihui City	22	6201	7736	21603	1150
清远市	Qingyuan City	150	61506	75844	206547	11610
清城区	Qingcheng District	16	8569	9635	27609	1626
佛冈县	Fogang County	14	5316	6700	18281	1097
阳山县	Yangshan County	20	8012	11709	30114	1492
连山县	Lianshan County	9	1935	2164	6028	408
连南县	Liannan County	12	2179	2801	7500	513
清新县	Qingxin County	22	11284	14912	39432	1993
英德市	Yingde City	34	16366	20187	55167	2825
连州市	Lianzhou City	23	7009	6487	18721	1466
潮州市	Chaozhou City	91	45086	50828	145455	6835
潮州市直	Units Directly under Chaozhou City	6	1830	1979	5794	343
湘桥区	Xiangqiao District	12	5396	6986	19370	1041
枫溪区	Fengxi District	7	2144	2694	7596	407
潮安县	Chaoan County	39	19238	20941	60480	2505
饶平县	Raoping County	27	16478	18228	52215	2539
揭阳市	Jieyang City	210	113657	150793	416544	16232
榕城区	Rongcheng District	25	14263	20435	54125	2457
揭东县	Jiedong County	53	22614	27699	78439	3410
揭西县	Jiexi County	32	17694	21848	61444	2156
惠来县	Huilai County	32	21192	24087	66662	2313
普宁市	Puning City	68	37894	56724	155874	5896
云浮市	Yunfu City	90	51943	58218	159542	8047
云城区	Yuncheng District	10	6020	6929	19767	1169
新兴县	Xinxing County	19	7683	9209	25918	1456
郁南县	Yunan County	22	9397	9423	27584	1569
云安县	Yunan County	10	5957	6734	18329	956
罗定市	Luoding City	29	22886	25923	67944	2897

12-4 各县区小学基本情况（2008）

12-4 Basic Conditions of Primary Schools by county（District）（2008）

地 区	Region	学校数（所）Number of Schools（unit）	毕业生数（人）Number of Graduates（person）	招生数（人）Number of Enrollments（person）	在校生数（人）Number of Students at School（person）	教职工数（人）Number of Faculty Members（person）	专任教师数（人）Number of Full-time Teachers（person）
广东省	**Guangdong Province**	**19271**	**1867640**	**1315880**	**9564740**	**476680**	**416608**
广州市	Guangzhou City	1035	152958	132338	862859	49386	42200
荔湾区	Liwan District	55	9931	7599	51715	3351	2855
越秀区	Yuexiu District	62	11371	9009	61652	3609	3215
海珠区	Haizhu District	86	13785	13018	82476	4291	3655
天河区	Tianhe District	82	14662	16766	97079	5262	4348
白云区	Baiyun District	182	22769	24564	147002	8257	6580
黄埔区	Huangpu District	26	4718	5158	30664	1765	1397
番禺区	Panyu District	176	20718	21138	129764	7083	6240
花都区	Huadu District	98	15535	12861	78751	4619	4101
南沙区	Nansha District	28	2766	2076	14934	878	826
萝岗区	Luogang District	26	3959	2723	19125	1266	1094
增城市	Zengcheng District	150	21058	11408	94416	5654	4782
从化市	Conghua City	64	11686	6018	55281	3351	3107
深圳市	Shenzhen City	342	88805	98525	585852	35816	28540
深圳市直	Units Directly under Shenzhen City	1	555	522	3352	222	185
罗湖区	Luofu District	43	10853	9688	62016	3824	3063
福田区	Futian District	50	10737	9753	63881	4187	3663
南山区	Nanshan District	42	10509	10843	65936	4403	3574
宝安区	Baoan District	85	24979	32692	183717	11246	8690
龙岗区	Longgang District	97	26237	29267	174339	9830	7774
盐田区	Yantian District	10	1356	1292	8118	527	446
珠海市	Zhuhai City	132	23156	19575	131478	6544	5671
珠海市直	Units Directly under Zhuhai City	8	1083	941	6133	361	300
香洲区	Xiangzhou District	53	12178	12538	77885	3357	2864
斗门区	Doumen District	49	6954	3775	31699	1903	1692
金湾区	Jinwan District	22	2941	2321	15761	923	815
汕头市	Shantou City	826	130421	84384	669552	24375	21390
龙湖区	Longhu District	68	10427	6786	50562	2407	2073
金平区	Jinping District	84	16250	10066	76389	3617	3245
濠江区	Haojiang District	49	7083	3468	32303	1313	1193

12-4续表1 continued

地 区 Region		学校数（所）Number of Schools (unit)	毕业生数（人）Number of Graduates (person)	招生数（人）Number of Enrollments (person)	在校生数（人）Number of Students at School (person)	教职工数（人）Number of Faculty Members (person)	专任教师数（人）Number of Full-time Teachers (person)
潮阳区	Chaoyang District	252	46318	29881	246758	7674	6709
潮南区	Chaonan District	238	34687	25018	194807	5791	5343
澄海区	Chenghai District	119	14328	8721	64439	3100	2444
南澳县	Nanao District	16	1328	444	4294	473	383
佛山市	Foshan City	447	73663	68108	446787	21843	19474
禅城区	Chancheng District	78	10773	10543	70458	3654	3163
南海区	Nanhai District	127	24960	23163	150817	7177	6063
顺德区	Shunde District	162	25005	24235	155225	7003	6858
三水区	Sanshui District	54	7911	7074	47173	2643	2176
高明市	Gaoming City	26	5014	3093	23114	1366	1214
韶关市	Shaoguan City	904	49839	32928	235123	15505	14200
韶关市直	Units Directly under Shaoguan City	3	888	762	5090	282	261
武江区	Wujiang District	46	3998	2974	20810	1015	902
浈江区	Zhenjiang District	54	4822	3428	23872	1406	1258
曲江区	Qujiang District	86	4382	2730	18864	1392	1238
始兴县	Shixing County	49	3348	2465	17506	1081	1063
仁化县	Renhua County	91	2668	2077	14603	1089	965
翁源县	Wengyuan County	156	6750	3526	27097	1765	1629
乳源县	Ruyuan County	77	3334	2092	15248	1225	1148
新丰县	Xinfeng County	113	4436	2671	20404	1521	1320
乐昌市	Lechang City	148	8019	5640	38384	2324	2038
南雄市	Nanxiong City	81	7194	4563	33245	2405	2378
河源市	Heyuan City	1289	63549	42011	287631	17565	15885
源城区	Yuancheng District	45	7811	5984	38506	2119	1822
紫金县	Zijin County	327	15653	10039	72039	4103	3774
龙川县	Longchuan County	340	16451	12137	78644	4616	4101
连平县	Lianping County	138	6499	4024	29429	1884	1688
和平县	Heping County	242	8493	4853	32798	2470	2223
东源县	Dongyuan County	197	8642	4974	36215	2373	2277
梅州市	Meizhou City	1560	92055	50428	389514	22663	20952
梅州市直	Units Directly under Meizhou City	1	80	51	373	27	25
梅江区	Meijiang District	42	6653	4139	30180	1606	1573

12-4续表2 continued

地区	Region	学校数（所）Number of Schools (unit)	毕业生数（人）Number of Graduates (person)	招生数（人）Number of Enrollments (person)	在校生数（人）Number of Students at School (person)	教职工数（人）Number of Faculty Members (person)	专任教师数（人）Number of Full-time Teachers (person)
梅县	Mei County	124	8826	4110	34477	2744	2614
大埔县	Dapu County	178	6987	4146	31012	2373	2150
丰顺县	Fengshun County	242	11382	6991	53279	3150	2985
五华县	Wuhua County	461	30388	18232	138582	5103	4858
平远县	Pingyuan County	65	4365	1894	16578	1127	1030
蕉岭县	Jiaoling County	59	3014	1638	12319	1107	1064
兴宁市	Xingning City	388	20360	9227	72714	5426	4653
惠州市	Huizhou City	945	80890	61952	426443	23054	20240
大亚湾区	Dayawan District	27	1843	1340	8367	588	530
惠城区	Huicheng District	216	21104	18729	125065	6510	5444
博罗县	Boluo County	241	18403	13620	92198	5591	4997
惠东县	Huidong County	270	21931	14709	111719	5166	4693
龙门县	Longmen County	60	5686	3455	25386	1725	1597
惠阳市	Huiyang City	131	11923	10099	63708	3474	2979
汕尾市	Shanwei City	802	85705	53780	435780	18446	15928
汕尾市直	Units Directly under Shanwei City	11	1382	1022	7161	361	298
汕尾城区	Urban Area of Shanwei City	80	9685	5324	43817	2237	1895
红海湾区	Red Bay District	25	2108	1442	10926	537	480
海丰县	Haifeng County	202	19394	10943	87292	4978	4250
陆河县	Luhe County	106	7965	4491	37745	1943	1689
陆丰市	Lufeng City	378	45171	30558	248839	8390	7316
东莞市	Dongguan City	352	78037	94641	528644	27235	21203
中山市	Zhongshan City	213	38168	37543	243926	12644	10022
江门市	Jiangmen City	573	67120	47244	339939	16539	15494
蓬江区	Pengjiang Distrcit	48	7605	7578	47963	2137	2055
江海区	Jianghai District	16	2572	2649	16500	902	731
新会市	Xinhui City	77	12654	9707	68583	3511	3474
台山市	Taishan City	167	15537	7996	64273	3255	2994
开平市	Kaiping City	150	13009	9341	67256	2942	2732
鹤山市	Heshan City	59	5536	4752	31665	1592	1483
恩平市	Enping City	56	10207	5221	43699	2200	2025
阳江市	Yangjiang City	762	51395	25532	203082	13799	12593

12-4续表3 continued

地 区	Region	学校数(所) Number of Schools (unit)	毕业生数(人) Number of Graduates (person)	招生数(人) Number of Enrollments (person)	在校生数(人) Number of Students at School (person)	教职工数(人) Number of Faculty Members (person)	专任教师数(人) Number of Full-time Teachers (person)
阳江市直	Units Directly under Yangjiang City		457	558	3127	169	139
江城区	Jiangcheng City	115	11004	5171	39932	2824	2455
海陵区	Hailing District	24	1801	749	5948	481	435
岗侨区	Gangqiao District						
阳江农垦	Yangjiang Agricultural Reclamation	6	554	279	2236	169	121
阳西县	Yangxi County	141	10311	5413	43543	2449	2261
阳东县	Yangdong County	151	8546	3554	31185	2687	2619
阳春市	Yangchun City	325	18722	9808	77111	5020	4563
湛江市	Zhanjiang City	2155	183609	112075	927381	41151	36038
赤坎区	Chikan District	18	4866	4038	29404	1371	1172
霞山区	Xiashan District	40	9261	7596	53165	2379	2066
坡头区	Potou District	125	8829	3526	34357	1988	1775
东海区	Donghai District	53	3969	2394	20356	1120	1027
开发区	Development Zone	6	1099	873	6513	469	316
麻章区	Mazhang District	86	6482	3558	29584	1484	1338
遂溪县	Suixi County	314	23360	12473	118036	5528	5086
徐闻县	Xuwen County	225	17361	10425	80753	4491	4162
廉江市	Lianjiang City	405	36792	23206	192712	7923	6967
雷州市	Leizhou City	559	43192	26063	230852	8711	7084
吴川市	Wuchuan City	324	28398	17923	131649	5687	5045
茂名市	Maoming City	1988	176534	106532	801065	34346	31495
茂南区	Maonan District	177	18370	11849	83510	4675	4151
茂港区	Maogang District	129	12165	6124	52783	2467	2331
电白县	Dianbai County	386	34991	22025	161394	6777	6034
高州市	Gaozhou City	534	39071	21790	163877	6697	6059
化州市	Huazhou City	400	38494	25363	183984	7593	6959
信宜市	Xinyi City	362	33443	19381	155517	6137	5961
肇庆市	Zhaoqing City	1197	85193	55248	431139	19497	17987
端州区	Duanzhou District	34	6287	5643	36820	1625	1454
鼎湖区	Dinghu District	48	3039	1308	11784	695	617
广宁县	Guangning County	186	8479	4776	36894	2461	2227
怀集县	Huaiji County	297	25199	19022	148422	4526	4507

12-4续表4 continued

地区 Region		学校数（所）Number of Schools (unit)	毕业生数（人）Number of Graduates (person)	招生数（人）Number of Enrollments (person)	在校生数（人）Number of Students at School (person)	教职工数（人）Number of Faculty Members (person)	专任教师数（人）Number of Full-time Teachers (person)
封开县	Fengkai County	130	11116	7732	57567	2582	2324
德庆县	Deqing County	161	7716	4384	35839	1996	1847
大旺区	Dawang Distrcit	7	566	618	3663	175	145
高要市	Gaoyao City	251	14958	6986	63463	3224	2934
四会市	Sihui City	83	7833	4779	36687	2213	1932
清远市	Qingyuan City	899	76257	41057	328535	19010	17232
清城区	Qingcheng District	58	10852	7892	53245	2568	2348
佛冈县	Fogang County	33	6487	2468	23249	1556	1494
阳山县	Yangshan County	183	12098	3503	43141	2930	2761
连山县	Lianshan County	43	2192	910	8558	652	627
连南县	Liannan County	47	2811	2037	14662	918	832
清新县	Qingxin County	140	14730	8688	66017	3375	3112
英德市	Yingde City	273	20291	11350	89351	4681	3913
连州市	Lianzhou City	122	6408	3902	28364	2211	2049
潮州市	Chaozhou City	710	51454	29671	240236	11998	10446
潮州市直	Units Directly under Chaozhou City	2	1331	1019	6957	391	304
湘桥区	Xiangqiao District	53	7157	4240	32831	1510	1400
枫溪区	Fengxi District	23	2338	1653	13234	590	552
潮安县	Chaoan County	355	22086	12725	103334	4954	4017
饶平县	Raoping County	277	18542	10034	83880	4553	4173
揭阳市	Jieyang City	1365	159802	93245	805008	32239	27741
榕城区	Rongcheng District	106	20095	10477	84832	3861	3355
揭东县	Jiedong County	227	28186	11930	114886	5051	4427
揭西县	Jiexi County	255	22248	11020	105253	4580	3788
惠来县	Huilai County	303	31251	24425	201827	6635	5762
普宁市	Puning City	474	58022	35393	298210	12112	10409
云浮市	Yunfu City	775	59030	29063	244766	13025	11877
云城区	Yuncheng District	71	6929	3370	26382	1382	1280
新兴县	Xinxing County	128	9317	4677	42281	2317	2050
郁南县	Yunan County	97	9647	4540	36862	2498	2206
云安县	Yunan County	113	6922	2823	26457	1487	1385
罗定市	Luoding City	366	26215	13653	112784	5341	4956

12-5 各县区学前教育基本情况（2008）

12-5 Basic Conditions of Special Education by county（District）（2008）

地 区	Region	学校数（所）Number of Schools（unit）	毕业生数（人）Number of Graduates（person）	招生数（人）Number of Enrollments（person）	在校生数（人）Number of Students at School（person）	教职工数（人）Number of Faculty Members（person）	专任教师数（人）Number of Full-time Teachers（person）
广东省	**Guangdong Province**	**10533**	**975273**	**1181290**	**2323511**	**191444**	**111597**
广州市	Guangzhou City	1498	94419	90373	297186	36733	19990
荔湾区	Liwan District	90	5714	5169	18693	2417	1214
越秀区	Yuexiu District	119	8802	7582	25094	4426	1958
海珠区	Haizhu District	171	9741	9423	34210	4449	2168
天河区	Tianhe District	154	8327	8400	28597	4208	2332
白云区	Baiyun District	286	16146	15174	52066	5971	3492
黄埔区	Huangpu District	50	3069	2981	9993	1271	709
番禺区	Panyu District	323	15796	13482	57917	7088	4265
花都区	Huadu District	91	7170	8141	21950	2186	1298
南沙区	Nansha District	54	1696	1386	6008	654	432
萝岗区	Luogang District	27	1571	1891	5674	630	361
增城市	Zengcheng District	83	10594	10724	23064	2416	1122
从化市	Conghua City	50	5793	6020	13920	1017	639
深圳市	Shenzhen City	865	65231	71062	191222	28483	15761
深圳市直	Units Directly under Shenzhen City	22	2920	2944	8807	1372	780
罗湖区	Luofu District	103	6311	6476	18596	2971	1631
福田区	Futian District	104	6437	8211	20643	3701	1953
南山区	Nanshan District	164	9647	10413	30263	4926	2779
宝安区	Baoan District	242	21542	24261	59212	8318	4510
龙岗区	Longgang District	184	14466	14311	43377	5749	3321
盐田区	Yantian District	19	1099	1501	3281	489	262
珠海市	Zhuhai City	218	13025	15980	39468	4861	2664
珠海市直	Units Directly under Zhuhai City	21	1443	1968	4437	579	301
香洲区	Xiangzhou District	120	6366	8003	20668	3011	1641
斗门区	Doumen District	36	3414	4287	9329	776	436
金湾区	Jinwan District	41	1802	1722	5034	495	286
汕头市	Shantou City	798	48641	54147	115918	8974	5667
龙湖区	Longhu District	124	6006	7198	17769	1810	1126
金平区	Jinping District	213	7516	6611	21098	2585	1551
濠江区	Haojiang District	51	2526	1894	4764	334	212
潮阳区	Chaoyang District	133	14558	16195	24007	1490	912

12-5续表1 continued

地 区 Region		学校数（所）Number of Schools (unit)	毕业生数（人）Number of Graduates (person)	招生数（人）Number of Enrollments (person)	在校生数（人）Number of Students at School (person)	教职工数（人）Number of Faculty Members (person)	专任教师数（人）Number of Full-time Teachers (person)
潮南区	Chaonan District	78	8679	13402	19715	755	512
澄海区	Chenghai District	185	8847	8413	27263	1910	1291
南澳县	Nanao District	14	509	434	1302	90	63
佛山市	Foshan City	751	54263	47949	172830	19513	11054
禅城区	Chancheng District	120	8283	8142	29085	3484	1876
南海区	Nanhai District	276	18771	15876	60709	6787	3926
顺德区	Shunde District	279	20195	15707	59230	7152	3963
三水区	Sanshui District	51	4326	4957	15429	1322	815
高明市	Gaoming City	25	2688	3267	8377	768	474
韶关市	Shaoguan City	345	30442	38869	72274	4405	2491
韶关市直	Units Directly under Shaoguan City	6	404	416	1233	176	85
武江区	Wujiang District	46	2203	2135	7325	645	342
浈江区	Zhenjiang District	55	3441	3319	9750	869	451
曲江区	Qujiang District	20	2620	3167	5878	357	230
始兴县	Shixing County	34	3656	4549	7105	303	205
仁化县	Renhua County	22	1763	3139	4918	204	126
翁源县	Wengyuan County	32	4302	4912	8187	440	253
乳源县	Ruyuan County	20	691	3112	4642	352	185
新丰县	Xinfeng County	17	2177	2948	4799	281	167
乐昌市	Lechang City	52	4783	6274	8182	372	220
南雄市	Nanxiong City	41	4402	4898	10255	406	227
河源市	Heyuan City	239	43800	50904	65736	3497	2103
源城区	Yuancheng District	59	5801	7445	12450	1348	821
紫金县	Zijin County	32	11115	12166	14651	516	319
龙川县	Longchuan County	50	13789	13222	16427	513	323
连平县	Lianping County	35	4867	6397	7466	370	188
和平县	Heping County	29	3434	5109	6323	317	185
东源县	Dongyuan County	34	4794	6565	8419	433	267
梅州市	Meizhou City	408	36988	60940	86304	3423	2373
梅州市直	Units Directly under Meizhou City	3	354	600	980	77	46
梅江区	Meijiang District	50	3061	3913	9470	749	484
梅县	Mei County	110	5003	5444	10911	642	466

12-5续表2 continued

地 区 Region		学校数（所）Number of Schools (unit)	毕业生数（人）Number of Graduates (person)	招生数（人）Number of Enrollments (person)	在校生数（人）Number of Students at School (person)	教职工数（人）Number of Faculty Members (person)	专任教师数（人）Number of Full-time Teachers (person)
大埔县	Dapu County	21	3478	5324	8581	347	292
丰顺县	Fengshun County	20	2293	7550	8895	137	107
五华县	Wuhua County	81	9900	18927	20439	297	221
平远县	Pingyuan County	29	1853	3553	5081	227	135
蕉岭县	Jiaoling County	34	1340	1737	4598	314	200
兴宁市	Xingning City	60	9706	13892	17349	633	422
惠州市	Huizhou City	300	42030	57815	87378	7442	4453
大亚湾区	Dayawan District	10	1386	1603	2491	205	138
惠城区	Huicheng District	141	14514	16522	33411	3434	2018
博罗县	Boluo County	51	8693	13626	17099	1250	760
惠东县	Huidong County	33	7615	12949	15257	987	555
龙门县	Longmen County	13	3533	3927	5403	288	147
惠阳市	Huiyang City	52	6289	9188	13717	1278	835
汕尾市	Shanwei City	119	19516	35276	50546	2165	1387
汕尾市直	Units Directly under Shanwei City	3	246	1346	1867	119	59
汕尾城区	Urban Area of Shanwei City	27	3598	5210	7697	327	217
红海湾区	Red Bay District	1	105	256	322	8	5
海丰县	Haifeng County	21	3648	3871	8817	352	220
陆河县	Luhe County	13	3111	4911	5588	145	84
陆丰市	Lufeng City	54	8808	19682	26255	1214	802
东莞市	Dongguan City	617	53120	58253	156362	18973	11072
中山市	Zhongshan City	418	29750	26286	82586	8946	5026
江门市	Jiangmen City	459	43375	48059	109319	8466	5138
蓬江区	Pengjiang Distrcit	97	6393	5720	18941	1963	1066
江海区	Jianghai District	44	2194	1444	7172	737	446
新会市	Xinhui City	153	8328	7075	22912	2018	1321
台山市	Taishan City	52	7631	12185	18149	1071	738
开平市	Kaiping City	38	8966	10976	19746	938	610
鹤山市	Heshan City	50	5151	5676	14453	1344	690
恩平市	Enping City	25	4712	4983	7946	395	267
阳江市	Yangjiang City	181	25790	28440	42342	2842	1587
阳江市直	Units Directly under Yangjiang City	14	1540	1496	4467	583	299

12-5续表3 continued

地 区 Region		学校数（所）Number of Schools (unit)	毕业生数（人）Number of Graduates (person)	招生数（人）Number of Enrollments (person)	在校生数（人）Number of Students at School (person)	教职工数（人）Number of Faculty Members (person)	专任教师数（人）Number of Full-time Teachers (person)
江城区	Jiangcheng City	42	3910	4049	6796	561	328
海陵区	Hailing District	6	853	892	1408	99	62
岗侨区	Gangqiao District						
阳江农垦	Yangjiang Agricultural Reclamation						
阳西县	Yangxi County	29	4595	4526	6166	291	187
阳东县	Yangdong County	33	3704	4794	6174	418	237
阳春市	Yangchun City	57	11188	12683	17331	890	474
湛江市	Zhanjiang City	691	78657	113286	154961	6496	4113
赤坎区	Chikan District	59	2519	2492	9025	1059	624
霞山区	Xiashan District	49	3826	4011	9732	1158	637
坡头区	Potou District	22	3212	4193	5448	277	165
东海区	Donghai District	9	2657	3273	4026	39	34
开发区	Development Zone	17	875	1011	2735	320	204
麻章区	Mazhang District	45	3319	3690	5551	200	140
遂溪县	Suixi County	45	7514	12842	16886	686	491
徐闻县	Xuwen County	59	4997	9490	14692	590	378
廉江市	Lianjiang City	82	14439	25699	31168	853	573
雷州市	Leizhou City	98	17183	28421	32336	591	398
吴川市	Wuchuan City	206	18116	18164	23362	723	469
茂名市	Maoming City	449	87372	112148	140368	4364	2748
茂南区	Maonan District	111	11121	15585	26998	1742	1023
茂港区	Maogang District	26	5676	6323	7408	235	146
电白县	Dianbai County	46	19223	21277	24395	603	354
高州市	Gaozhou City	185	16199	27293	33064	1086	664
化州市	Huazhou City	12	15787	18039	19979	204	146
信宜市	Xinyi City	69	19366	23631	28524	494	415
肇庆市	Zhaoqing City	404	53897	77683	116254	5325	3090
端州区	Duanzhou District	98	5018	4264	17771	1941	1212
鼎湖区	Dinghu District	19	1751	2087	3910	212	121
广宁县	Guangning County	41	4856	5662	10059	468	262
怀集县	Huaiji County	47	15488	29366	31663	152	98
封开县	Fengkai County	26	7090	9379	11699	285	131

12-5续表4 continued

地 区 Region		学校数（所）Number of Schools (unit)	毕业生数（人）Number of Graduates (person)	招生数（人）Number of Enrollments (person)	在校生数（人）Number of Students at School (person)	教职工数（人）Number of Faculty Members (person)	专任教师数（人）Number of Full-time Teachers (person)
德庆县	Deqing County	38	5025	6965	9540	302	190
大旺区	Dawang Distrcit	3	692	628	1348	82	33
高要市	Gaoyao City	83	9515	14430	20119	898	522
四会市	Sihui City	49	4462	4902	10145	985	521
清远市	Qingyuan City	426	36884	47693	79612	4398	2703
清城区	Qingcheng District	83	8730	10031	20008	1406	825
佛冈县	Fogang County	20	3411	3892	7445	317	192
阳山县	Yangshan County	20	2105	3675	5891	319	196
连山县	Lianshan County	7	455	1498	1903	86	50
连南县	Liannan County	7	1541	2273	2888	117	76
清新县	Qingxin County	162	8761	10737	17580	926	646
英德市	Yingde City	88	9350	11634	16397	769	442
连州市	Lianzhou City	39	2531	3791	7177	458	276
潮州市	Chaozhou City	588	24725	24044	64068	4266	2888
潮州市直	Units Directly under Chaozhou City	7	756	783	2298	214	148
湘桥区	Xiangqiao District	86	2932	2758	12157	1002	699
枫溪区	Fengxi District	33	1115	1435	3369	234	147
潮安县	Chaoan County	343	9813	8372	28791	1942	1306
饶平县	Raoping County	119	10109	10696	17453	874	588
揭阳市	Jieyang City	594	67981	82191	143679	5326	3742
榕城区	Rongcheng District	192	8137	6333	21906	1673	1173
揭东县	Jiedong County	171	15797	14799	34969	1127	782
揭西县	Jiexi County	54	14764	18011	22622	498	332
惠来县	Huilai County	75	4860	8023	11620	507	352
普宁市	Puning City	102	24423	35025	52562	1521	1103
云浮市	Yunfu City	165	25367	39892	55098	2546	1547
云城区	Yuncheng District	31	2919	4803	8440	584	356
新兴县	Xinxing County	33	4955	6333	10121	547	345
郁南县	Yunan County	19	852	6736	8126	280	180
云安县	Yunan County	14	3280	3975	4660	147	83
罗定市	Luoding City	68	13361	18045	23751	988	583

12-6 分县区文化机构数（2008）

12-6 Number of Cultural Institutions by county（District）（2008）

单位：个 （Unit）

地区	Region	公共图书馆机构数 Number of Public Libraries	群艺馆（文化馆）机构数 Number of Mass Art Halls Cultral Centers	文化站机构数 Number of Cultural Stations
合计	**Total**	**132**	**143**	**1600**
广州	Guangzhou City	14	13	163
市直	Guangzhou City	2	1	
荔湾区	Liwan District	1	1	22
越秀区	Yuexiu District	1	1	22
海珠区	Haizhu District	1	1	18
天河区	Tianhe District	1	1	21
白云区	Baiyun District	1	1	18
黄埔区	Huangpu District	1	1	9
番禺区	Panyu District	1	1	17
花都区	Huadu District	1	1	8
南沙区	Nansha District	1	1	5
萝岗区	Luogang District	1	1	6
增城市	Zengcheng District	1	1	9
从化市	Conghua City	1	1	8
深圳	Shenzhen City	8	7	55
市直	Shenzhen City	2	1	
罗湖区	Luofu District	1	1	10
福田区	Futian District	1	1	8
南山区	Nanshan District	1	1	8
宝安区	Baoan District	1	1	12
龙岗区	Longgang District	1	1	13
盐田区	Yantian District	1	1	4
珠海	Zhuhai City	3	4	23
市直	Zhuhai City	1	1	6
香洲区	Xiangzhou District		1	9
斗门区	Doumen District	1	1	5
金湾区	Jinwan District	1	1	3
汕头	Shantou City	8	8	69
市直	Shantou City	2	1	
龙湖区	Longhu District	1	1	7

12-6续表1 continued

地 区 Region		公共图书馆机构数 Number of Public Libraries	群艺馆（文化馆）机构数 Number of Mass Art Halls Cultral Centers	文化站机构数 Number of Cultural Stations
金平区	Jinping District	1	1	17
濠江区	Haojiang District	1	1	7
潮阳区	Chaoyang District	1	1	13
潮南区	Chaonan District		1	11
澄海区	Chenghai District	1	1	11
南澳县	Nanao District	1	1	3
佛山	Foshan City	6	6	33
市直	Foshan City	1	1	
禅城区	Chancheng District	1	1	4
南海区	Nanhai District	1	1	8
顺德区	Shunde District	1	1	10
三水区	Sanshui District	1	1	7
高明区	Gaoming City	1	1	4
韶关	Shaoguan City	9	11	106
市直	Shaoguan City	1	1	
武江区	Wujiang District		1	7
浈江区	Zhenjiang District		1	10
曲江区	Qujiang District	1	1	9
始兴县	Shixing County	1	1	10
仁化县	Renhua County	1	1	11
翁源县	Wengyuan County	1	1	8
乳源县	Ruyuan County	1	1	9
新丰县	Xinfeng County	1	1	7
乐昌市	Lechang City	1	1	17
南雄市	Nanxiong City	1	1	18
河源	Heyuan City	7	7	103
市直	Heyuan City	1	1	
源城区	Yuancheng District	1	1	6
紫金县	Zijin County	1	1	20
龙川县	Longchuan County	1	1	25
连平县	Lianping County	1	1	13
和平县	Heping County	1	1	18
东源县	Dongyuan County	1	1	21

12-6续表2 continued

地 区 Region		公共图书馆机构数 Number of Public Libraries	群艺馆（文化馆）机构数 Number of Mass Art Halls Cultral Centers	文化站机构数 Number of Cultural Stations
梅州	Meizhou City	10	9	112
市直	Meizhou City	1	1	
梅江区	Meijiang District	1	1	6
梅县	Mei County	2	1	20
大埔县	Dapu County	1	1	14
丰顺县	Fengshun County	1	1	16
五华县	Wuhua County	1	1	16
平远县	Pingyuan County	1	1	12
蕉岭县	Jiaoling County	1	1	8
兴宁市	Xingning City	1	1	20
惠州	Huizhou City	5	6	70
市直	Huizhou City	1	1	
惠城区	Huicheng District		1	18
惠阳区	Huiyang District	1	1	9
博罗县	Boluo County	1	1	17
惠东县	Huidong County	1	1	16
龙门县	Longmen County	1	1	10
汕尾	Shanwei City	4	5	56
市直	Shanwei City	1	1	
城区	Shanwei Urban Areas		1	10
海丰县	Haifeng County	1	1	16
陆河县	Luhe County	1	1	8
陆丰市	Lufeng City	1	1	22
东莞	Dongguan City	1	1	33
中山	Zhongshan City	1	1	24
江门	Jiangmen City	7	8	81
市直	Jiangmen City	1	1	
蓬江区	Pengjiang Distrcit	1	1	9
江海区	Jianghai District		1	5
新会区	Xinhui City	1	1	12
台山市	Taishan City	1	1	18
开平市	Kaiping City	1	1	15
鹤山市	Heshan City	1	1	11

12-6续表3 continued

地 区 Region		公共图书馆机构数 Number of Public Libraries	群艺馆（文化馆）机构数 Number of Mass Art Halls Cultral Centers	文化站机构数 Number of Cultural Stations
恩平市	Enping City	1	1	11
阳江	Yangjiang City	4	5	48
市直	Yangjiang City	1	1	2
江城区	Jiangcheng City		1	11
阳西县	Yangxi County	1	1	8
阳东县	Yangdong County	1	1	11
阳春市	Yangchun City	1	1	16
湛江	Zhanjiang City	7	10	117
市直	Zhanjiang City	2	1	
霞山区	Xiashan District		1	10
坡头区	Potou District		1	7
麻章区	Mazhang District		1	7
赤坎区	Chikan District		1	8
遂溪县	Suixi County	1	1	15
徐闻县	Xuwen County	1	1	15
廉江市	Lianjiang City	1	1	21
雷州市	Leizhou City	1	1	19
吴川市	Wuchuan City	1	1	15
茂名	Maoming City	5	7	110
市直	Maoming City	1	1	1
茂南区	Maonan District		1	15
茂港区	Maogang District		1	5
电白县	Dianbai County	1	1	17
高州市	Gaozhou City	1	1	25
化州市	Huazhou City	1	1	24
信宜市	Xinyi City	1	1	23
肇庆	Zhaoqing City	8	9	108
市直	Zhaoqing City	1	1	
端州区	Duanzhou District	1	1	6
鼎湖区	Dinghu District		1	7
广宁县	Guangning County	1	1	17
怀集县	Huaiji County	1	1	19
封开县	Fengkai County	1	1	16

12-6续表4 continued

地区	Region	公共图书馆机构数 Number of Public Libraries	群艺馆（文化馆）机构数 Number of Mass Art Halls Cultral Centers	文化站机构数 Number of Cultural Stations
德庆县	Deqing County	1	1	13
高要市	Gaoyao City	1	1	17
四会市	Sihui City	1	1	13
清远	Qingyuan City	9	9	87
市直	Qingyuan City	1	1	
清城区	Qingcheng District	1	1	8
佛冈县	Fogang County	1	1	6
阳山县	Yangshan County	1	1	13
连山县	Lianshan County	1	1	7
连南县	Liannan County	1	1	7
清新县	Qingxin County	1	1	10
英德市	Yingde City	1	1	24
连州市	Lianzhou City	1	1	12
潮州	Chaozhou City	4	4	50
市直	Chaozhou City	1	1	1
湘桥区	Xiangqiao District	1	1	10
潮安县	Chaoan County	1	1	18
饶平县	Raoping County	1	1	21
揭阳	Jieyang City	6	6	88
市直	Jieyang City	1	1	
榕城区	Rongcheng District	1	1	15
揭东县	Jiedong County	1	1	15
揭西县	Jiexi County	1	1	17
惠来县	Huilai County	1	1	15
普宁市	Puning City	1	1	26
云浮	Yunfu City	5	6	64
市直	Yunfu City	1	1	
云城区	Yuncheng District		1	8
新兴县	Xinxing County	1	1	12
郁南县	Yunan County	1	1	15
云安县	Yunan County	1	1	8
罗定市	Luoding City	1	1	21
省直	Units Directly under Province	1	1	

12-7 卫生机构、床位、人员数（2008）

12-7 Number of Organization, Bed and Staff in Health Centers（2008）

地区	Region	机构数（个）Number of Institutions（unit）	床位数（个）Number of Beds（unit）	卫生人员数（人）Number of Health Workers（person）	卫生技术人员（人）Number of Technical Health Workers（person）	执业（助理）医师（人）Number of Medical Practitioners（person）	注册护士（人）Number of Registered Nurses（person）
广东省	**Guangdong Province**	**15821**	**250497**	**479462**	**383876**	**144335**	**135855**
广州	Guangzhou City	2388	54973	99883	80687	29953	30847
荔湾区	Liwan District	225	4168	7635	6152	2391	2338
越秀区	Yuexiu District	332	16700	32398	25848	8870	10659
海珠区	Haizhu District	282	6306	11216	9113	3273	3384
天河区	Tianhe District	328	4175	10067	8192	3349	2962
白云区	Baiyun District	453	8606	12885	10176	3939	3721
黄埔区	Huangpu District	125	1394	2500	2026	842	745
番禺区	Panyu District	268	5086	8664	7246	2778	2653
花都区	Huadu District	121	3029	4396	3685	1395	1447
南沙区	Nansha District	35	537	1081	890	333	281
萝岗区	Luogang District	53	1099	1618	1326	552	511
增城市	Zengcheng District	101	1848	4212	3455	1391	1239
从化市	Conghua City	65	2025	3211	2578	840	907
深圳	Shenzhen City	2421	19914	63358	50498	20099	19306
罗湖区	Luofu District	269	3833	11604	9095	3658	3535
福田区	Futian District	342	4595	13273	11081	4488	4477
南山区	Nanshan District	315	1816	6656	5363	2239	2122
宝安区	Baoan District	827	5891	16732	13352	5227	5022
龙岗区	Longgang District	604	3474	14027	10762	4083	3860
盐田区	Yantian District	64	305	1066	845	404	290
珠海	Zhuhai City	470	5851	12220	10282	3907	3604
香洲区	Xiangzhou District	327	4503	9262	7826	2984	2748
斗门区	Doumen District	80	813	1820	1494	536	509
金湾区	Jinwan District	63	535	1138	962	387	347
汕头	Shantou City	290	9212	16792	13171	5114	4371
龙湖区	Longhu District	50	360	1003	813	360	265
金平区	Jinping District	103	4793	7626	6066	2237	2500
濠江区	Haojiang District	15	376	626	397	146	129
潮阳区	Chaoyang District	29	1690	3341	2716	1064	737
潮南区	Chaonan District	52	959	2322	1836	773	385
澄海区	Chenghai District	23	913	1564	1115	444	290
南澳县	Nanao District	18	121	310	228	90	65
佛山	Foshan City	960	20623	36202	29400	10662	11119
禅城区	Chancheng District	284	6166	9340	7381	2738	2711
南海区	Nanhai District	194	5790	9878	8447	2917	3321
顺德区	Shunde District	255	6331	12120	9582	3479	3694

12-7续表1 continued

地 区 Region		机构数（个）Number of Institutions（unit）	床位数（个）Number of Beds（unit）	卫生人员数（人）Number of Health Workers（person）	卫生技术人员（人）Number of Technical Health Workers（person）	执业（助理）医师（人）Number of Medical Practitioners（person）	注册护士（人）Number of Registered Nurses（person）
三水区	Sanshui District	160	1325	3069	2533	967	879
高明区	Gaoming City	67	1011	1795	1457	561	514
韶关	Shaoguan City	704	10520	15537	12417	4624	4691
武江区	Wujiang District	124	2774	3621	2910	1001	1234
浈江区	Zhenjiang District	147	1602	2251	1877	699	754
曲江区	Qujiang District	81	1085	1780	1353	482	541
始兴县	Shixing County	33	487	823	652	248	247
仁化县	Renhua County	44	567	852	685	254	237
翁源县	Wengyuan County	57	720	1409	1095	419	382
乳源县	Ruyuan County	30	385	744	588	212	221
新丰县	Xinfeng County	24	335	843	637	270	196
乐昌市	Lechang City	73	1694	1907	1558	573	565
南雄市	Nanxiong City	91	871	1307	1062	466	314
河源	Heyuan City	295	5282	10823	8923	3296	2843
市辖区	Units Directly under Heyuan City	9	797	1857	1480	527	540
源城区	Yuancheng District	40	357	829	724	301	265
紫金县	Zijin County	50	814	1914	1559	559	364
龙川县	Longchuan County	64	1391	2614	2188	818	688
连平县	Lianping County	29	546	999	852	337	292
和平县	Heping County	27	718	1343	1084	387	333
东源县	Dongyuan County	76	659	1267	1036	367	361
梅州	Meizhou City	1212	8810	17746	14534	5978	3749
市辖区	Units Directly under Meizhou City	38	2200	3215	2556	731	856
梅江区	Meijiang District	180	374	989	880	433	217
梅县	Mei County	116	935	2152	1794	871	506
大埔县	Dapu County	195	579	1428	1072	497	205
丰顺县	Fengshun County	56	827	1468	1206	425	246
五华县	Wuhua County	224	1372	3549	3021	1295	493
平远县	Pingyuan County	110	484	991	819	322	255
蕉岭县	Jiaoling County	86	515	768	657	268	203
兴宁市	Xingning City	207	1524	3186	2529	1136	768
惠州	Huizhou City	638	10207	18885	14765	5431	4962
市辖区	Units Directly under Huizhou City	46	3053	4493	3601	1228	1496
惠城区	Huicheng District	291	1389	4064	3162	1363	949
惠阳区	Huiyang District	116	1625	3240	2521	935	801
博罗县	Boluo County	39	1951	3105	2405	827	824
惠东县	Huidong County	84	1563	2700	2070	794	595
龙门县	Longmen County	62	626	1283	1006	284	297
汕尾	Shanwei City	188	4957	8699	6551	2653	1490

12-7续表2 continued

地　区 Region		机构数（个）Number of Institutions（unit）	床位数（个）Number of Beds（unit）	卫生人员数（人）Number of Health Workers（person）	卫生技术人员（人）Number of Technical Health Workers（person）	执业（助理）医师（人）Number of Medical Practitioners（person）	注册护士（人）Number of Registered Nurses（person）
市辖区	Units Directly under Shanwei City	16	739	1020	774	290	247
城区	Urban Areas	42	531	1110	877	384	182
海丰县	Haifeng County	56	1542	2536	1921	831	538
陆河县	Luhe County	39	449	827	637	288	124
陆丰市	Lufeng City	35	1696	3206	2342	860	399
东莞	Dongguan City	870	16778	36453	29117	10334	10799
中山	Zhongshan City	368	8258	15091	12076	4541	4431
江门	Jiangmen City	866	10721	19501	15946	6074	5672
市辖区	Units Directly under Jiangmen City	55	2977	5044	3955	1277	1644
蓬江区	Pengjiang Distrcit	140	555	1262	1108	490	340
江海区	Jianghai District	23	128	383	311	145	111
新会区	Xinhui District	162	2122	4157	3387	1214	1227
台山市	Taishan City	170	1826	2775	2302	931	688
开平市	Kaiping City	171	1481	2701	2249	915	749
鹤山市	Heshan City	91	779	1507	1249	537	480
恩平市	Enping City	54	853	1672	1385	565	433
阳江	Yangjiang City	384	5349	8878	7020	2562	2152
市辖区	Units Directly under Yangjiang City	21	1939	3031	2379	768	908
江城区	Jiangcheng City	204	455	1374	1150	423	243
阳西县	Yangxi County	38	720	1049	744	287	204
阳东县	Yangdong County	33	688	1263	1048	355	279
阳春市	Yangchun City	88	1547	2161	1699	729	518
湛江	Zhanjiang City	906	15690	25013	19514	6981	6833
赤坎区	Chikan District	141	2040	3626	2806	1012	1004
霞山区	Xiashan District	122	3653	5570	4457	1425	1937
坡头区	Potou District	26	524	927	739	275	280
麻章区	Mazhang District	57	738	717	533	217	155
遂溪县	Suixi County	94	1177	2476	1913	566	597
徐闻县	Xuwen County	58	1553	2195	1653	539	611
廉江市	Lianjiang City	143	2068	3246	2492	1035	810
雷州市	Leizhou City	147	2783	3860	2887	991	933
吴川市	Wuchuan City	118	1154	2396	2034	921	506
茂名	Maoming City	348	12686	17701	14079	5021	4690
市辖区	Units Directly under Maoming City	14	3050	3945	3162	937	1268
茂南区	Maonan District	55	398	926	830	364	242
茂港区	Maogang District	37	415	466	362	118	81
电白县	Dianbai County	40	1968	3082	2109	745	644
高州市	Gaozhou City	73	3700	4321	3580	1295	1218
化州市	Huazhou City	68	1493	2691	2123	850	643

12-7续表3 continued

地 区 Region		机构数（个）Number of Institutions (unit)	床位数（个）Number of Beds (unit)	卫生人员数（人）Number of Health Workers (person)	卫生技术人员（人）Number of Technical Health Workers (person)	执业（助理）医师（人）Number of Medical Practitioners (person)	注册护士（人）Number of Registered Nurses (person)
信宜市	Xinyi City	61	1662	2270	1913	712	594
肇庆	Zhaoqing City	520	8705	17009	13138	4397	4614
端州区	Duanzhou District	125	3196	5460	4119	1323	1599
鼎湖区	Dinghu District	9	528	519	439	162	146
广宁县	Guangning County	54	635	1842	1475	512	528
怀集县	Huaiji County	83	1091	2164	1613	529	504
封开县	Fengkai County	58	490	997	767	222	286
德庆县	Deqing County	58	659	1226	979	314	361
高要市	Gaoyao City	63	1084	2446	1839	703	584
四会市	Sihui City	70	1022	2355	1907	632	606
清远	Qingyuan City	623	7969	12651	10584	3735	3832
市辖区	Units Directly under Qingyuan City	25	1573	2773	2246	737	826
清城区	Qingcheng District	183	478	1350	1194	540	404
佛冈县	Fogang County	50	624	986	777	261	282
阳山县	Yangshan County	37	938	1356	1085	349	389
连山县	Lianshan County	22	258	422	360	115	137
连南县	Liannan County	15	323	505	429	151	156
清新县	Qingxin County	86	905	1264	1030	434	355
英德市	Yingde City	104	1797	2260	1990	644	682
连州市	Lianzhou City	101	1073	1735	1473	504	601
潮州	Chaozhou City	812	2889	8309	6575	3127	1430
市辖区	Units Directly under Chaozhou City	19	1194	2138	1651	647	496
湘桥区	Xiangqiao District	310	260	1362	1178	572	188
潮安县	Chaoan County	334	585	2534	1990	1037	361
饶平县	Raoping County	149	850	2275	1756	871	385
揭阳	Jieyang City	256	6517	11153	8526	3712	2249
榕城区	Rongcheng District	110	1489	2827	2302	1001	622
揭东县	Jiedong County	27	1160	1481	1107	483	258
揭西县	Jiexi County	28	970	1531	1208	534	312
惠来县	Huilai County	59	1022	1911	1313	588	357
普宁市	Puning City	32	1876	3403	2596	1106	700
云浮	Yunfu City	302	4586	7558	6073	2134	2171
云城区	Yuncheng District	29	1019	1620	1333	504	511
新兴县	Xinxing County	97	919	1649	1281	418	481
郁南县	Yunan County	79	612	1248	934	366	319
云安县	Yunan County	37	177	353	293	109	82
罗定市	Luoding City	60	1859	2688	2232	737	778

注：卫生机构数不含村卫生室。

Note: The number of medical institutions do not include the data of village clinics.

12-8 各县区火灾情况（2008）

12-8 Conditions of Fire Accidents by regions in the Whole Province（2008）

地 区	Region	起数（起）Number of Cases（case）	死亡（人）Deaths（person）	受伤（人）Injury（person）	直接财产损失（元）Direct Property Loss（yuan）
广州	**Guangzhou City**	**1211**	**17**	**10**	**13093007**
荔湾区	Liwan District	104	6	2	415860
越秀区	Yuexiu District	105		1	490378
海珠区	Haizhu District	76	3	2	559092
天河区	Tianhe District	29		1	216555
白云区	Baiyun District	423	2	3	640486
黄埔区	Huangpu District	2	1		230002
番禺区	Panyu District	7	1	1	5703400
花都区	Huadu District	309	2		892637
南沙区	Nansha District	84			531600
萝岗区	Luogang District	16			40409
增城市	Zengcheng District	39	2		3083234
从化市	Conghua City	10			269501
其他	Others	7			19853
深圳	**Shenzhen City**	**1053**	**62**	**88**	**13662491**
福田区	Futian District	117	1	1	198630
罗湖区	Luofu District	232		2	393610
南山区	Nanshan District	263	15	3	9613276
盐田区	Yantian District	34	1	1	210178
龙岗区	Longgang District	240	45	71	1704525
宝安区	Baoan District	122		7	10565434
光明新区	Guangming New District	45		3	486739
珠海	**Zhuhai City**	**124**		**2**	**2815065**
香洲区	Xiangzhou District	90		2	1526087
斗门区	Doumen District	19			66442
金湾区	Jinwan District	2			23200
高栏港区	Gaolan Port District	1			389474
高新区	High-tech Development Zone	11			211738
保税区	Tariff-free Zone	1			800
万山区	Wanshan District				
汕头	**Shantou City**	**41**	**16**	**5**	**4084111**
龙湖区	Longhu District	8	1		451530
金平区	Jinping District	9	2	1	1071431
濠江区	Haojiang District	2			120000
潮阳区	Chaoyang District	10	6	2	580980

12-8续表1 continued

地 区 Region		起数（起）Number of Cases（case）	死亡（人）Deaths（person）	受伤（人）Injury（person）	直接财产损失（元）Direct Property Loss（yuan）
潮南区	Chaonan District	3	7	1	125900
澄海区	Chenghai District	9		1	1734270
南澳县	Nanao District				
佛山	**Foshan City**	**73**	**17**	**2**	**3099550**
禅城区	Chancheng District	21	2		260680
南海区	Nanhai District	16	10	2	1207428
顺德区	Shunde District	14	5		1296322
三水区	Sanshui District	7			197300
高明区	Gaoming City	15			137820
韶关	**Shaoguan City**	**62**		**1**	**2964193**
武江区	Wujiang District	6			147150
浈江区	Zhenjiang District	10			135783
曲江区	Qujiang District	2			9000
始兴县	Shixing County	5			87022
仁化县	Renhua County	1			100000
翁源县	Wengyuan County	8			48215
乳源瑶族自治县	Ruyuan Yao Autonomous County	13		1	81150
新丰县	Xinfeng County	3			121073
乐昌市	Lechang City	10			2222800
南雄市	Nanxiong City	4			13500
河源	**Heyuan City**	**21**			**156786**
源城区	Yuancheng District	9			77809
紫金县	Zijin County	2			501
龙川县	Longchuan County	2			12000
连平县	Lianping County	3			31285
和平县	Heping County	2			2000
东源县	Dongyuan County	3			33200
梅州	**Meizhou City**	**24**	**5**	**2**	**1738041**
梅江区	Meijiang District	3			238297
梅县	Mei County	6	2		545710
兴宁市	Xingning City	2			100340
五华县	Wuhua County	2	1		3500
丰顺县	Fengshun County	2	1	2	72761
大埔县	Dapu County	3	1		494933
蕉岭县	Jiaoling County	2			208500
平远县	Pingyuan County	4			74000

12-8续表2　continued

地　区　Region		起数（起）Number of Cases（case）	死亡（人）Deaths（person）	受伤（人）Injury（person）	直接财产损失（元）Direct Property Loss（yuan）
惠州	**Huizhou City**	**520**	**36**	**17**	**3054319**
市辖区	Units Directly under Huizhou City	8	8		9560
惠城区	Huicheng District	208	8		270209
惠阳区	Huiyang District	58	1	1	1110451
大亚湾区	Dayawan District	2			71919
博罗县	Boluo County	198	6	8	1030710
惠东县	Huidong County	23	13	8	354970
龙门县	Longmen County	23			206500
汕尾	**Shanwei City**	**87**	**2**		**567166**
城区	City Zone	38			124676
海丰县	Haifeng County	28	2		75300
陆丰市	Lufeng City	4			301200
陆河县	Luhe County	13			10990
红海湾管区	Red Bay Zone	4			55000
东莞	**Dongguan City**	**702**	**13**	**11**	**23178187**
莞城	Guancheng District	11			62200
东城	Dongcheng District	13		2	365972
南城	Nancheng District	6			104000
万江	Wanjiang Town	35			498501
中堂	ZhongtangTown	1			500
麻涌	Machong Town	10			15250
道滘	Daojiao Town	7			285170
洪梅	Hongmei Town	4	1	1	8491099
望牛墩	Wangniudun Town	2			1860000
大岭山	Daling Mountain Town	8			151100
虎门	Humen Town	54	2		3230263
沙田	Shatian Town	2			2
石龙	Shilong Town	35			341900
石排	Shipai Town	21		1	83600
石碣	Shijie Town	16	3	1	1995517
企石	Qishi Town	5	1		47400
高埗	Gaobu Town	12			228600
茶山	Chashan Town	2			90300
横沥	Hengli Town	4			117200
桥头	Qiaotou Town	13	1	1	193700
东坑	Dongkeng Town	3			6000
樟木头	Zhangmutou Town	39		3	382430
清溪	Qingxi Town	71	1		47488

12-8续表3 continued

地 区 Region		起数（起）Number of Cases（case）	死亡（人）Deaths（person）	受伤（人）Injury（person）	直接财产损失（元）Direct Property Loss（yuan）
凤岗	Fenggang Town	2			3550
谢岗	Xiegang Town	8			31100
黄江	Huangjiang Town	15	2		569327
大朗	Dalang Town	46			2620700
松山湖	Songshan Lake Town				
长安	Changan Town	65	1	1	280106
厚街	Houjie Town	53	1	1	99111
寮步	Liaobu Town	8			85500
塘厦	Tangxia Town	10			317501
中山	**Zhongshan City**	**102**	**3**	**5**	**12690729**
火炬区	Huoju District	13			994291
石岐区	Shiqi District	11	1		278930
东区	Eastern District	7			245256
南区	Southern District	3			8360
西区	Western District	5			3453123
小榄镇	Xiaolan Town	10			1127476
东升镇	Dongsheng Town	4	1		192113
古镇镇	Guzhen Town	6		2	469923
神湾镇	Shenwan Town				
东凤镇	Dongfeng Town	4			949407
沙溪镇	Shaxi Town	2		1	1283
南朗镇	Nanlang Town				
民众镇	Minzhong Town	1			3850
大涌镇	Dachong Town	2			29800
三角镇	Sanjiao Town	1			884690
黄圃镇	Huangpu Town	8			200010
横栏镇	Henglan Town	6			29266
南头镇	Nantou Town	2			269310
五桂山镇	Wugui Mountain Town	2			31500
板芙镇	Banfu Town	1			122500
三乡镇	Sanxiang Town	7	2	1	3025316
坦洲镇	Tanzhou Town	3			271660
港口镇	Gangkou Town	1			9600
阜沙镇	Fusha Town	3			93065
江门	**Jiangmen City**	**188**	**5**	**1**	**11453175**
蓬江区	Pengjiang Distrcit	86	2		233010
江海区	Jianghai District	30			223703

12-8续表4 continued

地 区	Region	起数（起）Number of Cases（case）	死亡（人）Deaths（person）	受伤（人）Injury（person）	直接财产损失（元）Direct Property Loss（yuan）
新会区	Xinhui District	17			2359182
台山区	Taishan District	29		1	84900
开平区	Kaiping District	6			258000
鹤山市	Heshan City	16	1		8266090
恩平市	Enping City	4	2		26609
阳江	**Yangjiang City**	**21**			**2345613**
江城区	Jiangcheng City	10			995204
阳东县	Yangdong County	5			737255
阳西县	Yangxi County	3			385562
阳春县	Yangchun City	3			227592
海陵区	Hailing District				
湛江	**Zhanjiang City**	**34**	**6**		**898768**
赤坎区	Chikan District	4			17600
霞山区	Xiashan District	8			75332
坡头区	Potou District				
开发区	Development Zone	1	2		5500
东海区	Donghai District				
麻章区	Mazhang District	2			117000
遂溪县	Suixi County	3			90005
徐闻县	Xuwen County	2			28611
廉江市	Lianjiang City	2	1		15600
雷州市	Leizhou City	8	1		545020
吴川市	Wuchuan City	4	2		4100
茂名	**Maoming City**	**233**	**4**	**2**	**4702056**
市辖区	Units Directly under Maoming City	69			217610
茂南区	Maonan District	23	1		56200
茂港区	Maogang District	33			935601
电白县	Dianbai County	35	3		538655
高州市	Gaozhou City	23		2	33100
化州市	Huazhou City	10			430200
信宜市	Xinyi City	40			411252
肇庆	**Zhaoqing City**	**33**	**6**		**2122051**
端州区	Duanzhou District	9	4		794741
鼎湖区	Dinghu District				
广宁县	Guangning County	3			155000
怀集县	Huaiji County	4	1		24710
封开县	Fengkai County				

12-8续表5 continued

地 区 Region		起数（起）Number of Cases（case）	死亡（人）Deaths（person）	受伤（人）Injury（person）	直接财产损失（元）Direct Property Loss（yuan）
德庆县	Deqing County	8	1		993800
高要市	Gaoyao City	6			22000
四会市	Sihui City	3			131800
清远	**Qingyuan City**	**164**	**4**		**1882599**
清城区	Qingcheng District	15	2		381109
佛冈县	Fogang County	3			279000
阳山县	Yangshan County	33			376900
连山壮瑶族自治县	Lianshan Yao Autonomous County	2			50000
连南瑶族自治县	Liannan Yao Autonomous County	30			43600
清新县	Qingxin County	15			345650
英德市	Yingde City	61	2		383340
连州市	Lianzhou City	5			23000
潮州	**Chaozhou City**	**60**	**3**	**4**	**4992206**
湘桥区	Xiangqiao District	7	2	3	441933
枫溪区	Fengxi District	11			1162258
经济开发区	Development Zone				
潮安区	Chaoan County	32			3286306
饶平县	Raoping County	10	1	1	101709
揭阳	**Jieyang City**	**40**	**20**	**5**	**3899620**
榕城区	Rongcheng District	9	4		226391
普宁市	Puning City	19	9	5	1572249
揭东县	Jiedong County	5	1		148552
揭西县	Jiexi County	2	1		346100
惠来县	Huilai County	1			1000000
东山区	Dongshan District	4	5		606328
试验区	Experimental District				
普侨区	Puqiao District				
大南山侨区	Dananshan Cloney District				
云浮	**Yunfu City**	39	1	2	4355763
云城区	Yuncheng District	17		2	633900
新兴县	Xinxing County	5			3178763
郁南县	Yunan County	1			20000
云安县	Yunan County	1			1000
罗定市	Luoding City	15	1		522100

12-9 全省各交警大队辖区交通事故起数及死亡人数情况（2008）

12-9 Conditions of Traffic Accidents and Mortality by Traffic Police Group Domains in the Whole Province (2008)

交警大队	Traffic Police Group	次数（起） Number of Cases（case）	死亡（人） Deaths（person）
合计	**Total**	**39389**	**7182**
广州	**Guangzhou City**		
东山交警大队	Dongshan Traffic Police Group	82	14
海珠交警大队	Haizhu Traffic Police Group	216	34
荔湾交警大队	LiwanTraffic Police Group	48	8
内环路交警大队	Inner LoopTraffic Police Group	27	6
越秀交警大队	Yuexiu Traffic Police Group	40	6
流花交警大队	Liuhua Traffic Police Group	114	13
白云一交警大队	Baiyun No.1 Traffic Police Group	667	122
白云二交警大队	Baiyun No.2 Traffic Police Group	762	127
黄埔交警大队	Huangpu Traffic Police Group	92	31
天河交警大队	Tianhe Traffic Police Group	357	58
芳村交警大队	Fangcun Traffic Police Group	118	21
南沙交警大队	Nansha Traffic Police Group	157	36
花都交警大队	Huadu Traffic Police Group	605	147
从化交警大队	Conghua Traffic Police Group	271	138
增城交警大队	Zengcheng Traffic Police Group	563	173
番禺交警大队	Panyu Traffic Police Group	984	169
萝岗交警大队	Luogang Traffic Police Group	200	44
高速一交警大队	Highway No.1 Traffic Police Group	72	51
高速二交警大队	Highway No.2 Traffic Police Group	45	42
深圳	**Shenzhen City**		
罗湖交警大队	Luofu Traffic Police Group	95	31
福田交警大队	Futian Traffic Police Group	98	41
南山交警大队	Nanshan Traffic Police Group	135	45
口岸交警大队	Port Traffic Police Group	64	16
盐田交警大队	Yantian Traffic Police Group	63	18
宝安交警大队	Baoan Traffic Police Group	1045	253
龙岗交警大队	Longgang Traffic Police Group	823	212
蛇口港交警大队	Shekou Port Traffic Police Group	49	4
机场交警大队	Airport Traffic Police Group	9	1
同乐交警大队	Tongle Traffic Police Group	31	22
梅观交警大队	Meiguan Traffic Police Group	50	40
惠盐交警大队	Huiyan Traffic Police Group	37	26
珠海	**Zhuhai City**		
香洲交警大队	Xiangzhou Traffic Police Group	253	21
拱北交警大队	Gongbei Traffic Police Group	192	8
南湾交警大队	Nanwan Traffic Police Group	82	16
斗门交警大队	Doumen Traffic Police Group	252	38

12-9续表1 continued

交警大队	Traffic Police Group	次数（起） Number of Cases（case）	死亡（人） Deaths（person）
金湾交警大队	Jinwan Traffic Police Group	230	27
横琴交警大队	Hengqin Traffic Police Group		
金唐交警大队	Jintang Traffic Police Group	69	11
港口交警大队	Gangkou Traffic Police Group		
机场交警大队	Airport Traffic Police Group		
高速公路交警大队	Highway Traffic Police Group	4	1
汕头	**Shantou City**		
四大队	No. 4 Traffic Police Group	83	11
一大队	No. 1 Traffic Police Group	158	22
二大队	No. 2 Traffic Police Group	114	19
三大队	No. 3 Traffic Police Group	33	7
澄海交警大队	Chenghai Traffic Police Group	97	52
南澳交警大队	Nanao Traffic Police Group	21	6
潮阳交警大队	Chaoyang Traffic Police Group	184	39
潮南交警大队	Chaonan Traffic Police Group	131	34
深汕高速交警大队	Shenzhen-Shantou Highway Traffic Police Group	23	7
汕汾高速交警大队	Shantou-Fen Highway Traffic Police Group	19	11
佛山	**Foshan City**		
第一交警大队	No.1 Traffic Police Group	160	25
第二交警大队	No.2 Traffic Police Group	125	29
第三交警大队	No.3Traffic Police Group	103	20
一环公路交警大队	First Loop Traffic Police Group	134	57
三水交警大队	Sanshui Traffic Police Group	593	65
南海交警大队	Nanhai Traffic Police Group	1668	266
高明交警大队	Gaoming Traffic Police Group	718	69
顺德交警大队	Shunde Traffic Police Group	2104	211
高速公路交警大队	Highway Traffic Police Group	39	22
韶关	**Shaoguan City**		
武江区交警大队	Traffic Police Group of Wujiang District	52	30
浈江区交警大队	Traffic Police Group of Zhenjiang District	58	38
曲江区交警大队	Traffic Police Group of Qujiang District	19	12
始兴县交警大队	Traffic Police Group of Shixing County	9	10
仁化县交警大队	Traffic Police Group of Renhua County	13	19
翁源县交警大队	Traffic Police Group of Wengyuan County	43	14
乳源县交警大队	Traffic Police Group of Ruyuan County	33	16
新丰县交警大队	Traffic Police Group of Xinfeng County	26	15
乐昌市交警大队	Traffic Police Group of Lechang City	28	18
南雄市交警大队	Traffic Police Group of Nanxiong City	36	18
京珠高速公路交警大队	Beijing-Zhuhai Highway Traffic Police Group	66	65
河源	**Heyuan City**		
直属一大队	Directly Admininstrated No.1Traffic Police Group of	44	17
东源交警大队	Dongyuan Traffic Police Group	24	7

12-9续表2 continued

交警大队 Traffic Police Group		次数（起） Number of Cases（case）	死亡（人） Deaths（person）
紫金交警大队	Zijin Traffic Police Group	9	5
龙川交警大队	Longchuan Traffic Police Group	51	13
连平交警大队	Lianping Traffic Police Group	6	11
和平交警大队	Heping Traffic Police Group	4	5
高速公路一大队	Highway No.1Traffic Police Group	43	33
高速公路二大队	Highway No.2 Traffic Police Group	9	3
梅州	**Meizhou City**		
交警支队交警大队	Traffic Police Detachment Traffic Police Group	37	17
高速三交警大队	Highway No.3 Traffic Police Group	1	
高速二交警大队	Highway No.2 Traffic Police Group	3	2
高速一交警大队	Highway No.1 Traffic Police Group		
梅县交警大队	Traffic Police Group of Mei County	105	29
大埔县交警大队	Traffic Police Group of Dapu County	34	13
丰顺县交警大队	Traffic Police Group of Fengshun County	14	14
五华县交警大队	Traffic Police Group of Fengshun County	43	35
兴宁市交警大队	Traffic Police Group of Xingning City	39	51
平远县交警大队	Traffic Police Group of Pingyuan County	22	12
蕉岭县交警大队	Traffic Police Group of Jiaoling County	21	16
惠州	**Huizhou City**		
江南交警大队	Jiangnan Traffic Police Group	37	20
江北交警大队	Jiangbei Traffic Police Group	51	24
江东交警大队	Jiangdong Traffic Police Group	52	27
大亚湾区交警大队	Traffic Police Group of Dayawan District	32	21
仲恺交警大队	Zhongkai Traffic Police Group	37	25
惠阳区交警大队	Traffic Police Group of Huiyang District	76	57
博罗县交警大队	Traffic Police Group of Boluo County	338	127
惠东县交警大队	Traffic Police Group of Huidong County	170	64
龙门县交警大队	Traffic Police Group of Longmen County	51	13
高速公路一交警大队	Highway No.1Traffic Police Group	26	25
高速公路二交警大队	Highway No.2Traffic Police Group	41	36
汕尾	**Shanwei City**		
市区交警大队	City Zone Traffic Police Group	79	33
红海湾交警大队	Red Bay Traffic Police Group	8	3
海丰交警大队	Haifeng Traffic Police Group	523	62
陆丰交警大队	Lufeng Traffic Police Group	198	47
陆河交警大队	Luhe Traffic Police Group	17	9
埔边交警大队	Pubian Traffic Police Group	45	14
龙山交警大队	LongshanTraffic Police Group	13	11
东莞	**Dongguan City**		
莞城交警大队	Guancheng Traffic Police Group	144	8
大朗交警大队	Dalang Traffic Police Group	320	30
樟木头交警大队	Zhangmutou Traffic Police Group	98	17

12-9续表3 continued

交警大队	Traffic Police Group	次数（起） Number of Cases（case）	死亡（人） Deaths（person）
石龙交警大队	Shilong Traffic Police Group	53	2
中堂交警大队	Zhongtang Traffic Police Group	195	21
虎门交警大队	Humen Traffic Police Group	409	28
东莞高速交警大队	Dongguan Highway Traffic Police Group	44	9
太平高速交警大队	Taiping Highway Traffic Police Group	75	30
松山湖交警大队	Songshan Lake Traffic Police Group	33	4
凤岗交警大队	Fenggang Traffic Police Group	202	18
谢岗交警大队	Xiegang Traffic Police Group	34	5
桥头交警大队	Qiaotou Traffic Police Group	69	14
塘厦交警大队	Tangxia Traffic Police Group	183	30
大岭山交警大队	Dalingshan Traffic Police Group	164	26
东坑交警大队	Dongkeng Traffic Police Group	111	9
常平交警大队	Changping Traffic Police Group	379	34
寮步交警大队	Liaobu Traffic Police Group	98	20
横沥交警大队	Hengli Traffic Police Group	129	10
南城交警大队	Nancheng Traffic Police Group	196	21
石碣交警大队	Shijie Traffic Police Group	250	8
石排交警大队	Shipai Traffic Police Group	195	15
企石交警大队	Qishi Traffic Police Group	123	6
茶山交警大队	Chashan Traffic Police Group	147	9
黄江交警大队	Huangjiang Traffic Police Group	115	21
厚街交警大队	Houjie Traffic Police Group	379	33
长安交警大队	Changan Traffic Police Group	386	37
沙田交警大队	Shatian Traffic Police Group	49	8
万江交警大队	Wanjiang Traffic Police Group	129	17
道滘交警大队	Daojiao Traffic Police Group	56	11
洪梅交警大队	Hongmei Traffic Police Group	35	6
高步交警大队	Gaobu Traffic Police Group	71	12
麻涌交警大队	Machong Traffic Police Group	38	5
望牛墩交警大队	Wangniudun Traffic Police Group	61	10
清溪交警大队	Qingxi Traffic Police Group	166	15
东城交警大队	Dongcheng Traffic Police Group	241	41
中山	**Zhongshan City**		
城区交警大队	City Zone Traffic Police Group	868	43
第一交警大队	No. 1 Traffic Police Group	1363	73
第二交警大队	No. 2 Traffic Police Group	305	57
第三交警大队	No. 3 Traffic Police Group	279	54
第四交警大队	No. 4 Traffic Police Group	380	45
第五交警大队	No. 5 Traffic Police Group	293	45
高速交警大队	Highway Traffic Police Group	57	7

12-9续表4 continued

交警大队 Traffic Police Group		次数（起） Number of Cases（case）	死亡（人） Deaths（person）
江门	**Jiangmen City**		
蓬江交警大队	Pengjiang Traffic Police Group	1018	54
江海交警大队	Jianghai Traffic Police Group	275	26
新会交警大队	Xinhui Traffic Police Group	1461	67
台山交警大队	Taishan Traffic Police Group	919	72
恩平交警大队	Enping Traffic Police Group	306	43
开平交警大队	Kaiping Traffic Police Group	435	65
鹤山交警大队	Heshan Traffic Police Group	459	48
高速一交警大队	Highway No.1 Traffic Police Group	36	10
高速二交警大队	Highway No.2 Traffic Police Group	4	4
高速三交警大队	Highway No.3 Traffic Police Group	36	26
阳江	**Yangjiang City**		
阳东交警大队	Yangdong Traffic Police Group	272	35
沿海高速交警大队	Coastal Highway Traffic Police Group	1	1
开阳高速交警大队	Kaiping-Yangjiang Highway Traffic Police Group	55	22
阳茂高速交警大队	Yangjiang-Maoming HighwayTraffic Police Group		
郊区交警大队	Suburbs Traffic Police Group	123	29
阳西交警大队	Yangxi Traffic Police Group	155	33
阳春交警大队	Yangchun Traffic Police Group	276	45
湛江	**Zhanjiang City**		
赤坎交警大队	Chikan Traffic Police Group	158	15
霞山交警大队	Xiashan Traffic Police Group	596	23
麻章交警大队	Mazhang Traffic Police Group	116	16
坡头交警大队	Potou Traffic Police Group	104	21
高速公路交警大队	Highway Traffic Police Group	70	21
东海交警大队	Donghai Traffic Police Group	39	7
吴川交警大队	Wuchuan Traffic Police Group	127	24
廉江交警大队	Lianjiang Traffic Police Group	193	28
遂溪交警大队	Suixi Traffic Police Group	85	19
雷州交警大队	Leizhou Traffic Police Group	144	45
徐闻交警大队	Xuwen Traffic Police Group	107	15
茂名	**Maoming City**		
一大队	No.1 Traffic Police Group	54	14
二大队	No.2 Traffic Police Group	87	20
三大队	No.3 Traffic Police Group	156	40
信宜交警大队	Xinyi Traffic Police Group	188	57
高州交警大队	Gaozhou Traffic Police Group	282	62
电白交警大队	Dianbai Traffic Police Group	224	48
化州交警大队	Huazhou Traffic Police Group	169	43
高速交警大队	Highway Traffic Police Group	17	18

12-9续表5 continued

交警大队	Traffic Police Group	次数（起）Number of Cases（case）	死亡（人）Deaths（person）
肇庆	**Zhaoqing City**		
第一交警大队	No.1 Traffic Police Group	116	26
第二交警大队	No.2 Traffic Police Group	67	32
高要交警大队	Gaoyao Traffic Police Group	316	45
四会交警大队	Sihui Traffic Police Group	164	39
广宁交警大队	Guangning Traffic Police Group	32	22
怀集交警大队	Huaiji Traffic Police Group	93	38
封开交警大队	Fengkai Traffic Police Group	98	24
德庆交警大队	Deqing Traffic Police Group	163	31
高速交警大队	Highway Traffic Police Group	5	1
清远	**Qingyuan City**		
市区交警大队	Urban District Traffic Police Group	256	40
清新交警大队	Qingxin Traffic Police Group	156	37
佛冈交警大队	Fogang Traffic Police Group	49	23
英德交警大队	Yingde Traffic Police Group	92	38
阳山交警大队	Yangshan Traffic Police Group	132	31
连州交警大队	Lianzhou Traffic Police Group	26	25
连山交警大队	Lianshan Traffic Police Group	4	4
连南交警大队	Liannan Traffic Police Group	6	5
高速公路交警大队	Highway Traffic Police Group	42	16
潮州	**Chaozhou City**		
市区交警大队	Urban District Traffic Police Group	118	25
潮安交警大队	Chaoan Traffic Police Group	113	34
饶平交警大队	Raoping Traffic Police Group	101	33
高速交警大队	Highway Traffic Police Group	11	5
揭阳	**Jieyang City**		
东山交警大队	Dongshan Traffic Police Group	37	9
榕城交警大队	Rongcheng Traffic Police Group	57	8
渔湖交警大队	Yuhu Traffic Police Group	24	3
揭东交警大队	Jiedong Traffic Police Group	104	33
揭西交警大队	Jiexi Traffic Police Group	38	20
普宁交警大队	Puning Traffic Police Group	201	99
惠来交警大队	Huilai Traffic Police Group	63	16
普惠高速交警大队	Puning-Huizhou Highway Traffic Police Group	20	9
惠来高速交警大队	Huilai Highway Traffic Police Group	28	10
揭东高速公路交警大队	Jiedong HighwayTraffic Police Group	7	1
云浮	**Yunfu City**		
市区交警大队	Urban District Traffic Police Group	204	33
高速公路交警大队	Highway Traffic Police Group	5	3
新兴县交警大队	Traffic Police Group of Xinxing County	66	35
郁南县交警大队	Traffic Police Group of Yunan County	98	17
罗定市交警大队	Traffic Police Group of Luoding City	88	43
云安县交警大队	Traffic Police Group of Yunan County	79	20

附录　主要指标全国对比

Appendix National Comparison of Main Indicators

简要说明

1．本篇资料主要反映主要指标全国对比情况。

2．本篇资料主要包括：

广东与全国其他地区的人口数、就业人数，普通高校、高中、初中及中等职业教育的学校和学生数、教育经费支出，文化事业机构、艺术表演团体及公共图书馆数、医疗机构床位及农村合作医疗、广播、电视、基本养老保险及交通、火灾情况等。

3．统计资料来源：本篇资料由广东省统计局根据《中国统计年鉴》（2009）及有关厅局提供的数据进行整理、编辑。

Brief Descriptions

1．The data in this chapter mainly show the national comparison of main indicators.

2．The data in this chapter mainly including：the population，number of employed people，number of schools and students and the educational expenditure of regular higher schools，senior schools，junior schools and secondary vocational educations，number of cultural undertaking institutions，art performing groups and public libraries，number of beds in medical institutions and the conditions on rural cooperative medical care system，radio，television，basic pension insurance，traffic accidents and fire accidents in Guangdong Province and other regions of the country.

3．Data resources：The data in this chapter are arranged and edited by Statistics Bureau of Guangdong Province，according to *China Statistical Yearbook 2009* and data provided by relevant bureaus and departments.

1 各地区人口数、性别比情况（2008）

1 Conditions of Population and Sex Ratio by Region（2008）

地 区 Region		人口数（人）Population（person）	男 Male	女 Female	性别比 Sex Ratio（女=100）（Female=100）
全 国	**National**	**1178521**	**598339**	**580182**	**103.1**
北 京	Beijing	14813	7530	7284	103.4
天 津	Tianjing	10114	4986	5129	97.2
河 北	Hebei	62981	32103	30879	104.0
山 西	Shanxi	30779	15611	15167	102.9
内蒙古	Inner Mongolia	21816	11185	10631	105.2
辽 宁	Liaoning	38988	19583	19405	100.9
吉 林	Jilin	24764	12527	12237	102.4
黑龙江	Heilongjiang	34688	17540	17149	102.3
上 海	Shanghai	16854	8435	8420	100.2
江 苏	Jiangsu	69168	33709	35459	95.1
浙 江	Zhejiang	45900	23358	22543	103.6
安 徽	Anhui	55498	28469	27029	105.3
福 建	Fujian	32484	16342	16142	101.2
江 西	Jiangxi	39623	20253	19370	104.6
山 东	Shandong	84970	42513	42457	100.1
河 南	Henan	84906	42929	41978	102.3
湖 北	Hubei	51697	26215	25482	102.9
湖 南	Hunan	57648	29812	27835	107.1
广 东	Guangdong	85714	43920	41794	105.1
广 西	Guangxi	43252	22578	20674	109.2
海 南	Hainan	7665	4012	3653	109.8
重 庆	Chongqing	25545	12878	12667	101.7
四 川	Sichuan	73722	37341	36381	102.6
贵 州	Guizhou	34126	17736	16390	108.2
云 南	Yunnan	40947	21290	19658	108.3
西 藏	Tibet	2576	1253	1323	94.7
陕 西	Shanxi	33999	17233	16766	102.8
甘 肃	Gansu	23739	12010	11730	102.4
青 海	Qinghai	5007	2524	2484	101.6
宁 夏	Ningxia	5533	2817	2716	103.7
新 疆	Xinjiang	19004	9649	9355	103.1

注：本表是2008年全国人口变动情况抽样调查样本数据，抽样比为0.887‰。

Note：This table is the sample data of the sampling survey for national population change in 2008. The sampling fraction is 0.887‰.

2 各地区按三次产业分就业人员数（2008）

2 Employed Persons Grouped by Type of Industry by Region（2008）

地 区 Region		就业人员（万人）Employed Person（person）			构成（合计=100）Constitution（Total=100）		
			第一产业 Primary Industry	第二产业 Secondary Industry	第三产业 Tertiary Industry	第一产业 Primary Industry	第二产业 Secondary Industry	第三产业 Tertiary Industry
全 国	**National**	**77480.0**	**30654.0**	**21109.0**	**25717.0**	**39.6**	**27.2**	**33.2**
北 京	Beijing	1173.8	66.0	256.5	851.3	5.6	21.8	72.5
天 津	Tianjing	503.1	78.1	203.9	221.2	15.5	40.5	44.0
河 北	Hebei	3651.7	1488.4	1195.5	967.8	40.8	32.7	26.5
山 西	Shanxi	1583.5	642.8	417.4	523.3	40.6	26.4	33.0
内蒙古	Inner Mongolia	1103.3	556.7	186.2	360.4	50.5	16.9	32.7
辽 宁	Liaoning	2098.2	698.2	534.7	865.3	33.3	25.5	41.2
吉 林	Jilin	1143.5	511.0	227.8	404.8	44.7	19.9	35.4
黑龙江	Heilongjiang	1670.2	775.6	343.0	551.6	46.4	20.5	33.0
上 海	Shanghai	896.0	49.4	352.1	494.5	5.5	39.3	55.2
江 苏	Jiangsu	4384.1	917.1	1945.4	1521.6	20.9	44.4	34.7
浙 江	Zhejiang	3691.9	671.6	1715.5	1304.8	18.2	46.5	35.3
安 徽	Anhui	3594.6	1605.3	971.7	1017.5	44.7	27.0	28.3
福 建	Fujian	2079.8	647.8	739.7	692.2	31.1	35.6	33.3
江 西	Jiangxi	2223.3	903.9	609.6	709.8	40.7	27.4	31.9
山 东	Shandong	5352.5	2001.2	1691.5	1659.8	37.4	31.6	31.0
河 南	Henan	5835.5	2847.3	1563.9	1424.2	48.8	26.8	24.4
湖 北	Hubei	2875.6	1016.7	706.7	1152.1	35.4	24.6	40.1
湖 南	Hunan	3811.0	1889.9	762.2	1158.8	49.6	20.0	30.4
广 东	Guangdong	5478.0	1552.6	1831.5	2094.0	28.3	33.4	38.2
广 西	Guangxi	2807.2	1549.4	561.9	695.8	55.2	20.0	24.8
海 南	Hainan	412.1	221.5	46.6	144.0	53.8	11.3	34.9
重 庆	Chongqing	1837.1	681.2	488.6	667.3	37.1	26.6	36.3
四 川	Sichuan	4874.5	2192.7	1068.3	1613.5	45.0	21.9	33.1
贵 州	Guizhou	2301.6	1206.0	261.2	834.4	52.4	11.3	36.3
云 南	Yunnan	2679.5	1678.6	328.2	672.7	62.6	12.2	25.1
西 藏	Tibet	160.4	89.3	16.8	54.4	55.7	10.4	33.9
陕 西	Shanxi	1946.6	910.4	403.5	632.6	46.8	20.7	32.5
甘 肃	Gansu	1388.7	734.4	198.6	455.7	52.9	14.3	32.8
青 海	Qinghai	276.8	123.3	59.0	94.5	44.5	21.3	34.2
宁 夏	Ningxia	303.9	136.4	76.2	91.4	44.9	25.1	30.1
新 疆	Xinjiang	813.7	419.9	111.5	282.3	51.6	13.7	34.7

3　各地区个体就业人数（2008）

3　Employed Persons in Small Private Business by Region（2008）

单位：万户、万人　　（10000 household、10000 person）

地　区 Region		个体户数 Number of Self-employed Entrepreneurs	个体就业人数 Number of Self-employed Person	城镇 Urban Areas	乡村 Rural Areas
全　国	**National**	**2917.3**	**5776.4**	**3609.4**	**2167.0**
北　京	Beijing	77.4	106.0	65.1	41.0
天　津	Tianjing	19.7	33.2	27.6	5.5
河　北	Hebei	132.7	276.4	108.3	168.1
山　西	Shanxi	69.3	133.8	72.8	61.0
内蒙古	Inner Mongolia	58.3	109.8	89.6	20.1
辽　宁	Liaoning	130.1	314.9	216.6	98.3
吉　林	Jilin	56.3	116.2	93.3	22.9
黑龙江	Heilongjiang	82.5	171.2	120.3	50.9
上　海	Shanghai	30.5	37.4	25.0	12.4
江　苏	Jiangsu	228.0	344.6	240.9	103.7
浙　江	Zhejiang	190.0	396.6	239.9	156.7
安　徽	Anhui	114.2	244.6	144.5	100.1
福　建	Fujian	58.6	128.2	80.7	47.5
江　西	Jiangxi	73.7	190.7	113.1	77.6
山　东	Shandong	186.3	410.0	197.0	213.0
河　南	Henan	144.9	302.6	155.6	147.1
湖　北	Hubei	122.8	281.3	184.6	96.8
湖　南	Hunan	110.8	202.1	135.7	66.4
广　东	Guangdong	302.5	658.0	464.3	193.6
广　西	Guangxi	113.7	206.6	115.9	90.7
海　南	Hainan	17.4	28.6	24.2	4.4
重　庆	Chongqing	64.1	108.3	85.1	23.3
四　川	Sichuan	186.6	326.1	188.1	138.0
贵　州	Guizhou	55.0	80.2	43.9	36.2
云　南	Yunnan	85.8	177.7	120.6	57.1
西　藏	Tibet	8.2	18.2	14.7	3.5
陕　西	Shanxi	80.6	163.6	90.4	73.2
甘　肃	Gansu	41.7	75.5	50.1	25.4
青　海	Qinghai	10.8	23.9	19.3	4.6
宁　夏	Ningxia	16.0	27.8	20.6	7.2
新　疆	Xinjiang	49.0	82.3	61.5	20.8

4 各地区人口平均预期寿命

4 Average Life Expectancy by Region

单位：岁 (Year)

地区 Region		1990年预期寿命 Life Expectancy in 1990	男 Male	女 Female	2000年预期寿命 Life Expectancy in 2000	男 Male	女 Female
全国	**National**	**68.6**	**66.8**	**70.5**	**71.4**	**69.6**	**73.3**
北京	Beijing	72.9	71.1	74.9	76.1	74.3	78.0
天津	Tianjing	72.3	71.0	73.7	74.9	73.3	76.6
河北	Hebei	70.4	68.5	72.5	72.5	70.7	74.6
山西	Shanxi	69.0	67.3	70.9	71.7	70.0	73.6
内蒙古	Inner Mongolia	65.7	64.5	67.2	69.9	68.3	71.8
辽宁	Liaoning	70.2	68.7	71.9	73.3	71.5	75.4
吉林	Jilin	68.0	66.7	69.5	73.1	71.4	75.0
黑龙江	Heilongjiang	67.0	65.5	68.7	72.4	70.4	74.7
上海	Shanghai	74.9	72.8	77.0	78.1	76.2	80.0
江苏	Jiangsu	71.4	69.3	73.6	73.9	71.7	76.2
浙江	Zhejiang	71.8	69.7	74.2	74.7	72.5	77.2
安徽	Anhui	69.5	67.8	71.4	71.9	70.2	73.6
福建	Fujian	68.6	66.5	70.9	72.6	70.3	75.1
江西	Jiangxi	66.1	64.9	67.5	69.0	68.4	69.3
山东	Shandong	70.6	68.6	72.7	73.9	71.7	76.3
河南	Henan	70.2	68.0	72.6	71.5	69.7	73.4
湖北	Hubei	67.3	65.5	69.2	71.1	69.3	73.0
湖南	Hunan	66.9	65.4	68.7	70.7	69.1	72.5
广东	Guangdong	72.5	69.7	75.4	73.3	70.8	75.9
广西	Guangxi	68.7	67.2	70.3	71.3	69.1	73.8
海南	Hainan	70.0	66.9	73.3	72.9	70.7	75.3
重庆	Chongqing				71.7	69.8	73.9
四川	Sichuan	66.3	65.1	67.7	71.2	69.3	73.4
贵州	Guizhou	64.3	63.0	65.6	66.0	64.5	67.6
云南	Yunnan	63.5	62.1	65.0	65.5	64.2	66.9
西藏	Tibet	59.6	57.6	61.6	64.4	62.5	66.2
陕西	Shanxi	67.4	66.2	68.8	70.1	68.9	71.3
甘肃	Gansu	67.2	66.4	68.3	67.5	66.8	68.3
青海	Qinghai	60.6	59.3	62.0	66.0	64.6	67.7
宁夏	Ningxia	66.9	66.0	68.1	70.2	68.7	71.8
新疆	Xinjiang	62.6	62.0	63.3	67.4	66.0	69.1

注：2000年各省人口平均预期寿命是根据各省1990年以来人口变动调查公布的死亡率对2000年人口普查死亡数据修正后计算的。

Note: The population average life expectancy of each province in 2008 was calculated by modifying the sensus mortality data of 2000, according to the death rate published after the population change investigation by each province in 1990.

5 主要教育综合指标在全国排位

5 National Ranking of Main Educational Aggregative Indicators

项目 Item		2007			2008		
		全国水平 National Statistics	广东 Guang-dong	排位 Ranking	全国水平 National Statistics	广东 Guang-dong	排位 Ranking
按常住人口计算（人）	**According to Permanent Population (person)**						
每万人口普通本专科在校生	Number of Enrolled Undergraduates in Regular Higher Education Institutions per 10000 Populations	145.97	120.34	19	152.96	128.73	22
每万人口成人本专科在校生	Number of Enrolled Undergraduates in Adult Higher Education Institutions per 10000 Populations	40.59	45.6	9	41.5	47.09	9
每万人口高中阶段教育在校生	Number of Enrolled Students at Senior Education Stage per 10000 Populations	347.02	324.38	18	342	346.76	15
#每万人中等职业教育学校在校生	Number of Enrolled Students in Secondary Vocational Schools per 10000 Populations	151.69	139.05	16	154.59	158.4	13
每万人口普通高中在校生	Number of Enrolled Students in Regular Senior Secondary Schools per 10000 Populations	195.34	185.33	19	187.41	192.36	15
每万人口普通初中在校生	Number of Enrolled Students in Regular Junior Secondary Schools per 10000 Populations	443.03	519.07	9	421.87	526.92	4
每万人口小学在校生	Number of Enrolled Students in Primary Schools per 10000 Populations	818.08	1093.74	5	782	1012.25	7
每万人口幼儿园在园儿童	Number of Enrolled Students in Kindergartens per 10000 Populations	181.90	239.30	3	187	245.9	3
按户籍人口计算（人）	**According to Permanent Population (person)**						
每万人口普通本专科在校生	Number of Enrolled Undergraduates in Regular Higher Education Institutions per 10000 Populations	145.76	139.10	15	154.47	149.14	15
每万人口成人本专科在校生	Number of Enrolled Undergraduates in Adult Higher Education Institutions per 10000 Populations	40.53	52.71	6	41.91	54.56	7
每万人口高中阶段教育在校生	Number of Enrolled Students at Senior Education Stage per 10000 Populations	346.53	374.96	8	345.39	401.73	4
#每万人中等职业教育学校在校生	Number of Enrolled Students in Secondary Vocational Schools per 10000 Populations	151.47	160.74	12	156.12	178.88	7
每万人口普通高中在校生	Number of Enrolled Students in Regular Senior Secondary Schools per 10000 Populations	195.06	214.23	9	189.27	222.86	6
每万人口普通初中在校生	Number of Enrolled Students in Regular Junior Secondary Schools per 10000 Populations	442.4	600	1	426.05	610.45	1

5续表 continued

项 目 Item		2007			2008		
		全国水平 National Statistics	广东 Guang-dong	排位 Ranking	全国水平 National Statistics	广东 Guang-dong	排位 Ranking
按户籍人口计算（人）	**According to Permanent Population (person)**						
每万人口小学在校生	Number of Enrolled Students in Primary Schools per 10000 Populations	816.92	1264.28	1	790	1173	2
每万人口幼儿园在园儿童	Number of Enrolled Students in Kindergartens per 10000 Populations	181.64	276.61	2	188.85	284.88	3
小学教师达标率（%）	Pass Rate of Primary School Teachers (%)	99.10	99.55	8	99.27	99.62	7
小学教师专科以上学历的比重（%）	Proportion of Primary School Teacher with College or above Educational Background (%)	66.88	76.06	7	70.88	79.00	7
普通初中教师达标（%）	Pass Rate of Teachers in Regular Secondary Junior Schools (%)	97.19	97.13	21	97.79	97.85	20
普通高中教师达标（%）	Pass Rate of Teachers in Regular Secondary Senior Schools (%)	89.30	88.85	17	91.55	91.09	17
普通高校教师高职称比（%）	Percentage of University Teachers with Senior Professional Title (%)	38.17	37.71	13	38.12	37.12	14
普通高校学校数（所）	Number of Regular Institutions of Higher Education (unit)	1908	109	3	2263	125	3
成人高校学校数（所）	Number of Institutions of Higher Education for Adults (unit)	413	19	8	400	19	8
普通本专科招生数（人）	Number of New Enrollments of Regular Institutions of Higher Education (person)	5659194	354885	3	6076612	390732	4
成人本专科招生数（人）	Number of New Enrollments of Institutions of Higher Education for Adults (person)	1911132	140543	1	2025552	159472	1
普通本专科在校生数（人）	Number of Students Enrolled of Regular Institutions of Higher Education (person)	18848954	1119655	4	20210249	1216390	4
成人本专科在校生数（人）	Number of Students Enrolled of Institutions of Higher Education for Adults (person)	5241550	434232	1	5482949	444980	1
研究生在校生数（人）	Number of Enrolled Postgraduate (person)	1195047	54436	8	1283046	58833	9

注：每万人口高中阶段教育在校生数中的技工学校学生数，是采用上年度技工学校在校学生数。

Note: The number of students in vestibule schools concerning to the Number of Enrolled Students at Senior Education Stage per 10000 Population was the data of last year.

6　各地区高等学校普通本、专科学生数（2008）

6　Undergraduate and Junior College Students in Colleges and Universities by Region（2008）

单位：人　　　　（Person）

地区 Region	学校数（所）Number of Schools (unit)	招生数 Number of En-rollments	本科 Under-graduate	专科 Junior College	在校学生数 Number of Students at School	本科 Under-graduate	专科 Junior College	毕（结）业生数 Number of Graduates (Trai-nee)	本科 Under-graduate	专科 Junior College	授予学位数（个）Number of Degree Conferred (unit)
全国 National	**2263**	**6076612**	**2970601**	**3106011**	**20210249**	**11042207**	**9168042**	**5119498**	**2256783**	**2862715**	**2082558**
北京 Beijing	85	156092	113683	42409	585624	459045	126579	152179	105299	46880	93842
天津 Tianjing	55	111048	64000	47048	386437	240510	145927	101728	49951	51777	46475
河北 Hebei	105	310592	125702	184890	1000033	457997	542036	271335	101678	169657	94470
山西 Shanxi	69	147305	67154	80151	526756	251133	275623	141214	53285	87929	46516
内蒙古 Inner Mongolia	39	97846	45636	52210	316700	158682	158018	73554	31956	41598	30523
辽宁 Liaoning	104	239475	146410	93065	820374	561099	259275	202312	111074	91238	106468
吉林 Jilin	55	147628	98481	49147	504084	371062	133022	117946	78082	39864	59838
黑龙江 Heilongjiang	78	197909	112712	85197	678139	424550	253589	169988	93304	76684	87242
上海 Shanghai	66	143328	87128	56200	502899	333622	169277	122069	66742	55327	64433
江苏 Jiangsu	146	410705	221234	189471	1572632	848248	724384	380924	163807	217117	146639
浙江 Zhejiang	98	245330	127966	117364	832224	466909	365315	203203	89838	113365	84616
安徽 Anhui	104	253183	112099	141084	808276	399296	408980	191120	74911	116209	69746
福建 Fujian	81	179137	85436	93701	562595	309250	253345	130379	55287	75092	53890
江西 Jiangxi	82	232140	91833	140307	764182	346725	417457	264549	67695	196854	63332
山东 Shandong	125	465593	184970	280623	1534009	728474	805535	411143	170160	240983	162167
河南 Henan	94	396818	150372	246446	1250204	565824	684380	302492	114808	187684	109737
湖北 Hubei	118	354335	167707	186628	1184915	635220	549695	351854	150651	201203	136330
湖南 Hunan	115	292060	131806	160254	952330	479378	472952	244706	94593	150113	91221
广东 Guangdong	125	384481	183601	200880	1216390	650329	566061	282469	118967	163502	114078
广西 Guangxi	68	157920	61412	96508	484189	215822	268367	110662	37136	73526	35226
海南 Hainan	16	39735	18100	21635	126355	60964	65391	23391	8360	15031	4776
重庆 Chongqing	47	136747	76275	60472	450008	279994	170014	99747	56710	43037	51502
四川 Sichuan	90	301786	152102	149684	991072	556016	435056	247707	112245	135462	105311
贵州 Guizhou	45	85712	40107	45605	267526	147996	119530	66050	28385	37665	26026
云南 Yunnan	59	110319	58536	51783	347732	203978	143754	79311	38127	41184	36528
西藏 Tibet	6	8520	4749	3771	29409	19055	10354	5840	3635	2205	3150
陕西 Shanxi	88	264951	131569	133382	839658	477708	361950	217294	104730	112564	98392
甘肃 Gansu	39	105091	58203	46888	331895	195006	136889	75051	37317	37734	33068
青海 Qinghai	9	13767	6810	6957	42177	25148	17029	9753	4775	4978	2690
宁夏 Ningxia	15	21746	12430	9316	70454	41478	28976	15238	7499	7739	6676
新疆 Xinjiang	37	65313	32378	32935	230971	131689	99282	54290	25776	28514	17650

注：学校数为普通高校数。学生数包括成人高校的普通本专科学生数。教育部公布的招生数不含专升本的学生数。

Note: The number of schools is number of regular institutions of higher education. The number of students including undergraduates and junior college students in adult colleges and universities.

7 各地区普通高中基本情况（2008）

7 Basic Conditions of Senior Middle School by Region（2008）

单位：人 （Person）

地 区 Region		学校数（所）Number of Schools（unit）	招生数 Number of Enrollments	在校学生数 Number of Students at School	毕业生数 Number of Graduates	教职工数 Number of Faculty Members	专任教师 Number of Full-time Teachers
全 国	**National**	**15206**	**8370063**	**24762842**	**8360593**	**5815712**	**1475533**
北 京	Beijing	325	68397	219163	78468	72693	19849
天 津	Tianjing	221	58920	195004	75230	53596	15316
河 北	Hebei	713	448491	1351197	482330	323940	80668
山 西	Shanxi	559	270394	782937	258789	202627	49262
内蒙古	Inner Mongolia	324	181627	541084	187557	123351	30645
辽 宁	Liaoning	435	244280	724152	256952	178899	42553
吉 林	Jilin	278	159882	488871	168436	122270	27478
黑龙江	Heilongjiang	445	209254	611287	203680	172718	39386
上 海	Shanghai	283	58652	192583	95088	68886	17201
江 苏	Jiangsu	737	482937	1498712	499083	340480	98918
浙 江	Zhejiang	594	281878	848152	295892	203645	60005
安 徽	Anhui	782	435803	1337132	437481	252154	63245
福 建	Fujian	610	242469	748828	242178	172244	52531
江 西	Jiangxi	540	278606	821984	286828	180406	49024
山 东	Shandong	682	523354	1683530	648601	445545	112250
河 南	Henan	908	684186	2072588	749826	432748	102686
湖 北	Hubei	655	439116	1321990	449676	271629	70212
湖 南	Hunan	742	392351	1195442	429998	288168	72607
广 东	Guangdong	1018	668073	1817646	534880	412718	110689
广 西	Guangxi	493	262833	757048	234161	190766	40813
海 南	Hainan	110	53067	154774	45461	39327	8838
重 庆	Chongqing	268	215513	557405	156906	119637	28985
四 川	Sichuan	775	503016	1411178	456714	314058	79006
贵 州	Guizhou	456	212253	562138	161279	148292	30284
云 南	Yunnan	460	212007	594703	173903	169569	38278
西 藏	Tibet	23	15486	44093	14383	11528	2592
陕 西	Shanxi	615	322017	946919	330531	198259	52223
甘 肃	Gansu	480	210511	618253	194146	127143	35524
青 海	Qinghai	138	38824	108140	33651	23429	7515
宁 夏	Ningxia	93	47952	137208	43245	27895	8215
新 疆	Xinjiang	444	147914	418701	135240	127092	28735

注：教职工数为普通高中和普通初中之和。

Note：The number of faculty members are the total number of members in regular senior schools and regular junior schools.

8　各地区中等职业学校（机构）学生情况（2008）

8　Student Conditions of Secondary Vocational Schools（Institutions）by Region（2008）

单位：人　　　　　　　　　　　　　　　　　　　　　　　　　　　　（Person）

地　区 Region		招生数 Number of Enrollments	初中毕业 Graduates from Junior School	应届毕业生 This Year's Graduates	在校学生数 Number of Students at School	毕业生数 Number of Graduates	获得职业资格证书 Number of Graduates Obtained professional certificate	预计毕业生数 Number of Predicted Graduates
全　国	**National**	**6502739**	**5962894**	**5617727**	**16882421**	**4710924**	**2819264**	**5218475**
北　京	Beijing	45375	38823	37992	174586	57901	31401	60672
天　津	Tianjing	42130	34816	32660	146486	50633	19859	59844
河　北	Hebei	406513	364757	341079	1055814	312073	150948	353238
山　西	Shanxi	192899	173999	167650	505659	148896	84555	165927
内蒙古	Inner Mongolia	106285	95410	90309	269339	74932	35432	79863
辽　宁	Liaoning	163030	148469	136930	458954	129789	64047	152202
吉　林	Jilin	102946	94261	77754	261272	69512	32234	85236
黑龙江	Heilongjiang	142063	110475	81943	336106	75263	47134	95938
上　海	Shanghai	57694	53931	52221	187916	58095	43171	55734
江　苏	Jiangsu	386757	347441	345112	1135266	305559	221646	318922
浙　江	Zhejiang	227898	224857	216682	631650	222799	168126	208975
安　徽	Anhui	333608	302202	292009	879794	269384	149615	279236
福　建	Fujian	189416	172593	159131	498310	136510	90318	160923
江　西	Jiangxi	223115	209682	199568	590283	200345	115785	185284
山　东	Shandong	418472	377261	358183	1220469	396785	233996	427591
河　南	Henan	576959	529729	493686	1489797	402395	207758	472848
湖　北	Hubei	390641	344019	333227	1037294	264826	169716	326662
湖　南	Hunan	280488	260392	250749	763491	269438	176276	267474
广　东	Guangdong	398121	384120	371998	1000771	245300	173706	284447
广　西	Guangxi	248976	239952	212337	585715	131577	85546	157301
海　南	Hainan	42460	39892	37361	96672	20270	7202	22980
重　庆	Chongqing	152370	143386	137724	426955	94009	63222	126027
四　川	Sichuan	490369	459236	435229	1080937	265395	177344	283847
贵　州	Guizhou	161156	153274	137539	356725	75594	37396	87311
云　南	Yunnan	167146	156587	141195	413914	103236	48161	119365
西　藏	Tibet	5219	4773	4597	21003	2436	705	10696
陕　西	Shanxi	256669	239034	228426	590865	174525	107612	182443
甘　肃	Gansu	129851	118891	114732	309365	75489	38105	83739
青　海	Qinghai	30968	27352	23169	67917	13798	7263	20338
宁　夏	Ningxia	41166	34240	31925	78095	21329	11140	20278
新　疆	Xinjiang	91979	79040	74610	211001	42831	19845	63134

注：中等职业学校数据不含技工数。

Note：The data of secondary vocational education does not niclude technical schods.

9 各地区普通初中基本情况（2008）

9 Basic Conditions of Junior Middle School by Region（2008）

单位：人 （Person）

地　区 Region	学校数（所） Number of Schools（unit）	招生数 Number of Enrollments	在校学生数 Number of Students at School	毕业生数 Number of Graduates	专任教师 Number of Full-time Teachers
全　国 National	**57701**	**18561663**	**55741542**	**18628943**	**3468957**
北　京 Beijing	349	107494	325117	104702	30031
天　津 Tianjing	365	84245	303492	98490	26305
河　北 Hebei	3172	800757	2741801	1052699	193632
山　西 Shanxi	2427	544299	1772798	610377	119673
内蒙古 Inner Mongolia	967	268407	862276	304293	64166
辽　宁 Liaoning	1707	458511	1437573	464040	101369
吉　林 Jilin	1232	290893	905738	315945	66724
黑龙江 Heilongjiang	1910	389559	1393338	447270	103631
上　海 Shanghai	491	107686	425141	105832	33120
江　苏 Jiangsu	2209	865825	2782784	1024349	187646
浙　江 Zhejiang	1783	622105	1849851	538120	117588
安　徽 Anhui	3181	1049896	3098582	1083637	156442
福　建 Fujian	1353	495894	1512936	495367	98740
江　西 Jiangxi	2082	668121	1744883	600680	113254
山　东 Shandong	3211	1082028	3337815	1080149	255408
河　南 Henan	4810	1651319	4841994	1830655	276205
湖　北 Hubei	2356	775634	2612455	960997	163666
湖　南 Hunan	3387	719148	2143743	774204	173650
广　东 Guangdong	3334	1803636	4978825	1429971	247359
广　西 Guangxi	2075	762825	2119362	695820	117468
海　南 Hainan	460	159751	463780	155861	24108
重　庆 Chongqing	1057	473329	1350451	389032	74126
四　川 Sichuan	4162	1251676	3615083	1118303	194553
贵　州 Guizhou	2170	748412	2055674	624484	105076
云　南 Yunnan	1812	703090	2000076	605241	110324
西　藏 Tibet	96	49468	139920	41539	8160
陕　西 Shanxi	1968	615304	1941810	687886	116903
甘　肃 Gansu	1623	486386	1420194	451348	79439
青　海 Qinghai	353	67714	207231	72923	13679
宁　夏 Ningxia	284	108586	291970	92871	16518
新　疆 Xinjiang	1315	349665	1064849	371858	79994

10　各地区特殊教育基本情况（2008）

10　Basic Conditions of Special Education by Region（2008）

单位：人　　　　（Person）

地　区 Region	学校数（所）Number of Schools（unit）	招生数 Number of Enrollments	在校学生数 Number of Students at School	毕业生数 Number of Graduates	教职工数 Number of Faculty Members	专任教师 Number of Full-time Teachers
全　国 National	**1640**	**62409**	**417440**	**52035**	**45990**	**36306**
北　京 Beijing	24	959	7926	1576	1166	850
天　津 Tianjing	21	217	2393	347	604	452
河　北 Hebei	137	1855	12294	1070	2932	2280
山　西 Shanxi	43	1049	7890	668	1337	1105
内蒙古 Inner Mongolia	27	709	4072	563	937	757
辽　宁 Liaoning	75	746	8972	770	2646	2064
吉　林 Jilin	46	626	5621	560	1766	1319
黑龙江 Heilongjiang	71	1126	8332	879	2295	1843
上　海 Shanghai	29	1253	9074	1924	1612	1115
江　苏 Jiangsu	113	4785	30135	5173	3730	2890
浙　江 Zhejiang	64	1864	12924	1603	1680	1413
安　徽 Anhui	62	2278	16324	1644	1276	1034
福　建 Fujian	64	5137	34630	6167	1679	1465
江　西 Jiangxi	63	3125	20326	1913	796	674
山　东 Shandong	144	2471	19659	2085	5567	4238
河　南 Henan	120	3097	20743	1693	3346	2789
湖　北 Hubei	76	2183	13374	1530	1694	1427
湖　南 Hunan	50	2443	13990	1551	1338	1015
广　东 Guangdong	67	3588	25125	3484	2262	1717
广　西 Guangxi	56	2360	15507	1493	1024	761
海　南 Hainan	4	380	2533	246	147	107
重　庆 Chongqing	41	2006	12172	1919	802	670
四　川 Sichuan	93	6333	41739	5312	1777	1478
贵　州 Guizhou	49	2265	15186	1116	819	695
云　南 Yunnan	25	4525	24576	2519	747	583
西　藏 Tibet	1	18	217	8	36	31
陕　西 Shanxi	34	1653	8827	1447	768	598
甘　肃 Gansu	15	2051	13443	1664	458	341
青　海 Qinghai	10	286	2442	178	148	121
宁　夏 Ningxia	6	181	1420	74	181	161
新　疆 Xinjiang	10	840	5574	859	420	313

11 各地区教育经费情况（2008）

11 Conditions of Educational Expenditure by Region（2008）

单位：万元 （10000 Yuan）

地 区 Region		国家财政性教育经费 National Fiscal Expenditure of Education	预算内教育经费 Budgetary Expenditure of Education	社会捐赠经费 Expenditure from Social Donation	事业收入 Undertaking Revenue	学杂费 Tuition and Fees	其他教育经费 Other Expenditure of Education
北 京	Beijing	3175975	2935078	35123	689123	449661	168441
天 津	Tianjing	1148940	1050730	3112	448370	264956	56051
河 北	Hebei	3103586	2841172	13471	1110183	857400	144991
山 西	Shanxi	1948361	1744404	12391	611628	458880	32097
内蒙古	Inner Mongolia	1629515	1488405	4825	349364	270176	24613
辽 宁	Liaoning	3000631	2756211	1659	972359	787899	134803
吉 林	Jilin	1567665	1490651	15867	502890	375790	39323
黑龙江	Heilongjiang	2055103	1862016	2138	647487	534429	22148
上 海	Shanghai	3261409	2894908	7882	809273	608812	236390
江 苏	Jiangsu	5259263	4653318	158561	2438439	1493058	628184
浙 江	Zhejiang	4401972	3748654	150086	1911896	1292083	578064
安 徽	Anhui	2441218	2287926	19953	870219	628532	93080
福 建	Fujian	2217201	2054017	26495	908022	640198	86478
江 西	Jiangxi	1857367	1776743	16783	869447	695897	83115
山 东	Shandong	4755635	4188713	30038	1757555	1326515	242616
河 南	Henan	4075505	3864069	6879	1241162	944466	142839
湖 北	Hubei	2297161	2122204	13865	1164047	838330	173008
湖 南	Hunan	2628646	2474606	17645	1350044	981992	170725
广 东	Guangdong	8013744	2526041	89064	3088448	2272900	351128
广 西	Guangxi	2058340	1918820	11370	595607	427644	71048
海 南	Hainan	549796	485361	15327	168763	117976	18580
重 庆	Chongqing	1471782	1397009	50021	540819	352725	239425
四 川	Sichuan	3478766	3265608	18881	1332195	778055	93655
贵 州	Guizhou	1670164	1564471	6991	330465	243661	53730
云 南	Yunnan	2191078	2088192	24169	461382	329005	62839
西 藏	Tibet	406063	403688	108	14232	12128	92
陕 西	Shanxi	1826039	1712961	5164	892350	741797	82860
甘 肃	Gansu	1347784	1277373	5706	293362	220916	23456
青 海	Qinghai	405548	391399	2738	42098	28100	6586
宁 夏	Ningxia	533091	510833	2405	69671	45576	29664
新 疆	Xinjiang	1543932	1452886	7085	293908	194594	70403

注：2007年对部分教育经费统计指标进行了修订。

Note: Some statistical indicators of education expenditure were revised in 2007.

12 各地区文化事业机构数（2008）

12 Number of Cultural Institutions by Region（2008）

单位：个 （Unit）

地 区 Region		艺术表演团体 Performing Art Groups	艺术表演场馆 Art Performance Places	博物馆 Museums	公共图书馆 Public Libraries	群众艺术馆（省级、地市级文化馆）Mass Art Hall（Cultural Centers at Provincial or Prefecture Level	县市级文化馆 Cultural Centers at County or City Level	乡镇（街道）文化站 Township（Street）Cultural Stations	中等艺术学校 Secondary School of Arts
北 京	Beijing	18	54	37	24	1	19	310	1
天 津	Tianjing	15	29	18	32	1	18	219	2
河 北	Hebei	228	106	64	163	13	164	2057	4
山 西	Shanxi	164	69	85	122	12	119	1364	13
内蒙古	Inner Mongolia	117	32	36	113	13	102	870	4
辽 宁	Liaoning	256	45	54	128	25	101	1374	6
吉 林	Jilin	62	59	26	64	13	63	717	
黑龙江	Heilongjiang	84	47	56	101	17	130	994	7
上 海	Shanghai	42	67	28	29	1	28	216	1
江 苏	Jiangsu	119	90	165	106	13	104	1294	8
浙 江	Zhejiang	65	48	89	94	12	87	1494	5
安 徽	Anhui	1204	103	38	85	21	99	1373	4
福 建	Fujian	338	71	89	85	10	82	1090	1
江 西	Jiangxi	83	57	96	105	13	100	1721	3
山 东	Shandong	119	88	91	147	18	138	1826	5
河 南	Henan	200	155	95	142	19	183	2162	15
湖 北	Hubei	150	63	111	104	20	93	1243	6
湖 南	Hunan	98	74	74	120	15	125	2454	5
广 东	Guangdong	561	251	152	132	22	121	1600	7
广 西	Guangxi	140	22	60	100	15	98	1138	3
海 南	Hainan	21	8	16	20	3	18	209	1
重 庆	Chongqing	177	54	21	43	1	40	994	2
四 川	Sichuan	274	95	85	154	22	181	3873	1
贵 州	Guizhou	24	11	23	92	8	87	1375	
云 南	Yunnan	127	31	36	150	17	131	1376	
西 藏	Tibet	29	22	1	4	7	45	205	
陕 西	Shanxi	111	105	91	111	12	108	1668	7
甘 肃	Gansu	82	31	81	92	15	86	1151	1
青 海	Qinghai	23	16	18	43	9	45	200	1
宁 夏	Ningxia	47	16	5	21	6	20	225	1
新 疆	Xinjiang	119	20	47	93	15	94	1146	3

注：艺术表演团体、艺术表演场馆、博物馆、公共图书馆指标分地区数据不含中央单位数。

Note：Regional data of performing art groups，art performance places，museums and public libraries excluding the number of central units.

13 各地区艺术表演团体、艺术表演场馆演（映）出情况（2008）

13 Execution of Performing Art Group and Art Performance Places by Region（2008）

地区 Region		艺术表演团体 Performing Art Groups		艺术表演场馆 Art Performance Places					
		国内演出场次（千场次）Domestic Performing Sessions（1000 sessions）	国内演出观众人次（千人次）Person-time of Audience in Domestic Perform-ance（1000 person-time）	演（映）出场次（千场次）Performance（1000 sessions）	艺术演出场次 Arts Performances	电影放映场次 Film Presentation	观众人次（千人次）Audience（1000 person-time）	艺术演出观众人次 Audience in Arts Performances	电影放映观众人次 Audience in Film Presentation
全国	**National**	**852**	**631868**	**740**	**96**	**613**	**127443**	**44288**	**43422**
中央	Central	3	3814				240	240	
北京	Beijing	8	3900	45	11	34	7497	5572	1925
天津	Tianjing	3	1558	23	2	19	1679	1011	628
河北	Hebei	37	40379	22	3	18	3522	1404	1903
山西	Shanxi	27	32007	23	2	21	4128	1615	2510
内蒙古	Inner Mongolia	15	11107	10	1	8	1397	315	1063
辽宁	Liaoning	15	9217	5	1	4	1195	598	546
吉林	Jilin	5	6956	23	2	22	1805	651	1124
黑龙江	Heilongjiang	8	8546	2	1	1	1268	556	711
上海	Shanghai	11	4583	19	6	13	5009	3394	1615
江苏	Jiangsu	38	20183	131	4	127	8396	2503	5545
浙江	Zhejiang	12	15661	12	3	7	2324	1444	651
安徽	Anhui	297	110960	35	8	20	3828	1358	2213
福建	Fujian	74	46656	38	6	32	4735	942	2931
江西	Jiangxi	13	13353	6	2	4	1015	651	318
山东	Shandong	19	25794	23	2	22	5043	1194	3810
河南	Henan	43	53987	90	2	87	5475	1881	3239
湖北	Hubei	31	29144	20	4	16	3688	2029	1588
湖南	Hunan	22	19428	28	3	23	2885	1318	1400
广东	Guangdong	46	45797	91	17	67	49041	8529	4592
广西	Guangxi	15	15714	5	1	4	879	738	141
海南	Hainan	2	2315	1		1	81	9	72
重庆	Chongqing	10	12626	19	3	15	1608	591	671
四川	Sichuan	30	23702	11	5	4	2692	1832	470
贵州	Guizhou	2	2554				200	153	47
云南	Yunnan	11	12285	12	2	5	1963	1175	623
西藏	Tibet	2	1508	1			127	82	39
陕西	Shanxi	19	19050	10	3	7	3170	1466	1626
甘肃	Gansu	15	23949	4	1	3	643	479	163
青海	Qinghai	3	3396	2		2	188	81	87
宁夏	Ningxia	4	4310	1	1		398	194	169
新疆	Xinjiang	12	7429	28		27	1324	283	1002

14 各地区公共图书馆情况（2008）

14 Conditions of Public Library by Region（2008）

地 区 Region		公共图书馆个数（个）Number of Public Libraries (unit)	总藏量（千册）Total Volume (1000 Volumes)	本年新购藏量 Volumes Newly Bought This Year	书架单层总长度（千米）Total Length of Single Layer Bookshelf (km)	总流通人次（千人次）Total Number of Circulation (1000 person-time)	书刊文献外借人次 Books, Periodicals and literatures Circulation	书刊文献外借册次（千册次）Volumes of Books, Periodicals and literatures Circulated (10000 volumes)	阅览室座席数（个）Number of Seats in Reading Room (unit)
合 计	**Total**	**2820**	**550635**	**28509**	**11122**	**281405**	**122508**	**231287**	**553547**
中 央	Central	1	26967	752		3280	591	1654	5542
北 京	Beijing	24	14031	1287	198	8012	3914	9045	13011
天 津	Tianjing	32	11067	821	92	5670	2211	4287	9826
河 北	Hebei	163	14505	581	325	5938	3364	4748	21394
山 西	Shanxi	122	11015	436	145	2981	1480	2188	13437
内蒙古	Inner Mongolia	113	8311	261	280	2864	1066	2341	16038
辽 宁	Liaoning	128	25844	1429	462	14049	6310	14103	27814
吉 林	Jilin	64	13454	517	182	8057	3557	5585	13763
黑龙江	Heilongjiang	101	15056	511	224	6128	2282	6737	14701
上 海	Shanghai	29	63941	1785	428	13704	5091	10724	16282
江 苏	Jiangsu	106	37758	1691	2056	23835	13434	21434	31612
浙 江	Zhejiang	94	31790	4887	820	26907	11108	23858	30743
安 徽	Anhui	85	10734	572	112	5275	2747	4625	11642
福 建	Fujian	85	14579	1105	288	9312	5912	9454	19253
江 西	Jiangxi	105	13984	398	111	5473	2849	4822	18388
山 东	Shandong	147	31407	1514	487	14600	8452	13858	31527
河 南	Henan	142	16326	596	311	8050	4786	7343	20990
湖 北	Hubei	104	21057	627	1032	12153	6264	10387	25758
湖 南	Hunan	120	17660	574	336	9650	4719	9841	28262
广 东	Guangdong	132	39948	3217	899	41006	11730	20814	52110
广 西	Guangxi	100	16952	587	775	15184	3121	7229	19930
海 南	Hainan	20	2572	139	9	848	352	753	4046
重 庆	Chongqing	43	9323	715	125	5049	2477	5386	8153
四 川	Sichuan	154	23049	1855	344	9518	4023	10709	24787
贵 州	Guizhou	92	7314	256	96	2578	1037	1566	11549
云 南	Yunnan	150	14527	378	418	7539	2769	5680	20026
西 藏	Tibet	4	498	22	11	29	25	48	480
陕 西	Shanxi	111	10022	314	146	4077	2135	3147	14008
甘 肃	Gansu	92	9288	206	172	3609	1916	3042	11007
青 海	Qinghai	43	3479	57	74	1041	530	961	2515
宁 夏	Ningxia	21	5234	135	45	1630	824	2036	3924
新 疆	Xinjiang	93	8943	284	119	3359	1432	2882	11029

15 各地区医疗机构床位情况（2008）

15 Beds Conditions of Medical Institutions by Region（2008）

地　区 Region		医疗机构床位数（张）Number of Beds in Medical Institutions（unit）	#医院和卫生院床位（张）Number of Beds in Hospitals and Health Centers（unit）			每千人口医疗机构床位（张）Number of Beds in Medical Institutions per 1000 Population（unit）	每千人口医院和卫生院床位（张）Number of Beds in Hospitals and Health Centers per 1000 Population（unit）			每千农业人口乡镇卫生院床位数（张）Number of Beds in Rural Township Health Centers per 1000 Agricultural Population（unit）
			合　计 Total	市 City Level	县 County Level		合　计 Total	市 City Level	县 County Level	
北　京	Beijing	86153	**81894**	80318	1576	7.0	**6.7**	6.9	2.2	1.0
天　津	Tianjing	46054	**41142**	38169	2973	4.7	**4.2**	4.8	1.7	0.8
河　北	Hebei	213965	**197791**	110660	87131	3.0	**2.8**	4.2	1.9	1.0
山　西	Shanxi	127263	**118947**	73100	45847	3.7	**3.5**	5.4	2.2	1.1
内蒙古	Inner Mongolia	81068	**73205**	45006	28199	3.3	**3.0**	5.2	1.8	1.0
辽　宁	Liaoning	182972	**166501**	141744	24757	4.3	**3.9**	4.7	2.0	1.1
吉　林	Jilin	99329	**93496**	76120	17376	3.7	**3.5**	4.1	2.1	1.0
黑龙江	Heilongjiang	135600	**125977**	97139	28838	3.5	**3.3**	4.2	1.9	0.8
上　海	Shanghai	97352	**77174**	75083	2091	7.0	**5.6**	5.7	3.0	
江　苏	Jiangsu	236541	**222108**	182808	39300	3.2	**3.0**	3.7	1.6	1.4
浙　江	Zhejiang	160873	**149590**	118735	30855	3.4	**3.2**	3.8	2.0	0.5
安　徽	Anhui	159724	**150593**	82262	68331	2.4	**2.2**	3.7	1.5	0.9
福　建	Fujian	88579	**82302**	54226	28076	2.6	**2.4**	3.1	1.7	0.9
江　西	Jiangxi	105106	**93890**	49309	44581	2.3	**2.1**	3.2	1.5	0.8
山　东	Shandong	319905	**297345**	213896	83449	3.4	**3.2**	4.0	2.1	1.3
河　南	Henan	268004	**252197**	144349	107848	2.6	**2.4**	4.1	1.6	0.8
湖　北	Hubei	167673	**153920**	118517	35403	2.7	**2.5**	3.0	1.6	1.0
湖　南	Hunan	187732	**174749**	95369	79380	2.7	**2.5**	4.0	1.7	1.0
广　东	Guangdong	250497	**231583**	198329	33254	3.0	**2.8**	3.5	1.3	1.1
广　西	Guangxi	118365	**109730**	59419	50311	2.3	**2.1**	3.3	1.5	0.8
海　南	Hainan	21889	**20672**	14785	5887	2.5	**2.4**	2.8	1.8	1.0
重　庆	Chongqing	81950	**77918**	50032	27886	2.5	**2.4**	3.3	1.6	1.0
四　川	Sichuan	243746	**229984**	129291	100693	2.7	**2.6**	3.9	1.8	1.2
贵　州	Guizhou	83103	**78129**	41420	36709	2.1	**1.9**	4.1	1.2	0.6
云　南	Yunnan	127560	**119011**	53802	65209	2.9	**2.7**	5.3	1.9	0.8
西　藏	Tibet	8720	**8344**	2234	6110	3.1	**3.0**	7.1	2.4	1.2
陕　西	Shanxi	125189	**118327**	66110	52217	3.3	**3.1**	4.7	2.2	0.9
甘　肃	Gansu	76581	**72315**	39584	32731	2.9	**2.7**	4.6	1.8	0.9
青　海	Qinghai	17352	**16408**	7742	8666	3.3	**3.1**	7.2	2.0	0.7
宁　夏	Ningxia	20891	**19750**	15189	4561	3.4	**3.2**	5.0	1.4	0.5
新　疆	Xinjiang	96747	**93253**	57242	36011	4.7	**4.5**	6.8	2.9	1.4

16 各地区新型农村合作医疗情况（2008）

16 Conditions of New Type of Rural Cooperative Medical Care System by Region（2008）

地 区 Region			县（市、区）数（个）Number of County（City, District）（unit）	开展新农合县（市、区）（个）Number of County（City, District）Developing New Rural Cooperative Medicare System（unit）	参加新农合人数（万人）Number of People Participating New Rural Cooperative Medicare System（10000 persons）	补偿受益人次（万人次）Number of Compensation Beneficiaries（10000 person-times）	本年度筹资总额（万元）Total Raised Capital This Year（10000 yuan）
合	**计**	**Total**	**2859**	**2729**	**81517.6**	**58521.1**	**7845836.5**
北	京	Beijing	18	13	272.5	277.5	91565.5
天	津	Tianjing	18	12	357.8	347.8	52101.4
河	北	Hebei	172	164	4668.2	1797.4	418794.9
山	西	Shanxi	119	115	2089.8	1006.7	193826.9
内蒙	古	Inner Mongolia	101	95	1180.5	489.1	108429.2
辽	宁	Liaoning	100	91	1953.5	1308.8	189647.5
吉	林	Jilin	60	60	1216.6	525.7	98190.9
黑龙	江	Heilongjiang	128	121	1351.2	720.1	112122.4
上	海	Shanghai	19	10	177.4	1561.1	95264.7
江	苏	Jiangsu	106	90	4408.6	7076.1	553866.6
浙	江	Zhejiang	90	86	3082.8	3976.8	437466.0
安	徽	Anhui	105	100	4523.9	1798.4	430155.8
福	建	Fujian	85	78	2317.7	213.5	205106.5
江	西	Jiangxi	99	96	2930.2	799.0	270067.7
山	东	Shandong	140	134	6357.8	8888.9	557372.8
河	南	Henan	159	157	7279.8	3649.8	649226.8
湖	北	Hubei	102	95	3543.5	2698.9	330445.6
湖	南	Hunan	122	122	4501.5	1335.7	358168.7
广	东	Guangdong	121	111	4836.0	1539.8	551728.3
广	西	Guangxi	109	109	3542.1	1575.1	274960.6
海	南	Hainan	20	21	466.8	115.0	45186.2
重	庆	Chongqing	40	39	2008.0	2687.3	177896.9
四	川	Sichuan	181	176	6141.3	2714.5	508642.3
贵	州	Guizhou	88	88	2831.9	1874.6	251546.6
云	南	Yunnan	129	129	3222.1	5934.7	288614.2
西	藏	Tibet	73	73	220.4	385.2	34376.8
陕	西	Shanxi	107	104	2526.8	814.6	227254.8
甘	肃	Gansu	86	87	1869.1	1050.5	168444.5
青	海	Qinghai	43	43	331.3	247.6	34696.2
宁	夏	Ningxia	21	21	358.5	264.5	33078.0
新	疆	Xinjiang	98	89	950.3	846.5	97591.6

17 各地区广播节目制作播出情况（2008）

17 Production and Presentation Status of Radio Programs by Region（2008）

地 区 Region		公共广播节目套数（套）Number of Public Radio Programs（unit）	全年制作广播节目时间（小时）Annual Produced Radio Program Hours（hour）	全年公共广播节目播出时间（小时）Yearly Broadcasting Hours of Public Radio Program（hour）	全年广播剧播出数 Number of Yearly Broadcasted Radio Play	
					部 Series	集 Episode
合 计	**Total**	**2436**	**6494035**	**11629729**	**25036**	**502690**
总局直属	Units Directly under State Bureau	15	200859	148808	2	16
北 京	Beijing	17	104086	108858	37	2921
天 津	Tianjing	22	75744	140742	66	1296
河 北	Hebei	109	271328	488936	585	8150
山 西	Shanxi	100	159329	347420	1174	22424
内蒙古	Inner Mongolia	119	198105	571471	1880	29060
辽 宁	Liaoning	118	471941	679550	1738	22202
吉 林	Jilin	65	220435	354544	702	19078
黑龙江	Heilongjiang	94	157200	401577	474	9863
上 海	Shanghai	21	86466	131854	340	7028
江 苏	Jiangsu	132	578674	751363	1265	28757
浙 江	Zhejiang	106	414312	687024	1486	28039
安 徽	Anhui	102	238774	453287	851	26919
福 建	Fujian	86	230113	511907	227	7542
江 西	Jiangxi	103	173070	346394	1454	27274
山 东	Shandong	150	440190	765791	3227	48655
河 南	Henan	147	290547	607944	862	20839
湖 北	Hubei	84	233996	434116	1014	32142
湖 南	Hunan	96	164932	333679	898	18278
广 东	Guangdong	125	489136	755343	2548	25701
广 西	Guangxi	61	181038	271304	325	7071
海 南	Hainan	24	40572	108428	99	3990
重 庆	Chongqing	27	58819	105632	299	6896
四 川	Sichuan	107	169857	427131	1249	34610
贵 州	Guizhou	23	66926	135834	307	9522
云 南	Yunnan	38	137904	222964	206	12021
西 藏	Tibet	7	21136	36874	6	730
陕 西	Shanxi	100	197525	371662	616	8740
甘 肃	Gansu	84	99723	248029	194	11008
青 海	Qinghai	9	37642	53734	219	6602
宁 夏	Ningxia	24	52548	101509	26	1695
新 疆	Xinjiang	121	231108	526023	660	13621

18 各地区电视节目制作播出情况（2008）

18 Production and Presentation Status of Television Programs by Region（2008）

地 区 Region		电视节目套数 Number of TV Programs		全年制作电视节目时间（小时）Yearly made TV Program Hours（hour）	全年公共电视节目播出时间（小时）Yearly Broad-casting Hours of Public TV Program（hour）	全年电视剧播出数 Yearly Broadcasting TV Programs		全年进口电视剧播出数 Yearly Broadcasting Imported TV Programs		全年动画电视播出数 Yearly Broadcasting TV Animatio		全年进口动画电视播出数 Yearly Broadcasting TV Animation	
		公共电视（套）Public TV Programs（unit）	付费电视（套）Pay TV Programs（unit）			部 Series	集 Episode	部 Series	集 Episode	部 Series	集 Episode	部 Series	集 Episode
合 计	**Total**	**3198**	**89**	**2641949**	**14953362**	**225690**	**5504326**	**9251**	**229565**	**15447**	**518481**	**1419**	**45641**
总局直属	Units Directly under State Bureau	16	20	96895	138738	974	23237	31	1301	244	4699	16	635
北 京	Beijing	24	11	83973	104355	530	13909	9	247	190	5448	89	1659
天 津	Tianjing	30	4	19252	159267	1556	47290	13	785	74	4932		
河 北	Hebei	177		124914	700776	13292	360810	298	12483	334	12892	33	1969
山 西	Shanxi	112	6	101953	454928	5369	132119	42	1250	519	11031	8	434
内蒙古	Inner Mongolia	119		62828	585557	10572	250989	346	4676	364	15638	21	1245
辽 宁	Liaoning	115		188061	666595	10975	242335	542	13556	414	16929	61	1219
吉 林	Jilin	76		79558	433659	7346	187256	387	9983	83	3680	1	75
黑龙江	Heilongjiang	125		73333	634944	4695	132756	305	7297	157	7705	37	1208
上 海	Shanghai	25	16	53358	171730	1226	34698	113	3110	421	21427	70	2806
江 苏	Jiangsu	133	4	156853	762662	11238	273724	275	8637	729	28215	27	1448
浙 江	Zhejiang	112	2	126036	679332	8950	235510	314	9352	1012	33786	90	2311
安 徽	Anhui	121	2	71253	616952	10643	274114	399	8495	544	15936	36	790
福 建	Fujian	99		52814	318479	2696	87102	110	4431	215	11750	19	968
江 西	Jiangxi	112		72625	595945	9172	222444	1010	24850	641	20494	92	3015
山 东	Shandong	163		180671	886916	12153	330841	378	7812	570	26693	23	1873
河 南	Henan	165	4	131385	845154	13595	323036	242	6548	679	16993	41	1118
湖 北	Hubei	115	3	85184	615713	13501	344473	965	23938	750	23680	95	3265
湖 南	Hunan	137		124103	714211	11435	253202	1199	25575	1321	33689	218	6128
广 东	Guangdong	152	8	124308	653264	5807	161629	179	5471	727	44381	90	5278
广 西	Guangxi	114		86113	399703	4989	130098	190	5011	348	17289	13	588
海 南	Hainan	15		11473	85440	1009	27413	16	494	56	3442	7	768
重 庆	Chongqing	45	9	51728	216573	3816	94869	245	6600	189	10138	42	1158
四 川	Sichuan	170		106873	835416	15966	379091	488	12119	1020	25605	28	1692
贵 州	Guizhou	99		39987	247815	2701	55907	153	5045	94	4737	22	450
云 南	Yunnan	157		92180	663781	8023	195908	121	3884	496	17336	13	245
西 藏	Tibet	10		5316	43226	546	4109	39	984	58	1153	6	90
陕 西	Shanxi	123		73746	546679	7267	179419	44	912	554	16473	2	395
甘 肃	Gansu	103		59385	382500	5763	152227	75	1990	704	15937		
青 海	Qinghai	13		15496	68438	806	30867	13	320	93	3595		
宁 夏	Ningxia	28		34506	146929	2081	44941	16	1195	170	7625		
新 疆	Xinjiang	193		55789	577685	16998	278003	694	11214	1677	35153	219	2811

19 各地区城镇登记失业人员及失业率

19 Urban Unemployed Registered and Unemployment Rate by Region

地 区 Region	登记失业人员（人） Registered Unemployed People（person）		失业率（%） Unemployment Rate	
	2007	2008	2007	2008
北 京 Beijing	10.6	10.3	1.8	1.8
天 津 Tianjing	15.0	13.0	3.6	3.6
河 北 Hebei	29.3	32.2	3.8	4.0
山 西 Shanxi	16.1	17.5	3.2	3.3
内蒙古 Inner Mongolia	18.5	19.9	4.0	4.1
辽 宁 Liaoning	44.5	41.7	4.3	3.9
吉 林 Jilin	23.9	24.3	3.9	4.0
黑龙江 Heilongjiang	31.5	32.1	4.3	4.2
上 海 Shanghai	26.7	26.6	4.2	4.2
江 苏 Jiangsu	39.3	41.1	3.2	3.3
浙 江 Zhejiang	28.6	30.7	3.3	3.5
安 徽 Anhui	27.2	29.3	4.1	3.9
福 建 Fujian	14.9	15.0	3.9	3.9
江 西 Jiangxi	24.3	26.0	3.4	3.4
山 东 Shandong	43.5	60.7	3.2	3.7
河 南 Henan	33.1	36.5	3.4	3.4
湖 北 Hubei	54.1	55.1	4.2	4.2
湖 南 Hunan	44.4	47.0	4.3	4.2
广 东 Guangdong	36.2	38.1	2.5	2.6
广 西 Guangxi	18.5	18.8	3.8	3.8
海 南 Hainan	5.4	5.6	3.5	3.7
重 庆 Chongqing	14.1	13.0	4.0	4.0
四 川 Sichuan	34.5	37.9	4.2	4.6
贵 州 Guizhou	12.1	12.5	4.0	4.0
云 南 Yunnan	14.0	14.8	4.2	4.2
西 藏 Tibet				
陕 西 Shanxi	21.0	20.8	4.0	3.9
甘 肃 Gansu	9.5	9.4	3.3	3.2
青 海 Qinghai	3.7	3.9	3.8	3.8
宁 夏 Ningxia	4.4	4.8	4.3	4.4
新 疆 Xinjiang	11.7	11.8	3.9	3.7

20 各地区城镇基本养老保险情况（2008）

20 Conditions of Urban Basic Pension Insurance by Region（2008）

地区 Region		年末参加城镇基本养老保险人数（万人）Number of Persons Participating Urban Basic Pension Insurance at the Year-end（10000 persons）			基金收支情况（亿元）Income and Expenses of Funds（100 million yuan）		
			职工 Workers	离退休人员 Retired Personnel	基金收入 Fund Income	基金支出 Fund Expense	累计结余 Accumulated Surplus
全国	**National**	**21891.1**	**16587.5**	**5303.6**	**9740.2**	**7389.6**	**9931.0**
北京	Beijing	757.2	577.0	180.1	441.4	355.6	329.4
天津	Tianjing	376.5	247.2	129.3	239.0	195.3	176.0
河北	Hebei	862.5	639.8	222.7	403.7	336.7	337.1
山西	Shanxi	539.4	411.4	128.0	288.2	189.1	390.8
内蒙古	Inner Mongolia	389.5	286.5	102.9	189.4	145.4	156.2
辽宁	Liaoning	1406.2	976.4	429.9	661.6	526.7	568.9
吉林	Jilin	525.3	369.9	155.4	225.4	175.3	265.6
黑龙江	Heilongjiang	857.8	581.8	276.0	377.0	307.8	363.4
上海	Shanghai	967.7	609.9	357.8	675.1	639.2	368.8
江苏	Jiangsu	1751.6	1373.1	378.6	776.7	549.8	756.7
浙江	Zhejiang	1386.9	1192.1	194.8	496.8	319.3	829.3
安徽	Anhui	578.4	420.3	158.1	263.5	196.2	213.4
福建	Fujian	557.2	454.6	102.6	172.5	143.8	154.3
江西	Jiangxi	550.3	421.9	128.5	161.6	130.4	132.2
山东	Shandong	1565.9	1260.8	305.0	686.9	529.9	680.4
河南	Henan	972.0	732.9	239.1	353.9	296.9	346.0
湖北	Hubei	932.3	680.4	252.0	379.4	294.9	260.9
湖南	Hunan	829.1	593.7	235.3	339.5	263.6	282.1
广东	Guangdong	2444.3	2171.2	273.0	787.1	448.6	1621.0
广西	Guangxi	368.1	273.1	95.0	180.9	111.1	188.1
海南	Hainan	156.2	114.2	42.0	63.8	50.4	43.6
重庆	Chongqing	406.1	275.4	130.7	204.8	157.4	132.0
四川	Sichuan	1017.9	711.1	306.7	515.1	372.4	503.0
贵州	Guizhou	215.9	156.6	59.3	100.1	75.0	105.8
云南	Yunnan	293.7	204.4	89.3	143.6	112.8	138.4
西藏	Tibet	8.5	5.5	3.1	7.4	6.8	1.1
陕西	Shanxi	433.4	309.0	124.4	203.4	170.8	130.1
甘肃	Gansu	221.0	157.0	64.0	114.8	90.5	107.9
青海	Qinghai	68.3	49.7	18.6	39.8	31.4	33.0
宁夏	Ningxia	82.6	63.7	18.8	47.5	33.4	59.9
新疆	Xinjiang	346.3	248.7	97.6	197.7	131.4	249.5
不分地区		23.1	18.2	4.9	2.5	1.6	5.7

注：不分地区合计中，包括中国人民银行、中国农业发展银行数。

Note: The total amount not classified by region including the data of People's Bank of China and Agricultural Development Bank of China.

21　各地区农村社会养老保险情况（2008）

21　Conditions of Rural Social Pension Insurance by Region（2008）

单位：万人　　　　　　　　　　　　　　　　　　　　　　　　　　（10000 Persons）

地　区　Region		年末参加农村社会养老保险人数 Number of Persons Participating Rural Social Pension Insurance at the Year-end	本年参保人数 Participants in This Year	本年乡镇企业参保人数 Number of Participants from Township Enterprises this Year	领取养老金人数 Number of Persons Received Pension Benefits：本年领取养老金农民人数 Number of Peasants Received Pension Benefits this Year	领取养老金人数 Number of Persons Received Pension Benefits：本年退保转移死亡人数 Number of Surrenders, Migrations and Deaths this Year
全　国	**National**	**5595.1**	**819.1**	**35.6**	**511.9**	**124.5**
北　京	Beijing	128.1	92.7	0.8	7.3	1.4
天　津	Tianjing	51.1	51.0			
河　北	Hebei	262.8	11.8	0.1	9.4	0.8
山　西	Shanxi	160.0	9.4	1.8	7.6	
内蒙古	Inner Mongolia	104.9	23.6	0.9	15.4	0.5
辽　宁	Liaoning	220.3	2.1	0.6	5.7	1.4
吉　林	Jilin	7.4			0.2	0.5
黑龙江	Heilongjiang	189.5	0.1	0.2	7.8	3.6
上　海	Shanghai	45.9	9.7	1.1	31.0	11.6
江　苏	Jiangsu	958.0	252.1	21.1	176.4	22.5
浙　江	Zhejiang	428.7	46.6	3.7	18.6	52.1
安　徽	Anhui	153.1	13.4	0.8	8.0	14.7
福　建	Fujian	150.9	1.5		2.0	0.7
江　西	Jiangxi	211.2			9.9	0.2
山　东	Shandong	1133.7	189.8	2.3	90.8	7.2
河　南	Henan	172.5	7.3	0.2	6.9	0.5
湖　北	Hubei	258.8	0.1		3.1	0.6
湖　南	Hunan					
广　东	Guangdong	113.8	21.2		59.3	0.4
广　西	Guangxi	177.5			5.1	0.2
海　南	Hainan	20.1	1.3		0.1	0.1
重　庆	Chongqing	38.4	1.7		3.4	0.2
四　川	Sichuan	314.1	29.3		24.4	3.1
贵　州	Guizhou	4.2	4.2		1.3	
云　南	Yunnan	141.1	3.8	2.0	7.2	1.1
西　藏	Tibet					
陕　西	Shanxi	124.9	41.9		9.8	1.1
甘　肃	Gansu	8.9	1.9		0.4	
青　海	Qinghai					
宁　夏	Ningxia	3.8	2.4		0.9	
新　疆	Xinjiang	11.3	0.2		0.1	0.1

22　各地区农村居民家庭人均纯收入

22　Per-capita Net Income of Rural Households by Region

单位：元　　　　(Yuan)

地　区 Region		2005	2006	2007	2008
全　国	**National**	**3254.9**	**3587.0**	**4140.4**	**4760.6**
北　京	Beijing	7346.3	8275.5	9439.6	10661.9
天　津	Tianjing	5579.9	6227.9	7010.1	7910.8
河　北	Hebei	3481.6	3801.8	4293.4	4795.5
山　西	Shanxi	2890.7	3180.9	3665.7	4097.2
内蒙古	Inner Mongolia	2988.9	3341.9	3953.1	4656.2
辽　宁	Liaoning	3690.2	4090.4	4773.4	5576.5
吉　林	Jilin	3264.0	3641.1	4191.3	4932.7
黑龙江	Heilongjiang	3221.3	3552.4	4132.3	4855.6
上　海	Shanghai	8247.8	9138.7	10144.6	11440.3
江　苏	Jiangsu	5276.3	5813.2	6561.0	7356.5
浙　江	Zhejiang	6660.0	7334.8	8265.2	9257.9
安　徽	Anhui	2641.0	2969.1	3556.3	4202.5
福　建	Fujian	4450.4	4834.8	5467.1	6196.1
江　西	Jiangxi	3128.9	3459.5	4044.7	4697.2
山　东	Shandong	3930.6	4368.3	4985.3	5641.4
河　南	Henan	2870.6	3261.0	3851.6	4454.2
湖　北	Hubei	3099.2	3419.4	3997.5	4656.4
湖　南	Hunan	3117.7	3389.6	3904.2	4512.5
广　东	Guangdong	4690.5	5079.8	5624.0	6399.8
广　西	Guangxi	2494.7	2770.5	3224.1	3690.3
海　南	Hainan	3004.0	3255.5	3791.4	4390.0
重　庆	Chongqing	2809.3	2873.8	3509.3	4126.2
四　川	Sichuan	2802.8	3002.4	3546.7	4121.2
贵　州	Guizhou	1877.0	1984.6	2374.0	2796.9
云　南	Yunnan	2041.8	2250.5	2634.1	3102.6
西　藏	Tibet	2077.9	2435.0	2788.2	3175.8
陕　西	Shanxi	2052.6	2260.2	2644.7	3136.5
甘　肃	Gansu	1979.9	2134.1	2328.9	2723.8
青　海	Qinghai	2151.5	2358.4	2683.8	3061.2
宁　夏	Ningxia	2508.9	2760.1	3180.8	3681.4
新　疆	Xinjiang	2482.2	2737.3	3183.0	3502.9

23 各地区交通事故情况（2008）

23 Conditions of Traffic Accidents by Region（2008）

地 区 Region		发生数（起）Number of Cases（case）	死亡人（人）Deaths（person）	受伤人（人）Injuries（person）	损失折款（万元）Loss Converted into Money（10000 yuan）
全 国	**National**	**265204**	**73484**	**304919**	**100972.2**
北 京	Beijing	3943	986	4530	2066.6
天 津	Tianjing	4048	1225	4494	3069.7
河 北	Hebei	7621	2928	8056	4821.0
山 西	Shanxi	7867	2910	8937	3423.7
内蒙古	Inner Mongolia	5056	1610	5450	1441.8
辽 宁	Liaoning	7214	2280	6794	3762.8
吉 林	Jilin	5782	1660	6691	2448.3
黑龙江	Heilongjiang	4528	1703	4905	2005.7
上 海	Shanghai	2745	1100	2553	1476.9
江 苏	Jiangsu	15431	5252	15377	5008.5
浙 江	Zhejiang	25911	5864	28917	9803.3
安 徽	Anhui	8412	3027	10282	2308.2
福 建	Fujian	15657	3071	18831	4876.7
江 西	Jiangxi	5914	1779	6853	5527.6
山 东	Shandong	19594	5026	20058	6872.0
河 南	Henan	11529	2822	13024	4910.5
湖 北	Hubei	7686	2022	9547	2790.5
湖 南	Hunan	7622	2530	9899	3740.9
广 东	Guangdong	39389	7182	46998	10013.6
广 西	Guangxi	6106	2677	7395	2023.6
海 南	Hainan	1449	469	2114	434.4
重 庆	Chongqing	7262	1048	10905	1089.8
四 川	Sichuan	17037	3344	21983	5830.8
贵 州	Guizhou	2219	1348	3209	1480.2
云 南	Yunnan	5037	2082	5917	2542.0
西 藏	Tibet	600	384	660	620.4
陕 西	Shanxi	7205	2156	6889	2917.2
甘 肃	Gansu	3364	1556	3691	1447.3
青 海	Qinghai	1120	604	1291	269.8
宁 夏	Ningxia	2172	525	2369	818.5
新 疆	Xinjiang	5684	2314	6300	1129.7

24 各地区火灾事故情况（2008）

24 Conditions of Fire Accidents by Region（2008）

地 区 Region		发生数（起）Number of Occurance（case）	死亡（人）Motality（person）	受伤人数（人）Injuries（person）	直接经济损失（万元）Direct Economic Loss（10000 yuan）	人口火灾发生率（1/10万人）Population Fire Incidence（1/ 10000 persons）
全 国	**National**	**136835**	**1521**	**743**	**182202.5**	**10.4**
北 京	Beijing	6018	28	10	841.2	48.8
天 津	Tianjing	1483	25	14	291.8	15.2
河 北	Hebei	2529	45	12	3859.3	3.5
山 西	Shanxi	4296	59	33	2567.2	12.5
内蒙古	Inner Mongolia	7755	47	18	6764.2	31.8
辽 宁	Liaoning	5290	43	15	4084.5	12.5
吉 林	Jilin	10579	27	2	2572.3	39.0
黑龙江	Heilongjiang	3585	27	17	3732.4	9.4
上 海	Shanghai	3511	50	57	14523.3	25.2
江 苏	Jiangsu	6868	72	36	5761.0	9.3
浙 江	Zhejiang	4770	89	29	5913.8	10.2
安 徽	Anhui	5882	72	29	8618.6	8.7
福 建	Fujian	3691	82	10	9793.5	10.6
江 西	Jiangxi	6037	23	10	9946.9	13.2
山 东	Shandong	6683	23	18	4926.5	7.1
河 南	Henan	3661	20	7	2566.4	3.5
湖 北	Hubei	11805	41	20	4376.4	19.3
湖 南	Hunan	3357	90	17	8959.3	4.8
广 东	Guangdong	4876	220	157	11490.5	5.9
广 西	Guangxi	1324	38	26	3165.2	2.6
海 南	Hainan	1122	16	4	5124.8	13.0
重 庆	Chongqing	6049	42	18	2109.2	18.6
四 川	Sichuan	5884	71	40	6132.6	6.6
贵 州	Guizhou	799	77	35	3569.1	2.0
云 南	Yunnan	2075	74	19	4192.3	4.7
西 藏	Tibet	170	6	9	4805.6	6.0
陕 西	Shanxi	5056	28	9	5984.3	13.3
甘 肃	Gansu	1306	11	16	1990.5	4.9
青 海	Qinghai	1372	3	8	655.1	25.8
宁 夏	Ningxia	3600	5	3	533.8	57.6
新 疆	Xinjiang	5404	46	37	32363.1	26.0